# História da Falência e da Concordata no Brasil (1850-1945)

# História da Falência e da Concordata no Brasil (1850-1945)

2024

Gilberto Gornati

**HISTÓRIA DA FALÊNCIA E DA CONCORDATA NO BRASIL (1850-1945)**



AUTOR: Gilberto Gornati

DIRETOR ALMEDINA BRASIL: Rodrigo Mentz
EDITORA-CHEFE: Manuella Santos de Castro
EDITOR PLENO: Aurélio Cesar Nogueira
PRODUTORA EDITORIAL: Erika Alonso
ASSISTENTES EDITORIAIS: Laura Roberti, Tacila da Silva Souza e Patrícia Romero

DIAGRAMAÇÃO: Almedina
DESIGN DE CAPA: FBA

ISBN: 9788584937233
Maio, 2024

Dados Internacionais de Catalogação na Publicação (CIP)
(Câmara Brasileira do Livro, SP, Brasil)

Gornati, Gilberto
História da falência e da concordata no Brasil
(1850-1945) / Gilberto Gornati. – São Paulo :
Almedina, 2024.

ISBN 978-85-8493-723-3

1. Direito comercial – Legislação – Brasil
2. Falência – Leis e legislação – Brasil I. Título.

24-201629 CDU-347.736(81)(094)

**Índices para catálogo sistemático:**

1. Brasil : Leis : Falências : Direito comercial
347.736(81)(094)

Eliane de Freitas Leite – Bibliotecária – CRB 8/8415

Este livro segue as regras do novo Acordo Ortográfico da Língua Portuguesa (1990).



EDITORA: Almedina Brasil
Rua José Maria Lisboa, 860, Conj.131 e 132, Jardim Paulista | 01423-001 São Paulo | Brasil
editora@almedina.com.br
www.almedina.com.br

*Aos meus avós, Duílio Rossi e Glória Rossi (in memoriam), pelo constante incentivo, incondicional carinho e pelo interesse em ouvir e debater minhas histórias das descobertas de conhecimentos e aprendizados, incentivando minha curiosidade sobre a história e sobre a dinâmica dos relacionamentos em sociedade.*

## AGRADECIMENTOS

O caminho de uma pesquisa acadêmica como um mestrado ou um doutorado é marcado por momentos em que as fontes e a bibliografia são as únicas companhias frequentes ao longo das horas dos dias que se passam, mas, como nada é uma coisa só, há muitas pessoas que nos acolhem, auxiliam, incentivam, criticam e marcam esse caminho até a sua conclusão. Essas pessoas são o foco destes agradecimentos.

Agradeço, portanto, à minha mãe, Sandra Rossi, não só pela amizade mais longa e duradoura que carrego comigo no caminho da vida, como por todo amor, ensinamentos, apoio ao longo de toda a jornada e pelo símbolo de força, resiliência, compreensão e afeto.

À Michelle Regina Momesso Gornati, amiga, parceira, companheira, esposa e mãe do nosso amado João Momesso Gornati; por sempre compreender as renúncias que escolheu fazer ao meu lado, especialmente quando noites, feriados e finais de semana estavam tomados pelo foco nesta pesquisa e por me ouvir, mesmo sem ser da área, mas por simplesmente ouvir as angústias, a dificuldade na leitura de algumas fontes e todo o pacote que preenche uma pesquisa de doutorado. Você também representa meus agradecimentos a toda nossa família.

Ao meu irmão, Camillo Gornati, nossa querida e amada Giovanna Gornati, e à Ingrid Borghi, pelo incentivo, apoio, boas risadas e por compreenderem minha ausência em alguns almoços e jantares.

Aos amigos que também fizeram parte desta jornada na Faculdade de Direito da USP, ouvindo, comentando, dando dicas e sugestões, em especial, Ana Elisa Laquimia de Souza, Fernanda Neves Piva, Larissa Santiago Gebrim, Patrícia Travassos Marto, Fábio Percegoni de Andrade, Guilherme Bier Barcelos, Gustavo Lacerda Franco, Rodrigo Jesuíno Bittencourt, Thiago Dias Costa, Victor Nader Bujan Lamas e Paulo Furtado de Oliveira Filho.

Aos professores das disciplinas cursadas no Programa de Pós-Graduação da Universidade de São Paulo, bem como da banca de qualificação, pelos debates, dicas, novas leituras, novos olhares sobre velhas leituras e pelo exemplo docente, em especial, aos coordenadores das disciplinas, Prof. Lincoln Ferreira Secco, da Faculdade de Filosofia, Letras e Ciências Humanas (FFLCH-USP), Prof. Alexandre de Freitas Barbosa, do Instituto de Estudos Brasileiros (IEB-USP), e, da Faculdade de Direito (FD-USP), Profa. Sheila Christina Neder Cerezetti, Profa. Rachel Sztajn, Prof. Mauro Rodrigues Penteado, Prof. Jean Paul Cabral Veiga da Rocha e Prof. Francisco Satiro de Souza Junior. Às Profas. Sheila Christina Neder Cerezetti, Adriana Valéria Pugliesi e Profs. Manoel Justino Bezerra Filho, Francisco Satiro de Souza Junior e Rodrigo Tellechea ainda outro especial agradecimento pela participação na banca do doutoramento, pelas críticas e contribuições que foram devidamente absorvidas nesta versão livro da tese de doutorado.

Aos amigos que o tempo distanciou, mas que o interesse pela matéria sempre os traz para perto, Prof. Gustavo César Machado Cabral, da Faculdade de Direito da Universidade Federal do Ceará (UFC), Prof. Diego Nunes, do Centro de Ciências Jurídicas da Universidade Federal de Santa Catarina (CCJ-UFSC), Gustavo Angelelli, da Faculdade de Direito da Universidade Presbiteriana Mackenzie (FD-Mackenzie), Marcelo Barbosa Sacramone, da Faculdade de Direito da Pontifícia Universidade Católica de São Paulo (PUC/SP) e Cássio Cavalli, da Escola de Direito de São Paulo da Fundação Getúlio Vargas (FGV Direito SP), pelos ensinamentos e pela possibilidade de troca de ideias e de visões sobre o Direito e sobre a História do Direito.

Àqueles que auxiliaram na localização das fontes, formatação, na sistematização dos dados e até nas discussões para que sejam promovidas melhorias dos sistemas de acesso eletrônico aos materiais e digitalização de materiais faltantes, em especial, da Câmara dos Deputados, à equipe do Centro de Documentação e Informação – CEDI, especialmente na pessoa de Vanderlei Batista dos Santos, então diretor da Coordenação de Arquivo – COARQ do CEDI e, do Senado Federal, ao time da SEDAN-Serviço dos Anais do Senado, em especial Daniel Pandino Werneck,

Jaqueline da Cunha Albernaz, Thiago Guntzel de Souza, Marcelo Nunes Gonçalves e Luiza Reolon Cabral. Especial agradecimento também à Sara Tainá Soliani pelo auxílio na sistematização das publicações sobre os processos de falências e concordatas no Jornal do Comércio do Rio de Janeiro, Lais Nicole Luizetti, pela auxílio na elaboração e formatação dos fluxogramas dos processos e institutos das leis a partir de 1902, à professora Dra. Annika Wolf, da Hochschule Emden/Leer (a Frankfurt School of Finance & Management) pelo auxílio na revisão das adaptações ao idioma alemão, Luís Armando Saboya Amora pela localização no acervo histórico da biblioteca da FD-USP de alguns trabalhos da primeira metade da década de 1910 que foram abordados nesta pesquisa, Pedro Freitas Teixeira pelo auxílio no acesso ao conteúdo do acervo de obras raras da Biblioteca do Senado e Maria dos Remédios, bibliotecária e integrante do Serviço de Indexação, Produção Docente e Publicações – SIPP da FD-USP.

Em relação aos direitos autorais das imagens aqui apresentadas, por meio das publicações consultadas junto ao acervo da Biblioteca Nacional, na Hemeroteca Digital Brasileira, um agradecimento à companhia Diários Associados Press S/A, em especial na pessoa do Vitor Frederico Monteiro Santana, pelo auxílio no licenciamento e processamento do pagamento que fizemos para a utilização dos direitos pertinentes às imagens protegidas.

Aos amigos e sócios, por escutarem e apoiarem, Joel Thomaz Bastos, Ivo Waisberg, Bruno Kurzweil de Oliveira, Lucas Rodrigues do Carmo, Herbert Morgenstern Kugler, Ricardo Pomeranc Matsumoto, Adriana Maria Cruz Dias de Oliveira, Bárbara Pessoa Ramos e Carlos Teixeira Leite Filho.

E, evidentemente, ao Prof. Dr. Eduardo Secchi Munhoz, pela orientação da tese, pelas aulas – tanto da Pós-Graduação, quanto da Graduação –, pelos cafés com a troca de ideias antes das aulas, bem como durante os intervalos e pela confiança no trabalho

# NOTA DO AUTOR

Este trabalho estuda como se deu o modo de produção das leis de falências e concordatas no Brasil entre os anos de 1850 e 1945. Partindo já da promulgação do Código Comercial em 1850, analisamos os debates legislativos e mensagens oficiais nos casos dos decretos do Executivo que tiveram como foco o tema das falências e das concordatas, buscando cruzar com outras fontes os diferentes pontos de vista sobre as propostas de reformas dessas leis, em especial por meio da análise das publicações em jornais dos diferentes períodos, bem como em relatórios ministeriais e mensagens presidenciais até a edição do Decreto-lei nº 7.661 de 1945. O trabalho pôde identificar os pontos de vista daqueles que foram derrotados nos debates sobre as reformas das leis, bem como os fundamentos e escolhas de políticas daqueles que foram os vitoriosos entre os elaboradores das leis. Além disso, por meio de um levantamento por amostragem de publicações de decisões de primeira instância, entre 1890 e 1945, conforme publicadas no Jornal do Comércio do Rio de Janeiro, em especial dos processos da comarca da capital do Brasil durante o período, pudemos verificar quanto da prática jurídica diária estava sincronizada com os argumentos utilizados pelos legisladores na tribuna de cada um dos períodos.

# APRESENTAÇÃO

Fiquei muito honrado com o convite para escrever esta breve apresentação do livro do Professor Gilberto Gornati denominado "História da Falência e da Concordata no Brasil (1850-1945)".

Baseado numa pesquisa séria e metodologicamente impecável, o autor levará o leitor a uma viagem jurídica, econômica e social do nosso país, por meio do estudo da história legislativa da lei falimentar até 1945.

O livro mostra claramente os elementos políticos que fazem variar as definições técnicas e, portanto, a Lei de Falências. O estudo analisa e desmistifica certas crenças, como a do movimento pendular falencial entre credores e devedores. Mostra também como autores foram mal interpretados ou mudaram de opinião e como no iter legislativo se nota a diferença no racional de certas regras do que comumente se acreditava.

O estudo tem uma profundidade pioneira para entendermos os vetores que foram, em cada época, definindo o caminho desta área do Direito no Brasil. E muitas vezes mostra que várias discussões sobre possíveis soluções ou sistemas para lidar com a crise da empresa já foram discutidos em modo similar no passado, apontando também o que deu errado em cada tentativa ou fez com que se alterasse o direcionamento da solução.

A leitura da obra do Professor Gornati é essencial para os estudiosos e operadores do Direito da Insolvência, para poder compreender o que nos trouxe até aqui. Mais do que sua relevância setorial jurídica, para além dos profissionais do direito falimentar, a obra com escrita agradável traz para todos uma visão histórica interessante sobre o ambiente cultural, social e econômico do Brasil entre 1850 e 1945.

Com quase 20 anos de convivência com o autor, conhecendo sua seriedade, ética e rigor acadêmico, é fácil entender como sua pesquisa produziu uma obra única na literatura jurídica da insolvência e do Direito Comercial. Parabenizo a Editora Almedina, o orientador Professor Munhoz e, principalmente o autor por esta grande contribuição.

São Paulo, 17 de abril de 2024.

IVO WAISBERG
Livre-Docente em Direito Comercial, Doutor em Direito das Relações Econômicas Internacionais e Mestre em Direito Comercial pela PUC/SP. LLM em Direito da Regulação pela *New York University School of Law*. Professor de Direito Comercial da PUC/SP. Advogado, sócio no Thomaz Bastos, Waisberg, Kurzweil Sociedade de Advogados.

# PREFÁCIO

O livro de Gilberto Gornati representa uma experiência rara na literatura jurídica brasileira. Um estudo interdisciplinar que transita entre o direito e a história. Ele é fruto do preparo intelectual do seu autor em ambas as disciplinas, sem o qual não teria sido possível lidar, com tamanha precisão, a interligação entre ambas. O livro de Gilberto não é de história, nem de direito, mas expressa efetivamente a perfeita coordenação entre ambas as disciplinas.

Espera-se que o livro inaugure uma nova tendência, porque a compreensão da história sobre a elaboração das leis e sua aplicação pelos tribunais é fundamental para uma melhor compreensão do presente e para buscar o aprimoramento do sistema falimentar no futuro.

A frase clássica de Heródoto *"Pensar o passado para compreender o presente e idealizar o futuro"* ganha sua versão contemporânea com Steve Jobs *"Você não consegue ligar os pontos olhando para frente; você só consegue ligá-los olhando para trás. Então você tem que confiar que os pontos se ligarão algum dia no futuro"*[1].

Em consonância com essa ideia, Gilberto ressalta que *"Uma história das leis de falência e concordatas no Brasil, analisando os institutos jurídicos historicamente contingentes, nos disponibiliza instrumentos interpretativos que podem auxiliar no aprofundamento da análise das escolhas normativas brasileiras para o desenvolvimento dos campos das políticas públicas adotadas pelo Estado, bem como das escolhas que formaram o a abordagem sobre o fracasso das atividades*

[1] Tradução livre. Discurso proferido em Stanford. Disponível: https://news.stanford.edu/2005/06/12/youve-got-find-love-jobs-says/. Acesso: 18.4.2024.

*comerciais, industriais ou empresariais no Brasil. De mesmo modo, esse estudo de instituições jurídicas historicamente contingentes pode também oferecer perspectivas mais complexas para debatermos conceitos e visões do direito em sociedade e, neste caso, especialmente em relação a uma área do direito comercial chamada de direito falimentar e que passou então a ser abordada sob a perspectiva da crise econômico-financeira da atividade comercial sob o prisma das políticas públicas adotadas pelo Estado brasileiro."*

Apesar da ambição do objetivo, ao ligar história e direito, o livro de Gilberto atende amplamente às expectativas do leitor mais exigente, constituindo-se em obra de consulta obrigatória para quem pretenda se aprofundar no estudo do sistema falimentar.

O livro foi inovador em relação ao método adotado, sobretudo, quando se tem em conta obras de conteúdo estritamente jurídico. Gilberto foi a fundo para pesquisar os debates parlamentares que antecederam a aprovação das leis falimentares, as discussões e críticas veiculadas pelos jornais da época, bem como decisões judiciais do período em foco: 1890 a 1945.

As fontes da pesquisa, muito além dos livros de doutrina jurídica, foram os Diários do Congresso Nacional, os Anais da Câmara dos Deputados, os Anais do Senado e jornais, notadamente o *Jornal do Comércio do Rio de Janeiro*.

Dessa forma, o livro conseguiu capturar a experiência vivida, a realidade em plena atuação, em vez de uma fotografia esmaecida e incompleta que certamente decorreria de uma análise modorrenta que se fizesse das leis falimentar anteriormente vigentes no país.

Bem por isso o livro de Gilberto propicia uma leitura prazerosa, curiosa, fluida, a ponto de, em certos momentos, imaginar-se em um romance de época, como, aliás, comentou um dos examinadores da Tese de Doutorado, da qual resultou a obra.

É saboroso conhecer personagens, de carne e osso, relevantes para a elaboração e aplicação das leis falimentares no Brasil. Não apenas aqueles que tiveram as suas visões vitoriosas, mas também os que ficaram vencidos na defesa de suas teses.

Dentre tantos personagens, tratados com maestria na condução do livro, alguns de maior notoriedade como Barão de Mauá, José de Alencar, Eusébio de Queiroz, Nabuco de Araújo, Carvalho de Mendonça. Mas, além deles, aparecem outros, sem tamanha notoriedade, ou mesmo desconhecidos atualmente, mas cujas convicções despertam real interesse, como Manuel Vieira Tosta (Marquês de Muritiba), Ângelo Moniz da Silva Ferraz (Barão de Uruguaiana), Antonio Moitinho Doria, Paranhos Montenegro, entre outros.

Para a boa compreensão da cultura e da realidade do período histórico examinado, também é especialmente feliz a iniciativa do livro, igualmente inovadora em obras jurídicas, de destacar publicações de anúncios e editais nos jornais da época. Como aquele, publicado no jornal *O Malho*, de 1932, sob o irônico título *"A Fallencia da Concordata"*. Segundo o texto do jornal, alguém pretendeu corrigir: o senhor quer dizer falência *e* concordata. Mas, como logo se esclarece, a frase estava correta e pretendia exprimir o mau funcionamento da concordata, instituto que já não mais atingia os seus objetivos na década de 1930.

É de se destacar, ainda, a feliz escolha do período objeto do estudo: 1850 a 1945. Trata-se de um período fértil na produção de normas a respeito de direito falimentar, além de cobrir transformações relevantes na realidade empresarial brasileira. Toma como ponto de partida a data da promulgação do Código Comercial, sem dúvida, um marco essencial na evolução do direito empresarial brasileiro. E termina com a elaboração da lei de 1945, que vigorou no país por décadas, até sua revogação pela Lei 11.101, de 2005. É de se indagar por que Gilberto não chegou até à lei de 2005. Sua decisão, porém, parece de todo acertada, pois o estudo da elaboração da lei atual careceria da chamada *distância histórica*, necessária para analisar, sem paixão, os acontecimentos. Nesse caso, estar-se-ia a tratar do *presente* e não do *passado*, como o livro de Gilberto anunciou desde o início que faria.

O livro segue, de forma segura, em seus diversos capítulos, ao examinar as principais discussões de cada época, dentro do período de 1850 a 1945; contextualizar as discussões de cada lei então elaborada, de forma precisa, na realidade de cada momento. Ao fazê-lo, Gilberto preocupa-se sempre em analisar criticamente as políticas públicas implementadas.

A partir desse percurso, Gilberto chega a conclusões importantes. Como o Prefácio não pretende tirar do leitor o prazer de se surpreender com o livro, cabem dois destaques que se fazem com o objetivo exclusivo de, pelo contrário, convidá-lo a rapidamente enveredar pelas páginas que logo se seguirão.

O livro põe em interessante perspectiva a tantas vezes repetida frase de Fábio Konder Comparato de que a história do direito falimentar brasileiro observaria um *dualismo pendular* entre a defesa do devedor e a proteção dos credores. O estudo de Gilberto, ao iluminar pela primeira vez com tamanha profundidade a história do referido período, evidencia uma complexidade muito maior na evolução do direito falimentar brasileiro. Uma complexidade que dificilmente poderia ser reduzida a esse único dualismo.

Além disso, o livro propõe uma reflexão importante para a evolução do direito empresarial. Algo que deveria servir como alerta, como lição, em relação a quem pretenda contribuir para o aprimoramento do sistema falimentar. A partir de análise histórica cuidadosa, o livro destaca que uma das características da elaboração do direito falimentar brasileiro encontra-se no protagonismo de um pequeno grupo de pessoas, formado essencialmente por juristas, *"retirando os comerciantes de ofício do cenário das discussões e do aprofundamento das escolhas de políticas públicas"*. Tem-se no campo do direito falimentar, portanto, mais um exemplo de descompasso entre a regulação jurídica brasileira e a realidade econômica que ela pretende disciplinar.

Por todos esses motivos, não se tem dúvida em afirmar que o livro de Gilberto é uma novidade alvissareira para a literatura jurídica. Dada a sua qualidade, o livro servirá como farol, estimulando que novos trabalhos venham a se dedicar à narrativa histórica da experiência jurídica brasileira. De fato, o livro, que agora se oferece ao leitor, ao iluminar o passado, clareia o caminho para a compreensão do presente e, a partir dele, oferece diretrizes para a construção futura de políticas públicas a partir do direito falimentar brasileiro.

EDUARDO SECCHI MUNHOZ

# SUMÁRIO

# 1
# INTRODUÇÃO

> *O Direito atua na sociedade construindo instituições por meio das quais a sociedade efetivamente se organiza. Mas o que é uma instituição jurídica? Entendemos por instituição o conjunto formado por relações sociais homogêneas e o marco normativo que as regula. [...]. Através do tempo e da construção de sociedades mais complexas, o marco normativo que regula a maioria das relações sociais é jurídico. São, portanto, instituições jurídicas aqueles conjuntos formados por relações sociais homogêneas e pelo marco jurídico-normativo que as regula.*[2]
>
> (Francisco Tomás y Valiente, 1981)

Esta pesquisa que formou a tese de doutorado defendida no Departamento de Direito Comercial da Faculdade de Direito da Universidade de São Paulo, que agora se apresenta revisada e com as contribuições recebidas durante a banca de examinadores que avaliaram o trabalho se apresenta muito mais como um ponto de partida do que como um ponto

[2] Tomás y Valiente, Francisco. *Manual de Historia del Derecho Español.* 3ª Ed. Madrid: Tecnos, 1981, p. 31. No original: "El Derecho actúa en la sociedad construyendo instituciones por medio de las cuales la sociedad resulta organizada. Pero, ¿qué es una institución jurídica? Entendemos por institución el conjunto formado por unas relaciones sociales homogéneas y el marco normativo que las regula. [...]. A través del tiempo y de la construcción de sociedades más complejas, el marco normativo que regula la mayoría de las relaciones sociales es jurídico. Son, por conseguiente, instituciones jurídicas aquellos conjuntos formados por unas relaciones sociales homogéneas y por el marco jurídico-normativo que las regula."

de chegada. Por meio desse trabalho foi possível fazer um mapa das discussões sobre a elaboração das leis de falências e concordatas no Brasil, apresentando nesse mapa os caminhos e momentos em que foram discutidas as mudanças, bem como quais foram os pontos de referência e quem foram as pessoas que provocaram tais mudanças.

De mesmo modo, pudemos compreender melhor os motivos explícitos das escolhas que o Executivo e o Legislativo adotaram, levando-se também em conta a experiência que o Judiciário vinha desenvolvendo na prática – seja para se apropriar dessa experiência, seja para ignorá-la. Como um trabalho pioneiro na elaboração desse mapeamento sobre o modo de produção das leis de falências e concordatas no Brasil entre os anos de 1850 e 1945 a partir das fontes dos documentos oficiais de Estado (em especial os debates parlamentares, relatórios ministeriais e mensagens presidenciais), bem como da imprensa de cada período aqui abordado, esperamos que outras pesquisadoras e pesquisadores sejam estimulados a tentar perpassar por trilhas que aqui foram abertas, mas não completamente exploradas e que possam trazer críticas à história que aqui se narra, bem como possam aprofundar e ampliar estes e outros estudos no campo da história do direito comercial brasileiro.

Como premissa adotada, este trabalho tem como objetivo analisar e apresentar uma história de como se desenvolveram as discussões para a elaboração de leis relacionadas às instituições jurídicas da falência e da concordata[3] no Brasil entre o período de 1850 e 1945, em especial com o enfoque sobre as medidas que foram adotadas para a *moralização* do comércio brasileiro e adoção de medidas repressivas contrárias aos *homens arruinados* sujeitos aos institutos jurídicas da falência e da concordata.

Ao longo dos anos pelas diversas leis de falências e concordatas no Brasil, o enfoque normativo no direito comercial brasileiro de quem pode ser considerado como uma pessoa falida é a partir da pessoa natural – a pessoa natural ou física – e não da sociedade comercial anônima ou de sociedades de capitais. Ou seja, comerciantes, considerados como

[3] Tomarei inicialmente o termo *lei* em sentido amplo (*lato sensu*), pois estou incluindo neste conceito preliminar também decretos e decretos-lei, sendo que as diferenças entre uma lei, um decreto e um decreto-lei serão destacadas na medida em que ingressarmos em cada um dos tópicos específicos.

pessoas naturais que são classificados como aqueles que podem sofrer a declaração judicial de falência. Não é simplesmente a pessoa natural no âmbito de todas suas relações jurídicas – formais ou não formais –, mas aquelas que, por seus atos de comércio realizados, tenham incorrido em alguma das hipóteses autorizadoras do pedido de quebra e que não sejam ligados às atividades agrícolas (de lavouras ou pecuária).

Essa pesquisa permite, portanto, dar novos olhares para velhos assuntos e compreender de modo mais abrangente do que os apresentados nos principais capítulos introdutórios dos mais relevantes trabalhos publicados no Brasil e que também abordam aspectos históricos para as premissas das discussões que apresentam algumas autoras e alguns autores[4].

[4] *(i)* Bezerra Filho, Manoel Justino. *Lei de Recuperação de Empresas e Falência: Lei 11.101/2005 comentada artigo por artigo.* 14ª edição. São Paulo: Thomson Reuters Brasil, 2019, p. 55-62; *(ii)* Bezerra Filho, Manoel Justino Bezerra; Toledo, Paulo Fernando Campos Salles de; Calças, Manoel de Queiroz Pereira; Pugliesi, Adriana Valéria. *In* Carvahosa, Modesto (coord.). *Tratado de Direito Empresarial.* Vol. V. 2ª edição revista, atualizada e ampliada. São Paulo: Revista dos Tribunais, 2018, p. 47-90; *(iii)* Cerezetti, Sheila Christina Neder. *A Recuperação Judicial de Sociedade por Ações – o princípio da preservação da empresa na Lei de Recuperação e Falência.* São Paulo: Malheiros Editores, 2012, p. 27-87; *(iv)* Comparato, Fábio Konder. *Aspectos Jurídicos da Macro-Emprêsa.* São Paulo: Revista dos Tribunais, 1970, p. 95-105; *(v)* Negrão, Ricardo. *Curso de Direito Comercial e de Empresa – recuperação de empresas, falência e procedimentos concursais administrativos.* 11ª Edição. São Paulo: Saraiva Jus, 2017, p. 35-49; *(vi)* Requião, Rubens. *Aspectos Modernos de Direito Comercial.* 3º Volume. São Paulo: Editora Saraiva, 1986, p. 77-84 e p. 384-386; *(vii)* Scalzilli, João Pedro; Spinelli, Luis Felipe; Tellechea, Rodrigo. *Recuperação de Empresas e Falência – teoria e prática na Lei 11.101/2005.* 2ª Edição revista, atualizada e ampliada. São Paulo: Almedina, 2017, p. 60-71; *(viii)* Scalzilli, João Pedro; Spinelli, Luis Felipe; Tellechea, Rodrigo. *História do Direito Falimentar – da execução pessoal à preservação da empresa.* São Paulo: Almedina, 2018, p. 155-193; *(ix)* Vasconcelos, Adriana Paiva. *O papel dos credores no direito falimentar: uma análise histórica e à luz de certos órgãos.* Dissertação de mestrado. São Paulo: Faculdade de Direito da Pontifícia Universidade Católica de São Paulo, 2013, p. 27-109; *(x)* Estevez, André Fernandes. *A Assembleia-Geral de Credores no Direito Brasileiro: Razões para a Criação da Concordata-Sentença no Decreto-lei nº 7.661/1945.* (in) Revista Síntese Direito Empresarial. Ano VII, nº 36, jan./fev. de 2014. São Paulo: Grupo SAGE, 2014, p. 64-75; e Estevez, André Fernandes. *Das Origens do Direito Falimentar à Lei nº 11.101/2005.* (in) Revista Jurídica Empresarial. V. 3, n. 15, jul./ago. de 2010. Porto Alegre: Notadez, 2010, p. 28-38. Importante destacar que, em regra, esses trabalhos se valem da descrição histórica a partir da perspectiva de autores específicos e não a partir dos mesmos documentos que foram utilizados nesta pesquisa. Essa abordagem requer um cuidado especial, sobretudo ao percebermos que alguns dos

Por meio dessas análises pudemos compreender melhor os elementos que foram utilizados como base para a constituição dessas instituições jurídicas de grande relevância no direito brasileiro, em especial no campo do direito comercial (atualmente muito denominado de *direito empresarial*) e da própria configuração legislativa e jurídica de um tema que também retrata um capítulo sobre a formação e desenvolvimento dos pensamentos liberal e autoritário no Brasil.

O período escolhido para esta pesquisa se restringiu a um espectro temporal consideravelmente amplo, entre os anos de 1850 e 1945 e, como marca típica de uma pesquisa iniciada por alguém do direito, tem como pontos de partida e chegada os marcos legais da publicação das leis relacionadas ao objeto aqui explorado.

Evidentemente, como será apresentado ao longo do trabalho, essa *marca típica* de divisão temporal nos trabalhos jurídicos não tem o condão de ignorar que o direito e, mais especificamente, as leis não criam a realidade e, desse modo, levaremos em conta a exploração das fontes que foram acessadas para compreender também o que vai além dos textos legais, bem como a dinâmica que não antevia a promulgação ou outorga de novas leis sobre o tema ao longo dos anos estudados.

Como uma tese de doutorado que mescla essencialmente as disciplinas do direito e da história[5], este trabalho busca apresentar como se

autores que costumam ser citados e que passam suas próprias visões acerca da história de tais leis, também estão imersos nos debates de elaboração ou escreveram suas percepções em períodos muito próximos aos da elaboração de cada uma das leis, de modo que suas visões também precisam levar em conta o momento em que viviam. Rubens Requião, por exemplo, um autor citado com frequência nos trabalho supramencionados, ingressou na Faculdade de Direito do Paraná em finais da década de 1930, durante um período autoritário em que, como veremos, há a utilização recorrente de argumentos para se afastar elementos do que já chamavam àquela época de *República Velha* e defender e exaltar os valores do que também já se chamava de um *Estado Novo*.

[5] "A história é uma construção cujo objeto privilegiado não é o tempo homogêneo sequencial, mas o tempo 'saturado de agoras', crivado de situações, de circunstâncias, de temporalidades múltiplas que ao historiador cabe fazer 'explodir do *continuum* da história' ao inteligir seu movimento, ao perscrutar suas fissuras, ao delinear a profundidade das rupturas; 'saltos de tigre', movimento incoercível da história em que é perceptível 'a inveja de cada presente em relação ao seu futuro' e o sentimento de propriedade em relação ao passado cujas vozes escutamos, 'ecos que emudeceram', mas que agendaram um 'encontro

deram os debates parlamentares oficiais, bem como busca alcançar os aspectos práticos de cada período e o que era eventualmente dito, criticado e debatido nos jornais da época – com mais recorrência a partir do Jornal do Comércio do Rio de Janeiro, mas também abordando publicações sobre o tema que foram extraídas de alguns outros jornais, especialmente em razão da relevância dessas publicações para os personagens participantes dos debates que aqui são expostos, todos indicados nas notas e ao longo do texto –, destacando pontos dos debates e também da prática para compreendermos como se deu o modo de produção dos diferentes processos de regulamentação legislativa ao longo daquele período no Brasil e a aplicação do direito no jogo das atividades comerciais, do crédito comercial, das trocas entre as pessoas que estão sujeitas a uma jurisdição, a um Estado representado por determinadas pessoas e a um ambiente comercial, todos em um período crucial de sua própria formação.

Este tema é intimamente ligado ao percurso das diferentes formas de liberalismo e autoritarismo experimentadas pelos modelos adotados no Brasil, bem como às escolhas para a criação e desenvolvimento da economia nacional e, consequente, ligado às políticas adotadas pelos diferentes agentes do Estado acerca do tema da crise na atividade comercial e a sua forma de intervenção na dinâmica dos diferentes mercados que estão se formando ao longo desse período no Brasil.

Como problemas e hipóteses de investigação e análise que instigaram a pesquisa, temos duas perguntas fundamentais: (i) como se deu o modo de produção das leis de falências e concordatas no Brasil durante esse

secreto marcado entre as gerações precedentes e a nossa'. O evento passado é, portanto, plenamente reorganizado e assimilado pelo presente, exprimindo, nesse passo, a busca de unificação do presente pelo evento pretérito, reduzindo o passado às suas expressões mínimas, apreensíveis e validadas pelo presente. Reversamente, as reconstruções memorialísticas do passado revelam o tecido esgarçado da sociedade que comemora, porque comporta discursos e contradiscursos, construções e desconstruções, que apontam para a dimensão fugaz do presente histórico e a validade das comemorações como espaços criativos de reflexão histórica que enlaçam, vigorosamente, a tríplice temporalidade numa unidade de sentido. E exatamente essa pletora de possibilidades que permite a imensa variedade de apropriações indentitárias (sic) do passado[.]" (Arruda, José Jobson de Andrade. *Historiografia: teoria e prática.* São Paulo: Alameda, 2014, p. 33-34).

período de noventa e cinco anos? E (ii) quais os modelos de processos de falências e outros institutos previstos nas leis de falências e concordatas que prevaleceram em decorrência dos debates parlamentares e das escolhas legislativas quando dos períodos em que o Congresso Nacional foi dissolvido?

Uma história das leis de falência e concordatas no Brasil, analisando os institutos-jurídicos historicamente contingentes, nos disponibiliza instrumentos interpretativos que podem auxiliar no aprofundamento do debate acerca das escolhas normativas brasileiras para o desenvolvimento dos campos das políticas adotadas pelos diferentes agentes de Estado, bem como das escolhas que formaram a abordagem sobre a intervenção dos institutos falimentares, concordatários e afins sobre as atividades comerciais, industriais ou empresariais no Brasil.

De mesmo modo, esse estudo de instituições jurídicas historicamente contingentes pode também oferecer perspectivas mais complexas para debatermos conceitos e visões do direito em sociedade e, neste caso, especialmente em relação a uma área do direito comercial chamada de modo abrangente a todos os institutos relacionados à insolvência como direito falimentar ou direito concursal. O trabalho da pesquisa também nos deu margem para o aprofundamento sobre um debate a ser explorado no direito comercial brasileiro e se discutir se o direito concordatário está contido no grupo do direito falimentar, ou se, como arcabouço teórico com aplicação prática, deveríamos analisar dois principais grupos que estão contidos no conceito de um direito da insolvência, sendo um grupo do direito falimentar e outro do direito concordatário, sendo certo que há pontos de intersecção entre ambos os grupos, porém há também elementos, princípios e institutos específicos que estão contidos em um, mas não em outro.

As leis de falências e concordatas têm ainda um apelo interessante para investigar a interferência dos diferentes agentes das liderança do Estado na formação do regramento dos jogos de troca no comércio e, consequentemente, de um tópico específico relacionado à formação da economia brasileira e a interferência para a criação de um ente fictício que costumamos chamar de *mercado* (interno e externo), que está em processo de criação também durante o período estudado e, inclusive, compreender qual é o modelo de liberalismo e de autoritarismo que estão se formando no Brasil.

Inserido em um sistema-mundo capitalista, o Brasil, tal qual outros países fizeram, adotou um determinado modo e modelos ideais para lidar com aquelas pessoas suscetíveis à aplicação das leis de falências, concordatas e institutos afins, seja em relação àquelas pessoas que fracassaram na condução de suas atividades comerciais, seja em relação àqueles que infringiram regras do jogo comercial e que, oficialmente, podem sofrer a interferência do Estado, por meio de processos, sob a batuta do Poder Judiciário, com maior ou menor participação dos credores de acordo com cada período.

Estruturalmente este trabalho está dividido em sete capítulos. O primeiro, esta introdução, assenta o tema, as premissas e as delimitações da pesquisa, enquanto os seis capítulos subsequentes apresentam o desenvolvimento do trabalho que aqui foi proposto. Esses seis capítulos estão divididos entre as seis leis de falência brasileiras que foram promulgadas ou outorgadas ao longo dos noventa e cinco anos que delimitam a medida do tempo escolhida para esta pesquisa, iniciando-se já a partir da promulgação da Lei nº 556, de 25 de junho de 1850 – o Código Comercial – e encerrando-se com a análise dos registros acerca dos debates que levaram à edição e outorga do Decreto-lei nº 7.661, de 21 de junho de 1945.

Internamente a tais seis capítulos que tratam de cada uma das leis, encontram-se subdivisões basicamente em quatro matrizes que também coincidem com a escolha desta pesquisa no campo histórico e historiográfico. A exceção é o capítulo que trata do Código Comercial, pois não iniciamos pelos debates que deram origem ao Código Comercial em si, mas sim aos debates que já pretendiam reformar o capítulo das *quebras* a partir de 1850[6].

[6] Decidimos iniciar já pelo próprio Código Comercial em função da base de pesquisas já elaborada por outros autores, em especial fazemos referência aos trabalhos dos professores José Reinaldo de Lima Lopes (*A formação do direito comercial brasileiro – a criação dos tribunais de comércio do Império*. Cadernos Direito GV. V.4 n. 6. Novembro, 2007. São Paulo: Fundação Getúlio Vargas Escola de Direito de São Paulo, 2007) e Edson Alvisi (Neves, Edson Alvisi. *Magistrados e negociantes na corte do Império do Brasil: o Tribunal do Comércio*. Rio de Janeiro: Jurídica do Rio de Janeiro, FAPERJ, 2008).

As fontes escolhidas, cujas dificuldades serão debatidas adiante, foram os discursos oficiais, bem como as publicações na imprensa em torno da criação das próprias leis, decretos e decretos-leis pertinentes ao tema das falências e das concordatas no Brasil. Para aprofundar o que oficialmente fora divulgado pelo Estado sobre tais normas, há a apresentação dos debates parlamentares acessados em meios eletrônicos pelo sítio eletrônico da Câmara dos Deputados e também do Senado Federal, de exposições de motivos, dos relatórios ministeriais e mensagens presidenciais, bem como há a apresentação da pesquisa em publicações de jornais dos diversos períodos, em especial o Jornal do Comércio do Rio de Janeiro, por meio eletrônico da Biblioteca Nacional, no acervo da Hemeroteca Digital Brasileira, além de uma breve apresentação sobre algumas perspectivas publicadas nos livros dos diversos períodos das seis leis falências, buscando focar apenas nos trabalhos e trechos que não são os comumente explorados nos atuais livros de falências no Brasil que abordam essa parte histórica, sem se apresentar uma resenha desses trabalhos. A maior parte da pesquisa foi conduzida entre os anos de 2019 e 2022, de modo que os impactos da pandemia causada pelo vírus SARS-CoV-2, a COVID-19, obrigou o aprofundamento nas fontes em meios eletrônicos.

Deve ser destacado que até a data de conclusão desta pesquisa os Diários do Congresso Nacional disponibilizados no site da Câmara dos Deputados têm início em 1881 e os Anais da Câmara dos Deputados tem sua digitalização a partir de 1826, de modo que para além de acessarmos ambos os documentos, também pelas publicações das sessões nos jornais, pudemos identificar o que era discutido acerca das falências e concordatas no período entre 1850 até o acesso aos Anais e Diários oficiais. De mesmo modo nos pareceu interessante a obtenção dessas transcrições pelas publicações nos jornais, pois houve também a localização de diversas publicações de outros personagens envolvidos nos debates em que se apresentavam críticas, decisões judiciais e até mesmo a atuação prática de alguns dos elaboradores das leis de falência que foram pesquisadas neste trabalho. Em relação aos Anais do Senado, até a data de conclusão desta pesquisa o sítio eletrônico do Senado disponibilizou as cópias digitalizadas dos livros desde 1823, estando faltantes as edições de 1918, 1919, 1920 e de 1926 até o golpe militar de 1930, sendo que essas ausências foram suplantadas pela análise dos Diários do Congresso Nacional que continham as transcrições tanto do Senado, quanto da Câmara, conforme disponibilizados pelo sítio eletrônico da Câmara dos Deputados. Portanto, na maior parte dos casos foi possível localizar os registros transcritos dos debates parlamentares, quando ocorreram e também confrontar as fontes dos jornais com as fontes oficiais.

Outros documentos oficiais do Estado, também em meios eletrônicos, incluindo aqueles publicados pelos Poderes Legislativo, Executivo e Judiciário, em cada um dos diferentes períodos aqui abordados também foram utilizados – sempre com a atenção de que, ao ler e analisar tais documentos, temos a certeza de que as transcrições destes continham a expressão daquilo que as pessoas que os produziriam quereriam que fosse publicado e marcado para a posteridade e sabendo que aquilo que diziam era endereçado a um determinado público, bem como observando as palavras e termos utilizados por esses interlocutores dos documentos[7].

Em outras palavras, a subdivisão desses seis capítulos se estruturou da seguinte forma: (a) exceto em relação à concepção e aprovação do Código Comercial, que não abordamos o modo de produção legislativo, fizemos a apresentação dos debates parlamentares oficiais ou declarações

[7] "Voltemos ao historiador nos arquivos. Ele é seu destinatário na medida em que rastros foram conservados por uma instituição com o fim de serem consultados por quem esteja habilitado a isso, segundo as regras sobre o direito de acesso, os prazos de consulta variando conforme a categoria de documentos. Coloca-se nesse estágio a noção de prova documental, que designa a porção de verdade histórica acessível nessa etapa da operação historiográfica. Duas perguntas: o que é provar para um documento ou um maço de documentos? – e o que é assim provado? A resposta à primeira pergunta está amarrada ao ponto de articulação da fase documental com a fase explicativa e compreensiva, e, além desta, com a fase literária da representação. [...]. Segunda pergunta: o que, nesse estágio da operação historiográfica, pode ser considerado como provado? A resposta é clara: um fato, fatos, suscetíveis de serem afirmados em proposições singulares, discretas, que geralmente mencionam datas, lugares, nomes próprios, verbos de ação ou de estado (estativos). Aqui, uma confusão espreita: a confusão entre fatos incontestes e acontecimentos sobrevindos. Uma epistemologia vigilante nos adverte aqui contra a ilusão de crer que aquilo a que chamamos fato coincide com aquilo que realmente se passou, ou até mesmo com a memória vívida que dele têm as testemunhas oculares, como se os fatos dormissem nos documentos até que os historiadores dali os extraíssem[.]" (Ricœur, Paul. *A memória, a história, o esquecimento*. Trad. Alain François [et al.]. Campinas: Editora da Unicamp, 2007, p. 188-189).

oficiais do Estado por meio dos discursos e debates na Câmara, Comissão de Justiça e Senado, exposição de motivos de novas leis, bem como relatórios do Executivo, cruzando com as publicações em jornais por parte de outros institutos, como a Associação Comercial do Rio de Janeiro e o Instituto dos Advogados, especialmente conforme tenham sido publicados no Jornal do Comércio[8]; (b) análise por amostragem de julgados relacionados aos temas presentes nas leis de falência e conforme publicados no Jornal do Comércio a partir de 1890, pois o período imperial, além de ser bastante marcado pela oralidade processual, também forneceu menos dados sobre as declarações de falências e aprovações de concordatas, situação que, a partir do período republicano, mudou e foi possível obter mais informações sobre processos de falências, tais como os nomes dos juízes, varas, motivos dos despachos – se declaração de falência proposta pelo próprio devedor ou por terceiros, bem como editais de convocação para reuniões e assembleias de credores –, sentenças, como as de reabilitação de falidos, dentre outros dados que foram obtidos; (c) abordagem sobre algumas publicações menos citadas nos livros que já tratam sobre história das leis de falência no Brasil em relação a cada período, sem com isso realizar um resumo da visão de tais autores sobre as leis para recontar a historiografia que aqui foi pesquisada e analisada[9]; e (d) apresentação

[8] O método de abordagem dessas fontes leva em consideração como marco teórico a abordagem crítica da Professora Monica Duarte Dantas e do Professor Júlio Cesar de Oliveira Vellozo, em especial conforme descreveram e alertaram em publicação feita na Revista do Instituto Histórico e Geográfico Brasileiro (VELLOZO, Júlio César de Oliveira; DANTAS, Monica Duarte. *Debates parlamentares e seus usos pelo historiador. In* Revista do Instituto Histórico e Geográfico Brasileiro (IHGB). Rio de Janeiro, a. 179, nº 477, pp. 11-288, mai./ago. 2018, p. 45–72).

[9] Especificamente em relação às publicações de cada um dos períodos abordados neste trabalho, deve ser destacado que tornou-se praticamente inviável identificar quantos exemplares foram publicados em cada uma das edições dos livros aqui abordados; sobretudo porque o *International Standard Book Number* (ISBN), que mantém os registros internacionais de identificação dos livros segundo seus autores, títulos, editoras, países e edições, foi criado em 1967, na Inglaterra, e oficializado apenas em 1972 de um modo mais abrangente em outros países. Em especial, no Brasil, o sistema não teve efetiva abrangência até meados da década de 1980, passando a integrar a realidade das editoras e publicações brasileiras a partir da década de 1990. Por essa razão, considerei as menções por outros autores nos debates, bem como a eventual continuidade e grau de relevância das obras com base

das disposições da lei, contemplando a estrutura formal de divisão e institutos jurídicos abordados, devendo ficar claro que as caixas contendo os procedimentos que se encontram com linhas contínuas são as de realização obrigatória em cada um dos procedimentos e as caixas com linhas tracejadas são as facultativas ou que somente seriam aplicadas como consequência de uma decisão favorável ou negativa adotada em função de um procedimento obrigatório.

A organização desses subcapítulos em ordem cronológica de 1850 a 1945 nos pareceu adequada não por considerar uma evolução no sentido de um encaminhamento da sociedade de algo pior para algo melhor, mas sim na possibilidade de se acompanhar os passos escolhidos, bem como os registros das experiências daquilo que se entendeu como funcional em um certo momento e daquilo que mereceu alguma interpretação de reparação em momento subsequente. Esse ritmo da análise nos possibilitou responder àquela primeira pergunta-problema deste trabalho, acerca das escolhas de políticas adotadas pelo Brasil sobre o tema da atividade comercial em crise ao longo dos diversos períodos, bem como a inclusão de determinados agentes e a exclusão de outros. A falência e a concordata no período se mostram aplicáveis a comerciantes assim entendidos como pessoas naturais e sociedades, excluídas as sociedades anônimas; posteriormente aplicáveis a todos aqueles que praticassem atos de comércio em suas atividades econômicas, inclusive as sociedades anônimas; excetuado dessa prática de atos de comércio e, portanto, afastadas das leis de falências e concordatas, em uma construção jurídica ao longo do período, as atividades de lavouras (como chamadas no século XIX) ou agrícolas (como chamadas na primeira metade do século XX), apesar de outras áreas, como contratos, títulos de crédito, sociedades, serem aplicáveis aos modelos de negócios dessas atividades.

Ainda sobre as fontes, na Hemeroteca Digital Brasileira da Biblioteca Nacional há ainda até a conclusão desta pesquisa um hiato de edições do

nas citações e referências aos respectivos autores. A quantidade de edições de cada obra apenas amplia essa perspectiva, mas não atribui, na nossa concepção, um caráter de maior relevância de uma obra em relação à outra, apenas demonstra uma capilaridade maior de vendas sob a perspectiva do comércio de livros, o que não necessariamente pode ser correlacionado à qualidade do trabalho.

Jornal do Comércio do Rio de Janeiro entre 1910 e 1919 e 1924 e 1925, de modo que não obtivemos acesso a esse material e, portanto, em relação a tal período, não foi possível resgatar debates, manifestações ou mesmo dados sobre os processos de falências que eram publicados, não obstante o fato de termos verificados as fontes oficiais e outros jornais durante o período para podermos explorar o desenvolvimento das discussões.

A escolha pelo Jornal do Comércio do Rio de Janeiro para todo o período estudado nesta pesquisa se deu também por ser o maior acervo de Jornal do Comércio disponível em meio eletrônico, bem como pelo fato de ser o Rio de Janeiro a capital do Brasil durante todo o período dos estudos realizados nesta pesquisa, de modo que foi possível identificar personagens e instituições que são retratados nas edições do Jornal e que também repercutiram na Câmara, no Senado e nos Ministérios. Além disso, importante destacar também a dificuldade de leitura dessas fontes, tanto de páginas dos anais da Câmara e do Senado, quanto dos jornais que aqui foram identificados. As dificuldades foram especialmente pela qualidade das digitalizações, evidentemente em razão do próprio material utilizado para a impressão nos diversos períodos, bem como as dificuldades de armazenamento para a boa manutenção do estado de conservação desses documentos. Também houve o acesso por meio eletrônico ao arquivo do CPDOC da Fundação Getúlio Vargas, em especial para acessar o acervo das correspondências de Alexandre Marcondes Machado Filho, personagem relevante nos debates durante a década de 1920 até a outorga do decreto-lei de 1945, bem como para indicar, minimamente, dados biográficos das pessoas que participaram dos debates sobre as reformas das leis. Não foram utilizadas fontes de rádio ou outras eventuais gravações para os estudos que aqui foram investigados.

Com isso, acerca dessa análise e abordagem histórica, estamos partindo de uma premissa de que os eventos históricos, no sentido de acontecimentos, não ocorreram de modos idênticos nos diversos espaços e ambientes da ocupação humana, tampouco foi a escolha legislativa vencedora nos diversos momentos a única vertente das escolhas políticas e temas a serem defendidos pelos políticos em cada momento, por isso há uma série de especificidades a serem levadas em conta que demandariam um estudo específico do que ocorreu em outros ambientes e sobre outros temas e outras leis debatidas pelas pessoas aqui identificadas. Também não há, neste trabalho, uma abordagem de direito comparado entre o que estava sendo feito no Brasil e o que estava sendo debatido em outros países.

Evidentemente não se considera que o Brasil era uma bolha impenetrável, uma "jabuticaba" como muitas vezes é discutido nas pesquisas, tampouco incomunicável com o resto do mundo. Temos a ciência de que os debatedores e elaboradores das leis no Brasil estavam atentos ao que estava acontecendo em outros países e que os outros países também estavam tomando suas medidas legislativas para lidar com o tema da crise na atividade comercial. Não obstante essa autocrítica pela ausência de abordagem do tema em outras jurisdições – que merece um aprofundamento –, entendemos que o objetivo desta pesquisa foi dar um primeiro passo mais completo e organizado para a reconstrução do quebra-cabeças e do mapa de debates sobre como se deu o modo de produção das leis de falências e concordatas no Brasil, especialmente por buscarmos abordar os temas sob ângulos diferentes que não apenas os apresentados por autores da bibliografia tradicional e sua própria percepção sobre a história contada pelos autores que a viveram, como os casos especialmente dos trabalhos de Carvalho de Mendonça (1899 e 1916), Trajano de Miranda Valverde (1930-1932), Bento de Faria (1947) e Rubens Requião (1971).

Outras duas autocríticas estão localizadas no fato de que não foi possível, tanto pelo período necessário para a conclusão da pesquisa do doutorado, quanto pela nossa própria dedicação, abordar todo o posicionamento político dos elaboradores e debatedores das leis em relação a outros temas e outros debates que não aqueles voltados ao direito falimentar e institutos afins, tampouco foi possível identificar o perfil dos devedores e dos credores dos processos de falências e concordatas.

Entendemos que essas identificações também compõem uma abordagem importante, especialmente para que os vitoriosos e os derrotados nos debates possam ser relacionados a outras atividades e posicionamentos políticos que praticavam em suas épocas no Brasil – no caso dos políticos identificados em alguns momentos foi possível explicitar esse ponto, como, por exemplo, no caso da discussão da reforma da década de 1920 quando vemos um determinado político favorável à maior intervenção do Estado via Poder Judiciário limitando a liberdade de contratação dos credores e devedores – o que poderia ser considerado antiliberal –, mas ao mesmo tempo como um congressista favorável à aprovação do voto feminino – o que poderia ser considerado liberal.

Por outro lado, entre os devedores, a regra foi de identificação de pessoas naturais, os comerciantes em si, ainda que sob uma firma de uma sociedade sem responsabilidade limitada e não eram sociedades anônimas. Essas companhias ou sociedades anônimas foram pouco identificadas dentre os casos de falências e concordatas. Também foi possível identificar a presença do Banco do Brasil como um credor recorrente em processos, porém há outros casos em que o Banco do Brasil não foi identificado e há credores que concentravam grandes valores dentre os demais, o que pode abrir margem para uma investigação acerca de quem eram esses grandes credores, sobretudo para identificar a origem desses personagens e as atividades com as quais estavam relacionados.

Por fim, além desses pontos que merecem investigações próprias, também entendemos ser importante um aprofundamento na imprensa de outras regiões para além do Rio de Janeiro. Levantamos alguns dados de publicações em Pernambuco, no Paraná e em São Paulo, mas o enfoque principal desta pesquisa recaiu sobre o Rio de Janeiro em função da maior abundância de fontes de imprensa digitalizadas, de modo que outros dados, contrários, complementares ou simplesmente diferentes poderão dar ainda outras dimensões e discussões sobre o processo de elaboração das leis de falências e concordatas, inclusive mostrando a participação dos congressistas que aqui foram identificados em relação ao seu eleitorado local originados em outras regiões do Brasil. Por fim, casos específicos de falências e concordatas que tiveram maior repercussão na imprensa são mencionados ao longo dos diferentes períodos, porém não nos detivemos especificamente sobre qualquer um deles, abrindo espaço para que outras pesquisas possam se aprofundar nas especificidades e vicissitudes de casos práticos.

Em relação às disposições específicas de cada previsão legal contida nas leis de falências e concordatas também não é este um trabalho que se ateve a detalhar cada uma das mudanças dos dispositivos, tampouco analisar comparativamente os textos integrais de cada uma das leis; portanto não temos a pretensão de explicar as nuances técnicas previstas nas diversas leis sobre os pedidos de reivindicação ou procedimentos de impugnação de créditos, habilitações, conflitos de competência, dentre outros.

As críticas específicas sobre a abordagem na prática se deram por meio dos depoimentos expressados ao longo dos debates e publicações na imprensa e tal ausência de aprofundamento na prática se deu especialmente pela dificuldade em se obter a íntegra de processos antigos e pelo menor volume de processos que tinham seu conteúdo publicado nos jornais. Deve ficar claro que foram localizados alguns casos em diferentes períodos e que poderão ser analisados por outros estudos ou até por outros pesquisadores. O objetivo aqui era identificar os debates, as pessoas envolvidas, os principais temas convergentes e divergentes e as soluções que foram escolhidas pelos agentes políticos do Estado brasileiro em cada um dos diferentes momentos.

Portanto, o foco aqui é o Brasil e, mesmo ao se dizer o foco é Brasil, é um Brasil daquilo que se denominou a partir do século XIX de sudeste, em especial em relação ao que se debatia na capital (o Rio de Janeiro). Ou seja, nem todos os "Brasis" estão abarcados nesta pesquisa. A referência aos autores mencionados e aquelas publicações de cada período, também revelam essa localização geográfica muito especifica, bem como fontes dessa produção e reprodução de conhecimentos.

Em relação às transcrições das citações, importante alertar que foram mantidas com a grafia de cada período, preservando a forma original como foram publicadas. Entendemos que isso dificulta um pouco a leitura, porém escolhemos esse modo de apresentação para que pudéssemos manter as transcrições das fontes do modo mais fiel possível, especialmente diante da apresentação das rotas deste mapa e peças deste quebra-cabeças. Isso também poderá levar o leitor mais especializado a sentir falta de nomes famosos ligados ao direito comercial ou ao campo do direito falimentar, mas a falta não se deu por ignorância desta pesquisa em relação a tais nomes e sim pela efetiva ausência de menção a determinados autores que são tidos em alta conta na contemporaneidade, porém que não foram mencionados nos debates ou nas críticas às leis. De mesmo modo, outros autores que aqui são citados e que também são velhos conhecidos desse público especializado, aqui estão em razão e na medida de sua relevância conforme identificados entre as fontes pesquisadas.

Nos subcapítulos em que são apresentados os debates e essas fontes históricas, buscamos manifestar o mínimo possível nossas observações que criam a história contada nesta tese, sendo que à guisa de conclusões, ao final de cada capítulo imprimimos nossas considerações finais, aí sim com nossas observações específicas e com o máximo cuidado para evitarmos análises anacrônicas sobre os temas e posicionamentos identificados nas fontes.

Com isso buscamos apresentar a todas as pessoas que venham a ler esta, pesquisa primeiro o relato e resgate do que consta das fontes históricas e depois a nossa história narrada sobre a interpretação que demos a tais fontes, abrindo mais caminhos para que possamos (i) apresentar esta história, (ii) mapear as possibilidades de outras pesquisas e (iii) dar o espaço para que outras interpretações possam ser feitas e, assim, que críticas possam ser elaboradas contra ou a favor das narrativas históricas que aqui apresentamos.

A pesquisa na história do direito aqui busca trabalhar com essas fontes e, desse modo, explicar os acontecimentos no âmbito de seus momentos, circunstâncias e localizações espaciais, considerando os agentes envolvidos, bem como os posicionamentos expressos que foram documentados, sobretudo por meio de documentos oficiais do Estado e em documentos autorais registrados pela tipografia da época. Com isso, o que se buscou, conforme o título deste trabalho, foi identificar os modos de produção das leis de falências e concordatas no Brasil durante o período, compreendendo seus diferentes contextos, os agentes envolvidos na aprovação dos textos legais, bem como identificando sua repercussão e o uso na prática, conforme registrado nos documentos analisados.

## 1.1 Justificativa, método, tema da pesquisa e suas delimitações

Para fins das escolhas que levaram às delimitações sobre o tema desta pesquisa, há considerações que devem ser feitas sobre os métodos e o uso das fontes que foram exploradas para a construção dos diversos capítulos e, consequentemente, suas conclusões e a história que aqui é apresentada.

A tarefa proposta se deu em uma linha de abordagem de um tema cuja bibliografia no campo do Direito Comercial é pouca ou apenas identificada nos capítulos introdutórios de manuais e livros gerais sobre o tema das falências e do que se convencionou chamar de *direito da insolvência* no Brasil, bem como de um modo reprodutor da visão de outros autores, muitos deles imiscuídos nos momentos em que eram editadas e apresentadas as leis de cada um dos períodos[10]. O objetivo foi identificar e analisar as fontes dos debates, confrontá-las com outras fontes, em especial os jornais, relatórios ministeriais e mensagens presidenciais, de modo a, com isso, chegar à história que aqui se desenvolveu. Não se verá neste trabalho a reprodução do que os autores de livros sobre falências explicaram, a partir de suas próprias visões, sobre o processo de alterações das diversas normas ao longo da história do Brasil. Esse afastamento de uma resenha dos capítulos sobre a história das leis se deu, pois, costumeiramente vemos um uso de argumentos historicamente baseados, em especial a partir da visão de autores que estavam também imersos nas discussões políticas e no próprio processo legislativo do período, em capítulos introdutórios que muitas vezes nos dão a sensação de que o tema é importante, seja pela própria visão daqueles personagens, seja porque desde Roma já se abordara o tema. Nessa visão, teríamos aquela premissa comum aos trabalhos do direito de que se os romanos foram geniais em sistematizar o direito praticamente da forma como o entendemos ainda hoje, então seria importante retornar o tema a partir dessas raízes históricas romanas, para então se compreender as escolhas legislativas adotadas a partir do século XIX no Brasil, criando, com isso, uma premissa de legitimidade a partir da autoridade romanística[11] para fundamentar a certeza

[10] Vide nota de rodapé 3.

[11] Sobre o que me refiro como romanística, de modo resumido, devemos considerar como o movimento intelectual e prático de interpretação do direito romano a partir de autores de períodos posteriores ao período do Império Romano e que se valeram de outros autores que explicavam o direito em Roma para fundamentar seus debates jurídicos em seus respectivos tempos (Petit, Carlos. *'Tradição Romanística' e Ensino do Direito Romano nos Estados Unidos. In* Fonseca, Ricardo Marcelo; Seelaender, Airton Cerqueira Leite. *História do Direito em Perspectiva – do Antigo Regime à Modernidade.* Curitiba: Juruá, 2008, p. 253-279), como o caso da escola histórica alemã que se valeu do uso do argumento histórico do direito romano como parte do argumento legitimador das escolhas jurídicas para a formação da Alemanha unificada no século XIX. Como explicado sobre Savigny e a escola histórica do direito, "[o]utros estudiosos do direito aparecem ao lado de Savigny, e outros textos centrais da escola histórica do direito ao lado de seus escritos. O programa científico é assim reconstruído como um discurso, não extrapolado de programas estilizados posteriores. Com a visão dominante do poder formador de escola de um conceito

da escolha do direito na interpretação e criação das leis. Não é o que se admite como premissa para este trabalho. Pelo contrário.

Desenvolver uma pesquisa histórica sobre as leis de falências do Império Romano até a outorga do Decreto-lei nº 7.661, de 21 de junho de 1945, no Brasil, é um problema de pesquisa muito complexo e que, se não impossível, certamente levaria a um trabalho cujo fim não se avistaria do ponto de partida de uma pesquisa de doutorado como a que permitiu a elaboração deste livro.

Demandaria inclusive uma incursão arqueológica para melhor compreender o que determinados autores quereriam dizer sobre a aplicação de institutos jurídicos nos mais variados períodos romanos e subsequentes, para que não ficássemos apenas fazendo uma resenha do que determinados autores expressam, em cada um dos mais diversos períodos e interessados nos mais diversos motivos para a apresentação de suas ideias.

jurisprudencial, três seções cronológicas são formadas. Na primeira seção, até cerca de 1820, questiona-se quais dos princípios centrais da escola que hoje são enfatizados podem realmente ser encontrados no trabalho dos alunos da época. Trata-se da tão citada noção de que o direito é um organismo, do efeito modelo do "Tratado da Posse" (*Besitz* ou o *Das Recht des Besitzes*) de Savigny de 1803 e da importância do espírito do povo como razão do surgimento do direito. Será mostrado que esses fatores dificilmente são adequados para explicar a escola histórica do direito nesses anos como uma unidade. Até cerca de 1820, a Escola Histórica de Direito era essencialmente uma rede colaborativa na busca metodicamente refinada para uma melhor compreensão do direito romano antigo[.]"; no original: "Neben Savigny treten andere Rechtswissenschaftler, neben seine Schriften andere zentrale Texte der historischen Rechtsschule. Das Wissenschaftsprogramm wird also als Diskurs rekonstruiert, nicht von später stilisierten Programmen hochge-rechnet. Mit dem auch hier dominierenden Blick auf die schulbildende Kraft eines Rechtswissenschaftskonzepts werden drei zeitliche Abschnitte gebildet. Im ersten Abschnitt bis etwa 1820 wird danach gefragt, was sich von den heute herausgehobenen Kernsätzen der Schule in den Arbeiten der Schüler zu dieser Zeit wirklich findet. Es geht um die vielberufene Vorstellung, dass das Recht ein Organismus sei, um die Vorbildwirkung von Savignys »Besitz« von 1803 und um die Bedeutung des Volksgeistes als Entstehungsgrund des Rechts. Dabei wird sich zeigen, dass diese Faktoren kaum tauglich sind, um die Historische Rechtsschule in diesen Jahren als Einheit zu erklären. Die Historische Rechtschule ist bis etwa 1820 vielmehr ganz wesentlich ein arbeitsteiliges Netzwerk auf der methodisch verfeinerten Suche nach einem besseren Verständnis des antiken Römischen Rechts[.]" (Haferkamp, Hans-Peter. *Die Historische Rechtsschule*. Frankfurt am Main: Vittorio Klostermann, 2018, p. 111).

Além disso, um trabalho como esses, que geralmente preenchem bem o início de outros trabalhos como "introduções históricas" ou "evoluções históricas" e compilam ou resenham outros trabalhos a partir das visões dos autores que imprimiram suas próprias perspectivas sobre as diferentes leis, pouco nos agrega para explicar sobre a dinâmica social, os derrotados nos debates, vencedores, o contexto da política no território brasileiro de então, a influência ou não dos problemas da externos e da economia para as propostas de mudanças legais, a existência ou não de ideias de fortalecimento do desenvolvimento capitalista brasileiro por meio de tais leis, bem como sobre quais as ideias que foram tomadas como base para a elaboração dos textos das leis e, desse modo, entendemos que o recorte das fontes, bem como as autocríticas que aqui apresentamos, abrem a possibilidade para uma melhor compreensão da formação dos institutos jurídicos que são alvo desta pesquisa, bem como do modo de produção dessas leis de falências e concordatas no Brasil.

Some-se a isso também o risco de dissociar a visão dos autores em relação ao próprio período em que escreveram sobre suas impressões acerca dos regimes de quebra, execução coletiva, falimentares e afins, bem como o risco do anacronismo na pesquisa histórica. Esse risco pode se materializar ao se abordar conceitos e dinâmicas que nos são contemporâneas, para períodos em que nosso acesso é restrito à leitura de fontes e de bibliografias. Evidentemente esse risco do anacronismo está presente em qualquer pesquisa histórica, por isso essa necessidade de se buscar métodos e instrumentos de abordagem da disciplina da História e não exclusivamente da disciplina do Direito, levando-se em contas que ambas disciplinas são organizadas por sociedades ao longo dos tempos, distintas entre si, mas complementares para compreendermos fenômenos sociais de modo mais aprofundado e abrangente. Talvez essa abordagem pretensamente histórica de muitos trabalhos jurídicos esteja relacionada à própria formação da Escola Histórica do Direito do século XIX, mas não é o objeto da discussão deste estudo[12].

[12] Sobre a abordagem histórica do direito como dogmática e não como pesquisa histórica, recomendo o seguinte trabalho: WIEACKER, Fraz. *História do Direito Privado Moderno*. 3 ed. Trad. António Manuel Hespanha. Lisboa: Fundação Calouste Gulbenkian, 2004, p. 475-476: "A Escola Histórica renovou a ciência jurídica ao conceituá-la, à sua maneira, como

Portanto, não é este um trabalho que agradará leitores assíduos por uma menção à *Lex Poetelia Papiria* ou mesmo à *Lei das XII Tábuas* e logo depois para entender o que é o instituto da *recuperação judicial* no direito brasileiro atual. Não há essa pretensão aqui[13]. A leitura das fontes nos transportou também para um Brasil muito diferente do atual, ao mesmo tempo em que nos apresentou discussões que são familiares e que precisaram de muita atenção para não serem diretamente associadas ao cotidiano de quem atua no ramo do direito ligado às falências e institutos correlatos como é o nosso caso.

Por exemplo, ao localizar nos debates parlamentares, bem como ao se abrir os jornais de cada um dos períodos e identificar uma discussão sobre um conceito importante nos temas de direito da insolvência sobre qual o juízo que tem a competência para analisar pedidos de falência, bem como outros pedidos relacionados às leis de insolvência, nos deparamos com o conceito de que é competente para julgar e processar tais institutos jurídicos o juízo do *principal estabelecimento*. Este conceito introduzido expressamente na lei brasileira em finais do século XIX ainda existe até os dias atuais conforme o art. 3º da Lei nº 11.101, de 9 de fevereiro de 2005, o que poderia nos levar a associar as discussões atuais às passadas. Porém, ao nos deparamos com as colunas dos jornais que tratavam dos esportes em que somente se falava do jóquei e das regatas como modalidades

histórica; com isto, ela apontou deliberadamente para uma nova dogmática jurídica e não para a investigação histórica. Se o programa da Escola favoreceu as investigações históricas como meio de compreensão orgânica do direito tornado histórico, a sua orientação no sentido das tarefas dogmáticas da jurisprudência impediu uma plena participação no desenvolvimento da ciência histórica do séc. XIX."

[13] Sobre essa tarefa, além das demais influências que estão presentes em outras citações e notas de rodapé, destaco que "[o]s historiadores modernos reconhecem plenamente que a compreensão do passado – o que o passado em si, forçosamente, significa – está em perpétua mudança, conforme a ênfase, o interesse e o ponto de vista do historiador. Já não se busca uma determinação ubíqua e invariável do curso dos eventos humanos, como a do curso dos planetas. A necessidade férrea dos processos históricos foi descartada. [...]. E a contribuição do historiador consiste em apontar para fatores *potencialmente* relevantes e para combinações *potencialmente* significativas entre eles, as quais não poderiam ser percebidas com facilidade numa esfera de experiências mais restrita. Estas são as perguntas. As respostas são outra história." (GERSCHENKRON, Alexander. *O atraso econômico em perspectiva histórica e outros ensaios*. Trad. Vera Ribeiro. Rio de Janeiro: Contraponto, 2015, p. 67-68).

esportivas dignas de nota na imprensa, percebemos nuances distintas das atuais. Ora, evidentemente o Brasil daquele período não é o mesmo em que vivemos no período de elaboração desta pesquisa, portanto, as discussões que ainda temos hoje sobre *principal estabelecimento*, não podem ser simplesmente transportadas para as discussões sobre *principal estabelecimento* havidas desde o Decreto nº 917/1890.

Mesmo a descrição sobre as falências há também a sensação de proximidade com o que temos nos dias contemporâneos, porém ao perceber que o legislador utilizava a locução de que a sentença judicial tinha o condão de *declarar a falência*, e hoje utilizamos a locução *decretar a falência*, temos de notar que há também diferenças conceituais que precisam ser analisadas com cuidado.

O mesmo efeito de proximidade das discussões contemporâneas se teve sobre outras fontes, como, por exemplo, vimos o então presidente da república, Wenceslau Braz, criticando o processo eleitoral no Brasil e questionando a validade das votações, indicando a necessidade imediata de uma reforma eleitoral[14], bem como vimos, lemos e ouvimos em 2022 o presidente da república também questionando o processo eleitoral no Brasil. Evidentemente as discussões não são as mesmas, tampouco as premissas, mas uma leitura enviesada poderia querer buscar no passado a continuidade de algo que se vive no presente e, sobre isso, deve-se redobrar o cuidado na pesquisa. Assim também ocorreu quando vimos as críticas de alguns jornais à vacinação obrigatória contra a varíola principalmente, em 1904, as árduas críticas ao médico Oswaldo Cruz, *o napoleão da seringa*, como veremos, e uma inevitável correlação aos questionamentos sobre a vacinação contra a COVID-19 neste início da década de 2020. Obviamente as situações são completamente diferentes, apesar da aparente similitude: enquanto no início da década de 1900 para além da vacinação ser obrigatória, houve também a utilização do pretexto para a promoção da violência policial, bem como para se "limpar" as ruas da capital retirando os moradores de rua e enviando-os para outros esta-

[14] BRASIL. *Mensagem apresentada ao Congresso Nacional na Abertura da Primeira Sessão da Nona Legislatura pelo Presidente da República Wenceslau Braz Pereira Gomes*. Rio de Janeiro: sem editora, 1915, p. 6-7.

dos[15], durante a pandemia da COVID-19 vimos a vacinação facultativa como pauta das discussões entre os leigos e os especializadas sobre se as pessoas deveriam ou não tomar, inclusive com liberdade para não tomar as vacinas disponibilizadas.

Somos afetados por nossas ideias e visões de mundo, que acabam sendo transportadas para aquele momento da pesquisa sobre o passado. Porém, sempre que somos tomados por esse sentimento, é importante relembrar que este é um trabalho de história e de história do direito brasileiro e, com isso, "tomar um gole de ar" para que possamos analisar e confrontar as fontes da pesquisa histórica com as demais fontes do mesmo período, de modo que poderemos tentar buscar as perguntas e respostas sob uma forma mais restritiva à pauta que estava presente durante o período estudado, tentando não contaminá-la com as pautas que nos são contemporâneas.

O cuidado com essa busca pelo afastamento de temas contemporâneos seguiu a linha já bem discutida por Paul Ricœur para entendermos que o desafio da análise do contemporâneo e do inacabamento do período estudado não tornem inviável a análise histórica do objeto aqui proposto.[16]

[15] Nesse sentido, importante destacar que "[u]m dos aspectos que mais chamam a atenção no contexto da Revolta da Vacina é o caráter particularmente drástico, embora muito significativo, da repressão que ela desencadeou sobre as vastas camadas indigentes da população da cidade. Deparamos aqui com um exemplo chocante de crueldade e prepotência, que entretanto nos permite definir com clareza algumas das coordenadas mais expressivas da história social da Primeira República. [...]. Essa repressão brutal e indiscriminada não se restringiu aos dias que sucederam imediatamente ao término do motim. Segundo denúncia de Barbosa Lima na Câmara, ela se arrastou tragicamente 'por dias, por meses'. Lima Barreto o confirma, anotando em seu diário que 'trinta dias depois, o sítio é a mesma coisa. Toda a violência do governo se demonstra na Ilha das Cobras. Inocentes vagabundos são ali recolhidos, surrados e mandados para o Acre[.]'" (SEVCENKO, Nicolau. *A revolta da vacina: mentes insanas em corpos rebeldes*. São Paulo: Editora Unesp, 2018, p. 91-92).

[16] Nas palavras de Ricœur: "[a] história do contemporâneo, chamada também de história do tempo presente, constitui um observatório notável para medir as dificuldades que surgem entre a interpretação e a busca da verdade na história. Essas dificuldades não se devem principalmente à inevitável intervenção da subjetividade da história, mas à posição temporal entre o momento do acontecimento e o da narrativa que o relata[.]" (RICŒUR, Paul. Ob. Cit. 2007, p. 350).

Justamente por nos depararmos com trabalhos que fizeram a abordagem histórica apenas como um capítulo de *evolução* ou *introdutório* do direito falimentar, quase de modo determinista, daquilo que era para diretamente o que conhecemos hoje, é que uma das perguntas-problema, formadora desta pesquisa cuja resposta perseguiu da tese que ora se transforma em livro, e que orientou as hipóteses do doutorado: como se deu o modo de produção das leis que modificaram ao menos em seis períodos diferentes a legislação de falências num período de noventa e cinco anos no Brasil? Esta pergunta-problema foi feita especialmente ao se notar que, em outras áreas do direito comercial, as alterações legislativas no mesmo período não foram tão intensas quanto as tentativas de modificações das leis falimentares, como o caso do direito dos contratos comerciais, títulos de crédito, direito marítimo e até o direito societário, que tiveram menos mudanças legislativas durante o mesmo período deste trabalho.

As respostas têm diferenças, provocando graduais rupturas legislativas, bem como têm continuidades e aprofundamentos de respostas que já haviam sido dadas para cada um dos períodos estudados, e esses períodos vão acompanhando a formação do papel de um Estado-nação, em constante construção, cujo Código Comercial está contido – e não o contrário – até um período em que o direito, assim como outros campos do estudo humano, vai criando maior especialidade e determinadas áreas do conhecimento passam a ser abordadas no interior de seus microcosmos.

Conjuntamente àquela pergunta-problema, buscou-se compreender também, limitado ao campo direito comercial, mais especificamente sobre a matéria das falências e concordatas, qual a influência da formação do Estado brasileiro, da recepção ou não de leis estrangeiras, da modernização da sociedade brasileira, bem como da formação do liberalismo e do autoritarismo nacionais, para a formatação jurídica escolhida pelo Brasil nos diversos momentos e por meio de cada um dos seis textos de lei que foram analisados ao longo desse período de noventa e cinco anos.

O Direito em si não se restringe ao texto das leis, tampouco cria a realidade; a realidade por sua vez reflete-se também por meio de normas jurídicas que, apesar de abstratas e intangíveis, estão sendo criadas a partir do processo social no interior de cada um dos grupos humanos em ação, levando a aplicações concretas no cotidiano e formando suas próprias regras e sentimentos de pertencimento, tornando aquele abstrato das leis, no concreto da interpretação daqueles que têm o poder de fundamentar suas decisões e aplica-las na prática.

A História, em paralelo nesta pesquisa, nos auxilia a estudar esses movimentos, termos e conceitos que estavam contidos na formação dessas ideias de realidade e que se refletem na formação jurídica, estatal e nacional em cada um dos diversos momentos. Nesses campos de ação humana e da própria formação da cultura jurídica, se insere esse problema-tese abordado por este trabalho.

Conectada a essa discussão sobre o caráter historicamente contingente a ser analisado sobre a produção jurídica dessas diversas leis de falências e concordatas na história do direito comercial brasileiro, consideramos também, como uma pista para a discussão da tese abordada neste trabalho a discussão acerca da potencial característica alternante de leis protetivas mais a credores em certos períodos e mais protetivas a devedores em outros períodos, chamada no direito comercial brasileiro de *dualismo pendular*.

Dentre as diversas obras, pareceres e atuações profissionais – tanto na academia, quanto na prática como advogado –, o professor Dr. Fábio Konder Comparato, em 1970, publicou um trabalho chamado "*Aspectos Jurídicos da Macro-Emprêsa*" em que dedicou um capítulo a discorrer sobre a falência no direito brasileiro. Esse texto surgiu em um determinado momento da história da sociedade e, mais precisamente, do desenvolvimento acadêmico e profissional do Direito Comercial, a partir da Faculdade de Direito do Largo São Francisco (a Faculdade de Direito da Universidade de São Paulo), um centro de encontro e de debate de diversas ideais, berço de muitas discussões que posteriormente foram positivadas e formadoras de opiniões e de leis, que o professor Comparato pôde difundir suas pesquisas e suas ideias. Dentre os tópicos abordados por tal livro, um conceito, que parte de uma premissa historicamente contingente de que a produção das leis brasileiras (*lato sensu*) sobre a matéria falimentar poderia ser definida por meio de um padrão de comportamento normativo chamado de *dualismo pendular*.

Apesar de não ser a pretensão daquele autor elaborar uma pesquisa histórica sobre as leis de falências no Brasil, sua publicação acabou gerando o efeito de uma afirmação de pesquisa histórica e que acabou sendo apropriada e assumida como uma proposição verdadeira por diversos outros autores como uma característica histórica das leis brasileiros.

Esse *dualismo pendular* pode ser resumido como um movimento normativo que, historicamente, ora tendia a ser mais protetivo aos devedores, ora mais protetivo aos credores sujeitos dos processos falimentares, inclusive em razão da previsão normativa de um maior número de institutos que favoreceriam as renegociações de dívidas ou da menor oferta de institutos jurídicos para tal fim. Essa afirmação carregada de um conteúdo historicamente contingente foi também apropriada por outros nomes influentes na produção cultural do direito comercial brasileiro, como os professores Rubens Requião[17], Nelson Abrão[18], Jorge Lobo[19], Paulo Penalva Santos[20], dentre outros daquele período e novamente tomou um papel protagonista nos últimos anos [21] para os profissionais e acadêmicos que debatem o tema das leis de falência e *insolvência* no Brasil.

[17] Requião, Rubens. *Aspectos Modernos do Direito Comercial*. São Paulo: Saraiva, 1977.

[18] Abrão, Nelson. *O novo direito falimentar*. São Paulo: Revista dos Tribunais, 1985.

[19] Lobo, Jorge. *Direito concursal*. Rio de Janeiro: Forense, 1998.

[20] Santos, Paulo Penalva. *O novo projeto de recuperação de empresa*. In: Revista de Direito Mercantil, Industrial, Econômico e Financeiro, São Paulo, Malheiros, v. 117, ano 39, jan./mar. 2000, p. 126- 135.

[21] Refiro-me a alguns trabalhos envolvendo a pesquisa em direito falimentar e ao que se convencionou chamar de *direito da insolvência* ou *direito da empresa em crise*, especificamente alguns exemplos. Daniel Cárnio Costa, em artigo, destaca especificamente o seguinte trecho: "[t]ambém na evolução da legislação brasileira se observa esse *dualismo pendular*. O Código Comercial de 1850 estabeleceu a concordata, mas que somente seria concedida se houvesse a concordância da maioria dos credores por cabeça e titulares de 2/3 dos créditos sujeitos aos seus efeitos [já alterada em 1854 como veremos]. Na sequência, veio o Decreto 917/1890, prestigiando o interesse do devedor e criando meios preventivos à falência, como a moratória, cessão de bens, acordo extrajudicial e concordata preventiva. Diante da constatação de abusos, editou-se a Lei 859/1902 para repressão dos abusos decorrentes das moratórias, prestigiando, portanto, os interesses dos credores. *Nesse sentido, observa-se que a lei ora protege mais o credor, ora mais o devedor; o consumidor e o fornecedor, o inquilino e o locador; e assim por diante. Esse fenômeno também é observado em relação ao intérprete.* Assim, não só a lei toma partido na proteção de um dos polos da relação de direito material, mas também o intérprete busca aplicar a lei sempre em favor de um dos polos da relação de direito discutida no processo de solução de um caso concreto (grifamos) [.]" (Costa, Daniel Cárnio. *Reflexões sobre processos de insolvência: divisão equilibrada de ônus, superação do dualismo pendular e gestão democrática de processos. In* Cadernos Jurídicos da Escola

Desde as primeiras discussões sobre a reforma do Decreto-lei nº 7.661/1945[22], por enquanto a norma falimentar mais longeva do direito brasileiro (teve vigência por quase sessenta anos), e até a atualidade, a partir de diversos trabalhos publicados, tanto pela *internet*, quanto em livros, capítulos de livros e artigos, diversos autores se apropriaram dessa afirmação historicamente contingente e a utilizaram como uma premissa e um referencial aplicável ao caso brasileiro para se debater as escolhas legislativas sobre as reformas adotadas no Brasil, mantendo uma ideia de um protagonismo dos comerciantes na elaboração das leis, pois ora seriam mais benéficos aos comerciantes devedores e ora mais benéficas aos comerciantes credores.

Naquele trabalho que inaugurou essa ideia no Brasil de *dualismo pendular*, se afirmara que "*[e]m nosso país, a legislação falimentar tem seguido um ritmo nitidamente pendular: protege-se alternadamente o insolvente, ou os seus*

Paulista da Magistratura. São Paulo, ano 16, nº 39, p. 59-77, janeiro-março de 2015, p. 68); Ronaldo Vasconcelos entende que: "[n]o Brasil essa situação não se mostrou diferente. Depois do clamor doutrinário existente desde 1960 no sentido da necessária reforma do direito falimentar brasileiro, sempre buscou-se uma concreta e adequada perspectiva de tratamento das crises econômico-financeiras das empresas, *encerrando-se assim o pernóstico ciclo do 'dualismo pendular' do direito falimentar brasileiro. Esse indesejado dualismo ora prestigia o devedor (tal qual ocorria com o decreto-lei nº 7.661, de 21 de junho de 1945), ora prestigia o credor, tal qual ocorre atualmente com a Lei de Recuperação e Falências em vigor* [referindo-se à Lei nº 11.101 de 2 de fevereiro de 2005] (grifamos) [.]" (Vasconcelos, Ronaldo. *Princípios Processuais da Recuperação Judicial.* Tese de Doutoramento da Faculdade de Direito da Universidade de São Paulo (FD/USP), 2012, p. 118-119. Disponível em https://teses.usp.br/teses/disponiveis/2/2137/tde-15052013-162049/publico/Ronaldo_Vasconcelos_doutorado_versao_completa.pdf, acesso em 25/2/2019).

[22] Como exemplo, o parecer do então presidente da Comissão de Direito Comercial do Instituto dos Advogados Brasileiros – IAB: Santos, Theophilo de Azeredo. *Parecer sobre a Subemenda global às Emendas de Plenário ao Substitutivo adotado pela Comissão Especial ao Projeto de Lei nº 4.376, de 1993, que 'regula a recuperação e liquidação judicial de devedores pessoas jurídicas e pessoas físicas que exerçam atividades econômicas e dá outras* providências. *In* Revista do Instituto dos Advogados Brasileiros, nº 92, ano 34, 2º trimestre de 2000, p. 129-142. Especificamente o autor discorre que "[5.] [o] *nosso direito falimentar sempre se caracterizou pelo que o Professor Fábio Konder Comparato denominou de 'dualismo pendular': as leis ora destacam a proteção dos credores, ora os interesses do devedor, sem que houvesse qualquer preocupação com eventual interesse social da empresa a ser preservado,* tese agasalhada pelo mestre Rubens Requião, em notável conferência pronunciada no IAB[.] (grifamos)" (*Id.*, p. 130).

*credores, ao sabor da conjuntura econômica e da filosofia política do momento.*"[23] Essa é uma afirmação propositiva carregada de elementos históricos contingentes e que podem ser confrontados ou validados a partir da pesquisa histórica sobre como se deu o modo de produção das leis de falências e concordatas no Brasil, comprovando-se ou não a existência dessa intencionalidade dos agentes do Estado em adotar modelos alternativos na legislação, capaz de caracterizar um movimento das leis em sintonia com essa ideia de um *dualismo pendular*.

Mas tanto para confrontar tal afirmação, quanto para validá-la, há apenas um elemento comum: a necessidade de se realizar uma pesquisa mais aprofundada sobre as fontes históricas que caracterizaram os registros sobre como teria se dado o processo legislativo e que foram formadores das diversas normas que tratam do tema das falências e concordatas na história do direito comercial brasileiro.

Porém, nem mesmo o trabalho que trouxe essa afirmação, tampouco os demais que nela se basearam, se aprofundaram em uma análise especificamente histórica sobre as fontes dos debates parlamentares e outras fontes correlatas, como os jornais de cada época, tampouco sobre o que outras pessoas, que não prevaleceram nos debates, disseram; também não houve a identificação de quem foram e quais foram as premissas basilares para se estabelecer efetivamente essa ideia de grupos protegidos pelo trabalho normativo do Estado, não demonstrando, portanto, se teriam os comerciantes credores e devedores conseguido controlar essa dinâmica do processo legislativo ou se um outro grupo de pessoas, com base em outras preocupações, é que teria sido capaz de fazer sua visão prevalecer, inclusive em detrimento de credores e devedores.

Portanto, apenas de modo complementar à tese abordada pelas perguntas-problemas deste trabalho, fez-se uma pergunta secundária, intimamente conectada à primeira: ao se analisar o modo de produção e de aplicação das leis de falência no Brasil, qual o alcance da proposta da formação histórica do *dualismo pendular* entre essas normas voltadas para o instituto da falência no Brasil? A resposta decorrerá da conclusão a que se chegou ao fim da análise das perguntas-problemas que fundamentam

[23] Comparato, Fábio Konder. Ob. Cit. 1970, p. 95.

esta tese. Essa pergunta secundária se alinha com a tese e perguntas-problemas aqui propostas e, se há uma relação historicamente contingente para essa afirmativa, cuja existência é premissa para diversos outros trabalhos acadêmicos nesse campo do conhecimento humano; há espaço para o debate e para uma pesquisa histórica que pode complementar essa lacuna percebida nos diversos trabalhos, incluindo aí o próprio trabalho que originou essa afirmação.

Sobre esse uso da argumentação histórica ao se debater uma reformulação normativa ou mesmo ao se apresentar uma crítica contemporânea a uma norma historicamente descontextualizada dessa contemporaneidade, devemos ter alguns cuidados, sobretudo algumas medidas que podem trazer perspectivas críticas mais complexas e que podem nos levar a debates mais aprofundados. Portanto, é nesse ponto de convergência da disciplina da *história do direito* que se insere este trabalho.

# 2
# OS HOMENS ARRUINADOS: UMA HISTÓRIA DAS LEIS DE FALÊNCIAS E CONCORDATAS NO BRASIL (1850-1945)

*Rubião perguntou-lhe uma vez:*
*– Diga-me, Sr. Freitas, se me désse na cabeça ir á Europa, o senhor era capaz de acompanhar-me?*
*– Não.*
*– Porque não?*
*– Porque eu sou amigo livre, e bem podia ser que discordassemos logo no itinerario.*
*– Pois tenho pena, por que o senhor é alegre.*
*– Engana-se, senhor; trago esta mascara risonha, mas eu sou triste. Sou um architecto de ruínas. Iria primeiro ás ruínas de Athenas; depois ao theatro, ver o Pobre das Ruinas, um drama de lagrymas; depois, aos tribunaes de fallencias, onde os homens arruinados...*
*E Rubião ria-se; gostava daquelles modos expansivos e francos.*[24]

(*Quincas Borba* de Machado de Assis)

Os "homens arruinados" são os negociantes e comerciantes, cuja caracterização normativa para o regramento da convivência e a solução de conflitos entre esse grupo social se deu inicialmente por meio de estatutos pessoais e, com o passar do tempo e aparelhamento da formação dos Estados, por meio das regras do jogo estabelecidas pelas estruturas

[24] Assis, Machado de. *Quincas Borba*. Rio de Janeiro: B. L. Garnier Livreiro-editor, 1891, p. 56.

estatais que se formaram. Eles ocupam o olhar sobre o modo de produção das regras a eles aplicadas que estão em discussão neste trabalho. Por meio da análise sobre o modo de produção das leis e decretos pertinentes às falências e concordatas no Brasil e observando a falência e a concordata como instituições jurídicas, que nascem da prática comercial e que se fazem como um meio e não um fim em si, uma organização normativa específica foi se desenvolvendo, se institucionalizando, foi possível identificar as formas de continuidade e de ruptura para a consecução das ações das elites que estão vinculadas à formação sociopolítica do Estado brasileiro em relação a esse campo específico das atividades humanas.

A falência e a concordata, sob a perspectiva de institutos jurídicos abstratos com efeitos materiais concretos, como serão abordadas aqui, não são instituições como são as praças de comércio ou como são os bancos, as bolsas, as sociedades anônimas, mas um meio normativo para ser aplicado como uma forma de materializar uma intencionalidade das pessoas envolvidas na sua formação. E passam a ser instituições jurídicas, que determinam um certo formalismo para que assim sejam aplicadas, especialmente por meio da declaração judicial de que um determinado comerciante, negociante ou homem de negócios é considerado um falido, um "homem arruinado", um "quebrado" ou, sob o prisma de outro arranjo, um concordatário.

Ao analisar o modo de produção dessas ordens normativas institucionalizadas e aplicadas pessoalmente ao grupo social daqueles chamados comerciantes ou negociantes, podemos ter uma perspectiva de um método de observação, questionamento e pesquisa da *multinormatividade*[25]. Em relação às falências e concordatas esse é um processo de produção em que a formação normativa social passa a sair de um deter-

[25] Resumidamente, podemos entender que "[m]ultinormatividade não é outra palavra para pluralismo jurídico. O ganho em falar em multinormatividade é justamente o de remeter a normas que não têm o selo de juridicidade, ainda que possam ganhar tal reconhecimento, pagando um preço por isso (formalização, detalhamento), e que, uma vez reconhecidas (ou não) como jurídicas, influenciam a aplicação do direito. O conceito de pluralismo jurídico fecha, de antemão, a questão da marca jurídica de normas sociais não estatais. Deixar em aberto se uma normatividade social é jurídica, ou não, é heuristicamente fecundo para investigar se o reconhecimento jurídico é reivindicado, por quem, em que condições, se é dado e que diferença isso faz[.]" (DANTAS, Mônica Duarte; BARBOSA, Samuel Rodrigues

minado grupo de pessoas, os comerciantes, de um modo institucionalizado entre esse grupo, e vai para uma institucionalização estatal que inclusive chega a retirar os poderes decisórios dessas pessoas submetidas a tal regramento e entrega tais poderes ao Estado, por meio dos juízes, ministério público e outras pessoas encarregadas conforme os cargos criados pela lei, gerando um reconhecimento jurídico que reflete uma intencionalidade de um determinado grupo, não necessariamente revelando uma linha direta para a incorporação e formação de um capitalismo liberal no Brasil a partir do século XIX nesse campo comercial, posteriormente, essa ideia de capitalismo liberal vai ser modificada e novas ideias vão tomando o seu lugar.

Quanto ao recorte temporal para fins desta pesquisa, nos interessa especialmente o período de 1850 a 1945 por se localizar o desenvolvimento dessas instituições jurídicas no Brasil ao mesmo tempo em que se desenvolve também aquilo que abstratamente reconhecemos como uma economia de mercado, no seio do que a história definiu como a modernidade capitalista, liberal e contextualizada num sistema-mundo que passa a ser ainda mais integrado entre as nações que estão se formando.

A pesquisa identificou ao longo do seu desenvolvimento movimentos de criação de normas, que extraíram a sua organização partindo-se da premissa do conceito léxico do *engano*, da *ruína*, da *quebra*, dos próprios comerciantes, e passaram ao domínio do direito, de um determinado grupo de pessoas que, advindas especialmente da formação das Faculdades de Direito no Brasil, com seus conceitos de moral e de costumes, bem como com as orientações políticas de classes que prevaleceram durante cada um dos períodos em relação ao tema do fracasso comercial dos negociantes, dando menor ênfase para crises econômico-financeiras internas e externas nos diferentes momentos em que foram tomadas as decisões pela alteração de tais leis.

Com isso, passou-se – pelo prisma das leis e decretos – a se formalizar uma busca pela moralização daquilo que determinadas classes e agentes do Estado julgavam como imoral nesse fracasso comercial ou mesmo daquilo que se julgava imoral no âmbito da liberdade de contratação das

(org.). *Constituição de poderes, constituição de sujeitos: caminhos da história do Direito no Brasil (1750-1930)*. São Paulo: Instituto de Estudos Brasileiros, 2021, p. 13).

partes e das vontades das maiorias de credores no âmbito dos processos, até chegar ao ponto da sua total supressão da deliberação dos credores no caso das concordatas.

Ao mesmo tempo, vamos identificar que a primeira reforma republicana está inserida em um contexto de narrativa da mudança da estrutura e da conjuntura políticas, saindo da monarquia para a república, porém mantendo os arranjos locais que já haviam se formado ao longo do século XIX, especialmente em relação ao direito processual, que, mesmo pela Constituição de 1891, permanecia como uma matéria de competência estadual e não da União; tudo isso em um contexto de completas reformas legislativas, alterando-se a constituição e buscando-se alterar as leis infraconstitucionais. Essas alterações legislativas iniciadas a partir do golpe republicano de 15 de novembro de 1889 não são soluções perfeitas em si e outras alterações se seguiram. A diminuição da presença dos comerciantes nos debates, com o consequente aumento da presença de advogados – em especial advogados de credores –, magistrados e membros do Ministério Público, levou a legislação falimentar e concordatária, aplicável exclusivamente aos comerciantes e aos atos de comércio praticados no dia-a-dia, a uma aplicação alinhada com ideias de moralização do comércio, dos credores e devedores, de moralização dos juízes, promotores e síndicos ligados aos processos de falência e concordatas, punição do fracasso, de um movimento antiliberal sob a perspectiva das liberdades de contratação e também econômica, com maior presença da orientação pretendida pelo Estado por meio das políticas comandadas ora pelo Executivo, ora pelo Legislativo, em detrimento de um movimento legislativo para se buscar medidas para suportar crises e permitir a retomada das atividades econômico-financeiras diante de problemas enfrentados pelas praças comerciais.

Esse caminho percorrido se encerrou, nesta pesquisa, com o planejamento estabelecido pelo Estado autoritário adotado entre 1930 e 1945, por meio do qual novamente se alterou a Constituição e, por sua vez, as normas infraconstitucionais, inclusive contemplando a reorganização do Judiciário, buscando em especial fixar uma visão de controle da implementação desse planejamento pelo Estado e, no caso das falências e concordatas, o tema ficou mais claro por meio da extinção da regra de deliberação de credores nas concordatas e de boa parte das deliberações na falências, passando a batuta do processo a ser protagonizada e conduzida pelo Estado por meio do Poder Judiciário, em especial, por meio dos juízes que passariam a ser investidos da função de comandar esse planejamento moralizante almejado pelo Estado autoritário sobre um determinado setor de atividades da sociedade e da economia no Brasil.

Especificamente em relação aos diferentes capitalismos identificados durante o período proposto no Brasil, consideramos algumas formas diferentes que podem ser identificadas, dentre elas uma primeira, de longa duração, de um capitalismo exportador, outra da industrialização limitada e específica para o atendimento de determinados setores de consumo e, em meio ao encerramento desta pesquisa, uma fase de um capitalismo de industrialização pesada[26]. Com isso podemos identificar um período em que estamos diante de uma transição neocolonial ainda durante esses meados do século XIX, até uma relativa eclosão institucional de modernização capitalista em determinadas regiões, com a formação de novos setores da economia no Brasil e, posteriormente, carregado pelas próprias contradições desse desenvolvimento, a emergência de uma outra forma de expansão capitalista, por meio de um capitalismo dependente[27], todas elas gerando impactos sobre o desenvolvimento da atividade comercial que é o alvo das leis de falências e concordatas.

[26] Draibe, Sônia. *Rumos e metamorfoses – um estudo sobre a constituição do Estado e as alternativas de industrialização do Brasil (1930-1960).* 2ª edição. Rio de Janeiro: Paz e Terra, 2004, p. 9-11. E explica a autora: "[c]om a constituição da economia capitalista exportadora no Brasil, abre-se um período de transição capitalista. Conforma-se uma estrutura econômica na qual aparecem as diversas formas de capital: o comercial, o bancário, o produtivo, ligado às atividades de exportação, o capital estrangeiro com suas inversões em sistema de transporte, serviços públicos etc. e, finalmente, o capital industrial. Apesar da acentuada diversificação das formas de capital, a economia exportadora é dominada pelo capital mercantil[.]" (*Id.*, p. 9).

[27] Fernandes, Florestan. *Circuito Fechado – quatro ensaios sobre o "poder institucional".* São Paulo: Globo, 2005. Especificamente Florestan destaca que "[s]e se adota este amplo ponto de vista descritivo e interpretativo, podem-se estabelecer dois tipos de confronto. O primeiro, apanhando as fases socioeconômicas da evolução do sistema de produção e de dominação econômica. Têm-se, aí, três períodos ou fases mais ou menos bem delimitados historicamente: 1º) a era colonial, que se caracteriza pelo controle direto da Coroa e pelos efeitos do antigo sistema colonial na organização do espaço ecológico, econômico e social; 2º) a era de transição neocolonial, que vai, *grosso modo*, do início do século XIX,

Essas abordagens complementares sobre as diferentes etapas do processo do capitalismo no Brasil auxiliam na compreensão de determinadas escolhas legislativas por parte do Estado, em especial sobre a matéria jurídica das falências e concordatas. Também nos é útil para compreender a escolha de não inclusão da atividade agrícola ao regime jurídico do direito comercial dos atos de comércio e, consequentemente, caracterizá-la como uma atividade não suscetível ao procedimento das falências ou concordatas. Por outro lado, sobretudo por meio dos discursos oficiais, esse movimento demonstra uma escolha para sujeitar comerciantes aos regimes de falências e concordatas, estabelecendo-se, com isso, a dinâmica da economia nacional que foi se constituindo ao longo do período.

De mesmo modo, também nos auxilia a compreender a escolha legislativa de retirar dos credores a deliberação sobre o destino dos pedidos de concordatas, bem como dos contratos de união nas falências, passando então o Estado a ter o monopólio da escolha sobre quais agentes da economia poderiam ter homologada sua concordata e quais deveriam falir, de acordo com as decisões exclusivamente tomadas pelos juízes, tudo isso simultaneamente ao período pós-1930 em que o Brasil passa a ter um novo sentido em seu processo de industrialização e diferentes participações na economia-mundo e na própria economia nacional.

Veremos a influência do período de hegemonia norte-americana, nesse ciclo sistêmico de acumulação que se aprofunda e se contradiz por todo século XX. A influência estará presente não somente na etapa do

com a chegada da familia imperial, a abertura dos portos e a Independência, até a sexta década do século XIX, a qual é caracterizada pela eclosão institucional da modernização capitalista e a formação de um "setor novo da economia", ambas girando em torno da constituição e irradiação de um mercado especificamente capitalista, implantado nas cidades com funções comerciais dominantes (em consequência de suas conexões com o mercado mundial e por começarem a funcionar como centros de concentração dos negócios ou de movimentação do excedente econômico retido internamente); 3º) a era de emergência e expansão de um capitalismo dependente, nascido do crescimento e consolidação do "setor novo da economia", que primeiro se configura como uma economia urbano-comercial com funções satelizadoras em relação ao campo e, em seguida, se reorganiza, transfigura e redefine como uma economia urbano-industrial, com funções integrativas de escala nacional e tendências de dominação metropolitanas, era esta que vai da sexta década do século XIX aos nossos dias[.]" (*Id.*, p. 42).

desenvolvimento desse capitalismo industrial intenso no Brasil, mas também na observação e na busca para a elaboração de leis inspiradas no modelo e nos debates tidos nos Estados Unidos, que também passam por alterações das leis de falência durante o século XIX e início do século XX, como o caso que apresentaremos da tradução da lei norte-americana de falências pelo jurista J. X. Carvalho de Mendonça, autor daquele texto que se consolidou na lei de falências de 1908 no Brasil, bem como nas manifestações expressas de congressistas se referindo à ideia de que o Brasil deveria copiar o modelo norte-americano.

Durante esse período, apesar de perceberemos também como as crises da economia mundial, bem como do próprio mundo em si, em especial no cenário da Segunda Guerra Mundial, propiciaram o desenvolvimento de determinados setores da economia no Brasil, sobretudo por meio de uma contribuição indireta para a formação daquela indústria intensa que notamos como uma das etapas desses diferentes momentos do capitalismo que consideraremos como um modelo para as análises estruturais e conjunturais desta pesquisa[28], contra intuitivamente não foram abordadas nos debates parlamentares e nos discursos publicados decorrentes das reuniões na Associação Comercial do Rio de Janeiro e do Instituto dos Advogados para fins de definição das novas reformas das leis de falências e concordatas.

Portanto, essa relação entre o direito, em especial o direito comercial, a formação de um novo sistema-mundo capitalista e de um mercado glo-

[28] LEOPOLDI, Maria Antonieta P. *A economia política do primeiro governo Vargas (1930-1945): a política econômica em tempos de turbulência*. *In* FERREIRA, Jorge; DELGADO, Lucilia de Almeida Neves. *O Brasil Republicano – o tempo do nacional estatismo: do início da década de 1930 ao apogeu do Estado Novo*. 9ª edição. eBook. Rio de Janeiro: Civilização Brasileira, 2019. Nessa linha, a autora específica que "[a] análise segue o impacto das crises e choques externos do período [1930-1945] sobre a economia e sobre as políticas macroeconômicas e acompanha também os esforços de Vargas e seus assessores para estabilizar um balanço de pagamentos instável e, ao mesmo tempo, incentivar o desenvolvimento industrial com medidas protecionistas. O argumento de nossa discussão é de que as crises além de contribuírem de forma indireta para a industrialização por substituição de importações (como analisou Celso Furtado), ajudaram a formar instituições e uma capacidade de governança que se torna mais evidente na segunda metade do período (1937-1945)[.]" (*Id.*, p. 4347).

bal, no âmbito da formação de um Estado nacional, apresenta sua importância em vista do fato de que

> "[a] organização da estrutura financeira de um país – os ativos, mercados e instituições – está intimamente ligada à organização do Estado Nacional e ao desenvolvimento das forças produtivas. Em outras palavras, 'a estrutura financeira destaca-se pela extrema sensibilidade às manipulações de caráter jurídico-político'"[29].

Nesse ambiente de prevalências de interesses privados e de certos grupos de poder é que se resulta o fim dos debates, tanto da criação do Código Comercial, como do fim das jurisdições mercantis especiais. Essa forma de recepção normativa escolhida pelo Estado não leva exclusivamente à conclusão de que o enfoque do tratamento falimentar e concordatário estaria controlado sob os grupos dos grandes fazendeiros brasileiros, mas por agentes diversos de Estado, com a formação jurídica e apropriação dos temas falimentares e concordatários sendo retirados de representantes exclusivamente dos comerciantes, especialmente para regular a atividade comercial desses negociantes, comerciantes e pessoas consideradas praticantes de atos de comércio que atuavam no Brasil[30].

Deve ficar claro que não estudamos aqui os debates que levaram à formação das escolhas para o formato adotado no capítulo das *quebras* do Código Comercial, já partimos da sua promulgação como o marco temporal inicial do recorte aqui escolhido. Esse Código Comercial trabalhou com um formato negocial entre credores e devedores, com liberdade para

[29] GUIMARÃES, Carlos Gabriel. *O Banco Mauá & Cia. (1854 – 1878): Um Banco no Brasil do Século XIX*. *In* SZMRECSÁNYI, Tamás; MARANHÃO, Ricardo (org.). *História de Empresas e Desenvolvimento Econômico*. Segunda Edição Revista. São Paulo: Hucitec/ Associação Brasileira de Pesquisadores em História Econômica/ Editora da Universidade de São Paulo/ Imprensa Oficial, 2002, p. 297.

[30] Sobre uma análise específica do uso da terminologia mercador, comerciante, negociante e empresário no Direito Comercial brasileiro tenho como base parte de uma pesquisa publicada (GORNATI, Gilberto. *Ruptura e continuidade na história do direito comercial brasileiro: dos atos de comércio à teoria da empresa (1850-1970)*. [in] Revista de Direito Bancário e do Mercado de Capitais, ano 16, vol. 59 (jan./mar. 2013). São Paulo: Editora Revista dos Tribunais, 2013, p. 169 – 213).

deliberações coletivas sobre a forma de pagamento e até mesmo eventual superação da declaração falimentar, passando, portanto pelo crivo da deliberação dos credores do comerciante[31] e, como veremos, uma prática dos comerciantes e negociantes do século XIX passou a fundar uma nova dinâmica de solução negociada que posteriormente foi apropriada pelos juristas legisladores, por meio das leis que incorporaram essa prática sob a forma legislativa do acordo extrajudicial ou concordata preventiva.

Dali em diante, a prática e as diferentes visões de mundo e de Brasil, foram desenvolvendo novas dinâmicas sociais de condução das decisões de reformas legislativas, bem como dos processos jurídicos, com menor participação de pessoas ligadas diretamente ao comércio, em especial aos devedores, até o ponto do direito se tornar um instrumento prático para consumar a orientação escolhida de política pública pelo Estado, como veremos ao longo dos capítulos.

## 2.1 O Código *Commercial* do Império (Lei nº 556, de 25 de junho de 1850) e a regulamentação sobre as quebras, *fallencias* e concordatas

> *Augustos e digníssimos senhores representantes da nação – De ordem de S. M. Imperial tenho a honra de offerecer á vossa consideração uma proposta alterando o processo das fallencias, estabelecido pelo nosso codigo do commercio. Se ha uma legislação essencialmente variavel é a legislação commercial, porque deve ella seguir a natural mobilidade das relações e dos interesses do commercio(.) [...]. Ha 14 annos (sic) o nosso commercio acolheu esperançoso a legislação de 1850. O tempo, porém, veio demonstrar que não era senão illusoria a protecção que o codigo prometia aos credores. Com effeito, o nosso processo das fallencias, lento, complicado, dispendioso, importa sempre a ruina do fallido e o sacrificio do credor. Uma dolorosa*

[31] Especificamente com base no art. 842 do Código Comercial, o juízo da quebra deveria convocar os credores do comerciante declarado falido para que pudessem deliberar sobre o projeto de concordata, quando o falido a propusesse, ou se quereriam formar o contrato de união (art. 855); situação em que os credores nomeariam dois ou mais administradores da massa falida com "poderes para liquidar, arrecadar, pagar, demandar ativa e passivamente, e praticar todos e quaisquer atos que necessários sejam a bem da massa, *em Juízo e fora dele* (grifamos)."

*experiencia tem demonstrado que os credores, apezar das fraudes de que são victimas, descorçoados do resultado, abstêm-se desses processos eternos, e querem antes aceitar concordatas as mais ruinosas e ridiculas.*[32]

(Discurso de Nabuco de Araújo, então Ministro da Justiça, na Câmara dos Deputados em 1866)

A porta de entrada da regulamentação jurídica do tema falimentar e concordatário no Brasil se dá num ambiente conturbado da própria formação de uma cultura jurídica local em contrapartida à cultura jurídica de outros países. O direito do século XIX no Brasil é marcado ainda por uma forte influência da tradição do direito continental europeu – incluindo aqui o *direito comum* europeu[33] e especialmente o direito das *nações desen-*

[32] BRASIL. *Anais da Câmara dos Deputados.* Sessão de 1º de junho de 1866, p. 14.

[33] O direito comum ou *ius commune,* neste caso, leva em conta que "[a] expressão direito comum [diritto comune] também é corrente no direito moderno, quando falamos de direito comum [diritto comune] em antítese a uma lei singular, ou na medida em que há um somatório de normas jurídicas que encontram sua aplicação a todos os sujeitos do ordenamento jurídico de um Estado (ou mesmo em vigor, com referência a uma ou mais matérias, no território do Estado considerado como um todo, em oposição a uma lei local ou particular), enquanto as outras são válidas apenas para certas pessoas, ou para casos particulares, ou ainda com referência a certos assuntos. Mas tal determinação (entre outras coisas não unívoca, porque se esclarece pelo seu contrário) do conceito de direito comum [diritto comune] no direito moderno – bem como de outras conceituações próprias a ele como, por exemplo, 'sistema legislativo' ou 'hierarquia de fontes' – não são adequados para a compreensão do conceito de direito comum no direito intermediário [pós revolução francesa, especialmente do início do século XIX, chamado de diritto intermédio ou droit intermédiaire], ou seja, na experiência jurídica medieval. Pelo contrário, revelam-se enganosas porque conduzem a uma incompreensão de um dos seus elementos fundamentais, ou seja, o pluralismo jurídico: a premissa necessária para essa compreensão é representada pela eliminação de 'todo o estatismo latente', pela purificação de todos os vestígios de resíduos dogmáticos positivistas, ao reconhecer que é fundamentalmente um 'direito sem Estado', 'um direito que vive e funciona (ou melhor, que pode viver e funcionar) para além dos poderes políticos e da sua coação' (Grossi)." No original: "L'espressione diritto comune è corrente anche nel diritto moderno, allorché si parla di diritto comune in antitesi ad un diritto singolare, ovvero in quanto si abbia una somma di norme giuridiche che trovano la loro applicazione per tutti i soggetti dell'ordinamento giuridico di uno Stato (od anche vigenti, in riferimento ad una o più materie, sul territorio dello Stato considerato come un tutto, in contrapposizione ad un diritto locale o particolare), laddove invece le altre

*volvidas*, como o caso do português, espanhol e francês –, bem como pela oralidade, pela influência a ascendência da Lei da Boa Razão (a Carta de Lei de 18 de agosto de 1769, do reinado de D. José I de Portugal) e com isso a aplicação do direito das "[n]ações christãs, iluminadas, e pollidas" e das Ordenações do Reino.

É lugar-comum no direito tratar os temas a partir de marcos normativos, como se o direito ou as leis criassem a realidade e que a partir disso se iniciam os debates e os efeitos das ficções jurídicas sobre a vida das pessoas. Não é o que se pretende aqui. Apesar da organização dos capítulos a partir de cada uma das leis de falência existentes na história do Brasil até 1945, essa espinha dorsal que agrupa as discussões de cada texto normativo não exclui o ponto central deste trabalho que é compreender qual o papel escolhido pelos agentes políticos na formação dos respectivos corpos normativos sobre o tema das falências, do crédito, da dívida, do fracasso na exploração da atividade comercial e seus reflexos nas sociedades em que estão inseridos, ao mesmo tempo em que faz parte de um contexto da própria formação do Estado-nação brasileiro e, como tal, é influenciado pelos diversos momentos e pela orientação dada pelos respectivos agentes das elites nos centros de poder normativo de acordo com cada um dos períodos aqui estudados.

Evidentemente esses agentes políticos têm formações distintas e trazem consigo conceitos que lhes foram apresentados e por eles apreen-

valgano solo per certe persone, o per casi particolari, o ancora in riferimento a materie determinate. Ma una siffatta determinazione (tra l'altro non univoca, perché si precisa per il tramite del suo contrapposto) del concetto di diritto comune nel diritto moderno – così come altre concettualizzazioni ad esso proprie come, ad esempio, 'sistema legislativo' o 'gerarchia delle fonti' – non sono adatte alla comprensione del concetto di diritto comune nel diritto intermedio, cioè nell'esperienza giuridica medievale. Anzi, si rivelano fuorvianti perché portano a disconoscerne uno degli elementi fondamentali, ovverosia il pluralismo giuridico: la premessa necessaria a quella comprensione è rappresentata dal liberarsi di «ogni latente statalismo», dal depurarsi di ogni traccia di residui dogmatici positivistici, dal riconoscere il suo essere fondamentalmente un 'diritto senza Stato', «un diritto che vive e opera (o, meglio, che può vivere e operare) al di là dei poteri politici e della loro coazione» (Grossi)[.]" (CAPPELLINI, Paolo. *Storie di Concetti Giuridici*. Torino: G. Giappichelli Editore, 2010, p. 123). Sobre o *ius commune*, vide também CABRAL, Gustavo César Machado. *Ius Commune – Uma introdução à história do direito comum do Medievo à Idade Moderna*. Rio de Janeiro: Lumen Juris, 2019.

didos ao longo de suas respectivas vidas, de modo que não se pensa aqui que cada um dos marcos normativos foi capaz, por si exclusivamente, de criar uma realidade ou mesmo inaugurar simultaneamente uma nova cultura jurídica. Mudanças institucionais, numa dinâmica institucional do Estado, não decorrem, em regra, de marcos legais, ou seja, eles não podem ser lidos isoladamente de seus respectivos contextos estruturais e conjunturais antecedentes de sua própria formação. Portanto, a apresentação deste texto por meio desse fio condutor cronológico tem apenas como objetivo organizar o caminho para a análise aqui proposta sobre os diversos contextos históricos e da formação do Brasil como Estado-nação, especificamente no que diz respeito à produção das leis de falência ao longo dessa trajetória.

Como primeiro passo, sugerimos iniciar este estudo pela análise do conceito da palavra que veio a caracterizar o instituto da *falência* e, identificar, no ambiente lusófono, a apreensão do direito para refletir as consequências que recairiam sobre aqueles que tivessem dívidas e que não as pagassem da forma como contratadas.

Inicialmente, ainda em Portugal, sob a perspectiva do aspecto conceitual da terminologia escolhida para representar a ficção jurídica da relação de crédito e débito e do próprio fracasso de um comerciante frente suas obrigações e seus credores, temos a palavra *falência*.

Essa palavra, de origem latina, pelo dicionário de língua portuguesa elaborado pelo padre D. Rafael Bluteau, ainda na primeira metade do século XVIII, pode ter seu significado lusófono na ideia de "falta, por ignorância ou por engano", ou simplesmente como "engano"[34]. "Engano", por sua vez, tem como alguns de seus significados o de

[34] BLUTEAU, Rafael. *Vocabulario Portuguez e latino (Volume 04: Letras F-J)*. Coimbra: Collegio das Artes da Companhia de Jesus, 1713, p. 22: "Fallencia. Falta, por ignorancia, ou por engano. *Error, oris.Mafe.* Na escritura naõ póde have *Fallencia.* Monº Lusit. Tom. 5. pag. 211. Sem fallencia. Sem falta. Lá me acharei sem fallencia. *Sine dubio adero,* ou *prasens adero.* Dahí poucos dias lhes foy pago o dinheiro sem *Fallencia.* Lemos, cercos de Malaca, pag. 27. A que sem *Fallencia* havia de fazer. Monº Lusit. Tom. 7. 187." Esse uso do termo *fallencia* no sentido de engano é também utilizado como descrito no verbete "gallo" do mesmo dicionário: "[...]. Deitase com o Sol, & com saudades delle, naõ dorme quieto; na mayor tranquillidade interrompe o silencio da noite; enfastiado do interreino das sombras, desperta a Aurora, chama a luz, & sem fallencia prophetiza o dia."

"embuste", "velhacaria", "fallacia" e o ato de "enganar", nesse contexto, tem como um de seus significados "induzir artificiosamente a cometer algum erro, desacerto(.)"[35] e até "[e]nganar alguém, fazendo lhe perder alguma coisa."[36] Por sua vez, o termo mais próximo daquilo que será apreendido pelo direito comercial, temos o termo "bancarrota", cuja grafia se fazia por "banco roto", e este está incluído nesse material pesquisado em dicionários do século XVIII, a partir da definição francesa de *banqueroute* contendo o conceito de "[...] [q]uebrar o credito, e levantarse com as dívidas."[37] Levando-nos, assim, ao termo "quebrar", que, por essa perspectiva semântica, tem como um de seus sentidos "quebrar o devedor", que conteria o sentido de "quebrar algué, declarando aos acredores, que naõ tem como pagar. *Inopiam creditoribus denuntiare.*"[38] Esse mesmo sentido de "engano" é também o utilizado por antigos escritos, como os do Papa Gregório XIII, em seu *Tractatus universi juris, duce, & auspice*, quando se vale da palavra *fallentia* para explicar sobre o comportamento *enganoso* de uma pessoa[39].

Na mesma época, o dicionário define a "concordata" como um *termo político* e seria um "[t]ratado de hum Principe com outro sobre materiais concernentes ao bem commum dos seus estados. [...]. A *Concordata*

[35] BLUTEAU, Rafael. *Vocabulario Portuguez e latino (Volume 03: Letras D-E)*. Coimbra: Collegio das Artes da Companhia de Jesu, 1712, p. 114.

[36] *Id. ibid.*

[37] BLUTEAU, Rafael. *Supplemento ao Vocabulario Portuguez e latino (Parte 1: Letras A-L)*. Lisboa: Joseph Antonio da Sylva, Impressor da Academia Real, 1727, p. 104. No original: "Fazer banco roto, he de Agostinho Barbosa no seu Diccionário, por Quebrar o credito, e levantarse com as dividas. [...]. Banco roto neste sentido, he tomado do Francez *Banqueroute*."

[38] BLUTEAU, Rafael. *Vocabulario Portuguez e latino. Volume 07: Letras Q-S*. Lisboa: Officina de Pascoal da Sylva, Impressor de Sua Magestade, 1720, p. 39.

[39] BONCOMPAGNI, Ugo (Papa Gregório XIII). *Tractatus universi juris, duce, & áuspice*. Tomo XII, 1584, p. 214: "[...] fallentia verò, si dici possit fallentia, quae potius esset ampliatio loquitur, quando simpliciter est registrata [...]", disponível em https://go.gale.com/ps/retrieve.do?tabID=Monographs&resultListType=RESULT_LIST&searchResultsType=SingleTab&hitCount=42&searchType=BasicSearchForm¤tPosition=2&docId=GALE%7CU0106995551&docType=Monograph&sort=Pub+Date+Forward+Chron&contentSegment=ZMMC&prodId=MOME&pageNum=1&contentSet=GALE%7CU0106995551&searchId=R11&userGroupName=dsl01&inPS=true, acesso em 12 de junho de 2022.

poz limites às guerras. [...]. O animo del-Rey nesta *Concordata* (grifos do autor)."[40]

Por outro lado, já na segunda metade do século XVIII, em continuidade aos trabalhos do padre D. Rafael Bluteau, o novo dicionário de língua portuguesa, reformado e acrescentado conjuntamente com Antonio de Moraes Silva, define "banco roto" como "(e)specie de banco, ou balcão de negociante, o qual se quebrava aquelle que fallia, ou se levantava c'o cabedal alheio, do que era prova não apparecer na praça onde tinha o seu banco; daqui „*fazer banco roto* „ fallir no commercio „ *quebrar o banco.* [...][.]"[41], já indicando o sentido de engano ou fraude ao mencionar a ideia de alguém que se levantava com o cabedal, ou os recursos, alheios. Porém, apesar de já haver referência à conjugação do verbo *falir*, o substantivo "falência", puramente, permanecia exposto com o sentido de "falta", por *ignorância* ou *engano*[42]. Em relação à "concordata" o termo passa a ser sinônimo de *ajustamento, conciliação*[43], bem como também em um sentido de um acordo religioso entre e papas, especificamente a definindo como "convenção feita por el-Rey com os Papas, ou com os Prelados deste Reino sobre coisas de Jurisdicção. § Tratado entre Principes."[44]

Ainda analisando as definições linguísticas das palavras, já na primeira metade do século XIX, em edição publicada no Brasil, no dicionário de língua brasileira de Luiz Maria da Silva Pinto, "falência" também é apontada com o significado de "falta" e sinônimo de "engano"[45]. Porém a palavra "bancarrota", que passa a ter a sua grafia também como "banca-rota", apresenta-se com o significado associado a "banco", assim entendido

[40] BLUTEAU, Rafael. Ob. Cit. Volume 02: Letras B-C. Lisboa: Officina de Pascoal da Sylva, Impressor de Sua Magestade, 1720, p. 441.
[41] BLUTEAU, Rafael e SILVA, Antonio Moraes de. *Diccionario da lingua portugueza composto pelo padre D. Rafael Bluteau, reformado, e accrescentado por Antonio de Moraes Silva natural do Rio de Janeiro (Volume 1: A – K)*. Lisboa: Na Officina de Simão Thaddeo Ferreira, 1789, p. 162.
[42] *Id.*, p. 595, no original: "FALLENCIA , f. f. falta *v. g.* „ sem fallencia irei; cumprir o promettido sem fallencia. § Falta por ignorância, ou engano. M. Lus. na escritura não póde haver fallencia."
[43] *Id.*, p. 48.
[44] *Id.*, p. 304.
[45] PINTO, Luiz Maria da Silva. *Diccionario da lingua brasileira*. Ouro Preto: Typographia de Silva, 1832, p. 498.

como "balcão de negócios" e já passa a absorver o conceito comercial e jurídico de "falência" em sua definição, como sendo a situação que "[...] se quebrava quando fallia, e não apparecia na praça o negociante, que nella o tinha, e daqui banco roto ou banca rota, por fallida, quebra."[46] "Quebrar", nesse mesmo contexto, passa a incorporar o verbo "fallir"[47]. A palavra concordata permanecia como sinônima de *concordância*, esta definida como "[a]cção de conciliar[.]"[48] e também naquele mesmo sentido de "[c]onvenção do Rei com o Papa, ou com os Prelados do Reino. Tratado entre Principes."[49]

No Brasil, a palavra "fallencia" no sentido de "engano" também aparece em uso durante o início da segunda metade do século XIX, quando em sessão do Senado o Sr. Araújo Ribeiro utilizou o termo em seu discurso, no sentido de que algo seria feito *sem falência*, ou seja, *sem engano*[50] e, de mesmo modo, em outras publicações e anúncios, como no anúncio publicado no Jornal do Comercio em que se fazia uma propaganda de serviços de saúde: "a PESSOA que diz curar opilação, *sem fallencia*, póde dirigir-se á rua da Alfandega n. 44 (grifos nossos)[.]"[51] e ou que dizia "o AFAMADO remédio contra opilações, é tal a sua efficacia que não há a menor *fallencia*: o seu autor se responsabilisa por esse remédio [...] (grifos nossos)"[52], dentre outras situações em que a palavra era usada com o sentido de "engano"[53].

[46] *Id.*, p. 133.
[47] *Id.*, p. 799.
[48] *Id.*, p. 266.
[49] *Id. ibid.*
[50] BRASIL. Biblioteca Nacional. *Jornal do Commercio do Rio de Janeiro*. Edição 147, 1850. No original: "'[q]ue não deu ordem, mas sim conselho'; e durante a presidencia do desembargador Pimenta Bueno, o que eu ouvi geralmente referir, foi que o barão de Jacuhy mandára dizer a esse presidente que se S. Ex. lhe désse ordem de depôr as armas e dispersar a sua gente *elle a cumpriria sem fallencia*. Essa ordem foi com effeito dada, e teve immediato cumprimento, como todos sabem (grifamos)."
[51] *Id.* Edição 175, 1850.
[52] *Id.* Edição 240, 1853.
[53] *Id.* Edição 28, 1853. Nesta edição houve a publicação do balanço do Banco do Brasil e da ata da assembleia geral de acionistas, identificando com isso, entre outros casos, quando ao tratar dos acionistas habilitados a participar e aqueles que não preencheram todos os requisitos e se registrou que "[...] não foi por falta de vontade e nem por se poupar a

Avançando nessa segunda metade do século XIX, em obra sobre galicismos, palavras e frases de língua francesa introduzidas na língua portuguesa, Joaquim Norberto de Souza e Silva, remetendo àquele trabalho sobre o qual tratamos do padre D. Rafael Bluteau, definiu que

> BANCA-ROTA (Banque-route). – E' vocábulo adoptado para significar *fallencia de bens, quebra de negociante,* que não tem com que pagar as suas dividas ou letras. *Fazer banca-rota,* ou, como diziam os nossos antigos, *banco roto,* quer dizer *fallir, quebrar de bens,* etc. V. Bluteau no *Vocabulário e Supplemento* palavra *Banco.* E' notável o uso que faz deste vocábulo em sentido figurado Fr. Heitor Pinto. *Dialogo da lembrança da morte,* cap. 2º, aonde diz *qualquer que se faz amigo do mundo,* faz banco roto, *com Deus,* i. e. *quebra com Deus, rompe com elle,* ou *faz--se seu inimigo* – S. Luiz (grifos do autor).[54]

Já no início do século XX, o filho do Visconde de Taunay, Affonso Taunay, estudioso curioso pela lexicografia e pelo tema dos dicionários de língua portuguesa[55], escreve seu *Lexico de lacunas* em que define "quebradeira" como a "falta de dinheiro"[56], reiterando a relação conceitual entre a utilização do termo "quebrar", "falir", em linha também com a ideia da banca quebrada (*bancarrota*) e com as consequências decorrentes das dívidas contraídas por meio do crédito que lhe tenha sido dado e que não tenha sido pago.

No direito português essa incorporação do termo "falência" no sentido de "quebra" e falta de pagamento, além da própria prática, também

trabalhos, mas sim pela *fallencia* de habilitações precisas, e que por sua inadvertencia não tenha aqui mencionado (grifamos)." E o uso na linguagem com o sentido de "engano" sem a atribuição do sentido do instituto jurídico seguiu ao longo da década de 1850 no Brasil (BRASIL. Biblioteca Nacional. *Jornal do Commercio do Rio de Janeiro.* Edições 146 e 246, 1858).

[54] SILVA, Joaquim Norberto de Souza e. *Gallicismos, palavras e phrases da lingua franceza introduzidas por descuido, ignorancia ou necessidade na lingua portugueza: estudos e reflexões.* Rio de Janeiro: B. L. Garnier, 1877, p. 245-246.

[55] Além do léxico, debateu também o tema em seu "*Insufficiencia e deficiencia dos grandes diccionarios portuguezes, polemica com o Snr. Candido de Figueiredo*" publicado em 1928.

[56] TAUNEY, Affonso E. *Lexico de lacunas, subsidios para os diccionarios da lingua portuguesa.* Paris: E. Arrault, 1914, p. 172.

passa acontecer nos textos legais no mesmo período a partir da metade do século XVIII.

Não obstante, em um primeiro momento, ainda no século XVI, quando das Ordenações Manuelinas, em seu Livro III, Título 74, nº 3, e em reforma às Ordenações Afonsinas, temos a utilização do termo "quebra" para se referir àquele que deixa de pagar e que, se quebrado for, sofra a execução de seus bens na ordem de preferência de acordo com a qualidade da obrigação devida.

As Ordenações Afonsinas, do século XV, não se valiam do termo "quebra", "bancarrota" ou daqueles correlacionados, tampouco "falência". Dispunham sobre a prioridade de quem primeiro executasse as dívidas, sobre as demais existentes, nos termos do Livro III, Título LXXXXVII, mas não tratavam de um processo de quebra em si, tampouco utilizavam-se dessa terminologia ou conceito. Nestas mesmas Ordenações do Reino, havia também a previsão sobre quando e em que situações caberia a punição da prisão por dívidas. Não eram quaisquer dívidas, civis ou privadas, que poderiam levar à prisão, ainda que deixassem de ser pagas "por malícia"[57], porém havia um rol abrangente disposto nas Ordenações enumerando diversas hipóteses.

Especificamente para o objeto deste trabalho, nos chama atenção como, nas Ordenações Filipinas ou o Código Filipino, criado ao final do século XVI e modificado de tempos em tempos, também absorveu o termo "quebra", por meio do Título LXVI, no Livro V, em que eram dispostas diversas penas – e posteriormente se chamou do Livro do direito penal do Código Filipino –, por meio do qual se definiu o título perti-

[57] PORTUGAL. *Ordenações Afonsinas, Livro IV, Título LXVII.* O item nº 1 trata de dívidas civis que, caso não houvesse como pagar, poderiam levar à prisão do devedor; o item nº 2 trata de dívidas privadas que nunca levariam à prisão; o item nº 3 tratava de dívidas privadas e civis com promessa de pagamento em tempo certo, que caso descumpridas, sempre poderiam implicar em prisão; o item nº4 de dívidas com o Reino, poderiam levar à prisão e dependeria de uma graça real para sua liberação; e, por fim, o item nº 5 nos casos de condenação a pagar por conta de "malefícios" que alguém tenha causado, a prisão pelo não pagamento também seria possível.

nente às consequências "*dos mercadores que quebrão*". Aqui também se promoveu a distinção entre as falências casuais, culposas ou fraudulentas[58].

Essa terminologia permaneceu ao longo dos séculos, e mesmo a partir do final do século XVIII, especialmente por meio do Alvará[59] de 13 de novembro de 1756 durante o reinado de D. José I, pelo gabinete de Sebastião José de Carvalho e Melo, o Marquês de Pombal, com as alterações provocadas por tal Alvará, o termo "quebra" permaneceu e houve uma ampliação das penalidades contra os comerciantes que quebrassem e essa ampliação se deu sob a argumentação das consequências deixadas pelo terremoto que atingiu Lisboa em novembro de 1755, dizendo que

> [...] Eu El Rei, Faço saber aos que este Alvará com fórça de Lei virem, que, considerando que as grandes ruinas de cabedaes, e creditos, que a calamidade do memoravel dia primeiro de Novembro do anno proximo passado trouxe ao commercio dos Meus Vassalos; e que o cuidado de consolidar os mesmos creditos, e cabedaes, em benefício dos Homens de Negocio, que commerceão nestes Reinos, constituião dous objectos dos mais instantes, e urgentes, entre os muitos, que depois daquelle funesto dia excitarão o Meu Regio, e Paternal desejo de aliviar, e restabelecer Póvos, que Deos Me confiou, de sorte que, mediante a Divina assistência, os possa restituir ao estado de viverem á sombra do Throno em paz, e abundancia; contribuindo todos reciprocamente para o Bem commum, que resulta de cessarem no commercio as fraudes, e de se animarem, e sustentarem os que nelle se empregão com boa fé, em geral benefício: [...].[60]

Essa escolha legislativa contra as *grandes ruínas* de cabedais demonstram a iniciativa de uma nova lei ligada à quebra dos *homens de negócio*

[58] LEITÃO, Luís Manuel Teles de Menezes. *Direito da Insolvência*. 3ª edição. Coimbra: Almedina, 2011, p. 53. Destacando também que "[o] Direito português das Ordenações não instituía um verdadeiro sistema falimentar. Apenas nas Ordenações Filipinas surgiam algumas regras[.]" (CORDEIRO, António Menezes. *Direito Comercial*. 3ª edição. Coimbra: Almedina, 2012, p. 466).

[59] Chamado de "Lei" conforme anotações às Ordenações Filipinas da edição de 1870 aqui consultada: *Ordenações Filipinas, Livro III, Títulos IV e V, fac-símile da edição feita por Candido Mendes de Almeida*. Rio de Janeiro, 1870.

[60] PORTUGAL. *Alvará de 13 de novembro de 1756*.

em Portugal como uma resposta a um determinado momento de crise em razão das consequências do terremoto, da calamidade mencionada na própria explicação sobre a lei. O legislador no século XVIII em Portugal, ao menos nesse tema, pareceu buscar medidas específicas aplicáveis à ruína no comércio em razão das consequências de uma determinada crise, o que indica que esse seria um motivador para a reforma e criação de leis ligadas ao comércio.

O Título LXVI foi destacado em dez itens e incorporava o termo "quebra" relacionado ao não pagamento de créditos e especificamente em relação aos mercadores. Ou seja, destacou determinados sujeitos devedores contra os quais poderia haver um tipo processual de cobrança de tais dívidas. É aqui que, normativamente, o Estado passa a incorporar o conceito de que o processo de quebra se aplica àqueles mercadores, negociantes e homens de negócio que deixam de pagar suas dívidas e é aqui também, para fins do direito escrito português, que o tema é reforçado para ser normativamente tratado sob a perspectiva das penas contra aqueles que não cumpriam os pagamentos que deviam.

As Ordenações, cartas régias e alvarás, por sua vez, eram complementadas pelas demais fontes do direito, especialmente pela tradição romanística, pelo direito canônico e pelo *direito comum* europeu. Nesse período essas influências também são condizentes com aquela concepção exposta por D. José I de Portugal de buscar um meio para fazer com que todos os súditos possam melhor desenvolver o comércio, "[...] contribuindo todos reciprocamente para o Bem commum, que resulta de cessarem no commercio as fraudes, [...]" e também para "[...] remover do commercio dellas [das Praças deste Reino] as dilações, e os *enganos*, que sendo em todo o tempo incompativeis com o trato mercantil, se fazem absolutamente intoleraveis em huma conjuntura tão crítica: [...](.) (grifos nossos)"[61], pois a influência de Acúrsio e Bartolo de Sassoferato, está presente em Baldo de Ubaldo e em sua percepção de que aquele que leva ao *engano* é o impostor ("*Fallitus, ergo fraudator*"[62]) e que esse *enganador* deve sempre ser

[61] PORTUGAL. *Alvará de 13 de novembro de 1756.*

[62] Na nossa análise entendemos que essa frase costuma ser anacronicamente traduzida como "o falido é o fraudador", mas, como vimos, pelo próprio Alvará de 13 de novembro de 1756 e o não uso da expressão "falido", os termos utilizados no brocardo latino se referem

presumido como um impostor doloso, até que se prove o contrário (como o então conhecido brocardo latino "*Fallitus semper dolosus presuinitur, donee contrarium probetur*"). Apesar do gabinete pombalino tentar minimizar a influência dessa tradição jurídica por meio dessa abordagem que posteriormente veio a ser designada como o *direito racionalista*, não há como simplesmente apagar a cultura que se formara com o desenvolver da vida das pessoas até a existência da *Lei da Boa Razão*, incluindo ali a própria forma de abordagem sobre o tema da quebra e do *engano* na perspectiva que restou expressa por D. José I e de seu gabinete e seus Ministros. Sobretudo a partir do gabinete pombalino,

> [a] tradição jurídica é sujeita a severa crítica; é reafirmando o carácter apenas subsidiário do direito romano, cuja recepção é sujeita à triagem da 'boa razão'; bane se a autoridade de Bártolo e Acúrsio, bem como o uso do direito canónico nos tribunais civis; procura se limitar a competência normativa (assentos) dos tribunais; remete se, em matérias estratégicas na 'modernização' da sociedade e do Estado (direito político, económico, comercial, marítimo), para a legislação das 'Nações christãs, illuminadas, e pollidas.[63]

Porém, apesar dessas iniciativas pombalinas, os conceitos negativos em torno do comerciante, mercador, negociante ou homem de negócios que fosse considerado quebrado ou falido, permanecia mesmo com a provocação normativa de uma nova abordagem sobre o direito. A consequência exposta na reforma do Código Filipino por meio do Alvará de 13 de novembro de 1756 é que esses mercadores ou homens de negócio que quebrassem deveriam ser havidos por "ladrões" ou "roubadores" e deveriam ser castigados com as mesmas penas, bem como deveriam perder a nobreza – se a tivessem – e a liberdade.

E é nessa segunda metade do século XVIII, tal qual visto nos dicionários, que também vemos a incorporação do termo "falido" nas normas em língua portuguesa, para tratar sobre esses mercadores ou comerciantes

a "engano" e não à palavra "falência", não cabendo, portanto traduzi-la como "o falido é o fraudador"; portanto utilizamos a locução "aquele que engana é o impostor".

[63] Hespanha, António Manuel. *Cultura Jurídica Europeia – síntese de um milênio*. Florianópolis: Fundação Boiteux, 2005, p. 338-339.

que quebrassem. Apesar de ter uma parte não incorporada nas Ordenações Filipinas, aquele Alvará trata em sua disposição XIV sobre a necessidade de que qualquer homem de negócio que falte com o pagamento de crédito devido, se sentasse perante a Junta Comercial, perante o Provedor e Deputados da Junta, "jurando a verdadeira causa da fallencia, em que se achar, pelas perdas, ou em partes totaes, ou parciais, que houver padecido: entregando com as chaves do seu Escritorio, e dos livros, e papeis, que nelle se acharem [...]."[64]

Essa mesma utilização como um instituto jurídico do termo "falido" também é observada por meio do Alvará de 17 de maio de 1759, que trouxe alterações àquele Alvará de 13 de novembro de 1756, estabelecendo procedimentos para o pagamento dos credores "por hum justo rateio" em relação aos "inventarios dos mercadores *fallidos* (grifos nossos)". É aqui também que a norma passa a registrar de modo expresso o objetivo do tratamento igualitário na falência entre os credores para fins do rateio dos pagamentos na falência, não diferenciando ainda aqueles detentores de penhores ou hipotecas dos demais, especialmente quando se destaca, na forma do dito Alvará, que

> Minha Real intenção foi introduzir a possivel igualdade entre todos os ditos Crédores, extinguindo para este fim as preferencias assim de Direito comum, como do particular deste Reinos: Estabeleço, que se não possa contar juros, ainda estipulados, senão até o dia da apresentação dos Falidos, e sequestro feito nos seus bens; sem embargo de qualquer Lei, Disposição, ou costume contrario, que todos Hei por derrogados para este efeito somente, ficando aliás sem em seu vigor.[65]

Apesar de o termo "concordata" ainda não aparecer como apropriado no sentido do direito comercial, pudemos perceber que a abordagem do conceito de "falido" ou "quebrado" na língua portuguesa, mesmo quando apropriado por um sentido jurídico, vem alinhada com a ideia de *engano*, *fraude* e *roubo* e isso nos parece uma percepção e uma intencionalidade que são constituintes da instituição jurídica da ideia sobre a falência no

[64] PORTUGAL. *Alvará de 13 de novembro de 1756.*
[65] PORTUGAL. *Alvará de 17 de maio de 1759.*

Brasil. Se com o decorrer dos anos o conceito de "falido" em português passou cada vez mais a ser utilizado em relação àquelas pessoas quebradas, com uma conotação jurídica e ausência de recursos para cumprir suas obrigações – econômica neste sentido –, também passou a ser cada vez mais associado àqueles que mereciam uma penalidade e uma presunção de uma atitude intencional para fraudar, enganar ou roubar outra pessoa – os seus credores –, posto que teriam presumidamente tomado alguma forma de crédito e não tenham realizado o pagamento ou a devolução da forma como combinado e contratado.

Também nesse tema dos devedores sob a perspectiva das leis, há o instituto da cessão dos bens, que nas Ordenações Filipinas vem disposto no Livro IV, Título 74, e também é criticado, inclusive pela própria disposição das Ordenações, que estabelecia sobre aqueles que se valiam da cessão de bens determinando

> porque com o remedio de poder fazer cessão de bens, fazião os devedores malicias, e enganos em prejuizo dos credores, os quaes se lhes não podiao provar: querendo a isto prover, mandamos que não possa devedor algum fazer cessão de seus bens, e se fizer, seja de nenhum efeito, e invalida: salvo, provando, que ao tempo que contractou, tinha tanta fazenda sua, porque os credores bem podião estar seguros de seu pagamento, e por lhe sobrevir algum caso, dano, ou perda sem culpa sua, por onde sua fazenda fosse diminuída, ou perdida, não pode pagar: ou se o devedor logo ou contracto da obrigação por qualquer maneira que fôr feito, declarou aos credores, que não tinha fazenda, ou que a tinha obrigada á outras pessoas, porque em cada hum destes casos poderá fazer cessão.[66]

Nos comentários às Ordenações Filipinas, por parte de Candido Mendes de Almeida, em 1870, destaca-se também que o instituto da cessão de bens teria caído em desuso após a abolição das prisões por dívidas ainda no século XVIII, por meio da Lei de 20 de junho de 1774, explicada pelo Assento de 18 de agosto de 1774. Candido Mendes trata suas notas sob uma abordagem bipartida entre se ainda seria admissível o ins-

[66] PORTUGAL. *Ordenações Filipinas*. Ob. Cit. Livro IV, Título LXXIV.

tituto da cessão de bens, em finais do século XIX, bem como se seria útil. Para justificar tanto o cabimento, quanto a utilidade, remete a autores que abordaram o instituto a partir do Direito Civil, mas também em suas notas destaca a possibilidade do uso de tal instituto no âmbito do direito mercantil, porém não exatamente dentro do instituto da falência aplicável aos comerciantes, pois, remetendo às lições Silva Lisboa (aquele que viria a se tornar o Visconde de Cairú), bem como de Almeida e Sousa, trata da possibilidade de falência do não negociante "[a]os mais falidos de boa fé (*não negociantes*), e que se justificão taes, também *não são poucas as utilidades*, que lhes resultão da cessão de bens [...] (grifos do autor)."[67]

Por fim, sobre a cessão de bens e sua relação com os institutos do direito mercantil da moratória e da concordata, Candido Mendes remete também às lições do advogado Francisco de Assis de Almeida – que estariam também em linha com o quanto Candido Mendes antes apresentou das lições de Corrêa Telles e Almeida e Sousa –, reiterando os aspectos mencionados anteriormente sobre a legislação pombalina, especialmente

> [d]emais antes do Código [Comercial] já existião algumas Leis mercantis, e seguião-se nos casos omissos as das Nações mais civilisadas; e entretanto ninguem dizia que ellas tivessem revogado para os particulares áquellas Ordenações. Accresce que no mesmo Código [Comercial] ha grande diferença entre *moratória* e *concordata*, e que se aquella [moratória] não pode ser outorgada senão a Negociantes matriculados, como um privilegio e favor, esta [concordata] se concede em geral a todos, matriculados ou não, pois he direito dos credores. (grifos do autor)[68]

Mesmo na legislação pombalina, que evidentemente influenciará o direito que já vem em formação no Brasil e, especialmente na área do então direito mercantil, em que os costumes comerciais têm o maior peso para caracterizar a formação desses direitos, é mantida aquela tradição da romanística de Baldo em que se considera o mercador ou comerciante que não cumpre suas obrigações, como equivalente ao ladrão ou rouba-

[67] PORTUGAL. *Ordenações Filipinas*. Ob. Cit. Livro IV, Título LXXIV, p. 886.
[68] Id., p. 887.

dor da forma como expresso nos Alvarás da segunda metade do século XVIII.

O século XIX também carrega ainda consigo essa continuidade, ou seja, a ruptura que se poderia presumir que a legislação pombalina traria consigo, não é ainda perceptível em relação às normas que tratam do tema das falências e das quebras; assim é visto também no Dicionário de Direito Comercial de I. de Sousa Duarte, publicado em Portugal em 1880, a *fallencia* como uma "expressão jurídica-mercantil, que significa a *quebra* commercial, ou a *bancarrota* no sentido geral (grifos nossos)."[69]

Apesar de esse período ter início no mundo ocidental com um aprofundamento da ideia de liberalismo, também passa-se a reforçar essa necessária remissão exegética à aplicação do direito de acordo com os textos das normas e, com isso, passa-se a encampar com afinco a campanha pela codificação do que seria o direito a ser aplicado para o regramento da vida social sob a batuta do Estado; essa campanha pela codificação é suportada por pessoas cuja cultura e tradição vieram das escolas de comerciantes e das práticas que até então se tinham como os costumes aplicáveis ao comércio. Ou seja, os códigos comerciais do século XIX, carregam em si uma longa tradição que agora é materializada por meio dos textos de cada um dos artigos dos respectivos códigos e dos institutos que ali são definidos em meio à ordem constitucional imersa no liberalismo defendido no período[70]. Nas palavras de António Manuel Hespanha,

[69] DUARTE, I. de Sousa. *Diccionário de Direito Comercial – Compilado e Annotado*. Lisboa: Empreza Lietteraria de Lisboa, 1880, verbete "fallencia", p. 159.

[70] "O liberalismo chega assim à conclusão de que a eficácia de uma constituição não é dada automaticamente por sua validade jurídica. Para explicar essa discrepância, Lorenz von Stein já havia observado em 1852: 'o direito constitucional não surge da lei dos estatutos, mas do direito das circunstâncias.' Na Prússia, no entanto, estes permitiam apenas um 'pseudoconstitucionalismo'" (MOHNHAUPT, Heinz; GRIMM, Dieter. *Verfassung – Zur Geschichte des Begriffs von der Antike bis zur Gegenwart*. Berlin: Duncker & Humblot, 2002, p. 131. No original: "Der Liberalismus findet dadurch zu der Einsicht, daß die Wirksamkeit einer Verfassung nicht ohne weiteres mit ihrer Rechtsgeltung gegeben ist. Zur Erklärung dieser Diskrepanz hatte Lorenz von Stein schon 1852 bemerkt: 'Das Verfassungsrecht entsteht nicht aus dem Recht der Gesetze, sondern aus dem Recht der Verhältnisse.' Diese ließen in Preußen aber nur einen 'Scheinkonstitutionalismus' zu.")

> [o] advento do liberalismo (cujo património teórico e ideológico é, no domínio do direito, subsidiário do iluminismo) potencia ainda o movimento de renovação da ordem jurídica, cujo *Leitmotiv* é, então, a 'codificação' (J. M. Scholz, 1982). A sucessiva promulgação dos novos códigos (Comercial, 1833; Penal, 1837 e 1852; Civil, 1867) e a influência da Escola da Exegese quebram o ímpeto renovador que a doutrina tinha tido na primeira metade do século [...]. Sobretudo no domínio do direito privado, sobrevêm então uma época positivista, voltada para a exegese (José Dias Ferreira) ou para a construção dogmática conceitual (Guilherme Moreira) [...].[71]

Ainda neste momento inicial do século XIX no Brasil não há um código comercial, tampouco tribunal de comércio específico em que possa ser promovido um processo de quebra ou de falência, mas a concepção que se tem daqueles mercadores, comerciantes ou homens de negócios que "quebrão de seus tratos, levantando-se com mercadorias que lhes forão fiadas, ou dinheiro que tomárão a cambio, e se absentão, e escondem suas fazendas, de maneira que dellas se não póde ter noticia, e outros poem seus creditos em cabeça alhea, e para allegarem perdas fazem carregações fingidas[.]"[72] é que eles deviam ter como consequência que fossem "[...] havidos por publicos ladrões, roubadores e castigados com as mesmas penas, que por nossas Ordenações, e Direito Civil os ladrões públicos, se castigão, e percão a nobreza, e liberdades que tiverem para não haverem pena vil."[73]

Essa formulação, aliada com o que vimos acerca das leis específicas do século XVIII são retratos da tradição que se criou dentre os costumes comerciais e que estão emoldurados em leis e vão também servir de base para a composição de outras leis e códigos e que, neste momento, carrega em si uma intencionalidade de ser aplicada contra um determinado grupo específico, o dos mercadores, comerciantes e homens de negócio, podendo, inclusive, leva-los a perder os títulos de nobreza com os quais eventualmente tenham sido agraciados. Essa visão do comerciante quebrado ser tratado como um pária está presente também nos textos do Vis-

[71] Hespanha, António Manuel. Ob. Cit. 2005, p. 339.
[72] PORTUGAL. *Ordenações Filipinas*. Ob. Cit. Livro V, Título LXVI., p. 1214.
[73] *Id. ibid.*

conde de Cairu, importante jurista e burocrata da Coroa a partir de finais do século XVIII[74], aparentemente também inspirada nos ensinamentos sobre o comércio compilados por Manoel Luis da Veiga – que posteriormente também viria a ser um debatedor do trabalho de Silva Lisboa[75].

Ainda antes da independência do Brasil e antes de ser agraciado com o título de barão e, evidentemente, de visconde, José da Silva Lisboa, que em 1825 se tornaria o primeiro Barão de Cairu e em 1826 receberia seu título mais célebre, o Visconde de Cairu, escreveu seus tomos sobre os *princípios de direito mercantil e leis de marinha*, reforçando uma forma de tradição do *ius mercatorum*[76], em que materializa seu manual, pretensamente

[74] Nascido em Salvador, "[a]os dezoito anos de idade, José da Silva Lisboa, estava em Coimbra para frequentar cursos 'jurídicos e filosóficos'. [...]. [...], recebeu da Coroa o cargo de Deputado e Secretário da Mesa da Inspeção da Agricultura e Comércio da Bahia. Assim de 1797 a 1808, Silva Lisboa foi funcionário de um órgão encarregado de fiscalizar e promover a agricultura e o comércio de Salvador." (Rocha, Antonio Penalves. *Visconde de Cairu.* Coleção Formadores do Brasil. São Paulo: Editora 34, 2001, p. 11-12). Além disso, "José da Silva Lisboa, Visconde de Cairu, é por muitos considerado o introdutor da economia política entre nós. Herdeiro de uma tradição que remonta aos primórdios do século XVI, mas que somente se consolida na segunda metade do século XVIII com a publicação da obra marco de Adam Smith, assumia com o grande mestre que a economia política se propunha a enriquecer, ao mesmo tempo, o *povo e o soberano* (grifos do original) [.]" (Arruda, José Jobson de Andrade. Ob. Cit. 2014, p. 307).

[75] Veiga, Manoel Luis da. *Escola Mercantil – sobre o commercio, assim antigo como moderno, entre as nações commerciantes dos velhos continentes.* Lisboa: Officina de Antonio Rodrigues Galhardo com licença da Meza do Desembargo do Paço, 1803, p. 403 – 405; tratando, neste caso, especificamente sobre o não pagamento de letras por comerciantes.

[76] Sobre a distinção, importante destacar que "[a] *mercatura* era uma profissão e posição social, mas também um princípio de jurisdição, ou seja, dotada de autonomia institucional e normativa. No entanto, seria errado pensar que estamos nas origens mais ou menos medievais do Direito Comercial contemporâneo. O cuidado com as expressões também deve supor cuidado nos conceitos. O *Direito Comercial* não parece uma boa tradução do *ius mercatorum.* Ainda mais do que a linguagem, a cultura separa os dois sintagmas. É possível narrar a história do primeiro sem me deter muito no segundo, mas considero arriscado proceder em sentido contrário: já que o *Direito Comercial* tende a suplantar, com um catálogo de questões e uma referência exclusivamente jurídica, a identificação de textos anteriores, comprometendo o esforço de leitura (grifos do original)[.]" (no original "La mercatura fue profesión y posición social, pero también principio de jurisdicción, esto es, autonomía institucional y normativa. Sin embargo, sería equivocado pensar que nos situamos en los orígenes, más o menos medievales, del Derecho mercantil contemporáneo. La cautela

uma forma de codificação comercial e sua expressão cultural sobre o comércio não só em termos jurídicos, mas em termos contábeis e, essencialmente, práticos, buscando o acesso e o direcionamento do conteúdo a todos aqueles que atuem com o comércio, inclusive sob a forma de conselhos aos que decidam atuar nessa área. José da Silva Lisboa, nascido em 1756 em Salvador, na então capitania da Bahia, ao tratar de um instituto deveras importante no direito mercantil, as *letras de câmbio*, logo em seu capítulo I, define que é por meio de tais letras de câmbio que se dá a atividade ao giro comercial, documentos estes que para além de descreverem obrigações quirografárias, representam a confiança e efeito sobre a fé dos que nelas constam e que ficam obrigados solidariamente a efetivar seu cumprimento. Justamente em função de tais características é que José da Silva Lisboa aconselhava que

> He estabelecida nesta matéria a opinião geral, que hum Negociante, que, sem justa e notória causa, não paga no vencimento huma Letra, que acceitou, perde immediatamente o crédito, e he considerado fallido, não podendo com decência apparecer em Praça; e se tem o despejo de fazello , nenhuma pessoa prudente se arrisca a fiar-lhe seu cabedal , ou tratar com elle negocio de algum porte. Esta a vantagem he de summo preço, por facilitar a circulação dos fundos [as letras de câmbio], firmar as correspondências dos ausentes, exaltar o ponto de honra na profissão do Commercio, segurar a pontualidade na satisfação do alheio; e levando-se por este modo a gráo eminente a civilização universal, e constituindo, por assim dizer, como huma só família, a todos os Negociantes entre as Nações polidas, ainda aliás, vivendo em remotíssimos Paizes, posto que desvairadas cm Religião, Leis, usos, e fôrma de Governo.[77]

con las expresiones debe suponer también cuidado en los conceptos. *Derecho mercantil* no parece buena traducción de *ius mercatorum*. Aun más que la lengua, separa ambos sintagmas la cultura. Se hace posible narrar la historia del primero sin detenerse demasiado en el segundo, pero considero arriesgado proceder en sentido inverso: pues el *Derecho mercantil* tiende a suplantar, con un catálogo de cuestiones y un referente exclusivamente jurídico, la identificación de los textos pretéritos, comprometiendo el estuerzo de lectura[.]" (Petit, Carlos. *Historia del Derecho Mercantil*. Madrid: Marcial Pons, 2016, p.33).

[77] Lisboa, José da Silva. *Principios de Direito Mercantil, e Leis de Marinha para uso da mocidade portuguesa, destinada ao comércio. Das Letras de Cambio de Ordem de Sua Alteza Real, o príncipe*

José da Silva Lisboa, ao tratar sobre os direitos dos credores contra o negociante considerado falido, remonta, àquele momento, ao conteúdo da chamada "Lei de 13 de novembro de 1756", o Alvará pombalino sobre o qual tratamos anteriormente, que dispunha de uma ampliação do conteúdo então previsto sobre os comerciantes que quebram nas Ordenações Filipinas, atrelando a cessação dos pagamentos, como um evento caracterizador do estado de falência de negociante e demonstrando também como não devem ser realizados novos negócios com essa pessoa. Ao longo dos sete tomos dos *princípios de direito mercantil e leis da marinha,* o autor se vale de modo recorrente do termo "falido" para se remeter àqueles comerciantes, mercadores ou homens de negócio que tenham cessado seus pagamentos e obrigações que haviam assumido e, por conta de tal cessação, recomendava também que não se deveria realizar novos negócios com esses comerciantes. Não há entre os sete tomos de sua publicação um capítulo específico sobre as falências, mas há menções em todos os tomos sobre situações de *fallimentos, fallidos, massas fallidas,* em diferentes contratações comerciais, como contratos mercantis, seguros, letras de câmbio e outras situações práticas sobre relações comerciais que tinham como contraparte alguém que tenha sido considerado como falido, de modo que Silva Lisboa orienta como deve se portar o comerciante nessas hipóteses, bem como indica os fundamentos de seus direitos caso esteja diante de uma situação de fraude ou conluio do negociante falido com outros credores ou até com credores simulados.

Portanto, entre finais do século XVIII e o inícios do século XIX, o termo "falido" em língua portuguesa efetivamente ganha força e se estabelece para se referir àquele comerciante considerado quebrado, não obstante a presunção que vimos, tal qual expressada pela tradição latina e romanística, que encontra no direito português, do significado do engano, fraude e roubo.

Em relação à separação das atividades dos comerciantes em relação a outras pessoas que também praticavam negócios, como aqueles ligados à agricultura, nas anotações de Candido Mendes às Ordenações Filipinas, retomando aquela discussão que anteriormente expusemos sobre a

*regente nosso senhor.* Tratado IV. Lisboa: Impressão Regia, 1811, p. 5.

cessão de bens, moratória e concordata, e ainda com base nas lições do advogado Francisco de Assis de Almeida, sobre a aplicação de tais institutos aos não negociantes e, em especial, aos *lavradores*, aqueles ligados às atividades agrícolas. Na citação de Candido Mendes ao dito por Francisco de Assis de Almeida fica uma crítica à necessidade de se considerar a aplicação dos regimes aplicáveis aos negociantes, também aos lavradores, o justifica dizendo que

> [p]or outro lado já o Alvará de 30 de Outubro de 1793 havia reconhecido, que o Brazil era um paiz novo, e *essencialmente* commerciante. Ora desde então essa qualidade caracteristica augmentou-se muito; e diffundio-se por quasi todas as classes da sociedade as quaes mais ou menos tomão parte em operações de commercio, ou mixtas. Assim por exemplo: nossos Lavradores tomavão, e tomão a premio avultados cabedaes, já para solução de grandes debitos anteriores, já para a compra de terras, escravos, utensilhos, factura de machinas, engenhos, acceitão, e endossão letras, dão abonos e fianças mercantis, fazem penhores, e hypothecas, etc. De tudo isso tem resultado para a nossa lavoura muitos, e grandes empenhos, que tem trazido centenares de nossos Lavradores á um verdadeiro estado de falimento, ou insolvabilidade, outras á uma completa ruina, e continuarão á produzir iguaes effeitos no futuro. He um lugar commum, repetido por todos á cada hora, que a nossa lavoura está arruinada, e precisa de protecção para salvar-se.[78]

E concluiu dizendo que, portanto, a *lavoura* também precisaria da cessão de bens, do pedido de concordata, da busca por uma reabilitação e que seria o mesmo remédio dado aos comerciantes. Em outro momento trataremos especificamente dessa escolha brasileira de afastar os *lavradores* e aqueles ligados à atividade *agrícola*, que posteriormente serão aqueles chamados de fazendeiros ou agricultores, das leis de falência e daquelas que pudessem tratar a insolvabilidade, como mencionadas por Francisco de Assis de Almeida, principalmente diante do Decreto nº 370, de 2 de maio de 1890, do Governo Provisório pós golpe republicano de 1889, que em seu art. 380 dispunha que "*[f]icam sujeitos á jurisdicção commercial*

[78] PORTUGAL. *Ordenações Filipinas*. Ob. Cit. Livro IV, Título LXXIV, comentários de Candido Mendes, p. 887.

*e à fallencia todos os signatarios de effeitos commerciaes, comprehendidos os que contrahirem emprestimos mediante hypotheca ou penhor agricola*, por qualquer somma, ou bilhetes de mercadorias (grifos nossos)[.]" e que a nova Lei de Falências republicana veio a revogar por meio daquele que seria o art. 139 quando da promulgação da Lei nº 859 de 16 de agosto de 1902.

No Brasil independente, em termos normativos sob essa perspectiva exegética do direito positivado, a primeira abordagem legislativa do tema da falência se dá pelo campo do direito penal, reforçando a longa duração da tradição do direito de abordar o tema da quebra e da bancarrota pela perspectiva das penas que deveriam ser aplicáveis ao comerciante quebrado, porém, neste momento passa a ser tomada de uma qualificadora, a quebra ou bancarrota qualificada como fraudulenta e dentre os crimes contra a propriedade. Não obstante, há ainda o registro de falências declaradas e discutidas perante o Tribunal da Relação do Rio de Janeiro com base também no Alvará de 13 de novembro de 1756, em 1852, na "[...] causa civel entre o abastado negociante José Pereira de Loureiro, em qualidade de autor, e o commendador Francisco José Soares, [...]"[79] na vila de Iguaçu e levado aos jornais, com acórdão do Tribunal da Relação datado de 13 de novembro de 1852. Há também, a partir desse mesmo Alvará de 13 de novembro de 1756, a ideia da "ressureição" do falido ou da sua reabilitação como será chamada a partir do século XIX, daquele comerciante que, em boa-fé, acabou por ser declarado falido, mas pode retomar suas atividades após cumprir as obrigações impostas pela lei.

[79] BRASIL. Biblioteca Nacional. *Jornal do Commercio do Rio de Janeiro*. Edição 328, 1852.

FIGURA 1

**Anúncio de um leilão de "objetos" de uma falência[80]**

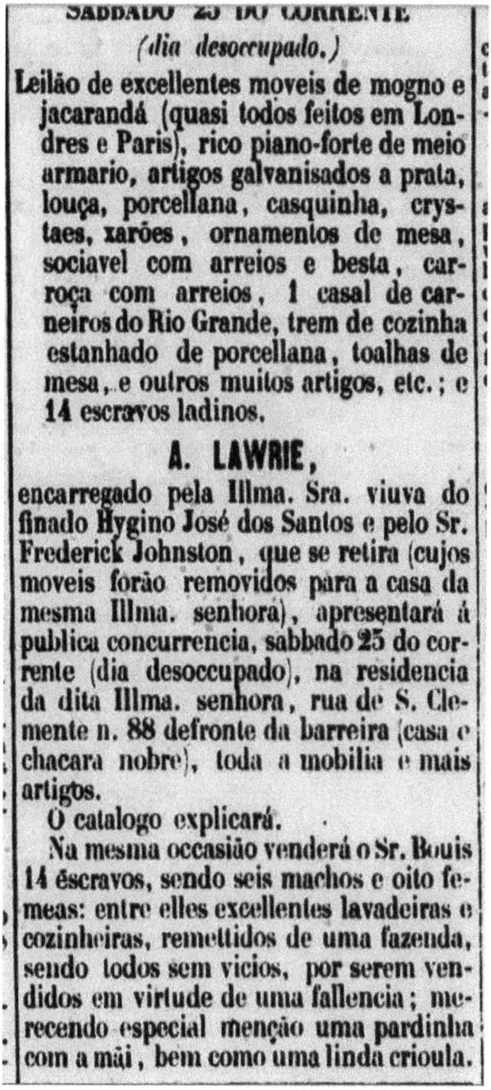

SABBADO 25 DO CORRENTE

*(dia desoccupado.)*

Leilão de excellentes moveis de mogno e jacarandá (quasi todos feitos em Londres e Paris), rico piano-forte de meio armario, artigos galvanisados a prata, louça, porcellana, casquinha, crystaes, xarões, ornamentos de mesa, sociavel com arreios e besta, carroça com arreios, 1 casal de carneiros do Rio Grande, trem de cozinha estanhado de porcellana, toalhas de mesa, e outros muitos artigos, etc.; e 14 escravos ladinos.

**A. LAWRIE,**

encarregado pela Illma. Sra. viuva do finado Hygino José dos Santos e pelo Sr. Frederick Johnston, que se retira (cujos moveis forão removidos para a casa da mesma Illma. senhora), apresentará á publica concurrencia, sabbado 25 do corrente (dia desoccupado), na residencia da dita Illma. senhora, rua de S. Clemente n. 88 defronte da barreira (casa e chacara nobre), toda a mobilia e mais artigos.

O catalogo explicará.

Na mesma occasião venderá o Sr. Bouis 14 escravos, sendo seis machos e oito femeas: entre elles excellentes lavadeiras e cozinheiras, remettidos de uma fazenda, sendo todos sem vicios, por serem vendidos em virtude de uma fallencia; merecendo especial menção uma pardinha com a mãi, bem como uma linda crioula.

[80] BRASIL. Biblioteca Nacional. *Jornal do Commercio do Rio de Janeiro*. Edição 353, 1852. Dentre os "objetos", na parte final do anúncio, 14 escravos, conforme publicado no Jornal do Comércio do Rio de Janeiro.

FIGURA 2

**Anúncio de leilão de escravos de uma concordata no Jornal do Comércio**[81]

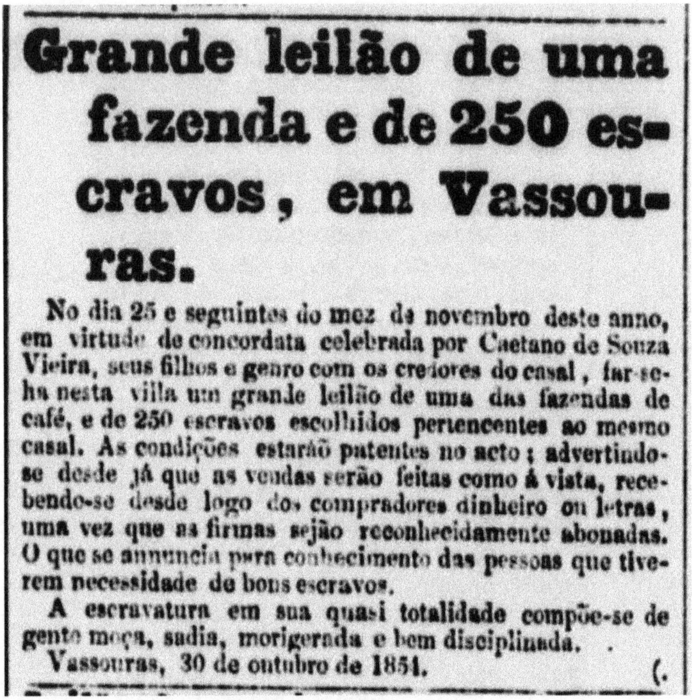

**Grande leilão de uma fazenda e de 250 escravos, em Vassouras.**

No dia 25 e seguintes do mez de novembro deste anno, em virtude de concordata celebrada por Caetano de Souza Vieira, seus filhos e genro com os credores do casal, far-se-ha nesta villa um grande leilão de uma das fazendas de café, e de 250 escravos escolhidos pertencentes ao mesmo casal. As condições estarão patentes no acto; advertindo-se desde já que as vendas serão feitas como á vista, recebendo-se desde logo dos compradores dinheiro ou letras, uma vez que as firmas sejão reconhecidamente abonadas. O que se annuncia para conhecimento das pessoas que tiverem necessidade de bons escravos.

A escravatura em sua quasi totalidade compõe-se de gente moça, sadia, morigerada e bem disciplinada.

Vassouras, 30 de outubro de 1854.

O primeiro dispositivo legal do Brasil independente que consta no Código Criminal do Império (1832)[82] dispunha em seu art. 263 que "[a]

[81] BRASIL. Biblioteca Nacional. *Jornal do Commercio do Rio de Janeiro*. Edição 310, 1854. Anúncio de leilão de fazendas e escravos decorrente de uma concordata, publicado no Jornal do Comércio do Rio de Janeiro.

[82] Há diversos trabalhos que abordam a formação e a aplicação do Código Criminal do Império, dos quais destaco COSTA, Vivian Chieregati. *Codificação e formação do Estado-nacional brasileiro: o Código Criminal de 1830 e a positivação das leis no pós-Independência*. Dissertação de Mestrado. Programa de Pós-Graduação Culturas e Identidades Brasileiras do Instituto de Estudos Brasileiros da Universidade de São Paulo. São Paulo: 2013; RI Jr., Arno Dal, NUNES, Diego e SONTAG, Ricardo (org.). *História do Direito Penal: Confins entre direito penal e política na modernidade jurídica (Brasil e Europa)*. Florianópolis: Editora Habitus, 2020; SONTAG, Ricardo. *Código Criminológico. Ciência Jurídica e Codificação Penal no Brasil (1888-1899)*. Rio de Janeiro: Editora Revan, 2015; ROCHA JÚNIOR, Francisco de Assis do

*bancarrota*, que fôr qualificada de fraudulenta na conformidade *das Leis do commercio*, será punida com a prisão com trabalho por um a oito anos (grifos nossos)." A abordagem inicial do instituto da falência como parte das *leis do comércio* no Brasil já passa a qualificar a falência, tal qual se viu no movimento a partir da segunda metade do século XVIII em Portugal, inclusive permitindo uma abordagem de uma falência que não fosse qualificada como fraudulenta, mas casual (o que seria uma exceção à regra pela perspectiva da tradição comercialista). Apesar de pouco tempo após a instalação da família real portuguesa no Brasil ter ocorrido a expedição do Alvará de 29 de julho de 1809, por meio do qual se reforçava o quanto já disposto no Alvará de 13 de Novembro de 1756 acerca dos negociantes falidos, num primeiro momento legislativo do Brasil independente, aquela foi a única menção próxima ao termo jurídico de falência ou quebra ou bancarrota (como termo adotado pelo Código Criminal do Império) em um texto normativo até o início da vigência do Código Comercial (Lei nº 566/1850), que na sua Parte III, passou a dar o tratamento específico de direito comercial e, também, das consequências penais ao tema das falências. Aquele Alvará de 29 de julho de 1809 tratava especificamente do reforço de sua aplicação aos domínios ultramarinos de Portugal e estabelecia a dinâmica do acompanhamento das falências por parte do Estado, especificamente estabelecendo a competência com

> As Mesas da Inspecção, onde as houver, e na falta dellas os Ouvidores das Comarcas, e os Juizes de Fóra nas terras em que não residirem os Ouvidores, ficam autorizadas para receber a apresentação dos fallidos, uma vez que se mostrarem matriculados pela Real Junta do Commercio homens de negocio ou mercadores de lojas de vender a retalho, procedendo a todas as investigações e diligencias dentro do tempo e pela maneira determinada nos §§ XIV. e XV. do mesmo Alvará de 13 de Novembro de 1756.[83]

Rego Monteiro. *Recursos no Supremo Tribunal de Justiça do Império – o liberalismo penal de 1841 a 1871*. Curitiba: Juruá, 2013.

[83] PORTUGAL (Estado do Brasil). *Alvará de 29 de julho de 1809*. Além disso, o Alvará, mantendo uma linha de administração da falência entre os comerciantes também dispunha que "[o]s Presidentes das referidas Mesas da Inspecção, e onde as não houver os Ouvidores. e na falta destes os Juizes de Fóra, tirando desde logo devassa dos verdadeiros motivos

Por outro lado, avançando no Código Comercial promulgado em 1850, o conceito disposto no art. 797 era simplesmente o de que "[t]odo o *commerciante* que *cessa* os seus *pagamentos*, entende-se *quebrado* ou *fallido* (grifos nossos)." Ou seja, tal qual visto na longa duração do direito português, as disposições ali expostas aplicam-se a um agente específico escolhido pelo Estado para o regramento normativo: o comerciante. Logo na origem temos uma continuidade clara da política do Estado imperial em relação ao que o Império Português também adotou como premissa para a abordagem jurídica do tema da quebra do comerciante no Brasil e, já no próprio Código Comercial, pode-se identificar a preocupação estatal sobre a economia e o controle sobre as políticas econômicas, e, inclusive, sua interferência, tal qual se vê no fato de que "a sociedade anônima ou companhia ainda depende de autorização governamental para ser estabelecida, justamente porque dissemina o capital de *risco* [grifo do original]."[84] Também,

da fallencia, e da conducta mercantil dos fallidos, e recebendo as denuncias que perante elles se derem sobre a quebra de que se tratar, sendo annunciada por editaes, e sobre as causas que a manifestarem ou justa ou dolosa, sem pronunciarem a devassa, remetterão finda ella, pela primeira embarcação ou correio com as ditas denuncias, e com um auto, assim do estado da casa e cabedal dos fallidos, como também da fé que merecer o «Diario» e mais livros, os proprios autos da mesma devassa (ficando de tudo traslado) ao Tribunal da Real Junta do Commercio, Agricultura, Fabricas e Navegação deste Estado e Dominios Ultramarinos, para os sentencíar ; e entretanto nomearão os sobreditos Magistrados de entre os negociantes mais acreditados no logar dous para Administradores da casa, que pelo inventario, a que se houver procedido na conformidade do dito § XV. tomem della conta debaixo do termo de fieis depositarias de Juizo, até a decisão do mesmo Tribunal, segundo a qual, e por commissão delle, se ultimará a Administração para pagamento dos credores pelo modo estabelecido no sobredito Alvará de 13 de Novembro de 1756 e nos mais Alvarás e Decretos, que com elle formam esta parte de legislação, os quaes todos serão inviolavelmente observados no que não for revogado."

[84] Vide o disposto no art. 295 do Código Comercial: "As companhias ou sociedades anonymas, designadas pelo objecto ou empreza a que se destinam, sem firma social, e administradas por mandatários revogaveis, socios ou não socios, só podem estabelecer-se por tempo determinado e com autorisação do Governo, dependente da approvação do corpo legislativo quando hajam de gozar de algum privilegio; e devem provar-se por escriptura publica, ou pelos seus estatutos, e pelo acto do Poder que as houver autorisado."

> [e]mbora a Constituição falasse do Código Civil e não do Código Comercial, foi este o primeiro contemplado com a atenção dos legisladores, enquanto o processo de codificação civil só teve início em 1854. Assim, seja pelas pressões dos comerciantes das praças mercantis do Império, notadamente os do Rio de Janeiro, seja porque o direito comercial fosse considerado mais urgente e menos discutível porque menos fundamental (ou *constitucional*) para os direitos de todos os cidadãos, foi por ele que o direito privado começou a organizar-se no novo País.[85]

Não à toa a porta de entrada do ponto de vista legislativo se deu pela legislação criminal, especialmente diante das características de vimos sobre a concepção da quebra ou falência como fraude e como algo necessário a ser combatido e, a ser combatido, por um meio específico: o processo de falência do comerciante. Antes da aprovação do Código Comercial em Portugal,

> [...] os negociantes de Lisboa mantiveram um tribunal arbitral próprio, com o nome de Mesa do Bem Comum dos Homens de Negócios. Pelo Decreto de 5 de Janeiro de 1755, esta Mesa transformou-se na Junta do Comércio, Agricultura, Fábricas e Navegação, à qual foi mais tarde atribuído o estatuto de tribunal supremo, com a denominação de Real Junta do Comércio. O séc. XVIII conheceria ainda vários diplomas sobre a falência. a maior parte dos quais desencadeada pelas consequências económicas do terramoto de 1755. Entre estes, temos o alvará de 13 de Novembro de 1756, que concede aos mercadores falidos sem culpa, como benefício em resultado do terramoto, 10% dos seus bens, e que procede à organização judiciária da falência. Este alvará procedeu à extinção do Prior do Consulado e Cônsules (§ 13), criando em seu lugar o Conservador da Mesa do Bem Comum do Comércio.[86]

Em Portugal o Código Comercial foi aprovado em 1833 e tem, a partir de seu artigo 1121, a abordagem do tema "*das quebras, rehabilitação dos fallidos e moratórias*", e define que "[d]iz-se negociante quebrado aquelle, que por vicio da fortuna ou seu, ou parte da fortuna e parte seu, se acha inha-

[85] Lopes, José Reinaldo de Lima. Ob. Cit. 2007, p. 20.

[86] Leitão, Luís Manuel Teles de Menezes. Ob. Cit. 2011, p. 54.

bil pra satisfazer a seus pagamentos, e abandona o commercio." Esse é um movimento que revela uma reinstitucionalização por meio da norma daquele campo chamado de *direito comercial* daquilo que já constava do direito de Antigo Regime conforme constava das Ordenações. Como já constava das Ordenações, essa reinstitucionalização do tema das falências em Portugal também demandava que obrigatoriamente, para ser declarado em estado de quebra, o devedor fosse considerado um comerciante, pois o devedor não comerciante poderia ser considerado em estado de insolvência, mas não em estado de quebra ou falência segundo a lei (artigo 1122), ou seja, outras práticas que visavam o lucro e que, fora do direito, também poderiam ser consideradas como negócios em um sentido comercial, como a venda de produtos agrícolas fora das vendas comerciais, não necessariamente submeteriam uma eventual controvérsia para ser resolvida por um juiz comercial.

No Brasil a jurisdição comercial ou mercantil se manteve especializada durante longo período do Império, tanto que "nas controvérsias comuns de direito mercantil os processos corriam perante os juízes comuns, mas entre comerciantes foi imposto o juízo arbitral obrigatório nos casos de locação mercantil, disputas entre sócios, salvados, avarias grossas e disputas entre credores nas moratórias[.]"[87], apesar de se dar de modo distinto em relação às *quebras* como veremos.

O debate foi marcado por diversas discussões e pontos contrários à existência das jurisdições mercantis, não só pela difícil imparcialidade que essas justiças poderiam ter (não que as outras instâncias da justiça não possam ser consideradas imparciais, mas era um argumento utilizado nos debates!), além da dificuldade de se entender a existência da autonomia da matéria comercial frente à matéria civil, já em meados do XIX, nem mesmo era fácil determinar a distinção entre negócios mercantis e negócios civis.[88] Também a influência de interesses privados tornava ainda mais tortuosa a missão de (i) manter as jurisdições especiais e (ii) regrar o direito comercial com a especialidade e especificidade que se poderia imaginar para a matéria. Não é possível se estabelecer a neutralidade estatal, considerando esta

[87] LOPES, José Reinaldo de Lima. Ob. Cit. 2007, p. 21-22.
[88] *Id.*, p. 25.

> [...] sociedade de elites em que os interesses privados capturam o aparelho judiciário e, no caso dos Tribunais de Comércio, também o aparelho governativo. É que os Tribunais de Comércio previstos detinham funções não contenciosas, entre elas (a) o registro dos comerciantes (matrícula) e de diversos de seus negócios (contratos sociais, hipotecas, seguros) e (b) a consulta ao governo sobre o andamento do comércio, as medidas legislativas e políticas a serem adotadas para seu incremento e não poucas vezes a consulta sobre a interpretação da lei e dos costumes mercantis.[89]

Como modelo interpretativo, para esse século XIX temos a ideia de hegemonia mundial[90] que estava se sustentando era a do Reino Unido, liderado pela Inglaterra. O caminho para a instalação dessa hegemonia teve sua transição permitida pela Revolução Industrial, do ponto de vista do desenvolvimento tecnológico e econômico, bem como em razão da derrota do Império militar continental francês, liderado por Napoleão Bonaparte, além da eficiente articulação realizada pelos rearranjos políticos e institucionais provocados pelo Reino Unido ao longo da Europa ocidental; sem essas articulações, acordos e rearranjos, a história poderia ter sido outra[91]. Assim, diz-se que o

> Reino Unido tornou-se hegemônico, em primeiro lugar, por liderar uma vasta aliança de forças primordialmente dinásticas na luta contra essas violações de seus direitos absolutos de governo [lutas interestatais e intra-estatais

[89] Lopes, José Reinaldo de Lima. Ob. Cit. 2007, p. 31.

[90] Por hegemonias mundiais referimo-nos ao conceito utilizado por Giovanni Arrighi quando expressa que "[o] conceito de 'hegemonia mundial' aqui adotado, no entanto, refere-se especificamente à capacidade de um Estado exercer funções de liderança e governo sobre um sistema de nações soberanas. Em princípio, esse poder pode implicar apenas a gestão corriqueira desse sistema, tal como instituído num dado momento. Historicamente, entretanto, o governo de um sistema de Estados soberanos sempre implicou algum tipo de ação transformadora, que alterou fundamentalmente o modo de funcionamento do sistema[.]" (Arrighi, Giovanni. *O Longo Século XX: dinheiro, poder e as origens do nosso tempo*. Trad. Vera Ribeiro. Rio de Janeiro: Contraponto, 2009, p. 27).

[91] Arrighi, Giovanni; Hui, Po-keung; Ray, Krishnendu; Reifer, Thomas Ehrlich. *Geopolitics and High Finance. In* Arrighi, Giovanni & Silver, Berverly J. *Chaos and Governance in the Modern World System*. Minneapolis: University of Minnesota Press, 1999, p. 43.

provocadas após a Revolução Francesa de 1789 e os movimentos napoleônicos na Europa e Américas] e em prol da restauração do Sistema de Vestfália [1648]. Essa restauração foi concluída com sucesso pelo Tratado de Viena, de 1815 e pelo subsequente Congresso de Aix-la-Chapelle, em 1818 [visando iniciar um período de paz entre as nações].[92]

Em segundo lugar, pôde também ser consagrado como hegemônico devido à ruína dos Impérios coloniais no mundo ocidental e expansão de tais Impérios para o mundo oriental (China, Índia e Japão, principalmente), abrindo caminho para novos acordos e novos espaços de infiltração cultural e econômica por meio de seus vínculos com o poder britânico. A referida hegemônica britânica constituiu-se no mundo capitalista moderno do século XIX por meio do imperialismo do livre comércio, do reconhecimento de novos Estados (dentre eles o Brasil independente e imperial) – ou seja, o reconhecimento da soberania de tais Estados –, da expansão territorialista (não necessariamente por meio da obtenção de novas terras ou colônias, mas por meio da ligação de seus produtos – novamente, não necessariamente produtos tangíveis, como os tecidos, mas também produtos intangíveis, como cultura, idioma, moeda, as linhas de crédito e financiamentos – contra a subordinação das economias locais) e desenvolvimento de novas tecnologias (materiais e imateriais).

Inicialmente, o imperialismo do livre comércio[93] deve ser entendido como o domínio britânico sobre o sistema-mundo do capitalismo global

[92] Arrighi, Giovanni. Ob. Cit. 2009, p. 52.

[93] Para o caso português, quando da instalação da corte no Brasil, fica clara a subordinação aos preceitos britânicos do livre comércio pelo seguinte excerto: "Os mesmos principios de hum systema grande, e liberal do commercio são muito applicaveis ao reino, e só elles combinados com os que adoptei para os outros meus dominios, he que poderão elevar a sua prosperidade àquelle alto ponto, a que a sua situação, e as suas producções parecem chamallo. Estes mesmos principios ficão corroborados com o systema liberal de commercio, que de accordo com o meu antigo, fiel, e grande alliado Sua Magestade Britanica, adoptei nos tratados de aliança, e commercio, que acabo de ajustar com o mesmo soberano, e nos quaes vereis, que ambos os soberanos procuramos igualizar as vantagens concedidas às duas nações, e promover o seu recíproco commercio, de que tanto bem deve resultar." Silva, J. M. Pereira da. *Historia da Fundação do Imperio Brazileiro*. Tomo Segundo. Pariz:

do século XIX, por meio da prática e enraizamento da ideologia do livre comércio britânico, bem como para destacar as fundações imperialistas do regime britânico de governo e acumulação, em escala mundial, por meio de tal modelo[94]. A expressão livre comércio pode ser entendida como uma expressão equívoca, pois pode levar o leitor à ideia de que se trata de um comércio totalmente livre, apenas guiado pelo arbítrio daquele que o comanda ou realiza tal atividade. Entretanto ela jamais teve esse significado na história do capitalismo da modernidade. A expressão significa a liberdade de praticar atividades mercantis e comerciais dentro dos limites estabelecidos pelo Estado soberano. Ou seja, caso o comerciante pretendesse praticar sua atividade apenas com base em seu próprio livre arbítrio, ao ir de encontro às regras estabelecidas pelo Estado, seria responsabilizado ou penalizado por tal infração, de modo que sua conduta sempre estaria limitada pela coerção possível que o Estado teria direito a aplicar contra tal comerciante[95]. Obviamente não se trata de uma mera imposição estatal, como se o Estado pudesse vigiar e punir tudo e todos, mas de um acerto, uma negociação, tácita ou expressa, entre os empreendedores, os beneficiários e o Estado, imbricados em uma relação de dependências mútuas, de diminuição da internalização de custos com segurança jurídica por parte do empreendedor, por exemplo, contra o pagamento de tributos ao Estado para garantir um baluarte mínimo necessário de regras para o desenvolvimento desse livre comércio.

Um ponto fundamental para ser compreendido ainda nesse século XIX, acerca do imperialismo de livre comércio assegurado pela hegemonia mundial britânica, é que se pôde estabelecer o princípio de que as leis vigoravam dentro e entre as nações e, com isso, estas estariam sujeitas a uma autoridade metafísica e superior, jamais controlada pelos homens, que era o mercado mundial, devidamente autorregulado por suas próprias leis[96]. Reconhecer novos Estados, ou seja, compreendê-los como

Imp. De Simon Raçon e Comp. 1865, p. 547. Excerto do "Manifesto do Principe Regente a Portugal sobre o Tratado de Commercio", datado de 7 de março de 1810.

[94] Arrighi, Giovanni. Ob. Cit., 2009, p. 54.

[95] Tilly, Charles. Tilly, Charles. *Coercion, capital, and European states, AD 990 – 1990.* Malden: Blackwell Publishing, 1992, p. 16-17 e p. 114-117.

[96] Arrighi, Giovanni. Ob. Cit., 2009, p. 55.

soberanos, significa adotar um conceito inventado no moderno sistema--mundo em um mundo interestatal de reconhecimentos mútuos de soberania. Do ponto de vista da regulação das economias nacionais, em meio ao sistema global, a soberania implica na compreensão pelo menos de algumas características sobre os Estados e sua relação nesse mundo do livre comércio. Especificamente refiro-me ao fato de que os Estados soberanos passam a (i) estabelecer as regras e condições sob as quais os produtos primários (commodities), o capital e o trabalho poderão ultrapassar as fronteiras de cada Estado soberano; (ii) estabelecer as regras acerca dos direitos de propriedade; (iii) estabelecer as regras para o uso da mão-de-obra, ou seja, do trabalho e a respectiva forma de remuneração (o caminho para o fim da escravidão e o porquê da necessidade de se acabar com a escravidão – cujo mote não está direcionado para os direitos humanos, que tampouco é um conceito conhecido no século XIX –, por exemplo); (iv) decidir quais custos devem ser internalizados pelos comerciantes e empresas para a exploração de suas atividades; (v) decidir quais os processos econômicos que devem ser monopolizados e em qual grau de monopólio (geralmente a opção adotada foi a da formação e defesa de oligopólios); (vi) tributar as atividades e as rendas, determinando competências locais e interestatais para o recolhimento e cobrança de tais receitas; e (vii) o uso da soberania nacional para adotar medidas protecionistas em face de outros Estados reconhecidos, em favor de suas economias locais[97]. Outro aspecto importante do reconhecimento da soberania de outros Estados é que, sobretudo a partir do Tratado de Viena de 1815, o caminho para a hegemonia mundial britânica também se abre frente a um período interessado pela paz entre as nações, estabelecendo "negócios pacíficos como um interesse universal"[98].

[97] WALLERSTEIN, Immanuel. *World-systems analysis: an introduction*. Durham: Duke University Press, 2004, p. 46-52.

[98] POLANYI, Karl. *A Grande Transformação: as origens da nossa época*. Trad. Fanny Wrobel. 2ª edição. Rio de Janeiro: Elsevier, 2012, p. 7; ainda como base também para essa linha de discussão, partindo sob outra perspectiva e complementando o debate dos marcos teóricos deste trabalho, indico também: TILLY, Charles. Ob. Cit., 1984 e TILLY, Charles. Ob. Cit., 1992; VILAR, Pierre. *Ouro e Moeda na História:1450 – 1920*. Trad. Philomena Gebran. Rio de Janeiro: Paz e Terra, 1980; e WALLERSTEIN, Immanuel. *The Modern World-System, vol.*

Trata-se de um modelo e, como tal, não deve ser visto como uma vestimenta que caberá na exata forma para o caso do Brasil, entretanto, continua tendo relação e servindo em certa medida, sobretudo para cumprir o papel pretendido de estabelecer a relação entre o Brasil e o mundo, de modo que possa ficar claro que o que se seguirá pelas próximas páginas não é um fenômeno necessariamente exclusivo do Brasil, tampouco está completamente influenciado pelo sistema-mundo do período. De fato está ligado a uma economia capitalista globalizada, imiscuído nas informações e conhecimentos produzidos em outros países, sobretudo na Inglaterra, França, Estados Unidos e Alemanha, bem como relacionado aos particularismos dos poderes provinciais e do governo imperial brasileiro. No nosso caso, devemos levar em consideração que, além da forte influência do ponto de vista da economia marcada pelo Reino Unido, os modelos jurídicos franceses têm forte influência no Brasil[99] e a forma de desenvolvimento do direito comercial brasileiro como um todo só se expressará materialmente a partir segunda metade do século XIX, principalmente por meio da promulgação do Código Comercial (Lei nº 556, de 25 de junho de 1850) e que foi acompanhado do Regulamento do Código Comercial (Decreto nº 737, de 25 de novembro de 1850), que tratou sobre os processos comerciais, bem como pelo Regulamento dos

*III: The Second Great Expansion of the Capitalist World-Economy, 1730 – 1840's.* San Diego: Academic Press, 1989.

[99] Apenas como um exemplo da influência britânica temos a "Convenção do Emprestimo de 600,000 Libras Sterlinas em Inglaterra", celebrada em 21 de abril de 1809, entre Portugal e Inglaterra, tendo como garantia uma *porção de rendas* na Ilha da Madeira e o produto líquido decorrente da venda do Pau Brasil. A subordinação da corte portuguesa ao domínio econômico britânico também fica representada pelo seguinte trecho: "Deste modo verá S. Ex. [Lord Strangford], e o poderá levar ao conhecimento de S.M. [Sua Majestade] Britannica, qual he a deferencia e adhesão de S.A.R. [Sua Alteza Real – o Príncipe Regente] a tudo o que o seu antigo e fiel alliado lhe propõem a bem da cauza commum dos dois Estados, e quanto certamente huma semelhante conducta he consequente, e correpondente aos gloriozos exforços que S.M. Britannica, e o seu parlamento fazem para concorrer a defensa de Portugal contra o inimigo commum [a França napoleônica]; podendo justamente S.A.R. esperar que esta intima união de vistas, e interesses seja cada dia mais vantajoza as duas naçoens, e fatal ao commum inimido." Silva, J. M. Pereira da. Ob. Cit., 1865, p. 541. Excerto do "Officio do Conde de Linhares a Lord Strangford", datado de 11 de maio de 1810.

Tribunais de Comércio e das Quebras (Decreto nº 738, de 25 de novembro de 1850).

Com isso o caso do Brasil e como essa economia capitalista do sistema-mundo ao qual pertence o ciclo sistêmico de acumulação da hegemonia britânica e, na sequência, pelo ciclo da hegemonia dos Estados Unidos e se relaciona à economia e às transformações escolhidas para a modernização do direito comercial brasileiro do período.

A movimentação creditícia e o retorno financeiro das atividades comerciais passaram a ganhar proporções maiores durante o debate sobre o Código e,

> [e]m 1850, data do Código e da abolição definitiva do tráfico [escravos], nota-se um crescente movimento na praça do Rio, ampliando os negócios da bolsa (criada em 1848) e propiciando em 1851 o surgimento do banco Mauá, o Banco do Comércio e Indústria do Brasil. Assim, pode-se dizer que o Código nasceu em uma praça mercantil e foi pensado para essa praça mercantil sobretudo.[100]

As praças comerciais eram fundamentais para a distribuição de capital e celebração de negócios; os bancos e casas bancárias (consideradas como uma instituição menor que os grandes bancos – que também não existiam no Brasil de então) se estruturavam a partir de corretores e, estes por sua vez, organizavam, como um agenciamento, os negócios entre os comerciantes, fornecedores e produtores.[101] Os números também mostram uma tentativa de um maior desenvolvimento societário na estruturação de bancos para o financiamento desse expansivo comércio. Entre 1850 e 1852, quatorze novas sociedades anônimas foram constituídas[102], sendo que oito possuíam sede no Rio de Janeiro, ou seja, 57%

[100] Lopes, José Reinaldo de Lima. Ob. Cit. 2007, p. 20.

[101] *Id. ibid.*

[102] *Incorporadas* era o termo da época cujo significante implicava no significado *constituídas*, conforme atualmente tratado pelo direito comercial, para este trabalho, optamos por utilizar o último termo de modo a evitar qualquer confusão com a operação societária de *incorporação*, conforme hoje identificada por esse ramo do direito e cujo significado nada tem em relação ao termo utilizado outrora.

de tais sociedades constituídas e, dessas oito, quatro eram companhias de seguro e bancos, enquanto a outra metade era voltada para a área de infraestrutura e transportes[103].

É nesse quadro, de regulamentação da atividade mercantil, da atividade portuária e tentativa de regulamentação do desenvolvimento das atividades creditícias, agrícolas e industriais que nasce o Código Comercial, "de modo que parte do debate que se vê na Câmara e no Senado reflete essas circunstâncias, especialmente a dependência dos pequenos comerciantes brasileiros em relação aos grandes capitais comerciais."[104]

Esse Código Comercial, carregado com a experiência dos estatutos dos comerciantes e das escolas de comércio, bem como da inspiração do Código Comercial Francês, será supletivo ou referencial dentro do direito privado, em relação ao direito privado comum, tendo em vista ainda não haver um código civil específico e, por muitas vezes, estar em voga a aplicação das Ordenações Filipinas[105]. O Código Comercial se fez com mais de oitocentos artigos, dividido, basicamente,

> [...] em três partes: 1) do comércio em geral; 2) do comércio marítimo; 3) das quebras. Na primeira parte trata da qualidade de comerciante (pois ainda se fala do direito comercial como um direito especial de profissionais do comércio), das praças de comércio, dos auxiliares (corretores, guarda-livros, etc.), dos banqueiros; em seguida trata dos contratos mercantis, como uma parte introdutória incluindo regras de interpretação e disposições gerais sobre os negócios mercantis. Estas, diz o Código, convivem com as regras do direito civil, mas é o Código Comercial quem empresta a linguagem abstrata e sistemática do século XIX ao universo do direito brasileiro. Ali se encontram as nulidades sinteticamente resumidas, ali as disposições sobre a maneira de

[103] LOPES, José Reinaldo de Lima. Ob. Cit, 2007, p. 21.

[104] *Id.*, p. 23.

[105] Inclusive na bibliografia do direito brasileiro, ainda se encontravam livros voltados para o assunto das Ordenações, como é o caso do texto "*Ordenações em Vigor – estudos sobre o codigo philippino na nossa actualidade*", escrito pelo *juiz de direito* João Baptista Guimarães Cerne e publicado em 1897.

interpretar os acordos e muita outra coisa. Dentro dos contratos mercantis, acha-se a disciplina das garantias (fianças, penhor, hipoteca).[106]

Já no próprio Código pode-se identificar a preocupação estatal sobre uma perspectiva de regulamentação da atividade econômica e o controle sobre as políticas econômicas, e, inclusive, sua interferência, "a sociedade anônima ou companhia ainda depende de autorização governamental para ser estabelecida, justamente porque dissemina o capital de *risco* [grifos do autor]."[107] Também,

> [e]mbora a Constituição falasse do Código Civil e não do Código Comercial, foi este o primeiro contemplado com a atenção dos legisladores, enquanto o processo de codificação civil só teve início em 1854. Assim, seja pelas pressões dos comerciantes das praças mercantis do Império, notadamente os do Rio de Janeiro, seja porque o direito comercial fosse considerado mais urgente e menos discutível porque menos fundamental (ou *constitucional*) para os direitos de todos os cidadãos, foi por ele que o direito privado começou a organizar-se no novo País.[108]

Como falamos, importante relembrar que a jurisdição mercantil se manteve especializada durante longo período do Império, tanto que "nas controvérsias comuns de direito mercantil os processos corriam perante os juízes comuns, mas entre comerciantes foi imposto o juízo arbitral obrigatório nos casos de locação mercantil, disputas entre sócios, salvados, avarias grossas e disputas entre credores nas moratórias[.]"[109], não obstante já ser afastada em primeira instância em relação às *quebras* e

[106] Lopes, José Reinaldo de Lima. *O Direito na História*. 2ª Edição. São Paulo: Max Limonad, 2002, p. 293.
[107] Vide o disposto no art. 295 do Código Comercial: "As companhias ou sociedades anonymas, designadas pelo objecto ou empreza a que se destinam, sem firma social, e administradas por mandatários revogaveis, socios ou não socios, só podem estabelecer-se por tempo determinado e com autorisação do Governo, dependente da approvação do corpo legislativo quando hajam de gozar de algum privilegio; e devem provar-se por escriptura publica, ou pelos seus estatutos, e pelo acto do Poder que as houver autorisado."
[108] Lopes, José Reinaldo de Lima. Ob. Cit., 2007, p. 23.
[109] *Id.*, p. 24-25.

concordatas desde o início da década de 1850, mantendo-se os processos relacionados a esses temas com os juízes de direito, os juízes togados.

Em relação ao século XIX, sobretudo diante do fato de que para a primeira parte deste trabalho a oralidade, bem como a especialização dos Tribunais de Comércio, tornam mais difícil acessar informações, mas contaremos com o suporte de outros autores que já estudaram boa parte da dinâmica e funcionamento dos Tribunais de Comércio, bem como autores que estudaram processos de falência específicos no Brasil[110]. Já a partir de 1854 se iniciam discussões sobre a reforma dos Tribunais de Comércio no Senado, conforme submetida pelo então Ministro da Justiça[111] e, no âmbito dessas discussões, o senador Manuel Vieira Tosta, o Marquês de Muritiba[112], revela a função administrativa que esperavam dos Tribunais, pertinente ao tema das falências e concordatas, para a necessidade de se registrar os processos, bem como suas qualificações, em linha com a influência francesa que marcou a formação inicial do Código Comercial e dos Tribunais de Comércio no Brasil. Sobre tema, disse

> [r]ecordo-me tambem nesta occasião que os tribunaes tem mais algumas attribuições que, não sendo perfeitamente judiciaria, não podem ser talvez classificadas no numero das de mera administração; quero falar das que annexão ao julgamento das quebras ou falimentos a obrigação do registro das sentenças de fallencia e de sua qualificação e pronuncia, das que concedem ou negão moratorias e de outros actos semelhantes. Ora, se esta attribuição não é propriamente administrativa nem tambem judiciaria, pergunto a quem

[110] Como é o caso do trabalho de Hanna Helena Sonkajärvi em: SONKAJÄRVI, Hanna Helena. *Oscilando entre a escrituração mercantil, os testemunhos e a arbitragem. A construção social das provas nos casos de falência no Brasil em meados do século XIX. In* Rev. Hist. (São Paulo), nº 176, a07316, 2017, disponível em http://dx.doi.org/10.11606/issnº2316-9141.rh.2017.121215, acesso em 15/5/2019.

[111] BRASIL. *Anais do Senado do Império do Brasil.* Secretaria Especial de Editoração e Publicações – Subsecretaria de Anais do Senado Federal. Livro 4. 1854, p. 815. Utilizamos a referência da publicação também no Jornal do Comércio do Rio de Janeiro (BRASIL. Biblioteca Nacional. *Jornal do Commercio do Rio de Janeiro.* Edição 246, 1854).

[112] Manuel José Vieira Tosta, o Marquês de Muritiba, foi magistrado e político durante o século XIX.

ficará ella competindo? Será aos juizes de 1ª instancia que se vão crear, ou será ainda aos tribunaes do comércio?[113]

Essa discussão, puxada pelo Ministério da Justiça do Império foi convertida no Decreto n º 1.597, de 1º de maio de 1855, aplicando um novo regulamento aos Tribunais de Comércio, já alterando o Regulamento do Código Comercial de 1850, bem como afetando também o regulamento dos processos das quebras (Decreto nº 738, de 25 de novembro de 1850), definindo a criação de juízes de direito, os juízes togados, para atuarem em conjunto com os juízes leigos do comércio, com competência para tratar cuidar da jurisdição voluntaria e contenciosa e, em ambos os casos, já seriam os juízes de direito especiais do comércio os competentes, voluntário ou contenciosamente, sobre as matérias de falências em 1ª instância, já alterando, portanto, a dinâmica do processamento das falências, que ficariam subordinadas a juízes togados especializados em matéria comercial. Além disso, também houve a supressão de um recurso necessário de primeira instância, nos casos de pronúncia ou não pronúncia acerca da falência fraudulenta, nos casos em que houvesse um despacho imediato dos Juízes de Direito do Crime, quando estivessem a substituir os Juízes de Direito Especiais das matérias comerciais. Essa discussão acerca da competência criminal ou comercial vivenciou um debate mais recorrente durante a década de 1860 no Brasil, como veremos adiante.

Em outubro de 1854 o Jornal do Comércio do Rio de Janeiro também noticiava a crise no comércio português e o grande número de falências abertas em Portugal. E diziam "[e]stá se passando actualmente em Lisboa um facto extraordinário, e que excita necessariamente mui seria reflexão; fallamos desta serie de fallencias ou de suspensão de pagamentos que todos os dias vemos publicar."[114] Em 1855 uma discussão sobre uma condenação contra um credor por ser cumplice de uma falência fraudulenta, que teria formado então conluio entre o credor Antonio Manoel Cordeiro com o devedor declarado falido Manoel Antonio de Azevedo Magalhães, trouxe a público dois pareceres a favor do credor Antonio Manoel Cordeiro, sendo um elaborado pelo Conselheiro Angelo Muniz da Silva

[113] BRASIL. Biblioteca Nacional. *Jornal do Commercio do Rio de Janeiro*. Edição 246, 1854.
[114] BRASIL. Biblioteca Nacional. *Jornal do Commercio do Rio de Janeiro*. Edição 309, 1854.

Ferraz e outro pelo Dr. Augusto Teixeira de Freitas, ambos concluindo que não havia indícios graves de conduta do credor Cordeiro que justificassem a pronúncia do Tribunal do Comércio condenando-o pela alegada fraude (condenado no art. 803, parágrafo 1º do Código Comercial[115])[116], sem que, com isso, tenha sido revertida a decisão, porém não localizamos outras publicações que indicassem que tal decisão tenha sido posteriormente alterada, mas, os dois nomes de peso do cenário jurídico no Brasil do período, não teriam sido suficiente para alterar a convicção do juiz do comércio.

Atendendo a um questionamento do juiz de direito do comércio do Rio de Janeiro, a capital, sobre a necessidade ou não de se ouvir testemunhas para fins da apuração das causas da falência, o Ministro da Justiça, José Thomaz de Nabuco Araújo, editou o Decreto nº 1.837, de 8 de novembro de 1856, determinando que a inquirição das testemunhas era obrigatória nos casos de falência, pois a definição das causas também tinha um caráter criminal para se averiguar se ocorrera ou não o crime de "banca-rota" previsto no Código Criminal do Império[117].

[115] BRASIL. *Lei nº 556, de 25 de junho de 1850 (Código Comercial).* "Art. 803. São complices de quebra fraudulenta: 1. Os que por qualquer modo se mancommunarem com o fallido para fraudar os credores, e os que o auxiliarem para occultar ou desviar bens, seja qual for a sua especie, quer antes quer depois da fallencia;"

[116] BRASIL. Biblioteca Nacional. *Jornal do Commercio do Rio de Janeiro.* Edição 115, 1855.

[117] BRASIL. *Decreto nº 1.837, de 8 de novembro de 1856.* "Tomando em consideração o Officio do Juiz especial do Commercio da Côrte, de vinte cinco de Fevereiro do corrente anno [1856], suscitando duvidas; 1º sobre o Artigo oitocentos e dezoito do Codigo Commercial, cuja disposição quanto á inquirição de testemunhas para indagação das causas de fallencia, lhe parece facultativa, se pelo interrogatorio do fallido, exame dos livros e outras diligencias ficão as ditas causas averiguadas; 2º sobre a antinomia dos Artigos cento e vinte sete, e cento e trinta e tres do Regulamento numero setecentos e trinta e oito de vinte cinco de Novembro de mil oitocentos e cincoenta, quanto á fórma da convocação dos credores para a segunda reunião. Attendendo que a indagação das causas da fallencia se refere tambem á jurisdicção criminal visto como ela deve servir de base ao julgamento do crime de banca-rota (Artigo oitocentos e dezenove do citado Codigo, e Lei de dous de Julho de mil oitocentos e cincoenta); sendo que a inquirição de testemunhas he termo substancial da formação da culpa, conforme o Codigo do Processo Criminal, Lei de tres de Dezembro de mil oitocentos e quarenta e hum, e arestos dos Tribunaes. Attendendo outrosim que a segunda reunião de credores pela importancia dos actos respectivos, e á vista da expressa

Nas publicações do Jornal do Comércio do Rio de Janeiro, um caso que tem bastante recorrência, especialmente por meio da coluna "Publicações a Pedido" em que eram publicadas petições, decisões e pareceres a pedido dos advogados ou das próprias partes, é o caso da falência dos negociantes Manoel de Almeida Cardoso, Francisco Teixeira Bastos e Francisco da Cruz Maia, que se dizia ser um "[...] processo de fallencia monstro! talvez (sic) seja o primeiro no fôro commercial, com que se apavonem a chicana, o absurdo e a injustiça!"[118] Outros casos também foram publicados de mesmo modo ao longo do período, como o do pedido de declaração de falência do comerciante Felix Antunes Moreira e seu credor, Domingos José Marques Vianna, por falta de pagamento, em que se discutia se um único credor, não comerciante, poderia pedir a declaração de falência do devedor comerciante[119], porém temos de levar em conta que a maior parte dos processos era marcada pela oralidade e que poucos e, com um direcionamento proposital, eram reduzidos em termos escritos e menos ainda eram os publicados nos jornais. De todo modo, há alguns processos que podem ser vir de base para outros estudos, voltados para também compreender a prática ou até mesmo para resgatar de modo mais detalhado o perfil dos processos de falências, especialmente para identificar diferenças entre as decisões dos juízes leigos em relação às dos juízes de direito e o Jornal do Comércio é uma boa fonte para potenciais pesquisas.

Em relação às concordatas, importante destacar que também, tal qual em relação às falências, antes mesmo da promulgação do Código Comercial, há o registro de concordatas sendo discutidas por credores de massas falidas[120], reforçando a explicação sobre a *boa razão* e o uso das leis

disposição do Artigo cento e trinta e tres do Regulamento numero setecentos e trinta e oito de vinte cinco de Novembro de mil oitocentos cincoenta, exige a convocação pessoal."

[118] BRASIL. Biblioteca Nacional. *Jornal do Commercio do Rio de Janeiro*. Edição 331, 1856.

[119] BRASIL. Biblioteca Nacional. *Jornal do Commercio do Rio de Janeiro*. Edições 334, 342, 343, 345 e 350 de 1858.

[120] BRASIL. Biblioteca Nacional. *Jornal do Commercio do Rio de Janeiro*. Edições 167 e 168 (potencialmente o caso descrito na edição 297, da concordata do devedor Joaquim de Deos Baptista, também pode se tratar de uma concordata anterior ao Código Comercial), 1850 e edição 154, 1852 – neste caso em relação à concordata obtida pelo devedor cônsul da Espanha em Pernambuco, Nuno Maria de Seixas, obtida em 1843 e com falência decretada

das *nações civilizadas* antes mesmo de haver uma previsão legal expressa no Brasil para a utilização desses institutos jurídicos apropriados pelo direito comercial, o que também marca nossa observação inicial sobre o cuidado que se tem de ter, na história do direito, para se realizar estudos históricos que não sejam apenas factuais e exclusivamente pertinentes à data em que uma determinada disposição legal passou a vigorar, mas que analisem outras fontes além do próprio texto legal. Portanto, assim como em relação às falências, já havia concordatas no Brasil antes mesmo de haver a previsão legal sobre tais institutos jurídicos, de modo que esse estudo, sobre a participação dos credores na decisão sobre a formação de concordatas merece maior aprofundamento, especialmente para que sejam identificados e estudados registros e casos desde, ao menos, o início do século XIX no Brasil.

Tal qual vimos em relação à palavra *falência*, a palavra *concordata* também permanece sendo utilizada no âmbito de uma linguagem religiosa, especialmente católica, em publicações que tratam de discussões sobre a administração e organização da Igreja Católica[121] e sobre acordos celebrados entre as pessoas dessa instituição, inclusive com menção nos jornais de que, "[a] França, illustrada pela espada do general Bonaparte, livre da anarchia pelo seu genio potente, via abrir-se diante de si um vasto horizonte de prosperidade e de grandeza. [...]. Em 15 de julho de 1801, Bonaparte, primeiro consul, assignára uma *concordata* com o Papa (grifos nossos)."[122] A palavra era também utilizada para se referir a *acordos* ou *contratos*, como se vê da sua utilização em Portugal, quando da promulgação do Ato Adicional de 1852, expedido por meio do Ministério dos Negócios do Reino e que estabeleci em seu art. 10 que "[t]odo o tratado, *concordata*, e convenção que o governo celebrar com qualquer potencia estrangeira será, antes de ratificado, approvado pelas côrtes em sessão secreta (grifos nossos)."

Durante o gabinete do Partido Conservador, comandado pelo Visconde de Monte Alegre, o então Ministro da Justiça do Império, Eusébio

em 1852 em razão de alegação de fraude em sua escrituração contábil, formanda por "[...] credores fictícios [...][.]").

[121] *Id.* Edição 19, 1850.

[122] *Id.* Edição 182, 1852.

de Queirós Coutinho Matoso da Câmara, apresentou o Aviso Ministerial de 8 de julho de 1851, em tratou da moratória, conforme prevista no capítulo das quebras como um dos institutos que poderiam ser utilizados pelos comerciantes, como algo exclusivamente aplicável aos comerciantes regularmente matriculados. Essa distinção era importante, pois, em relação às falências e às concordatas, apesar do Código Comercial determinar que estariam suscetíveis a tal declaração de abertura apenas os comerciantes, na prática de boa parte do século XIX eram declaradas falências de comerciantes não matriculados[123].

Para Eusébio de Queirós a distinção entre o *favor* do instituto da moratória, que decorria de decisão judicial, em relação à falência ou concordata, que dependeriam da aprovação dos credores, também era necessária pois entendia que

> [n]ão é concedida pelo Cod. Comm. aos negociantes não matriculados, por ser principio corrente que *as moratorias são um favor*; e a protecccção que o Cod. liberalisa ao commercio não aproveita aos que não têm matricula em algum tribunal do Imperio, como é expresso no art. 4º do mesmo Cod.[124], e assim, *no caso de petição de algum negociante, requerendo-a, deve o juiz abrir a fallencia* e proceder ás mais diligencias nos termos dos arts. 185 e 186 do Reg. n. 738[125], *e admitir depois o contracto de concordata e união*, que, segundo o art.

[123] Apenas como exemplos de declarações de falência de comerciantes não matriculados, identificamos diversas publicações de decisões judiciais no Jornal do Comércio do Rio de Janeiro, especialmente durante as décadas de 1850 e 1860 (BRASIL. Biblioteca Nacional. *Jornal do Commercio do Rio de Janeiro*. Edições 133, 155 de 1851; 159, 166, 171 de 1853; 184 de 1854; 149 de 1857; 215 de 1858; 355 de 1861; 24 de 1868).

[124] BRASIL. *Lei nº 556, de 25 de junho de 1850 (Código Comercial)*. "Art. 4º *Ninguem he reputado commerciante para effeito de gozar da protecção que este Codigo liberalisa em favor do commercio, sem que se tenha matriculado em algum dos Tribunaes do Commercio do Imperio*, e *faça da mercancia profissão habitual* (art. 9º) (grifamos)."

[125] BRASIL. *Decreto nº 738, de 25 de novembro de 1850*. "Art. 185 Constando aos Juizes Municipaes do *estado de insolvencia de algum commerciante não matriculado por declaração deste, ou requerimento de credor*, procederão immediatamente á arrecadação e inventario dos bens do *fallido*, pela fórma prescripta nos Artigos 145 a 151 do presente Regulamento (grifamos) [.]" e "art. 186 Feita a arrecadação de bens, ou ainda mesmo durante ella, procederão os Juizes Municipaes á formação do processo de instrucção, pela fórma prescripta no Artigo 818 do Codigo Commercial, e *ultimado elle á qualificação da quebra e pronuncia do fallido*, pela

848 do Cod. e 187 do Reg. citado[126], não podião ter lugar sem terem precedido aquellas diligencias que interessavão aos credores e á justiça (grifos nossos).[127]

No início da década de 1850 no Brasil foram localizadas também muitas decisões da 3ª Vara Cível da capital da corte, o Rio de Janeiro, do juiz de direito e do comércio, *cavaleiro da Ordem de Cristo*, Dr. Carlos Antonio de Bulhões Ribeiro[128] em maior quantidade, em relação à publicação de decisões de falências e concordatas do juiz de direito da 1ª Vara Comercial, Dr. D. Manoel de Assis Mascarenhas[129] (substituído interinamente pelo então juiz municipal Dr. Izidro (sic) Borges Monteiro – desembargador a partir da década de 1870), que passou então, a partir de finais de 1852, a concentrar um maior número de decisões, inclusive alterando a denominação de 1ª Vara Comercial para 1ª Vara Cível e Comercial do Rio de Janeiro, a partir de 1853, marcando a fixação, no Rio de Janeiro, de apenas juízes togados de direito para julgar as falências, as concordatas e as moratórias na comarca da capital do império.

Em 1853, José Thomaz Nabuco de Araújo, como Ministro dos Negócios da Justiça foi questionado sobre uma dúvida na aplicação do art.

fórma determinada no Artigo 820 do Codigo Commercial, em tudo quanto for applicavel. *Qualquer que seja o julgamento do Jury, não ficará prejudicado o processo civel da fallencia na parte relativa á arrecadação, administração, liquidação e distribuição de bens* (grifamos)."

[126] BRASIL. *Lei nº 556, de 25 de junho de 1850 (Código Comercial)*. "Art. 848. *Não he licito tratar-se da concordata antes de se acharem satisfeitas todas as formalidades prescriptas neste Titulo e no antecedente: e se for concedida com preterição de alguma das duas disposições, a todo o tempo poderá ser annullada.* Não póde dar-se concordata no caso em que o fallido for julgado com culpa ou fraudulento, e quando anteriormente tenha sido concedida, será revogada (grifamos) [.]"; e Decreto nº 738, de 25 de novembro de 1850, "art. 187. Praticadas as diligencias determinadas nos Artigos 809 a 818 do Codigo Commercial, *terá lugar o processo da concordata, ou do contracto de união*, não sendo concedida (Cod. Commerc. Part. III Tit. II e III): *e são applicaveis aos commerciantes não matriculados as disposições do Codigo Commercial relativas á concordata, e á administração, liquidação, reconhecimento e graduação dos creditos, preferencias, distribuição e pagamentos* (Cod. Commerc. Arts. 842 a 892) (grifamos)."

[127] BRASIL. Ministério da Justiça. *Aviso de 8 de julho de 1851.*

[128] BRASIL. Biblioteca Nacional. *Jornal do Commercio do Rio de Janeiro.* Edições 257, 278, 289, 290, 291, 292 de 1852; edição 326 de 1853; e edições 29 e 45 de 1854.

[129] *Id.* Edições 346 e 347 de 1852 e edições 98 e 329 de 1853.

847 do Código Comercial[130], pelo Sr. José Ignacio Vaz Vieira, juiz leigo e presidente do tribunal do comércio, acerca do número de credores necessários para a validade das concordatas, formando, assim, a dupla maioria prevista em tal dispositivo (maioria de credores e ao menos dois terços dos créditos *sujeitos aos efeitos da concordata*). Nessa manifestação de Nabuco de Araújo, o ministro deixa expresso a troca de informações que eram feitas por meio do Jornal do Comércio e dizia a consulta:

> [c]umpre que V.S., lendo O *Jornal do Commercio* de hoje, e ouvindo ao tribunal [do Comércio], informe com o seu parecer sobre as difficuldades que na execução tem encontrado o art. 847 do codigo commercial relativamente ao numero de credores que elle exige para a validade das concordatas; e outrosim se V.S. e o tribunal entendem que a condição do numero é necessaria nos casos em que os credores que intervem represetão dous terços no valor de todos os creditos sujeitos aos effeitos da concordata (grifos do autor).[131]

Em resposta, o gabinete de Nabuco de Araújo disse que

> [a]ntes que os factos viessem demonstrar a inexequibilidade de algumas disposições do codigo commercial já o tribunal havia reconhecido a necessidade de algumas reformas nelle, e entre as que tive a honra de propôr a um dos dignos antecessores de V. Ex. em o meu primeiro relatório do anno de 1851, notão-se as de que ora se trata, e que sob o ns. 21 e 22 vem contempladas na synopse anexa ao relatorio apresentado em 1852 á assembléa geral legislativa pelo Exm. Sr. conselheiro Queiroz Coutinho, então ministro da justiça. Ali indiquei eu com resumidos, mas (a meu ver) convincentes razões

[130] BRASIL. *Lei nº 556, de 25 de junho de 1850 (Código Comercial)*. Estabelecia expressamente que "[Art. 847.] Lida em nova reunião a sentença arbitral, se passará seguidamente a deliberar sobre a concordata, ou sobre o contracto de união (art. 755). Se ainda nesta reunião se apresentarem novos credores, poderão ser admittidos sem prejuizo dos já inscriptos e reconhecidos: mas se não forem admittidos não poderão tomar parte nas deliberações da reunião; o que todavia não prejudicará aos direitos que lhes possão competir, sendo depois reconhecidos (art. 888). *Para ser válida a concordata exige-se que seja concedida por hum numero tal de credores que represente pelo menos a maioria destes em numero, e dous terços no valor de todos os creditos sujeitos aos effeitos da concordata* (grifamos)."

[131] BRASIL. Biblioteca Nacional. *Jornal do Commercio do Rio de Janeiro*. Edição 296, 1853.

> quaes as modificações que melhorando *o processo das moratorias o tornarão mais benefico e efficaz o favor que a lei outorga ao commerciante* credor dele, e para esses succintos fundamentos, em que agora me fôra ocioso abundar, tomo a liberdade de chamar a illustrada consideração de V. Ex., a cuja penetração certamente não escaparão (quando, com um dos ilustres collaboradores dos primeiros regulamentos do codigo commercial, teve de revê-lo e estuda-lo) os inconvenientes que na execução terião de encontrar as disposições dos arts. 847 e 900 do mesmo codigo, principalmente na parte em que exige, seja para a moratória, seja para a concordata, o concurso simultaneo da maioria dos credores em numero, e dous terços no valor de todos os creditos. [...]. *Resumindo o que deixo dito, parece-me liquido que a condição do numero de credores não é necessaria*; [...] (grifos nossos).[132]

Ou seja, já a partir de 1853, por meio dessa resposta à consulta do Ministério da Justiça, o texto legal do art. 847 do Código Comercial passa a ser interpretado excluindo-se a regra inicial da dupla maioria (de credores e de valores), passando a ser adotada a interpretação da necessidade apenas de dois terços dos créditos concordantes com a proposta da concordata para que essa então fosse aprovada e já demonstra a interpretação do dispositivo das *moratórias* e das *concordatas* como *favores legais* aos comerciantes que as requeressem. Essas análises de Nabuco de Araújo sobre as concordatas levaram também à edição do Decreto nº 1.368, de 18 de abril de 1854, tratando sobre a necessidade de contagem dos votos dos credores ausentes à reunião de credores para deliberação acerca da concordata, sendo que seriam considerados como aderentes à proposta concordata esses ausentes, interpretando-se a ausência e o silêncio dos credores como favoráveis à proposta pelo falido, candidato a se tornar o concordatário.

A resposta de Nabuco de Araújo foi levada ao Tribunal do Comércio por José Ignacio Vaz Vieira em outubro de 1853[133] e afetou também a interpretação sobre o art. 856[134], pois o Tribunal do Comércio, por seu

[132] BRASIL. Biblioteca Nacional. *Jornal do Commercio do Rio de Janeiro*. Edição 296, 1853.
[133] *Id.* Edição 303, 1853.
[134] BRASIL. *Lei nº 556, de 25 de junho de 1850 (Código Comercial)*. "Art. 856. *Em virtude do contracto de união, os credores presentes nomearão de entre si hum, dous ou mais administradores para*

presidente, estava se manifestando que, uma vez negada a concordata, e tendo o lugar a deliberação sobre o contrato de união da massa falida, o mesmo critério deveria ser adotado, evitando-se, com isso, que a maioria numérica de credores, pudesse gerar uma situação de conflito em que a maioria da "[...] *quantidade de dívidas* [...]"[135] aprovasse a nomeação de um ou mais administradores da massa falida, enquanto a maioria numérica dos credores não aprovasse e corresse a massa falida o risco de ficar sem administradores. Mas, além disso, já pedia que fosse avocado ao Tribunal os poderes de nomeação dos administradores da massa falida e liquidantes em caso de dúvidas ou de destituição de administradores, pedindo que fosse baixado decreto nesse sentido ao imperador[136], porém que não foi atendido.

Interessante notar que nesse período é comum localizar os anúncios e editais das massas falidas sempre fazendo referência aos "administradores das massas falidas", por serem aquelas pessoas nomeadas após a formação do contrato de união nas massas falidas, nos termos dos arts. 855 e seguintes do Código Comercial. O uso dessa expressão "administradores" será posteriormente debatido por um dos deputados nas discussões sobre a reforma da lei de 1903, o deputado Paranhos Montenegro, para se referir à necessidade de alteração da denominação "síndicos", para "administradores", em linha com a sua própria formação na Faculdade de Direito, que se deu durante esse período do Império.

Nessa toada de esclarecimentos sobre os processos de falências, foi também que em 1856 expedido o Aviso do Ministério da Justiça, durante

*administrarem a casa fallida*, concedendo-lhes plenos poderes para liquidar, arrecadar, pagar, demandar activa e passivamente, e praticar todos e quaesquer actos que necessarios sejão a bem da massa, em Juizo e fóra delle. A nomeação recahirá com preferencia em pessoa que seja credor commerciante, e cuja divida se ache verificada; *e será vencida pela maioria de votos dos credores presentes, correndo-se segundo escrutinio*, no caso de se não obter sobre os mais votados em numero duplo dos administradores que se pretenderem nomear; e se neste igualmente se não obtiver maioria, recahirá a nomeação nos mais votados, decidindo a sorte em caso de igualdade de votos. Nomeando-se mais de hum administrador, obrarão collectivamente, e á sua responsabilidade he solidaria (grifamos)."

[135] BRASIL. Biblioteca Nacional. *Jornal do Commercio do Rio de Janeiro*. Edição 303, 1853.

[136] *Id. ibid.*

do Gabinete Ministerial do Império de Honório Hermeto Carneiro Leão, o Marquês do Paraná, do Partido Conservador, de que as vendas

> [...] dos bens das massas fallidas devem em regra ser feitas em hasta publica, por um agente de leilões, á vista do art. 70 do Cod. Com., e 358 do Reg. n. 737; mas esta disposição só é applicavel ás praças onde os ha provisionados e matriculados pelos tribunaes do commercio, ou em que esteja nomeado para o districto d'esta; sendo que onde os não houver devem as praças ser feitas pelos porteiros dos juizos, como nas arrematações judiciaes por execuções de sentença.[137]

O ano de 1860 teve início no que diz respeito aos temas das falências e do Tribunal do Comércio com uma manifestação assinada pelo ainda Barão de Mauá, em fevereiro, transcrevendo a ata da assembleia geral do Banco Mauá, Mac-Gregor e C. em que fez uma crítica pública a duas decisões do Tribunal de Comércio, ainda presidido por Vaz Vieira, havidas no âmbito de duas falências de devedores do banco e não reconhecendo as operações que teriam penhores em favor do banco. Uma das falências expressamente mencionadas é do comerciante Antonio José Domingues Ferreira e, diante do não reconhecimento da possibilidade ser o banco um credor reivindicante perante a massa falida, apesar do banco ser titular de um título que lhe daria tal direito, Mauá descreveu que "[d]iante de tão monstruosa contradicção o espirito concentra-se, a indignação sobe de ponto, vem a prostração do desengano; e cabe aqui interrogarmo-nos mutuamente se a justiça do Brasil póde continuar a ser administrada por tal modo? Acreditamos que não; sem justiça não é possivel a existencia social."[138] O assunto tomou conta das edições subsequentes do Jornal do Comércio, inclusive com manifestações de Augusto Teixeira de Freitas[139], sendo este um parecer favorável ao pleito de Mauá e do conselheiro José Thomaz Nabuco de Araújo[140], sendo esta uma manifestação contrária.

[137] BRASIL. Ministério da Justiça. *Aviso de 14 de fevereiro de 1856.*
[138] BRASIL. Biblioteca Nacional. *Jornal do Commercio do Rio de Janeiro.* Edição 52, 1860.
[139] *Id. ibid.*
[140] *Id.* Edição 54, 1860.

Importante destacar que, desde a sua origem, a concordata já não sujeitava todos os credores do comerciante aos seus efeitos, conforme expressamente estabelecia o art. 852, sendo "[a] concordata he obrigatoria extensivamente para com todos os credores, salvos unicamente os do dominio (art. 874), os privilegiados (art. 876) e os hypothecarios (art. 879)[.]" e eram considerados credores de domínio os credores, conforme o art. 874 do Código:

> 1. Os credores de bens que o fallido possuir por titulo de deposito, penhor, administração, arrendamento, aluguel, commodato, ou usofruto;
> 2. Os credores de mercadorias em commissão de compra ou venda, transito ou entrega;
> 3. Os credores de letras de cambio, ou outros quaesquer titulos commerciaes endossados sem transferencia da propriedade (art. 361 nº 3);
> 4. Os credores de remessas feitas ao fallido para hum fim determinado;
> 5. O filho-familias, pelos bens castrenses e adventicios, o herdeiro e o legatario pelos bens da herança ou legado, e o tutelado pelos bens da tutoria ou curadoria;
> 6. A mulher casada:
>    I. pelos bens dotaes, e pelos parapharnaes que possuisse antes do consorcio, se os respetivos titulos se acharem lançados no Registro do Commercio dentro de quinze dias subsequentes á celebração do matrimônio (art. 31):
>    II. pelos bens adquiridos na constancia do consorcio por titulo de doação, herança ou legado com a clausula de não entrarem na communhão, huma vez que se prove por documento competente que taes bens entrárão effectivamente no poder do marido, e os respectivos titulos e documentos tenhão sido inscriptos no Registro do Commercio dentro de quinze dias subsequentes ao do recebimento (art. 31);
> 7. O dono da cousa furtada existente em especie;
> 8. O vendedor antes da entrega da cousa vendida, se a venda não for a credito (art. 198).

Esses credores de domínio são aqueles que se configuram como efetivamente proprietários da coisa. Nesse ponto,

> [a] remissão da propriedade ao domínio (que podem, em certas circunstâncias, ser lidos como conceitos sinônimos), é esclarecedora: ter a propriedade de algo não é apenas segurá-la ou ter o seu título. E muito mais do que isso: consiste, primordialmente, em ter poder sobre ela. Esse elemento complexo, que dá origem a uma série de distinções, como aquela entre domínio direto e domínio útil, varia conceitual e historicamente segundo a concepção desse poder e de sua origem, isto é, se decorre das utilidades da coisa ou da vontade absoluta do proprietário.[141]

Os outros credores não sujeitos aos efeitos da concordata eram os privilegiados, conforme o art. 876:

> 1. Despezas funerarias feitas sem luxo e com relação á qualidade social do fallido, e aquellas a que dera lugar a doença de que fallecera;
> 2. Despezas e custas da administração da casa fallida, tendo sido feitas com a devida autorisação (arts. 833 e 841);
> 3. Salarios ou soldadas de feitores, guarda-livros, caixeiros, agentes e domesticos do fallido, vencidas no anno immediatamente anterior á data da declaração da quebra (art. 806);
> 4. Soldadas das gentes de mar que não estiverem prescriptas (art. 449 nº 4);
> 5. Hypotheca tacita especial;
> 6. Hypotheca tacita geral.

E, por fim, também não eram sujeitos aos efeitos os credores hipotecários, garantidos por *hipoteca especial*, conforme o art. 879, sendo que todos os demais credores eram considerados credores simples ou quirografários.

A publicação dos Avisos ministeriais está em linha com uma prática que era comum de se realizar consultas em matérias de falências por parte dos juízes das varas cíveis e comerciais do Rio de Janeiro aos Ministros, em especial àquele que estivesse no cargo de Ministro dos Negócios da Justiça. Também em maio de 1860 o juiz da 2ª Vara Cível e Comercial

[141] Lopes, José Reinaldo de Lima; Angelelli, Gustavo. *Propriedade*. Verbete. *In* Aidar, Bruno; Slemian, Andréa; Lopes, José Reinaldo de Lima (org.). *Dicionário histórico de conceitos jurídico-econômicos (Brasil, séculos XVIII-XIX)*. Vol. II. São Paulo: Alameda, 2020, p. 250.

do Rio de Janeiro consultou o ministro João Lustosa da Cunha Paranaguá sobre o papel dos curadores fiscais das massas falidas ou curadores das massas falidas. Porém, a consulta buscava esclarecer tal função de modo cumulado com a própria função de promotor público, pois "[...] nomeado (sic) os dous promotores publicos desta corte curadores fiscaes de massas fallidas, ultimamente não se quizerão elles prestar a tal incumbencia, sob o pretexto de que lhes era prohibida pelo Aviso de 31 de Outubro do anno passado [1859], o qual veda que os promotores advoguem nas causas civeis que possão assumir caracter crime (como as de fallencia); [...] [.]"[142], e teve como solução a resposta e orientação de que deveriam sim os promotores públicos atuar como auxiliar do juízo na qualificação das falências e, portanto, deveriam atuar como curadores das massas falidas.

Como consequência dessa consulta do juiz de direito, foi expedido um Aviso do Ministério da Justiça sobre o papel de promotores públicos em relação às falências, e a possibilidade de atuarem como curadores fiscais das massas, também foram publicados em 1859. Durante o gabinete do Partido Conservador de Ângelo Moniz da Silva Ferraz, para além da *Leis dos Entraves*, seu Ministro da Justiça, João Lustosa da Cunha Paranaguá, expediu o Aviso de 16 de maio de 1860, por meio do qual deixava claro que os promotores públicos, que eram nomeados interinamente pelos juízes do júri e que deveriam estar presentes nos casos criminais, poderiam também atuar como curadores fiscais das massas falidas. Destacou que "[...] a lei não incumbio aos curadores fiscaes unicamente a defesa dos interesses dos credores, mas commetteu-lhes tambem o importante encargo de esclarecer e auxiliar o juizo na classificação da fallencia, constituindo-os portanto verdadeiros promotores n'este summario, mixto, criminal e commercial."[143] Esses esclarecimentos vinham em linha também com a proibição dos promotores públicos para advogarem, mas tal proibição se dava apenas nos casos criminais e nos de falência, pois, este último poderia ser um caso que abordaria para além dos assuntos cíveis e comerciais, assuntos criminais.

Ângelo Moniz da Silva Ferraz, o Barão de Uruguaiana, já havia demonstrado seu posicionamento mais severo contra os falidos acusados

142 BRASIL. Biblioteca Nacional. *Jornal do Commercio do Rio de Janeiro*. Edição 139, 1860.
143 BRASIL. Ministério da Justiça. *Aviso de 16 de maio de 1860*.

de falências fraudulentas, quando dos debates sobre a promulgação do Código Comercial, à época ocupando o cargo de deputado. Naquela ocasião, em sessão da Câmara dos Deputados de 2 de julho de 1845, dizia

> [s]r. presidente, ha outro ponto sobre que chamarei a attenção da camara, e é aquelle em que os autores do codigo dão direito aos negociantes, convencidos de quebra, em que há lugar a imposição de pena a rehabilitarem-se depois do cumprimento da pena e satisfação dos credores. O mal de que nós nos queixamos sempre é a facilidade das quebras; é preciso que haja um meio de apartar esses homens que se entregão a essa especie de negocio tão comesinho entre nós, e a possibilidade de uma rehabilitação muito anima a estes especuladores. Diz o art. 894 (*Lê.*)[144] Ora, daqui vê-se que, com a quitação dos credores e certidão do cumprimento da pena, póde dar-se a rehabilitação.[145]

Essa visão da impossibilidade de se admitir uma reabilitação de um falido considerado como fraudulento acabou prevalecendo no Código Comercial, o art. 895 estabeleceu que "[o] fallido de quebra fraudulenta, não póde nunca ser rehabilitado."

Ainda nesse gabinete do Barão de Uruguaiana, o ano de 1860 também ficou marcado pelo ponto culminante da discussão que já vinha em pauta ao longo da década de 1850, sobre a possibilidade ou não de falências dos bancos, bem como sobre os debates em torno do meio-circulante e da própria criação de crédito pelas notas emitidas pelos bancos, que levaram à promulgação da *Lei dos Entraves*, Lei nº 1.083 de 22 de agosto de 1860,

> [v]isando o saneamento da economia brasileira, Ângelo Moniz da Silva Ferraz, ministro da Fazenda em 1860, obteve a aprovação pelo Legislativo de um

[144] Artigo esse que foi mantido na redação final e dispunha, no capítulo sobre as reabilitações, que "[art. 894.] A petição deve ser instruida com a quitação dos credores, e certidão do cumprimento da pena, no caso de lhe ter sido imposta. *Se a quebra com tudo houver sido julgada com culpa, está no arbitrio do Tribunal, procedendo ás averiguações que julgar convenientes, conceder ou negar a reabilitação* (grifamos)[.]" (*BRASIL. Lei nº 556, de 25 de junho de 1850 (Código Comercial)).*

[145] BRASIL. *Anais da Câmara dos Deputados.* Sessão de 2 de julho de 1845, p. 24.

projeto que previa, entre outras medidas, a metalização dos fundos bancários, a obrigatoriedade de realização das notas de banco por ouro à vontade do portador e a necessidade de autorização do governo para o funcionamento das sociedades anônimas.[146]

Sob a perspectiva das falências, a *Lei dos Entraves* avançava na base da *impontualidade* como elemento caracterizador da declaração da falência, mas também incluía a possibilidade de declaração em outras hipóteses, como excesso de emissão de bilhetes ou notas de crédito (art. 1º, §1º), emissão ou permitir a circulação de bilhetes ou notas "[...] de quantia inferior a cincoenta mil réis na Côrte e Provincia do Rio de Janeiro, e a vinte cinco mil réis nas outras Provincias[.]" (art. 1º, §2º), aqueles que ultrapassassem os limites fixados pelo Governo para as emissões com lastro em moedas de ouro (art. 1º, §3º) e as situações do §4º abaixo transcrito, tudo conforme o §5º do art. 1º, em especial ao estabelecer que

> *[s]erá considerado fallido o Banco de circulação que não satisfizer á vista e em moeda corrente*, ou, verificadas as hypotheses do pagamento previstas pelo paragrapho antecedente, em moeda de ouro, á vontade do portador, a importancia de seu bilhete ou nota apresentada ao troco; e pelo tempo da mora o portador terá direito ao juro corrente. Nas mesmas penas incorrerão os Bancos que violarem as disposições dos §§ 1º, 2º, 3º, e 4º deste artigo (grifos nossos).

O §4º do art. 1º, por sua vez, determinava que seria

> [...] permittido aos Bancos de circulação, que actualmente se achão creados por Decretos do Poder Executivo, substituir seus titulos de garantia pelos valores mencionados na parte 1ª deste artigo; e logo que suas notas fôrem convertiveis em moeda de ouro, á vontade do portador, poderão emittir na razão dupla dos referidos metaes ou moeda de ouro que effectivamente possuirem, dentro dos limites marcados nos seus estatutos, que por este facto ficarão desde logo alterados neste sentido.

[146] Sáez, Hernán Enrique Lara. *A evasão de ouro dos fundos bancários em meados do século XIX e suas consequências para a política econômica. In* Revista Almanack. n.01, 1º semestre 2011. Guarulhos: 2011, p. 67.

Em 1861, na Câmara dos Deputados, em sessão de 20 de agosto, foi alvo de críticas pelo Barão de Mauá sobre a possibilidade de se caracterizar a falência em outras hipóteses que não exclusivamente a impontualidade, dizendo "[s]enhores, essa lei foi tão pouco reflectida que até veio alterar, em materia de fallencias, o que se acha estabelecido por todas as nações civilisadas do mundo, sem excepção de uma só. A pena enorme da fallencia, senhores, é exclusivamente applicada por todos os codigos conhecidos á *impontualidade*. Jámais ocorreu a alguém, fóra do nosso paiz, a lembrança de applicar a pena de fallencia a outros delictos; [...]."[147]

Também em 1861 passa a ser noticiado no Brasil que Portugal está discutindo um projeto de lei do deputado Gaspar Pereira da Silva sobre as falências,

> [...] de ha muito reclamado pela opinião publica. *O fim principal do autor é supprir a deficencia da legislação na punição dos negociantes imprudentes e no severo castigo dos fraudulentos que se aproveitão do alheio pretextardo infortunios, que não sã mais do que a mascara da perversidade.* Em França, na Belgica, na Hollanda por vezes se tem reformado as leis sobre o assumpto em presença das difficuldades que se encontrão na pratica. A rigorosa classificação das quebras é objecto da mais elevada importancia. Muitas serão evitadas se os juizes puderem applicar com segurança a declaração da boa ou má fé dos que se dizem insoluveis (grifos nossos).[148]

Já entre 1856 e 1858 era comum encontrar no Jornal do Comércio discussões sobre os riscos de falência dos bancos, pelas emissões de meio circulante, bem como a situação que se dizia de mais de novecentas falências de casas comerciais em Nova Iorque, também faziam parte da pauta sobre as discussões de como seriam tratadas essas situações, especialmente considerando que os bancos se formavam por meio de sociedades anônimas e se discutia se estas estariam ou não sujeitas à falências previstas no Código Comercial[149], além de discutirem sobre outras

[147] BRASIL. Biblioteca Nacional. *Jornal do Commercio do Rio de Janeiro*. Edição 243, 1861.
[148] *Id*. Edição 64, 1861.
[149] *Id*. Edições 95, 1856; edição 342, 1857; e edição 2, 1858.

falências ocorrendo na Inglaterra e na Escócia[150]. Nesse mesmo período podemos identificar as discussões do então Barão de Mauá, Irineu Evangelista de Souza, na Câmara dos Deputados, em debate com o deputado Torres-Homem[151].

Começam também a surgir publicações atacando decisões do Tribunal do Comércio de Pernambuco em casos de falência nesse período, fazendo coro àquelas críticas sofridas pelo Tribunal do Comércio do Rio de Janeiro, como vimos no caso do Banco Mauá, MacGregor e C., na coluna "Publicações a Pedido" do Jornal do Comércio do Rio de Janeiro, sob o título "As Fallencias em Pernambuco", em que se dizia que "[c]hama-se a attenção do governo para o juizo commercial da capital da província de Pernambuco, em vista dos dous artigos que vão abaixo transcriptos e que forão publicados no *Constitucional* daquella província ns. 42 e 45."[152]

Essa crítica sobre a situação das falências na praça de Pernambuco dizia que três entidades resumiriam a atividade sobre as falências naquela localidade, a dizer, o juiz, o escrivão e um *agente das fallências*, que não é nominalmente investigado, mas que pediam que o governo central soubesse e tomasse providências contra e, com isso, dizia a publicação que naquele momento

> [v]emos que as fallencias são judicialmente tratadas por empreitada com alguem, que, mediante um ajuste redondo, se obriga a ministrar advogado, solicitador, guarda-livros, etc., etc., e que dest'arte se torna o supremo arbitro de todas as quebras que se dão na praça de Pernambuco! Quer se queira acreditar quer não, o certo é que ha em nosso foro um *agente de fallencias* que, mediante a referida empreitada, se torna o conhecedor da verdadeira situação das massas fallidas; que se há convertido em ponto central para onde convergem todos os credores e todos os fallidos, e que, semelhante á aranha no centro de sua têa, dirige seus actos de modo a tornar-se o oceano onde se vão lançar todas as aguas dos rios que para elle correm (grifos do autor)![153]

[150] *Id.* Edição 353, 1857.

[151] *Id.* Edições 172 e 204, 1858.

[152] BRASIL. Biblioteca Nacional. *Jornal do Commercio do Rio de Janeiro*. Edição 146, 1861.

[153] BRASIL. Biblioteca Nacional. *Jornal do Commercio do Rio de Janeiro*. Edição 146, 1861.

De mesmo modo críticas às decisões de declarações de falências do Tribunal do Comércio do Paraná também são publicadas, anonimamente, no Jornal do Comércio, especificamente dizendo que

> [é] necessario que a justiça seja uma realidade para a tranquilidade publica e segurança das fortunas; qualquer espírito extremecerá quando, compulsando o processo em questão, verificar que o homem sobre quem pesa talvez uma responsabilidade tremenda, por actos extremamente graves, exerce um cargo de confiança, e tem em sua mão a segurança e paz da povoação mais importante da provincia do Paraná!![154]

Também no ano de 1862 é anunciado que estaria no prelo um livro do "guarda-livros" João Lessa chamado "Estudos Juridico-Commerciaes"[155], em estilo manual e aparentemente bastante direcionado para a prática do dia-a-dia dos processos de falências, bem como dinâmicas sobre os limites de atuações dos juízes e funções dos administradores das massas falidas, síndicos e guarda-livros, mas não encontramos registros da publicação de fato, tampouco localizamos nos acervos de obras raras da Faculdade de Direito da Universidade de São Paulo ou na Biblioteca do Senado. Esse livro que se anunciava uma futura publicação, trataria de aspectos práticos relacionados aos processos de falência. De mesmo modo não encontramos referências a esse trabalho nos estudos de Carvalho de Mendonça, que fez na década de 1890 a publicação de seu livro sobre as falências que pode ser considerada a publicação de maior repercussão no Brasil até o fim do período estudado nesta pesquisa, especialmente pelas citações em decisões, bem como menções ao longo dos debates parlamentares e exposições de motivos das leis de falências objeto desta pesquisa.

Durante o processo de liquidação da Imperial Companhia Seropédica Fluminense, iniciado em 1862, a companhia criada por decreto em 1854 para atuar no ramo têxtil, especialmente a seda, foi assunto na Assembleia Legislativa Provincial no Rio de Janeiro nos debates entre os deputados provinciais e também apareceu como um tema a discussão sobre a definição de liquidação da companhia, uma sociedade anônima, ser equi-

[154] *Id.* Edição 34, 1862.
[155] *Id.* Edição 173, 1862.

valente à declaração de falência da mesma, nos transmitindo mais cores sobre a falência de companhias naquele período. O deputado Baptista Pereira, defendendo a necessidade de não mais se confiar na indústria sérica do Brasil, apoiava a liquidação para, com isso, encerrar os prejuízos que vinha gerando. Dizia que era "[...] publico o estado de insolvabilidade da imperial companhia seropedica; ella mesma o confessou na ultima reunião dos acionistas, em que deliberarão que se declarasse á província que a companhia não podia mais continuar, que estava extincta[.]"[156] e, diante do fato de que era uma companhia com objeto comercial, com os estatutos arquivados perante o Tribunal do Comércio, entendia que a liquidação deveria se dar por meio judicial e que, sobre esse tema, discorreu que

> [...] dividem-se as opiniões dos homens mais competentes: entendem uns que pela doutrina do nosso codigo commercial, que dá ao juiz o direito de abrir ex-officio a fallencia, reconhecida a insolvabilidade do negociante, não se póde deixar de tratar judicialmente da liquidação da companhia seropedica, e que é impossível que esta liquidação se faça administrativamente; outros entendem que, sendo a fallencia aberta em interesse dos credores, concordando estes, póde-se fazer a liquidação amigável.[157]

Os diretores da companhia apresentaram ainda em 1862 o relatório de liquidação ou "falência", com os respectivos balanços, bem como com as avaliações dos bens da companhia, dentre tais "bens", indicaram, conforme o relatório presidencial da província do Rio de Janeiro, os escravos que eram de propriedade da companhia:

[156] BRASIL. Biblioteca Nacional. *Jornal do Commercio do Rio de Janeiro*. Edição 2, 1863.
[157] *Id. ibid.*

FIGURA 3

**Anexo do acervo da falência e liquidação da Imperial Companhia Seropédica Fluminense contendo a "Avaliação dos Escravos" de sua propriedade**[158]

**Avallação dos escravos.**

| NUMERO. | NOMES. | IDADES. | OFFICIO. | VALOR. |
|---|---|---|---|---|
| 1 | Firmino | 35 annos. | Carreiro | 1:300/000 |
| 2 | Francisco | 35 » | Pedreiro | 1:500/000 |
| 3 | Francisco (tem quebradura) | 45 » | Carpinteiro | 600/000 |
| 4 | Pedro | 40 » | Tropeiro | 1:300/000 |
| 5 | Fernando | 18 » | | 1:600/000 |
| 6 | Rita | 24 » | Corta folhas | 1:600/000 |
| 7 | Roza | 35 » | Cosinheira | 1:400/000 |
| 8 | Francisca (velha) | | | 300/000 |
| 9 | Eva | 32 » | Lavadeira | 1:300/000 |
| 10 | Maria | 22 » | | 1:400/000 |
| 11 | Manoel | 40 » | | 900/000 |
| 12 | Amaro | 38 » | | 1:200/000 |
| 13 | João | 30 » | | 1:000/000 |
| 14 | Sebastião | 25 » | | 1:500/000 |
| 15 | Jorge | 30 » | | 1:300/000 |
| 16 | Dionizia | 28 » | | 1:300/000 |
| 17 | Victorina | 31 » | | 1:200/000 |
| 18 | Carolina | 18 » | | 1:600/000 |
| 19 | Josepha | 30 » | | 1:000/000 |
| 20 | Joanna | 35 » | | 900/000 |
| 21 | Catharina | 28 » | | 1:400/000 |
| 22 | Florinda (aleijada) | | | |
| 23 | Perciliana | 12 » | | 900/000 |
| 24 | João } filhos de Eva | 10 » | | 1:200/000 |
| 25 | Manoel } filhos de Eva | 5 » | | 800/000 |
| 26 | Clemente } filhos de Eva | 3 mezes. | | 150/000 |
| 27 | Jacintho } filhos de Catharina | 10 annos. | | 1:400/000 |
| 28 | Aniceto } filhos de Catharina | 7 » | | 1:200/000 |
| 29 | Marcellino } filhos de Catharina | 6 » | | 1:200/000 |
| 30 | Frederico } filhos de Catharina | 5 » | | 1:200/000 |
| 31 | Izidoro, filho de Roza | 7 » | | 1:000/000 |
| 32 | Candido, filho de Dionizia | 8 mezes. | | 350/000 |
| 33 | Paulo, filho de Jozepha | 3 annos. | | 500/000 |
| 34 | José, filho de Maria | 26 mezes. | | 450/000 |
| 35 | Constantina } filhos de Victorina | 3 annos. | | 500/000 |
| 36 | Luiz } filhos de Victorina | 2 » | | 450/000 |
| | | | | 36:900/000 |

**Observação.**

Dos escravos com que passou o estabelecimento á companhia. morreram 8, venderam-se 2, e nasceram depois 10.

[158] BRASIL. *Relatorio apresentado ao excellentissimo vice-presidente da Provincia do Rio de Janeiro o senhor doutor José Norberto dos Santos, pelo presidente Desembargador Luiz Alves Leite de Oliveira Bello*. Rio de Janeiro: Typ. do Moderado, 1862, Anexos, n. 3. Disponível em http://ddsnext.crl.edu/titles/184?terms=escravos&item_id=4765#?c=0&m=48&s=0&cv=155&r=0&xywh=0%2C-86%2C2207%2C3320, acesso em 30/09/2020. O relatório fez parte quando da "falência" da Companhia Seropédica, resolvida por meio do processo de liquidação para que fossem vendidos todos os ativos de tal companhia.

Tudo isso, somado à própria *Lei dos Entraves* acerca da possibilidade de declaração de falência das casas bancárias, nos revela que havia processos de liquidação de companhias, sociedades anônimas, revelando uma interpretação jurídica que os assemelhavam aos processos de falências e que usavam o capítulo *das quebras* do Código Comercial como um parâmetro para se proceder em liquidações de companhias durante essas primeiras décadas da segunda metade do século XIX. Não obstante tal aproximação e mesmo essa revelação interpretativa, não localizarmos editais oficiais expedidos pelo Tribunal do Comércio ou por juízes das falências que tratassem de falências de companhias, sendo os identificados apenas aqueles relacionados a comerciantes ou negociantes pessoas naturais.

Essa crise das casas bancárias é também um capítulo do *tomo segundo* do livro escrito pelo filho de Nabuco de Araújo, Joaquim Nabuco, sobre a história de seu pai, em que retratou o cenário das falências bancárias e da crise comercial de 1864[159]. Além disso, é também dessa mesma época que dois decretos relacionados às moratórias, concordatas e falências são aprovados, e, de acordo com Joaquim Nabuco, eram de autoria de Nabuco de Araújo, porém aprovados por Francisco José Furtado. Um deles era o Decreto nº 3.308, de 17 de setembro de 1864, que trazia "[...] diversas disposições extraordinarias durante a crise commercial em que se acha a praça do Rio de Janeiro[.]"[160], especialmente estabelecendo uma moratória automática de sessenta dias para a prorrogação de todas as letras, notas promissórias e quaisquer outros títulos comerciais vencidos em setembro de 1864, suspendendo a possibilidade de protestos e de cobrança de tais títulos. Mais do que isso, dando um passo distinto daquele que constava do Decreto nº 738, estabelecia que seriam aplicáveis as *moratórias* aos negociantes não matriculados, sendo que estas poderiam ser "[...] concedidas pelos credores que representem dous terços do valor de todos os creditos."[161] O segundo era o Decreto nº 3.309, de 20 de setembro de 1864, que regulava as falência dos bancos e casas bancárias e dizia que

[159] NABUCO, Joaquim. *Nabuco de Araujo um Estadista do Imperio Sua Vida, Suas Opiniões, Sua Época*. Tomo Segundo (1857-1866). Rio de Janeiro: H. Garnier, Livreiro Editor, 1897, p. 23-25 e p. 132-145.

[160] BRASIL. *Decreto nº 3.308, de 17 de setembro de 1864*. Preâmbulo.

[161] *Id.*, art. 2º.

era expedido tal decreto diante do fato de que as falências dos bancos e casas bancárias "[...] pelas suas importantes relações com o Commercio e Agricultura, e pela influencia que póde exercer sobre o credito e ordem publica, *não deve ser regulada pela legislação das fallencias ordinárias*; (grifos nossos) [...]."[162] Esse mesmo decreto fixou um prazo máximo de duração das concordatas e moratórias dos comerciantes não matriculados em no máximo três anos, exceto se houvesse a concordância de todos os credores sobre outro prazo, conforme o art. 15 do decreto[163].

[162] BRASIL. *Decreto nº 3.309, de 20 de setembro de 1864*. Preâmbulo.

[163] *Id.*, e ainda estabelecia expressamente: "Art. 15. As concordatas e moratorias, concedidas na fórma do art. 2º do Decreto nº 3.308 de 17 do corrente mez [artigo sobre as moratórias de negociantes não matriculados], não excederáõ o prazo de tres annos, salvo convindo todos os credores. E em todo o caso deveráõ ser homologadas pelo Juiz do Commercio." Neste ponto, com base em nossa interpretação tanto pela própria lei, quanto pela prática do século XIX, divergimos do apontado por Hanna Sonkajärvi ao dizer que "[u]ma primeira dificuldade ligada com os casos de falência foi de saber, se a pessoa endividada era, de fato, um comerciante. [...]. Um caso de falência, tratado no Tribunal da Relação do Rio de Janeiro em 1861-1862, torna visível a dificuldade de estabelecer o status de comerciante e a fragilidade de escrituração mercantil como prova. Os apelantes, Manuel Fernandes d'Oliveira e Antônio Caetano Pereira Maciel, tinham sido condenados em falência pelo Juízo Especial do Comércio da Segunda Vara do Rio de Janeiro em junho de 1861. Eles foram subsequentemente julgados em janeiro de 1852 (sic) para cumprir uma pena de quatro anos e meio de prisão simples, pelo Juiz de Direito da Primeira Vara Criminal do Rio de Janeiro. No seu pedido de revisão em segunda instância, o advogado dos apelantes argumentava que os livros de comércio não podiam servir como a única prova para estabelecer uma "falência culposa". De fato, o Tribunal da Relação reconheceu os testemunhos dos credores que falavam em favor de dois apelantes, condenados por falência culposa na primeira instância, como também constatou que o volume do comércio deles foi pequeno, o que implicaria, na visão do tribunal, que eles não podiam ser condenados com todo rigor em relação ao artigo 821 do Código Comercial que previa uma pena de prisão de oito anos para quem cometesse falência culposa[.]" (SONKAJÄRVI, Hanna. *Falência*. Verbete. *In* AIDAR, Bruno; SLEMIAN, Andréa; LOPES, José Reinaldo de Lima (org.). *Dicionário histórico de conceitos jurídicos-econômicos (Brasil, séculos XVIII-XIX)*. Vol. I. São Paulo: Alameda, 2020, p. 391-392). A divergência está no ponto em que entendemos que a situação da caracterização de um devedor como comerciante, não tem relação com a matrícula da pessoa perante o Tribunal do Comércio, pois os atos de comércio praticados por *comerciantes*, ainda que não matriculados, eram o suficiente para a declaração de falência em linha com o próprio Decreto nº 738 e das críticas de Araújo Góis à concessão dos benefícios legais aos não matriculados, conforme veremos adiante. Além disso, como

Apesar desses decretos atribuírem poderes aos juízes comerciais, deve ficar claro que, como vimos, já não se tratava mais de uma jurisdição exclusivamente mercantil, pois, na praça do Rio de Janeiro, por exemplo, os juízes comerciais eram os juízes de direito que tratavam também de matérias cíveis. Quando o assunto era tratar dos juízes exclusivamente mercantis, e não de direito, reforçando aquelas críticas aos juízes do comércio, em 1863 houve a publicação de um pequeno texto no Jornal do Comércio do Rio de Janeiro, assinado por "A Mlle [acrônimo para *mademoiselle*] Clara do Andarahy", em que dizia que os juízes do comércio somente nomeavam para o cargo de curadores-fiscais os advogados que não eram credores dos processos e esses advogados estariam mancomunados com os falidos, aceitando "[...] propostas das quaes elles da commissão levão a melhor vantagem, ou tendo assignado todos escriptura de doação, contratos de moratoria e concordata com abatimento, não podem por essas razões oppôr-se aos seus proprios actos."[164]

Essa crítica aos curadores-fiscais foi também reiterada em uma publicação anônima, contando apenas com as iniciais "MLF", em outra publicação que também direcionava suas críticas ao Código Comercial e, especificamente, ao capítulo das falências e das novas funções que teriam sido criadas com a regulamentação do capítulo sobre os processos de quebras, dizendo

> [a] época commercial do Rio de Janeiro é desgraçada! Quem ler os editaes quoatiadianos para reunião de credores; quem souber do numero de culpados, uns infelizes, outros que pagão hoje culpas próprias e alheias na penintenciaria; quem admirar a subita metamorphose do *nada* para *alguma cousa*, e vice-versa; quem lêr nos nos (sic) olhos de mil individuos a avidez das *curadorias fiscaes*, e tudo o mais que diz respeito a uma fallencia; [...]. O paiz tem um codigo commercial. É voz geral que antes de o haver ia o commercio em mar de rosas. [...]. Não entramos na apreciação da sua utilidade; [...]. E se o mal não vem do codigo, a magistratura que diga donde vem. [...]. O commerciante que tem nos seus livros cem contos a favor, póde na continuação

destacamos nesta pesquisa, as falências se aplicavam a comerciantes não matriculados, assim como algumas concordatas também o foram.

[164] BRASIL. Biblioteca Nacional. *Jornal do Commercio do Rio de Janeiro*. Edição 121, 1863.

> do seu commercio salvar o todo dos seus credores e parte do seu capital; mas se lhe abrem a fallencia, da massa apenas sahe uma porcentagem certa e segura. [...]. Provém isto das chicanas sustentadas á custa das massas e do deleixo (sic) em não obrigar os curadores aos rateios. Com o producto delles há quem tenha feito mais de uma casa...[...]. Em conclusão: se não fossem abertas que o codigo commercial deixa ao negociante, cremos que as fallencias serião muito limitadas (grifos do autor).[165]

Além das declarações de falências casuais, que apareceram nas pesquisas com frequência relevante, mas sem detalhes durante o século XIX e muitas sem identificação das partes, tampouco dos juízos que as declararam, há também publicações de condenações criminais de negociantes por falência fraudulenta (sem mencionar a palavra *bancarrota* utilizada no Código Criminal do Império), como o caso do negociante Sr. Manoel da Costa Maciel, julgado pelo juiz da 2ª Vara Cível e Comercial do Rio de Janeiro, Dr. D. Luiz de Assis Mascarenhas, em que se dizia que

> [o] fallido foi accusado de não ter-se apresentado em tempo para requerer a abertura da sua fallencia; de recursar-se ao pagamento a seus credores; de ausentar-se, e de não ter os livros que o codigo commercial determina. O fallido allegou em seu favor algumas circumstancias, e fez consistir principalmente sua defesa em dizer que não era socio do estabelecimento de seccos e molhados, na rua do Jardim Botanico, com o Sr. José Alves da Costa (ausente), sendo este apenas seu devedor. O Sr. Dr. Mascarenhas, entendendo que a prova dos autos é inteiramente contra o acusado, lavrou aquella sentença condemnatoria.[166]

A referida sentença condenatória do Dr. Mascarenhas, juiz da 2ª Vara, foi de prisão com trabalho por quatro anos e meio contra o negociante Manoel da Costa Maciel, lembrando que o crime de *bancarrota*, qualificada como *fraudulenta*, tinha previsão legal de pena de prisão com trabalho por um a oito anos, conforme o art. 263 do Código Criminal do

165 BRASIL. Biblioteca Nacional. *Jornal do Commercio do Rio de Janeiro*. Edição 158, 1863.
166 *Id*. Edição 160, 1863.

Império e estava entre o capítulo dos crimes de estelionato e outros crimes contra a propriedade.

Outra condenação por parte do Dr. Mascarenhas também foi divulgada, em relação ao comerciante Sr. José Victorino de Carvalho Magalhães, também negociante de secos e molhados, desta vez por um ano, e sob o fundamento de que o comerciante (i) não se apresentou em tempo de requerer a abertura da sua própria falência e por (ii) não ter os livros, nem a escrituração e correspondência mercantil na forma da lei e ainda se dizia que tinha como sócio o Sr. Gaspar José Coelho de Azevedo que estava *fugido*[167]. O crime de falência fraudulenta era um dos crimes considerados como inafiançáveis no período.

Também eram publicadas notícias sobre decisões de reforma das decisões do juiz da 2ª Vara, advindas do Tribunal da Relação do Rio de Janeiro, como no caso de outra falência qualificada como culposa, do negociante Manoel José Moreira, que tinha uma loja de ferragens e tintas, desconsiderando, portanto, a qualificação da falência[168]. Outras que reformavam, mas não afastavam o crime, como o caso do comerciante Rodrigo de Almeida Lopes, condenado em primeira instância por falência culposa (art. 821 do Código Comercial) e por falência fraudulenta (art. 263 do Código Criminal), ambas com a mesma cominação penal, de prisão por trabalho de um a oito anos, reformando a sentença quanto à falência culposa e confirmando a decisão de condená-lo por falência fraudulenta[169].

Essa desidratação dos Tribunais de Comércio para a atuação em segunda instância, perdendo espaço para o Tribunal da Relação, também pôde ser verificado por meio do Aviso do Ministério da Justiça de 21 de junho de 1865, durante o Gabinete Ministerial de Pedro de Araújo Lima, o 4º Gabinete Olinda, do Partido Liberal, que teve como Ministro da Justiça José Tomás Nabuco de Araújo, em que se explicava que os recursos

> [...] de fallencia devem continuar a ser julgados pelas Relações, não o devendo ser pelos tribunaes do commercio, por ser isso contrario á natureza dos mesmos, que só podem julgar o que é puramente mercantil, e não os referidos

[167] *Id.* Edição 227, 1863.

[168] BRASIL. Biblioteca Nacional. *Jornal do Commercio do Rio de Janeiro.* Edição 166, 1863.

[169] *Id.* Edição 231, 1863.

recursos, cujo conhecimento o legislador conferio acertadamente ás Relações, que são tribunaes criminaes.[170]

Importante também destacar, sobretudo em matéria criminal e também relacionada às falências, portanto, que ainda nesse período há registro de decisões que tomaram por base fundamentos jurídicos previstos nas Ordenações do Reino[171], portanto, apesar do aparato legislativo que vinha sendo construído no Brasil, o direito na prática não deixou completamente de lado a experiência jurídica que se produziu desde o início do século XIX, convivendo o arcaico das Ordenações, com aquela modernidade que se enxergava nessas primeiras décadas da segunda metade do século.

Sob essa perspectiva criminal tinha-se um entendimento de que a falência fraudulenta ou culposa só poderia ser pronunciada quando da declaração da quebra por parte do juízo da falência, isso significaria, na prática, que não poderia haver um crime de falência fraudulenta ou culposa após a declaração da quebra e a sua qualificação como casual. Esse tema foi objeto de uma manifestação de Augusto Teixeira de Freitas no Jornal do Comércio, em uma coluna chamada "Questão Commercial" se publicou que

> [o] processo de fallencia não póde retroceder para procerder-se a nova instrucção e qualificação da quebra, mas como os crimes podem ser acusados emquanto não prescrevem, não obstante a inefficacia de accusações anteriores, entendo que a justiça publica e as partes interessadas podem intentar novo processo criminal contra o fallido. Este novo processo deve correr no juizo commum, e o crime deve ser qualificado como estelionato e não como bancarrota.[172]

Essa coluna contou com a manifestação de diversos juristas e políticos tratando sobre o mesmo assunto, sendo que o Conselheiro A. Pantojosa se posicionou de modo distinto de Teixeira de Freitas e, em

[170] BRASIL. Ministério da Justiça. *Aviso de 21 de junho de 1865.*
[171] BRASIL. Biblioteca Nacional. *Jornal do Commercio do Rio de Janeiro.* Edição 338, 1863.
[172] BRASIL. Biblioteca Nacional. *Jornal do Commercio do Rio de Janeiro.* Edição 77, 1864.

mesmo sentido, Bernardo Souza Franco também se manifestou. O já Visconde de Souza Franco, importante figura sobre as discussões acerca do meio-circulante no Brasil, especialmente em relação ao debate entre *metalistas* e *papelistas* e o próprio Bernardo de Souza Franco identificara a necessidade de aumento da população no Brasil, importação de mão--de-obra assalariada (*colonização estrangeira*) e fim da escravidão como elementos fundamentais para melhorar a competitividade e o desenvolvimento do crédito no Brasil[173]. O gabinete iniciado por Souza Franco era considerado, do ponto de vista do liberalismo econômico, um gabinete arrojado e bastante direcionado para as questões técnicas econômicas. O outrora ministro Souza Franco assumiu em 1857 sua pasta e desde o início deixou prevalecer sua posição contrária àquela efetuada por meio da reforma bancária de 1853. Nessa manifestação também no Jornal do Comércio sobre o tema dos crimes de falência, Souza Franco se posicionou dizendo que

> [o] processo das fallencias é incumbido ao juizo commercial principalmente para os dous fins de garantir aos credores o pagamento de seus creditos pela tirada dos bens da posse do fallido, e para assegurar a este a protecção e favores que a legislação commercial presta ao commerciante de boa fé, que cessa seus pagamentos por accidentes de casos fortuitos ou força maior. O conhecimento da parte criminal para punição do descuido, dolo ou fraude, sómente cabe ao juizo commercial *per accidens*, como meio de regular os effei-

173 "Não se pode perder de vista, que só a poder de esforços para elevar o Brasil ao engrandecimento, e riqueza para que tem proporções, se sustentará ele unido no meio dos elementos de decomposição de que se vê cercado, e dos que tem em si mesmo; e que entre os principais meios de salvação é preciso contar muito com o desenvolvimento dos capitais e aumento da população. Desenvolver portanto seus capitais por meio das instituições de crédito, aumentar os braços também pela colonização estrangeira, são duas necessidades da época, e tão ligadas entre si, que uma coadjuva a outra. O aumento dos capitais chama braços para os servir; os braços importados trazem capitais, e os criam no país; e como temos ação mais direta sobre os capitais existentes no Império, que sobre habitantes de países longínquos, não será fora do propósito procurar no desenvolvimento daqueles os meios de também promover a colonização[.]" (Franco, Bernardo Souza. *Os Bancos do Brasil: sua história, defeitos da organização atual e reforma do sistema bancário.* 2ª edição. Brasília: Editora Universidade de Brasília, 1984 (originalmente publicado em 1848), p. 88).

tos civis da pronuncia, e tanto que pelo art. 820 do codigo commercial o julgamento final do fallido no juizo criminal não invalida a pronuncia criminal, dada para regular os effeitos civis. É por isso que eu tenho seguido a opinião que o recurso ex-officio da pronuncia commercial devia passar para o tribunal do commercio, desde que pelo decreto n. 1.597 do de 1º de maio de 1855 forão os tribunaes do commercio erigidos em 2ª instancia para julgar as causas commerciaes, inlcuidas as de fallencia (art. 21 do citado decreto).[174]

Sobre essa discussão, localizamos uma curta ementa de uma decisão do Supremo Tribunal de Justiça do Império que dizia que "[a] decisão criminal não influe sobre os effeitos civis da pronuncia no juizo da fallencia. Os juizes e tribunaes criminaes não têm jurisdicção sobre os actos decisorios em processo de fallencia, quanto á abertura desta."[175] Pode-se depreender dessa breve ementa um entendimento de que a justiça criminal não teria competência, portanto, para qualificar as falências, uma vez que tal qualificação estava ligada à análise da declaração de abertura da falência por parte do juízo cível ou municipal ou do comércio, conforme o caso.

Sobre a competência da justiça comum ou da arbitragem em outras matérias envolvendo um comerciante (um *empresário* no caso) também houve decisão do Tribunal da Relação do Rio de Janeiro entendendo que a competência sobre "[q]ualquer discordancia entre o *emprezario* e os particulares deve ser ventilada e decidida no juizo civil. O juizo arbitral independente de qualquer recurso não é competente para se discutir essa discordância, visto que assim não foi estabelecido por acto legislativo (grifos nossos)."[176] Essa decisão aparentemente foi tomada em relação a algum dos casos previstos no Código Comercial em que a resolução deveria ser dar obrigatoriamente por meio do juízo arbitral, como as hipóteses do Juízo Arbitral necessário conforme o art. 411 e seguintes do Regulamento do Código Comercial (o Decreto nº 737, de 25 de Novembro de

[174] BRASIL. Biblioteca Nacional. *Jornal do Commercio do Rio de Janeiro*. Edição 77, 1864.
[175] *Id.* Edição 48, 1867.
[176] *Id. ibid.*

1850) e artigos 245 e 294 do Código Comercial[177] e já devia estar baseada na Lei nº 1.350 de 14 de setembro de 1866 que derrogou a aplicação do Juízo Arbitral necessário, passando a arbitragem a ser um instituto de solução de conflitos que deveria contratado de modo estritamente voluntário pelas partes e não mais uma imposição da lei comercial[178].

Já em sessão na Câmara dos Deputados, em 1º de junho de 1866, Nabuco de Araújo[179], novamente como Ministro da Justiça, apresentou sua proposta sobre alterações nos processos de falências e concordatas. Dizia Nabuco de Araújo

> Augustos e digníssimos senhores representantes da nação – De ordem de S. M. Imperial tenho a honra de offerecer á vossa consideração uma proposta alterando o processo das fallencias, estabelecido pelo nosso codigo do commercio. Se ha uma legislação essencialmente variavel é a legislação commercial, porque deve ella seguir a natural mobilidade das relações e dos interesses do commercio(.) [...]. Ha 14 annos (sic) o nosso commercio acolheu esperançoso a legislação de 1850. O tempo, porém, veio demonstrar

[177] BRASIL. *Lei nº 556, de 25 de junho de 1850 (Código Comercial)*. Especificamente dispondo que "[Art. 245.] Todas as questões que resultarem de contractos de locação mercantil serão decididas em Juizo arbitral[.]"; e "[art. 294.] Todas as questões sociaes que se suscitarem entre socios durante a existencia da sociedade ou companhia, sua liquidação ou partilha, serão decididas em Juizo arbitral."

[178] Neste ponto também divergimos da interpretação de Hanna Sonkajärvi ao considerar o papel decisivo e relevante das arbitragens em fases iniciais dos processos de falência, justamente por não termos identificado a presença das arbitragens obrigatórias nos casos identificados na Capital; afastamento esse que se materializou definitivamente a partir da segunda metade do século XIX no Brasil, institucionalmente oficializado tal afastamento por meio da Lei nº 1.350 de 14 de setembro de 1866. Com base nos casos analisados pela autora, ela conclui que "[o]s juízes de primeira e de segunda instâncias julgavam litígios com base nas provas escritas e testemunhos lavrados por escrivães. *Nesse sistema, e mais especificamente dentro dos processos de falência, os atores locais e as ações na fase inicial do processo de falência (conciliação e arbitragem) tinham um papel decisivo* (grifamos) [.]"; neste ponto, portanto, não identificamos entre a população dos casos que identificamos as arbitragens inseridas nesse grupo de um papel decisivo nas discussões dos processos (SONKAJÄRVI, Hanna. Ob. Cit. 2020, p. 399).

[179] Diferentemente do que consta em Ricardo Negrão, não foi seu filho, Joaquim Nabuco, quem discursou, tampouco quem apresentou a proposta de reforma, mas sim o pai, Nabuco de Araújo (NEGRÃO, Ricardo. Ob. Cit. 2017, p. 43).

que não era senão illusoria a protecção que o codigo prometia aos credores. Com effeito, o nosso processo das fallencias, lento, complicado, dispendioso, importa sempre a ruina do fallido e o sacrificio do credor. Uma dolorosa experiencia tem demonstrado que os credores, apezar das fraudes de que são victimas, descorçoados do resultado, abstêm-se desses processos eternos, e querem antes aceitar concordatas as mais ruinosas e ridiculas.[180]

Essa percepção de Nabuco de Araújo, de que credores estavam aceitando concordatas *ruinosas e ridículas* não veio baseada em quaisquer dados, tampouco cita casos, apenas se restringe a fundamentar que "[o]s exemplos são frequentes e de cada dia, não ha duvidar daquilo que vemos e deploramos[.]"[181], sem indicar quais seriam esses *exemplos frequentes e de cada dia*. Na sua visão, sua proposta de reforma vinha sob o fundamento de que entendia que "[...] um dos graves defeitos do processo actual [é] a confusão do interesse da justiça publica e do interesse privado, a dependencia da parte criminal e da parte commercial, os inconvenientes de uma instrucção comuum muitas vezes desnecessaria em relação á justiça publica, e quasi sempre gravosa á massa falida."[182]

Sob esse pretexto de agir legalmente de um modo menos *gravoso à massa falida*, Nabuco de Araújo propôs aos deputados que a administração do processo dependia de agentes provisórios (curadores fiscais e depositários) e depois de agentes definitivos (administradores das massas falidas), bem como que essas nomeações dependiam das reuniões de credores, assim os credores nomeados, "[...] occupados com os seus interesses, não podem applicar-se a uma adminsitração que exige grande attenção e perda de tempo [...][.]"[183] e, com isso, sua reforma propunha alterar a dinâmica para instituir "[...] em todas as praças comerciais do Imperio liquidadores juramentados, nomeados pelo governo, sob proposta do presidente do tribunal do commercio, por cinco annos, mas revogaveis."[184] Com isso, entendia que logo que uma falência fosse

[180] BRASIL. *Anais da Câmara dos Deputados*. Sessão de 1º de junho de 1866, p. 14.
[181] *Id. ibid.*
[182] *Id. ibid.*
[183] *Id. ibid.*
[184] BRASIL. *Anais da Câmara dos Deputados*. Sessão de 1º de junho de 1866, p. 14.

aberta, o próprio juiz do comércio (podendo ser um juiz de direito, como já sabemos), nomearia alguém dentre esses liquidatários juramentados para cumprir a função de curador fiscal que deveria administrar a massa falida até a definitiva liquidação, suprimindo-se assim a decisão dos credores em reunião, bem como a nomeação de alguém entre os credores, e tornando esses liquidadores os novos responsáveis pelas funções dos curadores fiscais, dos depositários e dos administradores da massa falida. Dizia que a fonte para essa sugestão de mudança vinha da lei belga de 18 de abril de 1851[185] e dizia que na Rússia e na Inglaterra também existiriam disposições com poucas diferenças dessas. Com isso, Nabuco de Araújo acreditava que o processo de falência se tornaria "[...] mais facil, desembaraçado das delongas provenientes das reuniões dos credores."[186] Com isso, a reunião de credores passaria apenas a ter a função de deliberar sobre a proposta de concordata ou sobre o contrato de união da massa falida, sendo que a reunião poderia ser dispensada se o falido apresentasse a proposta de concordata já assinada pelos credores necessários para formar a maioria, dependendo assim, apenas da homologação judicial para ser obrigatória aos credores da minoria dissidente.

Nesse mesmo projeto, Nabuco de Araújo buscou endereçar também as falências dos bancos e, por fim, tornaria o processo criminal e comercial independentes, não havendo conflito de competência entre o juízo comercial e o criminal[187]. Todas essas propostas de Nabuco de Aráujo, na visão de seu filho, Joaquim Nabuco, indicavam que o então Ministro

[185] *Id. ibid.*

[186] *Id.*, p. 15.

[187] Vale chamar a atenção desde já para o fato de que esse discurso de Nabuco de Araújo será resgatado em diversos outros momentos dos debates sobre as reformas de leis de falência como veremos nos demais capítulos para justificar as necessidades de reformas, muitas vezes transcrevendo as falas do então Ministro da Justiça do Império. Além disso, em pesquisa sobre os livros adquiridos por Nabuco de Araújo da livraria B. L. Garnier (que publicou muitos livros importantes da segunda metade do século XIX, inclusive obras de Machado de Assis), nota-se a aquisição de livros franceses relacionados ao tema das falências, em especial a aquisição do livro *Faillites Banque Soto* (sic), tratando sobre a quebra da Casa Souto de 1864 (MOMESSO, Beatriz Piva. *Os livros, a Livraria B.L Garnier e os modos de leitura de um político do Império. In* FERREIRA, Tânia Bessone da Cruz; RIBEIRO, Gladys Sabina; GONÇALVES, Monique de Siqueira (org.). *O Oitocentos entre livros, livreiros, impressos, missivas e bibliotecas.* 1ª edição. São Paulo: Alameda, 2013, p. 189).

da Justiça preferia "[...] o regimen liberal inglez á restricção franceza [...][.]"[188] ao elaborar seus projetos de alterações e reformas das leis do comércio.

Durante o ano de 1867, na vigência do Gabinete do Império do Brasil, comandado por Zacarias de Góis e Vasconcelos, o então Ministro da Justiça, João Lustosa da Cunha Paranaguá, ambos atrelados à Liga Progressista (também chamado de Partido Liberal Progressista), emitiu o relatório ministerial tratando da administração da Justiça no Brasil, incluindo a Justiça Civil, Comercial, Criminal e a Guarda Nacional e sobre a Justiça Comercial, acerca do assunto das concordatas por abandono dizia que

> [ella] consiste na cessão dos bens, feita pelo fallido e aceita pelos credores em sua maioria, representando dous terços dos creditos sujeitos á concordata ordinaria. Em contrario desta, na concordata por abandono a administração dos bens fica pertencendo aos credores, [ilegível] no contracto por união; mas o fallido não se sujeita da contingencia de uma gerencia má, que póde diminuir o valor dos bens da massa, e fica livre para contratar e administrar, obrigando-se apenas ao pagamento do resto de sua divida. A concordata por abandono é, pois, um meio termo entre a concordata ordinaria e o contrato (sic) de união, e mais um favor ao commerciante de boa fé, sem prejuizo do direito dos credores e das garantias prometidas pelo codigo commercial.[189]

E já indicava a necessidade de revisão sobre as disposições comerciais, inclusive, de modo expresso, sobre os contratos e as falências, demonstrando a influência das Ordenações do Reino, bem como do direito comum, sobretudo ao destacar que

> [n]as circumstancias actuaes, quando causas que não vos são desconhecidas, têm abalado o commercio e multiplicado as fallencia (sic), uma providencia de tal natureza [concordata por abandono] deve ser de incalculavel vantagem. *O codigo commercial, promulgado quando não possuiamos codigo civil, teve de consignar muitos preceitos pertencentes a lei civil. Regras geraes, esparsas na antiga*

[188] NABUCO, Joaquim. Ob. Cit. 1897, p. 376.
[189] BRASIL. Biblioteca Nacional. *Jornal do Commercio do Rio de Janeiro*. Edição 148, 1867.

> *legislação [como as Ordenações do Reino], no direito commum, se encontrão ahi a cada passo*: assim, e principalmente a parte que diz respeito aos contratos, precisa ser reduzida ao que é propriamente mercantil; a que trata das fallencias contém disposições que a pratica vai condemnando. É tempo de sujeita-lo (sic) a uma revisão, trabalho que póde ser encetado, logo que seja apresentado e approvado o projecto do codigo civil. *Em um paiz novo, que não tem legislação sua propria, não é de estranhar este espirito de inovação e de reforma* (grifos nossos).[190]

A justificativa de ser o Brasil um *país novo sem legislação própria* é uma tônica para a apresentação de propostas que atendessem essas necessidades de reformas e de novas leis. Ao mesmo tempo, a lentidão nos processos e a concentração de poderes judicantes nos juízes de direito que, interinos durante boa parte da década de 1860, cumulavam as funções de juízes do comércio na capital da corte, surgia como destaque de críticas, entre elas uma anônima, publicada sob a alcunha de "Brazilicus" que dizia

> [n]o *Jornal* [do Comércio] de 4 e no *Diario do Rio de Janeiro* de 5 deste mez, levanta-se a questão da accumulação interina das duas varas commerciaes da corte, chamando-se para ella a attenção do governo, e pretendendo-se convencer o publico de que grave incoveniencia se dá em tal accumulação. [...]. Sabe-se, e os jornaes que publicão os trabalho judiciários ahi estão para provar, que a 2ª vara commercial poucos feitos tem em andamento, e que portanto a accumulação delles aos da 1ª não acarreta trabalho invencivel a quem tenha a dedicação de occupar-se exclusivamente do seu officio de juiz, fazendo estudos activos e especiaes, e deixando de tomar parte nos enredos e mexericos políticos, que estragão os mais bellos talentos do nosso paiz. [...]. Pelo que nos parece que semelhante alvitre é absolutamente inaceitavel, não porque os juizes de direito não sejam muito idôneos para substituir os do commercio, mas porque seria um desserviço publico desvia-los de suas funcções, e por este meio aggravar a sorte das partes na hypothese figurada pela subtracção de um recurso que em outras circumstancias lhe é garantido.[191]

[190] *Id. ibid.*

[191] BRASIL. Biblioteca Nacional. *Jornal do Commercio do Rio de Janeiro*. Edição 189, 1867.

Todas essas críticas que temos visto e discussões acerca das competências da Justiça Criminal ou da Justiça Comercial, especificamente em matéria de falências, sendo todas as decisões tomadas por juízes de direito e não mais por juízes comerciais, estão atreladas àquele Decreto nº 1.597, de 1º de maio de 1855 que enfraqueceu a jurisdição comercial, até então por juízes comerciais e fortaleceu o papel dos juízes togados, passando a matéria do direito comercial a ser cada vez mais aprofundada entre os juízes de direito, afastando as discussões, especialmente na capital do Brasil, os comerciantes que outrora poderiam julgar as matérias comerciais.

Figurando como curador fiscal das massas falidas, na comarca da Vila de Nossa Senhora de Nazaré de Saquarema, o Dr. Antonio Joaquim de Macedo Soares, por volta dos seus trinta anos de idade, passou a aparecer em decisões publicadas no Jornal do Comércio como sendo nomeado para atuar nos casos de falências[192]. Este é um personagem importante para a elaboração do primeiro decreto falimentar do período republicano e que também chegou a atuar como juiz de direito nas varas cíveis e comerciais do Rio de Janeiro, inclusive em casos de falência, que vai além de ser mais um dialogador citado por Machado de Assis em seu livro *Memórias Póstumas de Brás Cubas,* conforme o famoso prólogo da terceira edição.

Na Assembleia Legislativa Provincial, em sessão de 25 de novembro de 1868 o tema das falências surgiu também para uma discussão acerca de um Aviso do Ministério da Justiça sobre a impossibilidade de nomeação de uma determinada pessoa para o cargo de subdelegado, pois tal pessoa teria sido declarada falida e, conforme interpretação pelo Código Criminal, aos incapazes, entre eles os condenados por crimes, não seria permitido a investidura em cargos públicos. O problema é que, no caso, não se tratava de uma falência fraudulenta, mas sim casual e sem a pronúncia de qualquer crime contra o comerciante devedor que então estava sendo investido no cargo de subdelegado. No caso o Aviso de 8 de agosto de 1868 dizia que

[192] *Id.* Edição 308, 1867.

> [...] a nomeação do negociante fallido Thomaz de Aquino Jurema para o cargo de subdelegado de policia da freguesia de Nossa Senhora da Conceição da Praia não foi regular, porquanto, tornando-se incapaz civilmente o individuo fallido, como se deduz do art. 826 do codigo criminal, e só desaparecendo a incapacidade pelo facto de rehabilitação, art. 897 do mesmo codigo, é repugnante que exerça direitos políticos quem está privado da capacidade civil, accrescendo que a natureza de tal cargo exige o maior escrúpulo na escolha do pessoal.[193]

Em resposta, o Sr. Baptista Pereira, durante a sessão, destacou que esse Aviso era insustentável, pois estava compreendendo sob um modo inclusivo a hipótese do caso, da falência casual e destacou que "[...] a fallencia casual é devida a um infortunio, á infelicidade, e esta nunca foi considerada causa de incapacidade civil; demais, não ficando privado o fallido concordatario da administração dos seus bens, não carece de rehabilitar-se e não soffre por isso restricção na sua liberdade politica."[194] Essa interpretação do então Ministro da Justiça, José Martiniano de Alencar – conhecido por sua carreira como romancista, em especial pelo *O Guarany* – pela declaração de incapacidade civil daqueles declarados falidos, bem como consideração de que tal incapacidade retiraria inclusive os direitos políticos do cidadão que tivesse tais direitos – e que já eram bem específicos aqueles enquadráveis nessa adjetivação –, também estará presente em outros momentos dos debates parlamentares que veremos no início do período republicano quando das reformas das leis de falência durante o século XX. José de Alencar atuou como Ministro da Justiça no 2º Gabinete Itaboraí, comandado por Joaquim José Rodrigues Torres, o Visconde de Itaboraí, ligado ao Partido Conservador e vinha sendo criticado com apoio na sessão da Assembleia Legislativa[195].

Nesse contexto de novas interpretações, especialmente por meio de Avisos e de consultas ao Ministério da Justiça, o Jornal do Comércio do Rio de Janeiro, que tinha uma coluna para divulgar o que estava acontecendo na Europa em especial, destacou que a Inglaterra estava discutindo

[193] BRASIL. Ministério da Justiça. *Aviso de 8 de agosto de 1868.*

[194] BRASIL. Biblioteca Nacional. *Jornal do Commercio do Rio de Janeiro*. Edição 334, 1868.

[195] *Id. ibid.*

um projeto de uma nova lei de falências, que garantisse "[...] mais efficazmente os direitos dos credores[.]"[196], também em 1869 são publicadas as contas da liquidação da massa falida da casa bancária dos Srs. Antonio José Alves Souto & C. – conhecida como Casa Souto –, na onda de falências de diversas casas bancárias e com consequências para a liquidação de outras no Brasil da década de 1860. Novamente a discussão sobre a reforma do Código Comercial entrou em pauta na Câmara dos Deputados, puxada especialmente pelo deputado Araújo Góes dizendo que

> [...] a necessidade de reformar alguns artigos do nosso codigo commercial tem sido ha muito sentida, principalmente por aquelles que ao estudo do direito reunem a pratica do fôro. [...], e havendo na casa alguns trabalhos preparados a respeito de diversos artigos do codigo commercial, *eu ouso chamar a attenção das illustres commissões de justiça civil e criminal a respeito desses trabalhos, e sobretudo de duas propostas que em 1866 forão apresentadas nesta casa pelo eminente jurisconsulto o Sr. Nabuco, então ministro da justiça* (grifos nossos).[197]

Araújo Góes retomou então aquela proposta de Nabuco de Araújo apresentada em 1866 e utilizou outras palavras para replicar os mesmos argumentos utilizados por Nabuco de Araújo naquela ocasião, destacando a tônica de que

> [o] processo de fallencia pelo nosso codigo é extremamente moroso, e os credores ás vezes, para evitarem essa demora, são levados a fazer moratorias e concordatas em grave detrimento de seus creditos. No actual processo confundem-se os interesses da justiça publica com os interesses individuaes, há uma perfeita mistura do processo criminal com o commercial: cumpre evitar isto (grifos nossos).[198]

Araújo Góes foi além apenas nas críticas aos decretos de 1864 (ditos de autoria de Nabuco de Araújo também, porém assinados por Furtado), dizendo que não sabia "[...] se ainda existem os effeitos e privilegios dos

[196] *Id.* Edição 96, 1869.
[197] BRASIL. *Anais da Câmara dos Deputados.* Sessão de 5 de junho de 1869, p. 47.
[198] *Id. ibid.*

decretos dictatoriaes de Setembro de 1864[.]"[199], gerando incomodo por parte de outros deputados, como Silva Nunes, que dizia que não havia ditadura naquele tempo, mas sim naquelas dias de 1869, mas Araújo Góes reforçou seu ponto dizendo que houve sim uma ditadura ao se suspender, por meio dos decretos, o Código Comercial e concedendo aos negociantes não matriculados, privilégios que só caberiam aos matriculados[200]. Em junho de 1869 a Câmara também discutiu sobre a impossibilidade dos juízos falimentares de se manifestarem sobre créditos da fazenda pública, e o deputado Benjamim dizia que "[l]evando-se questão no juizo da fallencia sobre a divida ou sua classificação, decidem as citadas instrucções [da circular nº 55 de 20 de novembro de 1868] que se contemple a fazenda nacional como credora privilegiada. É uma questão que tem apparecido e que tende a apparecer constantemente, sobretudo depois que se duvidou a respeito dos direitos dos credores de bens sociaes e credores de bens individuaes. As supramencioanadas instrucções admittem que se possa intentar no juizo dos feitos os sequestros e acções executivas, prosseguindo nelles até real embolso, ou tomar as medidas conservatorias de direito, quanto aos bens das massas fallidas. *Ora um tal procedimento perturba a marcha regular do juizo da fallencia. Os tribunaes commerciaes podem desconhecer, e têm desconhecido, um tal privilegio por não encontra-lo consagrado no codigo commercial. [...]. A camara deve de prompto resolver esta questão, que faz constantemente perigrar os direitos do Estado* (grifos nossos)."[201]

Em setembro de 1869 as discussões sobre a reforma dos processos de falências continuam e foram trazidas pelo deputado Teixeira Junior, num contexto de necessidade de *regeneração do país*, o deputado dizia que

> [e]ntre as innumeras calamidades que acabrunhão o paiz, não é a menos fatal a dacadencia do commercio e da industria, cujo mal é, evidente, não foi devido á guerra [a Guerra do Paraguai, entre 1864 e 1870], mas apenas por ella agravado; por isso que, infelizmente para nós, muito antes da guerra era essa decadencia assignalada e reconhecida, sem que nenhum remédio se désse.

[199] *Id. ibid.*
[200] *Id. ibid.*
[201] BRASIL. Biblioteca Nacional. *Jornal do Commercio do Rio de Janeiro*. Edição 165, 1869.

> [...]. O credito, porém, essa poderosa alavanca da industria e do commercio, acha-se completamente contrahido desde 1858, e especialmente desde 1864, em consequencia dos perniciosos effeitos da celebre teoria da expansão que caracterisou a politica do gabinete de 4 de maio de 1857. (*Apoiados.*) [...]. As causas, portanto, da crise de 1864, em ultima analyse, se resumem no abuso do credito, ou no credito fictício, origem fecunda em todos os paizes desse flagelo, causa quasi geral de todas as crises commerciaes que não dimanão ou de influencia atmospherias, ou de perturbações politicas.[202]

E retomou aquela ideia anteriormente expressada por Araújo Góes sobre os *decretos ditatoriais* de setembro de 1864 e dizia que

> [f]unestos, portanto, devião ser os resultados de semelhante ditactadura. A par da grande desmoralisação provocada pelas disposições dictatoriaes, aggravou-se desde então a decadencia do commercio e da industria em consequencia dos funestos exemplos dados pelo proprio poder executivo, incumbido de velar pelo exacto e fiel cumprimento da lei, e que tornou-se o seu primeiro infractor.[203]

Sob tais argumento, trouxe sua principal crítica contra as *concordatas extrajudiciais* ou *liquidações amigáveis* que, na sua visão, se davam "[...] com preterição das regras e condições estabelecidas pelo processo da fallencia [...]"[204], assim, teriam causado uma influência perniciosa sobre a praça comercial do Rio de Janeiro. Essa influência seria a prática das concordatas extrajudiciais que vinham sendo aceitas pelos juízos comerciais e, na perspectiva do deputado, tinham como ponto central o fato de as falências serem lentas e custosas, especialmente diante dos custos envolvidos com o processo, com os curadores fiscais, depositários, administradores e leiloeiros, pois havia a obrigação de venda dos bens da massa falida por meio de leilões. Diante de todos esses custos agregados que consumiriam o ativo das massas falidas, os credores prefeririam aceitar concordatas que lhes pagassem mais, ainda que com descontos, do que perder os valo-

[202] BRASIL. *Anais da Câmara dos Deputados*. Sessão de 9 de setembro de 1869, p. 43-44.
[203] *Id.*, p. 44.
[204] *Id.*, p. 45.

res para os custos das falências[205]. Teixeira Junior aproveita para replicar o discurso de Nabuco de Araújo de 1866, para justificar essa aceitação de "[...] concordatas as mais ruinosas e ridiculas[.]"[206] e destacava também que a reforma tinha de corrigir uma confusão que se apresentava sobre o caráter punitivo da falência, pois era necessário se diferenciar "[...] o negociante infeliz, mas honrado, com o traficante desmoralisado: e a mais importante praça do Imperio, que foi sempre tão severa na sua probidade commercial, tem presenciado impassivel os factos mais escandalosos!"[207]

Araujo Góes, presente à sessão, também usou a palavra para complementar sua crítica aos juízes, dizendo que "[t]ambém os juizes não cumprem os seus deveres. (*Apoiados.*)"[208] E dizia também que os juízes eram muito condescendentes.

Teixeira Júnior leva então seus fundamentos para necessidade de moralização da praça do Rio de Janeiro, pois "[a] desmoralisação com effeito tem progredido por tal modo neste assumpto que torna indispensavel a urgente intervenção dos poderes do Estado afim de obstar o contagio dessa degradação moral, pois infelizmente já não é só o commercio, tambem a mais importante industria do paiz – a *lavoura* – nos apresenta os mais deploraveis exemplos (grifos do autor)."[209] O deputado Candido Torres deu também um aparte para opinar que os credores também eram culpados pela situação em razão da sua negligência, e o deputado Teixeira Júnior tentou reforçar seu argumento inicial sobre o fato de as falências serem custosas e lentas, o que não deixaria outra opção aos credores, mas novamente o deputado Candido Torres complementou que na visão deles os credores eram muito tolerantes. Sem dados, tampouco sem destacar quais os casos especificamente teriam levado a essas conclusões, outros deputados vão apoiando a linha adotada por Teixeira Junior e Araújo Góes, incluindo aí uma manifestação de Andrade Figueira que disse que "[o]s maiores abusos se derão com as concordatas amigaveis

[205] *Id. ibid.*
[206] *Id. ibid.*
[207] BRASIL. *Anais da Câmara dos Deputados*. Sessão de 9 de setembro de 1869, p. 45.
[208] *Id. ibid.*
[209] *Id. ibid.*

em 1864: acabárão com as garantias do codigo [Comercial]."[210] E, na opinião de Teixeira Júnior, concordando com Andrade Figueira, os decretos é que provocaram essa desmoralização do comércio no Rio de Janeiro, desmoralização que seria o fato de credores e devedores estarem concordando com concordatas que estavam pagando muito pouco na visão desses deputados.

Apesar da concordância em alguns pontos, Andrade Figueira apoia a visão de Candido Torres e também alegou que os credores eram os culpados e que "[...] concordata amigavel [extrajudicial] a culpa ainda é maior, porque prescindem das garantias legaes[.]"[211] e complementou que, na sua opinião, "[a] falta não é da lei; é da sua execução, dos proprios credores e dos juizes."[212] Teixeira Júnior, por outro lado, continuou insistindo que na sua visão a culpa não poderia ser dos credores, pois estes seriam interessados em abrir a falência, porém os custos e o tempo do processo os afastariam de seguir por esse caminho e retomou o projeto de Nabuco de Araújo, também indicando que estava baseado na lei belga de 18 de abril de 1851, assim como em algumas regras da Rússia e da Inglaterra e dizia que "[o] projecto a que me refiro póde dispensar o estudo especial de uma commissão; é uma proposta apresentada pelo poder executivo [pelo então Ministro da Justiça], em nome do poder moderador; é o resultado de um estudo sério, de uma das nossas maiores illustrações juridicas."[213]

Os trabalhos se concluem com dois requerimentos, sendo o primeiro para que fosse dada a ordem do dia a proposta sobre a reforma do processo das falências e concordatas, conforme apresentado por Nabuco de Araújo em 1866 e o segundo foi um requerimento do deputado Araújo Góes para que o Ministério da Justiça fornecesse informações sobre "[q] ual o numero dos processos de fallencia instaurados no juizo commercial desta corte desde Janeiro de 1866 até esta data [setembro de 1869]. Quantos chegárão a final julgamento e qual a qualificação das fallencias. Qual o numero das concordatas que forão homologadas no referido juizo durante

[210] *Id.*, p. 46.
[211] *Id. ibid.*
[212] *Id. ibid.*
[213] BRASIL. *Anais da Câmara dos Deputados.* Sessão de 9 de setembro de 1869, p. 47.

aquelle periodo."[214] A presidência da mesa da Câmara declarou, ao final, que somente tomaria em consideração o primeiro requerimento[215], revelando, expressamente, uma tendência parlamentar a não se valer de dados concretos para a condução dessas discussões sobre as falências e concordatas, diferentemente de outras discussões como as orçamentárias, ou sobre as exportações, impostos, organização judiciária, contratações pelo Império, liquidações de companhias imperiais, dados sobre letras e cártulas de crédito descontadas, emissões por bancos e casas bancárias, dentre outras matérias em que dados concretos e estatísticos já eram utilizados e debatidos para a formação das escolhas legislativas.

Importante relembrar, sobre o Poder Moderador do Império, ao longo dos diversos gabinetes ministeriais, que este exercia, pela Constituição, uma função de última instância fosse em relação ao contencioso judicial, fosse em relação ao contencioso administrativo, e devemos ter claro que

> [a]firmar que o 'Imperador reina, governa e administra' não implicava a negação da independência dos poderes políticos inscritos na Constituição de 1824. Mas implicava, certamente o reconhecimento de uma hierarquia entre eles – o Poder Moderador como 'a chave de toda a organização política' – assim como na atribuição ao Poder Executivo – do qual o Imperador era o chefe, exercendo-o pelos seus ministros – de um papel fundamental na constituição de um poder forte e centralizado. Implicava ainda no estabelecimento de relações bem definidas entre os poderes políticos e o que denominavam de *Poder Administrativo*, de modo que tornasse possível uma eficácia – 'a administração é a ação vital do Poder político e o seu indispensável complemento. O poder político é a cabeça, a administração o braço' – e alcançar uma utilidade – 'há em todas as sociedades um número de necessidades comuns, maior ou menor segundo o seu desenvolvimento e civilização, às quais o Poder público deve satisfazer. É o fim da administração pública prover a essas necessidades coletivas, e dirigir os interesses sociais, quer gerais, quer locais.'[216]

[214] *Id. ibid.*

[215] *Id. ibid.*

[216] MATTOS, Ilmar Rohloff de. *O Tempo Saquarema – a Formação do Estado Imperial.* 6ª Edição. São Paulo: Hucitec, 2011, p. 207-208.

Institucionalmente, na Câmara dos Deputados, durante as discussões sobre a organização judiciária no Brasil, as críticas aos Tribunais de Comércio ganharam força, em linha com aquele tom que vinha sendo publicado nas edições do Jornal do Comércio por diferentes províncias e, na sessão de 9 de agosto de 1870 o deputado Duarte de Azevedo expressou a posição contrária à continuidade dessa instituição no Brasil e contou com o apoio de outros deputados, especialmente explicando, sobre a formação desses tribunais no Brasil dizendo que

> *[o]s tribunaes do commercio, senhores, forão instituidos entre nós, assim como entre outros povos, para o fim de serem os negociantes julgados pelos seus pares, por aquelles que podem melhor conhecer e apreciar os usos commerciaes e a equidade, que deve presidir ás relações do commercio, do que os juizes togados. A experiencia, porém, demonstrou que o resultado foi completamente negativo* (*Apoiados.*) [...]; V. Ex. sabe que não só no Brazil, como na França e em outros paizes, em que ha tribunaes do commercio, o negociante de commissões vai julgar das questões intrincadas de avarias e de seguros; o armador de navios vai conhecer as dificuldades juridicas, que suggere o estado de fallencia; o negociante a retalho, da letra de cambio...[...]. Para estabelecer, portanto, uma especialidade de negocios de cada causa seria necessario que os deputados dos tribunaes do commercio, *os pretensos juizes consulares*, fossem em muito maior numero do que o são actualmente (grifos nossos).[217]

Essa discussão entrou em detalhes sobre os custos relacionados aos juízes, bem como a quantidade de juízes municipais, juízes das varas da capital, desembargadores e todo o aparato do Judiciário, para fundamentar a posição sobre a necessidade da reforma do Judiciário brasileiro e, retomada na sessão de 19 de agosto de 1870, o deputado Perdigão Malheiro passou a discursar sobre sua perspectiva e, entre suas observações, mencionou também uma emenda que apresentara acerca dos processos de falências. Antes de tratar especificamente do tema das falências, Perdigão Malheiro deixou clara a visão de que a reforma tinha de levar em conta que para ser bem-sucedida a "[...] *boa legislação, mas tambem a boa*

[217] BRASIL. *Anais da Câmara dos Deputados.* Sessão de 9 de agosto de 1870, "appendice", p. 103.

*execução das leis, que depende da boa magistratura. A garantia da aposentadoria e os bons vencimentos são dos principaes.* (*Apoiados.*) (grifos nossos)"[218] E, desse modo, defendendo as emendas que apresentara ao projeto de reforma, incluiu também a menção aos processos de falência, dizendo que assim o fizera, pois,

> o systema actual é defeituosissimo; é preciso separar a parte civil da parte criminal; siga a fallencia todos os seus termos, a instrucção, qualificação para os effeitos civis, dando-se, neste caso, da qualificação o recurso de agravo; e dahi as consequencias da concordata, etc; a parte criminal, porém, seja retirada para ficar sujeita á formação da culpa na fórma commum, e submettido ao jury seu julgamento. *Ha neste systema todas as vantagens; porque hoje o grande defeito, o grande mal, consiste em que todo o fallido faz o possivel e mesmo o impossivel para obter uma qualificação casual, e logo que a obtem trata de alcançar a sua concordata; de devedor transforma-se em imponedor das condições da concordata, e os credores não têm remédio senão concedê-la.* (*Apoiados.*) (grifos nossos)[219]

E o deputado Cruz Machado se manifestou em apoio dizendo que "[...] parece que o codigo [Comercial] ensina até a maneira de falir! (*Risadas.*)"[220], além do apoio também de outros deputados, como Ferreira Vianna que disse que "[s]erá um grande serviço publico fazer uma lei de fallencias[.]"[221], contando com o apoio expresso do deputado Duque-Estrada Teixeira, que apenas fez uma observação de que, apesar da Inglaterra ter feito recentemente uma lei de falências – o que poderia inspirar o Brasil –, esta "[...] tirou o jury do julgamento da banca-rota[.]"[222], e que este não deveria ser o caso no Brasil.

Nos discursos oficiais transcritos, portanto, a tônica contrária aos acordos das concordatas, ainda que contando com a aprovação dos credores, era o principal mote para o encaminhamento da necessidade de

[218] *Id.* Sessão de 19 de agosto de 1870, p. 265.
[219] BRASIL. *Anais da Câmara dos Deputados.* Sessão de 9 de agosto de 1870, "appendice", p. 270.
[220] *Id. ibid.*
[221] *Id. ibid.*
[222] *Id. ibid.*

reforma do processo das falências, em regra se valendo de um argumento de que os credores não teriam outra escolha, senão aceitar os acordos das concordatas propostas por devedores – novamente, sem citar quaisquer casos concretos, tampouco dados sobre esse *grande mal* que estaria afetando o comércio e a indústria da lavoura.

Além dessa tônica, os discursos transcritos dos debates parlamentares e publicações nos jornais nos revelam que a apropriação por juristas, especialmente por meio da matéria do direito comercial sobre as falências e concordatas, vai cada vez mais se consolidando sob a perspectiva do direito processual comercial, retirando-se, portanto, de uma discussão corporativa entre os comerciantes e negociantes e trazendo-a cada vez mais para o controle do Estado, em especial sob a batuta daqueles formados pela Faculdade de Direito, bem como dos juízes de direito e do aparelho do Poder Judiciário, sob as premissas de que as falências e concordatas influenciariam a *justiça pública*, o crédito e a *probidade* das praças comerciais[223], de modo que o Estado deveria assumir um papel mais relevante sobre os *processos das falências*. Esse é um movimento diferente daquele que serviu como referência para a concepção do Código Comercial, cuja ideia era partir dos próprios comerciantes a forma de regulamentar e de solução de conflitos em relação a esse grupo social no Brasil, passando agora a serem conduzidas essas regulamentações e a solução dos conflitos pelo próprio Estado, sem necessariamente ouvir ou passar pelo crivo dos comerciantes e negociantes das praças das províncias imperiais.

Portanto, durante esse período do Império, as discussões na Câmara dos Deputados e os movimentos dos gabinetes ministeriais vão demonstrando que havia interesses para a mudança das disposições sobre as falências e concordatas, que iam desde a própria dinâmica dos processos, até as classificações dos créditos, porém sem que efetivamente os projetos e discussões fossem levados à votação, apesar de serem esses assuntos levados ao público letrado em especial, por meio das publicações no

[223] Sobre a definição de praças comerciais, vide o verbete *praça mercantil* e *Junta de comércio* de Cláudia Maria das Graças Chaves e Andréa Slemian (CHAVES, Cláudia Maria das Graças; SLEMIAN, Andréa. *Praça mercantil e Junta de Comércio*. Verbete. *In* AIDAR, Bruno; SLEMIAN, Andréa; LOPES, José Reinaldo de Lima (org.). Ob. Cit (Volume II). 2020, p. 215-238).

Jornal do Comércio. Ao mesmo tempo, vemos também essa crescente de um movimento de apropriação do direito comercial em relação a essas matérias, retirando a discussão de um ambiente mais prático do próprio comércio em si e trazendo-a para um ambiente teórico das discussões parlamentares, ministeriais e do campo do direito comercial.

Em maio de 1872, na coluna "Publicações a Pedido" do Jornal do Comércio do Rio de Janeiro foram publicados alguns andamentos sobre o processo da falência da "Companhia Inglesa de Seguros Queen", entre eles um parecer do Conselheiro Nabuco de Araújo, velho conhecido em matéria de falências, contratado pelos representantes da Companhia Queen no Brasil, por conta da prisão de tais representantes pelo crime de bancarrota, tratando sobre uma série de pontos do processo, inclusive sobre qual a jurisdição competente para promover a execução dos bens e a efetiva falência da Companhia. Sobre este ponto, Nabuco de Araújo dizia que

> [o] caminho natural e praticavel, como demonstramos, seria a execução da companhia no lugar aonde estão os bens. *Só os bens e não a pessoa são objectos de execução.* Era dificil recorrer-se no anno da graça de 1871 á prisão que a antiga lei franceza *declara* contra o estrangeiro que não tinha bens no territó-rio!! Não se attendeu que a prisão era contra mandatarios de uma companhia anonyma, que não tem responsabilidade pessoal para com terceiros (art. 299 do codigo commercial): *não se attendeu que a constituição do paiz não quer que a pena passe da pessoa do dilinquente.* [...]. Com effeito, á primeira vista d'olhos é manifesta a incompetencia da jurisdicção brazileira para decretar a fallencia de uma companhia estrangeira que tem em Liverpool seu domicilio e principal estabelecimento, não tendo no Brazil senão uma agencia. '*Os actos praticados, diz o juiz, são regidos pela lei brazileira.*' É isto uma deploravel confusão de idéas (grifos do autor)![224]

Também em 1872, na coluna de "Publicações a Pedido", o Jornal do Comércio do Rio de Janeiro publicou um longo artigo em comparação com outras publicações a pedido, de autoria do juiz Olegario Herculano

[224] BRASIL. Biblioteca Nacional. *Jornal do Commercio do Rio de Janeiro*. Edição 129, 1872.

de Aquino e Castro, da 2ª Vara Comercial da comarca da capital, dirigindo críticas às ofensas que recebera por declarar uma falência, bem como críticas à imprensa. Contando sua história de vida, contando sobre suas posses, para afastar a alegação de sua eventual venalidade em casos, o magistrado Olegario Castro dizia que

> [o] pouco que possuia quando comecei a carreira de magistrado, com o accrescimo de pequenas heranças de meu pai e de uma tia minha, é tudo quanto possuo, representando no valor de uma casa em que moro, e *cujo preço, ainda que baixo, em parte estou devendo a alguem que nenhumas relações de dependencia tem perante a justiça. Tenhos mais alguns escravos havidos por occasião de meu casamento,* fiz monte-pio para meus filhos com o producto exclusivo de uma obra de direito que compuz ha annos, *e a tanto se reduz a grande fortuna que se diz accumulada ilicitamente á custa da justiça* (grifos nossos).[225]

A acusação contra o magistrado era de uma "sociedade" com o advogado Dr. João Baptista Pereira, nomeado como administrador de massas falidas, e respondeu que

> [e]ste nome, de proposito calado pelo diffamador, por si só responde ao insulto mais eloquentemente do que eu poderia fazer. É administrador por nomeação minha de duas unicas fallencias; uma é a de José Francisco Rodrigues da Silva, envolvida em demandas e de pouco valor, ainda hoje inteiro e não partilhado; outra de valor subido e do mesmo modo sujeita a multiplicadas reclamações de creditos, é a de Ribeiro, Guimarães & C. [...]. Não ha, nunca houve nem poderá haver desvio de bens de fallencias em proveito de qualquer dos empregados do juizo.[226]

Na mesma edição do Jornal do Comércio o administrador de massas falidas e advogado Dr. João Baptista Pereira, também publicou sua manifestação em defesa da retidão dos procedimentos que vinha conduzido sob a batuta do magistrado Olegario Castro[227]. Entendemos importante

[225] BRASIL. Biblioteca Nacional. *Jornal do Commercio do Rio de Janeiro*. Edição 212, 1872.
[226] *Id. ibid.*
[227] *Id. ibid.*

destacar essa passagem de Olegario Castro, pois esse então magistrado veio a ser nomeado ministro do Supremo Tribunal Federal na década de 1890 e foi citado por Carvalho de Mendonça em sua obra sobre as falências de 1899 em artigo que apontava para a necessidade de uma reforma sobre os processos das falências como um relevante argumentador sobre o tema justamente no ano de 1872.[228]

Nesse mesmo ano de 1872 um novo decreto, agora no Gabinete Rio Branco, de José Maria da Silva Paranhos, o Visconde de Rio Branco, por meio de seu então Ministro da Justiça, Francisco de Paula de Negreiros Sayão Lobato, por meio do qual se revogou o decreto de 1854 de Nabuco de Araújo e se retornou ao sistema da dupla maioria – maioria dos credores e ao menos dois terços dos créditos – para a concessão dos acordos de concordatas e moratórias, afastando, portanto, a maioria de créditos que determinou aquela alteração de Nabuco. Esse Decreto nº 4.882, de 1º de fevereiro de 1872, afetava diretamente a dinâmica das concordatas. Foi também por meio desse decreto que se fixou que os ausentes à deliberação, ficariam obrigado a aderir ao voto da maioria, ou seja, a ausência não significaria uma abstenção, mas um voto favorável ou contrário a depender do que a maioria dos presentes na reunião de credores decidisse. E não se acuse que as alterações se deram por ser este um gabinete do Partido Conservador, pois aquele em que atuou Nabuco de Araújo também o era.

A desidratação dos Tribunais de Comércio chegou ao seu ponto culminante com a edição do Decreto nº 2.662, de 9 de outubro de 1875, assinado por Diogo Velho Cavalcanti de Albuquerque, então Ministro da Justiça durante a gestão de Luís Alves de Lima e Silva, o Gabinete do Duque de Caxias, ligado ao Partido Conservador, e por meio do qual se autorizou ao Governo a supressão dos Tribunais e Conservatórias do Comércio, bem como a organizar as Juntas Comerciais e as Inspetorias. Com isso, ficava expresso pela lei que passariam a ser de competência exclusiva dos juízes de direito

[228] MENDONÇA, José Xavier Carvalho de. Ob. Cit. 1899, p. 8.

> I. Resolver sobre a rehabilitação dos fallidos (Codigo Commercial arts. 893 a 897). II. Conceder ou denegar moratoria (arts. 898 a 906). III. Nomear administradores e fiscaes das heranças nos casos do art. 310. IV. Destituir os liquidantes das sociedades mercantis dissolvidas nos casos do art. 347. V. Obrigar os trapicheiros e administradores de armazens a assignar termo do fiel depositario (art. 87) nas comarcas fóra das sédes de Juntas e Inspectorias commerciaes.[229]

O resultado foi a reorganização das Juntas Comerciais e Inspetorias e o fim dos Tribunais de Comércio, por meio da edição do Decreto nº 6.384, de 30 de novembro de 1876, conforme art. 18 das disposições gerais, que dispunha que "[f]icam supprimidos os Tribunaes e Conservatorias do Commercio, passando suas attribuições ás Juntas e Inspectorias Commerciaes, logo que forem installadas, como dispõe este Decreto nº [6.384]."

Na coluna "Exterior" do Jornal do Comércio, em que se publicavam informações sobre seus correspondentes fora do Brasil, foram publicadas "Cartas sobre os Estados-Unidos" em 1877, tratando de diversos temas, entre eles as falências. Nessa publicação se dizia que

> [n]os Estados-Unidos, uma fallencia é considerada como uma derrota, e se o vencido mostrou na luta as qualidades do homem de negocio, principalmente se não peccou senão por excesso de audácia, não só a sua reputação não fica maculada, como ainda acontece frequentemente que os proprios (sic) victimas de sua imprudência sejão os primeiros a anima-lo e a auxilia-lo afim de voltar ao campo. Fallárão-me em Chicago de um negociante, que acabava, depois de uma enérgica luta contra a fortuna, de fazer ponto, dando 20% aos seus credores. – E agora o que vai fazer? disse-lhe um dentre estes. –Não sei. – Não tem qualquer idéa? –Sim, tenho uma idéa, mas ser-me-hão precisos 25.000 dollars para realisar o negocio, e não os tenho. – Diga-nos sempre de que se trata. – Expoz elle a sua idéa. Os credores acharão-na realisavel, tirarão as suas cadernetas de *cheques* e entregarão-lhe, alli mesmo, 25.000 dollars. As leis estão, neste ponto, de accôrdo com os costumes: mos-

[229] BRASIL. *Decreto nº 2.662, de 9 de outubro de 1875*. Art. 1º.

trão-se ellas, particularmente indulgentes para com as derrotas do espirito de empreza.[230]

Essa história do negociante falido em Chicago e sobre as *leis de acordo com os costumes*, no campo das leis de falência, também faz coro com a descrição de Alexis de Tocqueville de quando, em torno dos seus trinta anos, entre 1832 e 1835, escreveu sobre os Estados Unidos da América, mais especificamente sobre as leis e a democracia na América. Em seu texto, Tocqueville falou da capacidade dos norte-americanos em *perdoar erros perdoáveis*, e dizia que

> [g]aba-se com razão a obediência dos americanos à lei. Cumpre acrescentar que, na América, a legislação é feita pelo povo e para o povo. [...]. Nos Estados Unidos, não existe legislação relativa à falência fraudulenta. Significaria isso que não há falências? Não, significa, ao contrário, que há muitas. O medo de ser processado por falência fraudulenta supera, no espírito da maioria, o medo de ser arruinado pela quebra, e cria-se na consciência pública uma espécie de tolerância culpada para com o delito que cada um condena individualmente.[231]

Tocqueville, defendendo a democracia e a liberdade, apesar do estar em um contexto em que a escravidão ainda vigia, também destacava que

> [n]unca será dizer demais: não há nada mais fecundo em maravilhas do que a arte de ser livre; mas não há nada mais difícil do que o aprendizado da liberdade. O mesmo não se aplica ao despotismo. O despotismo se apresenta muitas vezes como reparador de todos os males sofridos; ele é o apoio do direito justo, o arrimo dos oprimidos e o fundador da ordem. Os povos adormecem no seio da prosperidade momentânea que ele faz nascer e, quando despertam, são miseráveis. A liberdade, ao contrário, nasce de ordinário no

[230] BRASIL. Biblioteca Nacional. *Jornal do Commercio do Rio de Janeiro*. Edição 75, 1877.

[231] TOCQUEVILLE, Alexis de. *A democracia na América: leis e costumes de certas leis e certos costumes políticos que foram naturalmente sugeridos aos americanos por seu estado social democrático*. Livro I. Tradução Eduardo Brandão. São Paulo: Martins Fontes, 2001, p. 261.

meio das tempestades, estabelece-se penosamente entre as discórdias civis e somente quando já está velha é que se podem conhecer seus benefícios.[232]

Em 1877 multiplicam-se as publicações a pedido de credores do então Visconde de Mauá, Irineu Evangelista de Souza, que naquele momento amargava os reflexos do processo de falência. Uma das publicações, de autoria de Francisco de Paula Franco, intitulada "Ao Exm. Sr. Visconde de Mauá", Paula Franco dizia que

> [n]esta província de S. Paulo os seus credores gemem ainda sob a tyrannica oppressão da casa bancaria de S. Ex., vendo quotidianamente desapparecer suas esperanças e antevendo atravez desses tres annos que vão correndo, em vez de um dia venturoso para seus filhos, os terrores de um tumulto de miseria, que, segundo o que vai se passando, parece ser o ponto de nossa parada.[233]

E suplicava ao Visconde de Mauá atendesse os "[...] muitos pais de família [...][.]"[234] para ser respeitado e preservado o direito de propriedade ameaçados pela falência ou moratória de Mauá. O Visconde de Mauá também fez publicações respondendo seus credores no mesmo Jornal do Comércio[235]. Em 1878 Mauá publicaria a sua "Autobiografia (Exposição aos Credores) do Visconde de Mauá", em que buscou explicar uma a uma as falências e problemas que teve de enfrentar em cada um de seus empreendimentos que não foram bem-sucedidos ao final, sem, contudo, tratar especificamente de questões relacionadas ao Capítulo das Quebras do Código Comercial ou mesmo aos demais decretos e discussões sobre as falências no Brasil.[236]

232 *Id.*, p. 280.
233 BRASIL. Biblioteca Nacional. *Jornal do Commercio do Rio de Janeiro*. Edição 103, 1877.
234 *Id. ibid.*
235 BRASIL. Biblioteca Nacional. *Jornal do Commercio do Rio de Janeiro*. Edição 121, 1877.
236 Mauá, (Irineu Evangelista de Sousa) Visconde de. *Autobiografia (Exposição aos Credores do Visconde de Mauá); prefácio e anotações de Cláudio Ganns*. Brasília: Senado Federal, Conselho Editorial, 2011 (originalmente publicado em 1878).

Após o expediente da sessão da Câmara dos Deputados de 1º de outubro de 1877 em que foram retomadas as discussões sobre a reforma do Código Comercial, o Jornal do Comércio publicou algumas transcrições, entre elas uma do deputado Theodoro da Silva em que alegava que vinte e sete anos depois do início de sua vigência muita coisa havia mudado na dinâmica do comércio, mas que praticamente não houve qualquer mudança no regime das falências e dizia, fazendo coro àquele mesmo discurso de Nabuco de Araújo, que

> [u]m dos principaes defeitos dos processos de fallencias que se eternisão é o confundir-se a parte criminal com a parte civil, processos aliás distinctos, mas que se sujeitão a uma instrucção por assim dizer commum. Julga, pois, urgente que se faça a separação dos dous processos completa e distincta, que um não dependa do outro. [...]. Como é a nossa liquidação, os fallidos evitão a fallencia e os credores aterrorisados entrão em quantas composições lhes propõem. *São taes os apuros resultantes da legislação, os defeitos e despezas dos processos que muitas vezes antes de aberta a fallencia está já realizado o contrato chamado concordata, grande absurdo, mas proveniente só dos apuros em que estão os devedores e os credores (grifos nossos).*[237]

Além desse ponto o deputado também discutiu sobre a impossibilidade de sociedades anônimas de resolverem suas falências com concordatas, por entender que "[s]ociedades puramente de capital, sociedades em que as pessoas não têm responsabilidade nem pessoal nem criminal além da importância de suas acções, bem se comprehende que assim constituidas devem ellas ter um regimen especial e não o commum das fallencias em que pessoas e bens ficão compromettidos."[238] E apontava que essas lacunas estavam presentes no projeto de lei 118 de 1877 sobre as sociedades anônimas, que trataria também dessa reforma do Código Comercial sobre as falências. O projeto da reforma das sociedades anônimas também se confundia com as discussões do projeto apresentado por Nabuco de Araújo em 1866 sobre a reforma específica do processo das falências. No âmbito da Câmara dos Deputados aquelas críticas estavam

[237] BRASIL. Biblioteca Nacional. *Jornal do Commercio do Rio de Janeiro*. Edição 276, 1877.
[238] *Id. ibid.*

endereçadas também ao deputado Almeida Pereira, que estava defendendo o projeto original, bem como o projeto de Nabuco de Araújo. O deputado João Mendes também pediu a palavra para defender o projeto original contra as críticas de Theodoro da Silva, e destacava que o coração do projeto era a permissão de concordatas antes mesmo dos processos de falência (as que viriam a ser chamadas de *acordos extrajudiciais* ou *concordatas preventivas*), de modo a preservar um maior valor e atender também os interesses dos credores. Algo que já viria ocorrendo na prática, mas que precisaria ser melhor regulado por lei e dizia que "[é] neste sentido que o projecto acautella os interesses dos credores. Que vantagem ha para estes que haja um processo de fallencia em que o fôro absorva grande parte da arrecadação das custas e que o negocio soffra transtorno em liquidação posterior? *A concordata posterior ao processo de fallencia tem arruinado muitas massas* (grifos nossos)."[239]

O deputado Ferreira Vianna, na mesma oportunidade, aproveitou para apresentar seu posicionamento contrário à possibilidade das concordatas prévias às declarações de falência, especialmente por entender que, para obrigar a minoria dissidente, era necessário que todas as etapas do processo de falência tivessem sido averiguadas e, constatando as causas da falência, poderia então ser avaliada a possibilidade ou não de propositura da concordata. Sobre o projeto, Ferreira Vianna chamou a atenção da câmara e pediu "[...] licença para declarar que inadvertidamente se lançou este projecto na camara porque elle *offende de frente todos os principios que nós vemos consagrados nas legislações conhecidas e os de boa razão e equidade* (grifos nossos)."[240]

A fala de Ferreira Vianna nos revela novamente a persistência das Ordenações do Reino e da *Lei da Boa Razão* ainda marcadas na cultura jurídica nesse ano de 1877. *Legislações conhecidas* é o mesmo que considerar as *leis das nações civilizadas* e a *boa razão* é se basear nas orientações jurídicas que formaram o direito comum europeu da forma que o gabinete pombalino escolheu apreender no âmbito da lei do século XVIII. Como vimos sobre os finais do século XVIII e início do século XIX, não é incomum, ao direito comercial, se atrelar a essas conclusões jurídicas,

[239] BRASIL. Biblioteca Nacional. *Jornal do Commercio do Rio de Janeiro*. Edição 276, 1877.
[240] *Id. ibid.*

especialmente quando vimos que são esses mesmos fundamentos os que foram utilizados pelo Visconde de Cairu em seus manuais sobre o comércio e o direito comercial.

E Ferreira Vianna questionava a Câmara perguntando

> [c]omo, senhores, nas circumstancias actuaes do estremecimento do credito, e quando os capitaes estão temerosos, os comprometidos e os que podem vir a ser comprometidos sonegão-se a todas as emprezas e a todas as industrias, *quereis abrir a porta por uma lei aos processos clandestinos, aos arranjos subterrâneos de dous terços de credores, que é tão facil combinar contra um terço, se quereis impôr-lhe de aceitar as condições deste accordo, que nem concordata é, antes da verificação do exame das causas que determinárão a suspensão de pagamentos* (grifos nossos)?[241]

Essa era também a sua posição em relação à possibilidade de se autorizar às sociedades anônimas a realizarem o pedido de concordata, pois entendia que a situação poderia ser ainda pior, diante do entendimento de que as companhias tinham a responsabilidade limitada e que a respectiva diretoria não teria responsabilidade perante terceiros, senão perante a própria companhia. E defendia que "[...] *não é o partido conservador quem tem de fazer a transacção entre o principio da propriedade do direito do credor e as inovacções* e os interesses de companhias perdidas ou que suspenderão seus pagamentos, e que os não podem fazer individualmente nas condições do codigo commercial (grifos nossos)."[242]

Nesse mesmo ambiente o deputado Andrade Figueira lembrou a todos os deputados presentes que o conteúdo do projeto poderia atender o caso do Visconde de Mauá e foi apoiado por Coelho Rodrigues, porém rechaçado por Ferreira Vianna, que dizia que o caso de Mauá era justamente de responsabilidade ilimitada e, portanto, nem faria parte das discussões sobre as sociedades anônimas – apesar de que durante todo o século XIX os bancos e casas bancárias somente poderiam ser incorporados, após a aprovação dos estatutos por decreto, sob a forma de sociedades anônimas e, como vimos, a *Lei dos Entraves* de 1860 já permitia a aplicação do regime das falências conforme o Código Comercial aos bancos e casas bancárias.

[241] BRASIL. Biblioteca Nacional. *Jornal do Commercio do Rio de Janeiro*. Edição 276, 1877.
[242] *Id. ibid.*

Ferreira Vianna defendia a não aprovação, tampouco a aplicação ao caso de Mauá por entender que "[...] circumstancias extraordinarias resultantes de uma fallencia geral podem determinar medidas de occasião, com as quaes não me conformo..."[243], e teve apoio de Affonso Celso que dizia que tais medidas "[...] produzirão funestos resultados."[244] Por fim, Ferreira Vianna, com apoio de outros deputados, concluiu sua fala indicando a necessidade de se manter a estrutura do sistema então em vigor para que os interesses dos credores pudessem ser protegidos pelos magistrados e dizia que permitir os acordos foram do processo de falência seria aceitar algo "[...] subversivo e anarchisador."[245]

Ao fim de 1877, o relatório do Ministério da Justiça, assinado pelo Conselheiro Francisco Januario da Gama Cerqueira, novo ministro do mesmo Gabinete de Caxias das discussões ainda em curso, destacava que era necessária a revisão da legislação comercial acerca das falências e dizia que "[é] assumpto este, para o qual tem sido invocada a vossa solicitude desde 1866 por diversos ministros. Este accordo de vistas é demonstração convincente da necessidade a que me refiro."[246] E, em linha com a postura da Câmara dos Deputados, em especial com a visão do ainda deputado Antonio Ferreira Vianna, durante a vigência desse Gabinete Conservador, apontou que era necessário se adotar o modelo da concordata por abandono, em linha com o que já era estabelecido em outros países, bem como se adotar providências especiais sobre um regime específico para os bancos e sociedades anônimos, retirando essas instituições do regime comum das falências aplicáveis aos comerciantes[247].

O relatório do Ministério da Justiça de 1878, ao discutir a legislação comercial, também se manifesta sobre as discussões acerca da reforma dos processos de falências, e dizia que

[243] *Id. ibid.*
[244] *Id. ibid.*
[245] BRASIL. Biblioteca Nacional. *Jornal do Commercio do Rio de Janeiro*. Edição 276, 1877.
[246] BRASIL. Ministério da Justiça do Império. *Relatório apresentado á Assembléa Geral Legislativa na segunda sessão da decima sexta legislatura pelo Ministro e Secretario de Estado dos Negocios da Justiça, Conselheiro Francisco Januario da Gama Cerqueira*. Rio de Janeiro: Instituto Typographico do Direito, 1877, p. 22. Disponível em http://ddsnext.crl.edu/titles/107#?c=4&m=0&s=0&cv=0&r=0&xywh=0%2C-1655%2C3903%2C5871, acesso em 4/5/2020.
[247] *Id. ibid.*

> [q]ueixas amargas e numerosas se levantam, desde muito, contra o processo de fallencia estabelecido pelo nosso codigo. E essas queixas são fundadas. [...]. Não contém uma palavra acerca da concordata por abandono; não define bem a natureza juridica da concordata em geral, nem enumera os seus effeitos. Para se resolverem muitas das questões, que a pratica das concordatas diariamente suggere, são os tribunaes obrigados a pedir principios ás legislações estrangeiras, no que vai um arbítrio, de todo o ponto repugnante á índole do poder judicial.[248]

Esse relatório do Ministro da Justiça Conselheiro Lafayette, ligado ao Gabinete do Visconde de Sinimbu, João Lins Vieira Cansanção de Sinimbu, do Partido Liberal, também indica que o outro problema seria a cumulação da formação da culpa do crime de bancarrota, previsto no código criminal, com o processo comercial da falência. E, diante de todas essas premissas, dizia que "[a]hi está a razão porque nas nossas praças os credores, por via de regra, preferem um acôrdo, um arranjo amigavel com o fallido, por mais ruinoso que seja, á liquidação judicial segundo as normas do codigo [Comercial]."[249] E essa renegociação, fora do ambiente do processo de falência em si, apesar de estar sendo adotada na prática, inclusive homologada judicialmente, era vista como um movimento de negociantes de *má-fé*, pois estes saberiam dessa predisposição dos credores e com isso estavam tirando todas as vantagens possíveis. Destacou também que "*[a] lei de fallencia*, como sabeis, *exerce grande influencia* sobre o credito mercantil e *sobre a moralidade do commercio*. Este estado de cousas,

[248] BRASIL. Ministério da Justiça do Império. *Relatorio apresentado á Assembléa Geral Legislativa na primeira sessão da decima setima legislatura pelo Ministro e Secretario de Estado dos Negocios da Justiça, Conselheiro Lafayette Rodrigues Pereira*. Rio de Janeiro: Typographia Perseverança, 1878, p. 119-120. Disponível em http://ddsnext.crl.edu/titles/107#?c=4&m=0&s=0&cv=0&r=0&xywh=0%2C-1655%2C3903%2C5871, acesso em 4/5/2020.

[249] BRASIL. Ministério da Justiça do Império. *Relatorio apresentado á Assembléa Geral Legislativa na primeira sessão da decima setima legislatura pelo Ministro e Secretario de Estado dos Negocios da Justiça, Conselheiro Lafayette Rodrigues Pereira*. Rio de Janeiro: Typographia Perseverança, 1878, p. 120. Disponível em http://ddsnext.crl.edu/titles/107#?c=4&m=0&s=0&cv=0&r=0&xywh=0%2C-1655%2C3903%2C5871, acesso em 4/5/2020.

pois, não póde continuar: urge reformar o processo de fallencia (grifos nossos)."[250]

Desde o discurso de Nabuco de Araújo vemos políticos ligados tanto ao Partido Liberal, quanto ao Partido Conservador, seguindo a mesma linha de críticas em relação às falências, especialmente acerca da prática que se passou a adotar no século XIX de realizar acordos de concordatas fora dos processos de falência, em descompasso com a dinâmica fixada no Código Comercial, e que vinham encontrando respaldo de homologação por parte dos juízes brasileiros, especialmente se inspirando nas *leis das nações civilizadas*, em linha com o ensino jurídico e de direito comercial de se valer da *Lei da Boa Razão* para solucionar os impasses sociais na prática do dia a dia. A diferença central no posicionamento dos políticos desses partidos estava na regulamentação. Pelo lado do Partido Liberal vimos uma maior inclinação à necessidade de se aprovar o projeto de Nabuco de Araújo, ainda que com alterações, enquanto do lado do Partido Conservador havia concordância sobre a necessidade de alteração da lei, porém sem necessariamente se aceitar integralmente a regulamentação dessa prática que vinha ocorrendo no Brasil.

A visão de que os *acordos ruinosos*, que eram essas concordatas prévias, estavam *desmoralizando* o comércio brasileiro atacava diretamente o fato de que não havia no Código Comercial a previsão dessa concordata prévia e que isso poderia estar permitindo que falências que poderiam ser caracterizadas como *fraudulentas* e, portanto, não permitiriam acordos de concordatas, estavam passando sem a análise judicial dos casos. Adicionalmente, o Código Comercial não previa nem uma limitação temporal para a duração dos acordos de concordata, tampouco pagamentos mínimos obrigatórios em favor dos credores. Desse modo, a legislação comercial do Império permitia uma ampla liberdade aos credores e devedores para contratar a concordata, sem restrições ou imposições legais acerca da forma de pagamento, prazos e eventuais descontos a serem aplicados contra os créditos devidos.

As discussões sobre a reforma cessaram durante um tempo e o Jornal do Comércio noticiou ao longo de 1879 a falência culposa do Banco

[250] *Id. ibid.*

Nacional[251] – certamente o caso de falência que mais tomou repercussão nas edições do Jornal do Comércio no ano de 1879, inclusive com a pronúncia do Ministro Sinimbu por crime de falência culposa –, bem como a publicação da decisão tomada pela 1ª Vara Comercial do Rio de Janeiro sobre o Banco Mauá, considerando a falência como casual, arrefecendo os ânimos das publicações contra o Visconde de Mauá[252]. Em sessão da Câmara de 3 de março de 1879 é apresentado o substitutivo ao projeto de lei 118 de 1877 sobre as sociedades anônimas e, mais especificamente, excluindo as sociedades anônimas do processo das falências, bem como impossibilitando, oficialmente, a concordata dessas sociedades[253]. Em sessão de 17 de abril de 1879 o assunto voltou à pauta e ao final foi determinado o retorno para a comissão de redações para redigir as emendas indicadas e assim submeter o substitutivo ao projeto para a sua terceira discussão (a última discussão na Câmara para que o texto fosse enviado ao Senado), contando com a participação do Ministro da Justiça Conselheiro Lafayette[254].

Na sessão de 17 de junho de 1879 entrou em discussão a revogação do Decreto nº 4.882, de 1º de fevereiro de 1872, de autoria do Gabinete de Rio Branco, e que retornou à antiga dupla maioria do Código Comercial – maioria de credores e ao menos dois terços dos créditos –, bem como determinou que os ausentes às reuniões de credores teriam seus votos obrigatoriamente aderidos ao decidido pela maioria presente, e, com isso, a retomada do Decreto nº 1.368, de 18 de abril de 1854, de Nabuco de Araújo. Quem puxou a discussão foi o deputado Baptista Pereira e, contando com o apoio de outros deputados, fez duras críticas ao decreto do Gabinete de Rio Branco e contou com o apoio do ministro Conselheiro Lafayette.[255] Essa proposta de revogação entrou em pauta conjuntamente com outras emendas e propostas de alterações sobre os processos de falência. Na mesma sessão, o então deputado, conselheiro

[251] BRASIL. Biblioteca Nacional. *Jornal do Commercio do Rio de Janeiro*. Edição 45, 1879. O relatório completo sobre a falência do Banco Nacional foi publicado na edição 140 de 1879.

[252] *Id*. Edição 43, 1879.

[253] BRASIL. *Anais da Câmara dos Deputados*. Sessão de 3 de março de 1879, p. 153.

[254] *Id*. Sessão de 17 de abril de 1879, p. 532-539.

[255] *Id*. Sessão de 17 de junho de 1879, p. 107-108.

e magistrado Olegario Herculano de Aquino e Castro – aquele mesmo dono de escravos e alvo das acusações de *sociedade* com o advogado que nomeou para administrar massas falidas –, chamado de deputado Olegario, puxou as discussões sobre as necessidades das demais reformas no processo das falências, e contou com o apoio, dentre outros, do deputado Saldanha Marinho, que dizia que entendia

> [...] que deviamos ir mais longe, e autorizar a concordata particular, homologada pelo tribunal[.]" e o deputado Olegario dizia que "[a] idéa suggerida pelo nobre deputado prende-se a um plano geral de reforma, que ha muito se concebe, de toda a legislação sobre fallencias; é sabido que o que está disposto no nosso codigo [Comercial] não satisfaz; nossa legislação nessa parte é deficiente; deve ser reconsiderada e refundida; será então tempo de attender-se a esse e a muitos outros melhoramentos necessarios. [...]. Mas, deixemos para outra occasião o que possa ter relação com a reforma geral do processo de fallencia, [...] (grifos nossos).[256]

Essa reforma pontual chegou ao seu ponto culminante com a edição do Decreto nº 3.065, de 6 de maio de 1882, assinado pelo Ministro da Justiça Manoel da Silva Mafra, durante o gabinete comandado pelo Partido Liberal, chamado de Gabinete Martinho Campos, liderado por Martinho Álvares da Silva Campos. O decreto de 1882 estabelecia que "*[p]ara ser válida a concordata é bastante que seja concedida pela maioria dos credores, que comparecerem, comtanto que essa maioria represente dous terços no valor de todos os creditos sujeitos aos effeitos da concordata*, alteradas neste sentido as disposições dos arts. 844 e 847 do Código Commercial (grifos nossos)."[257] A alteração se deu no mesmo sentido da emenda do deputado Olegario

[256] BRASIL. *Anais da Câmara dos Deputados*. Sessão de 17 de junho de 1879, p. 110-111.
[257] Entendemos, portanto, de modo diferente daquele explicado por Scalzilli, Spinelli, e Tellechea, cuja explicação diz que a mudança legislativa da necessidade da formação da maioria dos credores "[...] veio a ocorrer pela Lei (sic) 3.065 de 1882, cuja sistemática estabeleceu a regra da maioria simples (isto é, da maioria dos credores que comparecessem na assembleia) [...]." (Scalzilli, João Pedro; Spinelli, Luis Felipe; Tellechea, Rodrigo. Ob. Cit. 2018, p. 172). Como vimos, a mudança não foi para se aceitar a maioria simples, mas sim se aceitar a maioria simples dos credores, desde que esta representasse ao menos dois terços dos créditos totais sujeitos à concordata, retomando o decreto de Nabuco de

apresentada naquela sessão da Câmara dos Deputados de 17 de junho de 1879, e permitia, portanto, o retorno ao decreto de 1854 de Nabuco de Araújo, conforme entendia os deputados da época ser o mais adequado para a realidade dos casos no Brasil.

Foi também por meio desse decreto de 1882 que se estabeleceu a possibilidade de representação de diferentes credores por um mesmo procurador, mesmo que por procuração por instrumento particular contendo poderes especiais para aprovar a concordata e também se permitiu a concordata por abandono, que também era um pleito debatido na Câmara dos Deputados.

Outro ponto crucial, imerso naquela tônica moralizante que perpassou os debates parlamentares, foi incluído um dispositivo no art. 5º para deixar claro que *"[o] credor, que nas deliberações sobre a concordata transigir com o seu voto, para obter vantagens para si, perderá, em beneficio da massa, a importancia do seu credito*, bem como quaesquer vantagens pecuniarias, que lhe possam provir de semelhante transacção, *sem prejuizo de outra pena em que incorrer, segundo a legislação criminal* (grifos nossos)."

A reforma completa do Código Comercial no seu capítulo das *quebras*, promovendo-se assim uma lei de falências específica como indicavam os posicionamentos dos diversos deputados e dos diversos Ministros da Justiça que ocuparam a pasta não ocorreu durante o período imperial. Já ao final do período, o então Ministro da Justiça do Império, Antonio Ferreira Vianna, do Partido Conservador – e que já participara como deputado dos debates sobre a necessidade de elaboração de uma lei de falências própria e apartada do Código Comercial –, em seu relatório de 1888, ao tratar das leis que precisariam ser elaboradas, bem como das reformas, designou os juízes da comarca da capital, Luiz de Hollanda Cavalcanti de Albuquerque e Antonio Joaquim de Macedo Soares para elaborarem a lei, pois

> *[o] processo da fallencia precisa ser revisto com o fim de evitar muitas fraudes que se dão nas concordatas, e tornar mais independente a parte civil da parte criminal, de modo a facilitar o contracto de união dos credores e abreviar a liquidação. Os juizes do commer-*

Araújo de 1854 e marcando as alternâncias das políticas dos gabinetes ministeriais do período em meio à vigência do Poder Moderador.

> *cio da côrte, bachareis Luiz de Hollanda Cavalcanti de Albuquerque e Antonio Joaquim de Macedo Soares, aceitaram a incumbencia* de propôr as medidas aconselhadas pela pratica e experiencia adquirida no exercicio de seus cargos, consultando as legislações mais adiantadas neste assumpto (grifos nossos).[258]

Fica também o lembrete de que a abolição da escravatura no Brasil só foi oficializada nesse mesmo ano de 1888, por meio da Lei nº 3.353, de 13 de maio, com somente dois artigos, sendo o art. 1º o que dispunha que "[é] declarada extincta desde a data d'esta Lei, a escravidão no Brazil[.]" e o art. 2º estabelecendo que "[r]evogam-se as disposições em contrário[.]", entrando para a história como a Lei Áurea.

### 2.1.1 A estrutura da primeira disposição sobre as fallencias e concordatas no Código Comercial do Brasil, Parte III, das Quebras (art. 797 ao art. 906*)*

Como lembrete do quanto explicado na introdução, importante que a pessoa que esteja lendo este texto mantenha em mente que as caixas dos fluxogramas apresentados neste capítulo e nos demais se apresentam em dois formatos: linhas contínuas e linhas tracejadas. A diferença é que as linhas contínuas refletem os procedimentos obrigatórios previstos em cada uma das leis e decretos que serão apresentados, enquanto as linhas tracejadas refletem procedimentos opcionais ou que poderiam ou não decorrer das decisões adotadas em procedimentos obrigatórios realizados em uma etapa anterior. De mesmo modo deixamos os recursos sob linhas tracejadas, pois poderiam ou não existir; ou seja, não sendo uma etapa obrigatória.

Observada essa ressalva e lembrete do quanto já explicado sobre a estética dos quadros de fluxogramas apresentados neste trabalho, importante explicar que o Código Comercial organizou o tema *das quebras* e as demais disposições relacionadas (concordata, contrato de união e mora-

[258] BRASIL. Ministério da Justiça do Império. *Relatório apresentado á Assembléa Geral Legislativa na terceira sessão da vigesima legislatura pelo Ministro e Secretario de Estado dos Negocios da Justiça, Conselheiro Antonio Ferreira Vianna.* Rio de Janeiro: Imprensa Nacional, 1888, p. 75, disponível em http://ddsnext.crl.edu/titles/107#?c=4&m=0&s=0&cv=0&r=0&xywh=0%2C-1655%2C3903%2C5871, acesso em 4/5/2020.

tória), na Parte Terceira do Código, que tratava "das quebras"[259], sendo dividido em 116 artigos que regiam tanto o direito substantivo ou material, quanto o direito adjetivo ou processual. Não obstante o Decreto nº 737, de 25 de novembro de 1850, chamado de Regulamento do Código Comercial, também trouxe a regulamentação dos aspectos processuais pertinentes às falências ou quebras.

Especificamente sobre o capítulo da quebra, a estrutura do Código Comercial dispunha sobre os seguintes institutos para lidar com o tema: (i) a falência (tratada em 44 artigos, entre o art. 797 e o art. 841); (ii) a concordata, caso proposta pelo falido, portanto somente possível, inicialmente em 1850, após a declaração da falência (tratada em 12 artigos, entre o art. 842 e o art. 854); (iii) o contrato de união, caso negada a concordata ou não apresentada, tornando-se obrigatório entre os credores no caso de falência, podendo ser apresentado também por meio de um projeto do falido (tratado em 17 artigos, entre o art. 855 e o art. 872) e (iv) o pedido de moratória (tratada em 10 artigos, localizados entre o art. 898 e o art. 906).

Desse modo temos que o Código Comercial, que deveria ser interpretado sobre a parte processual em conjunto com o Regulamento nº 737 de 1850 e, para fins das quebras, deveria também ser interpretado de acordo com o Regulamento nº 738, também de 1850, estruturou o tema da seguinte forma:

[259] O termo *quebra* é o termo utilizado pelo título da Parte Terceira do Código Comercial como termo sinônimo da falência. Logo o artigo inicial da Parte Terceira indica que "[t]odo o commerciante que cessa os seus pagamentos, entende-se quebrado ou fallido." (art. 797 do Código Comercial). Ao longo de todo o Código Comercial, quando há referência em outras disposições sobre a falência de determinados comerciantes, o termo *quebra* ou *quebrado* é utilizado recorrentemente, como o que se vê no art. 18 (acerca das obrigações comuns a todos os comerciantes, especificamente sobre a exibição judicial dos livros de escrituração comercial), art. 37 (sobre a proibição para o exercício da profissão de corretor), art. 97 (sobre os efeitos da falência de comerciantes em relação aos direitos reais dos trapicheiros e administradores de armazéns de depósito), art. 129 (sobre a nulidade dos contratos comerciais), art. 295 (sobre a dissolução das companhias de comércio ou sociedades anônimas), dentre outros.

| **Código Comercial (Lei nº 556, de 25 de junho de 1850)** |
| --- |
| Parte III<br>Das Quebras<br>1) Titulo I<br>a. Da natureza e declaração das quebras, e seus effeitos<br>2) Titulo II<br>a. Da reunião dos credores e da concordata<br>3) Titulo III<br>a. Do contracto de união, dos administradores, da liquidação e dividendos<br>i. Capitulo I<br>1. Do Contracto de União<br>ii. Capitulo II<br>1. Dos Administradores, da Liquidação e Dividendos<br>4) Titulo IV<br>a. Das diversas especies de creditos e suas graduações<br>5) Titulo V<br>a. Das preferencias e distribuições<br>6) Titulo VI<br>a. Da rehabilitação dos fallidos<br>7) Titulo VII<br>a. Das moratorias<br>8) Titulo VIII<br>a. Disposições geraes |

Exclusivamente antes das alterações que a prática da década de 1860 promoveu, em especial após os decretos de 1864, a declaração da quebra era o pressuposto legal para se seguir obrigatoriamente por um dos dois institutos jurídicos, a concordata ou a falência com contrato de união. Para tanto, ou se teria a deliberação dos credores, por maioria dos presentes cumulada com a aprovação de dois terços dos créditos sujeitos à concordata – que desde 1854 passou a ser somente dos créditos –, ou, alternativamente, a deliberação sobre o contrato de união, caso o projeto apresentado fosse pelo falido. A concordata deveria ser proposta pelo falido e deliberada pelos credores; já o contrato de união poderia ser estabelecido como decorrência da falência, diretamente entre os credores, ou até mesmo poderia decorrer de um projeto apresentado pelo falido e aprovado pelos credores.

Como outro procedimento, voltado para o comerciante ou negociante que estivesse antevendo sua crise para o pagamento pontual de suas dívidas e como mecanismo para se evitar a falência, o comerciante poderia se socorrer do instituto da moratória, que, após deliberado e aprovado pelos credores, poderia conceder uma proteção específica contra ações e execuções, bem como dar um prazo suplementar de até três anos para o pagamento das dívidas.

De modo resumido, considerando o texto original do Código Comercial de 1850, sem as modificações que vimos que se deram ao longo da segunda metade do século XIX, os procedimentos iniciados a partir da abertura da falência podem ser apresentados de acordo com o seguinte fluxograma processual:

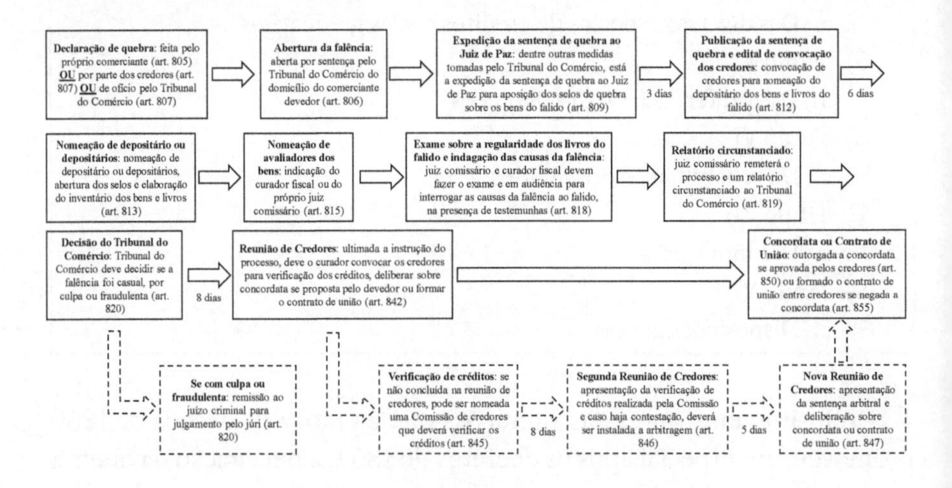


O procedimento da moratória, por sua vez, pode ser representado pelo seguinte fluxograma processual:

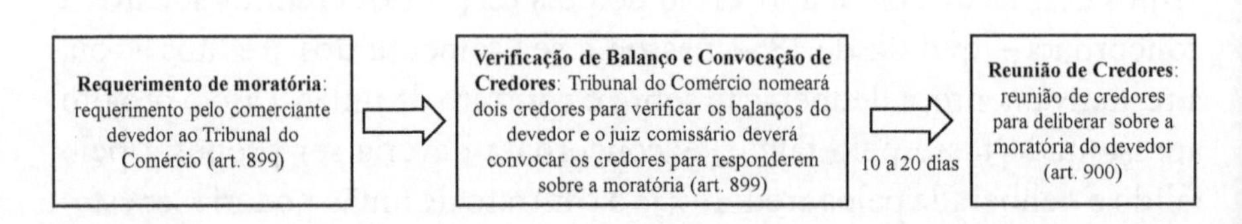

### 2.1.2 Conclusões sobre os processos de falência e concordatas sob a égide do Código Comercial

Vimos neste primeiro capítulo que já havia falências e concordatas sob a perspectiva de um direito comercial antes mesmo de existir um Código Comercial, nos relembrando que não são as leis que criam o direito e que tampouco são as leis ou o direito que criam a realidade. A partir dessa premissa, percebemos que o Código Comercial buscou endereçar interesses de um determinado grupo social, inclusive do ponto de vista dos processos para a resolução de conflitos. Porém, pouco tempo após a promulgação do Código Comercial, já no início da década de 1850 ficou claro que movimentos políticos, especialmente puxados por juristas, passam a afastar a participação leiga dos Tribunais de Comércio e endereçar a condução em primeira instância para os juízes de direito, togados nesse assunto das falências e concordatas[260]. Além disso, por meio de Avisos ministeriais, disposições específicas pertinentes às *quebras* e concordatas, passam a ser alteradas, sem necessariamente que tenham sido apresentadas demandas específicas de comerciantes ou negociantes como fundamento para que tais medidas fossem adotadas.

A crise comercial também representada pelas discussões entre papelistas e metalistas acerca do meio-circulante desembocou em discussões sobre alterações na dinâmica das concordatas, moratórias e falências, de modo que os decretos de 1864, chamados de *ditatoriais*, também alteraram o Código Comercial, permitindo a concessão automática da suspensão dos protestos e cobranças de títulos, letras e notas por sessenta dias, bem como autorizando a concessão de moratórias para os negociantes não matriculados nos Tribunais de Comércio. Em 1866 um projeto de reforma do capí-

[260] O movimento de afastamento dos Tribunais de Comércios em prol da aproximação da jurisdição togada foi iniciado desde a promulgação do Código e se aprofundou ao longo do quarto de existência dos Tribunais durante o século XIX. José Reinaldo de Lima Lopes apontou em sua pesquisa que "[...] o estudo revela que o estabelecimento dos tribunais de comércio foi questionado tanto por seus aspectos jurídico-constitucionais quanto por seu aspecto político-corporativo. *Bernardo Pereira de Vasconcelos, que dirige a mais contundente crítica à criação dos tribunais, era identificado com os interesses da lavoura, mas apresenta argumentos fundados em uma ideia de Estado moderno, constitucional e liberal* (grifamos)[.]" (Lopes, José Reinaldo de Lima. *História da justiça e do processo no Brasil do século XIX*. 1ª edição. Curitiba: Juruá, 2017, p. 94).

tulo das *quebras* no Código Comercial foi apresentado pelo então Ministro da Justiça Nabuco de Araújo e, com um discurso sem menções a casos concretos, tampouco se valendo de quaisquer dados, passou-se a se conceber a necessidade de reforma do processo das falências, especialmente por conta de uma alegação de que as concordatas que vinham se formando no Brasil estavam desmoralizando as praças comerciais, não obstante estivessem de acordo com as práticas aceitas entre credores e devedores.

O discurso de Nabuco de Araújo foi parafraseado durante diversas outras discussões sobre a reforma na Câmara dos Deputados a partir da década de 1860, especialmente quanto aos seus argumentos sobre a ruína dos concordatários e de separação dos processos criminais e civis e da necessidade de se ter um processo de falência que fosse mais atrativa do que a aceitação das concordatas, pois, na sua opinião – apropriada também pela maioria dos demais debatedores – os credores só estavam aceitando as concordatas por terem certeza de que receberiam menos e em mais tempo nas falências.

O Código Comercial tinha previsões deveras flexíveis para a aceitação das concordatas, sem impor uma limitação legal de prazos ou de percentuais mínimos de pagamento dos credores, ao mesmo tempo, não localizamos dentre as fontes, manifestações de comerciantes ou da Associação Comercial que estava em momento inicial, acerca de pleitos para a mudança do processo das falências, por outro lado, notamos que a iniciativa parte em especial pelo discurso e o projeto de reforma levado por Nabuco de Araújo à Câmara dos Deputados em 1866, sem expressar quem seriam os comerciantes que estariam pleiteando essa reforma, tampouco apresentando quaisquer pedidos ou publicações que partissem de comerciantes, fossem credores, fossem devedores. Não se ignorando que, ao menos enquanto existiram os Tribunais de Comércio, mesmo lhes sendo retirada a competência para o julgamento em primeira instância das falências, geralmente o presidente do Tribunal era ouvido pelo Gabinete de Ministros do Império.

Mesmo os argumentos de gabinetes mais ligados a princípios liberais não se sustentam no sentido da manutenção do liberalismo que permitiu a promulgação do Código Comercial em 1850, mantendo a discussão sobre a necessidade da reforma dos processos de falências para se tentar evitar as concordatas, que levariam a acordos ruinosos ao invés de se aceitar a lentidão da falência, convergindo os gabinetes liberais e conservadores em uma mesma visão sobre a necessidade de *moralização* das praças ao se evitar tanto que os comerciantes e negociantes fossem julgados por seus próprios pares, quanto para fundamentar as alegadas necessidades de reformas, apesar das poucas críticas identificadas dentre as publicações do Jornal do Comércio do Rio de Janeiro ao capítulo das *quebras* do Código Comercial, o que nos levou a perceber um movimento de reforma a partir do Estado e não a partir de comerciantes ou negociantes, reforçando, com isso, a apropriação do tema das falências para o direito comercial e para os juristas, em detrimento da dinâmica até então adotada na prática pelos próprios comerciantes, como vinha sendo o caso das concordatas anteriores aos processos de falências, que surgiram a partir da prática e que tiveram de ser debatidas entre os parlamentares e, apesar das críticas, passaram a ser um ponto central para a reforma[261]. Essa apropriação alterou um movimento de multinormatividade daquele grupo social dos comerciantes, saindo de seu próprio regramento, para se submeter a um regramento a partir da visão de determinados políticos que não se declaravam representantes desse grupo.

Também importante destacar a reforma sobre as custas judiciárias e remuneração dos juízes provocada pelo Decreto nº 5.737, de 2 de setembro de 1874, que fixou a remuneração dos juízes comerciais – juízes de direito, como vimos, especialmente após a extinção dos Tribunais de Comércio entre 1875 e 1876 – quando dos despachos de declaração de abertura de falências, despachos de qualificação sobre as falências, presidência das reuniões de credores – com maior valor quando reuniões acima de vinte de credores e por reunião presidida – bem como pela aposição dos selos de arrecadação dos ativos da massa.

[261] Nossa conclusão é que esse movimento se revelou distinto daquele indicado por Celso Marcelo de Oliveira em seu artigo "Direito Falimentar Brasileiro" (https://www.migalhas.com.br/depeso/7991/direito-falimentar-brasileiro, acesso em 23/11/2019), pois o autor alega que "[o] período republicano teve seu início marcado pela proclamação da República. Com esse advento, *surgiu à preocupação moralizante com o governo que se instalara, a reelaboração da legislação sobre a falência* (grifamos)[.]"; diante dos discursos que já no Império expressamente se referiam à necessidade de moralização das praças comerciais no âmbito dos debates parlamentares e as diversas discussões sobre a reforma do processo das falências, ou seja, a *preocupação moralizante* surgiu durante o período imperial.

Desde o início da lei comercial sobre falências e concordatas, portanto, este tema não ficou estático, já sofrendo alterações imediatamente após a promulgação do Código Comercial e dos respectivos regulamentos, em especial o do Decreto nº 738 que tratava dos processos das *quebras* e assim se seguiu ao longo da segunda metade do século XIX até o golpe republicano que assumiu o projeto de reforma que vinha sendo discutido na Câmara dos Deputados e pelos diversos Gabinetes Ministeriais, passando a receber as adaptações que entendeu serem pertinentes, de acordo com o trabalho do Conselheiro Carlos de Carvalho, advogado em casos de falência, em especial por devedores e que atuou no famoso caso da falência do Conde de Leopoldina e também pelo trabalho do juiz de direito Macedo Soares, com experiência na vara comercial da capital, tendo atuado em casos de falência em sua função de magistrado e que já havia recebido a missão de elaborar uma lei de falências em 1888 a pedido do então Ministro da Justiça Antonio Ferreira Vianna.

## 2.2 A República e a reforma das *fallencias* e concordatas

> *O decreto n. 917 de 24 de outubro de 1890 deu ao voto dos credores a supremacia em todas as questões que se originão da fallencia, ainda mesmo as de natureza criminal, tornando a funcção de suas deliberações a acção da justiça publica. [...]. A intervenção do curador fiscal não póde crear antagonismo entre os interesses que a lei quiz conciliar e não póde vir perturbar em seu exclusivo proveito o equilíbrio de relações que o conhecimento exacto dos negocios estabelece. [...]. Collaborador do decreto n. 917 de 24 de outubro de 1890, tenho o direito senão o dever de defendê-lo contra deturpações com que um estudo incompleto e de occasião procura infama-lo e não consentirei que a uma collaboração absolutamente desinteressada, como foi a que tive, seja desviada de seu legitimo objectivo – melhorar a instituição do direito denominada fallencia e dar-lhe o cunho de uma lei útil, justa e sobretudo honesta.*[262]
>
> (Carlos de Carvalho, em manifestação nos autos do caso da falência de seu cliente, o Conde de Leopoldina, em 1892, após ter sido publicado o Decreto nº 917/1890, fruto de sua própria colaboração)

262 BRASIL. Biblioteca Nacional. *Jornal do Commercio do Rio de Janeiro*. Edição 79, 1892.

Com o golpe militar que instituiu a república no Brasil, houve a oficialização e legalização do novo governo por meio do Decreto nº 1, de 15 de novembro de 1889, que "[p]roclama provisoriamente e *decreta como fórma de governo da Nação Brazileira a Republica Federativa*, e estabelece as normas pelas quaes se devem reger os Estados Federaes (grifos nossos)", e em seu artigo 4º, dispunha:

> Art. 4º. *Emquanto, pelos meios regulares, não se proceder à eleição do Congresso Constituinte do Brazil e bem assim à eleição das legislaturas de cada um dos Estados, será regida a nação brazileira pelo Governo Provisorio da Republica*; e os novos Estados pelos governos que hajam proclamado ou, na falta destes, por governadores, *delegados* do Governo Provisorio (grifo nosso).

Então, em 15 de setembro de 1890 foram realizadas as primeiras eleições republicanas para o Congresso Constituinte da República. Finalmente instalado em 15 de novembro de 1890, o Congresso Constituinte funcionou ininterruptamente até 24 de fevereiro de 1891, quando foi promulgada a primeira Constituição republicana. Portanto, em matéria de falências e concordatas, o Decreto nº 917/1890 foi um ato unilateral do Governo Provisório, sem a participação de um Poder Legislativo que formalmente ainda não estava constituído.

O texto, que resultou nesse Decerto nº 917 teve sua redação final atribuída aos juristas Carlos de Carvalho[263] e Macedo Soares[264] e, como se

[263] Advogado, conselheiro do império e que ocupou a cadeira de Ministro das Relações Exteriores durante a presidência de Floriano Peixoto.

[264] Pelo CPDOC da FGV, "Antônio Joaquim de Macedo Soares nasceu em Maricá (RJ) no dia 14 de janeiro de 1838, [...]. [...] matriculou-se na Faculdade de Direito de São Paulo, recebendo, em 1861, o grau de bacharel em ciências jurídicas e sociais. Depois de formado dedicou-se ao jornalismo e à literatura, notabilizando-se por sua crítica ao romantismo brasileiro, além de advogar no interior da província do Rio de Janeiro. Em dezembro de 1862 foi nomeado juiz municipal e de órfãos dos termos reunidos de Saquarema e Araruama, na província fluminense, e em 1874 foi designado juiz de direito da comarca de São José e Campo Largo, na província do Paraná. [...] foi nomeado, em novembro de 1890, juiz da Corte de Apelação do Distrito Federal, tribunal de segunda instância que sucedeu à antiga Relação do Império. Permaneceu no cargo até 1892, quando foi nomeado ministro do Supremo Tribunal Federal (STF). Faleceu na cidade do Rio de Janeiro, então Distrito

registra desse o período, teria sido feito em poucos dias sob a demanda do Governo Provisório (em quatorze dias como disse o próprio Carlos de Carvalho).[265] Como vimos no capítulo anterior, não foi simplesmente assim, pois já havia um projeto sendo discutido na Câmara dos Deputados desde 1866, bem como houve o início dos trabalhos de elaboração da reforma por parte de Macedo Soares já a pedido do Ministério da Justiça em 1888. Não obstante, o anteriormente Conselheiro do Império e advogado, Carlos de Carvalho, teve pouco tempo para sistematizar essas discussões que já vinham ocorrendo, apoiado ainda pelo magistrado Macedo Soares e nos parece que a ideia de manter o discurso de uma nova lei republicana em tão pouco tempo tinha um duplo viés: romper com a ideia de uma lei que vinha sendo elaborada e discutida ainda na vigência do Império e poder ter um fundamento para ressalvas críticas contra *imperfeições* da nova lei.

Apesar desses juristas terem sido os autores, quem avocou para si a exposição de motivos e explicações sobre a mudança na lei foi o então Ministro Campos Salles. Na exposição de motivos oficial das mudanças legislativas por meio do gabinete do Ministro dos Negócios da Justiça, "General" Campos Salles, que no capítulo I, sobre "Legislação", se iniciou a partir da "Codificação das Leis Civis e Commerciaes" e começou por uma crítica ao período imperial, alegando que "[n]ão bastaram os 68 annos de duração do imperio para a promulgação do Codigo Civil, solemnemente promettido pela lei constitucional de 1824; e o Brazil continuou

Federal, no dia 14 de agosto de 1905." Disponível em http://www.fgv.br/cpdoc/acervo/arquivo, acesso em 20/10/2022.

[265] Não bastasse o relato do próprio Carlos de Carvalho que veremos adiante, é também nesse mesmo sentido o relato nos debates do Senado Federal para a reforma desse Decreto nº 917 de 1890, em sessão de 15 de outubro de 1901; o senador relator da Comissão do Senado para a discussão da reforma apresentada pela Câmara dos Deputados, senador Coelho e Campos, elogiou o trabalho de Carlos de Carvalho e justificou também a necessidade daquela que seria a reforma, ao dizer que "[...] a tarefa commettida ao Dr. Carlos de Carvalho, jurisconsulto sem duvida de grande nota, *foi resolvida com a rapidez de poucos dias*, em momento especial de revolução, de fórma que, em consequencia dos sentimentos da ocasião, na lei de fallencias foram implantadas medidas que não tinham applicação (grifamos)." (BRASIL. Senado Federal. *Anais do Senado*. Livro 3. Sessão de 15 de outubro de 1901, p. 377.)

a reger-se pelas Ordenações Philippinas, já revogadas em Portugal, que nos legara esse vetusto monumento da idade media."[266]

Sem atribuir qualquer menção aos juristas Carlos de Carvalho ou Macedo Soares, Campos Salles explicou que a reforma e exclusão do Código Comercial do capítulo das falências se justificou, pois,

> [...] *na parte relativa ás fallencias, de ha muito a pratica demonstrara defeitos e inconvenientes que, embaraçando a marcha do processo desde a abertura da fallencia até a final liquidação, o tornava sobremodo vexatorio para o fallido e ruinoso para os credores.* As duvidas sobre o caracteristico legal da cessação de pagamentos e insolvencia, natureza commercial das dividas, classificação dos creditos, separação do patrimonio individual e social, accresciam as queixas de fraude nas concordatas, de obices oppostos pelo moroso processo criminal ao contracto de união, da insufficiencia de fiscalização, falta de garantias na administração das massas e no julgamento dos falidos. Por Decreto n. 139 de 10 de janeiro deste anno [1890], foi creado o logar privativo de curador das massas fallidas; e depois de ouvir notaveis advogados e magistrados competentes, propuz a reforma da referida parte do codigo commercial (grifos nossos).[267]

[266] BRASIL. Ministério da Justiça. SALLES, Manoel Ferraz de Campos. *Exposição apresentada ao Chefe do Governo Provisório da Republica dos Estados Unidos do Brazil.* Rio de Janeiro: Imprensa Nacional. 1891, disponível em http://ddsnext.crl.edu/titles/107#?c=4&m=0&s=0&cv=0&r=0&xywh=0%2C-1655%2C3903%2C5871, acesso em 4/5/2020, p. 16.
[267] BRASIL. Ministério da Justiça. SALLES, Manoel Ferraz de Campos. Ob. Cit. 1891, p. 17.

FIGURA 4

**Capa da exposição de motivos das alterações legislativas do Governo Provisório elaborada pelo Ministro e Secretário de Estado dos Negócios da Justiça, "General" dr. Manoel Ferraz de Campos Salles**[268]

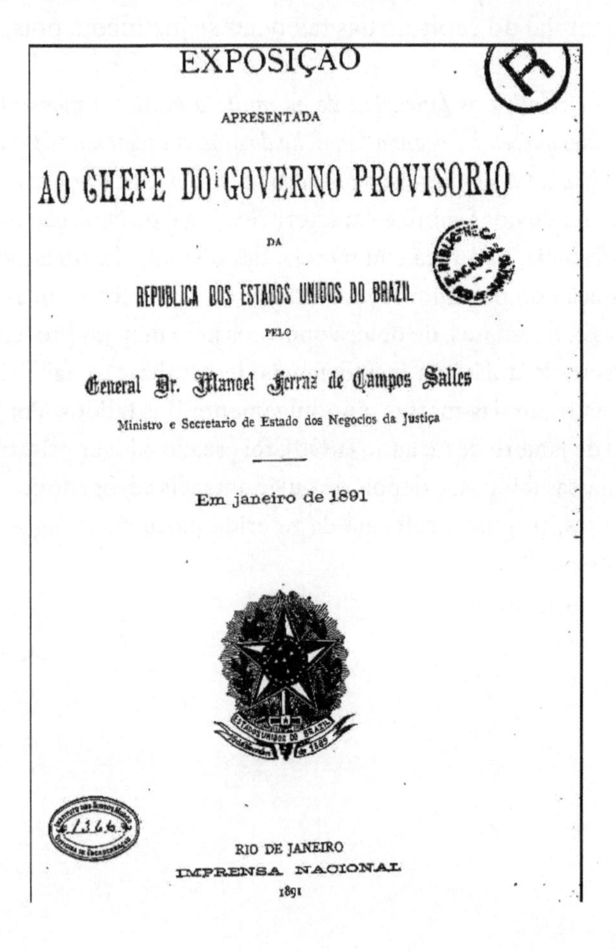

EXPOSIÇÃO

APRESENTADA

AO CHEFE DO GOVERNO PROVISORIO

DA

REPUBLICA DOS ESTADOS UNIDOS DO BRAZIL

PELO

General Dr. Manoel Ferraz de Campos Salles

Ministro e Secretario de Estado dos Negocios da Justiça

Em janeiro de 1891

RIO DE JANEIRO

IMPRENSA NACIONAL

1891

Dentre as novas leis da república e em paralelo às leis comerciais, sob a perspectiva do agora chamado Código Penal da República, o crime de *fallencia*, mantido no Título dos crimes contra a propriedade pública ou particular, passou a vigorar com uma redação distinta daquela que vimos

[268] *Id. ibid.*

durante o período do Império, passando o Código Penal a incluir ambos os crimes de falência que até então estavam divididos entre o Código Comercial e o Código Criminal, ou seja, a falência fraudulenta e a falência culposa passaram então a ser regradas pelo mesmo Código Penal; e foram tratadas com penas diferentes entre si, com a possibilidade de menor duração do que as então aplicadas com base no Código Comercial ou com base no Código Criminal. A República iniciou seu regramento penal sobre as falências fraudulentas e culposas com a seguinte redação:

> Art. 336. *Todo commerciante, matriculado ou não, que for declarado em estado de fallencia, fica sujeito á acção criminal, si aquella for qualificada fraudulenta ou culposa, na conformidade das leis do commercio.*
> § 1º, si a fallencia for qualificada *fraudulenta*:
> Pena – de prisão cellular por dous a seis annos.
> § 2º, si *culposa*:
> Pena – de prisão cellular por um a quatro annos.
> § 3º A fallencia dos corretores e agentes de leilão sempre presume-se fraudulenta, e será punida com as respectivas penas.
> Art. 337. O devedor não commerciante que se constituir em insolvencia, occultando ou alheando maliciosamente seus bens, ou simulando dividas em fraude de seus credores legitimos, será punido com a pena de prisão cellular de seis mezes a dous annos (grifos nossos).[269]

Não obstante aquela apresentação de Campos Salles sem se referir a Carlos de Carvalho ou Macedo Soares, bem como diante da ausência de um Congresso Nacional para debater a reforma do Código Comercial no capítulo das Quebras, para além dos debates que já vinham sendo encaminhados durante a segunda metade do século XIX acerca das necessidades de reforma do processo das falências, pudemos localizar fontes – especificamente as alegações apresentadas pelo próprio Carlos de Carvalho em peças de defesa de um caso de falência de seu cliente – que permitiram compreender melhor como se deu o modo de produção desse decreto que provocou a retirada do tema das falências do Código

[269] BRASIL. *Decreto nº 847, de 11 de outubro de 1890, o Código Penal da República dos Estados Unidos do Brasil.*

Comercial, passando ao tratamento em lei própria, que foi outorgada por meio do Decreto nº 917/1890 durante a vigência do Governo Provisório republicano.

### 2.2.1 O modo de produção do Decreto nº 917 de 1890, a primeira lei de *fallencias* e concordatas da República

Como dito na introdução deste segundo capítulo, em razão do golpe republicano e do período do chamado Governo Provisório, não houve debates parlamentares oficiais para a produção do Decreto nº 917/1890, pois não havia Congresso Nacional e o período estava inserido no âmbito do golpe militar recente que depôs a monarquia e iniciou o período republicano oficial no Brasil a partir de 15 de novembro de 1889.

De mesmo modo, a exposição de motivos assinada por Campos Salles, Ministro de Estado do primeiro presidente brasileiro, o brigadeiro ou general-de-brigada Manuel Deodoro da Fonseca, também nos é pouco reveladora.

Por outro lado, o trabalho que é atribuído ao jurista, advogado e político Carlos de Carvalho, pôde ser melhor revelado tanto pelo processo de discussões havidos na Câmara dos Deputados a partir de 1866, com o projeto de Nabuco de Araújo, até a nomeação de Macedo Soares como um dos responsáveis por elaborar a nova lei, conforme relatório do Ministério da Justiça de 1888. Aquele projeto, bem como as discussões pertinentes ao tema foram incorporados no trabalho da redação final por Carlos de Carvalho e Macedo Soares e, como complemento, localizamos uma fonte nas pesquisas que se tratou de um processo de falência em que Carlos de Carvalho atuou como advogado de um negociante devedor: o processo de falência do Conde de Leopoldina.

Antes de apresentarmos as manifestações de Carlos de Carvalho em que aproveitou para revelar seu trabalho na elaboração da redação final da nova lei de falências da república, ao mesmo tempo em que buscou os fundamentos jurídicos para a defesa de seu cliente, importante destacar que a Junta Comercial do Rio de Janeiro publicou em 31 de outubro de 1890, no Jornal do Comércio do Rio de Janeiro, a ata da reunião havida em 27 de outubro daquele ano, presidida por Castilho Maia, na presença dos deputados Campos, Castilho e Carvalho, destacando que com a reforma do Código Comercial, retirando-lhe a parte das falências, por meio do

Decreto nº 917/1890, atribuiu-se às Juntas Comerciais e às Associações Comerciais, nos termos do art. 82, a "[...] legitima e efficaz interferencia no julgamento dos processos criminaes que se originão das fallencias, [...], a satisfazer deste modo uma das mais sérias necessidades da justiça distribuitiva (sic) – a applicação da lei de accôrdo com o conhecimento profissional dos factos sobre que tem de operar – [...]."[270] Com isso, a Junta Comercial do Rio de Janeiro decidiu publicar a nota e dirigir ao Ministro da Justiça, Campos Salles, "applausos e congratulações, e significar-lhe que o commercio, pela rectidão dos seus representantes, corresponderá sem duvida aos elevados intuitos de tal reforma."[271] Essa mesma declaração, utilizando-se praticamente das mesmas palavras, também foi publicada pela Junta Comercial de Recife[272]. Portanto, diferentemente do que não localizamos durante o período imperial, o período republicano já se abre com uma participação de outros atores institucionalizados na área comercial em meio às discussões sobre as leis de falência e concordatas.

Também é de se destacar a partir de então o papel das Associações Comerciais durante o período republicano de estudo desta pesquisa como uma peça fundamental, pois as Associações não eram ilhas em si, estavam em constante contato entre os diversos estados, bem como estavam em contato com outras associações comerciais de países estrangeiros, acompanhando as novidades legislativas, e as dinâmicas práticas da profissão. As fontes consultadas, em especial o Jornal do Comércio (que tinha publicações específicas para cada uma das praças das capitais dos estados no Brasil), deixam claro que havia essa comunicação constante entre elas e a suas participações, como veremos, nos debates parlamentares para a elaboração das leis de falência, trouxe também a presença de nomes conhecidos e que prevaleceram no direito comercial brasileiro, especialmente Carvalho de Mendonça, Inglês de Sousa, Waldemar Ferreira e Trajano de Miranda Valverde.

Nesse início oficialmente republicano, o período de vigência do Decreto nº 917/1890 é marcado também por casos e consultas sobre falências ocorridas em outros países e a possibilidade de reconhecimento

[270] BRASIL. Biblioteca Nacional. *Jornal do Commercio do Rio de Janeiro*. Edição 304, 1890.
[271] *Id. ibid.*
[272] BRASIL. Biblioteca Nacional. *Jornal do Commercio do Rio de Janeiro*. Edição 361, 1890.

no Brasil, em função das mudanças trazidas pelo Decreto em relação às falências. Um caso que é transcrito no Jornal do Comércio do Rio de Janeiro é o da falência da firma francesa G. Potey Rabert & C. que tinha uma filial na praça do Rio de Janeiro. A questão girava em torno da competência ou não da Câmara Comercial do Tribunal de Justiça do Rio de Janeiro em relação à falência de tal filial no Brasil, especialmente diante do quanto dispunha o art. 91 do Decreto nº 917/1890[273]. O juiz responsável, Manoel da Silva Mafra – que fora Ministro da Justiça do Império e que assinara o Decreto nº 3.065, de 6 de maio de 1882 alterando oficialmente a dinâmica das concordatas – entendeu que os estabelecimentos seriam independentes entre si e que, por conta disso, não haveria que se falar no reconhecimento da quebra francesa para a casa brasileira. Essa decisão foi exposta de modo crítico por alguém que se identificou como o advogado Zeferino de Faria Filho no Jornal do Comércio e seu argumento era que

> [o] decreto 917 *preenche o desideratum* do decreto internacional [Decreto nº 6.982/1878] sobre a unidade e universalidade da fallencia: mas, não foi nesse caso devidamente aplicado, pois o que quer elle [o juiz Mafra] é que os interesses de todos os credores sejão reputados, quando estiverem em frente a uma sociedade embora com diversos estabelecimentos, mas que operem por conta e sob a responsabilidade do principal.[274]

[273] Que, lido conjuntamente com o art. 4º, dá o norte sobre uma potencial competência do foro brasileiro, ainda que no caso de falência de uma filial localizada no Brasil. Os fundamentos jurídicos da discussão sobre a competência estão ligados à interpretação do (i) "Art. 4º A fallencia será declarada pelo juiz commercial em cuja jurisdicção o devedor tiver seu principal estabelecimento ou casa filial de outra situada fóra do Brazil, si não operar por conta e sob a responsabilidade do estabelecimento principal (art. 91) [...](.)", combinado com o (ii) "Art. 91. É competente para declarar a fallencia o tribunal do domicilio commercial do devedor, ainda que tenha praticado accidentalmente actos de commercio em outra nação, ou nella mantenha agencias ou filiaes que operem por conta e sob a responsabilidade do estabelecimento principal(.)" e ainda, soma-se o quanto disposto no (iii) "Art. 98. A sentença estrangeira que abrir fallencia a commerciante que tenha dous estabelecimentos, um no paiz do seu domicilio e outro distincto e separado na Republica, não comprehenderá em seus effeitos o estabelecimento existente na Republica."

[274] BRASIL. *Biblioteca Nacional, Jornal do Commercio do Rio de Janeiro.* Edição 330, 1891.

Essa interpretação dada por esse advogado, não foi a mesma dada por Carlos de Carvalho, como vimos, um dos autores do Decreto nº 917/1890, quando consultado, na posição de Ministro das Relações Exteriores no governo do presidente Floriano Peixoto, sobre declarações de falências ocorridas no estrangeiro e o reconhecimento de tais declarações pelo Judiciário brasileiro. Carlos de Carvalho foi questionado pelo Sr. P. Bonnardet, detentor do cargo de Encarregado de Negócios da República Francesa, e foi questionado sobre a prática brasileira "[...] afim de obter-se o *exequatur* em favor de actos declaratorios de fallencia emanados de Tribunaes estrangeiros e remettidos por via diplomática, e bem assim sobre si os credores e os fallidos podem, quando ausentes do Brazil, fazer-se representar por procuradores perante os Tribunaes brazileiros."[275] Carlos de Carvalho respondeu que

> [o] princípio da unidade e universalidade da fallencia não é aceito de um modo absoluto pelas leis brazileiras. Assim, cumpre notar que não são exequiveis na Republica as sentenças estrangeiras que declarão a fallencia de commerciante aqui domiciliado, sendo brazileiro, e que a abertura de fallencia a um negociante com dous estabelecimentos, um no paiz do seu domicilio e outro no Brazil, não comprehenderá em seus effeitos este ultimo estabelecimento, conforme preceitua o decreto n. 917 de 24 de outubro de 1890, arts. 98 e 106.[276]

Carlos de Carvalho destacou, todavia, que mediante cartas rogatórias poderiam ser tomadas medidas acautelatórias para preservar bens existentes no Brasil e que tais cartas não dependeriam de homologação, apenas do *exequatur* do Governo Federal, por meio da publicação de editais com prazo de 60 dias e, com isso, os credores locais poderiam requerer a declaração de falência da casa no Brasil, dando-se preferência, nesse caso, aos credores existentes no país estrangeiro e se se tratasse de sentença ou julgamento, tal decisão deveria ser homologada pelo Supremo Tribunal Federal no Brasil. Essa mesma explicação foi replicada por Carlos de Carvalho em resposta à mesma pergunta feita pela "Legação de França"

[275] BRASIL. Ministério das Relações Exteriores. *Relatório I do ano de 1895*, p. 243-244.
[276] *Id.*, p. 244.

no Brasil[277]. Durante o gabinete ministerial de Carlos de Carvalho (1891-1896) essas foram as únicas consultas a ele direcionadas no que diz respeito aos processos falimentares.

Mesmo durante sua atuação como Ministro de Estado no governo do presidente Floriano Peixoto, Carlos de Carvalho, continuou advogando e atuava em casos de falência. Era o advogado no caso da falência do Conde de Leopoldina e publicou no Jornal do Comércio do Rio de Janeiro de 5 de março de 1892 seu agravo contra a declaração de falência que foi declarada a pedido do Banco do Brasil, concluindo sua defesa alegando que "[o] decreto de 24 de outubro de 1890 não quiz a ruina dos credores nem a do devedor infeliz; dando a uns e a outro novas garantias, não póde ser manejado senão para o bem, que é a harmonia de todos os interesses, segundo as normas da moral e da *Justiça*."[278] O agravo foi republicado na edição de 6 de março de 1892 e, em 8 de março de 1892, foi publicado o despacho do juiz do caso Salvador A. Moniz Barreto de Aragão, que havia declarado a falência do Conde de Leopoldina; despacho esse determinado que os autos subissem ao Conselho do Tribunal Civil e Criminal (julgado em 7 de março de 1892). Nesse despacho, o juiz Salvador Moniz rebateu os argumentos de Carlos de Carvalho dizendo que

> [s]e o aggravante [Conde de Leopoldina] não está fallido, difícil, muito difícil será achar um negociante a quem se applique o novo regimen do decreto n. 917 de 24 de outubro de 1890. Tenho consciencia de haver applicado exactamente a lei. [...]. O illustre autor do Decreto n. 917 [agora "Decreto" redigido com letra maiúscula] de 24 de outubro de 1890 foi bem inspirado, dando predominio no processo de fallencias á pontualidade nos pagamentos e pondo de parte outras considerações que embaraçavão a acção prompta da autoridade judicial e a intervenção dos credores, emquanto a massa tinha forças para se reconstituir ou minorar prejuízos.[279]

[277] BRASIL. Ministério das Relações Exteriores. *Relatório I do ano de 1895*, p. 76-77.

[278] BRASIL. Biblioteca Nacional. *Jornal do Commercio do Rio de Janeiro*. Edição 65, 1892. Parafraseando o discurso de Nabuco de Araújo na Câmara em 1866.

[279] *Id.* Edição 68, 1892.

A disputa por meio das publicações no Jornal do Comércio continuou com outra resposta de Carlos de Carvalho, juntada aos autos em 8 de março e publicada em 9 de março de 1892, tentando reiterar que a falência somente poderia ser declarada se o estado de cessação de pagamento fosse permanente, sendo que, caso houvesse impontualidade, mas suprida pelo pagamento posterior (e intempestivo, portanto), não haveria que se falar em declaração de falência do devedor[280] e as alegações adicionais ainda foram publicadas na edição de 10 de março de 1882[281], contando ainda com a publicação no dia 11 de março de 1882 dos pareceres, em defesa do Conde de Leopoldina, dados pelos juristas Torres Netto, José Soares da Silva e dos Conselheiros Visconde de Ouro Preto e Ferreira Vianna[282] – outro parlamentar que participou de diversas discussões sobre a reforma do processo de falências durante o Império.

Ainda em 12 de março, novamente no Jornal do Comércio, Carlos de Carvalho reiterou o quanto constou de suas alegações e dos pareceres que publicara, defendendo, ao final que "[t]odos estão convencidos que nenhum credor do Conde de Leopoldina está promovendo a declaração de sua fallencia e que nenhum deles concorreu para a publicação dos pareceres de que me tenho ocupado. Não é justo que, tornada pessoal a questão, se esqueça a jurisprudencia do tribunal até hoje observada."[283] E assim se seguiram publicações das petições de Carlos de Carvalho, aparentemente a cada petição que era protocolada pelo curador fiscal e a cada despacho do juiz nos dias subsequentes, até que no dia 19 de março de 1892, após o julgamento do agravo e mantida a decisão de primeira instância por dois votos a um (tendo votado contra apenas o juiz Gonçalves de Carvalho e, a favor Silva Mafra – o mesmo do caso da falência estrangeira – e o juiz Dias Lima), de declaração de falência do Conde de Leopoldina, Carlos de Carvalho usou o espaço para se manifestar, ainda aguardando o acórdão para que pudesse submete-lo a uma análise. Reiterava no sentido de se posicionar contrariamente ao juiz e ao curador das massas que levaram adiante a declaração de falência e a sua defesa

[280] *Id.* Edição 69, 1892.

[281] *Id.* Edição 70, 1892.

[282] BRASIL. Biblioteca Nacional. *Jornal do Commercio do Rio de Janeiro*. Edição 71, 1892.

[283] *Id.* Edição 72, 1892.

perante o Conselho do Tribunal, tentando reforçar e dando seu testemunho pessoal sobre seu trabalho no processo de elaboração do Decreto que

> "[o] decreto n. 917 de 24 de outubro de 1890 deu ao voto dos credores a supremacia em todas as questões que se originão da fallencia, ainda mesmo as de natureza criminal, tornando a funcção de suas deliberações a acção da justiça publica. [...]. A intervenção do curador fiscal não póde crear antagonismo entre os interesses que a lei quiz conciliar e não póde vir perturbar em seu exclusivo proveito o equilíbrio de relações que o conhecimento exacto dos negocios estabelece. [...]. Collaborador do decreto n. 917 de 24 de outubro de 1890, tenho o direito senão o dever de defendê-lo contra deturpações com que um estudo incompleto e de occasião procura infama-lo e não consentirei que a uma collaboração absolutamente desinteressada, como foi a que tive, seja desviada de seu legitimo objectivo – melhorar a instituição do direito denominada fallencia e dar-lhe o cunho de uma lei útil, justa e sobretudo honesta."[284]

Nessa mesma edição uma publicação anônima elogiou o "triunfo" do curador das massas falidas (promotor) e ainda dizia que "S. Ex. começou muito bem; entrou com o pé direito e só de custas vai receber quinhentos e setenta contos de réis (570:000$) que ninguém dirá ser um pao pelo olho."[285] Essa publicação anônima nos remete ao fato de que o incentivo financeiro dos juízes das falências e dos curadores fiscais das massas falidas estava ligado à arrecadação do ativo e sua liquidação, de modo que, a batalha intensa travada no caso da falência do Conde de Leopoldina, sem credores que interviessem nos autos, tampouco que tivessem realizado o pedido, mas ao saber das renegociações que o Conde vinha buscando com seus credores, partiu o próprio curador das massas para fazer o pedido da declaração de falência do Conde. Apesar dessa visão de Carlos de Carvalho sobre a unicidade do juízo falimentar inclusive sobre as matérias criminais àquela época, pouco tempo depois a República adotou uma competência distinta, por meio do Decreto nº 2.579, de 16 de agosto de

[284] *Id.* Edição 79, 1892.

[285] *Id. ibid.*

1897, em que se fixou que competia "[...] aos juizes da camara criminal, processar e julgar os crimes de fallencia (Cod. Pen., art. 336)[.]" (art. 25, §1º) e competiria à Câmara Comercial de primeira instância "processar e julgar as fallencias e liquidações forçadas das sociedades anonymas, as dissoluções e liquidações de sociedades commerciaes previstas nos arts. 335 e 336 do Cod. Comm., de valor excedente de 5:000$000[.]" (art. 26, §1º, II), buscando-se, com isso, fazer aquela divisão de competências que era discutida desde os debates havidos no Império.

Em relação àquele fato acerca do pedido de declaração da falência, por iniciativa *ex officio* do curador das massas, sem qualquer pedido de falência dos credores, nos chamou atenção durante a pesquisa, sobretudo para outras alegações que serão repetidas ao longo dos anos vindouros sobre a "indústria das falências", bem como sobre as fraudes em que participavam juízes e promotores nas falências[286].

Ainda como um depoimento pessoal de Carlos de Carvalho, em 24 de março de 1892 ele voltou a publicar um texto sobre o caso da falência do Conde de Leopoldina rebatendo alegações que estaria sofrendo do curador fiscal das massas de que publicações anônimas seriam realizadas pelo próprio Carlos de Carvalho e ele se defendeu afirmando que "[...] nenhum dos artigos anonymos foi escripto, inspirado ou autorisado por mim. Contra esta declaração desafio qualquer genero de prova, inclusive o juramento d'alma do Sr. Dr. curador."[287] Carlos de Carvalho explicou que foi convidado por Campos Salles para a elaboração da reforma da lei de falências quando do Governo Provisório e explicou que

> [...] não pedi ao Sr. Dr. Campos Salles sua nomeação por justo escrupulo;não queria nem essa paga receber pelos serviços prestados na refórma das fallencias e na creação do registro das firmas, unicos actos do ministerio da justiça, sob a Republica, em que tomei parte. Não conhecia pessoalmente o Sr. Dr. Campos Salles; fiz com S. Ex. relações quando me pedio o coadjuvasse naqueles trabalhos; concluidos, nunca mais o procurei e tenho desvanecimento em dizer que á Republica sómente devo a promoção de um tenente da guarda

[286] Sem se desconsiderar, evidentemente, as outras alegações de fraudes envolvendo devedores e credores também.

[287] BRASIL. Biblioteca Nacional. *Jornal do Commercio do Rio de Janeiro*. Edição 84, 1892.

nacional a capitão e a approvação de uma proposta do Exm. Sr. Procurador Geral do districto federal para a nomeação de um adjunto dos promotores públicos. [...]. O Decreto n. 917 de 24 de outubro de 1890 foi exclusivamente elaborado pelo Exm. Sr. Dr. Macedo Soares e por mim. Guardo todos os originaes e provas, conservado-os como demonstração de quanto póde a boa vontade de duas pessoas, que, prescindindo de todos os mellindres do amor proprio, se esforção por fazer o melhor em 14 dias de trabalho interrompido pelos multiplos deveres profissionais de cada um. [...]. Não estou arrependido de haver contribuido para essa reforma; se tem defeitos, tem vantagens que os compensão; para sua defesa basta attender que, salvo prova em contrario, considera fallencia uma infelicidade e não um crime e confere aos credores as seguranças e garantias, sem as quaes o credito commercial não se póde desenvolver.[288]

Por fim, deixou ainda uma crítica ao curador das massas, dando a entender que ele o teria procurado para discutir uma possível divisão dos honorários, quando expôs que "*[s]e os meus serviços de advogado fossem estimados no alto preço, que lhe attribue o Dr. curador fiscal e que não prometti dividir com elle, disso só resultaria uma vantagem para mim* (grifos nossos)."[289] O acórdão do caso da falência do Conde de Leopoldina foi publicado no Jornal do Comércio em 7 de abril de 1892 e demonstra a visão do Judiciário distante da visão do legislador, especialmente quando defenderam que

"[é] ainda de considerar-se que o Decreto 917 como a legislação revogada, reconhece que a fallencia é um estado de direito complexo, que não envolve sómente os interesses dos credores e devedores, mas tambem interesses de ordem publica; pelo que é indispensavel no respectivo processo a intervenção do agente do poder publico – para conhecer os factos criminosos que na fallencia se podem dar. Dahi a creação do officio de Curador das Massas Fallidas pelo Decr. N. 139 de 10 de janeiro de 1890, mantido pelo decreto 1.030 de 1890 como um dos agentes do ministerio publico."[290]

[288] BRASIL. Biblioteca Nacional. *Jornal do Commercio do Rio de Janeiro*. Edição 84, 1892.
[289] *Id. ibid.*
[290] *Id.* Edição 98, 1892.

O voto vencido do juiz Gonçalves de Carvalho foi também publicado na mesma edição e demonstrava a percepção de continuidade do novo diploma legal com o quanto já havia no Código Comercial por parte do Judiciário sobre o tema das falências, pois "[o] dec. n. 917 de 24 de outubro de 1890 não abandonou a noção da fallencia, respeitada no art. 797 do codigo commercial: mostra-o seu preceito do art. 1º. A fallencia é sob o regimen do decreto o mesmo que era sob o regimen do código – a cessação de pagamentos."[291] E complementou a divergência especificamente sobre o papel do curador fiscal das massas, inclusive mencionando sua experiência na magistratura ao lado do Dr. Macedo Soares, elaborador daquele Decreto nº 917 conjuntamente com o Dr. Carlos de Carvalho, ao expor que

> [n]ão é o direito penal que traça as regras para a indagação do estado de fallencia, das suas causas, dos fator que determinão a sua qualificação de culposa ou de fraudulenta, é o direito commercial. Este direito vai ao ponto de, em dados casos, reservado-se o facto da fallencia como exclusivamente seu, obstar a acção penal em relação a elle. [...]. Desde que comecei a applicar a nova lei das fallencias, no extincto juizo do commercio, da 1ª vara, entendia da fórma que expuz, e tanto mais acreditei não estar em erro, vendo o meu ilustrado colega, Dr. Macedo Soares, juiz da 2ª vara, que teve parte conspicua na elaboração da dita lei, entendê-la da mesma maneira.[292]

As visões de Carlos de Carvalho em seus depoimentos e argumentos de defesa no caso prático revelam que a linha que vinha sendo adotada nas últimas duas décadas do Império estavam ali presentes naquele trabalho do início da República. Quanto à redação final de Carlos de Carvalho e Macedo Soares, temos a institucionalização daquelas *concordatas prévias* criadas pela prática durante a década de 1860 e que se aprofundaram pelas possibilidades que abriram durante a crise daquela década, agora chamadas de *concordatas extrajudiciais* (art. 12, a) do Decreto) ou *acordo extrajudicial* ou *concordata preventiva* (art. 120 do Decreto), e que tinham um efeito suspensivo dos processos de falência.

[291] *Id. ibid.*

[292] BRASIL. Biblioteca Nacional. *Jornal do Commercio do Rio de Janeiro.* Edição 98, 1892.

Para a concessão das concordatas houve uma nova alteração dos percentuais necessários de aprovação de maioria de credores, passando agora ao mínimo de 3/4 dos créditos totais reconhecidos como verdadeiros e admitidos no passivo, conforme o art. 45 do Decreto nº 917/1890, mantendo-se aquelas exclusões aos efeitos da concordata, na mesma linha do Código Comercial, e permitindo-se, como se fez no Império, a substituição das reuniões de credores mediante a apresentação da declaração escrita assinada pelos credores apoiando a proposta da concordata.

Mantendo também as premissas liberais que foram adotadas pelo Código Comercial, o Decreto nº 917/1890 não limitou a contratação da concordata por um determinado período, tampouco criou uma limitação de descontos ou determinou um pagamento mínimo aos credores, deixando a escolha sobre prazos, forma de pagamento e descontos de acordo com a vontade da maioria, agora majorada em relação aos 2/3 até então em vigor. Mesmo permitindo a *concordata preventiva* ou o *acordo extrajudicial*, o procedimento da prática foi institucionalizado e, para obrigar os credores dissidentes, incorporou aquela prática de necessidade de peticionamento perante o juízo competente, porém estabeleceu então um processo detalhado para a possibilidade de análise e verificação dos créditos.

Outro conceito que marcará as alterações seguintes das leis de falência é o da adoção, que já era debatida durante o Império, como vimos, do conceito de *principal estabelecimento* para definir o juízo falimentar ou concordatário competente para receber o pedido dos devedores ou dos credores. Notadamente uma mudança de natureza processual, já era antecipada naquelas discussões sobre a necessidade de reforma do processo das falências, foi então efetivamente incorporada ao art. 4º do Decreto nº 917/1890, neste ponto aproximando o direito brasileiro do direito continental europeu, em especial o francês, e não tão próximo ao norte americano ou inglês que não se valiam de tal conceito.[293].

[293] BRASIL. *Decreto nº 917, de 24 de outubro de 1890*. "Art. 4º *A fallencia será declarada pelo juiz commercial em cuja jurisdicção o devedor tiver seu principal estabelecimento* ou casa filial de outra situada fóra do Brazil, si não operar por conta e sob a responsabilidade do estabelecimento principal (art. 91), a requerimento: a) do devedor, sua viuva ou seus herdeiros; b) de socio, ainda que commanditario ou em conta de participação, exhibindo o contracto social; c)

Na linha de ao menos um dos casos que foi enfrentado e discutido no Brasil Império, acerca das falências declaradas fora do Brasil, sobre o reconhecimento ou não das decisões e aplicações em território nacional, foi criado um capítulo "das fallencias declaradas fóra da Republica", que foi objeto das consultadas endereçadas no início deste capítulo, apesar de não ter sido replicado, nesse novo capítulo, o conceito de *principal estabelecimento*, sendo mantido o conceito de competência pelo *domicílio comercial* do devedor (art. 91 do Decreto).

Importante também mantermos em vista que muitos dos atores que atuaram nas discussões sobre as falências na vigência do Decreto nº 917/1890 eram figuras que também discutiram o tema durante o Império e carregavam consigo boa parte daquela mentalidade que vimos inclusive nas tentativas de discussões sobre a reforma dos processos de falências, em especial atacando as decisões de credores e devedores no âmbito das concordatas celebradas durante o período imperial. Essas perspectivas sociais sobre os institutos jurídicas não cessarão suas repercussões com o advento de um novo modelo político, como foi essa mudança do regime imperial para o republicano e vão ainda se fazer sentir durante os outros debates sobre as reformas das leis de falência.

de credor chirographario ou não, exhibindo o titulo de divida, ainda que não vencida; d) do curador fiscal das massas fallidas (grifamos)."

FIGURA 5

**"A redenção de Cam", pintura de Modesto Brocos, laureada com a medalha de ouro na Exposição Geral de Belas Artes de 1895 no Brasil[294]**

Não obstante essa tão desejada mudança no processo das falências tenha efetivamente ocorrido com o decreto republicano, a lei pouco tempo durou sem ser questionado e, na Câmara dos Deputados, o

[294] LOTIERZO, Tatiana. *Contornos do (in)visível: Racismo e Estética na Pintura Brasileira (1850-1940)*. São Paulo: Edusp, 2017, p. 24-37. O quadro ilustra um movimento que se dizia "científico" carregado de racismo e com muitos adeptos no Brasil do século XIX e boa parte do século XX, elemento importante para nos auxiliar a compreender melhor ao menos uma parte relevante da formação do pensamento social e científico do período.

assunto voltou à pauta das discussões já a partir de 1900 e marcará novamente um período de discussões sobre a necessidade de novamente se promover uma alteração legal no processo das falências e concordatas. Curiosamente, como veremos sobre a reforma seguinte da lei de falências, o tema do *encilhamento* e da crise de 1890[295] e seus reflexos não foram trazidos como fundamento para os debates sobre a reforma, aparentemente, como passamos a ver, devido ao fato de se compreender que a lei de falências não seria aplicável às sociedades anônimas, de modo que a crise causada no âmbito especulativo de ações e títulos, não seria matéria pertinente às falências, na visão dos legisladores de então. Não obstante, nas lições de "Inglez de Souza" (como grafado nessa fonte), transcritas pelo então bacharel Alberto Biolchini, há a anotação de que Inglês de Sousa (como grafado nos trabalhos do próprio Herculano Marcos Inglês de Sousa) – ou talvez na consideração do próprio Alberto Biolchini que imprimiu suas ideias entre as anotações de aula – consideraria o *crak* (sic) do início da década de 1890 como um elemento que afetou a primeira lei de falências republicana, especialmente na passagem em que descreveu que

> [e]fetivamente, o Decreto n. 917, de 24 de outubro de 1890, obra executada em quatorze dias por Carlos de Carvalho, revogou a parte 3ª do Codigo e passou a regular o assunto. Esse Decreto póde ser considerado como uma

[295] Sobre o encilhamento, Boris Fausto explica que "[o] primeiro ano da República foi marcado por uma febre de negócios e de especulação financeira conhecida como Encilhamento. Não se sabe com certeza por que essa expressão foi consagrada. A explicação mais plausível é a de que se tomou um dos sentidos da palavra 'encilhamento' – local onde são dados os últimos retoques nos cavalos de corrida antes de disputarem os páreos. Por analogia, teria sido aplicada à disputa entre as ações das empresas na Bolsa do Rio de Janeiro, trazendo em si a ideia de jogatina[.]" (Fausto, Boris. *História do Brasil.* 14ª ed. atual. ampl. São Paulo: Edusp – Editora da Universidade de São Paulo, 2019, p. 271); e Maria Bárbara Levy, em seus estudos sobre a Bolsa do Rio de Janeiro, definiu que "[o] Encilhamento, gíria turfística carioca, serviu para denominar o febril movimento de títulos que caracterizou os primeiros anos da República. [...]. Através do registro das sociedades anônimas cotadas em *Bolsa* chegou-se à conclusão de que o surto empresarial propiciado pelo alargamento do mercado financeiro não foi uma construção fictícia como queriam alguns (grifos no original) [.]" (Levy, Maria Bárbara. *História da Bolsa de Valores do Rio de Janeiro.* Rio de Janeiro: IBMEC, 1977, p. 143).

> obra notavel da nossa legislação; entretanto, não deixou de levantar queixas, a nosso ver, infundadas. Salvo pontos de detalhe, os males que se atribuíram á nova lei, ou era de ordem geral, ou eram devidos ao acumulo de serviço, de processos, de liquidações, de falencias, decorrentes do grande *crak* (sic), originado do jogo da bolsa de 1891, ou talvês, mais do que tudo, eram devidos á má interpretação e á má aplicação dada á lei.[296]

Não obstante essa anotação do bacharel – sua ou do professor –, o tema do *encilhamento* e seus reflexos não aparece destacado nos debates parlamentares que formaram o modo de produção legislativo para a aprovação da reforma da lei de falências e concordatas que se iniciou em 1900, nos levando à conclusão de que a primeira reforma da lei falimentar da república não veio na esteira de uma resposta às crises econômico-financeiras, internas ou externas, não se apresentando como um instrumento para solucionar um problema específico do crédito na economia brasileira, tal qual vimos em relação à *Lei dos Entraves* na década de 1860.

### 2.2.2 A estrutura legal do Decreto nº 917/1890

O Decreto nº 917/1890 já permite a declaração de falência daquele – incluindo-se neste conceito as sociedades comerciais – que pratica atos de comércio, ou seja, não mais ligado exclusivamente ao sujeito, mas sim ao ato praticado em si com características comerciais, pois é a dívida de origem comercial que tem condão de permitir que haja o pedido de falência, facilitando, portanto, a declaração de falências de comerciantes não matriculados. Além disso, algumas sociedades também são incluídas, inclusive com capítulo próprio dentro do Decreto nº 917/1890, especificamente a lei falimentar passa a ser aplicável também à "[...] sociedade em nome collectivo, de capital e industria, e em commandita simples ou por acções, [...]" e esta falência "[...] acarreta a de todos os socios pessoal e solidariamente responsáveis[.]", conforme o art. 72 do decreto. Por outro lado, as sociedades anônimas permaneceriam suscetíveis à liquidação forçada conforme regime próprio, nos termos do art. 141 do mesmo decreto.

[296] BIOLCHINI, Alberto. *Direito Comercial preleções do Dr. Inglês de Souza, compiladas e atualizadas por Alberto Biolchini.* 5ª edição. Rio de Janeiro: Livraria Jacyntho, 1935, p. 346.

O termo "concurso" ou "concorrência" passa a ser utilizado diretamente pela primeira vez na própria norma falimentar brasileira, a partir do Decreto nº 917/1890, conforme se observa acerca dos créditos englobados no procedimento falimentar, ao se estabelecer como concorrem entre si[297]. Por outro lado, no que diz respeito à concordata, o legislador utiliza a locução "sujeito aos efeitos" (art. 45, §4º). Como vimos, o termo "concurso" já havia sido utilizado pelo Regulamento nº 737 de 25 de novembro de 1850, no âmbito do processo de execução comercial, ao tratar das preferências, porém não foi utilizado no capítulo das "Quebras" do Código Comercial. Passa então, a ser um termo incorporado no texto legal a partir da nova lei falimentar da República em relação às falências e não em relação às concordatas e demais institutos correlatos.

[297] Sobre a introdução do termo concurso nas leis de falência e, por consequência, no direito falimentar brasileiro, o Decreto republicano do Governo Provisório oferece alguns exemplos: "Art.1 º, §2º Dividas civis podem *concorrer* com obrigações mercantis *para constituir o estado de fallencia*; mas só por si não autorizam a declaração della (grifamos)[.]"; em mesmo sentido "Art. 23, §1º As obrigações ao portador (debentures), emittidas com promessa de premio de reembolso, sendo uma a taxa da emissão e outro o capital nominal reembolsavel a longo prazo e à sorte, *concorrerão á fallencia* pelo capital da emissão accrescentado da diferença entre os juros pagos e a taxa de 6%, quando o juro estipúlado for inferior, desde a emissão até á data da fallencia, e sobre essa quantia se contarão os juros legaes até final embolso (grifamos)[.]"; novamente no "Art. 56, §1º Os credores da segunda serie serão pagos pelo producto dos bens adquiridos a titulo oneroso *depois da entrega da massa* com recursos estranhos a esta, *concorrendo* com os da primeira nos demais bens (grifamos)[.]"; ainda mais evidentemente no sentido adotado pelo direito falimentar brasileiro, sobre ordem de pagamentos no concurso falimentar, o "Art. 73, §2º Os credores particulares dos socios não serão pagos pelos bens sociaes, nem *concorrerão* com os credores da sociedade; e só o serão pelos bens do socio devedor e pelas sobras do que tiver na sociedade, depois de pagos os credores sociaes (grifamos)[.]"; e, por fim, o destaque em relação ao concurso de credores no caso das falências abertas em outras jurisdições, conforme o "Art. 100. No caso do art. 91 os credores locaes *concorrerão* com os não locaes, que farão valer seus direitos *perante o juiz da fallencia* (grifamos)." (BRASIL. *Decreto 917 de 24 de outubro de 1890*). Mesmo na bibliografia de finais do século XIX e início do século XX, os autores que tratam do tema das concordatas não costumam utilizar a expressão "concurso" para tratar dos credores "sujeitos" às concordatas (MENDONÇA, José Xavier Carvalho de. *Das Fallencias – dos meios preventivos de sua declaração.* São Paulo: Typographia Brasil de Carlos Gerke & Cia. 1899, p. 94-95; PIRES, Julio. *Direito Commercial.* Recife: Editores Ramiro M. Costa e& Filhos, 1907, p. 309-320; FARIA, S. Soares de. *Da concordata terminativa da fallencia.* São Paulo: Saraiva, 1928, p. 123-125).

O Decreto nº 917/1890 também estabelece que o processo falimentar prefere a todos os demais processos, bem como se alinha aos novos ideais republicanos do Brasil daquele período conforme estabelecia o art. 146[298]. Também no mesmo período foi outorgado o Decreto nº 138 de 1890, ainda durante o Governo Provisório, criando o cargo privativo de curador das massas falidas, não exercido exclusivamente por promotores, mas, onde não houvesse curador vitalício, que então fosse ocupado por promotores.

O sistema de remuneração dos curadores das massas (essencialmente cargo exercido por promotores) e juízes das falências também indicava um mecanismo de incentivo financeiro para o levantamento de valores em prol dos membros do Judiciário, pois haveria uma remuneração adicional decorrente da liquidação das massas ou da própria gestão dos ativos das massas em favor dos curadores e dos juízes. O Decreto nº 3.352, de 22 de julho de 1899, passou a estabelecer os parâmetros para a distribuição dos valores nas arrecadações e liquidações das massas falidas, que até então eram praticados de acordo com o Decreto nº 5.737, de 2 de setembro de 1874, do Império, que estabelecia a remuneração aos juízes comerciais quando dos despachos de declaração de abertura de falências, dos despachos de qualificação das falências, quando presidissem as reuniões de credores – com maior valor quando reuniões acima de vinte de credores e por reunião presidida –, bem como pela aposição dos selos de arrecadação dos ativos da massa.

Esse incentivo da remuneração dos membros dos Judiciário sobre as falências veio a ser alvo de críticas posteriormente, especialmente em relação àquelas que acusavam um aumento no número de falências declaradas em função dessa remuneração que receberiam os juízes e demais agentes que gravitavam em torno das falências, o que seria um elemento caracterizador da criticada "indústria das falências" no Brasil e, em especial, no Rio de Janeiro.

Estruturalmente o Decreto nº 917/1890 ficou dividido da seguinte forma:

[298] BRASIL. *Decreto 917 de 24 de outubro de 1890*. "Art. 146. O processo das fallencias prefere, na ordem dos feitos, a todos os outros do juizo commercial; não tem ferias, salvo os domingos e os dias de festa nacional consagrados á Republica."

| **Decreto nº 917, de 24 de outubro de 1890** |
|---|
| Reforma o codigo commercial na parte III<br>Das Fallencias<br>1) Titulo I<br>    a. Da natureza e declaração da fallencia<br>2) Titulo II<br>    a. Dos effeitos da declaração da fallencia<br>        i. Secção I<br>            1. Quanto à pessoa do fallido<br>        ii. Secção II<br>            1. Quanto aos bens e contractos<br>        iii. Secção III<br>            1. Dos actos nullos e annulaveis<br>3) Titulo III<br>    a. Dos actos consecutivos á declaração de fallencia e da concordata<br>4) Titulo IV<br>    a. Do contracto de união<br>        Da liquidação do activo e do passivo<br>5) Titulo V<br>    a. Dos credores da massa e dos da fallencia<br>6) Titulo VI<br>    a. Disposições relativas ás sociedades<br>7) Titulo VII<br>    a. Da classificação da fallencia e dos crimes que della decorrem<br>8) Titulo VIII<br>    a. Da rehabilitação do fallido<br>9) Titulo IX<br>    a. Das fallencias declaradas fóra da republica<br>10) Titulo X<br>    a. Dos meios de prevenir e obstar a declarado de fallencia<br>        i. Secção I<br>            1. Da moratória<br>        ii. Secção II<br>            1. Do accordo extrajudicial com os credores e da concordata preventiva<br>        iii. Secção III<br>            1. Da cessão de bens e liquidação judicial<br>11) Titulo XI<br>    a. Disposições geraes |

Em relação ao fluxograma dos institutos e processos disciplinados pelo Decreto do início da república, temos uma simplificação em relação ao processo estabelecido no Código Comercial, além da inclusão do inquérito falimentar, para a investigação da qualificação da falência e a troca definitiva do termo *administradores das massas falidas*, para *síndicos*, nomeados pelos credores e entre os credores. O principal instituto, a falência, com a possibilidade de utilização do instituto da concordata suspensiva no decorrer do processo falimentar, deveria respeitar as seguintes etapas previstas no decreto de 1890:

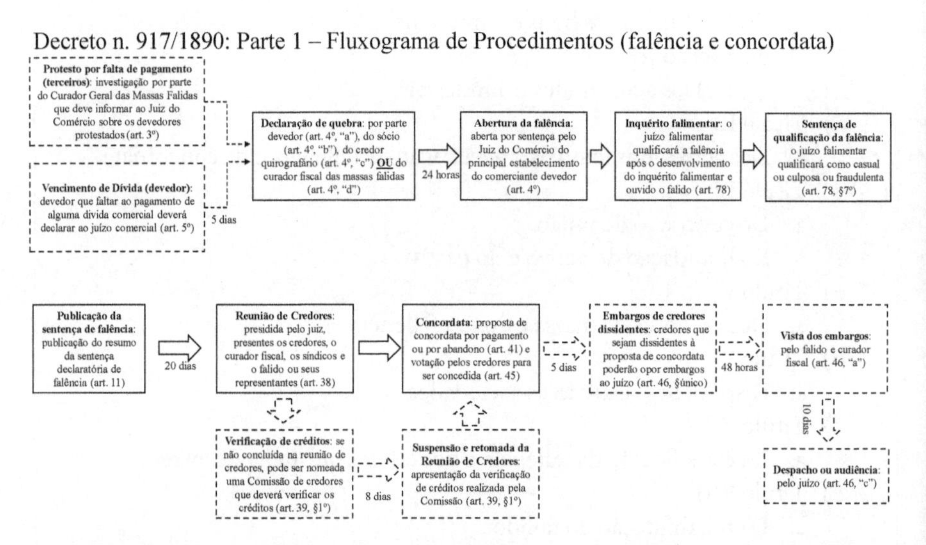


Decreto n. 917/1890: Parte 2 – Fluxograma de Procedimentos (concordata)

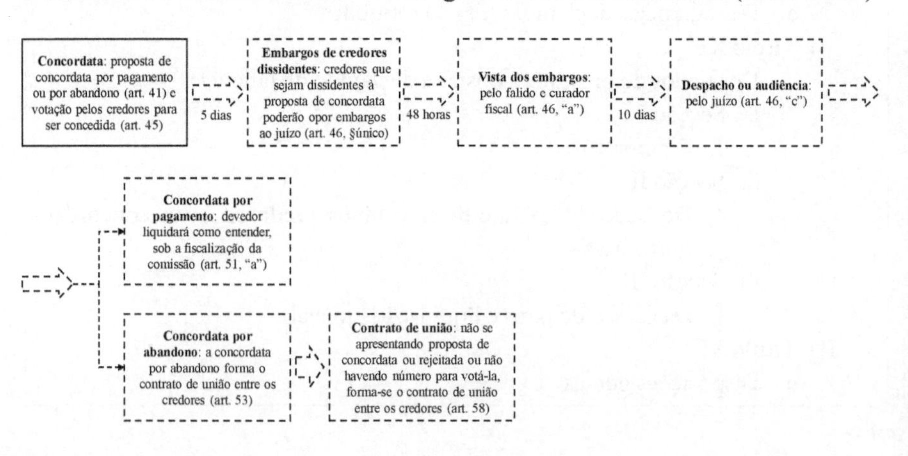

Uma vez celebrado o contrato de união, o procedimento específico a ser observado deveria ter em consideração as seguintes etapas:

Decreto n. 917/1890: Fluxograma de Procedimentos (contrato de união)

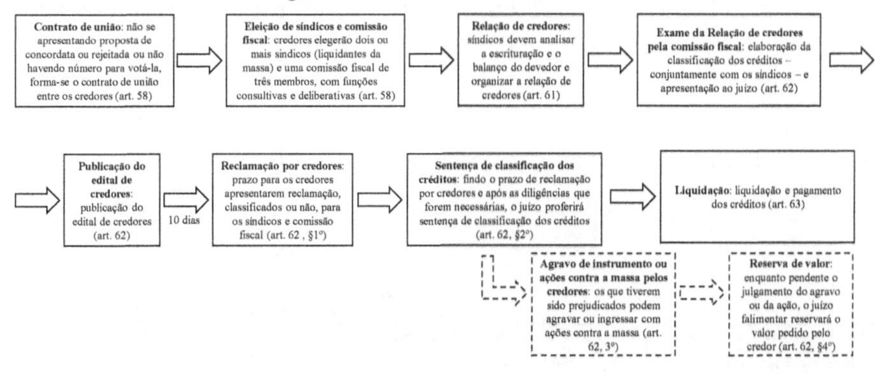


Por outro lado, caso o devedor perseguisse o instituto da moratória, o decreto de 1890 estabelecia que os seguintes passos deveriam ser observados:

Decreto n. 917/1890: Fluxograma de Procedimentos (moratória)

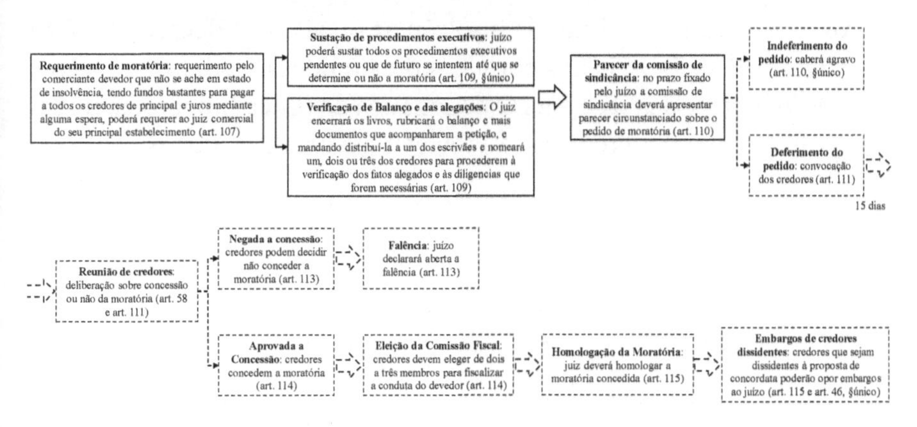


Como se nota, o procedimento da moratória também teria de passar pelo crivo da deliberação dos credores e precisaria ser homologada judicialmente, inclusive após a apresentação do parecer da comissão de sindicância nomeada entre os credores daquele devedor que propusesse a utilização de tal instituto.

Quanto ao acordo extrajudicial ou concordata extrajudicial, procedimento que posteriormente se fixou como a "concordata preventiva", o fluxograma das etapas a serem observadas levava em consideração o seguinte:

Decreto n. 917/1890: Fluxograma de Procedimentos (concordata extrajudicial)

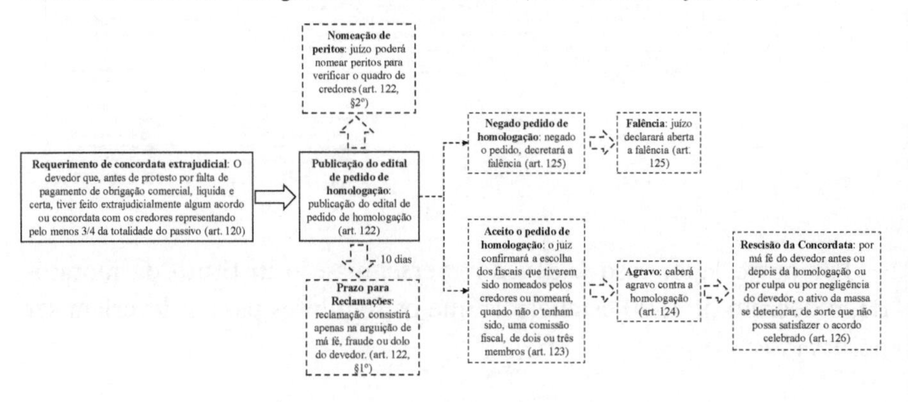


Por fim, o último instituto de insolvência previsto no decreto de 1890 era o da cessão de bens com a consequente liquidação judicial dos ativos do devedor objeto de tal cessão. O fluxograma do procedimento, também a ser deliberado pelos credores, estabelecia as seguintes etapas:

Decreto n. 917/1890: Fluxograma de Procedimentos (cessão de bens e liquidação judicial)

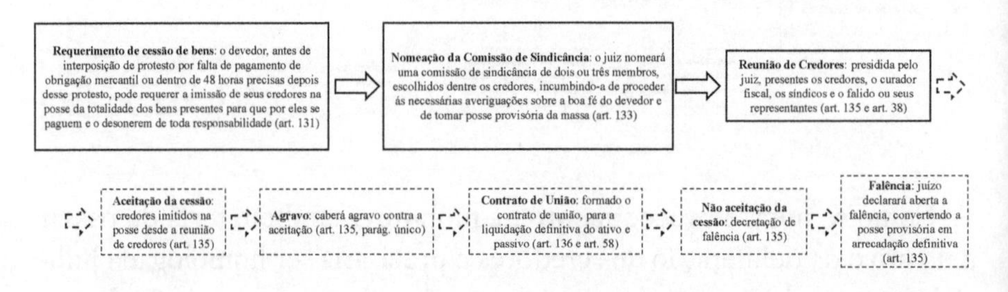

### 2.2.3 Considerações sobre a prática durante a vigência do Decreto nº 917/1890

Do ponto de vista acadêmico e prático, o principal trabalho publicado e diversas vezes citado, tanto por decisões, quanto nos debates parlamentares, foi o de José Xavier Carvalho de Mendonça, em 1899, sobre as falências e seus meios preventivos[299]. Carvalho de Mendonça trouxe uma visão mais abrangente sobre as leis de falências na Europa e nos Estados Unidos, fazendo suas críticas e comentários ao Decreto nº 917/1890, sendo propositivo nas interpretações que seriam mais adequadas, bem como nos pontos que poderiam ser alterados. Não vamos apresentar uma resenha dos pontos abordados por Carvalho de Mendonça, especialmente porque outros trabalhos já apresentam de modo mais robusto e adequado esses apontamentos ao texto do jurista[300], apenas vamos nos limitar a considerações pontuais decorrentes desse texto que se tornou um marco relevante nos debates e aprofundaremos a análise a partir de uma série de textos publicados por Carvalho de Mendonça traduzindo a lei de falências norte-americana durante o período em que participou ativamente do debate legislativo por uma nova reforma da lei de falências e concordatas no Brasil, por ser esse o material pouco abordado na bibliografia brasileira em relação a essa época.

Sobre a prática dos processos pudemos levantar quatrocentos e quarenta e sete casos envolvendo o tema de falências e concordatas, exclusivamente em primeira instância, entre os anos de 1890 e 1902, todos de pessoas naturais, conforme identificados nas pelas pesquisas nas publicações disponíveis no Jornal do Comércio do Rio de Janeiro, durante o período de vigência do Decreto nº 917/1890, portanto. Evidentemente as decisões ou despachos que tivemos acesso não estavam disponibilizados na íntegra, tampouco há um mesmo formato de apresentação das informações e também não representam necessariamente a decisão final, pois recursos podem ter tramitado e revertido a decisão de primeira instância; feita essas observações, pelo que pudemos harmonizar para fins de levantamento dessa prática, exclusivamente com base em decisões

[299] Mendonça, José Xavier Carvalho de. Ob. Cit. 1899.

[300] Ver Scalzilli, João Pedro; Spinelli, Luis Felipe; Tellechea, Rodrigo. Ob. Cit. 2018, p. 176-181; e Cerezetti, Sheila Christina Neder. Ob. Cit. 2012, p. 64-70.

da praça do Rio de Janeiro e quarenta, dessas quatrocentas e quarenta e sete publicações, tratavam de falências reportadas em outras comarcas do Rio de Janeiro, como Maricá, Niterói, Piraí, Cantagalo, entre outras. Exclusivamente em relação àquelas que, por amostragem, foram segregadas para esta pesquisa, separamos por oito tipos de apresentação das matérias de falência, são eles: (1) decisões; (2) editais; (3) citações; (4) audiências; (5) intimações; (6) sessões da Junta Comercial; (7) notícias; e (8) publicações a pedido. Na população dos casos selecionados, tivemos uma distribuição da seguinte forma:

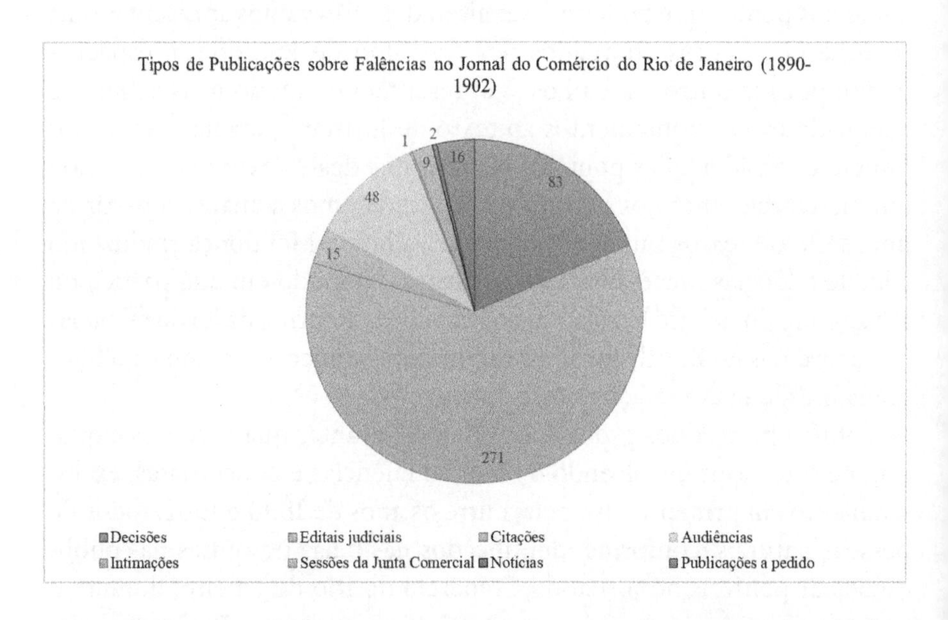


Dentre a população das decisões judiciais pudemos identificar, como objeto, ao menos dezesseis variáveis, especificamente foram casos que trataram de (1) apresentação de sumário crime; (2) aprovação de contas do curador-fiscal; (3) arbitramento da comissão dos liquidantes; (4) concessão da reabilitação ao falido; (5) declaração de falência; (6) denegação de concordata e declaração de falência; (7) denegação de falência; (8) exoneração do administrador; (9) homologação de concordata; (10) intimação de curador fiscal sobre pedido de reabilitação do falido; (11) manutenção de concordata com viúva e herdeiro do falido; (12) nomeação de comissão fiscal; (13) nomeação de depositário dos bens da massa;

(14) nomeação de síndicos; (15) prestação de contas dos administradores; e (16) substituição do síndico. Nessa população de casos, pudemos notar que as decisões ficaram distribuídas da seguinte forma:

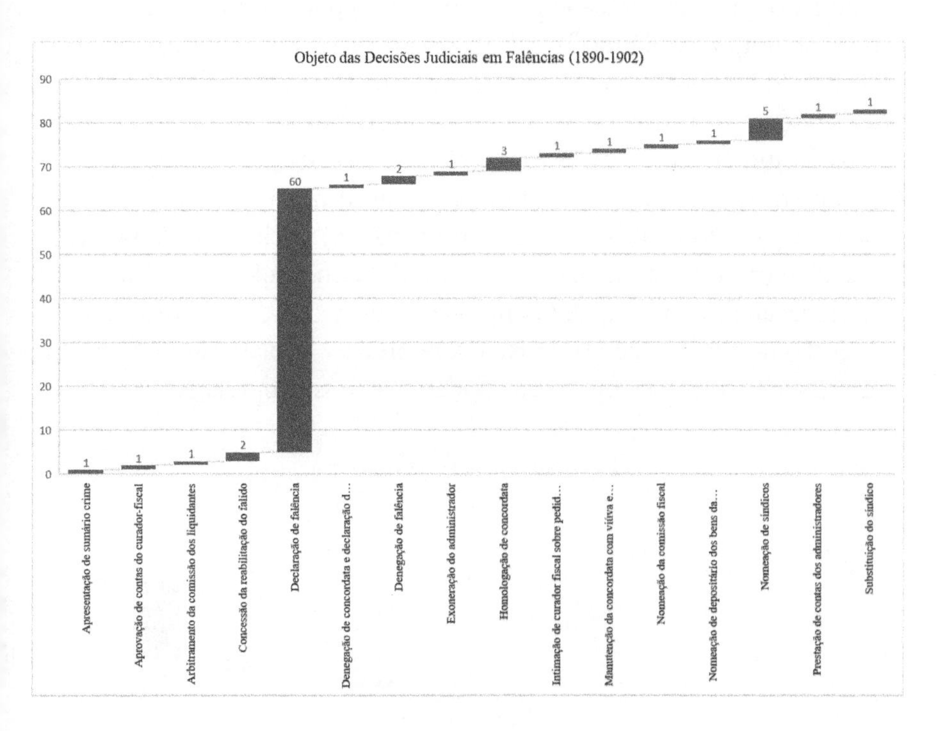


Ou seja, vimos que das oitenta e três decisões judiciais relacionadas às falências e concordatas, durante o período de 1890 a 1902 no Rio de Janeiro, 72,29% (setenta e dois vírgula vinte e nove por cento) dos casos foram de declarações de falências, sendo que concordatas homologadas que foram identificadas correspondem a 3,61% (três vírgula sessenta e um por cento).

Ao menos pela leitura dos dados em primeira instância, na comarca da capital do Brasil, vemos que aquela percepção do período imperial, de que credores aceitavam concordatas *as mais ruinosas* por entenderem que o processo de falência seria lento e que retiraria muito valor, não parece ter se mantido na prática durante o período de vigência do Decreto nº 917/1890. Por esses levantamentos também, poderíamos considerar que aquela necessidade de moralização do comércio, na visão daqueles deputados e ministros do Império, teria sido atingida, especialmente quando vemos que apenas em um caso houve efetivamente a caracterização do crime de falência fraudulenta ou culposa.

Além do grupo classificado pelo "decisão", a população de casos classificados pelo tipo "audiência" também levam a decisões judiciais com base no ocorrido na audiência, por isso, segregando-se especificamente esse grupo, podemos identificar audiências com ao menos onze grupos, sendo eles os de audiências para (1) aprovação da classificação dos créditos; (2) arbitramento da comissão dos síndicos; (3) autorização de leilão de ativos da massa; (4) autorização da cessão de bens; (5) declaração de falência; (6) declaração de reabilitação do falido; (7) denegação de falência; (8) homologação de concordata; (9) nomeação de fiscais de concordata; (10) nomeação de síndicos; e (11) tornar sem efeito a declaração de falência. Pudemos identificar as seguintes incidências nessa população:

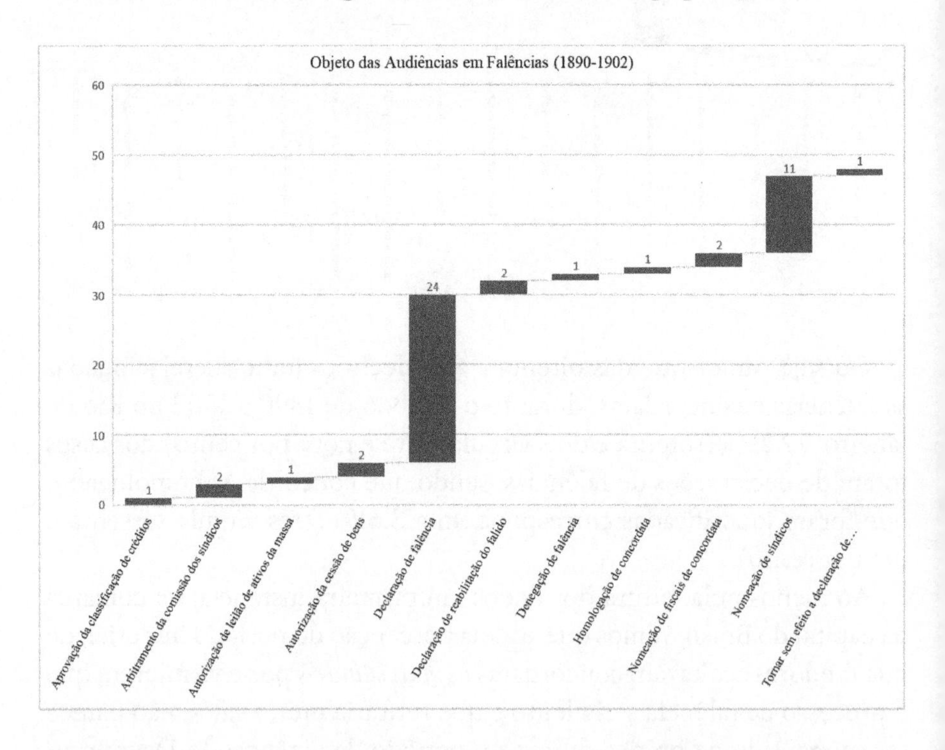


Os dados sobre as audiências, portanto, podem ser somados aos dados sobre decisões, pois nas audiências eram tomadas decisões que não

necessariamente eram publicadas como "decisões", sendo assim, complementares. Essa população reforça o gráfico anterior, demonstrando também a maior tendência de casos de declarações de falências pronunciadas no âmbito de audiências que foram marcadas para o comparecimento do falido e de seus credores. Este gráfico também nos mostra o baixo número de concordatas durante esse período, apoiando a ideia de que a falência estaria funcionando e que não estariam sendo admitidas concordatas a qualquer custo apenas para se evitar falências.

A participação dos credores também aparentemente estava bem assegurada, sobretudo diante do fato de que a maioria das publicações era formada por editais judiciais – não editais como os que temos atualmente, mas despachos judiciais de convocação dos credores que eram publicados na coluna da sessão judiciária do Jornal do Comércio. Nessa população a quantidade de variáveis também foi consideravelmente superior as localizadas em quaisquer outros dos tipos que separamos, nos revelando também que o chamamento judicial para a participação dos credores era algo muito frequente e recorrente, atribuindo-se, em grande parte das movimentações do processo, ao quanto deliberado pelos credores nas respectivas reuniões para as quais eram convocados. O êxito dessas reuniões, bem como suas deliberações, não pôde ser identificado, especialmente por não haver, necessariamente, uma publicação recorrente e vinculada ao edital e à matéria objeto da deliberação. Não obstante, destacamos que foram localizados três casos de editais para a convocação de credores para a cessão de bens entre 1899 e 1901 e cento e seis casos de convocação de credores para reunião de verificação de créditos e deliberação sobre eventual proposta de concordata, o que representou 39,11% dos casos que, somados a outros 36,16% de editais de declaração de falências, representam 75,27% daquela população de editais judiciais.

A reabilitação de falidos também apareceu durante o período, porém, em decisões judiciais, foram identificados apenas dois casos e, em editais judiciais também nos mesmos dois casos. Apenas um edital diferente, sobre este tema, foi identificado cuja matéria era a ratificação da quitação do falido[301], levando, com isso, à possibilidade de reabilitação.

[301] BRASIL. Biblioteca Nacional. *Jornal do Commercio do Rio de Janeiro*. Edição 248, 1890.

Outra situação interessante foi identificar que, apesar da regra de nomeação de síndicos pelos credores, houve ao menos cinco decisões, representantes de 6,02% dos casos, em que a nomeação do síndico decorreu de uma decisão judicial e não da deliberação dos credores, revelando que, na prática, já havia casos em que os credores não deliberavam ou mesmo não tinham interesse no acompanhamento do processo de falência e a incumbência da nomeação do cargo ficava ao arbítrio do juízo falimentar; em sentido contrário, o dado também nos revela que havia, na maioria dos casos, a participação de credores na deliberação sobre a nomeação de síndicos, revelando também uma maior participação dos credores nos processos.

Como último ponto, importante destacar que as nove sessões da Junta Comercial que foram publicadas contendo falências foram entre os anos de 1895 e 1898 e foram para registrar decisões de declarações de falências tidas pelas Câmaras Comerciais do Tribunal Civil e Criminal da Capital Federal, como eram chamadas as câmaras de primeira instância que lidavam com a matéria das falências.

Ao mesmo tempo, apesar dos dados oficiais não terem sido utilizados nos debates, por meio dos relatórios do Ministério da Justiça pudemos notar que há informações sobre os processos de falências e concordatas, em linha com a percepção que tivemos da comarca da capital em 1ª instância. Tais relatórios também expandiam informações para a segunda instância, em especial destacando os recursos de agravos e apelações relacionados a matérias comerciais, dentre elas, também as falências e concordatas, mas não só.

Por exemplo, o relatório de 1892 apontou que chegaram ao Tribunal Civil e Criminal cento e oitenta e cinco agravos comerciais e três cartas testemunháveis comerciais; dessa população de casos, a Câmara Comercial teve de lidar com cento e treze ações ordinárias, duas ações sumárias, quarenta e sete notificações, duas ações de seguros, dentre outras demandas, mas somente lidaram com uma concordata extrajudicial e nenhuma falência[302]. Destaque para o apontamento de que na Câmara

[302] BRASIL. Ministério da Justiça e Negócios Interiores. *Relatorio apresentado ao Vice--Presidente da Republica dos Estados Unidos do Brasil pelo Dr. Fernando Lobo, Ministro de Estado da Justiça e Negocios Exteriores em Abril de 1893*. Rio de Janeiro: Imprensa Nacional, 1893, p.

Criminal não foi reportado qualquer crime de falências fraudulentas ou culposas, em linha com a população de casos das decisões que levantamos durante o período.

Em 1893, o relatório do Ministério da Justiça apontou que o mesmo Tribunal recebera cento e setenta e oito agravos comerciais e nove cartas testemunhais comerciais. Desses casos, cento e trinta e quatro era ações ordinárias, doze sumárias, dentre outras, contendo quatorze falências, duas reabilitações de falidos e nenhuma concordata. Além disso, foi apontado também que, em primeira instância do distrito federal (Rio de Janeiro), haveria a percepção de que as taxas de custas judiciárias a serem pagas aos juízes pelas falências deveria ser menor do que no ano anterior, em função da redução dos casos, com isso, o relatório estabelecia que

> [a]s causas julgadas no Districto Federal serão subjeitas á taxa judiciaria de ½ % sobre o valor do pedido nas causas contenciosas, e se este valor se reduzir na execução, o juiz ordenará em favor da parte o levantamento da differença da taxa paga em proporção da redução verificada; de ¼ % sobre o liquido a distribuir-se nas fallencias, liquidações forçadas, partilhas judiciaes; e de 2% sobre a arrecadação dos bens dos ausentes; [...].[303]

Em 1894 nenhum dado sobre falências foi reportado e, dentre os processos comerciais, apenas quatro concordatas chegaram a passar por discussão no Tribunal[304].

53-54. Disponível em http://ddsnext.crl.edu/titles/107#?c=4&m=0&s=0&cv=0&r=0&xywh=0%2C-1655%2C3903%2C5871, acesso em 06/02/2021.

[303] BRASIL. Ministério da Justiça e Negócios Interiores. *Relatorio apresentado ao Vice--Presidente da Republica dos Estados Unidos do brasil pelo Dr. Alexandre Cassiano do Nascimento – Ministro de Estado Interino da Justiça e Negocios Interiores em Março de 1894*. Rio de Janeiro: Imprensa Nacional, 1894, p. 75-76. Disponível em http://ddsnext.crl.edu/titles/107#?c=4&m=0&s=0&cv=0&r=0&xywh=0%2C-1655%2C3903%2C5871, acesso em 06/02/2021.

[304] BRASIL. Ministério da Justiça e Negócios Interiores. *Relatorio apresentado ao Presidente da Republica dos Estados Unidos do Brazil pelo Dr. Antonio Gonçalves Ferreira, Ministro de Estado da Justiça e Negocios Interiores em Abril de 1895*. Rio de Janeiro: Imprensa Nacional, 1895, p. 50. Disponível em http://ddsnext.crl.edu/titles/107#?c=4&m=0&s=0&cv=0&r=0&xywh=0%2C-1655%2C3903%2C5871, acesso em 06/02/2021.

O relatório de 1895 trouxe a informação de duzentos e noventa e dois agravos comerciais e, dentre estes, setenta e seis correspondiam a casos de falências, cinco a moratórias e dezoito a concordatas, mas, por mais um ano, não houve a publicação de informações sobre crimes de falências fraudulentas ou culposas[305].

1896 foi um ano com um aumento de reporte de casos de falências e concordatas. Entre duzentos e vinte e quatro agravos comerciais e nove cartas testemunhais comerciais, houve o registro de cento e trinta e seis falências e vinte e nove concordatas[306], sem que houvesse um recorte específico acerca de casos criminais envolvendo falências fraudulentas ou culposas, tal qual não foram reportados especificamente nos anos anteriores.

O relatório ministerial de 1897 apontou um total de cento e oitenta e cinco agravos comerciais e vinte e oito cartas testemunhais comerciais, sendo que destas cento e dezessete recursos corresponderam a casos de falências e trinta e nove a casos de concordatas, sem haver alguma menção específica a processos criminais relativos às falências[307].

Por outro lado, indicando uma ruptura com uma aparente tendência de aumento de falências, o relatório apontou para o ano de 1898 cento e trinta e quatro casos de agravos comerciais e cinco cartas testemunhais comerciais, sendo apenas três falências e nenhuma concordata, não sendo

[305] BRASIL. Ministério da Justiça e Negócios Interiores. *Relatorio apresentado ao Presidente da Republica dos Estados Unidos do Brazil pelo Dr. Antonio Gonçalves Ferreira, Ministro de Estado da Justiça e Negocios Interiores em Abril de 1896.* Rio de Janeiro: Imprensa Nacional, 1896, p. 49-50. Disponível em http://ddsnext.crl.edu/titles/107#?c=4&m=0&s=0&cv=0&r=0&xywh=0%2C-1655%2C3903%2C5871, acesso em 06/02/2021.

[306] BRASIL. Ministério da Justiça e Negócios Interiores. *Relatorio apresentado ao Presidente da Republica dos Estados Unidos do Brazil pelo Dr. Amaro Cavalcanti, Ministro de Estado da Justiça e Negocios Interiores, em Março de 1897.* Rio de Janeiro: Imprensa Nacional, 1897, p. 54-55. Disponível em http://ddsnext.crl.edu/titles/107#?c=4&m=0&s=0&cv=0&r=0&xywh=0%2C-1655%2C3903%2C5871, acesso em 06/02/2021.

[307] BRASIL. Ministério da Justiça e Negócios Interiores. *Relatorio apresentado ao Presidente da Republica dos Estados Unidos do Brazil pelo Dr. Amaro Cavalcanti, Ministro de Estado da Justiça e Negocios Interiores, em Março de 1898.* Rio de Janeiro: Imprensa Nacional, 1898, p. 206-207. Disponível em http://ddsnext.crl.edu/titles/107#?c=4&m=0&s=0&cv=0&r=0&xywh=0%2C-1655%2C3903%2C5871, acesso em 06/02/2021.

reportada qualquer especificidade na parte criminal acerca de falências fraudulentas ou culposas[308].

Por fim, antes da propositura da reforma da lei de falências já em 1900 pelo deputado J. J. Seabra, como será tratado no próximo capítulo, temos, pelos relatórios ministeriais, em 1899 dados da *Curadoria das Massas Falidas*, que até então não compunham os dados dos relatórios anteriores, indicando que na capital teriam sido abertas cento e seis falências, sendo que trinta e quatro obtiveram concordatas suspensivas e informaram que três falidos estavam foragidos e que dez falidos obtiveram a reabilitação e a *Curadoria* teria requerido quatro processos criminais por crimes de falências. Além disso, o relatório destaca também dezessete casos de cessão de bens que foram homologados; nessa mesma tendência de mais detalhamento, em 1900 o apontamento contém mais informações, indicando que em primeira instância quarenta e quatro concordatas extrajudiciais foram homologadas e vinte e sete cessões de bens também. Em contrapartida, cento e sessenta e três falências foram declaradas, sendo que, deste grupo, quarenta e cinco concordatas suspensivas foram homologadas e, dentre os dados criminais, não foram apontadas informações sobre falências fraudulentas ou culposas[309]. Ambos os dados dos anos de 1899 e 1900 se apresentam de um modo mais detalhado e indicam que havia um grande número de concordatas extrajudiciais e concordatas suspensivas, frente a um baixo número de casos criminais envolvendo falências fraudulentas ou culposas. Esses dados são muito relevantes para

[308] BRASIL. Ministério da Justiça e Negócios Interiores. *Relatorio apresentado ao Presidente da Republica dos Estados Unidos do Brazil pelo Dr. Epitacio Pessoa, Ministro de Estado da Justiça e Negocios Interiores, em Março de 1899*. Rio de Janeiro: Imprensa Nacional, 1899, p. 37-38. Disponível em http://ddsnext.crl.edu/titles/107#?c=4&m=0&s=0&cv=0&r=0&xywh=0%2C-1655%2C3903%2C5871, acesso em 06/02/2021.

[309] BRASIL. Ministério da Justiça e Negócios Interiores. *Relatorio apresentado ao Presidente da Republica dos Estados Unidos do Brazil pelo Dr. Epitacio Pessoa, Ministro de Estado da Justiça e Negocios Interiores, em Março de 1900*. Rio de Janeiro: Imprensa Nacional, 1900, p. 80-81 e p. 100-101; e BRASIL. Ministério da Justiça e Negócios Interiores. *Relatorio apresentado ao Presidente da Republica dos Estados Unidos do Brazil pelo Dr. Epitacio Pessoa, Ministro de Estado da Justiça e Negocios Interiores, em Março de 1901*. Rio de Janeiro: Imprensa Nacional, 1901, p. 70-71. Disponível em http://ddsnext.crl.edu/titles/107#?c=4&m=0&s=0&cv=0&r=0&xywh=0%2C-1655%2C3903%2C5871, acesso em 06/02/2021.

se acompanhar os debates sobre a proposta de reforma do Decreto nº 917/1890, em especial diante das alegações das *fraudes* e *abusos* que servem como premissas fundamentais para o Congresso Nacional em sua proposta de diminuição das características liberais dos processos das falências e das concordatas, para se passar a se adotar um modelo mais restritivo e limitador das renegociações de dívidas entre credores e devedores, ampliando a participação Judiciário em tais casos.

### 2.2.4 Conclusões sobre o modo de produção do Decreto nº 917/1890

O golpe militar que iniciou o período republicano no Brasil dissolveu o Congresso e teve suas primeiras medidas legislativas por meio de um Governo Provisório que outorgou decretos que marcariam a ideia de um novo regime em substituição ao regime anterior. No campo das leis de falência e concordatas e sua remoção do Código Comercial para serem institutos jurídicos regulados em lei própria, vimos que há um discurso de um diploma legal elaborado em um curto espaço de tempo e que traria os novos valores republicanos, apesar da constante fundamentação de que há muito tempo já havia um pleito para a mudança da lei e que, somente então com a República, é que tal medida teria sido adotada.

Como vimos, apesar do uso dessa narrativa da novidade, os personagens envolvidos na elaboração da reforma, não são novos, tampouco o é o trabalho que vinha sendo debatido desde 1866 na Câmara dos Deputados e nos diversos gabinetes ministeriais do Império. O trabalho final, redigido pelo antes Conselheiro do Império, Carlos de Carvalho, e pelo magistrado Macedo Soares, já nomeado em 1888 para a elaboração da nova lei, se solidificou sob a forma do Decreto nº 917/1890, outorgado no início do período republicano.

Esse Decreto nº 917/1890 trouxe mudanças em linha com o que vinha sendo discutido ao longo do Império e fortaleceu um sistema de judicialização das concordatas e de soluções adicionais para a crise comercial que permitiam com que devedores e credores buscassem outros meios de solução de conflitos que fossem mais resolutivos do que o processo de falência em si. A liberdade entre credores e devedores era mantida e a formação da vontade da maioria qualificada era um norte para que essas decisões se sobrepusessem à vontade da minoria, mantendo-se também uma ampla liberdade negocial para a contratação de formas de pagamento sem restrição sobre os descontos a serem aplicados sobre as dívidas, tampouco se estabeleceram limites temporais para o prazo de pagamento dessas dívidas, mas reforçaram que tudo dependeria da homologação judicial. A prática das concordatas prévias, a partir de então institucionalizadas por meio dos *acordos extrajudiciais* ou também chamadas de *concordatas preventivas* foram incorporadas na lei, permitindo também que oficialmente, sob a perspectiva das leis do Estado, credores e devedores negociassem fora do ambiente do Judiciário e levassem sua negociação para a homologação judicial, cuja necessidade se impunha para obrigar os credores dissidentes que formariam a minoria cuja manifestação de vontade poderia ser suprimida.

A nova lei também passou a utilizar o termo "concurso" e "concorrência", porém não há nesse período a menção, por parte dos debatedores da lei, de que a concordata seria um concurso entre os credores, pelo contrário, há sempre a referência aos credores e créditos que *sujeitariam* aos efeitos da concordata e, esta, poderia ser um instrumento para se evitar o início de um processo concursal falimentar, sobretudo diante da possibilidade de ser homologada sem que houvesse um processo de falência prévio.

Nessa mudança legislativa, em conjunto com as reformas do Judiciário que vinham sendo debatidas, principalmente no dilema entre continuidades e rupturas, foi mantida a forma de remuneração dos juízes do comércio, com base no Decreto nº 5.737, de 2 de setembro de 1874, do Império, que estabelecia a remuneração aos juízes comerciais quando dos despachos de declaração de abertura de falências, dos despachos de qualificação das falências, quando presidissem as reuniões de credores – com maior valor quando reuniões acima de vinte de credores e por reunião presidida –, bem como pela aposição dos selos de arrecadação dos ativos da massa. Ou seja, havia uma remuneração aos juízes pelo simples despacho de abertura dos processos de falência, sem se estabelecer algo similar em relação à concordata preventiva que se daria em fase prévia a qualquer processo falimentar.

Na prática dos casos que compuseram a amostragem desta pesquisa, vimos que as declarações de aberturas de falências dominavam as decisões judiciais do período, correspondendo a mais de 70% das decisões judiciais da população dos casos levantados em primeira instância na comarca do

Rio de Janeiro durante o período de 1890 a 1902 em comparação a aproximadamente 3,5% de homologações de concordatas, podendo levar a uma conclusão, exclusivamente sobre essa estatística, de que os efeitos *moralizantes* buscados pelo legislador brasileiro e de maior velocidade e melhores resultados do processo da falência poderiam ser considerados como exitosos pela reforma do início da República. Esses dados, ao serem cruzados com os dados dos relatórios do Ministério da Justiça, entre 1890 e 1900, podem nos levar também à conclusão que, daquela população de casos de falências declaradas, houve também uma presença relevante de casos de concordatas suspensivas que foram homologadas, pois, aqueles casos diretos de homologação de concordatas, que corresponderam a 3,5% dos casos, pelas publicações e sem ter acesso aos processos em si, levam à conclusão de serem homologações de concordatas extrajudiciais, indicando, portanto, que o total de concordatas – extrajudiciais e suspensivas da falência –, pode ser superior a esse.

Sobre os aspectos *moralizantes* da lei de falências e concordatas, apesar dessa potencial conclusão *positiva* pelos casos práticos e relatórios ministeriais, não conseguimos concluir nesse sentido, pois, como veremos adiante, os debates parlamentares já iniciados a partir de 1900 na Câmara dos Deputados, para uma nova reforma da lei de falências e concordatas, não considerou esses dados e essa percepção, entendendo que os defeitos do Decreto nº 917/1890 não teriam permitido atingir esse fim *moralizante*, tampouco tornado as falências um processo de melhor resolução em prol do Estado, dos credores e devedores e ainda suscetível às *fraudes* e *abusos* das *concordatas de 5%* – apesar da lei de falências e concordatas dar liberdade para credores e devedores aprovarem os acordos de concordatas, prevalecendo a vontade da maioria qualificada.

## 2.3 A Lei nº 859 de 1902, o Regulamento nº 4.588 de 1903 e a primeira reforma da lei de *fallencias* e concordatas da República

> *Nesse dia, Francisco Theodoro não achou um instante de allivio no trabalho. Foi ao escriptorio do Innocencio e maçou-o com interrogações, percebendo que o achavam fastidioso, e que o evitavam disfarçadamente.*
> *Já havia perto de tres mezes que os telegrammas annunciavam regularmente, numa proporção de acinte, a baixa do café no Havre.*

*E ainda o Innocencio conservava o seu risinho zombeteiro, de sentido engraçado, fugitivo.*
*Francisco Theodoro, mais enfurecido nesse dia que nos outros, teve ímpetos de bater-lhe, tal foi a raiva de o ver sorrir; todavia, contevesse, certo de que nada lucraria, e desceu a escada do outro com o protesto de ser a ultima vez.*
*Quando entrou em seu escriptorio, o guarda-livros extendeu-lhe um telegramma: a casa Mendes e Wilson, de Santos, declarava fallencia, arrastando na quéda grandes capitaes de Theodoro.*
*O negociante leu a communicação em silencio e em silencio se conservou por algum tempo, branco como a cal, suando em grossas camarinhas, de olhar parado e o papel aberto nas mãos tremulas.*
*Os empregados do escriptorio assistiam mudos e contrafeitos áquella scena.*
*O Motta já lá estava, muito amarello, de olhos encovados, mal escovado, com a gravata torta num collarinho amarrotado, com o triste ar de pobreza relaxada; tambem elle percebeu que pairava alli uma grande desgraça, e sacudiu piedosamente a cabeça, fixando o rosto transtornado do patrão.*
*Ouviam-se as moscas no ar zumbir com força.*
*Quinze dias mais tarde annunciava-se o fim de tudo, – a grande casa Theodoro teve de declarar fallencia.*[310]

(*A Fallencia*, romance de Julia Lopes de Almeida, publicado no início do século XX no Brasil)

Como ponto de partida deste capítulo, para discutirmos a primeira reforma republicana sobre as leis de falências e concordatas, importante considerarmos um panorama sobre esse Brasil do início do século XX. De acordo com os dados oficiais do recenseamento consolidado no ano de 1900 – lembrando-se das dificuldades tanto da reunião dos dados, quanto da análise, ainda mais diante da precariedade dos processos estatísticos no Brasil – temos uma população total considerada em mais de dezesseis milhões e quinhentos mil habitantes pelos registros oficiais, sendo que, desse grupo, estavam contidos mais de doze milhões e quinhentos mil analfabetos, ou seja, aproximadamente 76% da população do Brasil, pelos registros públicos, era considerada como analfabeta em 1900, mas

[310] ALMEIDA, Julia Lopes de. *A Fallencia*. 1ª Edição. Rio de Janeiro: A Tribuna, 1901, p. 344-345.

esse grupo também era considerado a partir de uma perspectiva de uma população jovem, pois aproximadamente sete milhões e quatrocentos mil, ou seja, em torno de 45% dessa população, estava entre zero e quinze anos de idade, reforçando também uma perspectiva de que os dados do censo estavam levando em conta os registros públicos e, com isso, destacando um maior acompanhamento dos registros públicos dos novos nascidos no Brasil, sem necessariamente ter conseguido acompanhar um registro público completo da população adulta que habitava o Brasil.

Desse mesmo grupo da população identificada nas estatísticas oficiais, temos também alguns dados precários sobre as profissões, em que se identificavam no grupo das *profissões industriais* a chamada *indústria* agrícola, pastoril, extrativista e manufatureira. Do grupo das profissões chamadas de industriais voltadas para a agrícola, pastoril e extrativista (incluído aqui o grupo de atividades de mineração, pesca, caça, borracha e outras, classificadas como "diversas") temos um total de mais de cinco milhões de pessoas que atuavam nesse segmento, ou seja, mais de 30% da população total, incluindo as crianças entre zero e quinze anos, estava alocada no trabalho ligado às atividades que atualmente chamamos de agrícolas. Se retirarmos essas crianças da base total, temos uma concentração de aproximadamente 55% da população atuando nas atividades de indústria agrícola.

Aqueles que tinham o trabalho declarado como ligado ao comércio, por sua vez, registravam um total em torno de trezentas e vinte mil pessoas, sendo que os serviços domésticos anotavam em torno de dois milhões e trezentas mil pessoas e a aquelas consideradas como atividades improdutivas anotavam aproximadamente seis milhões e seiscentas mil pessoas[311]:

311 BRASIL. *Relatório apresentado ao Dr. Miguel Calmon du Pin e Almeida, Ministro da Industria, Viação e Obras Públicas, pelo Dr. José Luiz S. de Bulhões Carvalho (director geral de estatística)*. Rio de Janeiro: Typographia Nacional, 1906, p. 38-39. O total da população está próximo aos dados que o IBGE pôde consolidar anos mais tarde, que girava em um total populacional próximo a dezessete milhões de habitantes no Brasil de 1900. O censo oficial seguinte veio apenas em 1920. A Diretoria Geral de Estatística (DGE) teve no Dr. José Luiz Sayão de Bulhões o principal expoente organizador dos dados estatístico durante a primeira metade do século XX no Brasil, comandando as pesquisas por um período de dezessete anos (Senra, Nelson de Castro. *Na Primeira República, Bulhões Carvalho legaliza a atividade estatística e a põe na ordem do Estado.* (in) Bol. Mus. Para. Emílio Goeldi. Cienc. Hum., Belém, v. 4, n. 3, p. 387-399, set.- dez. 2009).

## PROFISSÕES DOS HABITANTES, POR NACIONALIDADE E SEXO DE 31 DE DEZEMBRO DE 1900

| NACIONALIDADE E SEXO | | PROFISSÕES | | | | | | | | | | | | | | | | | | | TOTAL |
|---|---|---|---|---|---|---|---|---|---|---|---|---|---|---|---|---|---|---|---|---|---|
| | | INDUSTRIAS | | | | | | | | | | | | | | | | | | | |
| | | Agricola | Pastoril | Extractiva | | | | Manufactureira | Religiosas | Liberaes | Artes e officios | Administração | Força publica | Commercio | Capitalistas | Transporte | Serviço domestico | Mal especificadas | Improductivas | Ignoradas | |
| | | | | Minas | Pesca e caça | Borracha | Diversas | | | | | | | | | | | | | | |
| Brasileiros | Homens | 3.593.898 | 125.716 | 7.721 | 14.230 | 3.806 | 3.073 | 12.294 | 2.102 | 22.515 | 300.688 | 38.653 | 30.917 | 229.354 | 12.194 | 49.845 | 128.847 | 118.845 | 2.781.311 | 366.904 | 7.842.913 |
| | Mulheres | 951.373 | 24.072 | 334 | 230 | 1.511 | 1.023 | 175.199 | 1.112 | 10.508 | 585.705 | 5.793 | — | 32.548 | 7.538 | 12.347 | 2.111.311 | 77.360 | 3.581.026 | 167.876 | 7.746.866 |
| Allemães | Homens | 9.890 | 69 | 11 | 6 | — | 1 | 292 | 222 | 473 | 3.391 | 44 | 30 | 2.038 | 131 | 278 | 266 | 490 | 1.969 | 717 | 20.318 |
| | Mulheres | 4.005 | 7 | — | — | — | 1 | 32 | 115 | 200 | 439 | 1 | — | 152 | 65 | — | 5.299 | 74 | 7.615 | 106 | 18.113 |
| Hespanhoes | Homens | 13.145 | 93 | 254 | 12 | 1 | 15 | 266 | 96 | 90 | 3.911 | 62 | 204 | 3.020 | 111 | 414 | 422 | 1.942 | 5.274 | 644 | 29.976 |
| | Mulheres | 4.353 | 4 | — | — | — | — | 40 | 1 | 25 | 991 | — | — | 147 | 21 | 9 | 6.794 | 240 | 8.447 | 232 | 21.304 |
| Italianos | Homens | 134.664 | 274 | 170 | 85 | 5 | 52 | 3.911 | 418 | 1.043 | 37.583 | 300 | 346 | 21.805 | 682 | 4.764 | 2.330 | 13.351 | 50.460 | 6.867 | 279.110 |
| | Mulheres | 56.759 | 5 | — | — | — | 1 | 1.803 | 120 | 384 | 8.331 | 11 | — | 2.464 | 179 | 479 | 63.619 | 1.962 | 86.679 | 1.585 | 224.381 |
| Portuguezes | Homens | 24.153 | 475 | 19 | 220 | 3 | 17 | 662 | 58 | 388 | 9.132 | 600 | 229 | 16.481 | 1.671 | 2.328 | 940 | 6.257 | 5.755 | 1.605 | 70.993 |
| | Mulheres | 3.897 | 22 | — | — | — | — | 146 | 15 | 108 | 1.369 | 4 | — | 368 | 130 | 7 | 12.424 | 457 | 11.225 | 271 | 30.443 |
| Outras nacionalidades | Homens | 37.859 | 1.686 | 217 | 126 | 5 | 11 | 442 | 219 | 715 | 7.284 | 131 | 140 | 10.971 | 287 | 1.125 | 1.191 | 2.722 | 8.760 | 13.062 | 86.953 |
| | Mulheres | 12.770 | 337 | 6 | — | — | — | 122 | 210 | 343 | 1.865 | 44 | — | 1.718 | 187 | 84 | 18.206 | 610 | 21.000 | 8.188 | 65.690 |
| Nacionalidade ignorada | Homens | 14.999 | 188 | 23 | 24 | 6 | 9 | 65 | 32 | 69 | 1.207 | 55 | 79 | 1.423 | 59 | 245 | 953 | 784 | 14.884 | 71.706 | 106.810 |
| | Mulheres | 6.921 | 36 | 6 | 2 | — | 1 | 325 | 5 | 110 | 2.072 | 12 | — | 369 | 16 | 61 | 6.157 | 480 | 39.718 | 26.830 | 83.121 |
| Somma | | 4.868.686 | 152.984 | 8.761 | 14.935 | 5.337 | 4.204 | 195.599 | 4.725 | 36.971 | 963.968 | 45.710 | 31.945 | 322.858 | 23.271 | 71.986 | 2.358.759 | 225.574 | 6.624.123 | 666.595 | 16.626.991 |

Desse modo, se considerarmos aqueles identificados entre o grupo dos comerciantes e apenas o grupo dos classificados entre as atividades de indústria agrícola (nem mesmo considerando as atividades pastoris e extrativistas entre estas), temos a seguinte distribuição das atividades entre os então vinte estados que formavam a República Federativa dos Estados Unidos do Brasil[312]:

| POPULAÇÃO TOTAL E PROFISSÕES | | | | |
|---|---|---|---|---|
| ESTADO | POPULAÇÃO | PROFISSÃO "INDÚSTRIA AGRÍCOLA" | PROFISSÃO "COMÉRCIO" | % PROFISSÃO "COMÉRCIO" EM RELAÇÃO À POPULAÇÃO TOTAL |
| AL | 649.273 | 176.132 | 10.713 | 1,65% |
| AM | 249.756 | 121.046 | 7.869 | 3,15% |
| BA | 2.117.956 | 655.452 | 44.642 | 2,11% |
| CE | 849.127 | 171.195 | 11.371 | 1,34% |
| ES | 209.783 | 88.597 | 3.194 | 1,52% |
| GO | 255.284 | 72.837 | 3.841 | 1,50% |
| MA | 499.308 | 129.395 | 14.987 | 3,00% |
| MT | 118.025 | 34.184 | 1.713 | 1,45% |
| MG | 3.594.471 | 1.039.336 | 55.367 | 1,54% |
| PA | 445.356 | 215.077 | 12.960 | 2,91% |
| PB | 490.784 | 131.523 | 4.557 | 0,93% |
| PR | 327.136 | 111.773 | 6.169 | 1,89% |
| PE | 1.178.130 | 320.659 | 19.917 | 1,69% |
| PI | 334.328 | 84.980 | 2.844 | 0,85% |
| RJ | 926.035 | 314.503 | 21.198 | 2,29% |
| RN | 274.317 | 71.135 | 3.533 | 1,29% |
| RS | 1.149.070 | 259.776 | 31.251 | 2,72% |
| SC | 320.289 | 97.688 | 6.352 | 1,98% |
| SP | 2.282.279 | 675.751 | 54.644 | 2,39% |
| SE | 356.264 | 97.647 | 5.735 | 1,61% |
| **TOTAL** | **16.626.971** | **4.868.686** | **322.857** | **1,94%** |

312 BRASIL. *Relatório apresentado ao Dr. Miguel Calmon du Pin e Almeida, Ministro da Industria, Viação e Obras Públicas, pelo Dr. José Luiz S. de Bulhões Carvalho (director geral de estatística)*. Rio de Janeiro: Typographia Nacional, 1906, p. 40-199, tabela elaborada por nós a partir dos dados da fonte.

Portanto, de acordo com o que se entendia à época, sob a perspectiva da discussão da elaboração de leis no âmbito do direito comercial, estamos lidando com uma lei voltada para a atividade econômica de aproximadamente 2% da população total do Brasil daquela época. Se descontarmos as crianças entre zero a quinze anos, estamos falando em 3,5% da população registrada pelos dados do período. Evidentemente, não queremos com isso que haja uma perspectiva de desmerecimento da atenção ao debate, porém é preciso destacar sobre qual o grupo das atividades econômicas da população do Brasil, naquele momento, que se estava a legislar e a debater, inclusive para nos auxiliar a compreender a ausência de alguns dos nomes mais conhecidos na história do direito brasileiro entre esses debates.

### 2.3.1 Os debates parlamentares sobre a reforma do Decreto nº 917/1890 e a segunda lei de *fallencias* e concordatas da República no Brasil

O assunto da reforma do decreto de 1890 entra em pauta no Congresso já a partir de 1900. A Câmara dos Deputados passou a discutir o Projeto de Lei nº 143/1900, datado de 6 de setembro de 1900 e apresentado na sessão da Câmara de 7 de setembro de 1900, apenas dez anos após o início da vigência da então lei de falências, concordatas e outros institutos afins da República dos Estados Unidos do Brasil, outorgada por meio do Decreto nº 917/1890, daquele Governo Provisório pós o golpe Republicano de finais do século XIX.

Sobre a necessidade da reforma do Decreto, dizia-se que

> [e]m imponente reunião de commerciantes e industriaes, effectuada em meiados do anno de 1900 se articulara contra o citado decreto n. 917, de 1890, que era elle, em alguns pontos, a égide da má fé contra o commercio honesto. Por sua vez, o illustre commercialista Dr. Carvalho de Mendonça[313],

[313] Para a época é importante identificar que a menção se tratava de José Xavier Carvalho de Mendonça, jurista, mais atrelado ao direito comercial, advogado, que não se confunde com o juiz federal no Paraná, Manoel Ignacio Carvalho de Mendonça, também chamado de "Dr. Carvalho de Mendonça" e cujas decisões muitas vezes também foram publicadas no Jornal do Comércio do Rio de Janeiro no mesmo período.

em notável obra, denunciava a pungente realidade entre quantas fallencias declaradas desde 1890, nenhuma condenação ter sido infligida![314]

A comissão de deputados composta por J. J. Seabra[315], presidente e relator e pelos demais membros, os deputados Frederico Borges[316], F.

[314] BRASIL. Biblioteca Nacional. *Jornal do Commercio do Rio de Janeiro*. Edição 244, 1902.
[315] José Joaquim Seabra, nascido em Salvador, em 1855. Formou-se em direito em 1877 pela Faculdade de Direito de Recife. Foi um político de carreira, com atuação marcante e liderança ao menos até o início da década de 1920. Conforme registrado pelo CPDOC da Fundação Getúlio Vargas, "[e]m setembro de 1890 J. J. Seabra foi eleito deputado pela Bahia ao Congresso Nacional Constituinte. Participou da elaboração da Constituição promulgada em 24 de fevereiro de 1891, da eleição do marechal Deodoro da Fonseca para presidente constitucional da República no dia seguinte, e, com o início em junho da legislatura ordinária, continuou na Câmara dos Deputados, com mandato até dezembro de 1893. Adepto da política do marechal Deodoro da Fonseca, e do ministro barão de Lucena, apoiou o golpe de Deodoro em 3 de novembro de 1891, que dissolveu o Congresso Nacional. Com a renúncia de Deodoro 20 dias depois, passou a mover cerrada oposição ao sucessor deste, o vice-presidente marechal Floriano Peixoto (1891-1894), participando em 1892 das manifestações públicas que visavam à sua deposição e à retomada do cargo presidencial por Deodoro. Fracassada a rebelião, foi um dos deportados para Cucuí, no alto Amazonas, e perdeu o cargo de diretor da Faculdade de Direito do Recife. Anistiado logo depois, voltou aos trabalhos na Câmara e continuou em firme campanha contra o governo. Quando, a 6 de setembro de 1893, eclodiu a Revolta da Armada, sob o comando do almirante Custódio de Melo, juntou-se aos rebeldes a bordo do navio Aquidabã. [...]. Reeleito deputado federal para a legislatura 1900-1902, foi líder da maioria na Câmara no último ano da presidência de Campos Sales (1898-1902). Em 15 de novembro de 1902, renunciou ao mandato para assumir o Ministério do Interior e Justiça do governo Rodrigues Alves (1902-1906). Nesse cargo, em novembro de 1904 esteve ao lado do presidente durante a revolta da Escola Militar contra a Lei da Vacinação Obrigatória." Acesso ao CPDOC/FGV, disponível em http://www.fgv.br/cpdoc/acervo/dicionarios/verbete-biografico/jose-joaquim-seabra, consultado em 16/5/2020.
[316] Frederico Augusto Borges, nascido em Fortaleza, em 1853. Formou-se em direito pela Faculdade de Direito de Recife em 1875 e teve uma aproximação com os comerciantes especialmente registrada pela posse como um dos diretores do jornal Diário do Comércio na praça do Rio de Janeiro. Tem sua trajetória profissional marcada pelos fatos de que "[...] foi promotor público até 1881, quando foi exonerado e assumiu o cargo de diretor do jornal A Constituição. Em 1884 elegeu-se deputado geral pelo Ceará, mas, com a dissolução da Câmara em 1885 pelo ministério de Cotegipe (1885-1888), mudou-se para o município de Sapucaia (RJ) e aí, além de abrir banca de advogado, fundou o jornal Gazeta de Sapucaia. Redigiu também A Revista, do Instituto da Ordem dos Advogados Brasileiros. Proclamada

Tolentino[317], Teixeira de Sá[318], Anizio de Abreu[319], Alfredo Pinto[319] e Luiz Domingues[320], apresentou uma proposta de reforma da lei de falências, sob a alegação das

a República, elegeu-se continuadamente deputado federal pelo Ceará a partir de 1891, o que o fez morar no Rio de Janeiro, então Distrito Federal. Assumiu também a direção do jornal O Tempo e fez parte da direção do jornal Diário do Comércio, todas funções exercidas quando morava no Rio. Foi ainda nomeado professor da Faculdade Livre de Direito do Rio de Janeiro, além de sócio correspondente do Instituto Histórico do Ceará. Encerrou seu último mandato na Câmara dos Deputados em dezembro de 1920." Acesso ao CPDOC/FGV. Disponível em http://www.fgv.br/cpdoc/acervo/arquivo, acesso em 16/5/2020.

[317] Francisco Tolentino Vieira de Sousa, nascido em São José, Santa Catarina, em 1845. Militar e comerciante, "[f]ez os estudos primários em sua cidade natal e aos 18 anos passou a dedicar-se ao comércio. Filiado ao Partido Liberal, em 1867 obteve a patente de alferes do 1º Batalhão de Infantaria da Guarda Nacional de São José, sendo promovido a tenente em 1868 e a capitão em 1871. Iniciou sua carreira política ainda sob a monarquia como vereador à Câmara Municipal de São José de 1873 a 1877. Em 1877 conseguiu licença para advogar, passando a fazê-lo nas cidades de São José e Desterro, atual Florianópolis. Em 1878 foi eleito pela primeira vez deputado estadual em Santa Catarina. Reeleito cinco vezes consecutivas, ocupou uma cadeira na Assembleia estadual de 1878 a 1889. Nesse período, em 1881, tornou-se major ajudante de ordens do Comando Superior da Guarda Nacional das comarcas de São José e São Miguel. Após proclamação (sic) da República, foi eleito em 1891 deputado à Assembleia Constituinte de Santa Catarina, da qual foi indicado presidente. Em 1894 foi eleito deputado federal por Santa Catarina. Reeleito para as três legislaturas seguintes, não chegou a completar seu derradeiro mandato, que iria até 1905, por ter falecido 14 de fevereiro de 1904." Acesso ao CPDOC/FGV. Disponível em http://www.fgv.br/cpdoc/acervo/arquivo, acesso em 16/5/2020.

[318] Francisco Teixeira de Sá, nascido em Recife em 1835. Com poucos dados biográficos disponíveis, temos que registrado que "[d]urante o Império, foi presidente da província da Paraíba de 1872 a 1873 e da província do Ceará de 1873 a 1874. Já na República, foi eleito deputado federal por Pernambuco em 1897. Assumindo sua cadeira na Câmara dos Deputados, no Rio de Janeiro, então Distrito Federal, em maio do mesmo ano, foi reeleito sucessivamente em 1900, 1903, 1906 e 1909 para as quatro legislaturas seguintes. Permaneceu na Câmara até dezembro de 1911, quando se encerraram seu mandato e a legislatura." Acesso ao CPDOC/FGV. Disponível em http://www.fgv.br/cpdoc/acervo/arquivo, acesso em 16/5/2020.

[319] Anízio Auto de Abreu, nascido em Teresina, em 1864. Formado em direito pela Faculdade de Direito de Recife em 1885. Teve atuação marcadamente intensa envolvendo especialmente questões de direito civil nos debates parlamentares, sua carreira foi marcada por sua nomeação como "[...] promotor público em Parnaíba (PI). Aí ficou até 1888, quando

passou a juiz municipal de Piracuruca (PI). Em 1892 foi eleito deputado estadual no Piauí. Durante seu mandato, participou da elaboração da Constituição estadual. Também foi secretário de polícia durante o governo de Coriolano de Carvalho e Silva. Em 1894 elegeu-se deputado federal. Foi reeleito três vezes e ocupou uma cadeira na Câmara dos Deputados até 1905. Durante esses anos, foi membro das comissões de Constituição e Justiça, de Finanças e da encarregada de revisar o Código Civil. Nesta última, discutiu as partes relativas ao casamento e à constituição da família. Defendeu ainda as reformas do ensino superior e secundário, bem como do regime eleitoral, e a organização da Justiça Federal. Também debateu questões referentes a terras devolutas e discriminação das rendas. Foi autor do projeto que aboliu os impostos interestaduais e daquele sobre a liberdade de imprensa e anonimato." Acesso ao CPDOC/FGV. Disponível em http://www.fgv.br/cpdoc/acervo/arquivo, acesso em 16/5/2020.

[320] Alfredo Pinto Vieira de Melo, nascido em Recife, em 1863. Formado em direito pela Faculdade de Direito de Recife, em 1886. Ainda em 1886 foi nomeado "[...] promotor público da comarca de Baependi, na província de Minas Gerais. Em 1890 tornou-se juiz de direito de Ouro Fino, na mesma província, e no período compreendido entre 1893 e 1896 exerceu o cargo de chefe de polícia do estado, nos governos de Afonso Pena e Bias Fortes. Em 1897 foi eleito deputado federal por Minas Gerais. Reeleito em 1900, foi presidente da Comissão de Constituição e Justiça e membro especial da comissão chefiada por Clóvis Bevilácqua, que elaborou o projeto de Código Civil, atuando ainda como relator da primeira parte do Livro IV, intitulado "Do direito das sucessões". Em dezembro de 1902 deixou o parlamento para se dedicar à advocacia na capital federal, ao mesmo tempo em que foi nomeado representante da Fazenda Nacional junto à Comissão de Obras do Porto do Rio de Janeiro pelo presidente Rodrigues Alves (1902-1906) [...]." Acesso ao CPDOC/FGV. Disponível em http://www.fgv.br/cpdoc/acervo/arquivo, acesso em 16/5/2020.

[321] Luíz Antônio Domingues da Silva, nascido em Turiaçu, no Maranhão, em 1862. Se formou em direito na Faculdade de Direito de Recife, em 1883. Seu pai foi um dos ministros do Supremo Tribunal de Justiça durante o Império, tendo também um tio intitulado o Barão de Tromaí e seu irmão assumiu a presidência do Instituto Histórico e Geográfico do Maranhão; além dessas relações familiares já politicamente expostas, "[...] iniciou-se na política sob a influência do barão de Tromaí [seu tio], defendendo a causa abolicionista e trabalhando como redator nos periódicos O Abolicionista e Revista Acadêmica. [...] eleito deputado geral, e concomitantemente reeleito deputado provincial, com mandato de 1886 a 1889, chegando a presidente da Assembleia Provincial. Após a proclamação da República, filiou-se ao Partido Católico, que ajudou a fundar ao lado do líder político e religioso João Tolentino Guedelha Mourão – o partido se fundiria depois com os partidos Nacional e Republicano Constitucional." Seguiu na vida política como deputado federal até a legislatura de 1911. Acesso ao CPDOC/FGV. Disponível em http://www.fgv.br/cpdoc/acervo/arquivo, acesso em 16/5/2020.

queixas levantadas pelo commercio desta praça [Rio de Janeiro] e das principaes praças da Republica contra o decreto nº 917, de 24 de outubro de 1890 (lei de fallencias), queixas que ultimamente tomaram a intensidade de um clamor – *teem por unico objecto os abusos e fraudes de que se tornou victima o commercio inteiro, devido* á abundancia e, sobre tudo, *á facilidade dos meios que aquelle decreto instituiu para prevenir e obstar a decretação da fallencia* (grifos nossos).[322]

A crítica à abundância de meios para se evitar a falência, como vimos no capítulo anterior, batia expressamente na possibilidade prevista em lei de os comerciantes poderem se valer de outros meios de renegociação para evitar esse desfecho. Especialmente a crítica era direcionada àqueles institutos da (i) moratória, (ii) cessão de bens, (iii) acordo extrajudicial e das (iv) concordatas.

O presidente e relator, deputado J. J. Seabra trouxe em seu discurso inicial a ideia de que a proposta da reforma da lei de falências estava se dando de acordo com as exigências comerciais da praça do Rio de Janeiro e das "demais praças" da República, apesar de não especificar exatamente quem seriam os comerciantes que compunham esses formadores das exigências comerciais para tal reforma, porém já se vale em seu discurso de direcionar que a reforma visava atender o clamor dessa "classe importante" do comércio da capital, ou seja, a própria praça do Rio de Janeiro[323]. Ao mesmo tempo, alegava que a Comissão de Constituição, Legislação e Justiça que se formara oferecia para a consideração da Câmara um projeto que não visava uma reforma radical daquela lei do Governo Provisório, visando especialmente a

[...] *extirpação* dos institutos da moratória e cessão de bens, parecendo à Commissão que eram institutos obsoletos, oriundos do direito romano e que, nos seus intuitos e nos seus fins, já fizeram à sua época; mas, esses fins e esses institutos estavam terminados e não podiam assentar no

[322] BRASIL. *Anais da Câmara dos Deputados*. Sessão de 7 de setembro de 1900, p. 1325.
[323] BRASIL. *Anais das Câmaras dos Deputados. Mensagem do relator José Joaquim Seabra para a apresentação do Projeto de Lei nº 143/1900*. Sessão de 7 de setembro de 1900, p. 1325.

nosso regimen actual, que é muito differente daquelle que figurou entre os romanos e de que fallam as Ordenações (grifos nossos).[324]

Pela mensagem inicial do deputado J. J. Seabra, tinha-se que o objetivo de tal extirpação de institutos que não dependiam do Judiciário, era tornar mais rápido o processo para a salvaguardar os interesses comerciais (novamente comerciais e não dos sujeitos comerciantes), posto que tais institutos acabavam por prolongar um "estado anormal do negociante" que se arrastava indefinidamente e que prejudicaria seus próprios interesses e os "interesses do comércio"[325].

Portanto, para atingir tal objetivo, a Comissão deixou claro em seu relatório que a proposta de reforma se iniciava por abolir a (i) moratória e a (ii) cessão de bens, reduzindo os meios preventivos da falência apenas ao (iii) acordo extrajudicial (ou a concordata preventiva) e alterar o processo das (iv) concordatas.

Na visão da Comissão o *regimen moderno* do direito falimentar brasileiro tinha de excluir dos institutos da falência os institutos da moratória e da cessão de bens, *"[...] ainda mesmo que, entre nós [brasileiros], a pratica os não tivesse condenado* (grifos nossos)."[326] Em um discurso de separação entre o direito civil e o direito comercial, a Comissão passou então a distinguir o argumento de que a cessão de bens seria um instituto de caráter puramente civil. De mesmo modo, na opinião da Comissão, a cessão de bens, na legislação portuguesa, com base nas Ordenações Filipinas, Livro IV, Título 74, deveria ser considerada como instituto exclusivamente do direito civil e usaram um argumento, que, conforme visto no primeiro capítulo já não poderia ser considerado um argumento legítimo, de que a cessão de bens servia apenas "[...] em favor dos devedores infelizes para os livrar das garras dos credores impiedosos, em uma época em que havia a servidão do devedor, a sua prisão por dívidas. Desde que se passou essa época, estava preenchida e finda a missão histórica da *cessão de bens* (grifos

[324] *Id. ibid.*
[325] *Id. ibid.*
[326] *Id. ibid.*

do autor)."[327] Como discutido no primeiro capítulo, apesar da definição legal de que a prisão por dívidas teria sido revogada desde 1774, fato é que no século XIX, com a legislação criminal do Império, as falências fraudulentas eram punidas com prisão e há relatos diversos que vimos no primeiro capítulo de devedores que sofreram a pena de prisão, voltando, portanto, a possibilidade desses casos.

Os institutos da cessão de bens, aliado ao das concordatas, eram institutos que serviriam e seriam aplicáveis não só aos comerciantes, matriculados ou não, como também aos lavradores (fazendeiros), da indústria agrícola, inclusive valendo a crítica destacada por Candido Mendes de Almeida em suas notas sobre esse mesmo Livro, IV, Título 74 das Ordenações Filipinas, em que remetera às lições do advogado brasileiro Francisco de Assis de Almeida, que ainda destacou que, em pleno século XIX, já durante a vigência do Código Comercial,

> [...] *muitas Concordatas com Lavradores se tem feito em todo o Brazil, as quaes tem tido bons resultados salvando-se capitaes dos credores e os estabelecimentos dos devedores com grande vantagem do Estado, evitando-se lutas e demandas prolongadas, e dispendiosas.* E quantas outras se não tem effectuado, talvez por aquella erronea opinião [de que não se aplicaria a cessão de bens ou a concordata aos lavradores], e cuja falta deo prejuízo total aos credores, e arruinou devedores, e seus estabelecimentos; sem utilidade para ninguém (grifos nossos)?[328]

O argumento – que pode ser considerado anacrônico – utilizado pela Comissão nos parece mais uma retórica do afastamento de um instituto abarcado pela lei de falências, o da cessão de bens, então em vigor e que poderia aproximar os lavradores à sujeição da lei falimentar aplicável aos comerciantes, que ali se estava a combater, sobretudo ao levarmos em consideração a proposta de revogação do art. 380 do Decreto nº 370, de

[327] BRASIL. *Anais das Câmaras dos Deputados. Mensagem do relator José Joaquim Seabra para a apresentação do Projeto de Lei nº 143/1900.* Sessão de 7 de setembro de 1900, p. 1326.
[328] PORTUGAL. *Ordenações Filipinas.* Livro IV, Título LXXIV. Edição Fac-símile da de Candido Mendes de Almeida, Rio de Janeiro, 1870. Lisboa: Fundação Calouste Gulbenkian. 1985, p. 887. Comentários de Candido Mendes remetendo ao discorrido por Francisco de Assis de Almeida.

2 de maio de 1890, que estabelecia a sujeição dos devedores ligados à operações de crédito rural aos juízos comerciais e às disposições falimentares[329]. Essa retórica por meio da narrativa histórica se apresenta com maior inclinação em prol do afastamento da lei de falências e concordatas em relação às atividades agrícolas, mais do que uma simples necessidade de adequar o direito falimentar a uma alegada modernidade que não poderia conviver com esse instituto.

De fato, como veremos, o texto final do art. 139 desta que viria a ser a nova lei de falências (Lei nº 859, promulgada em 16 de agosto de 1902), estabeleceu a não sujeição à jurisdição comercial, tampouco à falência, aqueles devedores que contraíssem empréstimos mediante hipotecas ou penhores agrícola, construindo, sobretudo a partir desse período, uma tradição de longa duração no direito comercial brasileiro de afastamento dos devedores ligados às atividades rurais e agrícolas dos regimes falimentares e concordatários brasileiros.

Em continuidade ao debate sobre a necessária extinção do instituto da cessão de bens, aqueles argumentos foram corroborados com a crítica ao instituto da moratória, cuja justificativa para a extirpação, dada pela Comissão, foi na mesma linha do quanto alegado sobre a cessão de bens.

A Comissão resumiu o instituto da moratória como sendo aquele que consistiria em liberar o devedor da perseguição dos credores por meio de uma cessão de seus haveres, seria uma dilação imposta aos credores em favor do devedor que então fora concedida indistintamente pelos soberanos e depois pelos tribunais. E os membros da Comissão alegaram

> [...] que a fallencia tem um caracter principalmente patrimonial, que seu escopo é a arrecadação do patrimonio do devedor, sua conservação, e a distribuição delle entre os credores, respeitadas as preferencias legaes, sem affectar a liberdade do devedor [em contrapartida ao argumento da prisão

[329] BRASIL. *Decreto nº 370 de 2 de maio de 1890*. “Art. 380. Ficam sujeitos á jurisdicção commercial e à fallencia todos os signatarios de effeitos commerciaes, comprehendidos os que contrahirem emprestimos mediante hypotheca ou penhor agricola, por qualquer somma, ou bilhetes de mercadorias.”

por dívidas], a *moratória* e a *cessão de bens, como benefícios pessoaes, tornaram institutos anachronicos* (grifos nossos).[330]

Sobre a reforma por meio da alteração do capítulo das concordatas, que seriam então, na visão da Comissão, o melhor instituto para garantir os direitos das minorias, foi apresentada a crítica de que, da forma como permitido pelo Decreto nº 917/1890,

> [...] *devedores de má fé, perfeitamente solváveis, por meio de canções, transferencias e artifícios de escripta simulam o passivo, e desta arte, com credores phantasticos, representando 3/4 do passivo, obrigam os legitimos credores a acceitarem concordatas com pagamento de 5% de seus créditos*, e, ás vezes, menos. Não pode haver lei que impeça a fraude em materia de fallencias (grifos nossos).[331]

Para garantir, portanto, o fim dessa total liberdade de propositura de pagamentos que a Comissão considerava como ínfimos, sob o pretexto de que seriam fruto de situações de má-fé e de fraude, o Projeto de Lei nº 143/1900, apresentado pela Comissão passava a estabelecer que as concordatas, preventivas ou posteriores à declaração da falência, somente poderiam prever o pagamento de ao menos 50% dos créditos, *exceto se aprovado de modo diverso pela unanimidade dos credores*. Em situações de unanimidade, portanto, devedores e credores poderiam pactuar livremente o percentual de pagamento. Apesar da alegação de má-fé e de fraudes, a Comissão da Câmara não apresentou quaisquer casos concretos, tampouco dados para fundamentar tal visão. Começava a se apresentar, oficialmente, a batalha legislativa contra as *concordatas de 5%*, ainda que dentro dos limites autorizados pela lei então em vigor e aprovadas pelas maiorias de credores.

De mesmo modo, como política pública escolhida para impedir essa alegada simulação do passivo, com a consequente simulação de credores para fins da formação dos 3/4 necessários para a aprovação por maioria, o projeto passava a adotar uma presunção de falência culposa aqueles casos em que o ativo do devedor não representasse ao menos 25% do passivo exigível.

[330] BRASIL. *Anais da Câmara dos Deputados*. Sessão de 7 de setembro de 1900, p. 1326.
[331] *Id. ibid.*

Também buscou-se reiterar que o fato característico do estado de falência se caracterizaria pela impontualidade no pagamento de obrigação mercantil certa e líquida, tendo sido apresentada a reforma do art. 1º para acrescentar a expressão "qualquer que seja o estado de seus negócios"; essa alteração visava também combater um alegado arbítrio dos juízes falimentares sobre a declaração ou não de falência de comerciantes que, ainda que inadimplentes com a pontualidade de seus pagamentos, poderiam ter a falência não declarada em virtude de negócios que aparentavam estarem bem.

Outro aspecto da reforma, naquele mesmo sentido da crítica para a extirpação dos institutos da cessão de bens e da moratória, se deu também sobre as formas de elidir a falência, não se incluindo a alegação de não ser devedor comerciante, posto que, inspirando-se na lei portuguesa, estaria claro que não poderia haver requerimento de falência contra aquele que não fosse comerciante (ou seja, reforçando a exclusão de lavradores ou fazendeiros do regime falimentar).

Os curadores das massas falidas também passariam a ser considerados como simples representantes do ministério público, sem qualquer poder de intervenção na parte administrativa da falência, apenas intervindo na reunião de credores para efeitos criminais exclusivamente. Falências não poderiam mais ser requeridas pelo ministério público, tampouco poderiam ser pedidas por credores hipotecários ou pignoratícios, pois estes deveriam buscar a satisfação do seu crédito atingindo a sua própria garantia, não se submetendo, portanto, ao concurso do processo falimentar, tampouco seriam sujeitos aos efeitos das concordatas.

Os credores hipotecários ou pignoratícios somente poderiam pedir a falência do devedor comerciante em relação ao saldo não coberto por tais garantias e caso fossem manifestamente insuficientes para cobrir o saldo da dívida. Pela nova regra também, buscando dar publicidade aos atos necessários para a caracterização da impontualidade no pagamento, passava a instituir um registro público de protestos, devendo os credores protestar por falta de pagamento a obrigação mercantil certa e líquida e não garantida por hipoteca ou penhor.

Mais um ponto na busca da reforma foi a proposta de caracterização do juízo universal da falência, de modo a concentrar perante o juízo falimentar todas as ações movidas contra a massa e para onde deveriam convergir todas as execuções movidas contra o falido, exceto se de natureza civil (não mercantil). E, por fim, dentre as explicações da Comissão, buscaram também trazer a determinação de prazos para que os síndicos concluíssem a verificação dos créditos estabelecendo um prazo de vinte dias para que ocorresse a primeira reunião de credores, em que deveriam ser apresentadas as listas de ativos e a lista de credores, sendo que, a partir de tal reunião, os credores teriam o prazo de quinze dias para reclamarem contra a classificação, independentemente de convocação por edital. Os credores deveriam decidir o valor a ser pago ao síndico e à comissão de credores, caso constituída, e tal valor não poderia ultrapassar 6% do valor total do ativo da massa falida.

Um assunto não abertamente explorado na publicação do parecer da Comissão da Câmara, porém que constava da proposta do art. 20 do Projeto de Lei era privar dos direitos políticos os falidos, o que, segundo a Constituição, em seu art. 71, somente poderia ser aplicado sob a forma de suspensão ou de perda efetiva. A privação de direitos políticos pela Constituição se dava de duas formas: a primeira se daria em razão de (a) incapacidade física ou moral ou (b) por condenação criminal, enquanto perdurassem os efeitos de tal condenação; a segunda se daria (a) por naturalização em outro país ou (b) por aceitação de emprego ou pensão de governos estrangeiros, sem que tenha havido prévia autorização do Poder Executivo Federal. No caso das falências esse raciocínio parecia válido se considerada a presunção de culpabilidade que o Projeto de Lei estava implicando às falências cujos ativos fossem inferiores a 25% dos passivos, porém não há qualquer ressalva ou distinção sobre a privação de direitos políticos decorrentes apenas de falências consideradas culposas ou casuais, o que reforça uma ideia de criminalização da falência de modo indistinto, implicando até mesmo em uma interpretação de uma lei que também criminalizava o fracasso comercial e, de certa forma, a pobreza. De fato, este ponto da criminalização dos falidos inclusive foi aprovado pela Câmara dos Deputados em seu texto final que foi encaminhado ao Senado[332].

[332] Sobre esse tratamento legislativo diferenciado da *pobreza*, indicamos o texto de Airton Seelaender (SEELAENDER, Airton Cerqueira-Leite. *Pondo os pobres no seu lugar – igualdade constitucional e intervencionismo segregador na Primeira República. In* COUTINHO, Jacinto

Outro instituto que passaria a ser extinto na lei era o da concordata por abandono, em linha com o fim da cessão de bens, conforme vimos anteriormente. A reforma também deixava claro que o devedor não estaria liberado do pagamento do saldo dos créditos, ainda que não houvesse mais ativos a serem liquidados pela massa, sendo que o devedor continuaria obrigado a pagar tal saldo, podendo inclusive ser executado novamente, por meio da sentença que homologasse a classificação dos créditos. Por fim, a Comissão reiterava que o projeto de reforma apenas trazia modificações ao Decreto nº 917/1890 do Governo Provisório, mantendo o "pensamento" e o "método" de outrora.

O Projeto de Lei 143/1900 não foi votado e discutido naquele dia 7 de setembro de 1900, e seria debatido em outubro daquele ano. Porém, ainda em 27 de outubro de 1900, na Câmara dos Deputados, o deputado Paranhos Montenegro[333] pediu a palavra para avisar que levantaria pro-

Nelson de Miranda; Lima, Martonio Mon'Alverne Barreto (org.). *Diálogos Constitucionais.* São Paulo: Renovar, 2006).

333 Thomaz Garcez Paranhos Montenegro (ou Tomás em algumas grafias), nascido em Mata de São João, Bahia, em 1839. Formado em direito pela Faculdade de Direito de Recife, em 1857. Presidiu a primeira reunião do corpo docente da Faculdade Livre de Direito da Bahia, em 1891, ano de fundação de tal instituição, dedicou-se à magistratura em Recife e foi eleito desembargador do Tribunal de Justiça de Pernambuco em 1889 e, em 1910, foi nomeado desembargador do Tribunal de Justiça da Bahia, além disso, "[i]niciou a carreira política ainda no Império, elegendo-se deputado provincial na Bahia para as legislaturas 1860-1861 e 1866-1867. Já na República, participou da fundação do Partido Nacional (PN) em 24 de julho de 1890, ao lado de Almeida Couto, Freire de Carvalho, Carneiro da Rocha, Araújo Pinho, César Zama, Cícero Dantas, barão de Jeremoabo, e coronel Temístocles da Rocha Passos. Integrou o conselho, que, em conjunto com o diretório, compunha a estrutura de atuação do partido. Nas eleições de 15 de setembro de 1890, foi indicado para uma vaga de deputado no Congresso Nacional Constituinte, tanto pelo PN quanto pelo Centro Republicano Democrata. *Contudo, a vaga pretendida ficou com J. J. Seabra*, que havia sido indicado pelo Partido Republicano Federal, da situação, e pelo Centro Republicano Democrata (grifamos)." Acesso ao CPDOC/FGV. Disponível em http://www.fgv.br/cpdoc/acervo/arquivo, acesso em 16/5/2020. Paranhos Montenegro, deputado, juiz, desembargador e grande proprietário de terras desde ao menos 1860 (proprietário das terras que hoje formam o município de Camaçari na Bahia) será figura de destaque sobre o tema das reformas das leis de falência na década de 1900 no Brasil. Sua participação política já vinha com destaque desde a década de 1890, tendo atuado como relator e participado

posições que poderiam surpreender a Câmara dos Deputados e que as discussões deveriam ser tratadas na primeira parte da ordem do dia.

Justamente por sua proximidade ao tema, em função de ter atuado como magistrado do comércio, que marcaria inclusive o encerramento de seu ciclo profissional como desembargador do Tribunal de Justiça da Bahia, Paranhos Montenegro fez críticas ao que qualificou que o projeto de reforma da lei de falência deixaria o juiz como "testemunha impassível deante do processo"[334] e que o Poder Judiciário teria sido quase posto à margem, entregando-se aos grandes credores a dinâmica do processo falimentar e ainda discutia que no seu entender o projeto rebaixava o Poder Judiciário diante do processo de falência. Paranhos Montenegro e J. J. Seabra terão papéis protagonistas nesse período da primeira década do século XX nas discussões e elaboração das leis de falência no período.

Pelo que se encontrou dos registros do período, ambos deputados eram figuras presentes no cenário político brasileiro. Nesse mesmo ano, ainda sob a presidência de Campos Salles, o Jornal do Comércio do Rio de Janeiro registra um almoço, em homenagem a Rodrigues Alves, então presidente do estado de São Paulo, em que ambos estão presentes e, pela descrição, Paranhos Montenegro esteve sentado próximo a esse que seria o presidente da República a partir de finais de 1902[335]. Além disso, o agora deputado Paranhos Montenegro, atuou intensamente como juiz comercial na praça do comércio de Recife. Inclusive atuando especificamente em processos de falências[336]. Pela identificação que pudemos fazer nas publicações sobre os processos de falências, em suas decisões como magistrado, Paranhos Montenegro não tinha a tendência de condenar criminalmente todos aqueles que sofriam processos de falências, atribuindo à reunião de credores o poder para deliberar sobre a con-

também da reforma da lei de organização judiciária, bem como proposto projeto de lei para a liberação de crédito para o pagamento dos vencimentos dos magistrados no Brasil.

[334] BRASIL. *Anais da Câmara dos Deputados.* Edição de 28 de outubro de 1900, p. 2171.

[335] BRASIL. Biblioteca Nacional. *Jornal do Commercio do Rio de Janeiro.* Edição 114, 1900.

[336] Conforme se registra no jornal "Diário de Pernambuco" o juiz comercial Tomás Garcez Paranhos Montenegro atuou em processos de falências, como, por exemplo, os casos de falência dos comerciantes *(a)* Rabello & Sobrinho, *(b)* Moraes & Rocha, *(c)* Francisco Teixeira Barbosa e *(d)* Antonio Francisco Corga (BRASIL. Arquivo Nacional. *Diário de Pernambuco.* Edição de 5 de março de 1886, p. 3.)

cordata ou o contrato de união, ainda sob a égide do Código Comercial, mas chegou a aplicar a pena do art. 263 do Código Criminal em alguns dos casos[337]. O Dr. Paranhos, como juiz de direito, era criticado também como um juiz que teria subvertido as disposições do Código Comercial e nomeado como curadores fiscais das massas falidas, não alguém dentre os credores, mas advogados terceiros, mantendo-os do início do processo até a efetiva liquidação e, com isso, gerando críticas sobre essa profissionalização de um terceiro que não tinha envolvimento direto com a massa falida[338].

Na Câmara dos Deputados, não eram intervenções sem alguma razão, pois, além da experiência prática como juiz do comércio (ou "juiz especial do commercio"), o deputado Paranhos Montenegro também havia solicitado ao governo de Pernambuco informações sobre todas as falências abertas na praça de Recife entre 1891 e 1900, solicitando a indicação do "[...] numero de processos instaurados pelas quebras fraudulentas e o resultado dos mesmos."[339] Essas informações não estão registradas como entregues, tampouco Paranhos se valeu desses dados em momento posterior para defender sua visão – seja porque os dados foram entregues e não condiziam com sua percepção, seja porque não foram entregues.

Pela baixa intervenção do juiz falimentar, Paranhos Montenegro alegava que os pequenos credores ficariam esquecidos e lançados à sorte dos *cinco maiores credores*, sem que o juízo pudesse interferir. Além disso, um ponto não destacado pela Comissão em seu relatório, mas observado pelo deputado Paranhos Montenegro é que a reforma da lei de falências provocaria também uma reforma judiciária, pois previa que o tribunal que fosse julgar o falido seria composto por dois juízes escolhidos pela Junta Comercial, julgando comerciantes, portanto, por um tribunal especial e não pelo Poder Judiciário, ainda que em questões de matéria crimi-

[337] *Id. ibid.* Outro exemplo pode ser o do caso contra o comerciante Antonio Francisco Corga.

[338] BRASIL. Biblioteca Nacional. *Jornal "A Província" de Recife*. Edição 5, 1890. Um comerciante anônimo assinou o manifesto intitulado "Illegal e inconveniente!" criticando uma portaria aprovada pelo governo de Pernambuco sobre a atribuição do papel de curadores fiscais das massas falidas, que estaria trazendo a experiência até então só vivenciada quando da magistratura do Dr. Paranhos Montenegro.

[339] BRASIL. Biblioteca Nacional. *Jornal "A Província" de Pernambuco*. Edição 108, 1901.

nal. Alegou que, neste ponto inclusive, o Projeto de Lei 143/1900 seria inconstitucional e lesivo à função do juiz.

Paranhos Montenegro, além de grande proprietário de terras, especialmente proprietário de praticamente toda a Vila de Nova Abrantes do Espírito Santo na Bahia – atualmente conhecida como o município de Camaçari[340] – relembrando que fora juiz de comércio, alegou que de fato o Decreto nº 917/1890 trazia muitos inconvenientes, *inclusive mencionava que teve de homologar concordatas de 5%*, quando o ativo do falido daria 20% a mais e dizia que "[a] fallencia e a concordata como estão constituem verdadeiro escândalo, em prejuízo dos pequenos credores."[341] Essa linha moralizante, carregada também de um sentido religioso católico, de Paranhos também se expressou em outros assuntos, como sua crítica pública ao casamento civil de sua filha Elysa Montenegro com o Dr. Francisco Peixoto de Lacerda Werneck, em 1885, ao lamentar não terem se casado perante a Igreja Católica[342]. Por fim, também em tom de crítica às falências e concordatas, alegou que

> [n]ão pode deixar de accusar a Comissão de ferir de frente a Constituição quando subtrahe *o falido, que é um criminoso como outro qualquer, ao julgado do jury, para entregal-o a dous negociantes nomeados pela Junta Commercial, trazendo como consequencia augmentar os alarmes contra o Poder Judiciário* que, mais uma vez, teem injustamente repercutido neste recinto (grifos nossos)."[343]

[340] BRASIL. Prefeitura Municipal de Camaçari, Bahia. *Diagnóstico do Sistema de Mobilidade de Camaçari.* Versão 01, 2015, p. 51-52. Disponível em http://sedur.camacari.ba.gov.br/portal/plamob.php, acesso em 18/5/2020.

[341] BRASIL. *Anais da Câmara dos Deputados.* Edição de 28 de outubro de 1900, p. 2171.

[342] VERONA, Elisa Maria. *O Casamento, "Uma Instituição Útil e Necessária".* Tese de doutorado apresentada na Faculdade de Ciências Humanas e Sociais da Universidade Estadual Paulista "Júlio de Mesquita Filho" (UNESP). Franca: 2011, p. 32-33. Paranhos ainda escrevera que o casamento ocorrera "[...] fora da Igreja, sem sinal algum religioso, sem benção, mas com a assistência e o aplauso de muitos chefes de família, que não cedem em bons sentimentos, honradez e moralidade aos que promoveram e me causaram tão profundos dissabores."

[343] VERONA, Elisa Maria. Ob. Cit. 2011, p. 32-33.

Em linha com suas críticas, portanto, o deputado Paranhos Montenegro apresentou vinte e uma propostas de emendas ao Projeto de Lei nº 143/1900 de J. J. Seabra. A continuação do debate sobre a reforma da lei de falências ficou então marcada para a sessão de 13 de novembro de 1900, porém, dado o adiantado da hora das demais discussões, foi declarada adiada novamente tal discussão. Retomada em sessão de 21 de novembro de 1900, novas emendas foram apresentadas ao projeto e assim ocorreu a segunda discussão sobre a reforma da lei de falências, sem que haja o registro na versão digitalizada dos Anais da Câmara dos Deputados sobre o que foi debatido durante essa sessão, apenas indicando que houve a referida segunda discussão (possivelmente em função das emendas apresentadas pelos deputados J. A. Neiva[344] e Pereira Lima[345], cujo conteúdo foi debatido posteriormente).

No ano seguinte, durante a sessão da Câmara de 17 de maio de 1901, o autor do projeto, deputado J. J. Seabra retomou o tema das emendas e críticas apresentadas ao Projeto de Lei nº 143/1900, especialmente para rebatê-las, mas ainda sem apresentar o parecer da Comissão da Câmara sobre todas as propostas de emendas, particularmente aquelas apresentadas pelo deputado Paranhos Montenegro. Um dos pontos de divergência estava no debate sobre se a parte material ou substantiva das falências deveria ser separada da parte processual ou adjetiva, em função do poder e competência constitucionalmente definidos dos estados brasileiros para legislarem sobre direito processual e ser a lei de falências uma lei federal.

J. J. Seabra defendeu seu ponto com base na própria visão de compatibilidade do tratamento das falências tanto material, quanto processual, com base nos estudos de Carvalho de Mendonça de 1899, e citou inclusive que desse mesmo modo era o que se tinha nos Estados Unidos,

[344] João Augusto Neiva, nascido na Bahia, em 1847. Cursou humanidades em Salvador e atuou "[c]omo jornalista foi também diretor dos periódicos Interesse Público, Farol, O Correio, e Telégrafo. Foi sócio benemérito do Liceu de Artes e Ofícios da Bahia, e sócio honorário da Associação Tipográfica Baiana." Acesso ao CPDOC/FGV, disponível em http://www.fgv.br/cpdoc/acervo/arquivo, acesso em 16/5/2020.

[345] Não localizamos dados, tampouco verbetes, que tratassem de um deputado "Pereira Lima" no período específico.

na Argentina e na *República Helvética* (a Suíça)[346]. Paranhos Montenegro também pediu a palavra para criticar e, de acordo com o quanto publicado no jornal *A Notícia*, "[o] discurso do Sr. Paranhos Montenegro foi de combate a algumas das disposições contidas no projecto de lei das fallencias. S. Ex. fallou até esgotar a hora, ficando a discussão adiada."[347] Na sessão da Câmara de 23 de maio de 1901 é que a Comissão de Constituição, Legislação e Justiça encarregada do Projeto de Lei nº 143/1900 entregou seu parecer sobre todas as emendas apresentadas durante as discussões pertinentes ao projeto.

Nesse mesmo dia 23 de maio de 1901 a Comissão também fez apresentação do seu relatório contendo a aprovação e a rejeição às emendas até então propostas ao projeto, em especial a maior parte das propostas pelo deputado Paranhos Montenegro, que ao todo apresentara aquelas vinte e uma propostas de emendas à Comissão, tendo sido aprovadas pela Comissão doze das emendas sugeridas pelo deputado e rejeitadas as demais[348], bem como entendeu a Comissão por rejeitar também outras duas emendas propostas pelos deputados J. A. Neiva e Pereira Lima. Também nessa mesma sessão, em que a Comissão apresentou seu parecer sobre as emendas recebidas, houve alterações na composição dos seus membros, retirando-se dela três deputados, especificamente os deputados Teixeira de Sá, Anízio Abreu e Alfredo Pinto e ingressando dois deputados, especificamente os deputados Arthur Lemos[349] e Azevedo Marques[350].

346 BRASIL. *Anais da Câmara dos Deputados*. Sessão de 17 de maio de 1901, p. 78-80.

347 BRASIL. Biblioteca Nacional. *Jornal A Notícia do Rio de Janeiro*. Edição 115, 1901.

348 BRASIL. *Anais da Câmara dos Deputados*. Sessão de 23 de maio de 1901, parecer da Comissão sobre as emendas, p. 207-209.

349 Artur de Sousa Lemos, nascido no Maranhão, em 1871. Formou-se em direito na Faculdade de Direito do Recife. Teve intensa carreira política, "[...] chefiara o Partido Republicano do Pará por muitos anos e fora senador estadual. Intendente municipal (prefeito) de Belém de 1897 a 1911, o "velho Lemos", como era chamado, se notabilizou pela modernização urbanística da capital paraense, tendo sido associado, nesse campo, ao prefeito do Rio de Janeiro Francisco Pereira Passos (1902-1906). Seu longo domínio político na região, coincidente com o período áureo das atividades ligadas à borracha no país, foi chamado na época de "lemismo", incorporando-se como tema central à história política das oligarquias estaduais na Primeira República (1889-1930)." Acesso ao CPDOC/FGV. Disponível em http://www.fgv.br/cpdoc/acervo/arquivo, acesso em 16/5/2020.

350 José Manuel Azevedo Marques, nascido em São Paulo, em 1865. Formou-se em direito

Em 29 de maio de 1901 o parecer da Comissão sobre as propostas de emenda (com as rejeições e aceitações) foi posto em votação na Câmara dos Deputados e abriu espaço para um debate mais intenso, especialmente entre o deputado J. J. Seabra e o deputado Paranhos Montenegro. O deputado Paranhos Montenegro novamente apresentou as suas emendas e uma subemenda, para provocar o debate – apesar da Comissão já ter dado anteriormente o seu parecer –, e, nessa oportunidade, foram então também respondidas pela Comissão as propostas aprovadas e rejeitadas de Paranhos Montenegro:

pela Faculdade de Direito de São Paulo, em 1886. No município de Batatais, em São Paulo, "[...] foi nomeado promotor público em 28 de maio de 1886, juiz municipal em 28 de maio do ano seguinte, e juiz de direito em 7 de novembro de 1890. Abandonou a magistratura em 1893, quando se mudou para a capital e passou a se dedicar ao exercício da advocacia. [...]. Eleito deputado federal por São Paulo para a legislatura 1900-1902, integrou na Câmara dos Deputados a Comissão de Legislação, Constituição e Justiça e o grupo de trabalho encarregado de rever o projeto do Código Civil, sendo indicado relator do plano geral do projeto e do texto definitivo, que entraria em vigor em 1916." Acesso ao CPDOC/FGV. Disponível em http://www.fgv.br/cpdoc/acervo/arquivo, acesso em 16/5/2020.

| Nº da Emenda | Conteúdo da Emenda[350] | Parecer da Comissão de Constituição, Legislação e Justiça[351] | Votação na Câmara dos Deputados[352] |
|---|---|---|---|
| 1 | "Na primeira parte até o titulo 4º, inclusive, substituam-se as palavras - Commissão Fiscal - pelas seguintes: Curador das massas fallidas." | Rejeitada.<br><br>A Comissão justificou o entendimento de que "[a] substituição proposta contraria profundamente o pensamento do projecto, que é excluir inteiramente a intervenção do curador das massas fallidas na parte propriamente commercial e patrimonial da fallencia. [...]. Pelo projecto **o curador fiscal é simplesmente um orgão do ministerio publico, e sem intervenção na parte da fallencia que, por sua natureza e intuitos, só pode interessar aos credores e ao fallido** (grifos nossos)." | Rejeitada. |
| 2 | "Art. 13, § 1º - Substituam-se as palavras - nem depois da cessação - pelas seguintes: nem dous annos depois da cessão do exercicio do commercio." | Aceita. | Aprovada. |

[351] BRASIL. *Anais da Câmara dos Deputados*. Sessão de 23 de maio de 1901, p. 207-209.
[352] *Id. ibid.*
[353] BRASIL. *Anais da Câmara dos Deputados*. Sessão de 29 de maio de 1901, p. 268-270.

| Nº da Emenda | Conteúdo da Emenda[350] | Parecer da Comissão de Constituição, Legislação e Justiça[351] | Votação na Câmara dos Deputados[352] |
|---|---|---|---|
| 3 | "Art. 15, 2ª parte – Substitua-se pelo seguinte: O juiz nomeará dentre estes o syndico provisorio da fallencia." | Rejeitada.<br><br>A Comissão justificou o entendimento de que "[o] porjecto tem em vista precisamente excluir o arbítrio do juiz na nomeação do syndico provisorio, e, por isto, determina a 2ª parte do art. 15 que o maior credor, no caso da apresentação da lista dos credores, será o syndico. É preciso salvaguardar a pessoa do juiz de imputações, as mais das vezes, injustas, é certo, mas, em todo caso, sempre prejudiciaes e compromettedoras da honorabilidade do magistrado, cuja imparcialidade não deve ser suspeitada. **Não é raro ouvir-se que: <<ha juizes que abusam nestas nomeações, preferindo arbitrariamente os seus *protegidos* aos legítimos credores.>>** (grifos nossos)" | Rejeitada. |
| 4 | "Art. 16 – Substitua-se pelo seguinte: Na falta da lista dos credores, ou no caso de recusa do nomeado, o juiz poderá nomear syndico provisorio o credor que tiver requerido a fallencia, ou outra pessoa que tenha as qualidades necessarias.<br><br>A nomeação do syndico não impede a qualquer credor de requerer e promover o que for a bem da massa fallida." | Rejeitada a primeira parte e aceita a segunda parte. | Rejeitada a primeira parte e aprovada a segunda parte. |
| 5 | "Art. 20 – Em vez de syndico, diga-se: Curador das massas fallidas." | Rejeitada.<br><br>Pelas mesmas razões anteriormente expostas. | Rejeitada. |

| Nº da Emenda | Conteúdo da Emenda[350] | Parecer da Comissão de Constituição, Legislação e Justiça[351] | Votação na Câmara dos Deputados[352] |
|---|---|---|---|
| 6 | "Onde convier: Declarada a fallencia, o juiz interrogará immediatamente os fallidos, inquerindo si, além das dividas constantes de seus livros commerciaes, teem elles outros debitos particulares, os quaes deverão ser especificados caso existam." | Aceita. | Aprovada. |
| 7 | "Art. 23 (lettra *e*) - Supprimam-se as palavras - salvo si forem avultadas - até o final." | Aceita. | Aprovada. |
| 8 | "Art. 42 - Accrescente-se: - Promover o exame dos livros do fallido com citação do mesmo, por peritos nomeados pelo juiz, e em sua presença, para se averiguar das causas da fallencia. Requerer todas as diligencias necessarias para conhecer dessas causas." | Aceita. | Aprovada. |
| 9 | "Art. 42 (lettra *d*): - Accrescentar no logar competente - com autorização do juiz. | Rejeitada. | Rejeitada. |
| 10 | "Art. 46 - O prazo de 20 dias poderá a requerimento do syndico e do curador das massas fallidas, razoavelmente prorogado (sic) pelo juiz." | Rejeitada.<br><br>A Comissão justificou o entendimento de que "[u]m dos requisitos mais importantes do processo de fallencia deve ser a rapidez, e a emenda, sendo acceita, póde occasionar protellações indefinidas do processo." | Rejeitada. |
| 11 | "Art. 50, paragrapho unico - Em vez de nove mezes, diga-se: - dous annos." | Aceita. | Aprovada. |

| Nº da Emenda | Conteúdo da Emenda[350] | Parecer da Comissão de Constituição, Legislação e Justiça[351] | Votação na Câmara dos Deputados[352] |
|---|---|---|---|
| 12 | "Onde convier: – Concedida ou negada a concordata, o escrivão enviará, no prazo máximo de 10 dias, ao curador das massas fallidas, cópia de todo o processado, passando disso a devida certidão e cobrando recibo." | Aceita. | Aprovada. |
| 13 | "Art. 64, (3ª alínea): Em vez de 6%, diga-se: – 3%. | Aceita. | Aprovada. |
| 14 | "Art. 66 – Substitua-se pelo seguinte: – Os syndicos, de acordo com a commissão fiscal e com autorização do juiz." | Rejeitada.<br><br>Pelas mesmas razões expostas sobre a rejeição da Emenda nº 10. | Rejeitada. |
| 15 | "Art. 67, § 2º: – Em vez de – cinco dias – diga-se: – dez dias." | Aceita. | Aprovada. |
| 16 | "Art. 75, lettra *a* – A Fazenda Publica, os Estados e os municipios pelos impostos devidos." | Aceita. | Aprovada. |
| 17 | "Art. 83, § 1º – Em vez de – curador geral, diga-se – curador das massas fallidas.<br><br>§ 2º – Em vez de – Comissão fiscal, diga-se – curador das massas fallidas.<br><br>§ 3º – Substitua-se pelo seguinte: A petição inicial preencherá todos os requesitos exigidos pelas leis do processo criminal, será instruida com a cópia de todo o processado até a concessão ou denegação da concordata, e apresentada dentro do prazo de 15 dias, a contar do recolhimento dessa cópia." | Aceita a emenda ao Art. 83, § 1º.<br><br>Rejeita a emenda ao Art. 83, § 2º, pelos motivos expostos na rejeição da Emenda nº 1.<br><br>Aceita a emenda ao Art. 83, § 3º. | Aprovada.<br><br>Rejeitada.<br><br>Aprovada. |

| Nº da Emenda | Conteúdo da Emenda[350] | Parecer da Comissão de Constituição, Legislação e Justiça[351] | Votação na Câmara dos Deputados[352] |
|---|---|---|---|
| 18 | "Art. 84 - Accrescente-se: VI - Atrazo de escripturação." | Aceita. | Aprovada. |
| 19 | "Art. 87 - Supprimam-se as palavras - e por dous adjuntos, até o final, e os §§ 1º, 2º e 3º." | Aceita a supressão aos §§ 1º, 2º do art. 87, desde que os Estados providenciem a autoridade que deva julgar o falido.<br><br>A Comissão justificou o entendimento de que "[n]o dominio da parte 3ª do Codigo Commercial, o julgamento criminal do fallido era de competência do jury. O decreto (sic) nº 917, de 24 de outubro de 1890, no art. 82 estabeleceu o regimen que o projecto adoptou, **parecendo á Commissão ser elle mais liberal do que o proposto pela emenda**. A Camara resolverá em sua sabedoria o que julgar mais conveniente aos interesses da justiça (grifos nossos)." | Prejudicada.<br><br>O presidente da Câmara entendeu que, em linha com o quanto defendido pelo deputado J. J. Seabra, que a supressão dos parágrafos implicaria também na supressão do § 1º do art. 88. |
| 20 | "Art. 113. - Em vez de - seis mezes - diga-se - dous annos." | Rejeitada e a Comissão propôs a seguinte subemenda:<br><br>"Em vez de seis mezes, diga-se - um anno." | Aprovada a subemenda proposta pela Comissão. |
| 21 | "Supprimam-se os arts. 129 e 130." | Rejeitada.<br><br>A Comissão justificou o entendimento de que "[n]ão acha conveniente a suppressão da providencia do art. 129 do projecto, porque a Commissão quiz evitar que as pequenas massas fossem, como commummente succede, absorvidas pelas custas judiciarias. Taes custas tornam muito dispendioso o processo das fallencias." | Rejeitada. |

Pôde-se analisar e perceber nos debates na sessão de 29 de maio de 1901 uma votação dos deputados no mesmo sentido do parecer da Comissão e, apesar da maioria das propostas de emenda do deputado Paranhos Montenegro ter sido aceita, isso não o deixou satisfeito pelo acompanhamento da Câmara ao parecer da Comissão e expressamente declarou,

> Sr. Presidente, tenho assistido em silencio o degolamento de minhas emendas radicaes e a approvação de algumas sobre detalhes. Não quero embaraçar nem contrariar a nova orientação que se vae dar ao instituto das fallencias. A respeito, porém, desta emenda [Emenda nº 19], para encaminhar a votação, julgo necessario e conveniente dar á Camara uma informação. O tribunal privilegiado, que o decreto nº 917 creou, o projecto mantem e a minha emenda elimina, tem dado o seguinte resultado. *Em milhares de fallencias, que foram abertas no ultimo decennio, o referido tribunal não encontrou em um só fallido a mais leve culpa! Os poucos que alli compareceram foram absolvidos, mandados em paz; sahiram dalli limpos e puros!* Decida a Casa [a Câmara dos Deputados] si este tribunal pode ser conservado. Accresce que, desde que se exclue na parte patrimonial toda a intervenção do poder público (sic), entregando-se a mesma exclusivamente aos credores, na parte criminal tambem não se deve dar a menor intervenção aos negociantes (grifos nossos).[354]

Em resposta, o deputado J. J. Seabra pediu a palavra pela ordem e retrucou o entendimento que estava buscando firmar com a reforma:

> [n]ão direi, Sr. Presidente, que S. Ex. não tem razão com relação á censura que faz à Commissão por ter recusado algumas emendas que não apoiou ou não aplaudiu. Com relação a esta emenda [Emenda nº 19] tambem a Commissão não deu opinião decisiva. Pela parte terceira do código [Comercial, parte então revogada pelo Decreto nº 917/1890] o fallido fraudulento era julgado pelo Jury; o crime de fallencia era de competencia daquelle tribunal; o decreto do Governo Provisorio [Decreto nº 917/1890] mandou que o julgamento fosse feito pelo juiz das fallencias e por dous adjuntos da junta do commercio. *Á Commissão pareceu esse systema mais liberal que o julgamento sin-*

[354] BRASIL. *Anais da Câmara dos Deputados.* Sessão de 29 de maio de 1901, p. 269.

> *gular* e então disse que a Camara resolveria em sua sabedoria o que julgasse mais conveniente aos interesses da justiça. Portanto a Commissão não tomou a responsabilidade definitiva do assumpto; ao contrario, deixou á sabedoria da Camara o saber si quer que o julgamento do fallido seja feito por um tribunal composto do juiz e de dous pares do fallido, ou si, pelo contrario, quer o julgamento pelo juiz singular.
> *A Commissão pareceu mais liberal o primeiro systema, porém a Camara resolverá em sua sabedoria* (grifos nossos).[355]

O art. 87 que vinha gerando muita celeuma nesse debate parlamentar, nos termos do Projeto 143/1900, estava localizado no Título VII da reforma da lei de falências e dizia respeito à parte "*da classificação da fallencia e dos crimes que della decorrem*", e dispunha que "*a fórma do processo do julgamento será a do decreto nº 707, de 9 de outubro de 1850.*" Ou seja, o que se defendia, em continuidade à política pública mantida pelo Decreto nº 917/1890 do Governo Provisório era o julgamento dos falidos por um tribunal composto de um juiz de direito e outros dois nomeados dentre os comerciantes matriculados na Junta Comercial competente.

Os dois parágrafos que compunham tal artigo dispunham que "§ 1º [q]uando o julgamento tiver de ser proferido pelo juiz de direito com dous adjuntos, deputados da Junta Commercial ou membros da Associação Commercial, farão eles conferencia secreta, e lavrarão sentença, conforme o voto da maioria[.]" e que "§ 2º [d]a sentença poderão appellar o réo e o promotor publico, nos effeitos regulares." Não havia um parágrafo terceiro no art. 87 do Projeto 143/1900, porém havia tal parágrafo no art. 82 do Decreto nº 917/1890, que tratava justamente do mesmo tema, e lá dispunha que "§ 3º [a] suspeição será opposta por petição. Ouvido o recusado por 48 horas, dar-se-ha ao recusante igual prazo para prova, findo o qual, o juiz julgará sem recurso. Si a sentença reconhecer a suspeição, será, do mesmo modo, sorteado outro adjunto."

Ou seja, todo o conteúdo do Decreto do Governo Provisório, bem como do Projeto 143/1900, remetia ao julgamento de comerciantes falidos por meio da decisão por maioria entre um colegiado formado por

[355] *Id. ibid.*

um juiz de direito e dois adjuntos sorteados pelo juiz de direito dentre os comerciantes matriculados na Junta Comercial ou na Associação Comercial, atribuindo, portanto, um julgamento com um membro do Estado, o juiz de direito – juiz togado –, e dois membros do comércio, pares – juízes leigos ou adjuntos –, portanto, do comerciante a ser julgado. Revela também essa proposta de inclusão na reforma da lei um papel relevante no meio comercial tanto das Juntas, quanto das Associações, pois estão sendo levadas em conta, ao menos pelos deputados que apoiavam o projeto de J. J. Seabra, para a indicação dos dois juízes que comporiam o julgamento colegiado em primeira instância.

Por outro lado, como crítico dessa proposta, vemos a posição contrária do deputado Paranhos Montenegro – magistrado, conservador, católico, grande proprietário de terras na Bahia (a região que veio a ser o município de Camaçari), avesso à participação de comerciantes no julgamento dos falidos – e seus contra-argumentos se dão em um sentido de acabar com essa proposta acerca da possibilidade de um julgamento colegiado, mantendo-se o poder de decisão e investigação exclusivamente sob a batuta de um juiz de direito e do Ministério Público.

Entre suas propostas de emendas, conforme apresentado anteriormente, todo esse movimento fica bem claro. Em resposta às críticas de Paranhos, na opinião da Comissão, externalizada pelo deputado J. J. Seabra, *essa de concentração das decisões apenas pelo juiz de direito, não seria a posição mais liberal para o comércio* e insistia em seu discurso em dizer que a falência, por suas relações patrimoniais e comerciais, interessava apenas aos credores e aos falidos, não devendo o Estado intervir em tal processo.

A presidência da Câmara então tentou colocar em votação a proposta de Emenda nº 19, para a supressão da participação dos dois adjuntos matriculados na Junta Comercial, porém o deputado J. J. Seabra novamente pediu a palavra e pediu a divisão da votação, sendo a primeira parte a supressão das palavras "*e por dous adjuntos, até o final*" e a segunda sobre os parágrafos 1º, 2º e 3º (que, conforme explicado, não constava do Projeto 143/1900). Novamente retomada a votação e aprovada a supressão completa, o deputado J. J. Seabra pediu novamente a palavra para que Câmara julgasse prejudicada a deliberação sobre os parágrafos 1º, 2º e 3º, porém sendo mantido o efeito da exclusão da participação dos dois adjuntos matriculados na Junta Comercial e dando-se a vitória à emenda do deputado Paranhos Montenegro para atribuir o julgamento e as decisões apenas ao juiz de direito da falência, aproximando o projeto do conservadorismo defendido por Paranhos e afastando o Projeto de Lei 143/1900 daquilo que seria entendido como mais liberal para o comércio.

De fato, dentre todas as emendas apresentadas, a única em que a Comissão não tomou um posicionamento definitivo, mas atribuiu à *sabedoria* da Câmara a decisão, foi a Emenda nº 19 do deputado Paranhos Montenegro e a Câmara, por sua vez, apesar dos alertas da Comissão e do aparente posicionamento contrário à concentração dos julgamentos das falências em apenas um juiz de direito, decidiu por aprová-la, com isso, suprimir a participação dos comerciantes adjuntos ao juiz de direito.

Essa falta de um posicionamento definitivo por parte da Comissão nos revela também que não houve consenso dentre os membros que a representavam sobre o direcionamento do tema a proposta de ruptura com o que adotara até então no Brasil. O único dos membros que tomou a palavra para explicar de um modo um pouco mais o objetivo – mesmo assim sem realizar uma defesa clara e deliberada da disposição –, bem como para indicar que a Comissão entenderia ser mais liberal o julgamento colegiado por maioria e incluindo dois representantes dos comerciantes, foi o deputado J. J. Seabra, que era o presidente da Comissão e relator do Projeto 143/1900, mas outros deputados participaram do debate, sem interferência daqueles outros membros que compunham a Comissão também. A conclusão dessa etapa, pelos debates, foi a de concentrar o processo apenas no juiz de direito singular, sem a inclusão dos dois adjuntos que se pretendeu brandamente com o Projeto de Lei, prevalecendo, portanto, a emenda apresentada pelo deputado Paranhos Montenegro.

Outra preocupação expressada pelo parecer da Comissão era sobre a destinação de um percentual da liquidação da massa aos curadores das massas – em relação aos juízes os pagamentos ainda se davam por meio dos parâmetros daquele Decreto imperial nº 5.737, de 2 de setembro de 1874 e estabeleciam um percentual a que teriam direito os juízes desde o despacho de abertura da falência, passando pela qualificação, recebendo também remuneração pela presidência das reuniões de credores e pela arrecadação da massa falida[356]. Isso porque a curadoria das massas, como órgão do Estado, era ligada ao Ministério Público e, na opinião da Comissão, deveria então ter sua remuneração com base nas aprovações orçamentárias que destinavam os recursos para tal órgão da administração pública e não com base em processos específicos.

Sobre este tema especificamente, objeto das últimas emendas apresentadas, em especial do deputado Neiva, o deputado J. J. Seabra alegou que

> *[n]ão póde a Commissão concordar tambem que se mantenha a pretendida porcentagem a que se teem julgado com direito os curadores das massas fallidas. A má intelligencia do decreto nº 917, tem dado ensejo a que em diversos Estados se tenha concedido ao curador fiscal uma comissão calculada sobre o activo real da massa. É preciso não confundir o curador das massas fallidas, orgão do ministerio publico, no dominio do decreto nº 917 e do projecto, com o curador fiscal creado pelo Codigo Commercial.* O papel deste é o do syndico provisorio do projecto e do decreto nº 917. È mister, podenrar, sensatamente um ilustre commentador do decreto nº 917, manter em sua integridade a pureza da instituição do ministerio publico e acabar com essas remunerações escandalosas a curadores fiscais (grifos nossos).[357]

356 BRASIL. *Decreto nº 5.737, de 2 de setembro de 1874*. "Art. 1º Os Juizes de Paz terão: [...] 5º Da opposição de sellos nos casos e fallencia, sendo a massa fallida arrecadada: até 5:000$000 5$000; além dessa quantia 10$000. Perceberão emolumentos dobrados si a arrecadação tiver lugar fóra da cidade ou villa.
[...].
Dos Juizes do Commercio
Art. 30: [não há *caput*]
1º Do despacho de abertura de fallencia 2$000
2º Do despacho da qualificação da fallencia o mesmo emolumento do art. 3º calculado sobre o activo arrecadado.
3º De assistirem á reunião de credores para concordatas, moratorias ou prestação de contas:
– Sendo até 20 credores 10$000
– Sendo mais de 20 credores 20$000
4º De assistirem a outra qualquer reunião de credores metade dos emolumentos do paragrapho antecedente."

357 BRASIL. *Anais da Câmara dos Deputados*. Sessão de 23 de maio de 1901, p. 208-209.

Nessa linha, a Comissão buscou deixar claro que os curadores fiscais das massas falidas não deveriam perceber porcentagem alguma, conforme os termos do art. 130 do Projeto 143/1900 que os deputados Paranhos Montenegro, Neiva e Pereira Lima propuseram suprimir. Na continuidade dos debates, durante a votação do Projeto 143/1900 na sessão da Câmara de 29 de maio de 1901, foi debatida a subemenda proposta pela Comissão ao art. 130 que dispunha "[e]mquanto os Estados, onde houver curador privativo das massas fallidas, unicamente com a porcentagem, não marcar vencimentos ao respectivo funcionário, continuará este a perceber aquella porcentagem."

Essa solução apresentada pela Comissão não era a de manter a remuneração do cargo de curador das massas falidas atrelada ao percentual do ativo das massas, mas atribuir aos Estados a competência para fixar a remuneração aplicável e, com isso, buscar extinguir a mecânica de remuneração de percentual dos ativos em favor desses membros do ministério público.

Nesse debate, o deputado gaúcho Germano Hasslocher[358] foi o primeiro a se manifestar no sentido de que esse art. 130 seria inadmissível, pois trataria de tema de competência exclusiva dos estados. Por outro lado, já com o apoio à subemenda, o deputado Neiva pediu a palavra e defendeu a manutenção do dispositivo nesse formato, pois traria uma medida temporária para a solução. O deputado J. J. Seabra, por sua vez, retomou a palavra e relembrou que o objetivo da Comissão na reforma da lei de falências era extinguir a porcentagem aos curadores fiscais e alegou que esse dispositivo *"[...] foi um encherto (sic) na legislação das fallencias, contra o qual tem-se levantado o clamor publico* (grifos nossos)."[359] Reiterou também que a Comissão já havia destacado que estava em vigor o art.

[358] Germano Hasslocher Filho, nascido em Santa Cruz, no Rio Grande do Sul, em 1862. "Ingressou depois na Faculdade de Direito de São Paulo, mas concluiu sua formação na Faculdade de Direito do Recife, de onde saiu bacharel em 1883. Depois de formado regressou ao Rio Grande do Sul, abriu banca de advogado e traduziu duas obras de Georges Ohnet: Derradeiro amor e A alma de pedra. Foi nomeado promotor público da cidade de Porto Alegre, cargo que ocupou entre os anos de 1891 e 1892. Depois desses anos, voltou a advogar e trabalhou em alguns periódicos da capital gaúcha." Acesso ao CPDOC/FGV. Disponível em http://www.fgv.br/cpdoc/acervo/arquivo, acesso em 16/5/2021.

[359] BRASIL. *Anais da Câmara dos Deputados.* Sessão de 29 de maio de 1901, p. 269.

5º, parágrafo 1º da Lei de 1894 que determinava que os curadores fiscais das massas falidas deveriam ter os vencimentos dos promotores públicos, como órgãos do Ministério Público, portanto, não caberia destinar qualquer porcentagem das massas falidas em favor de tais pessoas. O deputado Esmeraldino Bandeira[360] pediu mais esclarecimentos para entender se essa disposição já constava de lei ou se era parte do Projeto 143/1900 e o deputado Seabra respondeu o porquê dos curadores fiscais das massas falidas não terem direito ao recebimento de qualquer porcentagem das massas.

O Projeto nº 143/1900 foi então aprovado de acordo com as deliberações sobre as emendas e foi enviado à Comissão de Redação, para que fosse encaminhado ao Senado.

No Senado, o assunto passou a ser tratado na sessão de 24 de junho de 1901 e a discussão se abriu por meio da apresentação de uma nota da diretoria da Associação Comercial do Rio de Janeiro, assinada por Honorio Augusto Ribeiro, A. Chaves de Faria, Hermano Joppert e Henri Lentz (nota esta datada de 19 de junho de 1901), trazida pelo então presidente daquela sessão, senador Leopoldo de Bulhões[361]. Nessa nota os direto-

[360] Esmeraldino Olímpio Torres Bandeira, nascido em Recife, em 1865. Formou-se e direito na Faculdade de Direito de Recife em 1885. Biograficamente, temos que "[...] após formar-se foi oficial maior da Secretaria do Governo do Estado de Pernambuco, deputado estadual de 1893 a 1895, procurador-geral da República no governo de Prudente de Morais (1894-1898), e prefeito do Recife de 1898 a 1902. Eleito deputado federal por Pernambuco pela primeira vez em março de 1900, tomou posse em maio desse ano e foi três vezes reeleito: em 1903, 1906 e 1909." Acesso ao CPDOC/FGV. Disponível em http://www.fgv.br/cpdoc/acervo/arquivo, acesso em 16/5/2020.

[361] José Leopoldo de Bulhões Jardim, nascido em Goiás, em 1856. Formou-se em direito pela Faculdade de Direito de São Paulo em 1880. Tem marcado em sua biografia ter integrado "[...] o restrito grupo de 21 parlamentares encarregados de dar parecer sobre o projeto da nova Constituição, e posteriormente foi indicado pelo presidente da Comissão Constitucional para redigir o projeto final, ao lado de nomes como Júlio de Castilhos e José Higino. No mesmo dia em que era promulgada a Constituição, 24 de fevereiro de 1891, proferiu célebre discurso em que defendia a necessidade de revisão nova Carta: "Antes de assiná-la, me vejo forçado a declarar a V. Ex. que ela carece de revisão". Forte opositor, durante governo provisório de Deodoro da Fonseca (1889-1891), da política econômica de Rui Barbosa que liberalizou as emissões monetárias e provocou inflação, já no dia 19 de janeiro de 1891 afirmara da tribuna que as ações do titular da pasta da Fazenda 'parecem-

res da Associação Comercial da capital do Brasil, trouxeram um parecer da Comissão Especial formada no âmbito do Instituto da Ordem dos Advogados Brasileiros, sobre o Projeto de Lei nº 143/1900 enviado pela Câmara dos Deputados ao Senado. O parecer da Comissão Especial do Instituto da Ordem dos Advogados foi assinado pelos advogados Herculano Inglês de Sousa, como relator, Carvalho Mourão, Villela dos Santos, João Marques e M. A. de S. Sá Vianna.

Nas observações introdutórias da nota, a diretoria da Associação Comercial do Rio de Janeiro fez duras críticas à proposta de reforma do Decreto nº 917/1890 do Governo Provisório e mais ainda à consolidação das alterações para a promulgação de uma nova lei, como viera a proposta da Câmara dos Deputados. Em contrapartida ao Projeto de Lei nº 143/1900, por meio da nota, a Associação se manifestava no sentido de demonstrar que

> [n]as poucas emendas oferecidas [pela Associação Comercial do Rio de Janeiro], estão condensadas as verdadeiras aspirações do commercio brazileiro, aspirações que representam a seguridade na lei e a boa direcção na vida commercial, tornando ao mesmo tempo fixos os pontos duvidosos ou que se prestavam a variadas interpretações no decreto nº 917, que importavam em animação á fraude, devida, entretanto, mais a sua erronea applicação, do que á nova orientação por elle tomada, de accordo com a mais adeantada evolução do direito mercantil, mas que cumpria, em todo caso, prover de remédio, pela jurisprudencia assentada por nossos tribunaes.[362]

Na opinião da diretoria da Associação Comercial, não era necessário revolver toda a lei de falências como propusera o Projeto de Lei nº 143/1900 da Câmara dos Deputados, sobretudo no sentido que criticavam que tal projeto iria alterá-la de modo pontual e depois reproduzi-la integralmente formando uma nova lei. Porém, nas alterações propostas pela Câmara dos Deputados, a diretoria da Associação Comercial, apoiada

-me perigosíssimas, porque eternizam o papel-moeda e o curso forçado, determinando grandes flutuações nos preços e nos câmbios'. [...]. Em 1898 tornou-se presidente do Senado e passou a dar sustentação ao governo Campos Sales (1898-1902).".

[362] BRASIL. *Anais do Senado Federal.* Sessão de 24 de junho de 1901, p. 439.

pelo parecer do Instituto dos Advogados, entendia que os deputados haviam trazido um verdadeiro retrocesso ao direito mercantil brasileiro e elogiavam demasiadamente a evolução em matéria de falências trazida pelo Decreto do Governo Provisório em 1890, *alegando que o Decreto nº 917/1890 modernizara e trouxera a jurisprudência comercial do mundo civilizado, dos grandes métodos industriais que revolucionaram as relações do comércio e expõe uma crítica de que a proposta da Câmara dos Deputados buscou trazer uma aproximação ao Código de Falências de Portugal, aprovado pela Lei de 26 de julho de 1899 e que, também na opinião da diretoria da Associação, seria um retrocesso e estava fadado a ser reformado em pouco tempo.* De fato, como explicamos anteriormente, a Comissão da Câmara dos Deputados, por meio do discurso do deputado J. J. Seabra fez referência à legislação falimentar portuguesa para apresentar as reformas que propuseram, mas, ao contrário da visão de retrocesso do parecer do Instituto dos Advogados, de relatoria de Inglês de Sousa, enxergou na lei portuguesa avanços que deveriam ser incorporados nessa reforma que estavam propondo à lei falimentar brasileira.

Dentre os destaques da crítica da Associação Comercial e do Instituto dos Advogados, estavam também a nova exigência do pagamento de ao menos 50% dos créditos para fins de concessão da concordata, bem como a definição de falências culposas em relação a todas aquelas decretadas em que o comerciante não detivesse ativo correspondente ao menos a 25% de seu passivo. Nestes pontos a Associação Comercial do Rio de Janeiro ainda alegava que ao adotar essas premissas, a Câmara dos Deputados desconhecia a movimentação comercial do Brasil, sua ação e as especulações que se prestavam os negócios sobre os principais gêneros da produção no Brasil, bem como do consumo de produtos vindos de outros países. E concluíram sua nota alegando que essas alterações especificamente não poderiam ser aceitas pelo Senado Federal. Principalmente a fixação do valor mínimo de 50% da proposta de pagamento na concordata, que constava do parágrafo único do art. 48 do Projeto de Lei nº 143/1900 da Câmara dos Deputados, assim como fixava o prazo máximo de nove meses para o pagamento, exceto se houvesse unanimidade entre os credores para deliberar sobre um percentual inferior e um prazo superior.

O parecer do Instituto da Ordem dos Advogados, por sua vez, reforçava os pontos introdutórios da Associação Comercial do Rio de Janeiro e ainda complementava a crítica ao alegar que os membros da Comissão Especial do Instituto tinham ouvido as queixas "*dos mais autorizados representantes do commercio desta praça [Rio de Janeiro] e a opinião dos juristas que lhe parecerem mais no caso de conhecer as necessidades praticas do assumpto* [...] (grifos nossos)."[363]

Chegaram à conclusão sobre as queixas que ouviram sobre o Decreto do Governo Provisório, no sentido de entender que o maior problema do Decreto nº 917/1890 foi que não conseguiu deixar clara a separação da responsabilidade criminal e da obrigação comercial – tal qual vimos as discussões durante a segunda metade do século XIX –, gerando uma confusão entre o interesse da justiça pública com o interesse privado dos credores. Essa confusão teria criado uma inadmissível dependência da ação penal sujeita à deliberação dos ofendidos pela culpa ou pelo dolo do falido, como se somente os credores do falido tivessem interesse na punição pelos delitos, sem levar em conta que os delitos contra a propriedade são matéria de interesse da sociedade, sobretudo por afetarem neste caso diretamente o crédito, que é descrito como um "[...] elemento necessário da vida no commercio moderno."[364]

Na opinião dos juristas da Comissão Especial do Instituto, a impontualidade do devedor comerciante induziria obrigatoriamente à suspeita de culpa e, apenas por este elemento, já tornaria necessária a instrução criminal obrigatória e independente de qualquer acordo ou concordata em que o insolvente pudesse transigir com seus credores. De mesmo modo, os devedores insolventes e os falidos, que buscassem a cessão de bens ou a liquidação judicial, deveriam provar que estavam livres de culpa, em vez de incumbir a prova aos credores, que seriam "[...] victimas da impontualidade [...]"[365], o que deveria levar a uma necessária reforma dos dispositivos contidos nos art. 43 e 44, parágrafo 1º do Decreto nº 917/1890[366].

[363] BRASIL. *Anais do Senado Federal*. Sessão de 24 de junho de 1901, p. 440.
[364] *Id. ibid.*
[365] BRASIL. *Anais do Senado Federal*. Sessão de 24 de junho de 1901, p. 440.
[366] BRASIL. *Decreto nº 917, de 24 de outubro de 1890*. "Art. 43. A concordata por abandono consistirá na adjudicação de todos os bens presentes da massa ou de parte delles aos credores para solução do passivo e importará completa desoneração do devedor, que ficará livre dos effeitos commerciaes, civis e criminaes da fallencia." E "Art. 44. A concordata por pagamento consistirá na manutenção do devedor na posse da massa pelo tempo accor-

Com isso, na opinião da Comissão Especial do Instituto dos Advogados, não caberia a investigação, tampouco a guarda e administração da massa às pessoas indicadas pelos síndicos, mas sim aos curadores fiscais das massas falidas ligados ao Ministério Público. Outro incomodo, em linha também com aquele outrora apresentado no relatório da Comissão dos deputados na Câmara era a alegação da simulação de passivos e também neste ponto a Comissão Especial do Instituto buscou apresentar reformas ao Decreto, mas ao mesmo tempo, elogiavam a inovação da cessão de bens e liquidação judicial, ao contrário das críticas da Câmara, pois no entender da Comissão Especial, o Decreto "*combinou sabiamente a liquidação judicial, especie de fallencia attenuada da lei franceza de 4 de março de 1889 e a Order of Discharge do direito inglez (leis de 25 de agosto de 1883 e 18 de agosto de 1890) com a bella e humanitaria instituição regulada pela Ord. Do Liv. 4º Tit. 74 e que nos herdou o direito justinianico* (grifos nossos)."[367]

Como forma de atender esses anseios por mudanças na lei falimentar, a Comissão Especial do Instituto da Ordem dos Advogados focou em separar a parte criminal da parte comercial do processo de falência, reduzindo a intervenção do curador fiscal das massas falidas e a parte criminal às matérias de ordem pública e limitou a atuação dos síndicos à parte administrativa das falências. De mesmo modo, para evitar a confusão que a Comissão Especial alegava estar sendo percebida na jurisprudência envolvendo falências de sociedades anônimas, a Comissão Especial do Instituto propunha retirar do Decreto o art. 141[368], bem como os arts. 17 e 19 do Decreto nº 164/1890[369], relativos à liquidação forçada das sociedades anônimas, pois estas deveriam ter seus processos nos mesmos moldes

dado para o pagamento dos credores, nos termos propostos e aceitos. *§ 1º Esta fórma de concordata não desonera o devedor, não o liberta dos effeitos civis, commerciaes e criminaes da fallencia sinão depois de decorrido o tempo accordado e de satisfeitos os termos do accordo, salvo si for cumprido dentro do prazo concedido pelos credores* (grifamos)."

367 BRASIL. *Anais do Senado Federal.* Sessão de 24 de junho de 1901, p. 441.

368 BRASIL. *Decreto nº 917, de 24 de outubro de 1890.* "Art. 141. A liquidação forçada das sociedade anonymas continuará a ser feita segundo o direito vigente."

369 BRASIL. *Decreto nº 164, de 17 de janeiro de 1890.* "Art. Art. 17. As sociedades ou companhias anonymas dissolvem-se:

1º Por consenso de todos os accionistas;

2º Por deliberação da assembléa geral (art. 15, § 4º);

das falências declaradas de quaisquer comerciantes em nome individual ou coletivo.

Após a apresentação no Senado Federal tanto da nota da diretoria da Associação Comercial do Rio de Janeiro, quanto do parecer do Instituto da Ordem dos Advogados, o assunto foi retomado em 4 de outubro de 1901. O senador Feliciano Penna[370] apresentou um posicionamento no debate sobre as propostas de reforma da Câmara dos Deputados e as emendas que deveriam ser votadas pelo Senado para alterar o Projeto de Lei nº 143/1900, porém a discussão da proposição da reforma da lei não foi publicada nos anais do Senado Federal[371], mas o parecer da Comissão de Justiça e Legislação do Senado Federal apresentado na mesma sessão do dia 4 de outubro de 1901 – parecer este concluído em 14 de setembro de 1901 –, consta dos anais do Senado Federal. A Comissão de Justiça e Legislação era então composta pelos senadores J. L. Coelho e Campos[372], Gonçalves Chaves[373] e Thomaz Delfino[373].

3º Por insolvencia ou cessação de pagamentos;
4º Pela terminação de seu prazo;
5º Pela reducção do numero dos socios a menos de sete. Neste caso a sociedade só se entenderá dissolvida, si durante o prazo de seis mezes não se preencher o numero legal." E "art. 19. São applicaveis á liquidação forçada das sociedades anonymas, com as alterações constantes dos arts. 20, 21, 22, 23, 24 e 25, as disposições do codigo commercial relativas á fallencia na parte civil e administrativa."

[370] Feliciano Augusto de Oliveira Penna, formado em Direito pela Faculdade de Direito de São Paulo em 1869 e, conforme o CPDOC da FGV, "[...] foi juiz municipal de Mariana e São João del Rei, além de promotor público em Barbacena. Ingressou na política ao ser eleito deputado provincial em Minas Gerais na legislatura 1870-1871. Foi reeleito nas legislaturas seguintes e exerceu o mandato até 1875. Regressou à política já após a proclamação da República (15/11/1889), quando foi eleito deputado por Minas Gerais ao Congresso Nacional Constituinte, em 15 de setembro de 1890." Disponível em http://www.fgv.br/cpdoc/acervo/dicionarios/verbete-biografico, acesso em 21/10/2022.

[371] BRASIL. *Anais do Senado Federal.* Vol. 3. Sessão de 4 de outubro de 1901, p. 2.

[372] José Luiz Coelho e Campos, nascido em Divina Pastora, Sergipe, em 1843. Formado em direito, na Faculdade de Direito de Recife. Pela descrição biográfica do Senado Federal teve como profissão a advocacia e atividades industriais e de proprietário rural (https://www25.senado.leg.br/web/senadores/senador/-/perfil/1947, acesso em 17/5/2020).

[373] Antônio Gonçalves Chaves Júnior, nascido em Montes Claros, Minas Gerais, em 1840.

Em uma longa e detalhada exposição a Comissão do Senado trouxe o Parecer nº 123/1901 sobre o Projeto de Lei nº 143/1900 da Câmara, opinando pela adoção deste projeto de lei, com os retoques e aditamentos que submeteu à apreciação do Senado Federal. A Comissão do Senado abriu seu parecer dizendo que

> "[e]m materia de fallencia, escreveu um estadista, não ha previsões legislativas que bastem, nem reformas que muito durem. Por um lado, a extrema mobilidade do crédito, cuja segurança a lei de fallencias se propõe tutellar, desorienta e amesquinha as mais completas e adequadas providenciais e obrigam o legislador a seguir em suas constantes transformações os caprichosos movimentos desse maravilhoso Protheu[375]. Por outro lado, a astucia dos interesses penetra e desconcerta as mais finas malhas da urdidura legislativa e o dolo e a fraude muitas vezes auxiliados pelo desleixo ou complacencia dos proprios executores da lei, a breve trecho fazem de descredito desta o pedestal dos seus triumphos."[376]

Nessa esteira a Comissão do Senado justificou que a Inglaterra passara por mais de quarenta reformas legislativas em matéria de falências durante um intervalo de sessenta anos e, portanto, não seria de se admi-

Formado em direito pela Faculdade de Direito de São Paulo, em 1863. Tem em seus dados biográficos que "[j]á sob o regime republicano foi eleito deputado federal por Minas Gerais em 1891 e ocupou uma cadeira na Câmara dos Deputados, no Rio de Janeiro, então Distrito Federal, de 3 de maio daquele ano a 31 de dezembro de 1893. Em 1894 foi eleito senador e exerceu o mandato até 1902. Além da atividade política, foi juiz municipal em Montes Claros, juiz de direito nessa cidade, em Rio Pardo e em Mariana, e diretor da Faculdade Livre de Direito de Minas Gerais, criada em Ouro Preto em 1892." Acesso ao CPDOC/FGV. Disponível em http://www.fgv.br/cpdoc/acervo/arquivo, acesso em 17/5/2020.

[374] Tomás Delfino dos Santos (como grafado no arquivo do Senado Federal), nascido no Rio de Janeiro, em 1860. Formou-se em medicina pela Faculdade de Medicina do Rio de Janeiro em 1882.

[375] Na mitologia grega Proteu é filho dos titãs Oceano e Tétis e era tido como um profeta, um ser com o dom da premonição e atraia, com isso, aqueles que tinham interesse sobre o que os aguardava o destino. Aparece também no Canto IV da Odisseia em referência à sua profecia contada por Menelau sobre Odisseu ainda estar vivo em uma ilha (HOMERO. *Odisseia*. Trad. Carlos Alberto Nunes. Rio de Janeiro: Nova Fronteira, 2015, p. 73-96).

[376] BRASIL. *Anais do Senado Federal*. Vol. 3. Sessão de 4 de outubro de 1901, p. 267.

rar que no Brasil, desde a promulgação do Código Comercial de 1850, alterações tenham de ser feitas sobre essa parte das falências, sendo certo que uma reforma radical se dera com o Decreto nº 917/1890 do Governo Provisório, tampouco deveria ser surpresa que já se levantassem queixas com a intensidade de um clamor, apenas dez anos após a outorga de tal Decreto. O parecer do Senado alegava que já se noticiava no Jornal do Comércio do Rio de Janeiro uma reunião de industriais e que se articulava na corporação comercial do Rio de Janeiro um movimento *contra alguns pontos do Decreto nº 917/1890, por serem a égide da má-fé contra o comércio honesto*. Ou seja, a disposição legal estabelecida no Decreto, estaria autorizando à realização de atos que não seriam de boa-fé e, portanto, precisaria ser reformada.

Criticava também o que seria de notório conhecimento, como destacado no parecer da Câmara dos Deputados, *que todos sabiam de devedores solváveis estavam impondo concordatas com pagamento de 5% dos créditos* e a Comissão do Senado fez uma referência ao trabalho do jurista Carvalho de Mendonça, citado pela primeira vez no Senado nesses debates parlamentares no parecer da Comissão. De acordo com a Comissão, Carvalho de Mendonça denunciara a alegada pungente realidade de que entre tantas falências declaradas desde 1890, nenhuma condenação foi infligida. Remetendo a um discurso de Napoleão Bonaparte, no Conselho de Estado de 1807, a Comissão transcreveu que

> *[n]os costumes actuaes, a severidade é indispensavel.* A bancarrota serve para crear fortunas sem fazer perder a honra e isto é necessário obstar. É preciso que o fallido não entoe arias de triumpho, nem mesmo indiferença, e que, pelo menos, se apresente ao publico com o aspecto abatido de que foi victima da desventura. *E já que os costumes tomaram diversa direcção, é de necessidade corrigil-os* (grifos nossos).[377]

A Comissão do Senado via muita analogia entre o período em que Napoleão Bonaparte teria feito tal discurso sobre as falências na França e aquele momento atual do Brasil, bem como a necessidade de maior rigor

[377] *Id. ibid.*

para fins dessa reforma da lei falimentar, especialmente essa punição moral perante todo o público, para que todos vissem o falido sob essa perspectiva de alguém abatido.

Inicialmente, para justificar seus destaques e alterações ao projeto de lei da Câmara, a Comissão do Senado partiu para a distinção dos interesses da política pública sobre as leis falimentares: (i) interesses de ordem patrimonial e (ii) interesses de ordem pública, que deveriam ser atendidos em processos distintos. Destacaram, com isso, que as funções do Ministério Público só começariam quando houvesse culpa ou fraude, e a punição se interessasse a sociedade inteira e, para que houvesse o julgamento adequado, os senadores entendiam que não poderiam aceitar que julguem as falências aqueles próprios que a intentam - ou seja, os próprios comerciantes -, fazendo uma referência implícita à crítica sobre aquela previsão de tribunais de falência compostos por um juiz de direito, togado, e dois adjuntos comerciantes matriculados na junta comercial, como vimos no debate havido na Câmara dos Deputados entre o deputado Paranhos Montenegro e o deputado J. J. Seabra.

Em linha com o parecer do Instituto da Ordem dos Advogados, os senadores assumiram como premissa a alegação de que a impontualidade do devedor comerciante induziria pelo menos à suspeita de culpas e tornaria, portanto, obrigatória a instrução criminal, independentemente de qualquer acordo ou concordata (replicando exatamente o trecho do parecer da Comissão Especial do Instituto). Com isso, na opinião dos senadores, o processo penal obrigatório no instituto da falência inspiraria o receio salutar a todos os que exerciam o comércio, refreando abusos e as fraudes, sendo com isso, fundamental a intervenção do Ministério Público nessa etapa de investigação criminal, por meio de uma promotoria pública, a substituir a curadoria fiscal das massas falidas, evitando-se, com isso, a colisão de interesses e direitos.

Apenas para deixar claro, a Comissão do Senado, tal qual a Comissão da Câmara, não se baseou em quaisquer dados do Ministério da Justiça sobre condenações de falências fraudulentas, tampouco apresentou quaisquer dados que explicitassem ou justificassem quais seriam essas *fraudes*, estando sempre o argumento conectado à alegação de *abusos*, ou seja, comerciantes que estavam usando as disposições previstas no

Decreto, porém que não seria mais algo a ser aceito no Brasil de acordo com a visão desses personagens que vinham liderando os debates.

A Comissão do Senado também concordava com a Câmara, ao contrário do parecer da Comissão Especial do Instituto da Ordem dos Advogados e da opinião da diretoria da Associação Comercial do Rio de Janeiro, que a reforma da lei de falência deveria suprimir os institutos da (i) moratória, (ii) cessão de bens e (iii) concordata por abandono, reformando-se a (iv) concordata preventiva.

Sobre a necessidade de extirpação da (i) moratória o Senado fez referência ao fato de as leis falimentares da Inglaterra e Estados Unidos desconhecerem tal instituto, e as leis falimentares da França, Áustria, Alemanha, Espanha, Portugal e Bélgica terem banido tal instituto.

Em relação à necessidade de supressão da (ii) cessão de bens o Senado fez referência ao entendimento de Teixeira de Fretas e de Carvalho de Mendonça de que as Ordenações Filipinas, Livro 4, Título 74, já teriam sido revogadas ou caído em desuso e, portanto, não havia justificativa para se manter tal instituto ligado ao direito comercial. Mas o motivo fundamental, apontado pelo parecer do Senado, foi no sentido de que esses institutos da (i) moratória e da (ii) cessão de bens teriam sido "[...] viaducto de fraudes repugnantes e escandalosas."[378] Essa mesma justificativa se aplicou ao argumento sobre a necessidade da exclusão do instituto da *(iii)* concordata por abandono.

Por sua vez, entendiam que a *(iv)* concordata preventiva poderia ter em si incorporadas características de instituto moratório, remissório ou misto, de modo que sua reforma era necessária para adequá-la a essas possibilidades e afastá-la das fraudes e, neste ponto, fez críticas ao Projeto de Lei da Câmara e, portanto, estabeleciam a necessidade de que os acordos entre devedores e credores deveriam ser realizados em juízo e não fora do *Palácio da Justiça.*

Além disso, o parecer da Comissão do Senado também criticava a fixação do percentual mínimo de pagamento de 50% dos créditos, sobretudo por prejudicar tanto credores, quanto devedores honestos, cuja insolvência era casual e que esse percentual mínimo também não seria útil para

[378] BRASIL. *Anais do Senado Federal.* Vol. 3. Sessão de 4 de outubro de 1901, p. 268.

prevenir fraudes e casos de abuso. O Senado brasileiro entendia que essas medidas todas de reforma da lei de falências de fato se apresentavam como limitações à liberdade comercial, mas que de nada valeria tal liberdade se o Estado não fosse capaz de garantir a luta contra os abusos[379].

Neste ponto, para adequar a dinâmica das concordatas, os senadores remeteram ao direito norte-americano e falaram da lei de 1 de janeiro de 1892 dos Estados Unidos da América *do Norte* que disporia de outros parâmetros para a aceitação dos credores das concordatas: se o dividendo a ser pago na concordata fosse superior a 50%, então bastaria a aprovação de mais da metade dos créditos, se o dividendo a ser pago fosse inferior, então seria necessária a aprovação de três quartos dos créditos. Outro ponto que se atentaram, justamente para fins da verificação desses quóruns, foi sobre a escrituração dos livros comerciais, que deveria ser obrigatória e não facultativa como constava do Decreto nº 917/1890, batendo no ponto de que a lei então atual não trazia em si a quebra presumida com culpa, somente criminalizando as situações em que havia falta de livro diário para a escrituração contábil, havendo livro, por outro lado, ainda que "não legalizado", cessaria qualquer medida penal.

Essa *legalização* dos livros era realizada perante a Junta Comercial e se dizia que era comum que comerciantes já *legalizassem* dois ou três exemplares a cada vez, criando assim livros sobressalentes em que se poderiam ter registros distintos dos lançamentos contábeis. Por outro lado, a falta de *legalização* perante a Junta Comercial também não era considerada um crime, na alegação do Senado, portanto, essa falta de controle sobre os lançamentos contábeis nos livros seria um caminho aberto para o *artifício da escrita* e alegavam que "[d]e tal arte, muitas vezes, os tres quartos dos creditos actualmente exigidos para os accordos e concordatas, são representados ou completados por meia duzia de *phosphoros*, amigos con-

379 BRASIL. *Anais do Senado Federal*. Vol. 4. Sessão de 4 de outubro de 1901, p. 269. No original ainda ficou registrado esse afastamento de ideias liberais em relação à liberdade de contratação entre devedores e credores que "[s]em duvida que ha limitação á liberdade commercial; mas que vale um principio, uma liberdade, que não ha como garantir? Aqui formigam as concordatas de 5%!!"

descentes (sic), sinão cumplices do devedor, que são relacionados como credores. E não hajam concordatas de 5%!!"[380]

Foi também no parecer da Comissão do Senado que surgiu a sugestão da dupla maioria para a aprovação do acordo nas falências e da concordata, ou seja, não apenas a maioria dos créditos como até então disposto na lei brasileira e no projeto aprovado na Câmara dos Deputados, mas também a maioria dos credores. Essa maioria dupla, como vimos, já existia na previsão do Código Comercial em 1850[381], porém já havia sido abandonada na prática ainda na década de 1850, oficializada pela orientação de Nabuco de Araújo e também havia sido abandonada pelo Decreto nº 917/1890 e assim também permanecera na proposta do Projeto de Lei aprovado na Câmara.

E foi no Senado também que a Comissão sugeriu a emenda para a alteração das porcentagens necessárias para a consecução do acordo ou da concordata, estabelecendo três critérios que viriam a ser incorporados pelo texto final daquela que seria a Lei nº 859/1902: *(a)* a maioria dos credores, representando mais da metade dos créditos, nos casos em que o dividendo a ser pago fosse superior a 50%; *(b)* 2/3 dos credores e 3/4 dos créditos ou 3/4 dos credores e 2/3 dos créditos se o dividendo fosse não inferior a 30% e *(c)* 3/4 dos credores e dos créditos se o dividendo fosse menor do que 30%; limitando-se, com isso, de modo até então não conhecido na lei brasileira sobre falências e concordatas, a liberdade de negociação e contratação entre credores e devedores.

Desse modo, seguindo tais alterações, o Senado entendia que a lei falimentar brasileira fundiria o sistema norte-americano e o português[382]. As comparações com outras leis continuaram e os senadores entenderam que essa solução seria melhor do que a em vigor na lei de falências da Suécia, em que sempre se atribuiria ao juízo falimentar a decisão sobre acordos com pagamentos inferiores a 50% e seria também melhor que a

[380] BRASIL. *Anais do Senado Federal.* Vol. 4. Sessão de 4 de outubro de 1901,, p. 270.

[381] BRASIL. *Lei nº 556, de 25 de junho de 1850 (Código Comercial).* "Art. 847. (...). Para ser válida a concordata exige-se que seja concedida por hum numero tal de credores que represente pelo menos a maioria destes em numero, e dous terços no valor de todos os creditos sujeitos aos effeitos da concordata."

[382] BRASIL. *Anais do Senado Federal.* Vol. 4. Sessão de 4 de outubro de 1901, p. 271.

do Projeto de Lei aprovado na Câmara, que exigiria unanimidade para fins de aprovação de um pagamento inferior a 50%.

Ainda sobre o tema dos institutos dos acordos e das concordatas o parecer do Senado também diferiu do texto aprovado pela Câmara, indo na linha de entender de que não fazia mais sentido manter dois institutos similares existentes no Decreto do Governo Provisório e no Projeto de Lei da Câmara, especificamente o acordo extrajudicial ou concordata preventiva, isso porque no entendimento do Senado, se consideraria que na jurisprudência o acordo extrajudicial seria um acordo amigável com todos os credores já estaria autorizado nos termos do art. 149 do Decreto[383] e o acordo celebrado perante o juízo seria a concordata preventiva, devendo este ser mantido.

Outra divergência entre o parecer da Comissão do Senado e o projeto de lei aprovado na Câmara dizia respeito sobre a culpabilidade presumida das falências cujo ativo fosse inferior em 25% em relação ao passivo. O parecer do Senado entendia que essa medida era

> [s]em precedente em legislação conhecida, inefficaz contra a fraude, iniqua para o devedor de boa fé, sua consequencia seria indultar criminosos que essa porcentagem apresentem, locupletando-se do mais, e condemnar innocentes que essa porcentagem não apresentem por circumstancias alheias á sua vontade, e de que nem mesmo culpa tenham.[384]

Porém, por outro lado, entendia que a porcentagem fazia sentido para o caso das concordatas, pois serviria como um alerta do devedor para que se valesse do instituto de modo sério e visando a solução do pagamento aos credores.

Quanto à declaração da falência do comerciante o parecer do Senado indicava que a impontualidade de obrigação mercantil, líquida e certa, protestada e não paga, destacada no projeto como o principal meio para

[383] BRASIL. *Decreto nº 917, de 24 de outubro de 1890.* "Art. 149. Salvo disposição expressa de lei em contrario, os credores poderão tomar quaesquer deliberações a respeito dos bens da fallencia, inclusive a renuncia pura ou condicional em favor do fallido, sua viuva ou seus herdeiros, devendo, porém, neste caso ser unanime."

[384] BRASIL. *Anais do Senado Federal.* Vol. 4. Sessão de 4 de outubro de 1901, p. 271.

o pedido de falência por parte dos credores quirografários, deveria também compreender o direito dos credores portadores de títulos civis contra o devedor comerciante e, além disso, também propunha a extensão da impossibilidade do pedido de falência por parte do credor hipotecário e pignoratício aos credores anticresistas e privilegiados, de modo que tais credores somente poderia realizar o pedido de falência do devedor comerciante caso a garantia que lhe traria o privilégio fosse insuficiente para cobrir o saldo da dívida, podendo também, para tanto, renunciar à garantia caso assim preferisse para cobrar seus créditos – em linha com a previsão do art. 54, § 2º sobre a renúncia tácita de garantias por parte dos credores que decidissem participar da deliberação sobre os pedidos de concordatas.

O parecer do Senado também foi crítico sobre a forma de nomeação dos síndicos das massas falidas e a própria comissão fiscal da massa falida. Na mesma linha daquela crítica apresentada pelo deputado Paranhos Montenegro quando da discussão na Câmara, o parecer do Senado externalizou o entendimento de que o projeto de lei tiraria do juiz o poder da nomeação em benefício do falido que poderia fazer do seu maior credor aquele que quisesse, em razão da ausência de obrigatoriedade da legalização dos livros escriturais contábeis. Entendia o parecer do Senado que a nomeação dos síndicos era um assunto da maior importância, citando o jurista francês Thaller – como parte da retórica de apontamento de um discurso de autoridade, valendo-se da referência de um autor estrangeiro que validaria o próprio discurso do orador –, tal função seria fundamental tanto para fins da rapidez, quanto para a lealdade das liquidações comerciais. Mencionou-se também que a lei austríaca de 1808, em seu art. 75, definiria que "para administrar a massa seja nomeado um homem de fama illibada, que mereça confiança e conheço os negocios."[385] E explicavam que a forma de nomeação variaria de sistema para sistema, tendo algumas leis falimentares fixado uma nomeação pelo juiz, ouvidos os credores, outra síndicos provisórios nomeados pelos juízes e posteriormente nomeados definitivamente pelos credores, em outras síndicos nomeados apenas pelos credores e assim se seguiria.

[385] *Id.*, p. 273.

Porém, o projeto de lei estava trazendo o conceito de nomeação como síndico o maior dentre os credores, o que, na opinião do parecer do Senado, seria o mesmo que atribuir ao falido a escolha do seu síndico, com base naqueles mesmos argumentos de que os falidos fabricariam seus maiores credores. Isso seria um absurdo e não se poderia aceitar.

Além do risco da fabricação dos valores e créditos, o Senado também destacava o risco do interesse individual do maior credor acabar por colidir com o interesse coletivo da massa de credores. Também não se deveriam criar cargos públicos para que prestassem esses serviços nas massas falidas. Por esses motivos, entendia a Comissão do Senado que o caminho seria adotar o mesmo sistema do direito falimentar argentino.

No código de falências argentino haveria a disposição do art. 1.419 que determinara "[n]o mez de dezembro de cada anno, a Camara do Commercio da Bolsa, onde a houver, formará uma lista de trinta commerciantes notoriamente abonados e de bom credito para desempenharem os cargos de syndicos nas quebras que ocorrerem no anno seguinte."[386] No caso brasileiro essa mecânica seria incumbida à Juntas Comerciais das capitais, de dois em dois anos. Nos outros lugares essas listas seriam formadas por comerciantes considerados como os maiores contribuintes da respectiva região, em uma reunião presidida pelo juiz de direito da comarca pertinente e, caso não houvesse comerciantes que se habilitassem, a função seria exercida pelo próprio juiz.

A comissão fiscal, por outro lado, seria mantida e seria tirada entre os dez maiores credores segundo a lista do falido. Seria por meio da comissão fiscal que os credores se fariam representar na administração da massa, portanto.

A remuneração dos síndicos também foi alvo de críticas, pois estaria vinculada à limitação dos 3% da avaliação do ativo total arrecadado e a ser decidida pelos credores, e deveria ser fixada pelo juiz do processo da falência e o percentual fixado sobre o valor da efetiva liquidação, já sendo deduzido desta. Outra restrição que sugeria o parecer da Comissão do Senado era para não autorizar síndicos das massas a contratarem advogados, exceto para fins de atuação da massa em processos (comparecendo a

[386] BRASIL. *Anais do Senado Federal*. Vol. 4. Sessão de 4 de outubro de 1901, p. 273.

massa falida como autora ou ré), pois essas contratações seriam também abusivas diante do que se constatava na prática – novamente sem apresentar dados ou casos específicos que justificassem o argumento.

A falta de previsões que poderiam promover a celeridade na arrecadação também foi outro ponto criticado pelo parecer do Senado e, em linha com o parecer da Comissão Especial do Instituto da Ordem dos Advogados Brasileiros, reconhecia a Comissão do Senado que havia no Brasil, naquele momento, um abuso na demora para a realização de tal arrecadação – sem indicar qual o prazo dessa demora. Com a nomeação do síndico pelo juiz de direito responsável pelo processo de falência, também haveria a imediata iniciativa da arrecadação do ativo, tão logo houvesse a declaração da falência. Para tanto, o parecer do Senado também sugeria retomar a previsão do Código Comercial de 1850 que estabelecia a obrigatoriedade de aposição imediata de selos nos livros, bens e documentos do falido, que havia sido desobrigada pelo Decreto do Governo Provisório. Nesse aspecto de celeridade o parecer do Senado também sugeria a retomada do Decreto nº 1.579/1855 do Império, pois permitia o rito sumaríssimo para as falências menores, assim consideradas as com fundo mercantil até 10:000$000.

Quanto aos aspectos punitivos da lei, especificamente sobre a privação dos direitos políticos do falido, a Comissão do Senado tampouco concordou com o projeto de lei da Câmara. O Senado fez questão de explicar que a proposta da Câmara não estava em linha com as privações de direitos políticos previstas no art. 71 da Constituição Brasileira[387] – importante não perder de vista as restrições que já constavam do art. 70

[387] BRASIL. *Constituição Federal dos Estados Unidos do Brazil de 1891*. "Art. 71. Os direitos de cidadão brazileiro só se suspendem, ou perdem nos casos aqui particularisados.
§1º Suspendem-se:
a) por incapacidade physica, ou moral;
b) por condemnação criminal, emquanto durarem os seus efeitos.
§ 2º Perdem-se:
a) por naturalisação em paiz estrangeiro;
b) por acceitação de emprego ou pensão de governo estrangeiro, sem licença do Poder Executivo Federal.
§ 3º Uma lei federal determinarà, as condições de reacquisição dos direitos de cidadão brazileiro."

da Constituição, sobre quem seriam os *cidadãos brasileiros* que poderiam se alistar para a votação e para serem elegíveis: *(a)* homens, *(b)* maiores de 21 anos, que não fossem *(c)* mendigos, *(d)* analfabetos, *(e)* praças (excetuados os alunos das escolas militares de ensino superior) e *(f)* os religiosos de ordens monásticas e demais, que fossem sujeitos a votos de obediência ou que se submetessem a qualquer forma que importasse a renúncia da liberdade individual. Ao mesmo tempo entendia o Senado que só teria lugar a aplicação da suspensão de direitos políticos em razão de condenação criminal, somente se a falência fosse considerada culposa ou fraudulenta, o que estaria em linha também com aquela orientação do Senado de supressão da presunção de falência fraudulenta criada pelo projeto de lei da Câmara nos casos em que o ativo do falido fosse inferior a 25% do seu passivo.

Nessa mesma linha dos efeitos criminais sobre os falidos, a Comissão do Senado passou também a debater o tema sobre a liberdade e a interdição do falido. Interdição, no entender da Comissão, também seria matéria restrita às hipóteses previstas em lei, cabendo apenas aos *loucos* (sic) ou *pródigos* que tivessem sido declarados assim por sentença. O falido não teria a possibilidade de ter sua interdição determinada pelo simples fato de ser falido.

Por outro lado, o projeto de lei passou a determinar a possibilidade de prisão do falido pela mesma sentença de declaração da falência. Mas o Senado notou que havia uma contradição temporal para essa condenação à prisão, especialmente porque os fatos a serem apurados para caracterizar a possibilidade de prisão somente poderiam ser apurados após a declaração de falência e isso feriria a própria Constituição, pois não era permitida a prisão antes da culpa formada, senão nos casos expressamente previstos em lei, o que não era o caso da falência – não era autorizada a prisão preventiva no Brasil, exceto quando em flagrante.

E a Comissão de Justiça e Legislação encerrou seu parecer dizendo que "[...] aprovada a proposição, nos termos expostos, *se terá satisfeita uma necessidade instantemente reclamada pela parte sã da importante classe a que affecta, e pelo credito nacional, que a todos interessa* (grifos nossos)."[388] Apesar

[388] BRASIL. *Anais do Senado Federal*. Vol. 4. Sessão de 4 de outubro de 1901, p. 276.

da crítica do parecer do Instituto da Ordem dos Advogados e da Associação Comercial do Rio de Janeiro, conforme apresentados anteriormente no Senado, o parecer da Comissão de Justiça e Legislação também seguiu pela consolidação e edição de uma nova lei e reapresentou o texto como um todo e não apenas realizando alterações pontuais no Decreto do Governo Provisório. Esse parecer do Senado também foi publicado na íntegra no jornal "Correio da Manhã" do Rio de Janeiro na edição de 6 de outubro de 1901, apesar de não haver a publicação anterior da exposição de motivos da Câmara quando da aprovação do seu PL[389].

Em sessão de 14 de outubro de 1901 a discussão sobre a reforma da lei de falências entrou em pauta novamente no Senado, para se debater as emendas oferecidas pela Comissão de Legislação e Justiça e, como parte da ordem do dia no Senado, o senador Gonçalves Chaves, membro da Comissão de Legislação e Justiça e um dos três senadores que assinou o parecer sobre a reforma da lei, iniciou os trabalhos.

Pode-se dizer que as sessões no Senado costumavam ser curtas, pois, as avaliadas nesta pesquisa para fins de análise dos debates da reforma da lei de falências tendiam a se iniciar a partir do meio-dia e meia e eram concluídas por volta das três e meia da tarde, já sendo considerado o "adiantado da hora" para justificar o encerramento. Também era comum uma quantidade considerável de ausências entre os senadores – o então senador Ruy Barbosa[390], por exemplo, esteve ausente em todas as discussões sobre a reforma da lei de falências que vão se dar ao longo das ses-

[389] BRASIL. Biblioteca Nacional. *Jornal Correio de Manhã do Rio de Janeiro*. Edição 114, 1901.
[390] Ruy Barbosa (ou Rui Barbosa), pelo CPDOC da FGV, nascido na Bahia, matriculou-se em Direito na Faculdade de Direito de Recife em 1866, porém transferiu-se para a Faculdade de Direito de São Paulo em 1868. "Logo após sua formatura em São Paulo, em 29 de outubro de 1870, Rui Barbosa voltou à Bahia e inscreveu-se ao lado do pai no Partido Liberal (janeiro de 1871), quase concomitantemente à divulgação do Manifesto Republicano (3/12/1870), assinado por muitos dos seus ex-camaradas e contemporâneos da época estudantil: Saldanha Marinho, Campos Sales, Francisco Rangel Pestana. [...]. Na Bahia, sempre por indicação de Manuel Pinto Dantas, Rui Barbosa foi eleito deputado geral para a legislatura 1878-1881. [...]. Embora não fazendo parte do núcleo conspirador que levou a termo o golpe de Estado republicano, o novo regime reconheceria Rui Barbosa como aliado. Assim, no mesmo dia 15 de novembro de 1889, foi nomeado ministro da Fazenda do governo provisório chefiado por Deodoro da Fonseca. [...]." Foi empossado senador em 1895. Disponível em http://www.fgv.br/cpdoc/acervo/arquivo, acesso em 20/10/2022.

sões do Senado dos dias 14 a 17 de outubro de 1901; nas sessões sobre os debates da reforma da lei de falências compareceram aproximadamente trinta e cinco senadores, dos sessenta e dois que ocupavam cargos àquela época.

O senador Gonçalves Chaves não foi o relator do parecer na Comissão, mas fez questão de iniciar os debates trazendo divergências de entendimento ao que ele mesmo apoiara quando da apresentação do parecer. E alegou que "[f]icou, todavia, combinado entre mim e o honrado Senador [J. L. Coelho e Campos, o relator] que reservaríamos para a discussão perante o Senado emendas que, porventura, cada um de nós, depois da elaboração do parecer, julgasse acertado consignar no projecto; e neste sentido, Sr. Presidente, venho apresentar algumas que o estudo da materia suscitou."[391]

O primeiro e tido como principal aspecto de divergência entre o senador Gonçalves Chaves e o senador J. L. Coelho e Campos dizia respeito a uma alegada inovação que o senador Coelho e Campos estava propondo no direito falimentar brasileiro, que contrariariam as tradições que imprimiriam unidade ao direito falimentar no Brasil, bem como contrariaria os princípios básicos do instituto da falência, toda a doutrina brasileira e que seria uma ideia exarada nas leis de falência da Alemanha, da Suíça e nos códigos da Áustria-Hungria.

Em tom de suspense e sem revelar qual seria esse ponto, o senador Gonçalves Chaves ainda alegou que a ideia do senador Coelho e Campos não encontraria qualquer respaldo em quaisquer códigos da "*raça latina*"[392], apenas a doutrina que defenderia a legislação dos povos germânicos ou de povos a estes ligados. O senador Coelho e Campos, então, interrompeu brevemente a fala do colega para destacar que "[n]a raça latina, já a idéa introduziu-se em parte(.)", revelando que não lhe era surpresa a crítica do senador Gonçalves Chaves e que ambos haviam combinado a discussão perante os demais e para fins do registro naquela sessão do Senado. Antes de explicitarem o tal ponto de divergência, o senador Gonçalves Chaves iniciou sua exposição pelas emendas que considerou

[391] BRASIL. *Anais do Senado Federal.* Livro 3. Sessão de 14 de outubro de 1901, p. 359.
[392] *Id. ibid.*

menos relevantes e que não encontrariam resistência por parte do relator e presidente da Comissão, senador Coelho e Campos.

O primeiro ponto de divergência do senador Gonçalves Chaves em relação às alterações propostas pela Comissão do Senado, e que vale destacarmos, versou sobre o art. 18 da lei de falências, separando do controle do síndico e dos interesses da massa falida, aquelas ações que que tratassem de direitos de família e quaisquer outros direitos ligados exclusivamente à pessoa do falido, bem como aquelas ações que tratassem de créditos que a pessoa do falido tivesse a receber e que fossem considerados como não sujeitos a rateio da liquidação da falência – que de fato ficou como a redação final desse art. 18 –, sendo certo que quaisquer ações que tratassem de direitos que devessem ser revertidos à massa, poderiam admitir o síndico como interveniente.

O segundo ponto do senador, citando expressamente o jurista Carvalho de Mendonça e sua obra sobre as falências para corroborar seus argumentos, dizia respeito aos atos que deveriam ser considerados como nulos a partir da declaração da falência do comerciante e especificamente sugeria a inclusão de alguns dos atos de falência previstos nas alíneas do que viria a ser o art. 1º, § 1º, especificamente aqueles previstos nas alíneas: *b* ("transferir ou ceder bens a uma ou mais pessoas, credoras ou não, com obrigação de solver dividas vencidas e não pagas;"); *d* ("alienar, sem sciencia dos credores, os bens que possue, fazendo doações, contrahindo dividas extraordinarias ou simuladas pondo os bens em nome de terceiros ou commettendo algum outro artificio fraudulento;"); *e* ("alienar os bens immoveis, hypothecal-os, dal-os em antichrese, ou em penhor os moveis, sem ficar com algum ou alguns equivalentes ás dividas, livres e desembargados ou tentar praticar taes actos, revelado esse proposito por actos inequivocos;"); e *h* ("proceder dolosamente a liquidações precipitadas;").

Essa sugestão foi interrompida pelo senador Gomes de Castro[393] que disse que a liquidação precipitada prevista na alínea *h* seria um ato que

[393] Augusto Olímpio Gomes de Castro, nascido no Maranhão, em 1836. Formado em Direito pela Faculdade de Direito do Recife, em 1861. Foi promotor público em Alcântara entre os anos de 1862 e 1864, iniciando sua carreira no mesmo período como deputado da província do Maranhão e assim seguiu até ser eleito senador em 1894. Acesso ao CPDOC da FGV. Disponível em http://www.fgv.br/cpdoc/acervo/arquivo, acesso em 17/5/2020.

seria difícil de dizer, respondendo imediatamente o senador Gonçalves Chaves que isso seria um fato e, portanto, o juiz é que deveria apreciar a prova que fosse feita sobre tal fato.

Avançando no debate o senador Gonçalves Chaves partiu para uma crítica sobre a declaração de falência da sociedade acarretando a falência dos sócios solidários ou de responsabilidade ilimitada – norma que já era prevista no Decreto falimentar do Governo Provisório. Para o senador isso seria uma afronta ao quanto disposto no art. 350 do Código Comercial[394] quando estabelecia que os bens particulares dos sócios não poderiam ser executados por dívidas da sociedade, senão depois de executados todos os bens sociais.

Ele foi interrompido pelo senador relator da Comissão, Coelho e Campos, que fez a distinção entre as "ações comuns" e as falências, justificando que o dispositivo do art. 350 do Código Comercial não seria aplicável no caso das falências. Mesmo assim, o senador Gonçalves Chaves insistiu na sua interpretação de que não caberia essa confusão de conceitos, pois as sociedades comerciais seriam entidades legais, pessoas jurídicas, com existência própria e distintas da pessoa natural dos sócios, e, apesar de brevemente interrompido pelo senador Coelho e Campos com um aparte, defendeu que o sócio solidário poderia ser declarado falido, desde que fosse comprovada a impontualidade no pagamento que a ele deveria ser atribuída, deixando claro que se opunha à imediata declaração de falido desses sócios, diante de uma situação em que a impontualidade praticada pela sociedade, eventualmente ignorada pelos sócios, também os levasse à falência. Os anais do Senado registram diversos apartes interrompendo a fala do senador Gonçalves Chaves, mas mesmo assim ele continuou a defender seus argumentos, demonstrando que o Código Suíço das Obrigações afastava essa declaração imediata da falência dos sócios solidários, bem como a lei alemã[395] e finalizou mencionado um comen-

[394] BRASIL. *Lei nº 556, de 25 de junho de 1850 (Código Comercial)*. "Art. 350. Os bens particulares dos socios não podem ser executados por dividas da sociedade, senão depois de executados todos os bens sociaes."

[395] Sobre a influência na lei alemã do século XIX, importante destacar o peso do uso da Escola Histórica, com um resgate direcionado para o caso alemão de então a partir da retomada dos estudos sobre a tradição espanhola a partir da transformação da falência

tador do Código Húngaro – Raul de La Grasserie – mencionado que ali também não haveria essa consequência e continuou mencionando também Jean Marie Pardessus do direito comercial francês como defensor desse mesmo raciocínio.

O senador Coelho e Campos nesse momento o interrompeu para dizer que Pardessus "era grande autoridade até a metade do século passado [século XIX]; não acompanhou a evolução do direito[.]"[396] o que gerou uma reação defensiva do senador Gonçalves Chaves contra essa opinião sobre Pardessus, bem como outras reações e menções a outros comercialistas (que seriam influenciados pelos estudos de Pardessus). Naquele momento, o senador Gonçalves Chaves passou a fazer a leitura de um trecho de Coujet et Merger para defender a posição de que não caberia essa imediata declaração de falência dos sócios. Sem propor efetivamente uma emenda sobre este ponto, o senador Gonçalves Chaves cessou seus argumentos e partiu para, finalmente, expor a divergência que anunciou no início de seu discurso, colocando fim ao aparente suspense: a crítica ao dispositivo sobre as limitações das possibilidades de compensação de créditos e débitos, com aquele que fosse ao mesmo tempo credor e devedor do falido.

O texto proposto pela Comissão do Senado criava um artigo que assim dispunha:

> Art. . O credor que ao mesmo tempo for devedor do fallido, tem direito ao desconto reciproco das duas dividas, si exigiveis por effeito da fallencia.
> § 1º – Não haverá, porém, compensação:
> *a)* quando o credor constituir-se devedor, já declarada a fallencia;
> *b)* quando o devedor, declarada a fallencia, fez-se credor da massa;
> *c)* si o credor fundar-se em algum titulo no portador;

em processo judicial ainda no século XVII, com base nos estudos de Francisco Salgado de Somoza, Conselheiro Real em Valladolid, publicados em seu *Labyrinthus creditorum concurrentium*, em especial refletindo sua influência sobre a lei de falências prussiana de 1855, mas também destacando-se com influência sobre outras leis e códigos de outros países (Forster, Wolfgang. *La invención del juicio de quiebra. Francisco Salgado de Somoza (1591-1665)*. Pamplona: Eunsa – Ediciones Universidad de Navarra S. A., 2017, p. 15-21).

[396] BRASIL. *Anais do Senado Federal*. Livro 3. Sessão de 14 de outubro de 1901, p. 361.

*d)* dos atrazados por acções ou contribuições estatutarias, na fallencia de sociedade anonyma ou de uma associação, com o que dever a companhia ou associação.

§ 2º – Também não prevalece a compensação, não obstante o credito adquirido antes da fallencia, si o devedor do fallido o houve sabendo da insolvabilidade do seu credor para o fim da compensação em proveito proprio ou de terceiro, com prejuizo da massa.[397]

Isso levou o senador Gonçalves Chaves, citando que se fundamentava inclusive nos mais eminentes jurisconsultos, mencionando expressamente Teixeira de Freitas como exemplo, a questionar o que determinaria a exclusão da compensação nesses casos e qual seria a razão e a causa para essas disposições e recebeu como resposta, de outro senador, Sr. Feliciano Penna[398], que a razão consistia na presunção de fraude. Exatamente esse era o ponto do senador Gonçalves Chaves; tentar entender o porquê de se presumir a fraude ou o dolo nos casos de falência.

Enquanto argumentava contra essa presunção de fraude ou dolo, o senador Gonçalves Chaves foi interrompido por outros apartes, bem como por perguntas e contestações de outros senadores, mas manteve-se firme até chegar no ponto em que o senador Gomes de Castro falou da prova da fraude e, nesse ponto, quando comprovada a fraude, é que o senador Gonçalves Chaves disse concordar e que, portanto, o texto precisaria ser ajustado para não trabalhar com as restrições, com base em presunções.

O senador Gomes de Castro, provavelmente em tom jocoso, pois os anais do Senado registram a expressão "*(riso)*" quando descreveram essa fala, alegou que isso está no texto do projeto e pediu que o senador Gonçalves Chaves lesse e pediu que "[...] leia com voz neutra e não com voz de combatente."[399] Após esse momento o senador Gonçalves Chaves foi

[397] *Id.*, p. 363.

[398] Que, como dito anteriormente, já havia se manifestado sobre as propostas de reforma da Câmara dos Deputados e as emendas que deveriam ser votadas pelo Senado para alterar o Projeto de Lei nº 143/1900 na sessão de 4 de outubro de 1901, cujos anais, nessa parte do debate, não constam como disponíveis.

[399] BRASIL. *Anais do Senado Federal.* Livro 3. Sessão de 14 de outubro de 1901, p. 365.

encerrando seu discurso, alegando que precisou tratar por mais tempo do que pretendia em função dos apartes que foram manifestados enquanto expunha seus comentários, dizendo que as posições do senador Coelho e Campos não teria apoio nem nos códigos, nem nos grandes comercialistas da "*raça latina*".

Ainda no embate, o senador Coelho e Campos alegou que Casaregis sustentaria suas posições e o senador Gonçalves Chaves o rebateu na sequência, dizendo que Casaregis foi um dos criadores do direito comercial, mas que por mais genial que fosse, escreveu no século XVI, e, portanto, não é a ele que estava pedindo preferência para a solução dos problemas que agitavam o direito comercial daquele momento e, então provocado pelos demais senadores a apresentar seu substituto, alegando que, desse modo atenderia um motivo de ordem pública, evitando processos judiciais desnecessários, por meio da regra da compensação legal existente no direito brasileiro e passou a enuncia-lo como sendo o seguinte:

> [o] devedor ou credor de um fallido só poderá allegar compensação, quanto às dívidas que antes da época legal da fallencia já existiam e eram exigiveis, mas não quanto ás dívidas contrahidas depois dessa época e as que, por effeito da fallencia, se tornaram exigiveis, salvo si procederem de um só contracto e forem correlatas.[400]

A divergência, com base nessa posição do senador Gonçalves Chaves de apresentar uma postura contrária à presunção de fraude ou dolo nos casos de falências[401], se deu no sentido de que essa disposição proposta pelo senador Coelho e Campos seria uma tradução literal da lei de falências da Suíça e o problema estaria especificamente nas propostas de exceção previstas nas alíneas *a)* e *b)* do § 1º, respectivamente as situações defesas de compensação quando o credor constituir-se também como devedor, já declarada a falência e quando o devedor, declarada a falência, fez-se credor da massa falida, não se opondo à sugestão da exceção pre-

[400] *Id. ibid.*

[401] Divergência essa muito em linha com aquela outra parte do discurso que vimos sobre a sua posição de não aplicabilidade da declaração de falência aos sócios solidários ou ilimitadamente responsáveis das sociedades declaradas falidas.

vista na alínea *c)* desse parágrafo, sobre o credor que se funda em título ao portador, por entender que, nesse caso, de títulos ao portador, a possibilidade de fraude seria maior. Nesse ponto, portanto, sua crítica incidia sobre a admissão de compensações de crédito sobre dívidas condicionadas, o que seria uma afronta ao direito obrigacional brasileiro, porém algo aceitável no direito alemão, húngaro e suíço, em especial destacou as dívidas sob condição suspensiva, pois, nesse caso, a dívida dependeria da condição para se tornar efetiva e, desse modo, não existiria antes do implemento da condição.

A outra crítica do senador, sobre a alínea *d)* do § 1º dizia respeito sobre a não sujeição das sociedades anônimas ao regime da falência[402] e por fim criticou o § 2º sob a alegação de que o senador Coelho e Campos o teria tornado imperativo, quando na própria lei da Suíça seria facultativo.

Desse modo o senador Gonçalves Chaves entendia que a lei atingiria o seu fim, pois para ele,

> [a] fallencia é uma medida preventiva em bem dos credores e tem por fim igualar-lhes as condições, não sendo elles credores hypothecarios ou privilegiados. É o que o Direito Romano denomina *par conditio omnium creditorum.* A fallencia abre para esse fim uma execução geral sobre o patrimonio do fallido; e a liquidação consequente, obedecendo a esse principio de igualdade no desastre da fallencia, conclue pelo rateio ou dividendo entre os credores. Este é o princípio organico do instituto de fallencia, principio já reconhecido em nossa legislação ...[403]

[402] As sociedades anônimas estavam sujeitas ao regime de liquidação forçada, previsto na lei das sociedades anônimas, mas não ao regime de falência em si. Neste ponto há também um debate mais intenso entre o senador Gonçalves Chaves de um lado e os senadores Coelho e Campos e Gomes de Castro de outro. Estes defendiam que a liquidação forçada seria o equivalente à falência da sociedade anônima, porém para aquele, não se poderia considerar como equivalente, pois a liquidação forçada levava à extinção da pessoa jurídica e, portanto, não se poderia haver uma falência, sem um falido, uma vez que a pessoa jurídica era extinta com a liquidação. Além disso, o senador Gonçalves Chaves também defendia que havia outras diferenças entre os institutos da liquidação e da falência (BRASIL. *Anais do Senado Federal.* Livro 3. Sessão de 14 de outubro de 1901, p. 372).

[403] *Id.*, p. 367.

Princípio já reconhecido que o senador Coelho e Campos complementou como sendo um princípio *natural, justo* e *racional* e reiterou o ponto mencionando esse conceito como também presente desde o Alvará de 17 de maio de 1759 – que debatemos no primeiro capítulo. Por fim, naquela sessão do Senado, retomando o debate sobre o ponto da compensação, o senador Gonçalves Chaves fez questão de destacar, em latim, que o mencionado jurista Casaregis, também não condizia com o proposto pelo senador Coelho e Campos – inclusive após a citação latina no Senado, o senador Coelho e Campos lhe pediu a tradução[404]. Após essa etapa o senador Gomes de Castro, então presidente daquela sessão, interrompeu e mencionou que a mesa do Senado já estava reduzida apenas ao próprio presidente e, com isso, postergaria a continuidade das discussões sobre a reforma da lei de falências para a próxima sessão do Senado.

Os debates no Senado foram então retomados na sessão de 15 de outubro de 1901, mantidos como uma continuidade da segunda discussão sobre a reforma da lei de falências e quem abriu os trabalhos foi o senador Gonçalves Chaves, retomando sua discussão sobre o ponto das compensações e defendendo seu substitutivo ao aditivo proposto pelo relator da Comissão do Senado.

Na mesma oportunidade, ampliou o seu ponto alegando que da forma como constara o aditivo do relator, as restrições às compensações afetariam também os direitos de sub-rogação de pleno direito. Nesta altura do debate, o presidente da sessão no Senado, senador Gomes de Castro, tentou uma composição de redação para solucionar o impasse, mas alegou que o senador aceitava apenas a opinião de Teixeira de Freitas, e o senador Gonçalves Chaves confirmou que copiou textualmente a doutrina de Teixeira de Freitas, bem como uma disposição do código de falências do Chile, contrapondo-se aí, uma defesa do jurista brasileiro em relação à proposta do relator da Comissão do Senado ao se valer dos juristas suíços, alemães e húngaros, deixando expresso que essa defesa se daria pela defesa da "*raça latina*", em função de que tal "*raça latina*" teria em si "[...] os mesmos hábitos, os mesmos costumes, as mesmas tradições, a mesma cultura jurídica[.]"[405], para que o Brasil se aproximasse da legislação por-

[404] BRASIL. *Anais do Senado Federal.* Livro 3. Sessão de 14 de outubro de 1901, p. 367.
[405] *Id.*, p. 373.

tuguesa que, nesse sentido, deveria ter preferência para ser assimilada e concluiu que a doutrina do Código de falências português seria exatamente a doutrina de Teixeira de Freitas e que constaria da sua proposta de substitutivo.

A crítica no Senado ao direito alemão e suíço estaria essencialmente na percepção do senador Gonçalves Chaves de falta de unidade, pois seriam países em que prevaleceria o particularismo dos costumes jurídicos de tradições diversas entre os reinos e principados alemães e os cantões suíços, constituindo-se em uma aceitação de direitos particulares ou direitos locais, em detrimento de um direito único, federal.

Encerrando seu discurso, submeteu seus substitutivos à apreciação da mesa, a palavra retornou ao relator da Comissão do Senado, o senador Coelho e Campos, que iniciou seu discurso tratando da dificuldade em torno do debate de uma lei de falências, por ser

> [...] um assumpto complexo, envolvendo questões juridicas e sociaes, que demanda observações attentas dos phenomenos commerciaes, do meio em que ellas assentam, que demanda qualidades que o legislador não póde deixar de reunir para acertar. A lei de fallencia é o direito inteiro, a sciencia social, a sciencia econômica; para ella possa funccionar regularmente, é preciso que os seus principios sejam ajustados e combinados e modificados em relação ao meio em que tem de ser applicada. Em todos os tempos, em todas as nações, uma de lei de fallencias foi obra de longos estudos e de longos annos.[406]

Diante dessa complexidade, até elogiou o trabalho de Carlos de Carvalho, que teve pouco tempo para elaborar aquele que veio a se tornar o Decreto nº 917 de 1890, ali debatido para ser reformado, porém destacou que o trabalho sobre as leis de falência demanda mais tempo e que teriam sido implantadas medidas que não tinham aplicação, ao ponto de dizer que "[...] o que se verifica hoje, passados 10 annos, *é que não temos lei de fallencias; o que ahi está é um verdadeiro simulacro, e já se disse em uma reunião de*

[406] BRASIL. *Anais do Senado Federal.* Livro 3. Sessão de 14 de outubro de 1901, p. 376-377.

*industriaes que ella não faz outra cousa sinão prestar mão forte á má fé, á fraude, eliminando o que é honesto* (grifos nossos)."[407]

Como vimos, nos debates havidos na Câmara dos Deputados, esse argumento sobre a inaplicabilidade do Decreto nº 917 de 1890, sob a perspectiva de não ser capaz de evitar as alegadas "fraudes" e a "má fé" é reiterado durante as discussões no Senado, revelando a criação de um senso comum entre essas classes políticas que, como vimos, não se compunham entre os que debateram por qualquer político que tivesse atividades diretamente ligadas ao comércio. Era uma visão de juristas-estadistas sobre o que ouviam dizer daqueles que lhes eram próximos e, como não destacado até este momento dos debates, nenhum deles trouxe quaisquer dados, que eram disponibilizados pelos relatórios ministeriais, tampouco houve destaque de qualquer caso concreto sobre tais fraudes e má fé nas falências para fundamentar esses posicionamentos.

Para destacar seu trabalho, o senador Coelho e Campos se valeu de um discurso no sentido de que a Câmara dos Deputados não teria conseguido de fato implementar um sistema para acabar com a fraude, pois estava mantendo a administração de acordo com a nomeação do maior credor do falido, o que levaria à conclusão de que o falido é quem daria a administração da massa, tirando, com isso, o poder do juiz da falência. Quanto à divergência entre Coelho e Campos e Gonçalves Chaves, ainda outros apartes ocorreram durante essa tentativa de conclusão das discussões sobre a reforma da lei de falências, e o senador Coelho e Campos aproveitou a oportunidade para defender suas sugestões de aditivos ao projeto da Câmara dos Deputados, defendendo que a falência provocaria o vencimento das dívidas e, com isso, seria "líquido e incontestável"[408] e, portanto, permitiria a compensação, resumindo que as dívidas vencidas antes da falência, teriam a mesma força de exigibilidade que aquelas vencidas por efeito da falência.

Nessa etapa dos debates transcritos os arquivos não registram fala a fala, como fizeram até então, mas expõem uma descrição, de modo resumido, sobre os debates havidos entre os senadores, portanto as informações que são destacadas nesta etapa não são uma transcrição das falas e

[407] *Id.*, p. 377.

[408] BRASIL. *Anais do Senado Federal.* Livro 3. Sessão de 14 de outubro de 1901, p. 377.

sim uma interpretação e resumo do transcritor em relação ao que ouvira na sessão de 15 de outubro de 1901. Quem transcreveu esse discurso do senador Coelho e Campos, descreveu que o senador concluiu seu trabalho "[...] declarando que procurou concretizar nas emendas que apresentou o pensamento concebido na lei americana de 1892, no Código Portuguez e na lei sueca."[409] O principal ponto que é destacado nesse resumo dos debates é sobre a lei dos Estados Unidos de 1892 em relação às proporções necessárias para a deliberação dos credores, assumindo a regra da dupla maioria, ou seja, mais da metade dos créditos cumulada com mais da metade dos credores, apresentando-se, assim, como um melhor caminho para se impedir as fraudes e inclusive mencionou que o senador teria consultado um jurisconsulto inglês, sem nomeá-lo[410]. Sobre a nomeação do síndico, fundamentando-se na experiência inglesa, disse que tal nomeação requeria a observância dos princípios da lealdade, da presteza, do cuidado na administração da massa, do que importa à execução do negócio e do seu bom encaminhamento. Para tanto, de modo a equilibrar a proposta de nomeação pelos credores ou pelo juiz das falências, defendeu-se que o síndico deveria ser nomeado pelo juiz, dentre comerciantes habilitados e de boa fama, de acordo com o grande comércio ou a Junta Comercial, e os credores se fariam representar por uma comissão fiscal, tirada entre os maiores credores da massa.

É aí que surge então a proposta de se organizar "*[...] uma lista numérica, da qual vão sendo tiradas e nomeadas á proporção que se derem as fallencias.*"[411] Passando então o senador Coelho e Campos a ser considerado o *pai da profissão de síndico das massas falidas*, como veremos posteriormente nas críticas de Paranhos Montenegro.

Com isso, a transcrição registra se encerrar o discurso do senador Coelho e Campos sendo o senador cumprimentado e elogiado por todos os demais senadores presentes, porém, dado o baixo número de senadores, bem como o adiantado da hora, registrou-se que a sessão deveria ser suspensa e retomada na próxima sessão.

[409] *Id.*, p. 378.
[410] *Id. ibid.*
[411] *Id. ibid.*

Na sessão do dia seguinte, em 16 de outubro de 1901, os trabalhos se abriram com outro discurso não transcrito do senador Feliciano Penna e, desta vez, consta dos registros que o discurso seria publicado depois – apesar de não termos localizado essa posterior publicação dentre a documentação pesquisada –, mas imediatamente se suspendeu a discussão, postergando-a novamente para ser debatida na sessão seguinte[412].

Em 17 de outubro de 1901 a sessão se abriu com o senador relator da Comissão, Coelho e Campos, que informou ter ouvido as demais ponderações que recebeu sobre o aditivo ao projeto da Câmara e que entendeu que parte das observações tinham razão, revelando novamente – tal qual vimos sobre o ponto de divergência entre o senador Coelho e Campos e Gonçalves Chaves – que naqueles dias que antecederam aos debates registrados, bem como durante os intervalos para as retomadas de cada uma das sessões, houve também contato entre os senadores para a elaboração de ajustes sobre o texto da reforma da lei de falências. Essa também foi a sessão em que os senadores passaram uma a uma as propostas de alterações ao projeto da Câmara.

Os trabalhos se iniciaram por um ajuste sugerido ao art. 2º do projeto para que os títulos que suportassem o crédito do credor não quitado, fossem verificados tanto pelos livros do devedor, quanto do credor, na mesma linha do que continha o Decreto 917 de 1890 e que o projeto da Câmara atribuía a verificação apenas aos livros do devedor e, com isso, concluíram a principal alteração para possibilitar a declaração de falência do devedor: *se antes a cessação dos pagamentos era o elemento juridicamente caracterizador da possibilidade do pedido de falência, agora a impontualidade é que passa a ser o critério adotado pelo legislador, valendo-se, portanto, da mecânica do protesto para caracterizar a dívida vencida e não paga.*

De mesmo modo o tema da prisão preventiva do falido foi alterado sob a alegação de que a disposição contida no projeto da Câmara seria "[...] vaga, indeterminada e pouco garantidora da liberdade do cidadão [...]"[413], deixando claro que a prisão preventiva somente seria possível em casos em que houvesse fatos caracterizadores da fraude, do crime inafiançável ou caracterizadores da quebra culposa ou fraudulenta.

[412] BRASIL. *Anais do Senado Federal.* Livro 3. Sessão de 14 de outubro de 1901, p. 379.
[413] BRASIL. *Anais do Senado Federal.* Livro 3. Sessão de 14 de outubro de 1901, p. 381.

Confirmaram também o entendimento que já havia sido fundamentado na Câmara dos Deputados de que os créditos devidos à União, estados e municípios passassem também a ser considerados como "créditos separatistas" e, com isso, excluídos dos efeitos da falência, juntando-se aos demais créditos excluídos, assim considerados os de domínio (reivindicantes) separatistas (*ex jure credito* [sic], como será disposto pelo texto que virá a ser o art. 77), privilegiados e hipotecários. É também no âmbito dessa discussão que os senadores concluíram, inspirados pela lei dos Estados Unidos, que a lei de falências poderia tratar de matérias penais, bem como atribuir os juízos competentes para tanto, pois formariam em si o conteúdo substantivo e adjetivo processual sobre os temas ali abordados[414] – rebatendo, indiretamente, um dos pontos de crítica do Instituto da Ordem dos Advogados, como vimos na nota de relatoria de Inglês de Sousa.

Os senadores que participaram das sugestões de emendas e debates, além de Coelho e Campos e Gonçalves Chaves, foram Feliciano Penna, Bueno Brandão[415], Antônio Azeredo[416] e Pires Ferreira[417], sendo que

[414] *Id.*, 382.

[415] Júlio Bueno Brandão, nasceu em Ouro Fino (MG), pelo CPDOC da FGV, "Em 1879 assumiu o posto de juiz de direito do município mineiro de Jaguari, permanecendo no cargo por um triênio. De 1882 a 1883 foi juiz municipal em Ouro Fino, e em seguida foi nomeado delegado da cidade. Membro do Partido Liberal durante o período imperial, ainda em 1883 iniciou a carreira política ao se eleger vereador e presidente da Câmara Municipal de Ouro Fino por duas legislaturas seguidas, até 1887. [...]. Em 1893 candidatou-se pelo Partido Republicano Mineiro (PRM) a uma cadeira na Assembleia Legislativa de Minas Gerais, sendo eleito com mandato de um biênio. [...]. Em 1898 foi eleito e empossado senador da República, ocupando a cadeira de Fernando Lobo Leite Pereira. Manteve-se no Senado por uma década, destacando-se na elaboração da reforma da Lei Eleitoral." Disponível em http://www.fgv.br/cpdoc/acervo/arquivo, acesso em 20/10/2022.

[416] Antonio Francisco de Azeredo, nascido em Cuiabá em 22 de agosto de 1861, pelo CPDOC da FGV. "O início de sua trajetória política coincidiu com a instalação da República. Eleito em 15 de setembro de 1890 deputado constituinte pelo Partido Republicano criado em Mato Grosso por Generoso Ponce, tomou posse quando da instalação do Congresso Nacional Constituinte, em 15 de novembro seguinte, e participou dos trabalhos de elaboração da Constituição de 1891. Após encerrar o mandato em 1893, bacharelou-se pela Faculdade de Direito do Rio de Janeiro, em 1895. [...]. Era amigo do líder político gaúcho Pinheiro Machado, com quem fundou em 1910 o Partido Republicano Conservador (PRC)." Disponível em http://www.fgv.br/cpdoc/acervo/arquivo, acesso em 20/10/2022.

[417] Firmino Pires Ferreira, nascido em Barras no Piauí, em 25 de setembro de 1848, pelo

este dois últimos assinaram juntos todas as propostas de substituições das emendas que foram debatidas e tiveram, como principal contribuição, a inclusão de atribuições ao curador das massas falidas, cargo dos promotores públicos nas comarcas e que insistiam em manter conforme constava do Decreto nº 917/1890, apesar do quanto já havia sido discutido na Câmara sobre o objetivo de acabar com tal cargo.

Dentre os aditivos propostos e aprovados estava o do senador Feliciano Penna da revogação do art. 380 do Decreto nº 370 de 1890[418], sobre as hipotecas e penhores agrícolas, não os sujeitando ao regime das falências, que, sem qualquer discussão no Senado, é incluído no relatório final para a votação das emendas e aditivos ao projeto. *Esta revogação será mantida pela Câmara dos Deputados e não será alvo de crítica nessa casa, marcando uma etapa fundamental de total afastamento das atividades agrícolas como passíveis de serem atingidas pelas disposições das leis de falências.*

A retomada para a votação do relatório final com emendas e aditivos do Senado ocorreu na sessão de 22 de outubro de 1901 e um ponto de debate que surgiu dizia respeito à manutenção do cargo de curador das massas falidas, conforme proposto pelos senadores Antônio Azeredo e Pires Ferreira. Todas as emendas foram sendo aprovadas pelo Senado, até o senador Coelho e Campos pedir a palavra para novamente criticar a emenda daqueles dois senadores, alegando que essa emenda obedeceria a um sistema oposto ao adotado pelo projeto da Câmara e emendado pelo Senado.[419]

CPDOC da FGV. "Em 1870 ingressou na Escola Militar da Corte. Promovido a capitão em 1874, no ano seguinte foi designado instrutor do Tiro de Guerra de Campo Grande, em Mato Grosso. Em 1879 foi integrado ao Estado-Maior da Artilharia já no posto de major. Subdiretor do Arsenal de Guerra, foi promovido a tenente-coronel em 1889. Ingressou na política após a proclamação da República (15/11/1889), sendo eleito em 15 de setembro de 1890 deputado pelo Piauí ao Congresso Nacional Constituinte instalado em 15 de novembro seguinte. Também em 1890 foi promovido a coronel. [...]. Em 1894 foi eleito senador pelo Piauí, com mandato de nove anos." Disponível em http://www.fgv.br/cpdoc/acervo/arquivo, acesso em 20/10/2022.

[418] BRASIL. *Decreto nº 370, de 2 de maio de 1890*. "Art. 380. *Ficam sujeitos á jurisdicção commercial e à fallencia todos os signatarios de effeitos commerciaes, comprehendidos os que contrahirem emprestimos mediante hypotheca ou penhor agricola*, por qualquer somma, ou bilhetes de mercadorias (grifamos)."

[419] BRASIL. *Anais do Senado Federal*. Livro 3. Sessão de 14 de outubro de 1901, p. 453.

Os senadores Antônio Azeredo e Pires Ferreira, por sua vez, tentaram superar qualquer discussão dizendo que essas emendas já não estariam mais sob discussão, pois já tinham sido incorporadas ao relatório final da Comissão do Senado e que todos já haviam ouvido o discurso do senador Coelho e Campos sobre seu entendimento acerca desse ponto. Mesmo assim, Coelho e Campos insistiu que "[f]azer o que quer a emenda é prejudicar o systema do projecto, pelo menos na materia relativa á administração da massa, que é parte importantissima delle. Accresce a seguinte circumstancia: todo mundo irá administrar a massa, menos o credor, que é o mais interessado."[420] Esse argumento foi apoiado pelo senador Barata Ribeiro[421] e, após essa nova investida do senador Coelho e Campos, a emenda foi rejeitada pelos demais senadores.

O texto final sobre a limitação dos possíveis síndicos a serem indicados também, conforme proposta de subemenda dos senadores Antônio Azeredo e Pires Ferreira, foi discutido sob a forma de art. 16 e estabelecia que *(a)* a cada dois anos as Juntas Comerciais, onde houvesse, deveriam organizar uma lista de comerciantes locais e a remeteriam ao juiz do comércio, para serem os alistados como possíveis síndicos nas falências; *(b)* nos locais em que não houvesse Junta Comercial, o juiz local deveria organizar uma lista com os comerciantes considerados como os dez maiores contribuintes, de acordo com a certidão da repartição fiscal; *(c)* fixou o número de comerciantes que poderiam ser listados, sendo até trinta para o Rio de Janeiro, a capital, dezesseis para Belém, São Luiz, Fortaleza, Recife, Bahia, São Paulo, Porto Alegre e quaisquer outras cida-

[420] *Id. ibid.*

[421] Cândido Barata Ribeiro, nascido em Salvador na Bahia, se formou em medicina na Faculdade de Medicina do Rio de Janeiro em 1867, pelo CPDOC da FGV. "Com a proclamação da República (15/11/1889), iniciou sua trajetória política no Conselho de Intendência Municipal, órgão legislativo da cidade do Rio de Janeiro criado pelo Decreto nº 50 A, de 7 de dezembro de 1889 no lugar da Câmara de Vereadores, então extinta. Nomeado intendente pelo então presidente da República, marechal Floriano Peixoto, assumiu a presidência do Conselho Municipal no dia 12 de abril de 1892. [...]. Fora da prefeitura, em outubro de 1893 foi nomeado ministro do Supremo Tribunal Federal (STF) e em 25 de novembro seguinte tomou posse. [...]. Reconhecido senador em maio de 1900, permaneceria no Senado até 1909." Disponível em http://www.fgv.br/cpdoc/acervo/arquivo, acesso em 20/10/2022.

des com mais de vinte mil habitantes – de acordo com o recenseamento mais recente – e dez para as demais cidades; e *(d)* as designações deveriam ser feitas pelos próprios comerciantes e, caso não a fizessem, deveria ser feita pelo juiz. Esse texto, foi aprovado após os debates no Senado – bem como veio a ser também aprovado quando voltar para a Câmara e sancionado pelo presidente Campos Salles – e terá repercussão naquela ideia da fixação da lista dos síndicos como um problema de fraude nos processos falimentares.

O tema da subemenda sobre as compensações, tão debatida pelo senador Gonçalves Chaves, passou a ser novamente retomado, porém, desta vez, o próprio Gonçalves Chaves indicou que concordara com a proposta do senador Feliciano Penna, que também encontraria apoio pelo senador Coelho e Campos e, desse modo, foi aprovada sob a forma do art. 27 das emendas do Senado (e que veio a ser a redação final do art. 27 da Lei nº 859 de 16 de agosto de 1902 quando sancionada pelo presidente Campos Salles). A sessão se encerrou sem apreciar os demais artigos. A votação do relatório da Comissão do Senado voltou a ser conduzida na sessão de 24 de outubro de 1901 e, nessa data, foi aprovada sem maiores discussões sobre as demais emendas, subemendas e aditivos[422].

Apesar dos registros digitalizados dos Anais do Senado Federal de 1901 se encerrarem no Livro 3 até a sessão de 31 de outubro de 1901, há dois registros, tanto no Jornal do Comercio do Rio de Janeiro[423], quanto no jornal A República, publicação do estado Paraná[424], de um debate complementar, provocado pelo senador (e chefe editorial deste jornal) Vicente Machado[425] e respondido na tribuna do Senado pelo senador

[422] *Id.*, p. 462.
[423] BRASIL. Biblioteca Nacional. *Jornal do Commercio do Rio de Janeiro*. Edição 244, 1902.
[424] BRASIL. Arquivo Nacional. *Jornal "A República" do Paraná*. Edição 262, 1901.
[425] Vicente Machado da Silva Lima, nascido em Castro no Paraná, em 1860, pelo CPDOC da FGV. "Fez os primeiros estudos em sua cidade natal e cursou a Faculdade de Direito de São Paulo, onde recebeu, em 1881, o grau de bacharel. [...]. Foi deputado da Assembleia Provincial do Paraná entre 1886 e 1889, pelo Partido Liberal, [...]. [...]. Em 1894 foi eleito senador, o que lhe possibilitou vocalizar a defesa do seu governo em âmbito nacional, em face das aludidas acusações. Exerceu mandato no Senado entre 1895 e 1902, e em 1903 foi mais uma vez eleito vice-presidente do Paraná. Exerceu o governo de fevereiro de

Coelho e Campos, nas sessões de 7 e 8 de novembro de 1901, depois da aprovação do texto no Senado.

O senador Vicente Machado, contrário à comissão fiscal formada pelos credores do falido, provocou a discussão dizendo que não podia se conformar que os demais senadores que teriam se encastelado com a opinião de que o mal dos processos de falências era a intervenção da autoridade pública judiciária e expos uma defesa contra o papel dos credores no processo e que isso estabeleceria "[...] lutas de interesses ruinosos para o effeito da liquidação da fallencia."[426]

O senador Coelho e Campos respondeu que não eram os credores que iriam efetivamente fiscalizar em nome da autoridade pública, mas os síndicos, que não seriam eleitos entre os credores. O senador Vicente Machado, se baseando em Barbosa de Saldanha, sobre o estudo das leis de falência de Portugal, manteve-se defendendo a necessidade de imparcialidade entre os membros da comissão fiscal do processo de falência e aproveitou para criticar também a ideia de nomeação de síndicos a partir de comerciantes matriculados nas Juntas Comerciais, sob o argumento de os comerciantes também não seriam imparciais entre si e que isso, tal qual teria ocorrido em Portugal, criará uma espécie de profissão e o senador Coelho e Campos rebateu dizendo que em Portugal o papel dos síndicos das falências passou a ser um emprego público.

Diversos apartes foram registrados nesse discurso do senador Vicente Machado e o presidente da sessão, senador Gomes de Castro disse que "[q]uando se reconhecer os inconvenientes, revogue-se ou reforme-se a lei."[427] O ponto principal, reafirmado por Vicente Machado se dava no sentido de que entendia que tudo deveria caber à autoridade judiciária e completou criticando que

> *[d]ecretar-se a incapacidade da magistratura, assegurar-se a inanidade da intervenção da autoridade judiciaria, declarar-se uma vez por todas que não possível ter a confiança que tinha o moleiro de Potsdam nos juizes de Berlim, concordar em um systema que*

1904 a abril de 1906." Disponível em http://www.fgv.br/cpdoc/acervo/arquivo, acesso em 20/10/2022.

[426] BRASIL. Arquivo Nacional. *Jornal "A República" do Paraná*. Edição 262, 1901.

[427] *Id. ibid.*

> *annulla a intervenção dessa autoridade no processo da fallencia ou que a reduz a proporções mínimas, proporções que não podem ser consideradas, é principio que não póde ser aceito* (grifos nossos).[428]

Após diversos apartes e o posicionamento contrário do presidente da sessão, senador Gomes de Castro, os debates foram encerrados e, com isso, ficou mantido integralmente o texto aprovado na sessão de 24 de outubro de 1901.

Durante esse período dos debates da reforma e ainda na vigência do Decreto n. 917/1890, o jornal "Correio da Manhã" do Rio de Janeiro, bastante crítico do Governo, em especial deveras contrário ao presidente Campos Salles, destacou, em 27 de abril de 1902, uma matéria assinada pelo comerciante e diretor do jornal, Edmundo Bittencourt[429], contra a prática da magistratura (*pretor*) e da promotoria (curadores) nos casos de falências. O redator publicou na capa do jornal a matéria chamada "Justiça Corrupta", em que dizia que

> *[p]arecia que o processo das fallencias ia entrar numa phase de regeneração, ia deixar de ser um instrumento de ganho para os leiloeiros protegidos pelos juizes, para os parasitas que formam a cauda de certos magistrados, para se tornar um meio regular de assegurar a conservação do acervo do fallido e sua partilha entre os credores respeitadas as preferencias estabelecidas na lei* (grifos nossos).[430]

Sua crítica era especialmente direcionada ao comportamento do *pretor* Raymundo Pennarfort Caldas, nomeado então pelo presidente Campos Salles para ocupar o lugar anteriormente lotado pelo juiz comercial

[428] BRASIL. Arquivo Nacional. *Jornal "A República" do Paraná*. Edição 262, 1901.

[429] Edmundo Bittencourt é frequentemente ligado ao oposicionismo ao governo, em especial à presidência de Rodrigues Alves, e tinha apoio de boa parte do Congresso nessas manifestações, conforme descreve José Murilo de Carvalho "[n]o governo Rodrigues Alves já houvera uma tentativa de manipular a questão da compra do Acre como tema para companha oposicionista. A assinatura do tratado de Petrópolis em novembro de 1903 causou grande oposição no Congresso, a que se juntou a imprensa através de Edmundo Bittencourt, diretor do *correio da Manhã*[.]" (CARVALHO, José Murilo de. *Os bestializados: o Rio de Janeiro e a República que não foi*. 3ª edição. São Paulo: Companhia das Letras, 2010, p. 128).

[430] BRASIL. Biblioteca Nacional. *Jornal Correio da Manhã do Rio de Janeiro*. Edição 317, 1902.

Dr. Bellarmino da Gama e Souza, inclusive já criticando sua nomeação, pois não teria ainda se formado em Direito quando da sua nomeação, o que teria sido um ato nulo.

Na prática, o jornal publicou expressamente a menção a ao menos dois casos relacionados à lei de falências em que Pennafort Caldas teria agido de modo contrário à própria lei em vigor. O primeiro descrito é o caso da proposta de *cessão de bens* da firma de comerciantes Souza, Alves & C., que teria sido aprovada pelos credores e que, sem oposições teria, portanto, de ser homologada. No entanto, o jornal descreveu que quando um dos credores da comissão fiscal requereu a sua exoneração do cargo, Pennafort Caldas

> [e]m vez de deferir essa petição, e para o logar do fiscal, que se exonerava, nomear um credor da massa, *mandou juntar a petição aos autos e, escandalosamente, criminosamente, descaradamente (não se póde qualificar de outro modo), pondo de parte a praxe e a lei e a vontade dos credores, abriu a fallencia da firma Souza, Alves & C., afim de mimosear dois protegidos seus, completamente estranhos à massa, com a porcentagem de syndicos e outras propinas*, que pode dar um acervo de tres mil contos de réis. Veja o publico si isto não é o roubo, o attentado ao direito, aninhados no pretório, sob a toga dos juizes (grifos nossos)![431]

O outro caso foi o da *falência* da firma comercial Quartin, Silveira & C., em que os credores síndicos da massa falida determinaram a venda de bens arrecados, mas que teriam sido trocados, pois, de acordo com o jornal, "[o] sr. Pennafort tem o seu leoleiro; e como este não fosse o leiloeiro escolhido pelos syndicos, mandou suspender a venda do acervo, com prejuizos enormes para a massa. Achou que era uma desconsideração dos syndicos o terem escolhido um leiloeiro sem previamente o consultarem, ameaçou-se com violência. E o leilão não se fez."[432] Novas críticas do jornal foram apresentadas também no dia 2 de maio de 1902, alegando com ironia que

[431] BRASIL. Biblioteca Nacional. *Jornal Correio da Manhã do Rio de Janeiro*. Edição 317, 1902.
[432] *Id. ibid.*

> *[o] Sr. Pennafort Caldas, a cada passo, demonstra que é um juiz digno do Sr; Campos Salles. Ambos têm a mesma coragem para affrontar o decoro e a opinião.* Não obstante as reclamações e a indignação motivadas pelo seu cretino despacho, *decretando a fallencia da firma Souza, Alves & C., sr. Pennafort manteve-o, com a mesma obstinação, o mesmo desassombro, o mesmo despejo, com que o sr. Campos Salles mantem o decreto da tramoia do leilão da Oeste de Minas* (grifos nossos).[433]

O jornal continuou acompanhando o caso inicialmente de *cessão de bens*, porém rejeitado e convolado na *falência* da firma Souza, Alves & C. de perto e, em 15 de maio de 1902, publicou mais uma matéria, pois seria naquela data o julgamento do agravo dos devedores contra a decisão que fora assinada por Pennafort Caldas, além de novamente descrever o ocorrido no caso da falência e novamente criticar esse juiz, defendeu que o "honrado e respeitável sr. desembargador Pitanga"[434] julgaria o recurso. Em 16 de maio de 1902, após a vitória e prevalência da *cessão de bens* da firma Souza, Alves & C., o diretor Edmundo Bittencourt publicou na capa do jornal "Correio da Manhã" a matéria "A Questão Souza, Alves & C.", em que, pôde declarar que "[v]enceu a causa da justiça, ultrajada por esse juiz sem moralidade e sem escrúpulos, que acaba de fazer clandestinamente o seus exames de direito, perante uma banca de examinadores constituída por advogados do mesmo fôro, em que elle exerce a jurisdicção."[435] E continuou suas críticas, aproveitando também para reforçar suas críticas também ao então presidente Campos Salles, ao dizer que "[e]ste caso de um estudante juiz é uma das coisas mais curiosas de quantas ha de archivar a neferia (sic) lembrança da administração do sr. dr. Campos Salles."[436] Ainda destacou a prática das renegociações entre devedores e credores ao apontar que

> *[h]oje, no commercio, os negociantes sujeitam-se a accordos e liquidações completamente ruinosas, só pelo temor de cahirem nas mãos da justiça.* Bem que ainda tenhamos em nossos tribunaes magistrados de impeccavel probidade, *os temores do*

[433] *Id.* Edição 322, 1902.
[434] *Id.* Edição 335, 1902.
[435] *Id.* Edição 336, 1902.
[436] BRASIL. Biblioteca Nacional. *Jornal Correio da Manhã do Rio de Janeiro.* Edição 336, 1902.

*commercio e daquelles que têm a infelicidade de litigar no fôro, são cada vez maiores e mais justificados. [...] o juiz não podia, baseado nestas provas, declaral-a fallida, porque a lei não permitte ao juiz declarar a fallencia ex-officio.* Foi, portanto, restabelecida a sentença que concedeu a cessão de bens (grifos nossos).[437]

Quanto àquela também criticada decisão na falência da firma Quartin, Silveira & C., em 17 de maio de 1902, um artigo da "Seção Livre" do mesmo jornal "Correio da Manhã", publicado anonimamente apenas com a alcunha "Justiça", reiterou e complementou as críticas contra o juiz comercial Pennarfort Caldas e contra "[...] uma jurisprudencia que quer se firmar de os juizes nomearem leiloeiros ás massas e aos inventarios."[438]

O jornal também seguiu acompanhando o recurso no caso da Quartin e expôs, após novamente a decisão do juiz Pennarfort Caldas ser reformada pelo Tribunal e que ele se recusava a cumprir a determinação do acórdão e, num artigo chamado "Grande escândalo em Juizo", alegavam que "[o] sr. Pennafort Caldas ousa desobedecer a Côrte de Appellação, entrando elle juiz, méro executor do julgado, na interpretação e apreciação do julgado superior, e que mais é, mantendo a sua interpretação, ainda contra a opinião exarada no officio, pelo juiz relator do accordão."[439] Até que, na edição de 5 de julho de 1902, o jornal expôs que o juiz "estudante" Pennafort Caldas "[...] jurou suspeição e remetteu os autos ao presidente do Tribunal, para nova distribuição."[440] Pennafort Caldas mudou de atividade e, bem relacionado politicamente e com bons padrinhos na área, foi eleito deputado federal pelo Rio de Janeiro em 1909, sendo reeleito em 1912. Faleceu em 1913, aos 48 anos.

Pouco antes da retomada na Câmara das discussões sobre a reforma da lei de falências, em 18 de julho de 1902, o jornal "Correio da Manhã" publicou um artigo na sessão de "Política" sobre a "nova lei de fallencias" assinado por Gil Vidal[441], já tratando da reforma que se avizinhava e

437 *Id. ibid.*

438 *Id.* Edição 337, 1902.

439 *Id.* Edição 378, 1902.

440 *Id.* Edição 386, 1902.

441 Pseudônimo utilizado pelo redator-chefe do "Correio da Manhã", cujo nome verdadeiro era Leão Velloso Filho, advogado e jornalista.

defendia que a reforma da lei era necessária, e que "[a] reacção, portanto, era infallivel, embora deva confessar que o mal está menos na lei do que em sua applicação. *Não fosse a tolerancia e a fraqueza da magistratura, e a lei, tal qual como existe, produziria outros fructos* (grifos nossos)."[442] E complementou que, "[t]odavia, é mister reflectir o Congresso seriamente no que vae fazer em relação ao processo de fallencia. A reforma da lei de 1890 tem sido instantemente reclamada pelo commercio e cumpre attendel-o, pois lhe assiste rasão (sic) em muitas de suas queixas; *mas não se vá precipitar uma nova lei, que acarrete para o futuro prejuizos ao proprio commercio, de sorte que elle venha dentro de pouco tempo pedir nova reforma* (grifos nossos)."[443]

De volta para os debates no Congresso, o texto da reforma da lei de falências aprovado no Senado então retornou para a discussão na Câmara somente em 22 de julho de 1902[444] e o relatório da Comissão do Senado se iniciou, relembrando as palavras de Nabuco de Araújo em 1866, destacando que

[a] reforma do decreto nº 917, de 24 de outubro de 1890, é reclamada com a maxima urgencia; porquanto o primitivo Parecer da Commissão, no qual no intuito de ser melhorado, tanto quanto possível, o *processo das fallencias* quer no seu *periodo preparatorio*, quer na phase *de sua liquidação*, poz (sic) em relevo os repetidos abusos que teem concorrido não só avultados prejuizos causados á praça, mas também para abalar o credito e retrair o capital. Póde a Comissão repetir hoje o que em 1866 dizia nesta Camara o grande estadista Nabuco de Araujo: '... o nosso *processo das fallencias*, lento, complicado, dispendioso, importa sempre a ruina do fallido e o sacrificio do credor (grifos do autor).'[445]

No relatório aprovado no Senado, se alegava que essa morosidade e sujeição às fraudes que caracterizam as falências eram as razões que levavam os credores a aceitarem concordatas "[...] as mais ruinosas e

[442] BRASIL. Biblioteca Nacional. *Jornal "Correio da Manhã" do Rio de Janeiro*. Edição 399, 1902.

[443] *Id. ibid.*

[444] E que já estava aprovado pela Comissão de Constituição, Legislação e Justiça da Câmara desde 12 de julho de 1902 (BRASIL. *Diários da Câmara dos Deputados*. Sessão de 22 de julho de 1902, p. 1372).

[445] *Id.*, p. 1371.

ridículas"[446] – fazendo inclusive menção àquelas alegações de homologações de concordatas e acordos com pagamento de apenas 5% dos créditos como algo a ser combatido no Brasil – e os senadores elogiaram o seu próprio trabalho para a proposição das emendas e aditivos que estavam remetendo à Câmara, bem como defenderam a contribuição data pela Associação Comercial do Rio de Janeiro, bem como pelo *Instituto da Ordem dos Advogados Brazileiros.* Em linha com a Câmara, o Senado eliminou os institutos da (i) moratória, da (ii) cessão de bens e da (iii) concordata por abandono que haviam sido incluídos pelo Decreto nº 917/1890 e, ao tratar sobre as explicações para a exclusão da Câmara sobre a suspensão dos direitos políticos dos declarados falidos, fundamentou-se o relatório em Carvalho de Mendonça e, nessa mesma sessão, a Comissão de Constituição, Legislação e Justiça da Câmara dos Deputados, sem discussões, aceitou integralmente as emendas e aditivos do Senado, submetendo então à votação pela Câmara, diante do relatório favorável à aprovação por parte da Comissão desta casa.

A discussão para a votação então do Projeto de Lei completo, já incluindo as emendas e aditivos do Senado, entrou na ordem do dia da Câmara dos Deputados na sessão de 25 de julho de 1902 e se iniciou com um discurso do deputado Paranhos Montenegro[447] combatendo as emendas do Senado, alegando que elas "[...] inutilizam o projecto e constituem uma decepção para aquelles que querem uma boa lei de fallencias."[448]

O deputado Paranhos Montenegro aproveitou para se dizer surpreso com a aceitação de todas as alterações advindas do Senado por parte da Comissão de Constituição, Legislação e Justiça da Câmara e relembrou que tais emendas, na sua visão, afrontariam o que havia sido debatido e aprovado na própria Câmara e, assim, dizia que o Senado ao invés de ter criado embaraços para as concordatas escandalosas, estava facilitando-as[449].

[446] *Id. ibid.*

[447] Que, como vimos, foi o principal debatedor do próprio projeto da Câmara e obteve a aprovação da Câmara de diversas de suas emendas.

[448] BRASIL. *Diário da Câmara dos Deputados.* Sessão de 25 de julho de 1902, p. 1466.

[449] *Id.*, p. 1467.

Dentre as críticas específicas que fez, Paranhos Montenegro atacou também a ideia da lista de síndicos naquele formato adotado pelo projeto do Senado – por iniciativa do senador Coelho e Campos –, acabando com a ideia da escolha de síndicos entre os credores, sendo decisão do juiz da falência e dizia que essa disposição apenas serviria para "[...] *crear um rendoso emprego para negociantes vadios* (grifos nossos)."[450] Seu principal argumento era que o Legislativo brasileiro não deveria legislar com base em livros estrangeiros, mas sim atendendo o meio em que viviam. Paranhos é omisso em suas críticas específicas sobre a emenda do Senado, trazida por Feliciano Penna, de revogação do art. 380 do Decreto nº 370, de 2 de maio de 1890, do Governo Provisório, sobre a supressão de tal artigo, afastando as atividades dos lavradores da lei de falências, o que chama atenção, especialmente por ser grande proprietário e ser também relator da Comissão de Constituição, Legislação e Justiça da Câmara quando das discussões que serão havidas em 1903, apoiando também os direitos de indenização dos proprietários de imóveis pela expropriação de suas terras, apresentando uma emenda específica para considerar, dentre as indenizações, aquelas também em função das benfeitorias incorporadas aos imóveis expropriados[451].

A sessão foi adiada e a votação na Câmara foi retomada na sessão de 26 de julho de 1902 e, após o início da votação das emendas do Senado, sendo todas até então aprovadas, o deputado Bricio Filho[452] pediu a pala-

[450] *Id. ibid.*

[451] Costa, Arthur Barrêtto de Almeida. *Desencontro Marcado? Desapropriação, Eficiência Administrativa e Absolutismo Proprietário no Brasil (1826-1930)*. Dissertação de mestrado defendida na Faculdade de Direito da Universidade Federal de Minas Gerais (UFMG). Belo Horizonte: 2019, p. 93-94.

[452] Jaime Pombo Brício Filho, nascido em Belém do Pará e formou-se em medicina pela Faculdade de Medicina do Rio de Janeiro, pelo CPDOC da FGV. "Depois da proclamação da República (15/11/1889), esteve ao lado do governo do marechal Floriano Peixoto (1891-1894), que assumiu a presidência da República depois da renúncia do marechal Deodoro da Fonseca em 23 de novembro de 1891. Atuou na Revolta da Armada, no ano de 1893, como médico do Batalhão Acadêmico, na cidade de Niterói. Foi eleito deputado federal pelo estado do Pará em 1894. [...]. Em 1900 voltou a ocupar uma cadeira na Câmara dos Deputados, agora eleito pelo estado de Pernambuco com a ajuda do líder político Francisco de Assis Rosa e Silva. Nessa legislatura fez oposição ao governo do presidente Campos Sales (1898-1902). Foi reeleito em 1903 pelo mesmo estado e permaneceu na Câmara até

vra e reiterou as críticas do deputado Paranhos Montenegro, provocando uma reação jocosa do deputado Irineu Machado[453] que conclui que "*[i] sto quer dizer que faliu a propria lei de fallencias*(.) (grifos nossos)"[454] e obteve também a posição contrária expressa do deputado Elpidio Figueiredo[455], mas que de nada adiantaram, pois a votação seguiu, sem que houvesse maiores debates, tampouco rejeição das emendas do Senado[456].

dezembro de 1905, quando se encerrou seu mandato." Disponível em http://www.fgv.br/cpdoc/acervo/arquivo, acesso em 20/10/2022.

[453] Irineu de Melo Machado, nascido no Rio de Janeiro, em 15 de dezembro de 1872, pelo CPDOC da FGV. "Bacharelou-se pela Faculdade de Direito do Recife em 1892. [...]. Em 1894 obteve o título de doutor em ciências jurídicas e sociais pela Faculdade Livre de Direito do Rio de Janeiro, passando no mesmo ano, no mês de abril, a fazer parte do quadro docente da instituição. Paralelamente à carreira de professor dedicou-se à advocacia, atividade desenvolvida na cidade do Rio de Janeiro a partir do ano de sua formatura. [...]. Um dos mais importantes políticos cariocas na Primeira República, o florianista Irineu Machado iniciou sua trajetória política na Câmara dos Deputados lançando-se candidato avulso pelo 2º distrito da capital federal no pleito de 1896. Eleito, passou a engrossar as fileiras do grupo político liderado por Francisco Glicério, chefe do Partido Republicano Federal (PRF), que na época fazia oposição a Prudente de Morais, então presidente do país (1894-1898)." Disponível em http://www.fgv.br/cpdoc/acervo/arquivo, acesso em 20/10/2022.

[454] BRASIL. *Diário da Câmara dos Deputados*. Sessão de 26 de julho de 1902, p. 1474.

[455] Elpídio de Abreu e Lima Figueiredo, nascido em Goiana, Pernambuco, em 1863, pelo CPDOC da FGV. "Formou-se pela Faculdade de Direito do Recife em novembro de 1886 e foi promotor público em Limoeiro (PE) de outubro de 1888 a julho de 1889. Iniciou-se na política depois da proclamação da República (15/11/1889), quando foi eleito deputado estadual em Pernambuco em 1895. Reeleito em 1898, chegou a primeiro vice-presidente e presidente da Assembleia Legislativa. Em 1900 foi eleito deputado federal por Pernambuco. Assumiu sua cadeira na Câmara dos Deputados, no Rio de Janeiro, então Distrito Federal, em maio do mesmo ano e foi reeleito em 1903." Disponível em http://www.fgv.br/cpdoc/acervo/arquivo, acesso em 20/10/2022.

[456] Vale destacar que o deputado Neiva, anos depois, em sessão de 28 de novembro de 1907, durante dos debates sobre um projeto do Senado acerca da impossibilidade de serem beneficiados por testamento aqueles leigos ou religiosos que fizessem voto de pobreza, castidade ou obediência (projeto n. 379 de 1907), elogiando o discurso do deputado Eloy Chaves e criticando o Senado brasileiro, relembra dos debates dessa época, destacando a discussão entre o deputado Paranhos e o deputado Seabra, bem como a crítica do deputado Paranhos contra as modificações feitas no Senado sobre a lei de falências. Neiva dizia que "[a] Camara que tinha aplaudido e aplaudido calorosamente os esplendidos discursos do Sr. Montenegro, votou afinal contra a sua opinião, aceitando a que vinha bafejada da

O deputado Bricio Filho novamente tentou interromper a votação de aprovação das emendas do Senado e, desta vez, o deputado Henrique Salles também o apoiou e sugeriu que a Câmara debatesse mais as alterações propostas pelo Senado e ao menos aprovasse a votação separada para cada uma das *letras* (as alíneas) do art. 54 do Projeto de Lei, porém todas foram aprovadas por maioria (noventa e quatro deputados a favor e vinte e dois contra, do total de cento e dezesseis deputados presentes na sessão). Foi também nesse texto final que constou, em relação às concordatas preventivas, a impossibilidade da livre disposição dos bens e das atividades do concordatário, por meio da inclusão do art. 122, que dispunha que os juízes dos processos de homologação de concordatas é que deveriam aprovar a disposição patrimonial e negocial do concordatária ao estabelecer que "[d]urante o processo da homologação [da concordata preventiva] não poderá o devedor alienar ou hypothecar seus bens, nem contrahir novas obrigações sem autorização do juiz, que procederá ás informações necessarias."

A redação final da alteração do Decreto nº 917/1890 foi concluída em 29 de julho de 1902, assinada na Sala das Comissões pelos deputados Guedelha Mourão[457], Araujo Góes e Carlos Ottoni e aprovada pelos deputados na sessão de 30 de julho de 1902 para ser encaminhada para ser sancionada pelo presidente Campos Salles[458]. Sendo sancionada integralmente e sem vetos pelo presidente, tornou-se assim a Lei nº 859, de 16 de agosto de 1902. Esta lei entrou em vigor e passou a ser aplicada, porém houve a sua republicação oficial definitiva da sanção presidencial no Diário Oficial da União de 7 de junho de 1903, com alguns ajustes, já no governo do presidente Rodrigues Alves e com J. J. Seabra como Ministro da Justiça. Dentre esses ajustes houve um específico no pará-

Camara alta [o Senado] e, a proposito, devo dizer que me impressiona sempre esta divisão de Camara *alta* e Camara *baixa*." (BRASIL. *Diário do Congresso Nacional*. Edição de 29 de novembro de 1907, p. 3244.)

[457] Não foram localizados dados e informações biográficas sobre o deputado Guedelha Mourão no período, porém pode ser que tenha se tratado de João Tolentino Guedelha Mourão, um dos líderes e fundadores do Partido Católico junto com o deputado Luís Antônio Domingues da Silva, que também participou dos debates sobre a reforma das leis de falências e concordatas no período.

[458] BRASIL. *Diário da Câmara dos Deputados*. Sessão de 30 de julho de 1902, p. 1504-1513.

grafo único do art. 6º que chamou atenção de juristas, rendendo até uma crítica no Jornal do Comércio do Rio de Janeiro de julho de 1903[459], especialmente direcionada ao então Ministro da Justiça J. J. Seabra, por ter alterado o texto simultaneamente à publicação do decreto do Poder Executivo que regulamentou a aplicação da nova lei de falências (Decreto nº 4.855/1903, o Regulamento da Lei de Falências e Concordatas). Esta alteração se deu sobre o texto aprovado no Senado e na Câmara que previa a necessidade de caução para o requerimento de falência por parte de credores não domiciliados no Brasil no caso de requerimento de falência sem citação do devedor. O texto publicado em junho de 1903, no entanto, retirou a expressão "*sem citação do devedor*", estabelecendo que credores domiciliados fora do Brasil sempre precisariam prestar caução para a realização do pedido de falência.

Com isso, além da republicação da Lei nº 859/1902, essa mesma edição do Diário Oficial da União em 7 de junho de 1903 trouxe a publicação do decreto regulamentando os processos de falências e concordatas. Assinado pelo agora Ministro da Justiça e Negócios Interiores, J. J. Seabra – então deputado relator do Projeto de Lei 143/1900 –, o presidente Francisco de Paula Rodrigues Alves editou o Decreto nº 4.855, de 2 de junho de 1903, sem a publicação de qualquer exposição de motivos, apenas justificando que estava atendendo

> [...] á necessidade de regularizar a forma executiva das fallencias, por sua natureza e essencia indivisivel e inseparável dos preceitos que a regem; e no intuito de manter na pratica, a unidade das disposições legaes pertinentes á sua verificação judicial, instrucção e liquidação, e consequentes effeitos juri-

[459] BRASIL. Biblioteca Nacional. *Jornal do Commercio do Rio de Janeiro*. Edição 161, 1903. Nessa edição, o Dr. Rodrigo Octávio escreve que essa supressão "[...] vem crear para o credor estrangeiro uma situação excepcional, prohibitiva do requerimento de fallencia do seu devedor mesmo quando a obrigação esteja provada pelo protesto, que por si só constitue prova plena do estado de fallencia." E conclui dizendo "[o] que acreditamos e commo acredita a opinião publica é que essas duvidas e incertezas forão creada (sic) pelo facto, até agora único em nossa vida de povo constitucional, de publicar o *Diario Oficial*, dez mezes depois de estar uma lei sancionada e em plena execução, uma edição contrafeita dessa mesma lei (grifos do original)." O Dr. Rodrigo Octávio ainda publicou críticas a essas alterações e ao regulamento nas edições de 16 de junho e 1 de julho de 1903.

dicos de ordem publica e privada para os fins do juizo universal do concurso, especialmente instituido, onde são declarados os direitos dos fallidos e credores e determinada a ordem das respectivas graduações e preferencias; e, outrossim, da responsabilidade penal que parallelamente deve ser apurada para a devida repressão dos actos de culpa e fraude, imputados ao devedor e seus cumplices [...].[460]

O Decreto nº 4.588/1903 foi, portanto, outorgado pelo Presidente Rodrigues Alves, conforme determinado por J. J. Seabra com base no art. 48, n. 1 da Constituição de 1891[461] e, pelas fontes que localizamos quando das discussões sobre a necessidade de sua supressão, teria sido elaborado pelo desembargador Caetano Pinto de Miranda Montenegro[462] da Corte de Apelação do Rio de Janeiro, a pedido de Seabra, e efetivamente, para além de apresentar um regulamento para a execução da Lei nº 859, de 16 de agosto de 1902[463], pretendia também uniformizar sua aplicação especialmente para evitar as especificidades de interpretação e aplicação das leis processuais dos estados que, pela Constituição de 1891, tinham competência privativa para legislar sobre a matéria processual. A lei falimentar, por englobar aquela dupla função de regramento do direito material e também do direito processual, deveria ser observada de acordo com a fixação determinada pelo poder central da República, em detrimento dos regramentos processuais locais do Brasil.

Ou seja, entre 16 de agosto de 1902 e 7 de junho de 1903, a Lei nº 859/1902 vigorou com o texto final aprovado tanto no Congresso Nacional, porém a publicação em junho de 1903 também trouxe o Decreto nº 4.855 com regras processuais (e até materiais) mais detalhadas e comple-

[460] BRASIL. *Relatório do Ministério da Justiça e Negócios Interiores.* Junho de 1903. Rio de Janeiro: Typografia Nacional, 1903, p. 3.

[461] BRASIL. *Constituição da República dos Estados Unidos do Brasil de 24 de fevereiro de 1891.* "Art. 48 – Compete privativamente ao Presidente da República: 1º) sanccionar, promulgar e fazer publicar as leis e resoluções do Congresso; expedir decretos, instrucções e regulamentos para sua fiel execução; [...]."

[462] Juiz de direito e aparentemente filho de Caetano Pinto de Miranda Montenegro que foi governador da capitania de Pernambuco entre 1804-1817.

[463] BRASIL. *Relatório do Ministério da Justiça e Negócios Interiores.* Março de 1904. Rio de Janeiro: Typografia Nacional, 1904, p. 66.

mentares àquelas que já constavam da Lei nº 859/1902[464], buscando uma padronização de interpretação e aplicação para todo o país, evitando-se, com isso, regras locais específicas, especialmente as processuais, diante da competência dos estados para legislar sobre o processo civil, conforme autorizada pela Constituição de 1891.

A tentativa de uma ampliação da reforma do decreto de 1890 e a imposição do novo decreto do Executivo, na linha do que pretendia J. J. Seabra, porém, não foi longeva.

Como resposta, já em 16 de outubro de 1903, o ainda deputado federal Paranhos Montenegro, fervoroso debatedor do Projeto de Lei nº 143/1900, bem como crítico das alterações propostas pelo Senado e que foram aprovadas pela Câmara, adversário político, naquele debate, do então deputado J. J. Seabra, agora Ministro da Justiça de Rodrigues Alves, apresentou seu projeto de nova reforma da recém aprovada lei de falências, por meio do Projeto de Lei nº 263 de 16 de outubro de 1903. Este projeto de Paranhos Montenegro de fato foi debatido e, de seus debates, resultou em nova reforma da lei de falências – não nos moldes propostos por Paranhos –, provocando a promulgação daquela que será a Lei nº 2.024 de 1908.

### 2.3.2 A estrutura legal da Lei nº 859/1902

Simplificando a sua forma, bem como excluindo institutos de reestruturação que estavam previstos no decreto do início da República, a mudança provocada pela Lei nº 859/1902 trabalhou apenas com três institutos que passaram a ser os únicos considerados pelo legislador brasileiro em todas as alterações subsequentes que se deram até a reforma de 1945. Não se pode descartar, como veremos em relação a cada um dos institutos e das reformas, que mudanças sensíveis foram adotadas, porém os institutos básicos permaneceram os mesmos: a falência, a concordata suspensiva da falência, no âmbito de um processo judicial de falência, e a concordata preventiva da falência, no âmbito de um processo anterior a um eventual processo de falência. Estruturalmente a Lei nº 859/1902 foi dividida seguinte forma:

[464] BRASIL. *Relatório do Ministério da Justiça e Negócios Interiores.* Março de 1904. Rio de Janeiro: Typografia Nacional, 1904, anexo A.

**Lei nº 859, de 16 de agosto de 1902**

Reforma a lei sobre fallencias

1) Titulo I
    a. Da natureza e declaração da fallencia
2) Titulo II
    a. Dos effeitos da declaração da fallencia
        i. Secção I
            1. Quanto á pessoa do fallido
        ii. Secção II
            1. Quanto aos bens e contractos
        iii. Secção III
            1. Dos actos nullos e annulaveis
3) Titulo III
    a. Dos actos consecutivos á declaração de fallencia e da concordata
4) Titulo IV
    a. Do contracto de união
    Da liquidação do activo e do passivo
5) Titulo V
    a. Dos credores da massa e dos da fallencia
6) Titulo VI
    a. Disposições relativas ás sociedades
7) Titulo VII
    a. Da classificação da fallencia e dos crimes que della decorrem
8) Titulo VIII
    a. Da rehabilitação do fallido
9) Titulo IX
    a. Das fallencias declaradas fóra da republica
10) Titulo X
    a. Do accordo ou concordata preventiva
11) Titulo XI
    a. Disposições geraes

Em relação àqueles institutos e seus principais procedimentos, temos o fluxograma do da falência e da concordata suspensiva organizados da seguinte forma:

Lei n. 859/1902: Fluxograma de Procedimentos (falência e concordata)

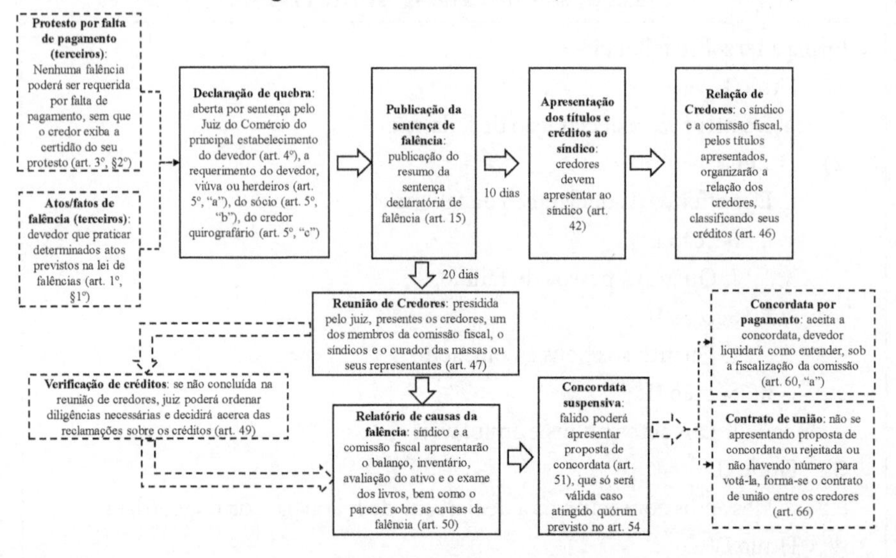


Lei n. 859/1902 : Parte 2 – Fluxograma de Procedimentos (concordata suspensiva)

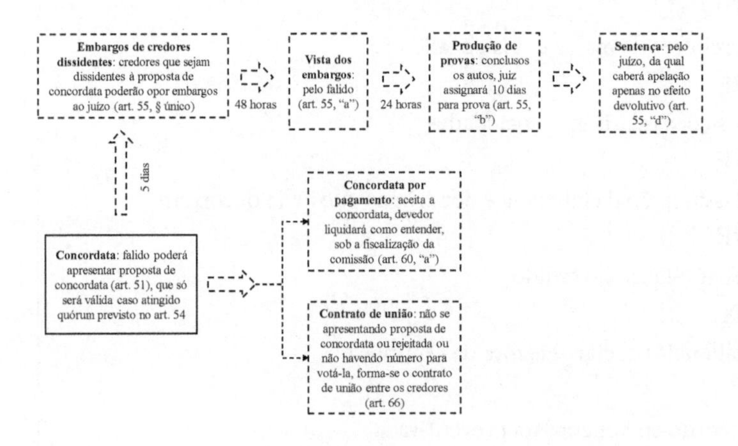


No caso da celebração do contrato de união, em oposição à aprovação da concordata, portanto, os seguintes procedimentos foram previstos pela lei:

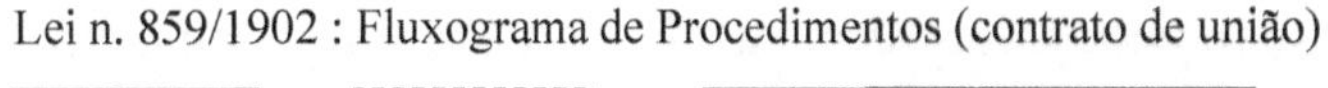

Lei n. 859/1902 : Fluxograma de Procedimentos (contrato de união)

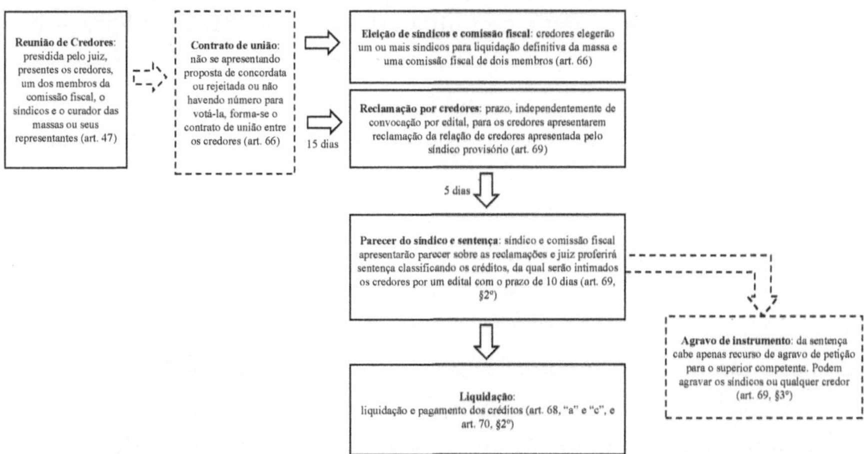


Alternativamente, o acordo ou concordata preventiva, prévios a um efetivo pedido judicial de falência do devedor, teriam de ser propostos respeitando os seguintes passos:

### 2.3.3 Considerações sobre a prática da Lei nº 859/1902 e do Regulamento 4.588/1903

Como já sabemos antecipadamente, a Lei nº 859/1902 teve vigência por um curto período, especialmente diante do fato de que a Câmara dos Deputados já iniciou a apresentação do projeto de sua reforma, conforme apresentado por Paranhos Montenegro, em outubro de 1903, o que pode ter sido um fator para reduzir o apelo à publicação de trabalhos e estudos específicos sobre comentários ou manuais voltados para a sua prática. Isso porque os comentários a tal lei foram localizados especialmente em trabalhos posteriores à publicação da reforma que se efetivou em 1908, de modo que não foram localizadas publicações específicas sobre a aplicação e interpretação da lei de 1902 e seu regulamento durante o período de 1903 até 1908. Não obstante, é a partir de 1903 que Carvalho de Mendonça publicou sua tradução da lei norte-americana, dividida em quatro volumes publicados na "Revista do Tribunal de Justiça", "S. Paulo Judiciario", iniciando a primeira publicação no volume II da revista, em maio de 1903[465].

[465] MENDONÇA, J. X. Carvalho de. *A Lei Federal dos Estados Unidos sobre Fallencias – traduzida*

Nesse trabalho se tem uma apresentação da lei norte-americana, "traduzida do original, annotada e comparada á lei federal brazileira sobre fallencias pelo advogado J. X. Carvalho de Mendonça."[466] Carvalho de Mendonça iniciou seu texto apresentando um prefácio geral sobre a sua tradução e apresentando seus comentários sobre sua visão acerca da lei falimentar no Brasil. O primeiro ponto que chamou atenção era sobre a competência federal de estabelecer leis uniformes sobre a falência, em contrapartida aos direitos estaduais de legislarem sobre o direito civil, criminal e processual, com base no art. 8º, n. 4 da Constituição dos Estados Unidos[467]. Foi nesse contexto que, durante a presidência de John Adams, votaram os norte-americanos a sua primeira lei sobre as falências, de 4 de abril de 1800. Carvalho de Mendonça destacou então que "[e]sta lei, determinava o prazo de cinco annos para a sua duração, referiu-se exclusivamente aos commerciantes; fôra inspirada no estatuto inglez de 1706, então vigente, votado sob o Reinado da Rainha Anna[.]"[468], porém tal lei já teria revogada em 19 de dezembro de 1803, antes mesmo do prazo definido para sua vigência. A partir de então começaram a discutir a competência federal ou estadual para se legislar sobre as falências e o assunto foi levado para o *Supremo Tribunal dos Estados Unidos* e dois casos teriam fixado a competência federal, sendo o primeiro o caso de *Sturges v. Corwningshield* de 1819, pois o estado de Nova Iorque teria publicado sua lei de falências em 1811 e o segundo caso foi o de *Ogden v Saunders*, em que se confirmou a decisão do caso anterior, entendendo que a competência, pela Constituição, era federal, cabendo aos estados legislar somente em caso de inexistência de uma lei federal. Carvalho de Mendonça destacou também que ainda que os estados legislassem sobre tal matéria, essas leis não deveriam afetar as dívidas previamente contraídas, tampouco se aplicar a credores que não residissem no respectivo estado, exceto por aqueles que consentissem com a aplicação ao seu caso em particular e

*do original, annotada e comparada á lei federal brasileira. In S. Paulo Judiciário – Revista do Tribunal de Justiça – Doutrina e Jurisprudencia.* Director Dr. José Machado Pinheiro Lima (Ministro do Tribunal de Justiça). Vol. II. São Paulo: Typographia do Diario Official, maio de 1903, nº 5.

466 MENDONÇA, J. X. Carvalho de. Ob. Cit. Maio de 1903, nº 5., p. 299.

467 *Id. ibid.*

468 *Id. ibid.*

estas são premissas importantes para a abordagem que dará ao longo de sua análise e tradução[469].

Destacando o papel de um jurisconsulto no caso norte-americano, que teria sido Daniel Webster, finalmente o Congresso norte-americano teria votado a segunda de lei de falências, que foi promulgada em 19 de agosto de 1841, sob a presidência de John Quincy Adams, buscando auxiliar na solução da crise comercial havida em 1837 nos Estados Unidos e abriu a possibilidade para o pedido de falência por parte do próprio devedor (*voluntary bankruptcy*), bem como concedia a possibilidade de reabilitação dos devedores[470]. Carvalho de Mendonça deixa claro que a aprovação não se deu sem debates, tampouco sem tentativas de supressão por meio de medidas perante a Suprema Corte, mas permaneceu ilesa até uma nova votação no Congresso que a revogou em 3 de março de 1843. Então, sob a presidência de "Andrew Johnston" (sic – Andrew Johnson), em 1867, o anteriormente vice de Abraham Lincoln, assassinado em abril de 1865, foi aprovada a terceira lei de falências aprovada pelo Congresso, de 2 de março de 1867[471]. Carvalho de Mendonça tenta demonstrar que durante os períodos em que não havia uma unidade federal nos Estados Unidos em matéria de lei de falências, os estados legislavam e "[a] imperfeição das leis dos Estados, a fraude sem limites que ellas alimentaram, a grande perturbação que trouxeram ás relações mercantis entre os Estados, attenta á sua limitação territorial, a crise financeira de 1866, despertou tudo isso grande celeuma, produzindo a lei de 2 de março de 1867."[472] A partir dessa lei os Estados Unidos teriam aberto a possibilidade dos processos falimentares para todos os tipos de devedores, não exclusivamente aos comerciantes e alterações pontuais teriam sido feitas ao longo dos anos de "[...] 1868, 1870 (duas reformas), 1872, 1873, 1874, 1875, 1876 e 1877!"[473]. E passou sua visão sobre o enfoque que os Estados Unidos estavam dando sobre as discussões acerca dos pedidos de falência contra

[469] *Id.*, p. 300.
[470] MENDONÇA, J. X. Carvalho de. Ob. Cit. Maio de 1903, nº 5, p. 300-303.
[471] *Id.*, p. 303.
[472] *Id. ibid.*
[473] *Id.*, p. 304.

os comerciantes, na mensagem do presidente Ulysses S. Grant de 1873, que traduziu dizendo

> '[e]sta lei não tem produzido bem, sómente males. Ha muitos motivos para ser revogada. As suas disposições sobre o chamado *fallido involuntário* contribuem para augmentar os embaraços financeiros do paiz. Muitas vezes, homens prudentes e zelosos, desenvolvem os negocios com o credito de que gosam e, dispondo de valores consideráveis, que bastariam para todos os seus compromissos se fossem immediatamente convertiveis, acham-se impossibilitados de pagar a seus credores em virtude de rarear o dinheiro. Ficam elles, então á mercê do credor impaciente. A simples petição de uma fallencia em juizo produz actualmente um tal alarme sobre as questões monetárias, que basta para trazer a ruina de um homem de grandes responsabilidades...A lei é tambem um meio de intimidações, empregado por credores pouco escrupulosos com o intuito de conseguirem vantagens sobre os seus concorrentes.'[474]

Esta lei foi revogada em 1 de setembro de 1878 e voltaram os estados a legislar sobre matéria de falências, o que, na visão de Carvalho de Mendonça, fez com que fossem sentidos "[...] mais uma vez os defeitos e inconvenientes dessas legislações locaes."[475] Isso teria levado à nova lei de falências federal, aprovada pelo Congresso em 1º de julho de 1898 e essa era então a lei que ainda estava em vigor nos Estados Unidos e a lei que Carvalho de Mendonça apresentava a tradução ao longo dos volumes subsequentes publicados na revista.

Essa lei continha sete capítulos (*chapters*) e setenta artigos (*sections*) e conferiu à Suprema Corte a competência para o regulamento processual das falências de modo uniforme para todo o país, o que fora feito ainda em 1898[476]. Na sequência Carvalho de Mendonça buscou mostrar que a na lei norte-americana "[o] fallido não é um suspeito, e muito menos um criminoso. A sua honra e probidade não soffrem a minima offensa com a movimentação do apparelho fallencial."[477] Destacava que com a decla-

[474] *Id.*, p. 304.
[475] *Id.*, p. 305-306.
[476] Mendonça, J. X. Carvalho de. Ob. Cit. Maio de 1903, nº 5., p. 305-306.
[477] *Id.*, 306.

ração de falência, que poderia decorrer de pedido do próprio devedor (*voluntary bankruptcy*) ou por credores (*involuntary bankruptcy*), os síndicos (*trustees*) eram nomeados e recebiam a propriedade dos bens dos falidos, exceto por bens que tinham alguma isenção de arrecadação da massa falida conforme as leis estaduais[478].

Os efeitos retroativos da falência – o que já era denominado no Brasil como *termo legal* desde o século XIX, no âmbito do Código Comercial, e, pela prática e bibliografia, também chamado de *período suspeito* –, não excederia a quatro meses contados do requerimento da falência e esta seria terminada com a venda dos ativos da massa e distribuição do produto entre os credores ou então se encerraria pela aprovação da concordata[479]. Para obter a concordata, era exigida a dupla maioria de credores e da totalidade do passivo, bem como a consequente homologação judicial. Mas destacou que a concordata poderia levar à reabilitação, porém "[e]sta *rehabilitação* não depende da vontade ou assentimento dos credores e póde ser concedida pelo tribunal, arbitro supremo. Indifferente é para a obtenção deste favor o *quantum* da porcentagem ou dividendo distribuido aos credores. A massa pode nada produzir; nem por isso o devedor fica privado de conseguir a *discharge* (grifos do autor)[.]"[480] e destacou esse instituto da reabilitação tinha origem no direito inglês pelo Estatuto falimentar de 1706 e que a partir de 1833 passaram a restringir os meios para obtenção da reabilitação até se impor a condição de pagamento mínimo de 50% dos créditos aos credores e deixou claro que, pela lei norte-americana, havia uma obrigação do Procurador Geral (*Attorney General*) de apresentar anualmente ao Congresso a estatística das falências abertas nos Estados Unidos, inclusive qualificando as abertas pelos próprios devedores ou iniciadas por credores, bem como a soma dos ativos, dos passivos, dividendos pagos, valor das despesas com a liquidação e com o processo e outras informações úteis[481].

Já no cenário pós aprovação da Lei nº 859/1902 e da outorga do Decreto nº 4.588/1903, Carvalho de Mendonça dizia que

[478] *Id. ibid.*

[479] *Id.*, p. 307.

[480] *Id. ibid.*

[481] Mendonça, J. X. Carvalho de. Ob. Cit. Maio de 1903, nº 5., p. 307-308.

> *[n]o momento actual, em que a anarchia preside o instituto das fallencias em nosso paiz [Brasil], parece-nos, não será tempo perdido tornar conhecido The Bankruptcy Act, de 1898.* Esta lei mostrará como nos Estados Unidos se conseguiu, depois de tanta lucta, uniformisar o systema das fallencias, *soffrendo os Estados, de boa vontade, essa restricção ao poder soberano de legislar sobre o seu direito privado.* Ella salientará como, habilmente, se attenderam e conciliaram os interesses em jogo, *e revelará, ainda, a victoria da nova orientação liberal, humana, que vae transformando hodiernamente o instituto das fallencias* (grifos nossos).[482]

Deixando essas premissas assentadas, em especial destacando a necessidade dos estados em ceder para uma lei federal, bem como para se ter uma lei que fosse ligada à *nova orientação liberal, humana*, Carvalho de Mendonça passou então a explicar sua visão sobre o Decreto nº 91/1890 e a Lei nº 859/1902, os dois diplomas legais relacionados às falências na República brasileira.

Dizia que

> [v]otando de afogadilho e a trouxe-mouxe a reforma do decr. n. 917, de 1890, deu-nos o Congresso Federal a lei n. 859, de 16 de Agosto de 1902. Contradicções, absurdos e lacunas, encontram-se em abundancia nessa obra, apresentada como *salvação do commercio honesto.* Deixando ao lado o projecto do *Instituto da Ordem dos Advogados Brazileiros*, que seria um optimo ponto de partida, os nossos legisladores, architectos de obra feita, acharam mais sabio refundir o decr. n. 917, trabalho admirável, multilando-o sem criterio (grifos do autor).[483]

E ainda criticou "[...] o omnipotente governo federal [...]"[484] que entendeu que deveria ser publicado um regulamento, que seria inconstitucional no fundo e na forma, bem como o fato de haver o governo publicado uma nova edição "[...] correcta e augmentada da lei n. 859!"[485] E ainda dizia que contra essa medida desconectada do Congresso decor-

[482] *Id.*, p. 308.
[483] *Id. ibid.*
[484] *Id. ibid.*
[485] *Id. ibid.*

rente de ato exclusivo do governo federal (presidente e ministros), surgiram brados contrários, e "[r]espondeu-se officialmente que isso era assim mesmo... e assim mesmo foi ficando! Nos Estados, a desordem não tem sido menor."[486] Além disso, criticou severamente o papel dos curadores fiscais, que apenas estavam retirando valor das massas falidas para uma pessoa que em nada estava contribuindo para solucionar as falências e direcionava especificamente sua crítica ao fato do estado de São Paulo ter criada uma lei para determinar a manutenção dos curadores, bem como acertar sua remuneração, tudo por meio de uma lei orçamentária[487] e dizia que "[a] lei federal obedece a um pensamento, a lei do Estado [de São Paulo] perturba-o; aquella segue uma orientação, esta a desvia..."[488]

Essa crítica às profissões que surgiam em torno das falências, de liquidatários, curadores, síndicos, entendia que "[a]s massas fallidas não se formavam em beneficio dos credores, os unicos interessados na liquidação. Iremos até ahi, e mais ainda, porque a gana insaciável, se os Estados, sob a capa da protecção aos interesses dos credores ou mesmo ao interesse publico, descobrirem este novo meio de criar empregos; [...]"[489] e defendia que

> [o] melhor zelador dos interesses do commercio são os proprios commerciantes. Estes trapaceiam, entram em convenios dolosos e fraudulentos, quando se convencem da morte do texto legal e da pouca ou nenhuma garantia que lhes offerece o Poder Judiciario. O Estado não é o melhor juiz daquelles interesses; basta que se esforce por dar boas leis, e principalmente, magistrados que conheçam a sua missão juridica.[490]

E via que o Estado estava se colocando contra os comerciantes, pois tinha essa missão de ser responsável também pelos acidentes do comércio e, "*[...] de certo modo culpado pelas faltas dos commerciantes. Dahi essas coleras do poder central contra os negociantes infelizes. A fallencia torna-se um crime*

486 *Id.*, p. 309.
487 Mendonça, J. X. Carvalho de. Ob. Cit. Maio de 1903, nº 5., p. 310-312.
488 *Id.*, p. 312.
489 *Id.*, p. 313.
490 *Id. ibid.*

*publico: a serveridade contra os commerciantes infelizes tem a sua razão no preconceito que o Estado deve ser infalível e que faltar aos seus credores é faltar ao rei* (grifos nossos)."[491]

Quando aproveitou para explicar a natureza da falência, relembrou que a falência era uma forma de execução em contraposição às execuções singulares ou ordinárias e que "[t]odas as normas que constituem o systema da fallencia visam satisfazer os credores, aproveitando quanto possivel os elementos do activo do devedor e manter a egualdade entre os credores (*jus paris conditionis*). O seu caracter preeminente é processual."[492] E Carvalho de Mendonça discorre ao longo das páginas seguintes sobre o não cabimento na cisão do direito material e processual em matéria de falência que, por sua natureza, é indivisível em relação ao seu regulamento legislativo, citando como exemplos casos mais variados e de diversos países, especialmente europeus, bem como da Argentina e Estados Unidos. Após essa introdução, passou então a publicar sua tradução da lei de falências norte-americana. Vamos destacar apenas algumas traduções distintas que Carvalho de Mendonça fez e que não nos pareceram decorrer de algum mau entendimento sobre os correspondentes em língua portuguesa, especialmente diante da boa qualidade das traduções em relação aos outros dispositivos.

Carvalho de Mendonça manteve algumas expressões em língua inglesa ao lado de algumas das traduções, mas essas expressões são pontuais, apenas para indicar como traduziu algumas das palavras. Não fizemos nesta pesquisa uma comparação linha a linha com a versão original norte-americana, mas algumas das traduções indicadas pelo Carvalho de Mendonça chamaram atenção. Um desses exemplos que podemos citar é a tradução de *bond* que Carvalho de Mendonça traduz como *caução* ou *fiança*[493] e nos chama atenção especialmente pelo fato de que o autor

[491] *Id.*, p. 14.

[492] *Id. ibid.*

[493] Mendonça, J. X. Carvalho de. *A Lei Federal dos Estados Unidos sobre Fallencias – traduzida do original, annotada e comparada á lei federal brasileira. In S. Paulo Judiciário – Revista do Tribunal de Justiça – Doutrina e Jurisprudencia.* Director Dr. José Machado Pinheiro Lima (Ministro do Tribunal de Justiça). Vol. III. São Paulo: Typographia do Diario Official, maio de 1903, s/n, p. 6.

aproveitou a publicação da sua tradução para organizar também comentários, adaptações e, de um modo geral, apresentar uma estrutura que poderia ser abordada como um projeto de lei de falências para o caso do Brasil. Este ponto, da *caução* ou *fiança* vai estar conectado a um entendimento de um requerimento a ser exigido de credores quando fosse pedir a declaração da falência do devedor. Outra tradução distinta que identificamos é a de *process* como *das notificações*[494], tratando especificamente as notificações, citações e intimações a serem emanadas pelo secretário do tribunal competente, apostando o selo oficial do tribunal e não realizou uma tradução de *Marshal,* não indicando uma figura que seria correspondente a tal cargo no direito brasileiro.

É aí também que a discussão sobre os *atos de falência* (*acts of bankruptcy*) ganham uma relevância e um destaque importante para as discussões no direito brasileiro – já constavam da lei brasileira, porém passa a ter uma forma de interpretação taxativa e conectada ao direito penal para se evitar interpretações extensivas. Carvalho de Mendonça se vale das notas e comentários para aprofundar as hipóteses caracterizadoras dos atos de falência, deixando claro que "[a] lei americana estabelece os factos certos, taxativos que, revelando o embaraço economico do devedor ou a intenção fraudulenta de lesar os credores (*acts of bankruptcy*), auctorisam a declaração da fallencia. Esses actos, denunciadores da fallencia, têm um colorido penal, e os tribunaes interpretam restrictivamente as disposições legaes a esse particular."[495] Para justificar a abordagem da lei norte-americana, Carvalho de Mendonça também destacou que o sistema estabeleceria dois critérios:

> [...] o criterio da *insolvencia,* isto é, a insufficiencia do activo para cobrir o passivo, systema conhecido na teoria pela designação de – *systema do desequilibrio economico.* É esse o mais antigo, vindo do direito estatuario italiano, e

[494] MENDONÇA, J. X. Carvalho de. *A Lei Federal dos Estados Unidos sobre Fallencias – traduzida do original, annotada e comparada á lei federal brasileira. In S. Paulo Judiciário – Revista do Tribunal de Justiça – Doutrina e Jurisprudencia.* Director Dr. José Machado Pinheiro Lima (Ministro do Tribunal de Justiça). Vol. III. São Paulo: Typographia do Diario Official, setembro e outubro de 1904, ns. 21 e 22, p. 208-209.

[495] MENDONÇA, J. X. Carvalho de. Ob. Cit. Vol. III, s/n, 1903, p. 7.

adoptado pela lei americana de 1898. Outras adoptam a *impontualidade* como manifestação typica, natural do estado de fallencia. A fallencia é a impontualidade, estado de facto, convertida em estado de direito, por meio de uma declaração judicial.[496]

E destacava que do primeiro grupo fazia parte as leis francesa, italiana, belga e alemã, enquanto do segundo já faziam parte as leis inglesa, mexicana e as brasileiras de 1890 e de 1902, já dizendo que o sistema brasileiro de 1902 vinha sendo censurado por escritores europeus, como o caso dos italianos Luciani, Bonelli e Vallardi e pelo francês Thaller, especialmente diante do fato de que o sistema da lei de 1902 fez surgir uma dinâmica mista para a declaração da falência: tanto a *impontualidade*, quanto a *insolvência* por meio da práticas dos atos de falência e, fazendo referência a casos nos Estados Unidos, bem como comentando outras situações descritas principalmente por Thaller, concluiu suas observações dizendo que no Brasil, "[a] nossa jurisprudencia não offerece casos dignos de nota, assentando ou firmando o pensamento legislativo."[497]. O *termo legal* nos casos brasileiros era retroativo em quarenta dias contados do protesto que sofresse o devedor, porém Carvalho de Mendonça foi insistindo ao longo de seu texto para demonstrar a importância da retroatividade em um período maior, de quatro meses da prática do ato ou do protesto, o que também terá reflexos nas discussões vindouras sobre novas reformas da lei de falências.

[496] Mendonça, J. X. Carvalho de. Ob. Cit. Vol. III, s/n, 1903, p. 7-8.

[497] *Id.*, p. 9. O sistema da *insolvência*, baseado na cessação de pagamentos por parte do devedor, de influência francesa, conforme adotado inicialmente no Brasil nos termos do Código Comercial, realmente é notado na prática em algumas decisões de declarações de falência, como no caso negociante falido João Baptista Lopes Madeira, cuja falência foi então declarada pelo juiz municipal do comércio da *Vila de Itaborahy*, Dr. Candido Silveira Rodrigues, em 27 de novembro de 1858, destacando a decisão que "[...] tornando-se evidente dos autos que o mesmo supplicante *João Baptista Lopes Madeira cessou os seus pagamentos, e se acha em verdadeiro estado de insolvencia (cod. art 797), declaro ex-officio (art. 807) aberta a fallencia do mesmo* a datar do dia 13 de Novembro deste anno [de 1858] constante do balanço fl. 18 (grifamos) [.]" (BRASIL. Biblioteca Nacional. *Jornal do Commercio do Rio de Janeiro*. Edição 331, 1858.)

Depois, quando explica que há uma tendência de aceitação das falências para os não comerciantes e sim para os devedores de um modo geral, exceto as associações civis, que estariam sujeitas à liquidação específica e civil, Carvalho de Mendonça destacou que para o Brasil esse não seria um bom movimento e expôs sua justificativa a partir da tensão entre a competência para legislar sobre o direito processual dos estados e a necessidade de uma lei indivisível entre direito material e processual relacionada às falências e emanada a partir do poder central, especialmente ao expor sua visão de que:

> *[p]recisamos dizer que, no momento actual, é, entre nós, um perigo a ampliação da fallencia aos não commerciantes. Os Estados não querem comprehender os seus poderes definidos na Constituição de 24 de Fevereiro.* Imaginemos que as legislaturas dos Estados, inventando uma impossivel separação entre o fundo e a fórma das leis de fallencia, *para promoverem interesse pessoal de protegidos politicos, entrem a disciplinar a parte processual, criando curadores fiscaes da massa, depositarios e mil parasitas,* sustentados directa e indiretamente á custa dos credores e do pobre fallido. Seria uma desgraça, e *é prudente mantermos o que existe, até que a reforma constitucional, que ha de vir, queiram ou não, para garantir a vida civil dos brazileiros, contenha os nossos Estados dentro de limites racionaes e justos.* Olhemos o que está passando no Estado de S. Paulo, onde aliás é intensa a cultura juridica (grifos nossos).[498]

Sobre a impossibilidade que ainda havia no Brasil de se declarar a falência de sociedades anônimas – liquidáveis nos termos da Lei nº 3.150, de 4 de novembro de 1882 –, Carvalho de Mendonça explica que a tradição se iniciara nas discussões do Conselheiro Lafayette no Senado, quando se estabeleceu que a falência seria aplicável apenas à *pessoa natural* e não ao *capital* e criticava que era necessária uma mudança de visão, pois "[a]ttendendo-se bem, ha de se chegar á conclusão que a fallencia refere-se mais ao patrimonio do que a pessoa, e a falta de uma pessoa natural que sirva de titular desse patrimonio não modifica os fins que tem em vista a fallencia, a defesa collectiva dos credores, e o processo da liquidação."[499]

[498] Mendonça, J. X. Carvalho de. Ob. Cit. Vol. III, s/n, 1903, p. 16.
[499] *Id.*, p. 19.

O autor explica que este assunto também já era defendido pelo Instituto da Ordem dos Advogados Brasileiros, mas que tinha sido ignorado pelo Congresso quando dos debates para a reforma que se concluiu na lei de 1902. Este ponto terá muita repercussão quando o seu projeto de reforma da lei de 1902 for levado adiante e será aprovado para a reforma e promulgação da lei de 1908.

Sobre a extradição dos falidos, então prevista no art. 10 da lei norte-americana, Carvalho de Mendonça pouco comenta, apenas falando que a extradição dos criminosos entre os estados do Brasil era regulada pela Lei nº 39, de 30 de janeiro de 1892, "[...] lei aliás muito esquecida."[500]

Em relação às concordatas, Carvalho de Mendonça às identifica no capítulo chamado *compositions when confirmed*, e destacou que as leis de 1800, 1841 e 1867 nos Estados Unidos não continham previsão sobre as concordatas. Também mencionou que na Inglaterra a primeira lei a permitir o acordo entre devedor e credores teria sido a de 1825, mas que esta "[...] não libertava, porém, o concordatario de suas responsabilidades para com os credores dissidentes."[501] Teria sido então a partir de 1849 que uma nova lei introduzira a concordata obrigatória e isso teria sido mantido nas leis de 1861 e 1869. A partir desta última é teria sido inspirado o modelo norte-americano de 1874, autorizando a concordata antes mesmo da declaração da falência, mas que a partir de 1898 os Estados Unidos teriam voltado a adotar o modelo da concordata apenas após a declaração de falência.

E sobre o papel do Judiciário, defendeu a linha norte-americana de que a concordata, mesmo que aprovada pela dupla maioria dos credores não deveria ser homologada "[...] quando a quantia offerecida não é egual á que provavelmente produziria aos credores a liquidação da massa na fallencia, tendo-se em attenção o facto de que uma venda forçada dá menos que uma venda particular e o tempo a decorrer. [...]. Muito diverso é o nosso systema legal. [...]. O juiz não aprecia o merito da concordata; as partes são os verdadeiros juizes de seus interesses."[502] E destacava também que, no Brasil, a homologação da concordata não importava automaticamente na reabilitação do falido (*discharge*), pois "[a] rehabilitação

[500] *Id.*, p. 33.
[501] *Id.*, p. 36.
[502] Mendonça, J. X. Carvalho de. Ob. Cit. Vol. III, s/n, 1903, p. 40.

deve ser pedida e processada nos termos legaes (lei n. 859, art. 97). A concordata homologada importa o encerramento do processo da fallencia e o credor, que se apresenta após a homologação, deve apurar os seus direitos pelos meios ordinários."[503]

Em relação aos síndicos interessante destacar a menção de Carvalho de Mendonça ao caso da falência da Quartin Silveira & C., que vimos anteriormente nas críticas do jornal "Correio da Manhã" sobre as decisões do juiz Pennafort, pois o aqui também há uma crítica condizente com a que se apresentou no jornal, especialmente mencionando que houve um alvará de licença do juiz do caso para autorizar a venda naqueles termos do alvará e de acordo com a sua nomeação de um leiloeiro. E para, Carvalho de Mendonça, "[c]ondemnavel é a praxe de os syndicos requererem ao juiz da fallencia *alvará de licença* para a venda dos bens da massa. [...]. O juiz nada tem com a venda, que deve ser feita sob a exclusiva responsabilidade dos syndicos e da commissão fiscal."[504]

Essa tradução completa da lei federal norte-americana das falências terá repercussão nos debates parlamentares sobre a nova proposta de reforma da Lei nº 859/1902, especialmente nas discussões entre o relator da proposta de reforma, de outubro de 1903, o deputado Paranhos Montenegro, e o próprio Carvalho de Mendonça, cujo projeto será então defendido no Senado.

Apenas em complemento, além das contribuições de Carvalho de Mendonça, também em 1904, Solidonio Leite publicou no Jornal do Comércio do Rio de Janeiro alguns pareceres, bem como sua minuta de agravo perante a Corte de Apelação do Rio de Janeiro, de um caso em que se consagrara vitorioso. Consultando Clovis Bevilaqua, Solidonio Leite lhe trouxera a seguinte questão: "[p]óde a sociedade já dissolvida, mas ainda em liquidação, praticar actos que lhe acarretem a declaração da *fallencia*?" O jurista Clovis Bevilaqua, então, respondendo negativamente e

[503] *Id.*, p. 41.

[504] MENDONÇA, J. X. Carvalho de. *A Lei Federal dos Estados Unidos sobre Fallencias – traduzida do original, annotada e comparada á lei federal brasileira. In S. Paulo Judiciário – Revista do Tribunal de Justiça – Doutrina e Jurisprudencia.* Director Dr. José Machado Pinheiro Lima (Ministro do Tribunal de Justiça). Vol. V. São Paulo: Typographia do Diario Official, maio de 1904, s/n, p. 27.

fundamentando sua resposta com base na Lei nº 859/1902 e no Decreto nº 4.855/1903, argumentou especialmente que

> [p]elo systema da lei pátria, sómente os commerciantes sob firma individual ou social é que podem cahir em fallencia (lei de 16 de agosto de 1902, art. 1º). A sociedade em liquidação, tendo perdido a sua qualidade de commerciante, tendo cessado a sua actividade commercial, não póde mais crear para si esse estado especial da insufficiencia economica dos commerciantes, o estado de fallencia. Alguns systemas legislativos admittem fallencia da herança; mas esta especie é extranha ao nosso direito, que sómente conhece fallencia de pessoas e, mais ainda, de certa classe de pessoas, a classe dos commerciantes.[505]

Nessa mesma época em artigo assinado pelos "Commerciantes Prejudicados" o Jornal do Comércio do Rio de Janeiro publicou uma crítica à Câmara dos Deputados por conta da criação do imposto do selo para ser uma forma de imposto sobre a renda e, com isso, fiscalizar as rendas obtidas pelo comércio, criticando também as multas que eram impostas aos comerciantes por alegados descumprimentos das leis da praça e diziam que

> [q]uasi que diariamente os jornaes trazem multas e mais multas impostas, as mais das vezes a casas importantes e da maior respeitabilidade (sim, porque as que, realmente, se furtam ao cumprimento da lei, não são multadas; nunca, porque fazem conchavos, etc.) que jamais se sujariam com meia duzia de vinténs e que só por descuido, e isso rarissimamente, deixam de grudar o maldito sello em um ou outro artigo que sahe do seu estabelecimento.[506]

Nesse período, na praça do Rio de Janeiro, três eram os juízes em matérias comerciais que lidavam com os pedidos de falências, reabilitações e concordatas; eram eles Caetano Pinto de Miranda Montenegro – autor do tão criticado Decreto nº 4.588/1903 –, Enéas Galvão e Pedro de Alcântara Nabuco de Abreu.

[505] BRASIL. Biblioteca Nacional. *Jornal do Commercio do Rio de Janeiro*. Edição 207, 1904.
[506] *Id. ibid.*

Em alguns casos, quando os processos iriam para instâncias superiores, aquela estratégia de divulgar e debater o caso na imprensa – nos jornais escritos no período –, de modo público, era utilizada também, tal qual vimos no século XIX, para marcar posição e fazer com que o processo "chegasse" à instância superior[507].

Além disso, continuavam a ser publicadas decisões de reabilitações de falidos, como nos casos dos negociantes Antonio Machado Baptista Pereira Bastos e Antonio Ernesto Rangel da Costa Júnior, na praça do Rio de Janeiro[508].

É também desse período, pertinente à Lei nº 859/1902, após a aquela inserção do reconhecimento de processos estrangeiros de falência por meio do Decreto nº 917/1890, cujo capítulo fora mantido na nova lei, ainda que sem acordos de reciprocidade com o Brasil, que o Ministério da Justiça é novamente consultado sobre uma questão envolvendo uma falência estrangeira e seus efeitos no Brasil. A consulta foi apresentada pela sociedade comercial *Comptoir Colonial Français*, aberta em Paris, sobre se, diante da alteração da lei de falências de 1902, o Brasil reco-

[507] Como caso das falências dos comerciantes João da Rocha Accioly, Satyro e Barão de Quartin, cujos andamentos processuais e petições eram publicados. Neste último caso, inclusive, com publicação do advogado do Banco do Brasil clamando ao presidente da república que interviesse em favor do banco, credor daquele pedido de falência.

[508] BRASIL. Biblioteca Nacional. *Jornal do Commercio do Rio de Janeiro*. Edição 11, de 1902. Ainda em 1901 foi apresentada a "[p]ublicação de sentença de rehabilitação dos negociantes Antonio Machado Baptista Pereira Bastos e Antonio Ernesto Rangel da Costa Júnior, sócios solidarios da firma Guimarães Machado & C., estabelecidos nesta Capital [Rio de Janeiro]. O Dr. Ataulfo Napoles de Paiva, Juiz da Camara Commercial do Tribunal Civil e Criminal da Capital Federal, etc.: Faço saber aos que o presente edital virem que por sentença deste Juízo, proferida nos autos de reabilitação dos negociantes Antonio Machado Baptista Pereira Bastos e Antonio Ernesto Rangel da Costa Júnior, devidamente instruídos na fórma dos arts. 86 e seguintes do decreto n. 917, de 24 de Outubro de 1890, foi decretada a rehabilitação dos ditos negociantes, para os fins do art. 90 do citado decreto. E para constar se passou este e mais quatro de igual teor, que serão publicados e affixados na fórma da lei, pelo porteiro dos auditórios, que de assim o haver cumprido lavrará a respectiva certidão, que trará a cartorio para ser juntada aos autos. [...][.]" (*Id.* Edição 166, de 1901). O juiz Ataulfo Napoles de Paiva (ou apenas Ataulfo Paiva como aparece em algumas publicações), também deu sentença de reabilitação para os agora chamados de "commerciantes" Joaquim Pedro do Couto Pereira (*Id. ibid.*).

nheceria como válidos os atos praticados pelo juiz falimentar francês. O então Ministro da Justiça, J. J. Seabra, anteriormente deputado autor do Projeto de Lei que foi convertido, após as alterações no Senado, naquela lei de falências de 1902, respondeu de modo afirmativo, deixando claro que com base no art. 98 da Lei nº 859/1902 deveria ser considerando "[...] competente para decretar a fallencia o tribunal do logar onde existe o estabelecimento principal e não o da localidade em que funciona a agencia ou filial, a sentença estrangeira, abrindo fallencia, é exequivel no Brazil, haja ou não reciprocidade, mediante as formalidades do decreto n. 6982, de 27 de julho de 1878, conforme estatue o art. 100 da citada lei n. 859 [...](.)"[509], fazendo com que, ao menos nos registros que localizamos, fosse esse considerado o primeiro caso consultado de uma falência fora da república do Brasil e cujos atos do juízo falimentar estrangeiro poderiam ser validados sob a jurisdição brasileira.

509 BRASIL. *Relatório do Ministério da Justiça e Negócios Interiores*. Rio de Janeiro: Imprensa Nacional, 1903. Consulta de 2 de maio de 1903, p. 67.

FIGURA 6

**Edital de convocação de credores para deliberação sobre nomeação de síndico e outros temas na falência dos comerciantes Clemente de Souza & C. e Clemente Sobrinho & C.**[510]

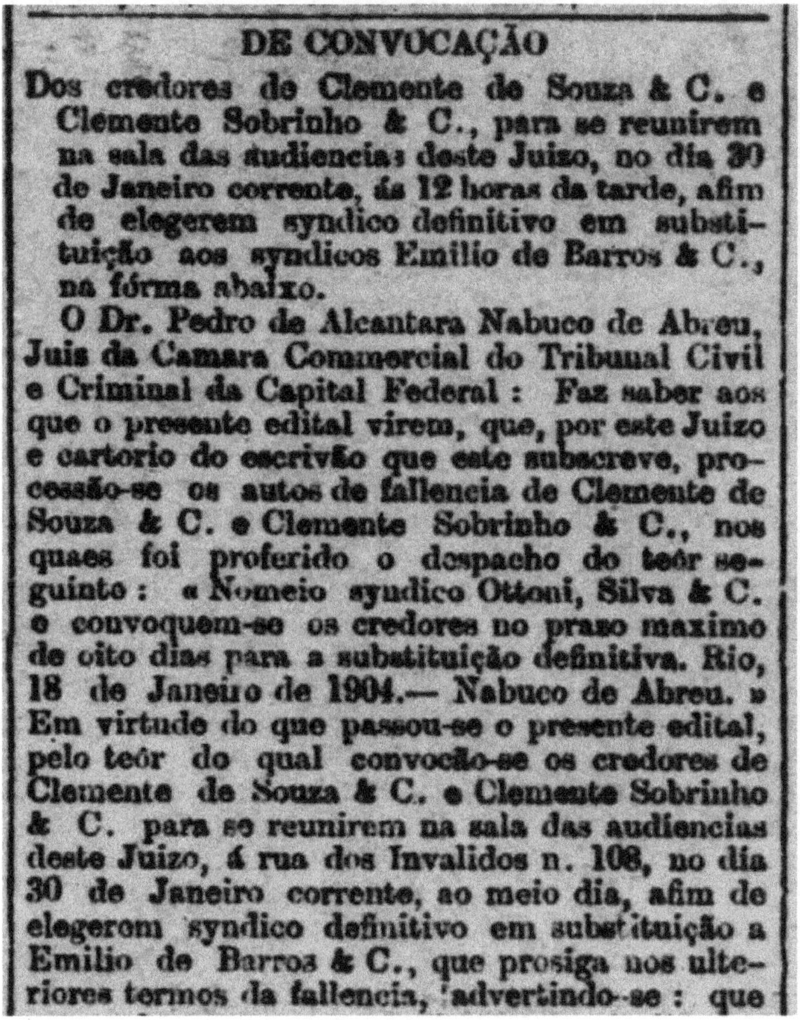

DE CONVOCAÇÃO

Dos credores de Clemente de Souza & C. e Clemente Sobrinho & C., para se reunirem na sala das audiencias deste Juizo, no dia 30 de Janeiro corrente, ás 12 horas da tarde, afim de elegerem syndico definitivo em substituição aos syndicos Emilio de Barros & C., na fórma abaixo.

O Dr. Pedro de Alcantara Nabuco de Abreu, Juis da Camara Commercial do Tribunal Civil e Criminal da Capital Federal: Faz saber aos que o presente edital virem, que, por este Juizo e cartorio do escrivão que este subscreve, processão-se os autos de fallencia de Clemente de Souza & C. e Clemente Sobrinho & C., nos quaes foi proferido o despacho do teôr seguinte: « Nomeio syndico Ottoni, Silva & C. e convoquem-se os credores no prazo maximo de oito dias para a substituição definitiva. Rio, 18 de Janeiro de 1904.— Nabuco de Abreu. » Em virtude do que passou-se o presente edital, pelo teôr do qual convocão-se os credores de Clemente de Souza & C. e Clemente Sobrinho & C. para se reunirem na sala das audiencias deste Juizo, á rua dos Invalidos n. 108, no dia 30 de Janeiro corrente, ao meio dia, afim de elegerem syndico definitivo em substituição a Emilio de Barros & C., que prosiga nos ulteriores termos da fallencia, advertindo-se: que

[510] BRASIL. Biblioteca Nacional. *Jornal do Commercio do Rio de Janeiro*. Edição 30, 1904.

os credores ausentes poderão constituir procurador por telegramma, cuja minuta, authentica e legalisada, deverá ser entregue ao transmissor que na expedição do telegramma mencionará esta circumstancia; que a procuração póde ser de proprio punho, observadas as formalidades legaes, ou por instrumento publico, devidamente legalisado; que um só individuo póde ser procurador de diversos credores e ficará habilitado, quaesquer que sejão os termos da procuração ou telegramma, para tomar parte em todas as deliberações, se no respectivo instrumento se fizer menção da firma do fallido (art. 200 e seus paragraphos, do Reg. n. 4.858, de 2 de Junho de 1903); que considerão-se representantes legaes dos credores, para todos os effeitos: 1.º Os prepostos, feitores, gerentes e quaesquer outros que tenhão poderes para administrar, ainda que careção de faculdade para alienar, taes como os inventariantes, tutores, curadores, liquidantes, etc. 2.º Qualquer procurador *ad negotia*, embora não sejão especificados os poderes para a fallencia (art. 201 do Regulamento citado; e, finalmente, que a reunião funccionará qualquer que seja o numero dos credores presentes, e que serão considerados como adherentes ás deliberações tomadas pela maioria, na reunião, todos aquelles que não comparecerem, nos termos dos arts. 214 e 220 do Regulamento citado. E para constar passárão-se este e outros de igual teôr, que serão publicados e affixados, na fórma da lei. Dado e passado nesta Capital Federal da Republica dos Estados Unidos do Brazil, aos 19 de Janeiro de 1904. E eu, Antonio Lopes Domingues, Escrivão, o subscrevi.— *Pedro de Alcantara Nabuco de Abreu.*

FIGURA 7

**Exemplo de proposta de edital para pagamento dos credores da falência do comerciante Manuel Luiz Cardoso Guimarães**[511]

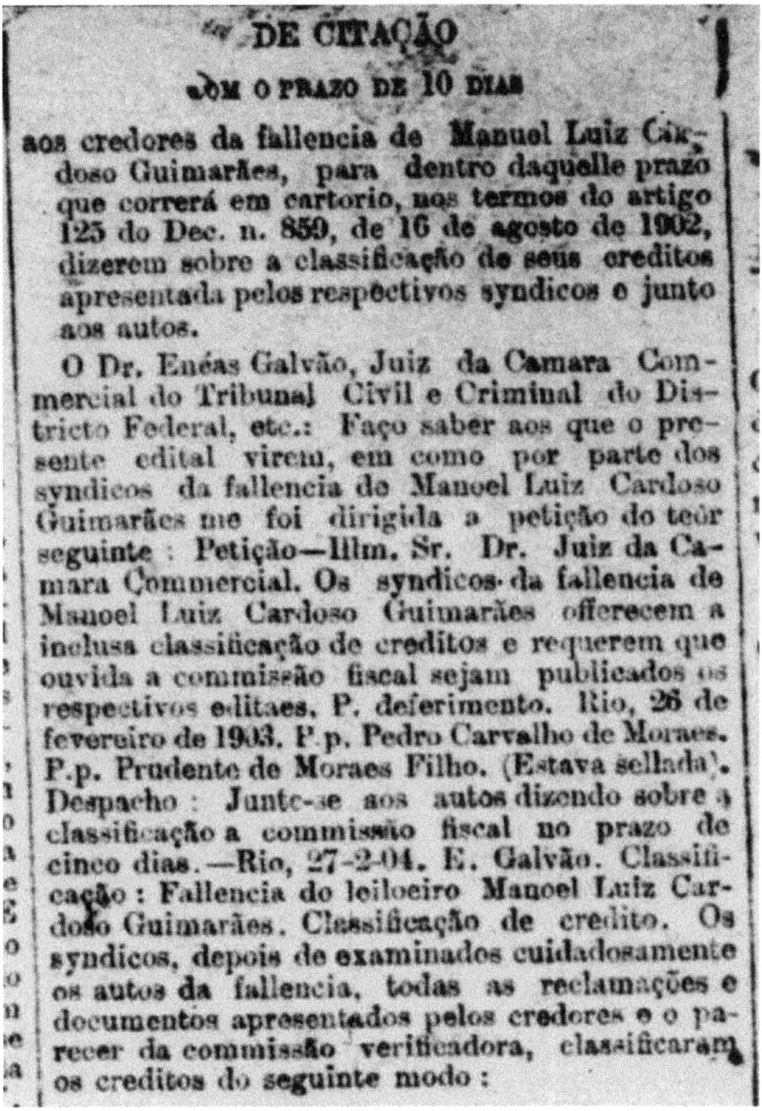

DE CITAÇÃO

COM O PRAZO DE 10 DIAS

aos credores da fallencia de Manuel Luiz Cardoso Guimarães, para dentro daquelle prazo que correrá em cartorio, nos termos do artigo 125 do Dec. n. 859, de 16 de agosto de 1902, dizerem sobre a classificação de seus creditos apresentada pelos respectivos syndicos e junto aos autos.

O Dr. Enéas Galvão, Juiz da Camara Commercial do Tribunal Civil e Criminal do Districto Federal, etc.: Faço saber aos que o presente edital virem, em como por parte dos syndicos da fallencia de Manoel Luiz Cardoso Guimarães me foi dirigida a petição do teôr seguinte: Petição—Illm. Sr. Dr. Juiz da Camara Commercial. Os syndicos da fallencia de Manoel Luiz Cardoso Guimarães offerecem a inclusa classificação de creditos e requerem que ouvida a commissão fiscal sejam publicados os respectivos editaes. P. deferimento. Rio, 26 de fevereiro de 1903. P. p. Pedro Carvalho de Moraes. P.p. Prudente de Moraes Filho. (Estava sellada). Despacho: Junte-se aos autos dizendo sobre a classificação a commissão fiscal no prazo de cinco dias.—Rio, 27-2-04. E. Galvão. Classificação: Fallencia do leiloeiro Manoel Luiz Cardoso Guimarães. Classificação de credito. Os syndicos, depois de examinados cuidadosamente os autos da fallencia, todas as reclamações e documentos apresentados pelos credores e o parecer da commissão verificadora, classificaram os creditos do seguinte modo:

[511] BRASIL. Biblioteca Nacional. *Jornal do Commercio do Rio de Janeiro*. Edição 110, 1904. Vale destacar, como se nota da publicação do quadro de credores da falência, que não

CREDORES DA MASSA

| | |
|---|---|
| O M. Juiz e o Escrivão pelas porcentagens e custas a que têm direito.................. | $ |
| A commissão fiscal e os syndicos provisorios e definitivos pelas commissões que lhes foram marcadas e adiantamentos feitos para despezas com o processo da fallencia........... | $ |
| Os peritos, pelos salarios arbitrados....................... | |
| O leiloeiro Assis Carneiro, pelas despezas com o leilão do predio á rua Visconde do Rio Branco n. 2................. | 169$000 |
| Manoel Gomes Barros, por tres mezes e 11 dias de aluguel do predio á rua do Hospicio n. 103, occupado pela massa. | 1:010$000 |

foram divulgados os valores devidos para os três primeiros grupos a serem remunerados, incluindo aí o valor expresso do pagamento que seria destinado ao juiz do caso, conforme dispunham os arts. 129 e 130, *in verbis*, "art. 129 O juiz e o escrivão perceberão custas na razão de um terço das actuaes, e mais 1 % sobre o liquido da massa até 200:000$, e sobre o que exceder desta somma terão 1/4 % até o limite maximo de mil contos de réis, sendo uma parte para o juiz e duas para o escrivão[.]" e "art. 130. O curador das massas fallidas apenas perceberá custas pelos actos que exercer, e uma gratificação annual de 4:800$, na Capital Federal."

CREDORES DA FALLENCIA

*Credores reivindicantes*

Credores do producto de objectos e mercadorias vendidas em leilão pelo fallido e que se habilitaram juntando as respectivas contas de venda:

|  |  |
|---|---|
| 1. Antonio Teixeira Cardoso... | 1:650$000 |
| 2. Antonio Teixeira Barbosa... | 1:219$890 |
| 3. Antonio Vicente Ferreira... | 996$000 |
| 4. Carlindo Augusto Ribeiro.. | 1:393$033 |
| 5. Carlos Leite Ribeiro....... | 3:815$705 |
| 6. Claudiana Lobo............ | 1:900$385 |
| 7. Costa Mattos & C.......... | 3:000$000 |
| 8. Francisco Fernandes da Costa | 453$000 |
| 9. João Antonio de Oliveira Guimarães.................. | 906$700 |
| 10. Joaquim da Silva Monteiro. | 1:343$953 |
| 11. J. Cypriano & C........... | 4:863$300 |
| 12. José Antonio Teixeira. .. | 580$880 |
| 13. Leon de Rennes........... | 1:366$700 |
| 14. Manoel Gomes.............. | 1:777$970 |
| 15. Manoel Rodrigues de Oliveira........................ | 658$900 |
| 16. Manoel da Silva Costa..... | 1:437$790 |
| 17. Pedro Gurrite Pessoa...... | 1:573$020 |
| 18. Rodrigues Monteiro & C.... | 2:465$750 |
| 19. Severino Antonio do Amaral | 397$890 |
| 20. Silverio Antonio Pereira, tutor da menor Aurea...... | 1:586$130 |
| Somma................ | 33:375$296 |

*Credores de signal*

|  |  |
|---|---|
| 1 Joaquim Estanislau de Brito. | 1:005$000 |
| 2 José Francisco Baptista & C.. | 1:600$000 |
| 3 Manoel Cardoso da Fonseca... | 10:000$000 |
| 4 Manoel Ventura Teixeira Pinto | 7:000$000 |
| | 19:595$000 |

*Credores hypothecarios*

|  |  |
|---|---|
| 1 Luiz Leopoldo Gerin......... | 32:000$000 |
| 2 Joaquina de Souza Mendes... | 16:253$337 |
| | 48:253$337 |

*Credores chirographarios*

|  |  |
|---|---|
| 1 Almeida Oliveira & C......... | 1:259$720 |
| 2 Curador de Ausentes......... | 162$320 |
| 3 Luiz Leopoldo Gerin......... | 1:800$000 |
| | 3:222$070 |

*Recapitulação*

| | | |  |
|---|---|---|---|
| I | Credores | da massa.......... | $ |
| II | » | reivindicantes (24) | 52:970$296 |
| III | » | hypothecarios (2).. | 48:253$337 |
| IV | » | chirographarios (3) | 3:222$070 |
| | | Total........ | 104:445$703 |

Rio de Janeiro, 26 de fevereiro de 1901.—Pp. *Prudente de Moraes Filho.*

Em relação aos processos, levantamos uma amostra de publicações especialmente na comarca do Rio de Janeiro de cento e oitenta e quatro casos entre os anos de 1903 e 1908, sendo que destes, apenas seis casos diziam respeito a outras comarcas no estado do Rio de Janeiro, como Niterói, Petrópolis e Nova Friburgo. Diferentemente da amostragem que levantamos para o período de 1890 a 1902, o "tipo" "intimações" não apareceu na população de casos identificados. Com isso, separamos em sete tipos de apresentação das matérias de falências e concordatas, especificamente em: (1) decisões; (2) editais; (3) citações; (4) audiências; (5) sessões da Junta Comercial; (6) notícias; e (7) publicações a pedido. Na população dos casos selecionados, tivemos uma distribuição da seguinte forma:

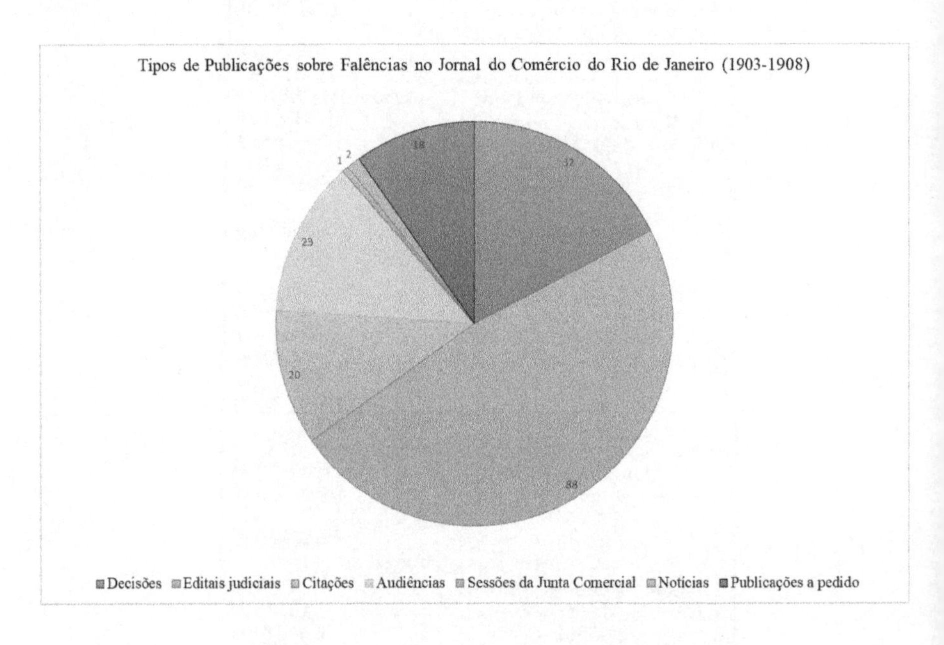


Mantendo o mesmo critério da análise que apresentamos entre 1890 e 1902, temos como objeto das decisões judiciais oito categorias; foram elas, (1) apresentação de títulos creditórios; (2) classificação dos créditos; (3) declarações de falência; (4) encerramento da falência; (5) nomeação de fiscal; (6) nomeação de síndico; e (7) decisão sobre a prestação de contas do síndico. Essas trinta e duas decisões tiveram seus objetos distribuídos da seguinte forma:

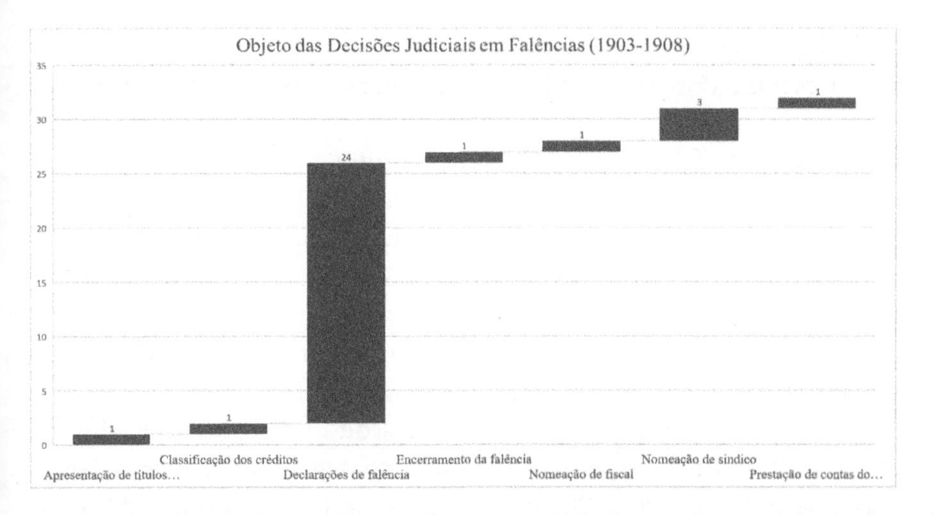


Em relação às vinte e três audiências identificadas, temos uma divisão em dez objetos. Foram audiências que tiveram como objeto o (1) arbitramento da comissão dos fiscais; o (2) arbitramento da comissão dos síndicos; a (3) confirmação da ausência do falido; o (4) cumprimento da concordata; a (5) declaração de falência; a (6) deliberação sobre a concordata; o (7) encerramento da falência; a (8) nomeação de fiscais; a (9) nomeação de síndico; e o (10) pedido de reabilitação e se encontram distribuídos da seguinte forma:

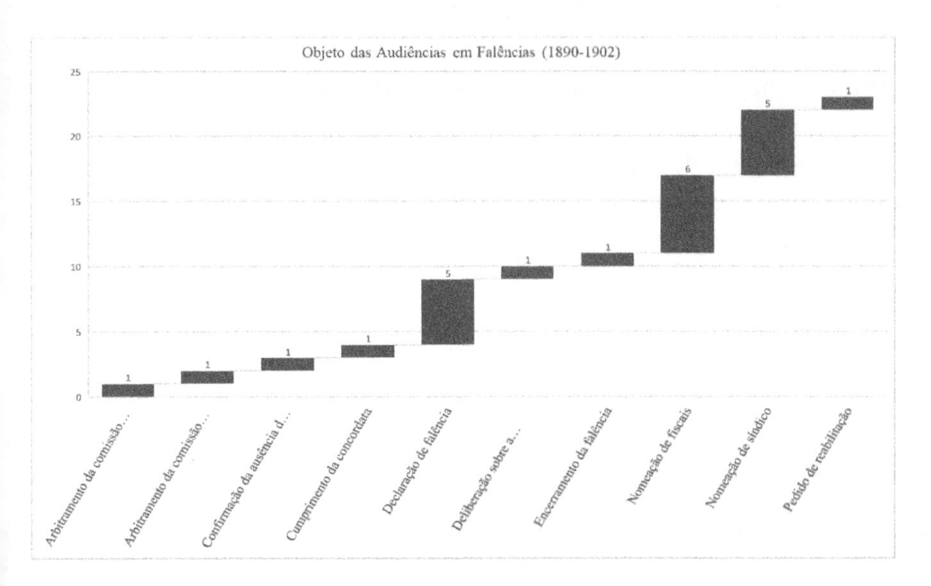

Os casos das audiências revelaram também a participação dos credores na escolha dos fiscais e dos síndicos para os processos de falência, destacando, além disso, a participação de credores em decisões sobre a declaração de falência, pedidos de encerramento de falência, arbitramento de comissões e, evidentemente, decisões sobre a concessão ou não de concordatas e seu cumprimento. As audiências, como já destacado anteriormente, não podem ser confundidas com as reuniões de credores, mas, ao mesmo tempo, abriam espaço para a participação dos credores também perante os juízos falimentares para a tomada das decisões nos processos.

Graficamente pela população de casos que foram identificados há uma tendência de declarações de falências com maior incidência, tal qual para o período de 1890 a 1902 que vimos no capítulo anterior, indicando, novamente, que o fim de se evitar concordatas ruinosas e, com isso, atingir aquela *moralização* do comércio que compunha um dos principais anseios dos debates parlamentares. Não obstante, a disputa alimentada por Paranhos Montenegro, na Câmara dos Deputados, especialmente contra as medidas adotadas por seu principal debatedor na Câmara, que então ocupava o Ministério da Justiça, J. J. Seabra, levou Paranhos a apresentar um projeto de reforma da lei de falências ainda em 1903. O projeto, como vimos, chamado de "mastodonte" por Carvalho de Mendonça, em tom crítico, quase foi aprovado no Congresso, tendo sido aprovado na Câmara e com parecer favorável da Comissão do Senado. No entanto, devido às articulações políticas promovidas especialmente pelo então senador Urbano Santos, a Comissão do Senado reviu seu próprio parecer já aprovado para alterar a orientação e aceitar o substitutivo elaborado por Carvalho de Mendonça (amigo próximo de Urbano Santos). Esse último movimento foi o responsável pela aprovação de uma nova reforma da lei de falências, suprimindo também, com isso, o Regulamento das Falências de J. J. Seabra (o Decreto nº 4.588/1903). A ausência de Paranhos Montenegro na legislatura que acabou por aprovar o substitutivo elaborado por Carvalho de Mendonça também pode demonstrar que a ausência política do proponente do projeto "mastodonte" contribuiu para a sua derrota no Congresso Nacional.

### 2.3.4 Conclusões sobre o modo de produção da Lei nº 859/1902 e do Regulamento 4.588/1903

A propositura de um projeto de lei para reformar o Decreto nº 917/1890 já foi apresentada com menos de dez anos de experiência da primeira lei de falências e concordatas da república. O Projeto de Lei nº 143/1900, datado de 6 de setembro de 1900 e apresentado na sessão da Câmara dos Deputados em 7 de setembro de 1900, pelo então deputado José Joaquim Seabra, o J. J. Seabra, acusava o Decreto nº 917/1890 de ser, em alguns pontos, a égide má-fé contra o *comércio honesto*, e já se baseava nas críticas de Carvalho de Mendonça, em seu trabalho de 1899, para justificar esse posicionamento. Novamente em um debate sem apresentar dados, tampouco indicar exatamente quais seriam os casos dos abusos, a crítica central era sobre a "[...] facilidade dos meios que aquelle decreto instituiu para prevenir e obstar a decretação da fallencia."[512] Além disso, o objetivo era também diminuir a quantidade de institutos jurídicos para lidar com a insolvência ou insolvabilidade dos devedores, restringindo a dinâmica dos processos a um leque menor de possibilidades para serem tratadas no comércio.

O comércio, pelos dados oficiais, ocupava um grupo menor de atividades dentre o grupo de atividades realizadas no Brasil. A lei de falências e concordatas, como já sabemos, era voltada integralmente ao caso dos comerciantes, matriculados ou não, e, já nesses debates, se afasta de uma vez a possibilidade de incidência das suas disposições aos casos agrícolas, pastoris ou extrativistas, retirando a *indústria agrícola* do risco dos processos de falência.

Diziam, de modo genérico, que a necessidade de alteração das regras sobre as concordatas era urgente, pois

> [...] devedores de má fé, perfeitamente solváveis, por meio de canções, transferencias e artifícios de escripta simulam o passivo, e desta arte, com credores phantasticos, representando 3/4 do passivo, obrigam os legitimos credores a acceitarem concordatas com pagamento de 5% de seus créditos, e, ás vezes, menos. Não pode haver lei que impeça a fraude em materia de *fallencias*.[513]

[512] BRASIL. *Anais da Câmara dos Deputados*. Sessão de 7 de setembro de 1900, p. 1325.
[513] BRASIL. *Anais da Câmara dos Deputados*. Sessão de 7 de setembro de 1900, p. 1326.

Então, já nessa primeira versão do projeto, antes mesmo das emendas e das discussões do substitutivo no Senado, a Câmara propunha a necessidade de se definir que para serem homologadas, as concordatas precisariam prever o pagamento de ao menos 50% dos créditos, exceto se aprovado de modo diverso pela *unanimidade* dos credores. Outra situação delicada e que criminalizava as falências era o texto inicial de presunção de falência culposa em relação àquelas em que o ativo do devedor não representasse ao menos 25% do passivo, além de se buscar a inclusão de uma disposição sobre a privação dos direitos políticos dos falidos. Ao mesmo tempo em que a Câmara dos Deputados buscava tornar mais rígidas as regras para as falências e concordatas, havia também uma tendência de diminuição do papel dos curadores das massas falidas, membros do Ministério Público.

A partir de então vemos também entrar em cena o magistrado, que atuou como juiz do comércio em Pernambuco, e então deputado, Thomaz Garcez Paranhos Montenegro, que foi um personagem importante tanto nas discussões sobre a reforma da lei, quanto sobre a reforma subsequente, em pouquíssimo tempo após a promulgação da lei de 1902.

Paranhos Montenegro, como juiz de direito, foi criticado também como um juiz que teria subvertido as disposições do Código Comercial e nomeado como curadores fiscais das massas falidas, não alguém dentre os credores, mas advogados terceiros, mantendo-os do início do processo até a efetiva liquidação e, com isso, gerando críticas sobre essa profissionalização de um terceiro que não tinha envolvimento direto com a massa falida[514]. Na visão do deputado então juiz comercial, pela baixa intervenção do juiz falimentar nos processos em função do Decreto nº 917/1890, alegava que os pequenos credores ficariam esquecidos e lançados à sorte dos cinco maiores credores, sem que o juízo falimentar pudesse interferir e também batia na mesma tecla contra as concordatas que vinham sendo contratadas entre devedores e credores, dizendo que "[a] fallencia

[514] BRASIL. Biblioteca Nacional. *Jornal "A Província" de Recife*. Edição 5, 1890. Um comerciante anônimo assinou o manifesto intitulado "Illegal e inconveniente!" criticando uma portaria aprovada pelo governo de Pernambuco sobre a atribuição do papel de curadores fiscais das massas falidas, que estaria trazendo a experiência até então só vivenciada quando da judicatura do Dr. Paranhos Montenegro.

e a concordata como estão constituem verdadeiro escândalo, em prejuízo dos pequenos credores."[515]

A compatibilidade entre o direito material, substantivo, e o direito processual, adjetivo, a partir de uma lei federal também era um problema a ser enfrentado, sobretudo diante da Constituição Federal que dispunha a autonomia dos estados federados para adotarem suas próprias leis processuais – o que levaria à necessidade de um regulamento processual das falências e concordatas para ser implementado pelos estados, portanto.

Outra ideia era a propor um julgamento das falências por uma junta de juízes, sendo um togado e dois leigos nomeados pelas Juntas Comerciais. Mas esse capítulo não foi adiante, de acordo com a emenda proposta por Paranhos Montenegro e aprovada na Câmara. Sobre isso, J. J. Seabra chegou a dizer que

> *[á] Commissão pareceu esse systema mais liberal que o julgamento singular* e então disse que a Camara resolveria em sua sabedoria o que julgasse mais conveniente aos interesses da justiça. Portanto a Commissão não tomou a responsabilidade definitiva do assumpto; ao contrario, deixou á sabedoria da Camara o saber si quer que o julgamento do fallido seja feito por um tribunal composto do juiz e de dous pares do fallido, ou si, pelo contrario, quer o julgamento pelo juiz singular. *A Commissão pareceu mais liberal o primeiro systema, porém a Camara resolverá em sua sabedoria* (grifos nossos).[516]

A *sabedoria da Câmara* foi no sentido de manter os processos com um juiz de direito apenas e, aprovando o texto final, enviou o projeto de lei ao Senado que começou a tratar do tema na sessão de 24 de junho 1901. No Senado pela primeira vez surge a menção às sugestões advindas da Associação Comercial do Rio de Janeiro, por meio de uma proposta de emendas elaboradas por uma Comissão Especial do Instituto da Ordem dos Advogados que foi assinada pelos advogados Herculano Inglês de Sousa, como relator, Carvalho Mourão, Villela dos Santos, João Marques e M. A. de S. Sá Vianna. Em suas notas a Associação Comercial e o Instituto da Ordem dos Advogados apresentaram duras críticas ao Decreto

[515] BRASIL. *Anais da Câmara dos Deputados*. Sessão de 7 de setembro de 1900, p. 1326.
[516] *Id*. Sessão de 29 de maio de 1901, p. 268-270.

nº 917/1890. Não obstante, na opinião da diretoria da Associação Comercial, não era necessário revolver toda a lei de falências como propusera o Projeto de Lei nº 143/1900 da Câmara dos Deputados, sobretudo no sentido que criticavam que tal projeto iria alterá-la de modo pontual e depois reproduzi-la integralmente formando uma nova lei – sem realizar efetivamente alterações significativas no processo das falências. A Associação Comercial e o Instituto da Ordem dos Advogados criticaram a limitação sobre as concordatas que estava sendo proposta pela Câmara, bem como a criminalização dos falidos cujo ativo não correspondesse a 25% do passivo e diziam que ao adotar essas premissas, a Câmara dos Deputados desconhecia a movimentação comercial do Brasil, sua ação e as especulações que se prestavam os negócios sobre os principais gêneros da produção no Brasil, bem como do consumo de produtos vindos de outros países. A conclusão crítica do parecer da Associação Comercial e do Instituto se deu no sentido de entender que o Decreto nº 917/1890 tinha como maior problema não ter conseguido deixar clara a separação da responsabilidade criminal e da obrigação comercial, gerando uma confusão entre o interesse da justiça pública com o interesse privado dos credores. Este ponto, como vimos, era o mesmo da crítica de Nabuco de Araújo de 1866 e que vinha sendo reproduzida ao longo do século XIX, ainda se fazendo ecoar nos anos 1901.

No Senado a Comissão encarregada foi composta pelos senadores J. L. Coelho e Campos, Gonçalves Chaves e Thomaz Delfino. O parecer do Senado alegava que já se noticiava no Jornal do Comercio do Rio de Janeiro uma reunião de industriais e que se articulava na corporação comercial do Rio de Janeiro um movimento contra alguns pontos do Decreto nº 917/1890, por serem a égide da má-fé contra o comércio honesto. Criticava também o que seria de notório conhecimento, como destacado no parecer da Câmara dos Deputados, que todos sabiam de devedores solváveis estavam impondo concordatas com pagamento de 5% dos créditos e a Comissão do Senado fez uma referência ao trabalho do jurista Carvalho de Mendonça, citado pela primeira vez no Senado nesses debates parlamentares no parecer da Comissão.

Para solucionar esse *problema* que viam nas concordatas, os senadores propuseram então que para serem homologadas, tanto a concordata preventiva, quanto a suspensiva, deveriam observar os seguintes critérios:

*(a)* a maioria dos credores, representando mais da metade dos créditos, nos casos em que o dividendo a ser pago fosse superior a 50%; *(b)* 2/3 dos credores e 3/4 dos créditos ou 3/4 dos credores e 2/3 dos créditos se o dividendo fosse não inferior a 30% e *(c)* 3/4 dos credores e dos créditos se o dividendo fosse menor do que 30%. Este foi o texto final aprovado, tanto no Senado, quanto mantido na Câmara dos Deputados. Este texto se tornou definitivo e passou a ser a disposição do art. 54, sem fixar um prazo de pagamento, mas estabelecendo que os prazos precisariam respeitar as aprovações de credores conforme o referido artigo.

No Senado, com forte influência das críticas advindas da Associação Comercial do Rio de Janeiro e do Instituto dos Advogados, especialmente em razão do parecer de relatoria de Inglês de Sousa, também acabou com a ideia de criminalização das falências em que o ativo fosse inferior a 25% do passivo em relação às falências, mas entendia que fazia sentido em relação às concordatas – apesar de não terem aprovado essa inclusão –, bem como impediu a perda dos direitos políticos dos falidos. É também no Senado também que ficam expressas muitas críticas ao uso de disposições de outros países, que seriam contra a cultura da *raça latina* que deveria ser observada para o caso do Brasil e é também no Senado, por proposta do senador Coelho e Campos, que se cria a ideia da profissionalização dos síndicos, de acordo com as listas das Juntas Comerciais e por nomeação direta dos juízes de direito, sem mais necessariamente ter de ser eleito entre os credores e pelos credores. Essa disposição também constou do texto final aprovado no Congresso Nacional, não sem antes ser objeto de duras críticas na Câmara por parte de Paranhos Montenegro.

Tornou-se assim a Lei nº 859, de 16 de agosto de 1902. Esta lei entrou em vigor e passou a ser aplicada, porém houve a sua republicação oficial definitiva da sanção presidencial no Diário Oficial da União de 7 de junho de 1903, com alguns ajustes, já no governo do presidente Rodrigues Alves e com J. J. Seabra, então como Ministro da Justiça. Além da republicação da Lei nº 859/1902, essa mesma edição do Diário Oficial da União em 7 de junho de 1903 trouxe a publicação de um decreto regulamentando o processo de falência. Assinado pelo agora Ministro da Justiça e Negócios Interiores, J. J. Seabra – então deputado relator do Projeto de Lei 143/1900 –, o presidente Francisco de Paula Rodrigues Alves editou o Decreto nº 4.855, de 2 de junho de 1903, sem a publicação de qualquer exposição de motivos, apenas buscando atender a Constituição Federal e regulamentar os aspectos processuais caso os estados optassem por fazer suas leis específicas acerca dos processos das falências. Com isso, o Estado brasileiro escolheu alterar as disposições mais liberais que foram institucionalizadas a partir do Código Comercial e que foram mantidas no início da República e passou a adotar um modelo com maior intervenção do Estado por meio da maior interferência do Judiciário nas decisões sobre o processo e, especialmente, sobre a homologação das concordatas. Porém, mal entrou em vigor a nova lei de falências e concordatas e o ainda deputado, Paranhos Montenegro, apresentou o Projeto de Lei nº 263 de 16 de outubro de 1903, buscando fazer uma nova reforma, bem como extinguir o Regulamento do Decreto nº 4.855/1903.

Quanto aos dados práticos dos processos na comarca da capital, a cidade do Rio de Janeiro, no período entre 1903 e 1908, vimos que as declarações de falências continuaram sua tendência de predominância entre as publicações, em relação ao período que analisamos entre 1890 e 1902, destacando-se, entre os casos, aqueles que envolviam a participação dos credores, que compunham a maior parte dos casos identificados, sem que tenhamos localizado discussões mais aprofundadas sobre o tema da remuneração dos juízes de acordo com as declarações e demais etapas dos processos de falência, o que nos pareceu um incentivo negativo ao julgamento dos pedidos de falência, em razão da remuneração atrelada às decisões de declaração de falências e demais decisões adotadas no decorrer da liquidação de uma massa falida.

Por fim, não localizamos, entre as fontes do período, qualquer menção à expressão famosa utilizada por Carvalho de Mendonça em 1916 e por Bento de Faria em 1947 sobre os síndicos profissionais da comarca do Rio de Janeiro, cuja lista da Junta Comercial teria quarenta nomes e que estes seriam os chamados de "Ali-babá e os quarenta ladrões"[517]. Portanto, em

[517] Mendonça, José Xavier Carvalho de. *Tratado de Direito Commercial Brazileiro.* Vol. II. Livro V. Da fallencia e da concordata preventiva. Rio de Janeiro: Typ. Bernard Frères, 1916, p. 83-84; e FARIA, Bento de. *Direito comercial. Falência e Concordatas.* Volume IV. Rio de Janeiro: A. Coelho Branco Filho, 1947, p. 40. Agradecemos especialmente o colega Pedro Rebello Bortolini pela observação acerca da expressão presente na edição de 1916 de Carvalho de Mendonça.

relação ao período, não identificamos a expressão como sendo utilizada na prática, tampouco nas publicações sobre as críticas à lei durante o período.

## 2.4 A Lei nº 2.024 de 1908 e a segunda reforma da lei de *fallencias* e concordatas da República

> *O direito não é um producto de vontade arbitraria do legislador, é sim o resultado do meio social, da civilisação do povo, do progresso dos costumes; revelado pela inteligencia e pela liberdade; é a suprema manifestação da energia e da consciencia nacional, já nas relações de ordem privada, já nas de ordem política. Dahi o perigo de fazer decrescer essa energia, transplantando instituições estranhas ao nosso regimen juridico e que tendem a apagar na razão nacional o sentimento do direito.*[518]
>
> (Senador Gonçalves Chaves, trecho de seu discurso nos debates do Senado sobre a reforma da lei de falências proposta pela Câmara dos Deputados, em 1901)

> *A animosidade contra juizes, infelizmente, é geral entre nós; todos se consideram com direito de deprimil-os, principalmente quando lhes desagradam suas decisões, mas que essa prevenção se encontra tão pronunciada nos corpos legislativos é o que não tem justificação. Quando deputado, tive sempre de arcar contra esse rancor aos juizes e de defender as suas prerogativas e os seus direitos, que com facilidade se procurava negar, tirando-se-lhes até aquillo que lhes tinha sido expressamente concedido.*[519]
>
> (Thomaz Garcez Paranhos Montenegro, em seu livro publicado após a promulgação da Lei nº 2.024 de 1908, elaborada por seu debater Carvalho de Mendonça)

Pouco tempo após a republicação da Lei nº 859/1902, no Diário Oficial, que se deu 7 de junho de 1903, o ainda deputado Paranhos Monte-

[518] BRASIL. *Anais do Senado Federal*. Sessão de 15 de outubro de 1901, p. 376.
[519] MONTENEGRO, Thomaz Garcez Paranhos. *O substitutivo Urbano-Mendonça ao meu projecto sobre fallencias*. Bahia: Officina dos dois Mundos, 1908, p. 18.

negro – como relator da Comissão de Legislação, Constituição e Justiça, bem como contando com o apoio do deputado Frederico Borges – debatedor destacado daquele projeto que reformou o decreto do Governo Provisório, apresentou em sessão da Câmara de 16 de outubro de 1903, o Projeto de Lei nº 263, com o intuito de fazer nova reforma da lei de falências recentemente alterada.

Na imprensa, Edmundo Bittencourt, advogado e diretor do jornal "Correio da Manhã", era também frequentador das rodas dos comerciantes e utilizava muito de seu jornal para tratar sobre o comércio, especialmente na praça do Rio de Janeiro. Pouco depois da aprovação do texto final da Lei de 1902, em 1º de janeiro de 1903, aproveitando a confusão em que estava a efetiva promulgação dessa lei, materializada na então vindoura republicação com alterações em junho de 1903, publicou uma coluna chamada "A Reforma da Lei de das Fallencias", em que dizia que estava publicando a exposição que apresentou na reunião dos comerciantes do Rio de Janeiro, conforme convocada pelo Centro Comercial do Rio de Janeiro, para tratar da reforma da lei[520]. Nessa exposição, Edmundo Bittencourt elogiou o trabalho do Decreto nº 917/1890, mas destacou que as fraudes – entre devedores e credores, juízes, leiloeiros entre outros – teriam se multiplicado e que os meios para se evitar a efetiva declaração da falência teriam dificultado o bom andar dos processos e batia na tecla, especialmente diante do público para o qual estava discursando, que os processos deveriam ter menor participação dos juízes e maior dos devedores e credores[521]. Também citando Thaller – como vimos que ocorreu no Congresso Nacional durante os debates –, Edmundo Bittencourt defendia em seu discurso que a falência "[...] deve ter um caracter sombrio, para tornar o negociante circumspecto."[522]

Além de diversos pontos que aborda sobre a reforma especificamente, citando autores estrangeiros e explicando a experiência espanhola sobre a reforma da lei, além de defender a necessidade de se aplicar o regime das falências às sociedades anônimas, Edmundo criticou indiretamente o

[520] BRASIL. Biblioteca Nacional. *Jornal Correio de Manhã do Rio de Janeiro*. Edição 570, 1903.
[521] *Id. ibid.*
[522] *Id. ibid.*

deputado Paranhos Montenegro e, provavelmente, o deputado Artur de Sousa Lemos, e destacou que

> [n]o seio do Congresso, um representa a praça da Bahia, que ainda é o reducto dos velhos costumes austeros do commercio antigo; o outro representa a praça do Pará, o grande empório das riquezas do Norte. Elles vieram ao seio desta reunião ouvir de perto as queixas do commercio desta praça. [...] Comquanto os dois honrados deputados representem as duas praças commerciaes mais desafogadas da Republica, solícitos, vieram ouvir aqui o clamor angustioso do commercio desta praça, victimado pelas fraudes, que se praticam á sombra da lei das fallencias. [...] Entre nós, em materia de accôrdos e concordatas preventivas, a fraude, que a principio se arriscava em temidos ensaios, arremangou-se com cynico desplante. Para servil-a fundaram-se *laboratórios* onde ha peritos habeis no amanho de escriptas apressadas, e nomes para figurarem como credores em balanços falsos. [...]. Os juízes são honestos e bem intencionados, mas desconhecem, ás vezes, por completo as coisas mais simples do commercio. Não entendem as cifras de um balanço. [...] Dar á maioria dos credores em numero e creditos, o direito de requerer, no caso de fraude, a prisão preventiva do fallido, sem que ao juiz seja dado denegal-a.[523]

Esse clima de animosidades legislativas sobre as falências e, especialmente, as concordatas, estava presente na base das discussões que se iniciaram para uma nova reforma já a partir de 1903.

### 2.4.1 Os debates parlamentares em torno da elaboração da reforma da Lei nº 859/1902 e do Regulamento 4.855/1903

De volta para o debate legislativo, ainda na sessão da Câmara dos Deputados de 18 de junho de 1903, Paranhos Montenegro já faz um requerimento para debater não só a Lei nº 859/1902, como também o Decreto nº 4.855 que regulamentou aquela lei de falência e que também fora publicado em 7 de junho de 1903. Paranhos alegou que já foi taxado de intransigente por suas opiniões pelos outros colegas da Câmara[524] e, con-

[523] *Id. ibid.*

[524] BRASIL. *Anais da Câmara dos Deputados.* Livro 2, 1903, p. 21.

traditoriamente com o que virá a fazer, dizia que era cedo para se propor alguma alteração sobre a lei de falências, especialmente porque, naquele momento, "[a] Lei tem apenas poucos mezes de existencia, pelo que não é de bom aviso tratar-se já de reformal-a[.]"[525], e, em razão disso, não ia pugnar pelas suas ideias que não foram adotadas quando da aprovação da Lei nº 859/1902; porém, apesar desse tom consensual, inicia sua crítica ao Decreto nº 4.855 por meio do debate entre a regulamentação processual (formal, como dito pelo deputado) e material da matéria, fundamentando que não encontrava "[...] na Constituição disposição alguma que dê competencia ao Congresso Federal para legislar sobre direito processual, a não ser o da Justiça Federal, ou o da local do Districto Federal, [...]"[526] e, com isso, entendia que tudo o quanto era disposto sobre o direito processual somente se aplicaria aos processos correndo no Rio de Janeiro e nos estados enquanto não decidissem por fazer sua própria regulamentação processual das falências.

O argumento de Paranhos não tem como viés único debater as falências, mas também propor uma alteração à própria Constituição, pois entende que esse formato, de especialidade da legislação processual pelos estados e não de modo unitário pelas leis do Congresso, seria em si um absurdo. Além disso, tal qual como mencionado ao final do capítulo anterior, critica algumas das alterações da Lei nº 859 provocadas pelo Decreto nº 4.855 (em especial aquela supressão da expressão "sem citação" para o caso da necessidade de caução para os pedidos de falência por credores domiciliados fora do Brasil) e mantem seu tom crítico sob um formato de questionamentos e pedidos de esclarecimentos para a Câmara sobre suas dúvidas relacionadas ao Decreto nº 4.855.

Seus comentários dizem que a Lei nº 859 foi aprovada de modo muito apressado, por pressão de uma pequena parte do comércio que teria levantado uma "injusta celeuma contra o Congresso" – refere-se implicitamente à Associação Comercial do Rio de Janeiro – e faz questão de dizer que não se refere a todo o comércio, mas apenas à essa pequena fração que, nas suas palavras, "se occupa menos com os labores de sua profissão e mais com o desejo de exhibição, querendo impor sua vontade e dirigir

525 *Id. ibid.*
526 *Id. ibid.*

a acção dos poderes publicos."[527] O deputado e magistrado demonstra desconforto com a influência que os membros da Associação Comercial do Rio de Janeiro estão demonstrando sobre o Congresso e se incomoda com essa capacidade de direção das ações dos poderes públicos por parte desse grupo de comerciantes. Nessa mesma crítica, esse jurista, formado em 1857 pela Faculdade de Direito de Recife, portanto aprendiz acadêmico do incipiente Código Comercial, posteriormente magistrado ligado às causas do comércio, tem a percepção que desde o Decreto nº 917/1890, "[...] se começou a pôr à margem e em posição secundaria o Poder Judiciario, [...]"[528], por ir se retirando do juiz o exame dos livros para se identificar as causas da falência, que teriam um viés comercial, mas também criminal e, com isso, ao se transferir tal exame aos síndicos e aos peritos por eles nomeados, o juiz e o ministério público estariam sendo excluídos dos mais importantes das falências.

Também foi crítico do fato de que o Decreto nº 4.855 acabou por alterar a própria lei no que diz respeito à classificação dos créditos das Fazendas públicas, até então classificados como créditos separatistas (com prioridade máxima de recebimento contra as massas e não se sujeitando ao concurso), para se tornarem créditos com privilégio geral, abaixo dos credores hipotecários[529]

O deputado Paranhos Montenegro, ligado à magistratura como apresentado anteriormente, inicia sua exposição de motivos por meio da alegação de que o processo de falências, a bancarrota, como um dos crimes previstos no Código Penal, não poderia permanecer sem a intervenção do Ministério Público. Essa discussão foi bastante intensa na reforma do decreto do Governo Provisório e o deputado Paranhos Montenegro,

[527] BRASIL. *Anais da Câmara dos Deputados*. Livro 2, 1903, p. 22.

[528] *Id.*, p. 23.

[529] BRASIL. *Decreto nº 4.855 de 2 de junho de 1903*. "Art. 303. Entre os credores com privilegio geral, incluem-se a Fazenda Nacional, os Estados e os Municipios pelas dividas de impostos (Lei n. 221 de 1894, art. 86); sendo, porem, titulos de preferencia, quando anteriores á divida fiscal (dec. n. 848 de 1890, art. 330; dec. n. 3084 de 1898, part. V, art. 85): I, as hypothecas convencionaes ou legaes especialisadas e inscriptas na fórma da lei; II, o direito sobre o valor das bemfeitorias, quanto ao credor que emprestou dinheiro, ou concorreu com os materiaes ou a mão de obra para a edificação, reparação ou reedificação do predio, bem como para se abrirem ou arrotearem terras incultas."

naquela oportunidade, saiu como perdedor dessa parte dos debates. Sua outra crítica, na mesma linha do que havia discutido na Câmara em relação ao Projeto de Lei 143/1900 era que "[e]ntregar á maioria dos credores, sem limitação alguma, nem fiscalização dos poderes publicos, o direito de dispor da massa, arbitrariamente, até com prejuizo da minoria e do fallido, seria tambem outro erro sem justificação(.)"[530], mantendo-se contrário ao papel de destaque dos credores nas deliberações sobre as massas e concordatas. Considerava que haveria um verdadeiro conluio entre credores e devedores e que isso permitia até a existência de concordatas com o pagamento de 1% (já se valendo de um discurso ainda mais radical do que aquele criticado tanto na Câmara, quanto no Senado, de concordatas que pagariam 5% dos créditos).

Para justificar a apresentação do Projeto de Lei, já em outubro de 1903 e em contradição com o que dissera naquela sessão da Câmara de 18 de junho, o deputado Paranhos Montenegro alega que foram incluídas disposições que estariam dando maus resultados, levando a clamores por mudanças, destacando especialmente a criação da profissão de síndico estranho aos interesses da massa e a necessidade de se observar a realidade brasileira e não em se adotar leis estrangeiras simplesmente. Relembra um trecho dos debates do Senado quando da reforma do Decreto nº 917/1890, em que "[d]iz um tratadista – a instituição da fallencia em um paiz determinado recebe, sobretudo, o [*ilegível*], o cunho de todas as particularidades que formam a individualidade juridica deste paiz – pelo que na materia de que se trata não há tanto a atender á logica e inflexibilidade dos principios, senão ás peculiaridades do meio a que são applicadas."[531]

Paranhos Montenegro expõe que o desconforto maior causado pela Lei nº 859/1902 era que o processo de escolha dos síndicos não trazia nem os poderes públicos, nem os credores, mas a Junta Comercial, dando-se a inconveniência de atribuir a outro comerciante, estranho ao processo, o papel de síndico e ainda de fazer jus à porcentagem da liquidação da massa, além de ainda manter o cargo de curadores das massas, o que seria algo ainda pior que se conviver com a cessão de bens e a moratória do decreto do Governo Provisório. Paranhos Montenegro indica que teria

[530] BRASIL. *Diários da Câmara dos Deputados*. Livro 1, 1903, p. 340.
[531] BRASIL. *Diários da Câmara dos Deputados*. Livro 1, 1903, p. 340.

havido "[...] uma grande reunião que se celebrou no edificio da Associação Commercial [do Rio de Janeiro], a que assistiram, por convite de seus promotores, os membros da Commissão de Constituição, Legislação e Justiça desta Casa."[532] O deputado então critica a iniciativa do Poder Executivo de ter realizado a republicação da Lei nº 859/1902 em junho de 1903, bem como o regulamento processual para a execução da lei (e modificativo da própria lei de falências) por meio do Decreto nº 4.855 e que indica que alguns já alegam ser inconstitucional, por ir além de regulamentar a Lei nº 859/1902, mas também estabelecendo regras e preceitos sobre as falências (contrariando o art. 48, 1 da Constituição Federal).

Nessa oportunidade, durante o discurso sobre o Projeto de Lei, aproveita também para questionar se, uma vez que predominam disposições processuais sobre as falências, se a lei deveria ser da União ou de cada um dos Estados, mas já deixa claro que, apesar de teoricamente ser possível pela Constituição, não faria sentido uma regulamentação processual individual por Estado e a interpretação deveria seguir a mesma adotada pela Constituição Federal dos Estados Unidos da América, de uma única lei federal regulamentando tanto aspectos processuais, quanto materiais.

O projeto voltava a nomeação dos síndicos provisórios para a escolha dentre os credores do falido sob a supervisão do juiz da falência, bem como retirava o princípio da dupla maioria para deliberação nas assembleias sobre as concordatas e reduzia o limite das concordatas de 50% para 30%, retirou o direito de compensação da forma como foi disposto na lei (mantendo-se apenas as compensações entre contas correntes) – tão discutido no Senado para fins da lei que se propunha reformar, especialmente naquele debate entre o senador Gonçalves Chaves e Coelho e Campos – reorganizaria a justiça local da capital quanto às ações sumárias e denominaria os síndicos definitivos de "administradores", como aqueles encarregados na liquidação da massa, tal qual era à época do Código Comercial. Aqui, no projeto de lei de Paranhos Montenegro retoma o conceito do Código Comercial, sem mencionar tal relação, e apresenta uma proposta para alterar a denominação de "síndicos" para "administradores" como os responsáveis pelo exercício da função, especialmente

[532] *Id.*, p. 341.

direcionado para afastar o conceito tão combatido por Paranhos de que credores poderiam ocupar tal cargo.

O deputado Paranhos Montenegro alegou que enviou o Projeto de Lei três meses antes da apresentação na Câmara (por volta de julho de 1903) para a imprensa, Tribunais de Justiça, Instituto dos Advogados, Faculdades de Direito, Juntas e Associações Comerciais das cidades mais importantes e a grande número de jurisconsultos[533], tendo sido atendido apenas por Joaquim da Costa Barradas[534], que cita o jurista italiano Vivante para sugerir pequenos ajustes sobre o projeto, bem como aproveitou para encaminhar a tradução da lei de falências italiana, que seria calcada nas leis inglesa e alemã. O Projeto de Lei, contendo trezentos e quarenta e três artigos é então apresentado pela Comissão de Legislação, Constituição e Justiça, assinado pelo deputado Paranhos Montenegro, como relator, bem como pelos deputados membros da Comissão da Câmara e já conhecidos no debate da reforma anterior, F. Tolentino, Luiz Domingues, Teixeira de Sá, Frederico Borges, além dos novos integrantes da Comissão, deputados Estevam Lobo, Hosannah de Oliveira e Angelo Pinheiro[535]. Os anos que vão se seguir vão retomar a presença de

[533] BRASIL. *Diários da Câmara dos Deputados*. Livro 1, 1903, p. 343. Como vimos, ao menos na reunião com o Dr. Edmundo Bittencourt sobre a reforma da lei de falências havida no Centro Comercial do Rio de Janeiro em janeiro de 1903, o deputado Paranhos Montenegro estava presente.

[534] Joaquim da Costa Barradas, nascido no Maranhão, em 18 de fevereiro de 1833, pelo CPDOC da FGV. "Bacharel em ciências jurídicas e sociais pela Faculdade de Direito do Recife em 1856, iniciou carreira na magistratura ao ser nomeado juiz municipal e de órfãos do termo de Itapicuru (BA) e anexos. Em 1862 passou a exercer as mesmas funções em São Luís do Maranhão, e em maio de 1864 foi nomeado juiz de direito em Turiaçu (MA). Chefe de polícia da província em 1872, no ano seguinte assumiu a 2ª Vara Cível de São Luís, e em 1885 foi nomeado desembargador da Relação. [...]. Já destacada figura no panorama jurídico de sua época, em novembro seguinte foi nomeado ministro do Supremo Tribunal Federal (STF). No STF, foi relator do rumoroso processo de habeas corpus impetrado por Rui Barbosa em favor do Senador Eduardo Waldenkolk e outras autoridades e políticos presos durante a decretação do estado de sítio pelo governo Floriano Peixoto, em abril de 1892." Disponível em http://www.fgv.br/cpdoc/acervo/arquivo, acesso em 20/10/2022.

[535] Ângelo Gomes Pinheiro Machado, nascido em Cruz Alta, no Rio Grande do Sul, em 10 de março de 1861, pelo CPDOC da FGV. "[...] iniciou sua carreira política em São Paulo, para onde se mudou a fim de cursar a Faculdade de Direito do Largo de São Francisco.

J. J. Seabra, marcando também a ascensão deste como Ministro da Justiça e Interior e depois como senador (a partir de 1906) e a diminuição política de Paranhos Montenegro cujo último mandato como deputado (e como político eleito) terminará em 1905, culminando com sua exclusão da chapa governista da Bahia para fins de indicação para a Câmara dos Deputados nas legislaturas seguintes[536].

Paranhos Montenegro, antes de iniciar sua exposição de motivos de seu projeto de alteração da lei de falências, chama atenção levando em conta uma crítica que recebera anteriormente de Carvalho de Mendonça. Essa disputa entre os dois marcará a conclusão dos trabalhos para a promulgação da reforma da lei de falências da década de 1910 no Brasil. Paranhos Montenegro rebate a crítica que recebera de Carvalho de Mendonça e que fora publicada no Jornal do Comércio, sem mencionar o nome do jurista, alegando que este era alguém "[...] de estudos especiaes sobre o assumpto, porém que parece mais lido e apologista da legislação estrangeira do que da nossa [brasileira], [...]."[537]

Carvalho de Mendonça, que já publicara em 1899 seu livro sobre as falências, vinha publicando a sua tradução da lei norte-americana e suas críticas à lei de 1902 e também já havia ascendido às rodas mais influentes dentre os juristas brasileiros, além de ser constantemente citado nas petições e decisões envolvendo os casos de falências, seria também nomeado sócio honorário do Instituto dos Advogados[538], bem como ascenderia às rodas da política, participando desde palestras com o então Ministro da Fazenda, Sr. Leopoldo de Bulhões[539] – aquele mesmo de outrora, então senador e que trouxe a manifestação da Associação Comercial do Rio de Janeiro contra o Projeto de Lei 143/1900 que foi amplamente reformado

Bacharelou-se em 1882 e, além de exercer a advocacia, dedicou-se à vida agrícola. Após a proclamação da República, em setembro de 1890 foi eleito deputado constituinte por São Paulo." Disponível em http://www.fgv.br/cpdoc/acervo/arquivo, acesso em 20/10/2022.

[536] BRASIL. Biblioteca Nacional. *Jornal "A Província" de Pernambuco*. Edição 223, de 1905.

[537] BRASIL. *Anais da Câmara dos Deputados*. Sessão de 16 de outubro de 1903, p. 339.

[538] BRASIL. Biblioteca Nacional. *Jornal "Correio da Manhã"*. Edição 1828, 1906.

[539] BRASIL. Biblioteca Nacional. *Jornal O Commercio de São Paulo*. Edição 3677, de 1904. Em 1910, quando do concurso para professor na Faculdade Livre de Direito do Rio de Janeiro, no dia de sua prova oral, o então presidente da república, Nilo Peçanha, foi assistir ao exame (BRASIL. Biblioteca Nacional. *Jornal "Correio da Manhã"*. Edição 3257, 1910).

pelo Senado e culminou na Lei nº 859/1902 –, até seu encontro com os senadores, especialmente o agora senador Urbano Santos – deputado à época das discussões da lei de 1902 –, que resultou no substitutivo do Projeto de Lei de Paranhos Montenegro quando este já não mais integrava a Câmara dos Deputados.

Ainda em 1903, as discussões entre o então sexagenário Paranhos Montenegro e Carvalho de Mendonça, então em torno dos seus quarenta anos, continuaram. Uma nova crítica de Carvalho de Mendonça ao novo projeto de reforma, publicada no Jornal do Comércio de 28 de outubro de 1903, é respondida por Paranhos Montenegro na sessão de 29 de outubro de 1903 na Câmara dos Deputados, por meio de um pedido *para uma explicação pessoal*, em que alega inclusive que tentou publicar sua exposição de motivos do Projeto de Lei de 1903 no mesmo Jornal do Comércio, mas que não conseguira[540].

Carvalho de Mendonça vinha também com grande consolidação de sua atuação profissional como advogado localizado na cidade de Santos, no litoral de São Paulo, especialmente como advogado da companhia Docas de Santos, inclusive passando a, em 1906, se tornar um dos diretores da companhia[541]. Paranhos, já se preparando para rebater Carvalho de Mendonça, apenas se vale da tribuna na Câmara para realizar sua explicação pessoal, já que não conseguira publicar uma resposta publica no Jornal do Comércio e leva à conclusão de sua fala alertando que, quando receber a crítica completa do "distincto jurisconsulto", novamente sem nomeá-lo expressamente, procurará responder as críticas que receber. No entanto, sem aguardar uma nova crítica de Carvalho de Mendonça, sobe à tribuna da Câmara novamente, na sessão de 12 de novembro de 1903, para responder as críticas que então recebera.

540 BRASIL. *Anais da Câmara dos Deputados.* Sessão de 29 de outubro de 1903, p. 835. Paranhos Montenegro, em sua explicação pessoal, diz ainda que "[p]retendi que a exposição que precedeu ao referido projecto de fallencias fosse publicada no mesmo jornal onde foi tambem o trabalho do mesmo ilustrado jurisconsulto [Carvalho de Mendonça], criticando laconica e muito rudemente aquelle aquelle (sic) projecto; mas não o pude conseguir."

541 LOBO, Helio. *Docas de Santos. Suas origens, lutas e realizações.* Rio de Janeiro: Typografia do Jornal do Commercio, 1936, p. 587-589.

Nesse discurso de novembro de 1903, Paranhos Montenegro provoca Carvalho de Mendonça, novamente sem nomeá-lo expressamente, dizendo que "[a]ssim, traga, o notavel jurisconsulto novas idéas e tenha mais em vista elucidar o assumpto, do que molestar o autor do projecto." Paranhos entrega sua resposta por escrito e, pela ausência de dados em sentido contrário, não usou a tribuna para ler o que escreveu. Ao todo, considerando também os documentos adicionais que juntou[542] ocupou treze páginas dos anais da Câmara dos Deputados com sua defesa de seu projeto. A resposta de Paranhos tem um tom deveras passional. Paranhos relembra que antes de apresentar o Projeto de Lei, distribuiu o texto que preparou para diversos colegas e juristas, dentre eles o próprio Dr. J. X. Carvalho de Mendonça, exaltando-o como o "[...] autor do mais importante trabalho que temos sobre a materia [de falências], e no qual mostrou muito estudo e solidos conhecimentos."[543] Ainda dizia que esperava o apoio de Carvalho de Mendonça na elaboração da reforma da lei de falências[544], mas que fora tratado com desdém e aspereza, sendo que Carvalho de Mendonça ainda publicou no Jornal do Comércio sua crítica que o projeto de lei de Paranhos Montenegro seria um "mastodonte", com seus 342 artigos, "ousado em definições e lacunoso"[545].

De fato a crítica global de Carvalho de Mendonça, publicada em 1903 era bastante direta e questionava especialmente o papel dos curadores (curadores-fiscais, membros do ministério público) das massas falidas, em especial alegando que seria uma invenção "[...] para sugar as massas

[542] Paranhos Montenegro juntou um voto vencido do desembargador Campos Pereira, do Tribunal de Justiça de São Paulo e o Parecer nº 49 de 1903 da Comissão de Justiça do Senado, pelos senadores Duarte de Azevedo e Siqueira Campos em que defendem o papel dos curadores fiscais conforme definido pelo Projeto de Lei nº 143 da Câmara dos Deputados que veio a ser convertido na lei de falências de 1902.

[543] BRASIL. *Anais da Câmara dos Deputados*. Tomo VII. Sessão de 12 de novembro de 1903, p. 491.

[544] "Confesso que tive a ingenuidade de esperar que tão distincto jurisconsulto, apreciando os meus bons intuitos, correspondesse ao meu appello, e viesse auxiliar-me, aproveitando--se assim da boa vontade de um membro do Congresso para fazer valer as suas idéas, meditadas, amadurecidas e coordenadas sobre o assumpto. [...]. Assim, porém, não succedeu[.]" (*Id.*, p. 491-492).

[545] *Id.*, p. 492.

falidas [por meio das comissões] [...]"[546], o direcionava sua crítica também de modo especial às leis dos estados, como faz ao criticar o estado de São Paulo, que mantivera curadores-fiscais com porcentagens mais altas, conforme o Decreto estadual nº 1.091, de 10 de janeiro de 1903 (alegando inclusive ser este um ato duplamente inconstitucional). Carvalho de Mendonça alegava que "[a] gana é insaciavel nos Estados, sob a capa de protecção aos interesses do credores ou mesmo ao interesse publico descobrem este meio de crear empregos ...".[547] O jurisconsulto fez referência também àquelas críticas publicadas no Jornal do Comércio pelo advogado Dr. Rodrigo Octávio, que também relatamos anteriormente sobre a republicação da Lei nº 859 com alterações que não passaram pelo Congresso, mas que vieram diretamente do Executivo (especificamente do gabinete do Ministro J. J. Seabra).

Paranhos alertou que o Jornal do Comércio era um veículo de comunicação lido fora do Brasil e provocava a Câmara para que considerassem as ofensas naquelas considerações de Carvalho de Mendonça que poderiam prejudicar a visão dos estrangeiros sobre os legisladores brasileiros, citando novamente que o "Conselheiro" Barradas, que respondera seu pedido de comentários ao material que viria a ser apresentado como o projeto de lei para a reforma da recente lei de falências, elogiou o seu trabalho. Mas, além desses agregados que a lei de falências englobaria, a outra crítica reside no fato da disputa pela regulamentação processual acerca da matéria das falências, entre os estados e a União.

Nesse ponto há uma convergência entre Paranhos e Carvalho de Mendonça e ambos entendem que "[...] no instituto das fallencias não deve haver a separação do direito substantivo do processual [...]"[548], apesar de Paranhos defender que, nesse caso, para que fosse possível manter a lógica da Constituição Federal, os processos de falência deveriam correr perante a justiça federal, para não dar margem à interpretação de que caberia aos estados a regulamentação da parte federal e, com isso, correndo perante a justiça comum estadual, mas de fato, não é desse modo

[546] *Id. ibid.*

[547] *Id.*, p. 493.

[548] BRASIL. *Anais da Câmara dos Deputados*. Tomo VII. Sessão de 12 de novembro de 1903, p. 495.

que a discussão caminha. Olhando para a realidade e não para o que seria o ideal, Paranhos diverge daquele entendimento e segue na linha de que na concepção prática sobre a competência dos estados em matéria processual foi preservada, posto que se o legislador quisesse atribuir a competência federal inclusive em matéria processual, teria aceitado a proposta de emenda do senador Leopoldo Bulhões (aquele que vimos anteriormente que participou de palestra com Carvalho de Mendonça e que trouxe a crítica da Associação Comercial do Rio Janeiro liderada por Inglês de Sousa) – inclusive por conta dessa divergência prática e não ideal é que Paranhos incluiu no seu projeto toda uma parte processual sobre as falências, alegando ser uma referência para os estados regulamentarem os procedimentos, evidentemente Carvalho de Mendonça o criticou duramente neste ponto.

Por fim, nesse documento que apresentou na Câmara, Paranhos Montenegro ainda faz uma referência crítica a um erro que teria cometido Carvalho de Mendonça ao dizer que o autor confundira em sua obra sobre as falências e concordatas, na página 318, a concordata por abandono com a cessão de bens, reforçando o tom de desafio contra o jurista por parte do deputado para a elaboração de uma reforma da lei falimentar. O ano de 1903 termina sem outras discussões ou debates sobre o assunto da nova reforma da lei de falências, nem na Câmara, tampouco no Senado[549].

A segunda discussão havida na Câmara dos Deputados sobre o projeto de reforma da lei de falências apresentado por Paranhos Montenegro se deu em 26 de maio de 1904 e nessa discussão houve a aprovação do projeto com a apresentação de emendas (exclusivamente feitas pelo próprio Paranhos Montenegro) a ser encaminhado ao Senado para discussão e deliberação. O projeto aprovado pela Câmara foi o "mastodonte" com 343 artigos (inclusive com uma numeração adicional ao projeto original que continha 342 artigos). Não houve maiores discussões e Paranhos fez uma inclusão sobre a liquidação forçada das sociedades anônimas, equi-

[549] Para além das dificuldades já relatadas, de edições ilegíveis, rasgadas e/ou com manchas, nos arquivos acessados da Biblioteca Nacional os exemplares do Jornal do Comércio do Rio de Janeiro disponíveis para consulta somente constam até a edição de 31 de agosto de 1903 (*Id.* Edição 242, 1903), sendo que o material encontrado somente retoma a partir da edição de 1 de janeiro de 1904 (*Id.* Edição 1, 1904).

parando tal instituto ao da falência, por meio da inclusão de artigo que dispunha que "[a] liquidação forçada das sociedades anonymas tem logar em todos os casos e pelos mesmos factos determinados na parte primeira, capitulo 1º [elementos constitutivos do estado legal da fallencia, meios judiciaes para a sua realização], desta lei."[550]

Apesar da ausência de discussões quando da votação, na sessão da Câmara dos Deputados de 13 de junho de 1904 o deputado Mello Mattos[551] pediu a palavra para trazer algumas observações sobre o projeto de reforma da lei de falências, destacando que nenhum deputado se inscrevera para debater tal projeto e preocupado com a dificuldade do tema, bem como com o fato de que se apresenta como uma terceira reforma no período entre 1890 e 1904. Paranhos Montenegro foi o primeiro a estimular que o deputado Mello Mattos apresentasse suas considerações[552]. Mello Mattos trouxe então uma discussão para a Câmara para debater se a falência deveria ser aplicada somente ao direito mercantil ou a todos os devedores[553] e foi apoiado pelo deputado Luiz Domingues[554]. Mattos

[550] BRASIL. *Anais da Câmara dos Deputados*. Tomo II. Sessão de 26 de maio de 1904, p. 141.
[551] José Cândido de Azevedo Melo Matos, nascido na Bahia, em 19 de março de 1864, pelo CPDOC da FGV. "[...] matriculou-se na Faculdade de Direito de São Paulo, onde cursou os quatro primeiros anos. Transferiu-se no quinto ano para a Faculdade de Direito de Pernambuco, e aí se formou bacharel em ciências jurídicas e sociais em 1887. Entre 1888 e 1889 foi promotor público na cidade de Queluz (MG) e, logo em seguida, entre 1889 e 1894, ocupou o mesmo cargo na cidade do Rio de Janeiro. Em 1897 foi nomeado presidente-geral da Assistência Jurídica, criada naquele ano pelo então presidente da República Prudente de Morais (1894-1898). Permaneceu no cargo até março de 1903. Ainda em 1903, foi eleito deputado federal pelo Distrito Federal." Disponível em http://www.fgv.br/cpdoc/acervo/arquivo, acesso em 21/10/2022.
[552] BRASIL. *Anais da Câmara dos Deputados*. Tomo II. Sessão de 13 de junho de 1904, p. 293.
[553] *Id. ibid.*, além de expressar que "[o]s dissentimentos dos entendidos começam logo na questão de saber si o instituto da fallencia deve conservar feição puramente mercantil, ou si deve lhe ser tirado o caracter exclusivo de medida commercial e applical-o a todos e quaesquer devedores, como já em parte se tentou entre nós."
[554] Luís Antônio Domingues da Silva, nascido em Turiaçu no Maranhão, em 11 de junho de 1862, pelo CPDOC da FGV. "Fez os estudos iniciais no Internato Pernambucano e logo depois ingressou na Faculdade de Direito do Recife, onde se formou bacharel em 1883. Ainda estudante iniciou-se na política sob a influência do barão de Tromaí, defendendo a causa abolicionista e trabalhando como redator nos periódicos O Abolicionista e Revista Acadêmica. [...]. Após a proclamação da República, filiou-se ao Partido Católico, que

iniciou seu discurso alegando que o instituto da falência é de origem civil no direito romano e que na Inglaterra, Alemanha e Holanda seria aplicável tanto ao devedor comerciante como o não comerciante e mencionou que na Espanha a falência se aplicaria somente ao devedor comerciante, porém existia no código de processo civil a previsão da falência do devedor civil. Defendia que o Decreto nº 917/1890 "[...] abriu terreno para uma reforma nesse sentido, que abrangesse devedores commerciantes e civis, mas o projecto actual abandona esse começo de serviço [...]"[555], além de ser favorável à volta do instituto da cessão de bens em relação aos devedores de boa-fé, não aprovação de síndicos entre os credores, mas sim como um ofício público – a exemplo dos leiloeiros e corretores –, além de sugerir também a abertura de um capítulo especial para as pequenas falências, buscando a simplificação e abreviação do processo.

Porém, apesar de reconhecer a importância desses temas, já considerava que a Câmara aceitara o projeto como fora deliberado em maio de 1904 e concentrou suas sugestões em outros assuntos, especificamente destacamos as críticas que fez aos seguintes temas: (i) termo "impontualidade" no pagamento das obrigações como um dos critérios para se decretar a falência, substituindo tal termo pela "falta" ou "cessação de pagamento", alegando que a "impontualidade" seria um vocábulo de valor indefinido e duvidoso[556] – relembrando que o termo "impontualidade" não foi utilizado no Decreto nº 917/1890, mas foi introduzido pelo Decreto nº 4.855/1903, que regulamentou a Lei nº 859/1902 que agora a Câmara pretendia reformar; (ii) algumas redundâncias que entendeu serem pouco rigorosas e inúteis; (iii) atribuir a qualquer sócio a faculdade para requerer falência, e não somente àqueles cujos poderes estão autorizados no contrato para o uso da firma da sociedade, excluindo-se

ajudou a fundar ao lado do líder político e religioso João Tolentino Guedelha Mourão – o partido se fundiria depois com os partidos Nacional e Republicano Constitucional. Em 1892 foi eleito deputado federal, juntamente com Benedito Pereira Leite e Cristino Cruz, depois da anulação dos diplomas de Damaso Pereira, do barão do Alto Mearim e do padre Joaquim Sampaio Castelo Branco. Foi reeleito sucessivas vezes até a legislatura 1909-1911, quando renunciou para assumir o governo do estado do Maranhão." Disponível em http://www.fgv.br/cpdoc/acervo/arquivo, acesso em 21/10/2022.

[555] BRASIL. *Anais da Câmara dos Deputados*. Tomo II. Sessão de 13 de junho de 1904, p. 293.

[556] Com apoio expresso dos deputados James Darcy, Julio Santos e Sá Freire.

também com isso as sociedades em conta de participação (por não haver existência distinta das dos seus associados); (iv) criticou a disposição do art. 16 do projeto de Paranhos que estabelecia que "o credor privilegiado ou hypothecario só poderar requerer a fallencia renunciado a garantia ou privilegio, ou provando a insufficiencia dos bens para a solução da dívida[.]", alegando que o fato do credor hipotecário estar garantido deveria ser considerado como um direito a mais e não um direito a menos e que as limitações deveriam ser impostas apenas para não haver voto nas concordatas; (v) criticou também o sistema de nomeação de síndicos por meio de listas das Juntas de Comércio, dando a entender que tais síndicos deveriam ser indicações de confiança dos juízes e a sugestão de Paranhos de que dois síndicos fossem nomeados nos processos; *(vi)* a formação de maioria para aprovação da concordata, que não fosse exclusivamente por créditos, mas por créditos e credores, para oportunizar a manifestação da maioria de credores atentando aqueles detentores de quantias ínfimas; *(vii)* manifestou-se contrariamente também à limitação do percentual de pagamento da concordata do mínimo de 30%, entendo que não reconhecia "[...] como direito do legislador, fixar as condições do accordo, substituindo a sua vontade á dos interessados[.]"[557], alegando essa restrição inviabilizaria a concordata.

O deputado Frederico Borges, também membro da Comissão de Constituição, Legislação e Justiça que assinou a elaboração o projeto sob a presidência de Paranhos Montenegro pediu a palavra após a exposição do deputado Mello Mattos, para também apresentar sugestões de alterações, dentre suas críticas estava a da nomeação pelos juízes de peritos para analisar os livros contábeis, pois alegava que na prática isso teria dado péssimos resultados[558] e também entendia que deveria ser aberta a

[557] BRASIL. *Anais da Câmara dos Deputados.* Tomo II. Sessão de 13 de junho de 1904, p. 296; e completou questionando "[c]om que direito, por que razão de conveniencia publica se impede que os credores acceitem uma concordata de 29% ou de 25% ou mesmo de 3%, quando a liquidação judicial da massa póde trazer-lhes a ruina total? Garantam-se a seriedade da concordata, a veracidade dos creditos, ponham-se a salvo a boa fé dos credores e o principio da igualdade entre elles, e no mais seja-lhes deixada plena liberdade de resolverem como for mais convinhavel aos seus interesses. *Res sua agitur.*"

[558] *Id.*, p. 300.

possibilidade de concordatas que pagassem menos de 30% aos credores, se essa fosse a vontade da maioria[559].

Ou seja, apesar da aprovação sem discussões em maio de 1904, a sessão de 13 de junho de 1904 trouxe para a Câmara uma maior atenção ao projeto de Paranhos e com isso críticas começaram a ser apresentadas com maior intensidade.

Fazendo coro às críticas, após o discurso de Frederico Borges, o deputado Neiva pediu a palavra e, destacando não ter a formação jurídica, também apoiou as críticas ao projeto de Paranhos.

Frederico Borges complementou, ao fim das discussões do dia 13 de junho, uma crítica à não inclusão dos operários entre o grupo dos credores privilegiados. O deputado Neiva destacou que se orgulhava "[...] de ter subido ao lado da classe operaria e que neste Parlamento e fóra dele, tem sido constante advogado do proletariado brazileiro [...]"[560] e, com isso, pediu para que o deputado Paranhos reparasse a injustiça e contemplasse entre os credores privilegiados os operários para fins da distribuição da massa falida. A discussão se encerrou na sessão de 13 de junho, pelo adiantado da hora, mas sem ser concluída e foi retomada no dia seguinte, na sessão de 14 de junho. Nesta sessão as emendas apresentadas no dia anterior passariam a ser votadas, porém, em defesa de seu projeto, o deputado Paranhos Montenegro pediu a palavra, sendo cauteloso em antes perguntar ao presidente da sessão da Câmara se havia algum outro deputado inscrito para falar sobre o projeto, especialmente diante de tantas discussões havidas na sessão anterior. Ao confirmar que não havia qualquer outro deputado a falar, o deputado Paranhos iniciou seu discurso.

Paranhos novamente relembrou o histórico desde a reforma do Decreto de 1890 até o seu projeto, criticando especialmente o incomodo causado pelo Decreto assinado pelo então ministro J. J. Seabra, e

[559] *Id. ibid.*

[560] *Id.*, 303; não obstante, importante relembrar que o art. 298, II do projeto de Paranhos previa, entre os credores com privilégio geral, os operários. O que chama atenção é que, entre os debates havidos na Câmara, essa foi a primeira vez que um deputado se manifestou em expressa defesa dos credores operários, como classe de trabalho a ser tratada também de modo diferente dos credores quirografários no âmbito da lei falimentar.

explicou que foi para solucionar as divergências que o Decreto de Seabra provocara com a Lei de 1902 que decidiu apresentar seu projeto de nova reforma da lei de falências e reiterou ter enviado cópias aos colegas deputados, juristas, advogados, confessando, "[...] com mágua, que não recebeu nenhuma objecção, nenhum apontamento..."[561]. O discurso de Paranhos nessa sessão de 14 de junho não é um discurso preparado e transcrito em sua literalidade, mas sim a anotação do escrevente que ali estava e que resume o dito por Paranhos. Nesse resumo fica a impressão de que Paranhos não se sentia bem e estava na atividade na tribuna sob algum sacrifício[562]. Com isso, a discussão para a votação das emendas foi novamente adiada, aguardando que a Comissão da Câmara apresentasse seu parecer sobre os pontos que foram sugeridos pelos deputados na sessão de 13 de junho.

Esse trabalho de análise das emendas e de reabertura da votação do projeto teve seu andamento retomado com a apresentação do relatório da Comissão de Constituição, Legislação e Justiça na sessão de 27 de julho de 1904.

No parecer, assinado por Paranhos Montenegro como presidente da Comissão, a maioria das emendas propostas com conteúdo material é rejeitada, destacando-se com maior energia aquela direcionada para a aprovação das concordatas sem limite mínimo de valor de pagamento dos créditos. Neste assunto, a Comissão gastou mais parágrafos para justificar a não aceitação, reforçando que "[...] arranjos particulares, criminosos, entre a maioria dos credores e os fallidos, no intuito de se contemplarem uns em melhores condições do que outros[.]"[563] deviam ser banidos, acabando-se com "[...] conluios fraudulentos da maioria [...]"[564], pois as pequenas porcentagens de pagamento nas concordatas seriam um incentivo ao comerciante pouco honesto e ambicioso para promover a declaração de sua falência. A visão do provisoriamente ex-magistrado de

561 BRASIL. *Anais da Câmara dos Deputados*. Tomo II. Sessão de 13 de junho de 1904, p. 312.

562 *Id. ibid.* O exemplo está registrado no seguinte trecho: "[p]or motivos que allega não póde, porém, o orador, no momento, com mais largueza, discutir o assumpto, pois faz grande sacrificio em estar na tribuna."

563 BRASIL. *Anais da Câmara dos Deputados*. Tomo III. Sessão de 27 de julho de 1904, p. 460.

564 *Id. ibid.*

Câmara Comercial e, naquele momento deputado Paranhos, por meio do relatório da Comissão, é novamente expressada no sentido de que "[a] concordata diminue o passivo, mas conserva integralmente o activo, de modo que sempre favorece os fallidos."[565]

Na visão reforçada no parecer da Comissão a quebra é o desfecho caso uma concordata não fosse capaz de garantir um percentual de pagamento mínimo, pois se o negociante fosse probo, então poderia se reabilitar e recomeçar seu comércio, mas não se poderia deixar que a maioria decidisse a concordata com o pagamento de qualquer percentual, pois seria permitir a fraude, partindo da premissa que, se não tiver esse percentual mínimo de pagamento fixado em lei, permaneceria uma situação, na visão especialmente de Paranhos, de que os resultados continuariam a ser péssimos. Para a Comissão, como fora desde o início na visão de Paranhos – conforme destacado no seu discurso de apresentação do projeto de reforma, bem como já respondendo àquela tradução de Carvalho de Mendonça, publicada na Revista do Tribunal de Justiça de São Paulo –, o Brasil não poderia ser comparado a outros países e, ainda que essa forma de restrição pela lei fosse uma ofensa aos direitos dos credores de outros países, no Brasil seria indispensável[566]. A alegação expressada no relatório da Comissão é que era necessária uma lei de falências para o Brasil e que a Câmara não devia se guiar somente pelo que se passa em outros países, tampouco se admitir concordatas que pagassem apenas 5% do passivo[567] – na prática, ao menos por decisões dos magistrados

[565] BRASIL. *Anais da Câmara dos Deputados*. Tomo III. Sessão de 27 de julho de 1904, p. 460.

[566] *Id. ibid.*

[567] *Id.*, p. 461 e conclui o discurso da necessidade de tolhimento pela lei da liberdade comercial dizendo que "[s]em duvida ha uma limitação á liberdade commercial, mas que vale um principio, uma liberdade que não ha como garantir? Ahi formigam as concordatas de 5%!!! já (sic) houve burlão desse genero que expiasse a falta? O argumento da limitação á liberdade commercial procederia, si a maioria tratasse de interesses exclusivamente seus, e a sua deliberação não affectasse tambem os da minoria, ao que se deve accrescentar que grande numero de vezes aquella é formada de credores simulados, e esta sempre de credores legitimos. O limite minimo para as concordatas em casos rarissimos poderá trazer alguma insjutiça relativa, porém na grande maioria, sinão quase unanimidade dos casos, será um freio aos negociantes deshonestos, o trancamento dos conchavos e conluios illicitos, e uma garantia para o commercio honrado."

que atuavam como Juiz da Camara Comercial do Tribunal Civil e Criminal do Distrito Federal (Rio de Janeiro), os credores eram convocados e poderiam deliberar favoravelmente às concordatas que se propusessem a pagar 5% sem interferência de tais magistrados, como no caso do pedido de concordata do comerciante Manoel da Silva Brandão pelo juiz Pedro de Alcântara Nabuco[568]. Não obstante essa resistência em alterar o percentual mínimo de pagamentos aos credores para fins das concordatas, a Comissão concordou em incluir o conceito de que, caso a unanimidade dos credores concordasse com um pagamento inferior a 30%, então isso poderia ser homologado pelo juiz das falências.

Na sessão de 10 de agosto de 1904, Paranhos Montenegro pede a palavra e pede para juntar no Diário da Câmara dos Deputados três entrevistas, sem fontes reveladas, tampouco sem revelarem o nome dos entrevistados, publicadas no jornal *A Notícia* do Rio de Janeiro, do primeiro decêndio de agosto de 1904 em que se apresentavam críticas à falta de limites de pagamentos mínimos das concordatas, em discursos inclusive muito similares aos utilizados por Paranhos para justificar o tolhimento da liberdade comercial dos credores em aceitar por maioria pagamentos de menores valores[569].

O jornal publicava as entrevistas – sem revelar quaisquer dos entrevistados – na sessão "*a situação da praça* [do Rio de Janeiro]", e expressava que "[a] mais de um negociante, que consultámos a esse respeito, ouvimos a mais completa approvação á medida restrictiva. Pelo que ouvimos desses honrados homens do commercio, as concordatas foram de desmoralização em desmoralização, e nem os juizes podiam acudir aos interesses das victimas, embora percebessem o dolo e o escândalo."[570] Paranhos alega entregar três dessas entrevistas que teriam sido publicadas na seção de "a situação da praça [do Rio de Janeiro]" em que eram publicadas essas entrevistas anônimas no jornal *A Notícia*, porém, na consulta à edição mencionada por Paranhos (de 6 de agosto de 1904), a coluna não publi-

[568] BRASIL. Biblioteca Nacional. *Jornal do Commercio do Rio de Janeiro*. Edição 53, potencialmente de 23 de fevereiro de 1904 [datas ilegíveis].

[569] BRASIL. *Anais da Câmara dos Deputados*. Tomo IV. Sessão de 10 de agosto de 1904, p. 81-84.

[570] BRASIL. Biblioteca Nacional. *Jornal A Notícia do Rio de Janeiro*. Edições 182 e 185, 1904.

cou o texto por ele mencionado e não identificamos esse texto em outros trechos das edições dos dias 5 a 8 de agosto de 1904[571], mas a entrevista que ele pediu para ser transcrita no Diário da Câmara ainda trazia o seguinte conteúdo:

> – Julga V. perfeitamente garantidora dos direitos dos credores a exigencia do pagamento mínimo de 30% para ser acceita a concordata?
> – Perfeitamente. Imagine que as concordatas, que se teem feito e ainda se fazem, desceram á cifra irrisória de 5 até 1%. Nós não pedimos que os 30% estabelecidos pelo projecto em discussão. É uma porcentagem razoavel, tratando-se de negociantes honestos, levantando-se a situação precária por fallencias que se reflectiam no seu negocio ou por outras circumstancias independentes de sua vontade. [...].
> – Mas essa limitação não vem a ferir a liberdade de commercio?
> – Realmente há cerceamento dessa liberdade, mas ha tambem cerceamento de abusos que se teem praticado em larga escala e entre a liberdade, que deixa o commercio honesto á mercê dos especuladores, e a escravidão que lhe dá garantias de vida e haveres, o commercio prefere essa escravidão.[572]

[571] A título exemplificativo, serve o recorte da imagem de jornal que fizemos destacando a coluna em que se verifica que a indicação arguida por Paranhos não bate com o texto publicado no jornal mencionado:

Anno X | AGOSTO 6 – RIO DE JANEIRO – AGOSTO 7

ASSIGNATURAS
Anno ............ 28$000
ESCRIPTORIO
RUA MOREIRA CESAR N. 123
Antiga do Ouvidor

A NOTICIA

ASSIGNATURAS
Seis mezes ......... 14$000
ESCRIPTORIO
RUA MOREIRA CESAR N. 123
Antiga do Ouvidor

Numero avulso 100 rs. | Stereotypada e impressa em machinas rotativas de Marinoni | Numero avulso 100 rs.

vado um importante combate a 2 do corrente em An-chan-shan.
Ao que consta, as forças russas repelliram os japonezes infligindo-lhes enormes perdas.

Agencia Havas

Louis Hermanny C. perfumarias, G. Dias. [illegible]
Por absoluta falta de espaço ainda hoje somos forçados a deixar de publicar a apreciada secção do [illegible]

ATTENÇÃO

[illegible]

O Sr. Dr. Gama e Souza, juiz da Camara Criminal do Tribunal Civil e Criminal, julgou improcedente a denuncia offerecida contra o capitão Antonio José Gomes Brandão, que no dia 6 de junho findo, na rua Visconde do Rio Branco, matou com um tiro de revólver o soldado [illegible] Rosa.
Aquelle juiz reconheceu que o capitão Brandão commetteu o delicto em sua legitima defesa.

A SITUAÇÃO DA PRAÇA

Em nossa edição de ante-hontem inserimos uma carta assignada J. K., na qual são expostas algumas duvidas sobre as condições do empréstimo municipal.
A carta é evidentemente anterior á publicação do annuncio dos bancos, no qual vêm claramente especificadas todas as condições. Entretanto a delicadeza dos conceitos do communicante obriga-nos a dar-lhe algumas explicações.
Não é necessaria a declaração categorica da Prefeitura sobre o destino [illegible]

[572] BRASIL. *Anais da Câmara dos Deputados*. Tomo IV. Sessão de 10 de agosto de 1904, p. 81-82.

FIGURA 8

**Anúncio de venda de bens arrecadados da massa falida do comerciante J. B. Lory pelo leiloeiro A. Ferreira[573]**

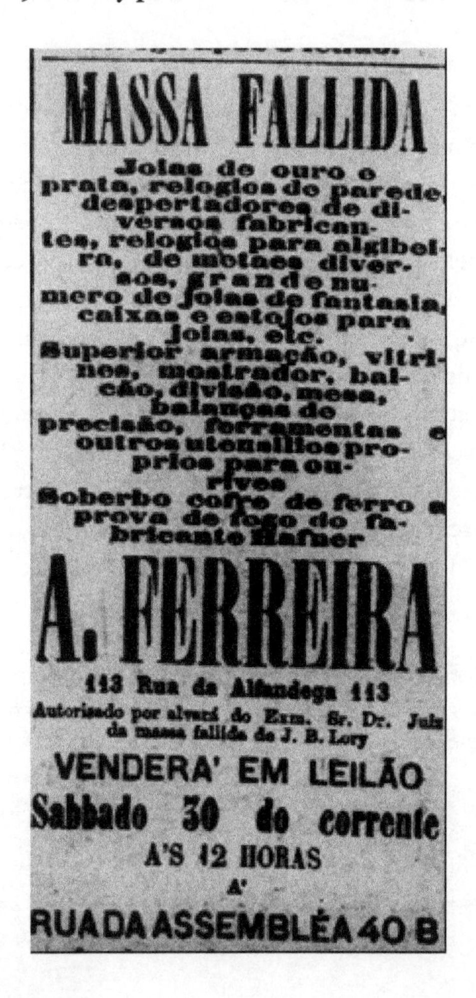


Paranhos Montenegro chama essas entrevistas publicadas no jornal *A Notícia* de imparciais e de competentes apreciações[574] para que a Câmara também leve em consideração quando for votar definitivamente o projeto de reforma da lei de falências. Não por acaso o jornal, que não

573 BRASIL. Biblioteca Nacional. *Jornal do Commercio do Rio de Janeiro*. Edição 28, 1904.

574 BRASIL. *Anais da Câmara dos Deputados*. Tomo IV. Sessão de 10 de agosto de 1904, p. 81.

divulgava quem são os seus entrevistados que criticavam a lei de falências da época, publica em 15 de agosto de 1904 a íntegra daquela justificativa que rejeitou a emenda apresentada pela Comissão, dando destaque específico para a justificativa da não autorização para a exclusão do limite mínimo de pagamento do percentual de 30% nas concordatas. Dentre tantas emendas rejeitadas, a que gerou mais debate e que mais refletia a visão de Paranhos desde aqueles debates que levaram à promulgação da Lei de 1902, como vimos, apenas essa foi integralmente publicada no jornal considerado imparcial por Paranhos e que estaria publicando entrevistas anônimas elogiando seu projeto de reforma da lei. As demais publicações que Paranhos junto ao Diário da Câmara dos Deputados nessa sessão de 10 de agosto de 1904 também se mantêm na linha de criticar comerciantes falidos que pagam 10% aos seus credores, bem como colocam os comerciantes, de um modo genérico, como um grupo que se enriquece às custas do sacrifício dos outros[575].

Na sessão de 17 de agosto de 1904 fica pautado, para a sessão de 18 de agosto, a retomada da terceira discussão sobre o projeto de reforma da lei de falências e, em 18 de agosto, a votação das emendas é retomada. Paranhos Montenegro pede a palavra pela ordem justamente quando o tema da deliberação por maioria nas concordatas surge, por meio do debate acerca de uma correção de redação ao art. 26 de seu projeto – ultrapassado o prazo para apresentação das emendas, não poderiam ser apresentadas novas e essa alegação de que suas alterações não seriam uma emenda, mas um ajuste de redação acaba também sendo aprovada na Câmara, sem votos contrários.

Paranhos destaca especificamente que o seu ajuste apenas deixa claro que a maioria não pode impor à minoria pagamento inferior a 30%, exceto se houver a unanimidade dos credores concordando com um pagamento inferior. Com a continuidade das votações, em um novo tópico do projeto de Paranhos, o deputado Sá Freire pede a palavra pela ordem para se manifestar sobre um dispositivo que entende não ser conveniente. A discussão se dá sobre o art. 46 do projeto, que dispunha que "[n]ão se apresentando o fallido, salvo escusa motivada e provada, o interroga-

575 BRASIL. *Anais da Câmara dos Deputados*. Tomo IV. Sessão de 10 de agosto de 1904, p. 83.

tório se fará effectivo pela prisão, de cujo mandado o escrivão passará, *independentemente de despacho do juiz*, depois de lavrado nos autos, a competente certidão no decurso de 24 horas (grifos nossos)." Por meio desse dispositivo o escrivão poderia expedir um mandado de prisão contra o falido sem que houvesse a necessidade de qualquer despacho judicial. Sá Freire alega que "[...] parece que não é natural que o escrivão julgue de uma materia desta ordem, expedindo mandado, sem que em primeiro logar o juiz se pronuncie ordenando a expedição desse mandado[.]"[576] A emenda de Sá Freire, que vai sendo combatida por Paranhos Montenegro visava tirar do escrivão a autoridade de determinar a prisão de falidos e o fundamento de Paranhos é que igual disposição estaria prevista na Lei nº 859/1902 sem que houvesse qualquer reclamação até o momento[577], mas Sá Freire rebate dizendo que Paranhos desconhece que há muitas reclamações e discussões sobre tal dispositivo.

A emenda de Sá Freire é posta em votação e é rejeitada. O deputado pediu a palavra novamente para requisitar a verificação da votação que, refeita, confirma a rejeição por setenta e dois a quarenta e três votos. O dia vai se alongando e deputados vão deixando a sessão até que o deputado Barbosa Lima[578] chama atenção da presidência da sessão para que

[576] *Id.*, p. 253.

[577] De fato, o art. 16, § 2º dispunha que "[f]indas as 24 horas, que correrão do resumo da sentença á porta do fallido, si a lista de credores não estiver em cartorio, o escrivão lavrará certidão nos autos, e, *independente de qualquer consulta ao juiz*, de qualquer recurso intentado pelo fallido, passará contra este mandado de prisão que, *assignado pelo juiz*, será cumprido incontinenti (grifamos)[.]", porém, como se vê, dependia da assinatura do juiz para que fosse cumprido, não ficando exclusivamente ao escrivão.

[578] Alexandre Barbosa Lima, nascido no Recife em 23 de março de 1862, pelo CPDOC da FGV. "Cursou a Escola Politécnica do Rio de Janeiro entre 1879 e 1882 e em seguida ingressou na Escola Militar da Praia Vermelha, completando seus estudos em 1884. Continuou na vida militar e em 1889 tornou-se catedrático de geometria analítica na Escola Militar do Ceará. Com a proclamação da República (15/11/1889), atuou desde os primeiros dias na consolidação do novo regime e, por essa campanha, foi eleito deputado constituinte pelo Ceará. Assumiu sua cadeira em 15 de novembro de 1890, quando foi instalado o Congresso Nacional Constituinte no Rio de Janeiro, agora Distrito Federal. [...]. Caracterizado por Robert Levine como "homem impetuoso e administrador autoritário", Barbosa Lima adiou as eleições locais, suspendeu o orçamento da capital e reformulou as divisões orçamentárias de alguns municípios para diminuir o poder de algumas lideranças

faça a verificação da votação das emendas que estão sendo declaradas aprovadas para se verificar que não há número suficiente para prosseguir com a deliberação. É o que é constatado naquele momento, diante da ausência de deputados, porém, passado algum tempo, nova chamada é realizada é o número mínimo é atingido novamente, essa dinâmica como a ocorrer em praticamente cada uma das votações das emendas seguintes, interrupções, recontagem de votos, nova chamada, até que o deputado Frederico Borges pede a palavra para debater a emenda proposta ao § 2º do art. 156 que estabelecia uma alteração na dinâmica de nomeação de peritos para a verificação dos livros dos falidos.

O texto do projeto atribuía ao juiz da falência a nomeação de tal perito, porém a emenda alterava essa competência para os síndicos e para os curadores das massas (ou curadores fiscais), destacando o deputado Borges que a Câmara deveria aprovar essa emenda. Sá Freire discute com Frederico Borges, pois Borges alega que os peritos poderiam ser nomeados pelos curadores, pois promotores também podem nomear peritos, e Sá Freire alega que nunca viu promotor nomear peritos[579], Paranhos ingressa no debate também e justifica a necessária rejeição da emenda, pois, "[...] o exame de livros no caso de fallencia é o corpo de delicto que tem de servir de base ao processo criminal."[580] Paranhos justifica que, desse modo, as partes não podem nomear um perito, mas sim o juiz é quem tem tal atribuição em função do caráter de investigação de um delito que permeia a análise dos livros nas falências e, como Paranhos entende que o curador, como membro do Ministério Público, é parte no processo de falência, não se pode lhe permitir que nomeia um perito nessa situação. Então colocada em votação, a emenda do deputado Frederico Borges é também rejeitada. Novamente realizada a chamada, con-

políticas estaduais. [...]. Ao final de seu mandato, em 1899, foi reeleito deputado federal, agora pelo Rio Grande do Sul. Membro do Partido Republicano Rio-Grandense (PRR), em 1901 escreveu vários artigos no jornal A Federação, órgão oficial do partido, contra o arrendamento das estradas de ferro. Em 1903 foi reeleito deputado federal pelo mesmo estado." Disponível em http://www.fgv.br/cpdoc/acervo/arquivo, acesso em 21/10/2022.

[579] BRASIL. *Anais da Câmara dos Deputados.* Tomo IV. Sessão de 10 de agosto de 1904, p. 256.

[580] *Id. ibid.*

firma-se que não número de deputados para a continuação da votação e a matéria é adiada para outra sessão.

Na sessão de 24 de agosto de 1904 foi apresentada a redação final do projeto e em 26 de agosto é realizada a votação desse texto que, com pequenos ajustes, é aprovado, com isso, é encaminhado em 9 de setembro de 1904 ao Senado para discussão e deliberação. Nessa mesma data o deputado Paranhos Montenegro publica na íntegra sua exposição de motivos no Jornal do Comércio do Rio de Janeiro[581], numa coluna que chamou de "histórico critico e justificativo do novo projecto sobre fallencias" e reiterou sua experiência como juiz do comércio na Vara Comercial do Recife a partir de 16 de junho de 1880 e, nesse mesmo dia, já se tornara conclusos uns autos para resolver sobre a abertura de uma falência. No quesito moralização do comércio, o Projeto de Lei dispunha em seus arts. 325 a 328 os critérios para se determinar se uma falência pode ser classificada como casual, culposa ou fraudulenta e, tal qual como trazido por Paranhos, mesma nessa última discussão na Câmara tais dispositivos são preservados e mantidos como um dos seus principais pilares.

De modo específico, a definição que se dá à falência casual é que assim seria considerada aquela que decorre de acidentes, casos fortuitos ou força maior. Excluídas essas hipóteses ou as falências seriam consideradas culposas, já incidindo no risco de punições mais severas e maiores dificuldades para a reabilitação do falido ou então como fraudulentas, o que traria consequências criminais ainda mais severas.

Seriam consideradas falências culposas aquelas em que, em qualquer hipótese, houvesse (i) excesso de despesas no tratamento pessoal do falido, em relação ao seu cabedal, número de pessoas de sua família e espécie de negócio; ou (ii) venda, por menos do preço corrente, de compras nos seus meses anteriores "à data legal da fallencia"; ou (iii) emprego de meios ruinosos para obter recursos e retardar a declaração da falência; ou (iv) abuso de aceites, endossos e responsabilidades de mero favor; ou (v) quando o falido não tiver os livros e a sua escrituração nos termos regulados pelo Código Comercial; ou podendo ainda ser considerada com culpa desde que (vi) o falido não se apresentar no tempo e na forma

[581] BRASIL. Biblioteca Nacional. *Jornal do Commercio do Rio de Janeiro*. Edição 274, 1904.

devida ou (vii) quando o ativo no dia da declaração da falência não representasse efetivamente vinte e cinco por cento do passivo (locução do art. 327, §§1º e 2º).

A falência fraudulenta seria considerada quando ocorresse a situação de, alternativamente, (i) despesas ou perdas fictícias ou falta de justificação do emprego de todas as receitas; (ii) ocultação no balanço de qualquer soma de dinheiro ou bens, títulos, bem como a inclusão de dívidas já pagas ou prescritas; (iii) desvio ou aplicação de fundos ou valores de que o falido fosse depositário ou mandatário; (iv) vendas, negociações ou doações com simulação ou fingimento; (v) compra de bens em nome de terceira pessoa, ainda que cônjuge, ascendentes, descendentes ou irmão; (vi) falta pelo menos do livro diário; (vii) falsificação ou trancamento do livro diário; (viii) falta de arquivamento, no Registro de Comércio, do contrato antenupcial; (ix) perdas avultadas em jogos de qualquer espécie, "inclusive os chamados de Bolsa"; (x) ofício de corretor ou agente de leilões; e (xi) exercício do comércio sob firma ou razão comercial que não pudesse ser inscrita no Registro de Comércio.

De modo a expor em um canal com maior circulação e, de certo modo, marcar seu ponto para que os senadores também pudessem ler sua manifestação, na sessão de 1 de outubro de 1904 o deputado Paranhos Montenegro pede para que seja juntado nos anais da Câmara um texto que publicara naquele mesmo dia no Jornal do Comércio, que é aprovado e que passa a constar dos anais[582]. No texto Paranhos reforça seu depoi-

[582] BRASIL. *Anais da Câmara dos Deputados.* Tomo VI, p. 3-13, 1904. O referido artigo de fato foi publicado na edição de número 274, logo nas duas páginas iniciais do Jornal do Comércio do Rio de Janeiro, na edição do sábado, 1 de outubro de 1904 (BRASIL. Biblioteca Nacional. *Jornal do Commercio do Rio de Janeiro.* Edição 274, 1904). Em seu depoimento pessoal no artigo Paranhos aproveitou para relembrar como chegou ao aprofundamento sobre as leis de falência e sua carreira como juiz comercial, especialmente destacando que "[é]' sabido, que quasi sempre os nossos estudos convergem para algumas especialidades, em razão das circumstancias em que nos achamos, e da necessidade que temos de desempenhar os nossos deveres. Foi o que se deu commigo com o instituto das fallencias. Removido para a vara commercial do Recife, um dos fôros mais illustrados e de mais movimento, assumi o exercício em 16 de junho de 1880, o nesse mesmo dia me foram conclusos uns autos para resolver sobre a abertura de uma fallencia. [...]. *Tratava-se de uma especie nova, para a qual pouco tinha se voltado a minha attenção, pois, como é sabido, á excepção das capitaes [dos estados do Brasil], mui raros são os casos de fallencia* (grifamos)."

mento pessoal, conectado ao seu tempo como juiz comercial, sobre sua impressão, sem comprovação, de que havia "pseudo-credores" que

> [...] apresentavam títulos com todas as formalidades externas então exigidas, considerados assim líquidos, e eram sempre admitidos, porque a simulação, apezar de patente, era difficil de ser provada de modo suficiente a basear uma sentença. E assim – credores fictícios, que nada perdiam, mancommunados com os falidos, suffocavam os verdadeiros, que eram forçados a receber uma ridícula porcentagem.[583]

Nessa mesma data a coluna "a situação da praça" do jornal *A Notícia do Rio de Janeiro* publica um texto, sem autoria revelada, elogiando especificamente o deputado Paranhos Montenegro e sua iniciativa para a reforma da lei de falências dizendo que ele acabara de "[...] prestar um relevante serviço ao commercio e ao fôro[.]"[584], jogando também para o Senado a pressão para a aprovação da nova lei o quanto antes.

Ainda que se referindo às *concordatas*, o termo que passa a ser comum e se apresentar cada vez mais nos debates era *falência*. Os *concordatários* passam a ser chamados de *falidos* e os *pagamentos das concordatas* eram chamados de *pagamentos das falências*. Essa confusão, no sentido puro da palavra, era característica da forma de abordagem de juristas brasileiros sobre o tema das falências e concordatas – especialmente considerando que a concordata suspensiva era a regra após os pedidos de falência e desconsiderando que a concordata preventiva era anterior à declaração de falência.

E, em meio às suas considerações, Paranhos destaca que "[u]ma lei de fallencia entre nós [brasileiros], sem um limite para as concordatas, continuará a dar péssimos resultados, levantar os mais justos clamores, e autorizar arranjos illicitos. [...]. Em outros paizes será isso uma ofensa ao direito dos credores, mas entre nós é uma medida indispensável."[585]

[583] *Id. ibid.*

[584] BRASIL. Biblioteca Nacional. *Jornal A Notícia do Rio de Janeiro*. Edição 198, 1904.

[585] *Id. ibid.* Paranhos se vale da primeira pessoa em diversos momentos para falar sobre o que fez com o projeto e quais as suas ideias sobre o que escreveu, inclusive sobre as emendas que apresentou posteriormente, e, todas as vezes em que vai tecer um autoelogio,

Enquanto enviado ao Senado, aquele jornal *A Notícia do Rio de Janeiro*, novamente sem autoria atribuída, alega na edição de 3 e 4 de outubro de 1904[586] que o texto do projeto de lei está parado há mais de vinte dias e não é por excesso de trabalho dos senadores, então incumbindo ao senador Coelho e Campos a expectativa de que em breve coloque para votação, o que não ocorreu. A Câmara também debatia temas relacionados às falências por meio comissões de inquérito, inclusive buscando a realização de uma investigação sobre as falências, como no caso da falência de *Jay Cook & Comp.*, em que o deputado Barbosa Lima debateu o tema[587], discutindo a influência da jurisprudência norte-americana a ser ou não aplicada no Brasil para poderes investigativos para a Câmara, inclusive fazendo menções ao livro de Woodrow Wilson[588].

A legislatura da Câmara se encerra em dezembro de 1904 sem que o projeto de lei de Paranhos tenha sido votado no Senado. Além disso, o Brasil prorrogava o Estado de Sítio me razão da situação das epidemias de varíola, peste bubônica e febre amarela e nos conflitos que foram chamados de "Guerra da Vacina"[589] ou "Revolta da Vacina".

coloca a "douta" Comissão de Justiça e Legislação, que então presidia, com seu "luminoso e erudito parecer", reforçando a mensagem de que "o instituto das fallencias deve amoldar-se á *índole* e habitos *de cada paiz*, pelo que, em tal assumpto, *não ha tanto attender á inflexibilidade dos principios, sinão ás peculiaridades do meio a que são applicadas* (grifamos)."

[586] BRASIL. Biblioteca Nacional. *Jornal A Notícia do Rio de Janeiro.* Edição 233, 1904.

[587] BRASIL. *Anais da Câmara dos Deputados.* Tomo VII, 1905, p. 420.

[588] BRASIL. *Anais da Câmara dos Deputados.* Vol. IV, 1904, p. 745 do Apêndice.

[589] BRASIL. Biblioteca Nacional. *Jornal O Malho.* Edição 111, 1904.

FIGURA 9

**Caricatura ilustrando a revolta da população contra o *Napoleão da Seringa*, Oswaldo Cruz, e sua campanha de vacinação contra a varíola**[590]

Não obstante a visão que Paranhos Montenegro tenta passar, a favor da moralização do comércio, especialmente por meio de processos de falências mais punitivos e de concordatas mais limitadas, na prática desse período na praça do Rio de Janeiro, não era comum a divulgação de decisões judiciais que condenassem os falidos por fraudes ou crimes, tampouco era incomum que a Corte de Apelação do Rio de Janeiro reformasse decisões de primeira instância que haviam decretado a falência de comerciantes[591].

[590] *Id. ibid.*

[591] Por exemplo, os casos dos julgamentos de agravos de petição n. 2074, 2073 e 2058 contra as decisões de declaração de falência dos comerciantes M. Nunces & C., Fernandes e Costa e L.E. Mounier, respectivamente (BRASIL. Biblioteca Nacional. *Jornal do Commercio do Rio de Janeiro*. Edições 105 e 109, 1904).

A legislatura do ano de 1905 na Câmara não é marcada por quaisquer debates ou comentários sobre o Projeto de Lei de falências. No Senado, tal qual a legislatura de 1904, em que nada foi discutido acerca das falências, também nada foi debatido em 1905. Paranhos Montenegro, protagonista outrora dos debates na Câmara acerca da matéria falimentar, não retornaria para o Legislativo – não fez parte da chapa governista da Bahia e, como candidato pelo 4º distrito da Bahia, não foi eleito – e, a partir de 1906, novos deputados foram diplomados e outros reeleitos, porém sem a presença direta do então magistrado que a partir daquele momento retornaria às suas atividades profissionais no Tribunal baiano, mas não encerraria aí sua participação nas críticas e na defesa de suas ideias sobre as falências, como veremos adiante, inclusive publicou um livro com suas críticas àquela lei que será aprovada a partir de 1908.

Os jornais *Tagarela* e *O Malho* eram os que continham a maior quantidade de caricaturas e desenhos irônicos, sarcásticos e jocosos sobre o que ocorria no país e, especialmente, no Rio de Janeiro. Dentre as pesquisas nesses jornais, deparei-me com uma caricatura de Paranhos Montenegro, o segundo da esquerda para a direita na imagem abaixo. Esse é um dos poucos registros de imagem de Paranhos Montenegro de acesso público:

FIGURA 10

**Única imagem que localizamos de Paranhos Montenegro em caricatura publicada no jornal *O Malho*, em que também consta J. J. Seabra[592]**

O garimpo da busca pelas fontes dos debates na Câmara entre 1906 e 1908 foi ainda mais complexo, pois, até a data desta pesquisa, não houve a compilação digitalizada em tomos anuais formando os anais daquele período, tendo de ser feita uma busca dia a dia nos *Diários do Congresso Nacional* em que se publicavam os debates e os temas abordados em cada uma das sessões (tanto do Senado, quanto da Câmara), para que, após a identificação de debates acerca do tema que aqui é explorado, pudessem ser acessados os *Anais da Câmara dos Deputados* e os *Anais do Senado Federal* em que também se encontram os debates que foram transcritos para a conferência do conteúdo. Nessas buscas não foram identificados debates na Câmara acerca da reforma da lei de falências, sendo que a menção – positiva no caso – à concordata apareceu na sessão da Câmara de 27 de junho de 1906, especificamente acerca do requerimento do deputado Lobo Jurumenha para o pedido de concordata da Igreja Católica do Brasil, por meio do Ministério das Relações Exteriores para a Santa Sé em Roma, buscando repactuar as dívidas com aquela instituição; o requeri-

592 BRASIL. Biblioteca Nacional. *Jornal O Malho*. Edição 162, 1905.

mento foi retirado pela Câmara na sessão de 2 de julho de 1906. O termo concordata aparece em discussões envolvendo temas religiosos para se referir a um acordo e poderiam ser concordatas expressas ou tácitas; na definição do deputado Mello Franco, em discussão com os deputados Barbosa Lima e Thomaz Cavalcanti, em sessão de 3 de outubro de 1906, ele descreveu que

> as concordatas são accordos pelos quaes a Santa Sé regula, com diversos paizes, certas faculaddes ou privilegios relativos á organização do clero, á nomeação de bispos, á divisão das circumscripções eclesiásticas e dioceses, etc., á systematização, ao *modus vivendi* entre a Igreja e o poder civil. Não são tratados. Mas a concordata não poderá vir entre nós exactamente por causa do princípio da liberdade religiosa e da completa separação entre a Igreja e o Estado, que temos estabelecido em nossa Constituição.[593]

Essa visão religiosa do instituto das concordatas já era a presente ao menos desde o século XVIII como vimos no primeiro capítulo, de mesmo modo, assim foi abordada também durante o século XIX e, em relação aos temas de acordos no âmbito da instituição da Igreja Católica, assim era tratada sob o prisma de um debate religioso de acordos sobre valores a serem pagos no âmbito do sistema das igrejas da rede católica; contudo, não pode ser suprimida a associação com a perspectiva católica moralizante, com a qual as reformas das leis de falência e concordatas vinham tratando especificamente o tema das concordatas entre devedores e credores e relacionadas ao comércio. Essa perspectiva deve ser preservada, seja na interpretação em linha com os discursos anteriormente destacados, em especial do então deputado Paranhos Montenegro, seja em relação ao uso em si da terminologia, ainda no século XVIII até esse século XX.

Essa ideia é reforçada especialmente pela forma como temos visto que se deram os debates parlamentares sobre o tema comercial e a necessidade alegada pelos legisladores e juízes – como no próprio caso de Paranhos Montenegro – de se educar e moralizar o comércio brasileiro.

[593] BRASIL. *Diário do Congresso Nacional*. Edição de 19 de outubro de 1906, p. 2486-2487.

Já no Senado, na sessão de 6 de julho de 1906 a Comissão de Justiça e Legislação apresenta seu parecer sobre o Projeto de Lei nº 91 de 1904 encaminhado pela Câmara para a reforma da lei de falências. A Comissão do Senado tinha como presidente o senador Oliveira Figueiredo[594], Martinho Garcez[595] como relator, além de A. A. da Gama e Mello[596] e

[594] Carlos Augusto de Oliveira Figueiredo, nascido no Rio de Janeiro, em 1837, pelo CPDOC da FGV, "[e]m novembro de 1858, tornou-se bacharel em ciências jurídicas e sociais pela Faculdade de Direito de São Paulo. Após período dedicado exclusivamente à advocacia, ingressou no serviço público em 1861, ao ser nomeado para o cargo vitalício de secretário da Relação da Corte, tribunal de julgamento de apelações e agravos do Império. [...]. Deputado federal em 1900, permaneceu na Câmara por duas legislaturas, até 1904, quando foi eleito senador pelo estado do Rio de Janeiro. Em novembro de 1911, foi nomeado pelo presidente Hermes da Fonseca (1910-1914) ministro do Supremo Tribunal Federal (STF), na vaga aberta em decorrência do falecimento de Antônio Augusto Cardoso de Castro." Disponível em http://www.fgv.br/cpdoc/acervo/arquivo, acesso em 20/10/2022.

[595] Martinho César da Silveira Garcez, nascido no Sergipe, em Laranjeiras, em 1850, pelo CPDOC da FGV, "[f]ez os estudos preparatórios no Rio de Janeiro, nos colégios Santo Antônio e Vitória, e obteve o bacharelado em ciências jurídicas e sociais pela Faculdade de Direito do Recife em 1872. [...]. Transferiu-se para a cidade de Paraíba do Sul, na província do Rio de Janeiro, em 1880, mantendo expressiva clientela entre os fazendeiros locais, os chamados "barões do café". Em 1888 fixou residência na cidade do Rio de Janeiro, então Corte Imperial, dedicando-se à advocacia e ao jornalismo. [...]. Durante a sua atividade parlamentar, pertenceu à comissão revisora do projeto do Código Civil. Em 1902, quando foi rompido o acordo entre "pebas" e "cabaús", passou a protagonizar, na tribuna do Senado, repetidos ataques contra a oligarquização da política sergipana e as arbitrariedades praticadas para viabilizar a continuidade da influência de Olímpio Campos sobre os negócios do estado. Fundou em 1906, com Sílvio Romero e Fausto Cardoso, o Partido Progressista (PP), nele reunindo os descontentes com o olimpismo." Disponível em http://www.fgv.br/cpdoc/acervo/arquivo, acesso em 20/10/2022.

[596] Antônio Alfredo da Gama e Melo, nascido na cidade da Paraíba, em 1849, pelo CPDOC da FGV, 'Cursou a Faculdade de Direito do Recife, onde foi contemporâneo de Castro Alves, Cardoso Vieira e Tobias Barreto, e bacharelou-se em 1873. Iniciou sua vida política ainda durante o Império, quando se filiou ao Partido Liberal. Em 1878 foi eleito deputado provincial na Paraíba, para a legislatura 1878-1880. [...]. Voltou à vida política em 1903, quando foi eleito senador na legenda do Partido Republicano da Paraíba. Ocupou uma cadeira no Senado Federal até 1908 e durante esses anos fez parte das Comissões de Redação, Justiça e Legislação. No campo jornalístico, colaborou com o Jornal do Comércio, no Rio de Janeiro, e foi fundador do periódico A República, na Paraíba." Disponível em http://www.fgv.br/cpdoc/acervo/arquivo, acesso em 20/10/2022.

Xavier da Silva[597]. Citando os autores italianos Caveri e Bollaffio – novamente como autores estrangeiros que seriam autoridades no assunto e bem recepcionados pelo público que estivesse a ouvir e ler o discurso parlamentar, como instrumento retórico – os senadores relatam em seu parecer que o problema das leis de falência é "insoluto ed insolubile"[598] e retomam o argumento de que a Inglaterra, ao longo de pouco menos de meio século, chegou a ter quarenta estatutos diferentes para lidar com as falências. Os senadores descreveram o Projeto de Lei da Câmara "[...] como medida salutar que venha *salvar o fallido da ruina, os credores de maiores prejuizos e o nosso commercio da desmoralização para qual caminha.* O projecto de lei em estudo satisfaz as exigencias e as necessidades actuaes (grifos nossos)."[599] Ou seja, na visão desse parecer do Senado, o "código mastodonte" elaborado por Paranhos Montenegro trazia alterações que poderiam satisfazer as necessidades de moralização da atividade comercial no Brasil. Para os senadores, uma boa lei de falências tinha de compreender três partes essenciais: (i) a declaração do estado de falência, seus efeitos e consequências; (ii) a administração dos bens do falido e apuração do passivo real e verdadeiro; e (iii) a liquidação de tais bens e pagamento dos credores[600]. No parecer do Senado ainda se destaca que

> [o] projecto, elaborado por jurista notável, que ao seu profundo saber addiciona longa pratica de magistratura, emendado e approvado pela Camara dos Deputados, quer na parte substantiva, quer na processual, encara todas essas questões com acerto e precisão, buscando nas legislações de diversos paizes,

[597] Francisco Xavier da Silva, nascido em Castro no Paraná, em 1838, pelo CPDOC da FGV, "Diplomado em 1860 pela Faculdade de Direito de São Paulo, retornou ao Paraná e assumiu o cargo de juiz municipal na comarca de seu município natal. Ingressou na política ainda durante o Império, ao assumir o cargo de intendente municipal de Castro de 1877 a 1881." Disponível em http://www.fgv.br/cpdoc/acervo/arquivo, acesso em 20/10/2022.

[598] BRASIL. *Diários do Congresso Nacional.* Edição de 7 de julho de 1906, p. 681.

[599] BRASIL. *Diários do Congresso Nacional.* Edição de 7 de julho de 1906, p. 681. Novamente em um tom que remete a uma paráfrase do quanto dito por Nabuco de Araújo na Câmara em 1866.

[600] *Id. ibid.*

> o que de melhor se adapta aos nossos costumes, o que mais garantia offerece aos interesses do commercio e da justiça; [...].[601]

Evidentemente o parecer do Senado está se referindo a Paranhos Montenegro, porém, como vimos por toda a discussão havida na Câmara, bem como as próprias alegações e críticas de Paranhos, não houve essa abordagem de busca "nas legislações de diversos países", pelo contrário, Paranhos quando criticado por Carvalho de Mendonça, rebateu justamente alegando que tal jurista "[...] de estudos especiaes sobre o assumpto, porém que parece mais lido e apologista da legislação estrangeira do que da nossa [brasileira], [...]."[602], justamente para defender que o Brasil não tinha de buscar em leis de outros países a sua própria lei de falências, mas sim produzi-la de acordo com a realidade local. Portanto, mesmo não sendo mais deputado, os apelos de Paranhos ao Senado parecem ter surtido efeito positivo ao menos para o primeiro parecer apresentado acerca de seu Projeto de Lei.

O parecer também elogia as reformas propostas sobre as concordatas e oferece poucas emendas, destacamos as seguintes: (i) determinar que os livros de protesto sejam fiscalizados pelo curador das massas, sendo remunerado, para tanto, pela quantia de 500 réis por termo de protesto; (ii) determinou a nomeação pelo juiz de um só síndico ou mais conforme a importância da massa, dentre os credores e (iii) incluiu a possibilidade de recurso de agravo contra a decisão de nomeação dos síndicos; (iv) deixar expresso que as funções de síndico não poderiam ser exercidas por procuração; (v) alterar a nomeação dos peritos para exame dos livros como atribuição do síndico e do curador e não do juiz; (vi) permitir que haja concordatas no curso das falências com pagamentos inferiores a 30%, aumentando por outro lado a necessidade de aprovação pela maioria dos credores e por três quartos da totalidade dos créditos admitidos ao passivo; (vii) propuseram também complementar o art. 297 e art. 299 do projeto acerca do privilégio dos operários, especialmente aqueles que não poderiam contar com o privilégio sobre os objetos que fabricassem ou que concertassem, de modo a buscar a garantia para o recebimento

[601] *Id. ibid.*

[602] BRASIL. *Anais da Câmara dos Deputados.* Sessão de 16 de outubro de 1903, p. 339.

dos salários dos operários; e (viii) propuseram também suprimir o art. 327, §2º, entendendo que não é dado a ninguém julgar a honorabilidade ou boa-fé de um homem ou de um comerciante com base em quanto seu ativo tem de valor quando da declaração de sua falência, um dos pilares moralizantes do projeto de Paranhos.

Na sessão de 10 de julho de 1906 fica marcada a continuação, por meio da segunda discussão acerca da proposição da Câmara de reforma do "processo de fallencias". Na sessão de 12 de julho é que o assunto é retomado pelo Senado e, nessa oportunidade, o agora senador Urbano Santos – então deputado quando da aprovação do Projeto de Paranhos na Câmara – requereu o adiamento da discussão sobre a matéria por mais quinze dias, sendo que a presidência do Senado identificou que não havia a quantidade mínima de senadores presentes para se discutir a matéria, de modo que não seria retomada naquele momento. O senador Coelho Lisboa[603] pede a palavra e aproveita para juntar uma emenda ao parecer da Comissão do Senado, incluindo, entre os atos de falência, a prática do ato de contrabando, como suscetível para a declaração de quebra do comerciante, o que faz com que a emenda tenha de ser analisada pela Comissão de Justiça e Legislação, retornando o projeto para o complemento do parecer e, após esse trâmite, poderia ser discutido pelo Senado.

Na sessão do Senado de 6 de agosto de 1906 a Comissão dá seu parecer contrário à proposta de emenda do senador Coelho Lisboa sob o argumento de que

> [a] natureza, porém, do instituto de fallencia é diverso (sic) do contrabando; aquella presuppõe sempre a existencia de obrigações que não podem ser sol-

[603] João Coelho Gonçalves Lisboa, nascido em Areia na Paraíba, em 1859, pelo CPDOC da FGV, "[f]ormou-se pela Faculdade de Direito do Recife em 1884. Depois de formado foi promotor público na cidade natal, mas ocupou o cargo por poucos meses. Iniciou sua vida política ainda durante o Império, defendendo as causas abolicionista e republicana. [...]. Em 1905 foi eleito senador pela Paraíba, na vaga aberta com o falecimento do então senador José de Almeida Barreto. Rompeu com o senador e ex-presidente da Paraíba Álvaro Lopes Machado e, sem o apoio dessa liderança, não conseguiu ser reeleito no ano de 1908. Durante os anos em que ocupou uma cadeira no Senado Federal, foi membro da Comissão de Redação." Disponível em http://www.fgv.br/cpdoc/acervo/arquivo, acesso em 21/10/2022.

vidas normalmente; não ha fallencia sem devedor e credores. *Os factos que a caracterizam (art. 1º e art. 7º) significam sempre falta de pagamento de divida. A fallencia é a execução geral do devedor; nella todos os credores exercem eguaes direitos em relação á massa, determinando o melhor modo de sua liquidação.* Se o contrabando for causa de fallencia, esta poderá perfeitamente ter logar com ausência completa de credores – em benefício de quem, pois, será a execução (grifos nossos)?[604]

A segunda sessão de discussões sobre a reforma da lei de falências é retomada, então, em 8 de agosto de 1906 já com a aprovação dos artigos 1º a 6º, parando no art. 7º. Essa sessão marca novamente a presença do senador Coelho Lisboa para a defesa da inclusão de sua proposta de emenda dentre os atos do art. 7º do projeto, aqueles que seriam os "factos indicativos dos atos de fallencia, embora não haja impontualidade nos pagamentos", quem faz o contraponto nessa discussão é o senador e membro da Comissão, Oliveira Figueiredo, dada a ausência do senador relator Martinho Garcez e, tem ainda como figura atenta aos termos, quando mencionam a "insolvabilidade da casa" comercial como elemento do art. 7º, corrigindo-o para a "impontualidade", o senador Coelho e Campos, ferrenho debater da lei que agora se debatia a reforma[605]. O senador Coelho Lisboa deixa uma crítica de que, para funcionar no Brasil, toda e qualquer proposta precisa vir do estrangeiro, como uma "mercadoria de importação" e, portanto, não iria se manter "contra a onda" caso o Senado não aceitasse sua emenda[606] e ele ressalta que sabe que em outros países o contrabando não foi incluído dentre os atos de falência, mas que entendia que para o Brasil, seria algo importante, pois nenhum outro pais teria "[...] no seu organismo tão impregnado o vírus do contrabando [...]."[607] Ao fim, o senador Coelho Lisboa desiste e, para evitar uma derrota de sua emenda, propõe a sua retirada, porém, constado pelo presidente do Senado a ausência de quórum suficiente para deliberações, nem mesmo

604 BRASIL. *Diário do Congresso Nacional.* Edição de 7 de agosto de 1906, p. 1101.

605 BRASIL. *Diário do Congresso Nacional.* Edição de 9 de agosto de 1906, p. 1123.

606 *Id. ibid.*

607 *Id. ibid.*

o pedido de retirada da emenda e votado, e novamente a discussão é suspensa.

Sem quaisquer discussões, na sessão de 11 de agosto de 1906 é retomada a votação do parecer da Comissão do Senado e são aprovados os artigos 7º ao 103, sendo todos aprovados até então, porém, novamente é interrompida a votação por falta de quórum e indicada a sua retomada na sessão seguinte[608]. Na sessão de 13 de agosto de 1906 as aprovações avançam até o art. 200, sendo novamente interrompidas por falta de quórum, além de, novamente, avançarem sem qualquer discussão. A ausência de debates no Senado é tamanha que o senador A. Azeredo[609] sugere que a votação se dê por capítulos da lei e não artigo por artigo, pois "[...] parece que o Senado não está mesmo com disposições de discutir um por um os artigos desse projecto[.]"[610] e de fato a presidência do Senado parece incorporar a sugestão, pois, em sua indicação sobre o adiamento da discussão, aponta que será retomada a discussão por meio da análise dos capítulos 7º a 10º do projeto. Ou seja, até aquele momento, o chamado "mastodonte" por Carvalho de Mendonça, ainda à sua época de debates na Câmara, seguia sendo aprovado pelo Senado e avançando para se tornar a nova lei de falências do Brasil.

Na sessão de 13 de setembro de 1906 se inicia a terceira discussão sobre a reforma da lei de falências[611]. A discussão trazida pela Comis-

[608] BRASIL. *Diário do Congresso Nacional*. Edição de 12 de agosto de 1906, p. 1187.

[609] Antônio Francisco de Azeredo, nascido em Cuiabá no Mato Grosso, em 1861, pelo CPDOC da FGV, "[o] início de sua trajetória política coincidiu com a instalação da República. Eleito em 15 de setembro de 1890 deputado constituinte pelo Partido Republicano criado em Mato Grosso por Generoso Ponce, tomou posse quando da instalação do Congresso Nacional Constituinte, em 15 de novembro seguinte, e participou dos trabalhos de elaboração da Constituição de 1891. Após encerrar o mandato em 1893, bacharelou-se pela Faculdade de Direito do Rio de Janeiro, em 1895. Ao ser eleito senador em 1897, iniciou uma longa permanência no Senado, que se estenderia por três décadas." Disponível em http://www.fgv.br/cpdoc/acervo/arquivo, acesso em 21/10/2022.

[610] BRASIL. *Diário do Congresso Nacional*. Edição de 14 de agosto de 1906, p. 1192.

[611] Este discurso e a transcrição do debate foi republicada na edição do Diário do Congresso de 2 de outubro de 1906 (BRASIL. *Diário do Congresso Nacional*. Edição de 2 de outubro de 1906, p. 2118-2141), com algumas modificações, inclusive do que teriam dito cada um dos senadores, porém, por se tratar de um material não revisado pelos próprios senadores debatedores, optei por transcrever aqui os trechos do discurso dos debates

são do Senado se inicia pela necessidade de remover do projeto um erro que estaria marcado mesmo na lei que estava em vigor que era considerar, para fins da deliberação da concordata, a ausência do credor na reunião de credores como um voto favorável à proposta de concordata, permitindo-se uma "homologação da concordata á revelia"[612]. Na mesma sessão o senador Urbano Santos pediu a palavra para fazer um discurso sobre a reforma da lei de falências (discurso esse não revisado pelo próprio orador, conforme anotado na transcrição). Urbano Santos inicia seu discurso relembrando a história das leis de falência no Brasil a partir da proclamação da República, já alegando que o Brasil tinha uma legislação atrasada, pois ainda tinha de se valer da parte terceira do Código Comercial de 1850, o que teria levado a lei brasileira a ter lacunas e a ser insuficiente para o desenvolvimento da vida mercantil no Brasil. Novamente, quem faz breves apartes durante o discurso é o senador Coelho e Campos, atento às discussões sobre as reformas das leis de falência como visto sobre as discussões da lei de 1902. Em tom crítico a todo o histórico das leis de falências, Urbano Santos critica especialmente o Decreto nº 4.855 de 1903 do Poder Executivo, ressaltando os entendimentos de juristas da época acerca de sua inconstitucionalidade e se propor a ser um decreto regulamentador de uma matéria legislativa que não deveria ser objeto de regulamentação.

O senador Urbano Santos destaca que o projeto de seu "particular amigo"[613], então deputado Paranhos Montenegro, adotaria quase que por completo o quanto disposto no Decreto nº 4.855. Relembrou também o senador que o projeto de Paranhos Montenegro despertou fortes críticas, em especial do Dr. Carvalho de Mendonça e fez um resumo das críticas de Carvalho de Mendonça ao projeto que então estava em debate no Senado. Urbano Santos concorda com Carvalho de Mendonça e disse: "[c]onfesso que sempre fui um daquelles que reconheceram a procedencia da critica feita por Carvalho de Mendonça ao projecto em debate."[614]

havidos na sessão de 13 de setembro de 1906, sem as alterações apresentadas na sessão de 1 de outubro de 1906.

[612] BRASIL. *Diário do Congresso Nacional*. Edição de 14 de setembro de 1906, p. 1722.

[613] *Id.*, p. 1723.

[614] BRASIL. *Diário do Congresso Nacional*. Edição de 14 de setembro de 1906, p. 1723.

Urbano Santos aproveita para destacar que, durante os debates na Câmara, não pôde se dedicar como gostaria, pois teve seu tempo consumido pela sua atuação na Comissão de Finanças, mas que, agora como senador e no momento do debate no Senado, entendia que o debate precisaria ser devidamente estudado. Justificando também o porquê de não ter participado da segunda discussão no Senado, Urbano Santos alega que se dirigiu a Carvalho de Mendonça, seu "(...) prezado amigo e companheiro de estudos (...)"[615], e solicitou para Carvalho de Mendonça um trabalho a respeito do projeto. Urbano Santos já informa que recebeu então um trabalho completo sobre o assunto e que o dividira com o senador Coelho e Campos e que, após poucos retoques de ambos os senadores, agora era apresentado ao Senado como um substitutivo completo para que então fosse aprovado pelo Congresso Nacional. Coelho Campos dá um aparte apenas para apoiar o colega.

Além das críticas sobre o excesso de definições sobrepostas e de repetição do quanto constava no Decreto nº 4.855, Urbano Santos aproveita para deixar claro que sua inspiração para o substitutivo completo era levar em conta que "o direito moderno" e os "escriptores modernos" condenavam a intervenção do Poder Público em matéria de direito patrimonial de pessoas maiores e que as leis de falências mais liberais que existiam à época, como as da Inglaterra, Estados Unidos e Alemanha, não permitiam a participação do Ministério Público, tampouco dos juízes, seja para o pedido de falência dos comerciantes, no caso do primeiro, seja para a declaração da falência de ofício, pelos segundos. E alegava que "[o]s credores de uma fallencia não são menores, não são individuos que careçam da protecção da lei como dementes; são individuos como nós, que podemos ser credores de uma fallencia. Não há razão, pois, para sermos tutelados pelo poder publico (sic) quando temos de defender os nossos interesses."[616]

O senador Oliveira Figueiredo, da Comissão, já passa a participar também do debate e faz breves apartes durante do discurso do senador Urbano Santos ao ponto deste pedir que o colega pare com seus apartes, pois estaria atrapalhando seu raciocínio sobre a matéria. Oliveira

[615] *Id. ibid.*
[616] *Id.*, p. 1724.

Figueiredo disse então que não daria mais apartes[617] levando ambos a discutirem durante algum tempo, pois mesmo quando Urbano Santos fazia alguma pergunta ao senador Oliveira Figueiredo, este se limitava a dizer que não daria mais apartes. Urbano Santos também apresenta dentre suas propostas de alterações, formas mais ponderadas para lidar com o falido, alegando que "[o] fallido não é *ipso facto* um criminoso; muitas vezes mesmo a protecção e o auxilio da lei são necessarios para elle; si elle está de boa fé deve ter todas as garantias que merece um bom devedor infeliz."[618] Tudo, de acordo com o quanto alega, para corrigir os defeitos de técnica jurídica e contradições do projeto de Paranhos Montenegro.

O projeto substitutivo de Urbano, Coelho e Campos e Carvalho de Mendonça também buscava acabar com o termo administrador, para o papel do síndico definitivo, conforme sugerido por Paranhos, e passava a chamar essa figura de liquidatário, pois seria o responsável pela liquidação do ativo em favor da massa falida, podendo inclusive ter uma situação de falência com continuidade caso assim concordassem os credores, caso o benefício dos rateios fosse melhor com a manutenção da existência. Outro elemento inserido e que o senador usa para chamar atenção para a "superprioridade" do seu substitutivo frente ao projeto da Câmara é a previsão da falência das sociedades anônimas e das concessionárias de serviços públicos, assunto não tratado sob essa perspectiva no projeto da Câmara – apesar de haver a inclusão sobre a liquidação das sociedades anônimas e que seriam aplicadas as disposições das falências por analogia. O projeto substitutivo redigido por Carvalho de Mendonça e apresentado por Urbano Santos continha cento e noventa e dois artigos, contra os trezentos e quarenta e quatro do então chamado "mastodonte" de Paranhos. Dado o avançado da hora e a ausência de quórum, Urbano Santos entrega seu substitutivo para apreciação do Senado e os trabalhos da terceira discussão foram suspensos.

Os trabalhos são retomados na sessão de 14 de setembro de 1906 e, após a nova apresentação do substitutivo de Urbano Santos, bem como de novas emendas por parte de Coelho Lisboa acerca do contrabando como ato de falência e do senador Coelho e Campos sobre a compensa-

[617] *Id.*, p. 1725.
[618] BRASIL. *Diário do Congresso Nacional*. Edição de 14 de setembro de 1906, p. 1726.

ção, em linha com o quanto discutira quando dos debates que levaram à lei de 1902, o senador Oliveira Figueiredo, da Comissão do Senado, informou que a Comissão não debateria durante as sessões do Senado todas as propositruras que recebera para que então a Comissão pudesse dar seu parecer sobre todas as propostas recebidas. Antes da suspensão dos trabalhos, porém, o senador Oliveira Figueiredo faz questão de relembrar que o projeto aprovado pela Câmara fora elaborado pelo "desembargador" Paranhos Montenegro que, "[...] além de autoridade juridica reconhecida, tem grande pratica da justiça commercial, porque durante longos annos administrou-a como juiz de direito do comercio, de uma vara no Recife."[619] O senador Alfredo Ellis[620] se manifesta em apoio e destaca que Paranhos "[...] é considerado autoridade na matéria[.]"[621], e seguem dizendo que o projeto de Paranhos buscaria acabar com os abusos que as últimas leis de falência estariam permitindo, buscando punir os negociantes falidos fradulentamente ou culposos, com um Ministério Público participativo[622].

Também é de se destacar que o senador Alfredo Ellis tinha uma rusga com Carvalho de Mendonça, iniciada publicamente nesse mesmo período de 1906, por conta de uma discussão envolvendo a Companhia Doca de Santos e alegações que Carvalho de Mendonça teria feito contra o senador, que o levaram a ocupar a tribuna do senado algumas vezes para criticar Carvalho de Mendonça, o que talvez tenha colaborado nessa defesa ao deputado Paranhos Montenegro, principal debatedor crítico de Carvalho de Mendonça.

[619] BRASIL. *Diário do Congresso Nacional.* Edição de 15 de setembro de 1906, p. 1783.
[620] Alfredo Ellis, nascido em São Paulo, em 1850, pelo CPDOC da FGV, "[c]ursou o secundário em São Paulo e formou-se em medicina pela Universidade de Filadélfia, na Pensilvânia, EUA, em 1869. Ingressou na política filiando-se ao Partido Liberal do Império em 1870. [...]. No pleito de 1903 foi eleito senador por São Paulo. Assumiu no mesmo ano sua cadeira no Senado Federal e passou a integrar as comissões de Instituição Pública e de Finanças. Participou de campanhas políticas em favor da encampação da Estrada de Ferro São Paulo Railway (1903-1922) e da valorização do café, entre outras." Disponível em http://www.fgv.br/cpdoc/acervo/arquivo, acesso em 21/10/2022.
[621] BRASIL. *Diário do Congresso Nacional.* Edição de 15 de setembro de 1906, p. 1783.
[622] *Id.*, p. 1785-1786.

O discurso completo do senador Coelho Lisboa somente foi publicado nos anais do Diário do Congresso na sessão de 28 de setembro de 1906, mas pertinente ao quanto discursara em 14 de setembro de 1906[623] – o que nos pode passar a interpretação de que fora posteriormente ajustado ou redigido pelo senador e só então publicado, mas não há informações oficiais para justificar o atraso na publicação. Em tal discurso o senador insistia no pleito de que sua emenda deveria ser aceita pela Comissão de Legislação e Justiça do Senado e alegava que estaria a requerer a retirada da emenda "[...] temendo que pudesse ser arguido de [conteúdo] innovador, porquanto essa medida não fôra ainda adoptada em legislação estrangeira, não trazia, [...], o cunho das grandes legislações."[624]

Como vimos anteriormente, o senador vislumbrou que não obteria quórum suficiente para a aprovação da inclusão de tal emenda e por isso escolheu retirá-la, mas não sem antes realizar o discurso completo. O ponto central do discurso do senador Coelho Lisboa era a arrecadação dos tributos pelo Estado e, sem um controle punitivo também por meio da lei de falências, na sua visão, o Estado perderia mais um mecanismo para coibir o contrabando e descaminhos, sendo que, conforme alega, sua medida seria considerada "[...] inquestionavelmente elevada e moralisadora [...]"[625] e destacava que a arrecadação de rendas no Brasil ainda não era uma realidade e que isso afastava o Estado de poder ser próspero.

Coelho e Campos alegava que o papel dos legisladores brasileiros se assemelhava ao papel das Danaides da mitologia grega, dizendo que os representantes se ocupavam longos meses do ano em encher um tonel sem fundo e encontrou apoio em seu discurso ao menos pelo senador Alfredo Ellis[626]. Em seu discurso, Coelho Lisboa diz que não se esforçaria a descrever o Brasil como um moço pródigo, mal orientado, que via toda sua fortuna escoar-se por entre as malhas de sua péssima administração e contrapõe sua visão à do senador Oliveira Figueiredo, que havia apresentado sua oposição à emenda proposta por defender que a lei de falências dizia respeito à massa falida, aos credores, e que o contrabando já tinha

[623] BRASIL. *Diário do Congresso Nacional*. Edição de 29 de setembro de 1906, p. 2063-2065.
[624] *Id.*, p. 2063.
[625] *Id. ibid.*
[626] BRASIL. *Diário do Congresso Nacional*. Edição de 29 de setembro de 1906, p. 2063.

tratamento na lei penal, evitando-se, com isso, um *bis in idem* contra o comerciante que eventualmente praticasse o contrabando. Coelho Lisboa, por outro lado, entendia que o fisco, como credor privilegiado da massa falida, deveria ser satisfeito antes de todos os outros credores e, caso um comerciante fosse pego em contrabando, deveria ter sua falência decretada de modo a realizar o pagamento dos tributos que lhe seriam devidos por importar mercadorias.

A discussão dos dois senadores tem um tom de discussão sobre algum caso específico em si, pois ambos seguiram discutindo e o senador Oliveira Figueiredo dizia que o comerciante teria pago o imposto e a multa e, portanto, o Estado não seria mais seu credor, enquanto Lisboa Coelho anotava que antes do pagamento da multa e do imposto o comerciante deveria ser punido com a declaração de sua falência[627]. Coelho Lisboa dizia que "a lei não tende a perseguir ninguém; tende simplesmente a promover o desenvolvimento e o progresso do paiz[.]" e revela sua admiração ao projeto original do desembargador Paranhos Montenegro, alegando que consultara o Dr. Viveiros de Castro, que colaborara então que sua emenda advinha das discussões com tal jurista do Tribunal de Contas[628] – autor, àquela época, de um trabalho monográfico chamado "O Contrabando".

Essas informações sobre a ferrenha defesa da inclusão do contrabando como um ato de falência e um crime falimentar, sob a perspectiva da necessidade de arrecadação de tributos, a partir do trabalho monográfico de Viveiros de Castro, membro do Tribunal de Contas, bem como sobre a admiração ao trabalho de Paranhos ajuda a compreender o porquê da ironia ou mesmo da simples argumentação de que o assunto não seria tratado pelas legislações estrangeiras, mas que deveria ser discutido no caso brasileiro, adaptando essa necessidade legislativa moralizadora para o caso das casas de comércio no Brasil.

Coelho Lisboa cita também Dostoiévski sobre a existência dos contrabandistas na Rússia. Coelho Lisboa e Oliveira Figueiredo voltaram a discutir sobre o que significaria a impontualidade adotada para a declaração da falência e elementos indicativos de insolvabilidade do comer-

[627] *Id. ibid.*
[628] *Id.*, p. 2064.

ciante para que se preparasse para o não pagamento de suas obrigações e o enfoque era que o senador Coelho Lisboa partia da premissa que o contrabando fazia com que o comerciante estivesse exercendo um ato em prejuízo de um credor da massa, o fisco, enquanto o senador Oliveira Figueiredo entendia que não havia credor da massa prejudicado por tal ato.

O senador Urbano Santos chama atenção durante os trabalhos na sessão do Senado de 18 de setembro de 1906 sobre incorreções que constaram quando da publicação de suas emendas ao projeto de Paranhos e que agora já passava a tomar uma forma totalmente distinta daquela que viera da Câmara e, a partir de tal material, é então republicado para que fosse submetido à apreciação do Senado[629].

Evidentemente, em paralelo a tais discussões sobre a reforma da lei de falências, diversos outros assuntos são debatidos, mas destaco um debate havido na sessão de 1 de outubro de 1906, envolvendo os senadores que também estavam ativamente discutindo a lei de falências, sobre as alterações ao Decreto nº 979, de 6 de janeiro de 1903, que estava se dando sob a discussão do projeto de leis das sociedades cooperativas e dos sindicatos agrícolas. Além desse projeto lidar com os sindicatos agrícolas, estava também tratando de outros direitos sobre a organização de outros sindicatos profissionais, e, sobre tal tema, o senador Urbano Santos entendia que autorizar essa vasta organização era uma inutilidade ou um perigo: inutilidade pois se a lei acolhesse todas as profissões para organizassem federações sindicais estariam se confundindo com a própria sociedade em si, constituindo diversas classes sociais em uma vasta unidade e um perigo porque se nem todas as profissões se organizassem, aquelas sem sindicatos estariam sujeitas a opressões e tiranias daquelas organizadas[630].

Urbano Santos não era o relator para fins das análises de emendas a tal projeto, mas sim o senador Oliveira Figueiredo, que toma a palavra para lhe criticar e iniciam um debate mais intenso sobre o tema e este entende que não tinha razão o senador Urbano Santos e questiona qual a razão do medo do senador sobre o direito de formação de sindicatos, destacando que Urbano Santos tinha certa "repugnância" por sindica-

[629] BRASIL. *Diário do Congresso Nacional*. Edição de 19 de setembro de 1906, p. 1864.
[630] *Id*. Edição de 2 de outubro de 1906, p. 2115.

tos. Urbano Santos se baseava na lei de 1893 que impedia a formação de sindicados profissionais, enquanto Oliveira Figueiredo defendia a possibilidade pelo mero direito e liberdade de associação, sendo, por meio de tal direito, estaria autorizado sim aos trabalhadores, empregados ou operários, a associação entre si para a organização de seus sindicatos, sendo que o projeto daria o próximo passo para a regularização definitiva de tal modelo associativo[631].

O senador Barata Ribeiro também se manifestou questionando a autorização de sindicatos para além daqueles de empregados públicos e o senador Oliveira Figueiredo o respondeu no mesmo sentido que defendia, sem fazer qualquer distinção entre qual o tipo de associação de trabalhadores. Nesse tema, Urbano Santos se revelava menos liberal acerca das associações dos trabalhadores ou sindicatos do que vinha se demonstrando em relação ao tema das falências e concordatas.

Sobre o ensino jurídico do tema das falências, é na sessão da Câmara dos Deputados de um sábado, de 26 de outubro de 1906 que o deputado Juvenal Lamartine[632] explica as razões de se incluir o tema das falências no quinto ano da Faculdade e na matéria de "theoria e pratica do processo, inclusive fallencias" e não na cadeira de direito comercial, divergindo do posicionamento de Candido de Oliveira e, desse modo é que foi aprovada a reforma dos estatutos das Faculdades de Direito para tratar as aulas de falência sob a perspectiva processual e não comercial no ensino jurídico[633].

[631] BRASIL. *Diário do Congresso Nacional*. Edição de 2 de outubro de 1906, p. 2116.

[632] Juvenal Lamartine de Faria, nascido em Serra Negra do Norte, no Rio Grande do Norte, em 1874, pelo CPDOC da FGV, "[e]m 1897 formou-se bacharel em ciências jurídicas e sociais pela Faculdade do Recife, e em 1898 Pedro Velho nomeou-o vice-diretor do Colégio Ateneu e chamou-o para ser redator do jornal A República, órgão oficial do partido. Nesse mesmo ano foi nomeado juiz de direito de Acari, cargo que exerceria até 1905. [...]. Na Câmara, fez parte das Comissões de Marinha e Guerra, de Constituição e Justiça, de Instrução Pública, e das comissões especiais do Código Civil. Na Comissão de Constituição e Justiça destacouse pela defesa do voto feminino. Fez parte também da Mesa da Câmara. Em 1926 foi o principal responsável pela introdução do voto feminino na Constituição do estado do Rio Grande do Norte, oito anos antes de a Constituição Federal de 1934 ter incorporado o mesmo direito." Disponível em http://www.fgv.br/cpdoc/acervo/arquivo, acesso em 21/10/2022.

[633] BRASIL. *Diário do Congresso Nacional*. Edição de 27 de outubro de 1906, p. 2628-2633.

O parecer da Comissão do Senado foi apresentado na sessão de 26 de dezembro de 1906 e a Comissão inicia sua exposição destacando que o projeto e a emenda (já considerada como um substitutivo) pouco divergem na parte do direito substantivo, porém se distanciam na parte do direito processual, e aponta que

> [a] Comissão deixa de adoptar algumas das innovações nellas [as emendas] emitidas, e, si assim o faz, é porque está profundamente convencida de que toda a lei regulando o instituto da fallencia deve principalmente obedecer a um plano, seguir um systema e methodo, ao qual se prendem todas as suas disposições. Na parte referente ao direito substantivo, o projecto [de Paranhos] e o substitutivo [de Carvalho de Mendonça] mais ou menos se harmonizam, divergindo, sómente quanto á forma; na parte processual, porém, a trajectoria do substitutivo é inteiramente diversa da do projecto. O estudo das emendas mostrará as vantagens do projecto [de Paranhos]. Esta questão da lei de fallencia é uma questão aberta, que não terá solução definitiva porque, curando ella de muitos e diversos interesses que se chocam, ao legislador será impossivel dar uma lei que a todos contente; razão por que a prudencia aconselha que as respectivas reformas sejam parciais, acompanhando a evolusão dos usos commerciaes e do direito e satisfazendo as necessidades de momento [...]. O projecto tem este intento; embora contenha grande numero de artigos, todavia, o que da lei actualmente em vigor, elle de facto reforma, é muito pouco.[634]

Além disso, a Comissão do Senado, presidida pelo senador Oliveira Figueiredo, explicou que a acusação do projeto ser um "mastodonte", por ter mais de trezentos artigos, enquanto o substitutivo teria apenas cento e noventa e dois artigos, não se sustentaria, pois aqueles itens que são classificados como artigos no projeto, são classificados como parágrafos no substitutivo e que se isso deixaria o número de dispositivos mais ou menos igual entre ambos. Oliveira Figueiredo deixa expresso que o substitutivo fora de autoria de Carvalho de Mendonça e que Urbano Santos apenas lhe teria dado sua firma (assinatura) e ainda critica sugestões de Urbano Santos que iriam contra o que definiu o próprio Carva-

634 BRASIL. *Diário do Congresso Nacional.* Edição de 27 de outubro de 1906, p. 4428.

lho de Mendonça, de modo que propõe a rejeição de emendas propostas pelo senador[635].

Quanto à reforma da listagem dos quarenta síndicos por comarca, a Comissão também se manifestou para que isso deixasse de existir e justificava que o legislador brasileiro buscou essa ideia na lei de falências portuguesa a criação desse corpo de síndicos, mas que no Brasil acabou resultado em um "[...] verdadeiro escandalo forense, transformado como se acha o cargo de syndico em profissão, com detrimento da verdade, da imparcialidade, do regular andamento do processo e até mesmo da seriedade e boa fé, que constituem a base principal da confiança na justiça."[636] Oliveira Figueiredo defende que o modelo do projeto, de atribuir a função de sindico a um ou mais credores é o melhor para o desenrolar dos interesses da massa falida, criticando o substitutivo que passava a prever a possibilidade de nomeação de um sindico pelo juízo falimentar (uma pessoa – comerciante ou guarda livros – de livre escolha do juiz) e cita Balzac – em seu romance sobre "Ascensão e Queda de Cesar Birotteau" –, Thaller e Gustave Rousset.

Sobre a participação do Ministério Público o parecer da Comissão defende que o órgão deve estar presente em todas as etapas do processo falimentar enquanto houver um crime de falência previsto no Código Penal. O destaque do parecer é que "[a] fallencia, por si só, não constitue um crime, não é um facto delictuoso. O que é crime, o que é previsto e punido pelo Código Penal é a culpa, é a fraude, resultantes das circumstancias que acompanham a fallencia."[637] A administração da massa falida caberia ao síndico, mas o Ministério Público deveria acompanhar todos os atos do processo desde a declaração da falência. Em diversos momentos o senador Oliveira Figueiredo deixou expressamente o termo "a superioridade do projecto" para criticar o substitutivo de Carvalho de Mendonça e também demonstra pouco apreço pelo senador Urbano Santos, rejeitando a maioria das emendas que compunham o substitutivo, terminando o ano de 1906 sem outras discussões sobre a reforma.

635 *Id. ibid.*

636 *Id.*, 4429. Inclusive deixa expresso que em Portugal esse era o "corpo de administradores" e que lá o resultado negativo teria sido o mesmo visto no Brasil.

637 *Id. ibid.*

FIGURA 11

**Publicação no jornal *O Malho* do Rio de Janeiro mostrando um grupo de pessoas ligadas ao comércio e que se intitulavam o *Grupo dos Fallidos*[638]**

FALLENCIA INVEJAVEL

GRUPO DOS FALLIDOS: «Pic-nic» realisado no dia 8 do corrente, na Copacabana — socios e convidados.

Mais uma vez nos temos referido a este e a varios grupos da rapaziada do commercio, que, trabalhando a valer, não quer saber quem está de guarda, e aos domingos procura os sitios pittorescos do Rio de Janeiro, para se divertir á ufa.

Como estabelecido à época, o ano legislativo de 1907 se iniciou em maio. Na sessão da Câmara dos Deputados do dia 15 o deputado Carlos Garcia trouxe uma discussão acerca da necessidade de reforma das caixas econômicas para proteger o interesse dos trabalhadores, citando especificamente os operários de São Paulo, para que tivessem maior segurança para o recebimento de seus vencimentos, alegando que "[n]a mão do commerciante as economias desses operarios correm o risco da fallencia. Não há bancos, e o comerciante mesmo que tem em seu poder economias desses operários, faz quasi sempre uma conta que no final vem redundar

638 BRASIL. Biblioteca Nacional. *Jornal O Malho*. Edição 189, 1906.

em prejuizo desses pobres trabalhadores. O Estado nada perde com a creação de taes caixas[.]"[639] passando uma perspectiva de que as falências dos comerciantes em São Paulo não estavam satisfazendo o pagamento dos credores trabalhistas. Mas é na sessão do Senado de 17 de maio de 1907 que o tema da reforma da lei de falências é retomado, por meio da apresentação de um adendo da Comissão de Justiça e Legislação, ainda presidida pelo senador Oliveira Figueiredo, por meio do qual o parecer da Comissão foi complementado para tratar da emenda proposta pelo senador Coelho e Campos acerca dos mecanismos de compensação na falência.

A emenda ao parecer destaca que a opinião de Carvalho de Mendonça é limitadora à compensação exclusivamente sobre o que houver em conta corrente entre credor e devedor, porém a emenda de Coelho e Campos recebe um parecer favorável – contrário a Carvalho de Mendonça, portanto – para sugerir que "[a] emenda encerra o princípio mais liberal e mais equitativo, pelo que ella póde ser adoptada, sem prejuizo, como substitutiva ao art. 108 da proposição[.]"[640] e na mesma oportunidade retoma as emendas propostas pelo senador Coelho Lisboa sobre o tratamento do crime de contrabando sugerindo que seja incluído no Código Penal.

Não obstante já ter ocorrido a apresentação do parecer pela Comissão do Senado, rejeitando (e criticando muitas vezes) a maior parte das emendas propostas pelo senador Urbanos Santos no substitutivo que este apresentou, redigido por Carvalho de Mendonça, na sessão do Senado de 24 de agosto de 1907, quando a presidência do Senado propôs continuar a terceira sessão de discussões sobre a reforma da lei de falências o senador Urbano Santos interrompeu com um requerimento solicitando que o projeto voltasse para a Comissão de Justiça e Legislação, sob o argumento de que "[d]o anno passado [1906] para cá [1907] houve mais tempo e lazer para se fazer um estudo á respeito do processo de fallencias de que cogita o projecto em discussão[.]"[641], o que foi aprovado pelos demais senadores presentes na sessão.

[639] BRASIL. *Diário do Congresso Nacional.* Edição de 16 de maio de 1907, p. 79.
[640] BRASIL. *Diário do Congresso Nacional.* Edição de 18 de maio de 1907, p. 85.
[641] *Id.* Edição de 25 de agosto de 1907, p. 1325.

Nessa mesma época, em sessão do Senado de 26 de agosto de 1907, se discute um projeto n. 68 de 1904 vindo da Câmara, contando com o apoio da Comissão de Finanças do Senado, sob a relatoria do senador Urbano Santos e presidência do senador Feliciano Penna, a criação de linhas específicas, bem como de bancos regionais e até de um banco central agrícola, voltado para o crédito agrícola, além de ter sido debatida a possibilidade de regulamentação dos processos hipotecários por meio de leis estaduais, não os sujeitando à lei federal sobre as hipotecas nesse aspecto processual, com base na Constituição Federal. O projeto não foi votado nesse dia, por falta de quórum entre os senadores, mas já se apresentou o posicionamento da Comissão de Finanças de que a proposta era uma solução para se resolver o que chamaram de "problema do crédito agrícola", e que o legislador brasileiro estaria tentando resolver há mais de quarenta anos[642].

O relatório elaborado pelo senador Urbano Santos esclareceu que o objetivo do projeto era "proporcionar á lavoura os recursos de que ella necessita para se alimentar e desenvolver. Pouco importa a garantia sobre que assente; é indifferente mesmo que seja acompanhado de garantia, ou não seja; o crédito é sempre agrícola, toda vez que a somma mutuada é dirigida a uma operação agrícola."[643] Chamando as operações agrícolas dos lavradores, grandes ou pequenos, ricos ou pobres, de um "ramo do commercio"[644], o relatório da Comissão defende que não pode ser interpretada como uma operação de caridade a criação de tais bancos e a disponibilização dos recursos ali indicados subsidiados pelo Tesouro, porém tem o objetivo de não deixar as operações agrícolas em posição inferior ao acesso a capitais em larga escala em relação ao comércio e a à indús-

[642] BRASIL. *Diário do Congresso Nacional.* Edição de 27 de agosto de 1907, p. 1330. Esse projeto da Câmara em debate no Senado também tratava das cooperativas agrícolas. Dentre os debates, também é comum se ver autorizações à presidência da República para o estímulo da indústria agrícola açucareira também, como por exemplo na autorização aprovada para que a presidência convencione tratados que facilitem a entrada do açúcar produzido no Brasil em outros países (BRASIL. *Diário do Congresso Nacional.* Edição de 31 de agosto de 1907, p. 1599).

[643] *Id. ibid.*

[644] *Id. ibid.*

tria[645], apesar de não termos identificado até essa data qualquer debate orientado para o subsidio por parte do Tesouro de créditos direcionados ao desenvolvimento do comércio – tampouco há qualquer menção ao longo do relatório sobre o projeto de crédito agrícola, acerca de qualquer linha ou interferência do Estado sobre o crédito ao comércio.

Pelos fundamentos expostos da necessidade de haver uma interferência do Estado por meio da criação dos bancos regionais e de um banco central voltados para as operações agrícolas a Comissão do Senado indica sua concordância com a proposta da Câmara e reforça a necessidade de se criar os subsídios – a principal divergência parte do senador Francisco Glycerio[646] especificamente sobre a essa formação dos bancos ser uma formação mista, entre capitais do Tesouro e de acionistas privados, bem como sobre o valor dos recursos a serem destinados a criação de tais bancos[647] –, bem como a destinação dos recursos do Tesouro, conforme ali indicados. No mesmo período os senadores também discutem como está prosperando o café, como indústria agrícola, no estado de São Paulo, com projeções para mais de vinte e seis milhões de sacas, de acordo com telegramas recebidos pelos senadores, enviados pelos cafeicultores[648]. É importante destacar também a realização desses outros debates,

[645] *Id. ibid.*

[646] Francisco Glicério de Cerqueira Leite, nascido na fazenda Pau D'Alho, em Campinas, São Paulo, em 1846, pelo CPDOC FGV, "[d]epois de fazer os preparatórios no curso anexo da Faculdade de Direito, matriculou-se na faculdade em 1862, mas dificuldades financeiras decorrentes do falecimento de seu pai impediram-no de continuar os estudos e o obrigaram a retornar a Campinas. [...]. Durante sua gestão no Ministério da Agricultura, Comércio e Obras Públicas desenvolveu o serviço de estradas de ferro; regulamentou a Repartição Geral de Telégrafos; organizou o Lóide Brasileiro, a maior companhia de navegação do país; deu novo regulamento à Estrada de Ferro Central do Brasil e ao próprio ministério. [...]. No Senado, participou diretamente da discussão de projetos de lei importantes, como o do Código Civil Brasileiro, colaborando com o jurista Clóvis Beviláqua, e defendeu a grande reforma realizada no Ministério das Relações Exteriores, a pedido do titular da pasta, o barão do Rio Branco."

[647] BRASIL. *Diário do Congresso Nacional*. Edição de 29 de agosto de 1907, p. 1376-1381. Disponível em http://www.fgv.br/cpdoc/acervo/arquivo, acesso em 21/10/2022.

[648] O senador Barata Ribeiro foi quem leu um dos telegramas para reportar ao Senado o desenvolvimento dessa indústria cafeeira em São Paulo (BRASIL. *Diário do Congresso Nacional*. Edição de 28 de agosto de 1907, p. 1363).

pois mesmo ao tratar dos riscos de insolvabilidade dos lavradores, futuros beneficiados de tais linhas de créditos, o Congresso, ou seja, tanto a Câmara, quanto o Senado, não se cogita, entre os debates, a sujeição dessas operações ou desses lavradores ao regime das falências. Essas alterações debatidas pelo Senado voltaram para a Câmara e foram debatidas na sessão de 24 de outubro de 1907 e que acabou sendo aprovada sob a forma do Decreto nº 1.782, de 28 de novembro de 1907, que autorizou a fundação de um Banco Central Agrícola, destinado a fornecer à lavoura o auxílio de capitais e de crédito.

Os registros sobre as discussões da alteração da lei de falência no Senado são retomados na sessão de 7 de dezembro de 1907. De um modo aparentemente novo, ignorando o que até então a Comissão já havia apresentado até agosto de 1907, o parecer nº 380/1907 surge consolidando as emendas propostas pelo Senado e, essencialmente, seguindo o substitutivo apresentado pelo senador Urbano Mendonça, que até então vinha sendo rechaçado pela Comissão, sem qualquer menção às discussões anteriores havidas até agosto de 1907. A Comissão se restringiu a apresentar três parágrafos sobre o substitutivo em que apenas destacou a necessidade de alteração porque

> [d]esacreditada a ultima lei de fallencias pelo abuso dos juizes na escolha ou nomeação dos syndicos e pelo vexame ás massas fallidas, com as commissões dispensadas a juizes e escrivães e as propinas excessivas de honorarios a advogados e peritos, era imperioso cortar o mal pela raiz, tirar os processos de fallencias das mãos de estranhos intrusos, que só pelas gordas percentagens aceitavam os cargos de syndicos e entregal-os aos credores, unicos interessados directos na arrecadação e guarda dos bens da massa, alliviando o processo do onus da intervenção do juiz e do escrivão na arrecadação dos bens do fallido.[649]

Então, com base nesse argumento, a Comissão, ainda presidida pelo senador Oliveira Figueiredo, que até então vinha rejeitando as proposições do senador Urbano Santos, simplesmente decidiu apresentar o substitutivo do senador Urbano Santos, então redigido por Carvalho

[649] BRASIL. *Diário do Congresso Nacional*. Edição de 8 de dezembro de 1907, p. 3443.

de Mendonça, alegando que os pontos capitais das mudanças estariam em dois pontos capitais: (i) a nomeação dos síndicos e a (ii) intervenção do ministério público. Nessa mesma oportunidade o Senado também já publicou a consolidação da nova lei com todas as alterações provocadas pelo substitutivo de Urbano Santos (ou de Carvalho de Mendonça).

Na mesma oportunidade o Senado também publicou, na sequência de seu substitutivo, a íntegra da proposição de reforma da lei de falências aprovada na Câmara em 1904, colocando na mesma publicação dos Anais do Senado os 192 artigos de Carvalho de Mendonça, assinados por Urbano Santos, contra os 344 artigos de Paranhos Montenegro. Sem maior detalhamento, o que se apresenta é que, após pedir para retirar de pauta a discussão na sessão de 24 de agosto de 1907, já em terceira discussão no Senado, o senador Urbano Santos conseguiu fazer prevalecer seu substitutivo convencendo a Comissão do Senado a aceita-lo na íntegra, mas, ao mesmo tempo, interessante notar que a Comissão trouxe a íntegra do texto original proposto pela Câmara na sequência da apresentação do substitutivo, fato que não ocorreu quando da aprovação da lei de falências de 1902. Não há registro de debates no Senado nessa sessão, apenas a apresentação do substitutivo na íntegra. É então na sessão de 14 de dezembro de 1907 que o Senado indica que a retomada da terceira discussão sobre a reforma para que ocorra, em meio a outras discussões, na sessão seguinte.

Há a tentativa de se discutir a reforma da lei de falências no início da sessão de 16 de dezembro (foi a sessão imediatamente seguinte à de 14, pois o 15 de dezembro caiu em um domingo), durante o período da manhã, mas, por falta de número de senadores, foi adiada novamente e, no período da tarde, houve a verificação de quórum suficiente para a retomada. É nessa oportunidade que, em terceira discussão e de um modo contrário ao que se estabelecia para uma terceira sessão, em que apenas ajustes pontuais deveriam ocorrer[650], o Senado aprova o substitutivo do

[650] "Retornando o projeto consolidado pela comissão com as emendas apresentadas na segunda discussão, passava-se então à terceira. A priori, neste momento, as intervenções deveriam visar a ajustes pontuais do projeto. Tratava-se, em tese, de aprimorar o texto, um momento em que o plenário, soberano, apontava pequenos melhoramentos ao que havia sido consolidado pela comissão a partir das emendas oferecidas na segunda discussão. Em muitos casos, no entanto, a terceira discussão revia o mérito das questões, reabria debates

senador Urbano Santos. Nessa mesma oportunidade são apresentadas outras emendas e subemendas oferecidas tanto pela Comissão, quanto pelos senadores Coelho e Campos e Coelho Lisboa. A presidência do Senado – pelo então senador Nilo Peçanha – julga prejudicadas as emendas da Comissão, posto que o Senado aprovou o substitutivo de Urbano Santos, porém coloca em discussão as emendas dos senadores Coelho e Campos e Coelho Lisboa.

Nesse momento o senador Urbano Santos pediu a palavra pela ordem para ponderar que o Senado deveria considerar prejudicada a proposta do senador Coelho e Campos. A tal emenda tratava sobre dispositivo acerca da compensação de créditos e débitos na falência e a presidência da mesa do Senado a julga prejudicada de acordo com as explicações do senador Urbano Santos. Não há oposição pelo autor da emenda, pois, pelos registros, ele não estava presente à sessão. A presidência passa então a submeter à votação as emendas propostas pelo senador Coelho Lisboa, mas, novamente, o senador Urbano Santos pede a palavra pela ordem para alertar o Senado que aquelas emendas que haviam sido apresentadas por Coelho Lisboa, especificamente sobre o contrabando, incluiriam na falência um instituto que a ela seria estranho. Para defender essa posição, o senador Urbano Santos alegou que

> [o] instituto das fallencias, como diz a propria palavra, Sr. Presidente, é o instituto dos insolventes, é o instituto em que se apuram os débitos do individuo que cahe na insolvencia. Portanto, só os actos que traduzem a insolvencia é que caracterizam o estado de fallencia. O honrado Senador pela Parahyba [Coelho Lisboa] quer introduzir entre os casos que caracterizam a fallencia exactamente o que, como tal, não pode ser caracterizado [o contrabando].[651]

Porém, o senador Coelho Lisboa, presente, se dizendo surpreso sobre a votação do projeto, explicou que já pedira à própria Comissão, então

que haviam sido aparentemente concluídos e revertia maiorias formadas anteriormente. Parlamentares que haviam se pronunciado de um modo, muitas vezes, votavam de outro, ou, o que não era raro, defendiam proposições contra as quais haviam discursado antes[.]" (VELLOZO, Júlio César de Oliveira; DANTAS, Monica Duarte. Ob. Cit. 2018, p. 61).

[651] BRASIL. *Diário do Congresso Nacional.* Edição de 17 de dezembro de 1907, p. 3717.

ainda presidida pelo senador Oliveira Figueiredo, que retirasse suas emendas. Quando o senador Coelho Lisboa chamou a atenção para seu pedido de retirada das emendas, Urbano Santos tentou encerrar a discussão, mas Coelho Lisboa fez questão de continuar a discussão sobre o tema. Urbano Santos tenta apaziguar o ânimo debatedor de Coelho Lisboa e concluiu dizendo que não teria mais qualquer consideração. O senador Nilo Peçanha, na presidência dos trabalhos, acaba chamando a atenção do senador Coelho Lisboa para lhe alertar que o projeto está no Senado há quatro anos e que não há qualquer surpresa para os senadores a sua inclusão na ordem do dia. Em função dessa chamada de atenção, o Coelho Lisboa ainda pediu a palavra pela ordem para poder defender sua posição, que seria então considerada positiva pelo Senado, porém afastada pela Comissão de Justiça e Legislação e que posteriormente acabou aceitando o substitutivo de Urbano Santos e resolveu "[...] passar uma razoura em todas as demais emendas."[652]

Ao final, após a aprovação, o senador Francisco Glycerio[653] ainda pediu a palavra pela ordem para registrar que votou contra o projeto da

[652] *Id. ibid.* Coelho Lisboa e Urbano Santos também debateram, entre outros assuntos, sobre a emenda que buscava abolir o imposto de 10% sobre subsídios ou vencimentos dos funcionários do governo durante o mesmo período, sendo Coelho Lisboa defensor da abolição do imposto e Urbano Santos a favor de uma redução.

[653] Nesse mesmo período corria a discussão sobre a lei específica dos títulos de crédito, em especial as letras de câmbio e as notas promissórias. O senador Francisco Glycerio também criticava a inclusão de medidas de direito processual nessa proposta de alteração legislativa e teve um debate com o senador pelo Mato Grosso, José Maria Metello, acerca desse conflito entre as leis que continham previsões processuais e a Constituição, que, como vimos, atribuía a competência de direito processual aos estados. O senador José Maria Metello defendia que "[n]este instituto [lei dos títulos de créditos] o processo como que se funde com o proprio direito. Não se póde absolutamente separar a materia processual, sem desnaturar tambem o direito ao mesmo tempo. É por isso que o Congresso Nacional tem-se julgado competente para legislar sobre o processo das fallencias, sobre o processo do direito hypothecario..." (BRASIL. *Diário do Congresso Nacional.* Edição de 8 de agosto de 1908, p. 1310). O senador Francisco Glycerio também foi voz vencida, inclusive com voto por escrito em separado e divergente, quando da apresentação do relatório final, apresentado pelo senador Urbano Santos, relator da Comissão de Finanças, sobre a proposta de lei sobre as letras de câmbio (BRASIL. *Diário do Congresso Nacional.* Edição de 7 de outubro de 1908, p. 2191-2192).

Câmara, bem como contra todas as disposições tanto do substitutivo, quanto das emendas, especificamente na parte processual, por entender que, pela Constituição, o Congresso Nacional não teria competência para legislar sobre matéria processual – que, como vimos, seria de competência de cada um dos estados – e trouxe consigo uma declaração de voto.

Com isso, o Senado determinou a devolução do projeto à Câmara dos Deputados, e apenas estabeleceu que antes deveria passar pela Comissão de Redação; os registros só retomam a apresentação revisada do texto aprovado na sessão do Senado de 26 de junho de 1908. Essa redação final foi feita pela Comissão de Redação, presidida pelo senador Coelho Lisboa e também assinada por Oliveira Valladão. Ainda que por falta de número de senadores, não tenha havido qualquer outro debate, tampouco votação, é esse o texto que foi publicado e devolvido para a apreciação da Câmara dos Deputados.

É então em reunião de 18 de setembro de 1908 que a Comissão de Constituição e Justiça da Câmara dos Deputados apresenta seu parecer ao substitutivo do Senado. A Comissão, então presidida pelo deputado Frederico Borges, contando com a participação dos deputados Álvaro de Carvalho, Esmeraldino Bandeira, Arthur Lemos, Luiz Domingues e Henrique Borges, designou como parecerista sobre o tema das falências o deputado Álvaro de Carvalho, cujo parecer foi favorável ao substitutivo[654]. Esse parecer sobre o substitutivo do Senado foi apresentado e transcrito na Câmara na sessão de 24 de setembro de 1908 e chamou oficialmente em seu título no legislativo a reforma do *processo* de falências (tal qual usado por Paranhos Montenegro quando apresentou o projeto), porém, logo no parágrafo de abertura do relatório, a Comissão redige que se trata da reforma da *lei* de falências.

A Comissão da Câmara iniciou seu parecer relembrando que era

> [...] bastante conhecida da Camara dos Deputados a origem do projecto n. 263, de 1903, reformando o processo das fallencias, ao qual o Senado offereceu um substitutivo. Aquelle projecto fora calcado – dizia o honrado presidente da Commissão de Constituição, Legislação e Justiça, na *exposição* com

654 BRASIL. *Diário do Congresso Nacional.* Edição de 19 de setembro de 1908, p. 1984.

que o apresentou, datada de 15 de outubro de 1903 (sessão de 16 de outubro) [...] (grifos do original).[655]

E que, por aperfeiçoar o regulamento estabelecido por meio do Decreto nº 4.885/1903, acentuou o caráter processual do instituto das falências, a ponto de, no projeto ser dividio dividido em duas partes, uma denominada o *processo comercial da falência* e outra o *processo criminal da falência*. Por outro lado, o substitutivo do Senado se baseou no Decreto nº 917/1890, aperfeiçoando as suas disposições. Uma primeira crítica surge aí, pois a Comissão alegou que o projeto da Câmara tentou separar o direito material do direito formal (processual ou adjetivo), enquanto o substitutivo do Senado, acentuando o caráter executivo da falência, reconheceria que

> [...] a fallencia não está limitada ao territorio do direito processual, mas que ahi se enfeixam institutos de direito civil, do direito commercial e nelle se repercutem valiosos interesses regulados pelo direito publico e pelo direito internacional, *subordina* as normas de direito processual ás de direito material ou substancial, para que, destarte a competencia legislativa da União, expontanea e francamente, se firme (Constituição Federal, art. 34, n. 2).[656]

Essa percepção sobre o direito internacional está em linha também com o Tratado de Direito Comercial de Montevidéu de 1889, ainda em vigor àquela época, cujo Título X tratava das falências, entre os arts. 35 e 48, especialmente definindo que "são juízes competentes para conhecer dos processos de quebra os do domicílio comercial do falido, embora a pessoa declarada falida pratique ocasionalmente atos de comércio em outra Nação ou mantenha nela agências ou sucursais que operem por conta e responsabilidade da matriz."[657]

---

[655] *Id.* Edição de 25 de setembro de 1908, p. 2047.

[656] BRASIL. *Diário do Congresso Nacional.* Edição de 25 de setembro de 1908, p. 2047.

[657] No original: "TITULO X – De las falencias
Art. 35. – Son jueces competentes para conocer de los juicios de quiebra, los del domicilio comercial del fallido, aun cuando la persona declarada en quiebra practique accidental-

A partir dessa contraposição de visões sobre o tema material e processual da lei, que, como vimos, era um ponto de críticas nos debates, ao se atribuir a regulação processual a partir de uma lei da União e não de cada um dos estados do Brasil, é que o relatório da Comissão para a Câmara inicia sua defesa do substitutivo do Senado para ser o projeto aprovado, rejeitando, assim, o texto de Paranhos Montenegro então aprovado pela Câmara.

O relatório, curiosamente – e sabidamente ciente de que o próprio jurista escrevera o substitutivo ao projeto de lei –, cita Carvalho de Mendonça para defender essa necessidade de regulamentação processual e material da lei de falências[658] como um dos fundamentos da aplicação de uma lei de falências e que não se poderia permitir uma dissociação entre as matérias jurídicas. Além desse ponto processual, a outra crítica apresentada no relatório é que o projeto de Paranhos Montenegro, ao se moldar ao regulamento do Decreto nº 4.885/1903, demorava-se em definições de caráter doutrinal (a exemplo dos arts. 2º, 3º, 4º, 244, dentre outros[659]) e em estabelecer distinções e classificações meramente teóri-

mente actos de comercio en otra nación, o mantenga en ella agencias o sucursales que obren por cuenta y responsabilidad de la casa principal."

658 BRASIL. *Diário do Congresso Nacional*. Edição de 19 de setembro de 1908, p. 2047. O trecho citado do trabalho de Carvalho de Mendonça no relatório para defender essa posição expressava que: "[d]á-se á União a competencia de legislar sobre fallencias em razão dos relevantes interesses compromettidos nesse instituto, interesses que surgem como simples e inevitável consequencia da movimentação do seu apparelho e desde o momento em que se inicia o juizo universal desse meio de execução; quer dizer isso, retira-se a disciplina do direito processual, passando toda ella para o quadro do direito commercial, porque as modificações eapplicações especiaes, que soffrem as regras fundamentaes deste direito, constituem a parte mais importante, attrahindo a parte meramente processual, absorvendo-a, com ella fundindo-se, nella incorporando-se. É a necessidade englobada, e tudo quanto concorre para romper a sua unidade está em contradicção aos principios fundamentaes do instituto e perturba a sua economia." Citado como publicado em *São Paulo Judiciário*, vol. 2º, p. 317.

659 O criticado art. 2º do projeto da Câmara dispunha que "[p]ara effeitos da fallencia, só se considera commerciante o devedor que, em seu nome e por conta propria, sob firma individual ou social, inscripta ou não no registro do commercio, faz da mercancia profissão habitual ou acha-se comprehendido em algum dos casos do art. 19 [casos de falência depois da morte do devedor]." O art. 3º definia o que seria considerada como uma dívida mercantil, sendo disposto que seria aquela "[...] que tem por objecto um acto de especulação com

cas (a exemplo dos arts. 1º, 79 e 81[660]), o que seria mais próprio da *doutrina* do que da *lei* e destacou que não é essa a forma adotada pela técnica legislativa, defendendo, neste ponto, o "interessante" discurso do senador Urbano (dos) Santos[661]. Defenderam que o substitutivo do Senado não seria casuístico e que suas disposições seriam fórmulas precisas, lógicas e expressivas, sem conter definições, tampouco explicações, pois não seria não seria "[...] possível elaborar uma lei comprehensiva de todos os casos que, no commercio juridico, possam surgir."[662] Defendiam que desde o Código Comercial de 1850 o legislativo brasileiro vinha evitando leis contendo definições científicas e princípios gerais, se contrapondo ao Código Comercial português de Ferreira Borges, que também teria sido alvo de críticas, em especial de Coelho da Rocha em seu livro sobre "Ensaio sobre a Historia do Governo e da Legislação de Portugal".

Outro destaque que é dado é sobre a possibilidade de falências de sociedades anônimas. O projeto da Câmara determinava a aplicação do

o intento de lucro; taes se presumem, em razão da qualidade de seu autor, as obrigações contrahidas pelo commerciante no interesse do seu commercio." O art. 4º por sua vez, dispunha sobre o conceito de dívida exigível, que seria aquela que "[...] se considera a que não está subordinada a condição ou termo, convencional ou legal, para ser demandado judicialmente o pagamento." E o criticado art. 244 tratava sobre o contrato de união e inaugurava o capítulo "da união ou periodo definitivo da fallencia", dispondo que "[a] não apresentação de proposta de concordata, a rejeição da que houver sido apresentada e a falta de comparecimento de credores que representem o computo legal, determinam a solução da fallencia pelo estado de *união* [grifo do original]."

660 O então criticado art. 1º do projeto de Paranhos Montenegro dispunha que "[o] estado de fallencia verifica-se concorrendo os seguintes requisitos: 1º divida mercantil; 2º devedor commerciante ou qualquer dos agentes auxiliares do commercio mencionados no art. 343 [os corretores, agentes de leilões, trapicheiros e comissários]; 3º impontualidade de pagamento de divida exigivel, liquida e certa, ou emergencia de algum dos factos enumerados no art. 7º [os fatos de falência, posteriormente chamados de *atos de falência*], não obstante a pontualidade." A exemplificação no relatório da Comissão do art. 81, que seria de conteúdo meramente teórico e contra a técnica legislativa, dispunha que "[o]s effeitos civis, em relação ao fallido, affectam a sua pessoa, bens e contractos, em que figurar como parte. Relativamente aos credores, os effeitos influem na suspensão das ações e execuções individuaes, na exigibilidade dos creditos e cessação dos juros contra a massa, quando não chegar para pagamento do principal."

661 BRASIL. *Diário do Congresso Nacional*. Edição de 19 de setembro de 1908, p. 2047.

662 *Id. ibid.*

instituto da liquidação forçada apenas, mas assim se aplicando em toda as hipóteses em que pudesse ser decretada a falência do comerciante. Por outro lado, o substitutivo do Senado sujeitou as sociedades anônimas ao instituto da falência e o relatório defendeu que não havia a menor dúvida de que o substitutivo levava grande superioridade sobre o projeto da Câmara, pois a ideia da liquidação forçada contra as sociedades anônimas prevaleceu porque na velha doutrina francesa se entendia que a falência era instituto promovido contra a pessoa e faz uma referência ao discurso do Conselheiro Lafayette na sessão do Senado de 16 de junho de 1882. A doutrina então atual, declarava o relatório, compreendia a falência como uma execução e seu objetivo direto seriam os bens do devedor e não haveria justificativa para se estabelecer formas e definições distintas para significarem a mesma coisa e disciplinadas pelos mesmos princípios e citam a Thaller, em seu *Droit Commercial* para defender essa posição, mantendo a tradição da citação de autores estrangeiros para confirmar a retórica do discurso político legitimador.

Defendem também que assim se posicionara o Instituto da Ordem dos Advogados, quando das discussões sobre a reforma do Decreto nº 917 conforme publicação em *Direito*, vol. 83. Além das sociedades anônimas, o substitutivo também aplicava a falência às sociedades de crédito real e às sociedades concessionárias de obras ou serviços públicos, temas não tratados no projeto da Câmara.

Outra crítica ao projeto de Paranhos foi sobre as pequenas falências, cujo critério ali se limitava a 10:000$ (dez contos de réis), pois Paranhos sugeria a elaboração de outra lei especial para as pequenas falências. A substitutivo de Carvalho de Mendonça trazia todo o regramento, por meio de um processo sumário até a liquidação e estabelecia as pequenas falências aquelas a partir de 15:000$ (quinze contos de réis).

Sobre a intervenção do Ministério Público nos processos de falência, a Câmara, em seu relatório, apontou também aquela crítica ao Ministério Público, dizendo que

> [o]s abusos a esse respeito teem sido numerosos e as nossas leis, que alargaram essa intervenção [do Ministério Público nas falências], em nada melhoraram a situação dos credores nas fallencias; a fiscalização foi sempre lacunosa e o que a tornava irritante eram os pesados onus que custavam, sem

> o menor resultado pratico. Os curadores de massas fallidas, em regra, eram os unicos beneficiados com a liquidação. As fraudes não deixaram de campear com desassombro, e os Estados, com o direito que avocaram de regular as attribuições dos curadores-fiscaes e marear-lhes gratificações, estabeleceram, em beneficio deles, gordas commissões que aniquilaram as massas já empobrecidas.[663]

O projeto da Câmara também reduzia a participação do Ministério Público, como vimos na crítica do próprio Paranhos, porém o relatório considerava que o substitutivo do Senado seria melhor pois retirava também do Ministério Público a faculdade de requerer a falência dos devedores nas hipóteses dos atos de falência (então chamados também de *fatos de falência*). O texto de Carvalho de Mendonça buscaria tornar o Ministério Público como fiscal da execução da lei, deixando a defesa dos interesses dos credores à vigilância deles mesmos e citava que essa era a tendência nas legislações mais modernas sobre as falências, como as da Alemanha, Áustria, Holanda, Suíça, França e Itália[664]. Ainda, citando o autor italiano Ercole Vidari, dizia o relatório que grandes comercialistas italianos condenavam essa doutrina da intervenção, "pois se deve temer sempre que, <<por uma entrada intempestiva em scena, os juizes não venham romper accôrdos e convenções que, afinal, são sempre mais uteis e desejaveis que a declaração de fallencia.>>"[665] Além disso, para atacar o problema das comissões a que faziam direito os membros do Ministério Público nas falências e que, como visto anteriormente, teria gerado críticas de fraudes cometidas por juízes e promotores nas falências, o substitutivo do Senado retirava quaisquer comissões ou porcentagens e deixava apenas o recebimento de emolumentos fixados nos regimentos pertinentes. Estabelecia também que os estados poderiam criar curadores fiscais como órgãos do Ministério Público, sem criar comissões contra as massas falidas para tanto.

Outro ponto de elogio ao substitutivo pelos debatedores é que se retirava do Poder Executivo a sujeição da lei de falência à sua regula-

[663] BRASIL. *Diário do Congresso Nacional.* Edição de 19 de setembro de 1908, p. 2048.
[664] BRASIL. *Diário do Congresso Nacional.* Edição de 19 de setembro de 1908, p. 2048.
[665] *Id. ibid.*

mentação, entrando desde logo em vigor, pois essa regulamentação pelo Poder Executivo perturbaria o sistema lógico das leis de direito civil e comercial[666].

Além disso, o relatório da Câmara também dizia que os tribunais repeliram a aplicação do regulamento editado pelo Poder Executivo no caso da lei de falências de 1902, tendo sido tal regulamento objeto de críticas também do Instituto da Ordem dos Advogados e também pelo próprio Paranhos Montenegro, agora citado como o "honrado Sr. desembargador", em sua exposição de motivos. Por fim o relatório traçou um resumo das demais disposições, merecendo especial destaque três pontos: o primeiro sobre a nomeação dos síndicos, pois tratou de deixar claro que "[o] juiz somente tem a liberdade de nomear syndicos pessoas estranhas quando o devedor não fizer a declaração de seus credores e quando não houver credores que acceitem o cargo. Si não obstante preceitos tão imperativos da lei o juiz não a respeitar, o syndico nomeado em contravenção ás suas disposições fica privado de qualquer remuneração. (art. 73, §6º.)"[667]. E defendia o relatório que, "[c]om taes medidas é de se esperar que cessem os graves abusos que desmoralizavam as fallencias sob o regimen da lei n. 859, de 16 de agosto de 1902." O segundo sobre a verificação e classificação dos créditos.

Os créditos passariam a ser verificados e classificados, após a apresentação da relação de credores do devedor, pelos síndicos que examinariam essas declarações sobre os credores e se manifestariam, por escrito, depositando tal exame em cartório, para a verificação dos demais credores. Após a apresentação por escrito de tal exame dos síndicos, seria aberto um prazo de cinco dias para que os interessados pudessem impugnar os créditos incluídos nas relações de credores, especificamente sobre sua legitimidade, importância e classificação. Após tal etapa, em assembleia de credores o juiz examinaria uma a uma as declarações apresentadas, resolvendo as dúvidas, depois de debate oral e diligências que achasse acertadas. Os créditos não impugnados seriam tidos por verificados. Desse despacho do juiz falimentar caberia recurso ao Tribunal pertinente, sem suspensão do processo da falência, mas a decisão posterior

[666] *Id. ibid.*
[667] *Id.*, p. 2049.

do Tribunal poderia prejudicar ou invalidar a concordata, se o voto do credor impugnado fosse decisivo na aprovação da concordata[668].

O terceiro ponto de destaque era sobre a reabilitação dos falidos, pois o substitutivo do Senado estabeleceria novos princípios, então ditos como protetores dos falidos casuais, porém, pelo formato, aparentavam criar maiores dificuldades para a efetiva reabilitação: o falido casual que tivesse pago mais de 50% aos seus credores, se reabilitaria em dez anos e o que tivesse pago mais de 25% poderia se reabilitar em vinte anos.

Sobre as concordatas, prevaleceu o modelo limitador da liberdade de credores e devedores, e o art. 106 passou a configurar a possibilidade de homologação de pedidos de concordata desde que observados os seguintes requisitos:

> Art. 106. A proposta de concordata para ser válida e produzir effeitos juridicos, si o pagamento fôr á vista, deverá ser acceita:
> a) por maioria de credores, representando, pelo menos, tres quintos do valor dos creditos, si o dividendo offerecido fôr superior a 60 %;
> b) por dous terços de credores, representando, pelo menos, tres quartos do valor dos creditos, si o dividendo fôr superior a 40 %;
> c) por tres quartos dos credores, representando, pelo menos, quatro quintos do valor dos creditos, si o dividendo fôr até 40 %.
> § 1º *Si o pagamento do dividendo fôr a prazo, esse não poderá ser maior de 2 annos, e a proposta da concordata, para ser válida e produzir effeitos juridicos, deverá ser acceita por credores, representando, pelo menos, tres quartos do valor dos creditos* (grifos nossos).

As limitações aos acordos de pagamento das dívidas agora passariam a não ser limitadas só na porcentagem mínima dos *dividendos* a serem pagos, mas também no tempo, pois pagamentos a prazo passaram a ser limitados ao máximo de dois anos.

A votação do substitutivo do Senado se deu na sessão da Câmara de 21 de outubro de 1908, porém, antes de se iniciar, o deputado Cassiano do Nascimento sugere que a votação seria demorada e, portanto, pede que

[668] BRASIL. *Diário do Congresso Nacional*. Edição de 19 de setembro de 1908, p. 2049.

a Câmara inverta a ordem do dia e vote primeiro o projeto pertinente ao crédito para o Governo central destinado ao desenvolvimento de serviços públicos.

O requerimento é votado e aprovado e em seguida passam a debater a votação do substitutivo do Senado. A presidência da Câmara, comandada pelo deputado Carlos Peixoto Filho, estabelece que a votação se daria, conforme o regimento, artigo por artigo, mas o deputado Cassiano do Nascimento pediu novamente a palavra para ponderar que, por se tratar de substitutivo, não se poderia admitir que, eventualmente, a Câmara rejeitasse determinado artigo, sob pena de mutilar o trabalho do Senado, sugerindo que a Câmara votasse por títulos do substitutivo e não artigo por artigo e alegou que esse era o sentimento quase unânime da Câmara, que, pelos registros, conta com apoios e palavras de incentivo à iniciativa por parte de outros deputados[669].

A presidência contrapôs a proposição do deputado, por entender que o regimento da Câmara determinava que os substitutivos do Senado fossem analisados como uma série de emendas, para serem os artigos votados separadamente, mas reconheceu também a dificuldade, pois havia disposições no substitutivo que não encontram qualquer correspondência de emenda em relação ao projeto da Câmara e, portanto, colocou em votação da Câmara a proposta do deputado Cassiano a qual é aprovada, bem como, sem qualquer debate, é aprovado integralmente o substitutivo do Senado a ser encaminhado para a sanção presidencial, a qual se tornaria a Lei nº 2.024, assinada em 17 de dezembro de 1908 pelo presidente da república Affonso Augusto Moreira Penna, enterrando de uma vez o projeto de Paranhos Montenegro, bem como sua presença nos estudos sobre leis de falência ao longo da bibliografia que aborda o tema no Brasil.

Nessa mesma época, apesar daquelas alegações sobre a ruína do comércio brasileiro, o foco de medidas para salvar alguma atividade comercial que, nos argumentos de parlamentares, precisaria de algum auxílio, o foco permanecia nas atividades agrícolas. Novamente sobe à tribuna outro deputado, o Sr. Cincinato Braga, para defender a necessidade

[669] BRASIL. *Diário do Congresso Nacional.* Edição de 22 de outubro de 1908, p. 3135-3136.

de que o Estado crie uma linha de empréstimos para as lavouras de café, e trouxe consigo dados das exportações de 1901 a 1907 para defender o papel que os produtos agrícolas, em especial o café, acompanhado de exportações de borracha, cacau e algodão, desempenharam nas exportações brasileiras e proporcionaram uma "riqueza ouro"[670] para o Brasil. As pautas relacionadas às atividades agrícolas permanecem sob o prisma da necessidade de apoio e auxílio do Estado, enquanto as atividades propriamente comerciais das praças, não são debatidas sob a mesma perspectiva de auxílios.

Finalmente, na sessão de 16 de dezembro de 1908 é que ocorre a aprovação do texto final com base no substitutivo do Senado para a sanção presidencial e, no mesmo dia, se efetiva a publicação no Diário Oficial da reforma da lei de falências, que foi sancionada no dia seguinte, em 17 de dezembro de 1908[671] dando início, assim, à vigência da terceira lei de falências do período republicano. Dentre as fontes, na consulta eletrônica ao acervo da Biblioteca Nacional não há registros das publicações do Jornal do Comércio do Rio de Janeiro entre os anos de 1910 e 1919, retornando o acervo a partir de 1920, diante da ausência da disponibilização dessas fontes, portanto, não houve consultas nesta pesquisa a essa fonte durante a década de 1910.

### 2.4.2 A estrutura legal da Lei nº 2.024/1908

Mantendo os institutos da reforma de 1902, estruturalmente a Lei nº 2.024/1908 foi dividida da seguinte forma:

[670] *Id.* Edição de 19 de novembro de 1908, p. 3635-3639.

[671] A justificativa dada para a demora para a Câmara enviar o texto definitivo se apresentou da seguinte forma: "[p]or haver reclamado a tiragem de varias provas com o fim de serem corrigidas cuidadosamente as disposições do projecto, de accôrdo com o substitutivo enviado pelo Senado, sómente agora pôde ser publicada a seguinte redacção final: N. 319 A – 1908 – Redacção final do substitutivo do Senado ao projecto n. 26 B, de 1904, que reforma o processo de fallencias. [...]." (BRASIL. *Diário do Congresso Nacional.* Edição de 17 de novembro de 1908, p. 4270-4288.)

**Lei nº 2.024, de 17 de dezembro de 1908**

Reforma a lei sobre fallencias

1) Titulo I
    a. Da natureza e declaração da fallencia
        i. Secção I
            1. Dos caracteristicos da fallencia e de quem a ella está sujeito
        ii. Secção II
            1. Da declaração judicial da fallencia
2) Titulo II
    a. Dos effeitos juridicos da sentença declaratoria da fallencia
        i. Secção I
            1. Dos effeitos quanto aos direitos dos credores
        ii. Secção II
            1. Dos effeitos quanto á pessoa do fallido
        iii. Secção III
            1. Dos effeitos quanto aos bens do fallido
        iv. Secção IV
            1. Dos effeitos quanto aos contractos do fallido
        v. Secção V
            1. Da revogação de actos praticados pelo devedor antes da fallencia
3) Titulo III
    a. Do pessoal da administração da fallencia
        i. Secção I
            1. Dos syndicos
        ii. Secção II
            1. Dos liquidatarios
        iii. Secção III
            1. Das disposições communs aos syndicos e aos liquidatarios
4) Titulo IV
    a. Da arrecadação e guarda dos bens, livros e documentos do fallido
5) Titulo V
    a. Da verificação e classificação dos creditos
        i. Secção I
            1. Da verificação dos creditos
        ii. Secção II
            1. Da classificação dos credores da fallencia
6) Titulo VI
    a. Das assembléas dos credores
7) Titulo VII
    a. Da concordata
8) Titulo VIII
    a. Da realização do activo e liquidação do passivo

        i. Secção I
            1. Da realização do activo
        ii. Secção II
            1. Do pagamento aos credores da massa
        iii. Secção III
            1. Do pagamento aos credores da fallencia
9) Titulo IX
    a. Da reivindicação
10) Titulo X
        a. Da rehabilitação
11) Titulo XI
    a. Da concordata preventiva
12) Titulo XII
    a. Da homologação e effeitos das sentenças estrangeiras em materia de fallencia e meios preventivos de sua declaração
13) Titulo XIII
    a. Dos crimes em materia de fallencia e de concordata preventiva e do respectivo processo
14) Titulo XIV
    a. Das disposições especiaes
15) Titulo XV
    a. Das disposições geraes

Em relação ao processo da falência e da concordata suspensiva, a dinâmica das etapas se alterou, e passou a ser caracterizada pelos seguintes procedimentos no fluxograma processual:

Lei n. 2024/1908: Fluxograma de Procedimentos (falência e concordata)

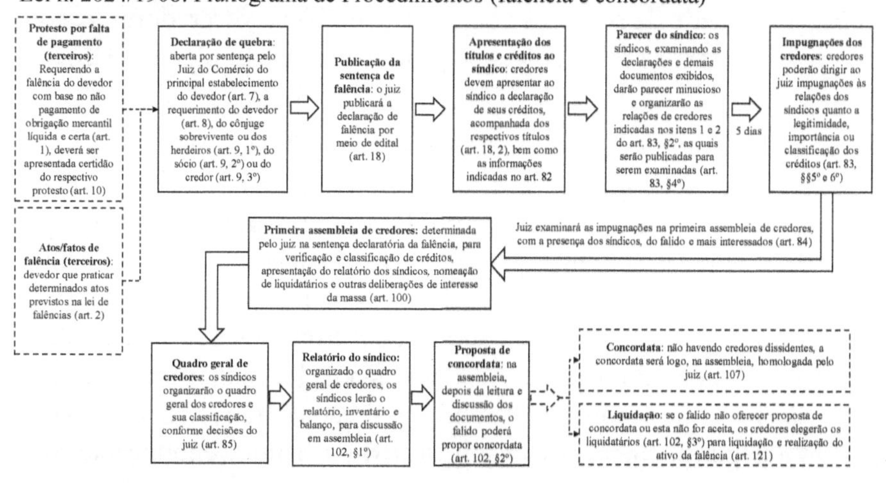

Caso sobreviesse a aprovação da concordata suspensiva, esta então deveria respeitar os seguintes passos:

Lei n. 2024/1908: Parte 2 – Fluxograma de Procedimentos (concordata)

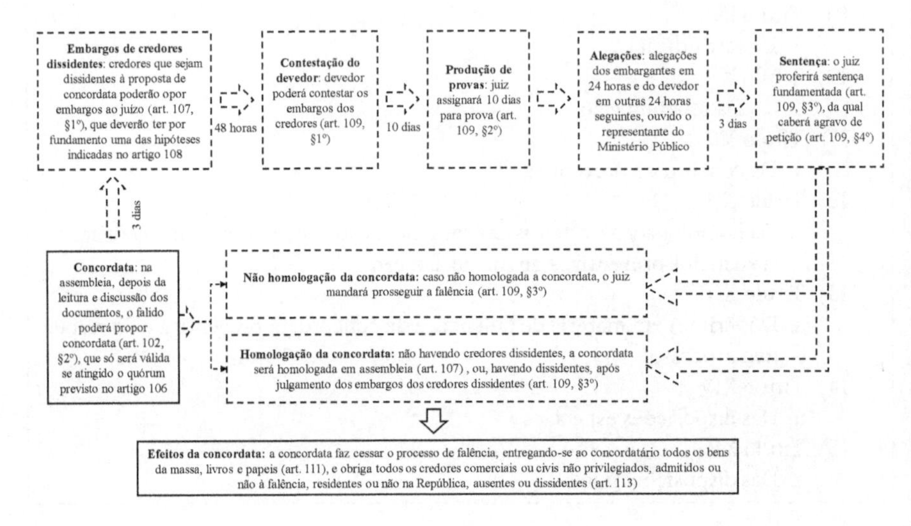


O instituto que agora seria chamado apenas de concordata preventiva e não mais "acordo" como na lei de 1902, tampouco "acordo extrajudicial" como no decreto de 1890, passou a se tornar mais complexo, incluindo a obrigatoriedade da realização de duas assembleias de credores, e, com isso, passou a ter as seguintes etapas para sua efetiva implementação:

### 2.4.3 Considerações sobre a prática da Lei nº 2.024/1908

Não há como não iniciar uma visão da bibliografia sobre a Lei nº 2.024/1908 sem trazer o opúsculo publicado por Paranhos Montenegro em 1908, quando já fazia mais parte do Congresso Nacional e viu seu projeto ser completamente modificado pelo projeto de Carvalho de Mendonça, seu principal debater e contra quem Paranhos deu sinais de que superaria ao longo dos debates pela reforma da lei e que prevaleceria ao final. Não foi o que aconteceu. Paranhos publicou então seu livro de trinta e quatro páginas, chamado "O substitutivo Urbano-Mendonça ao meu projecto sobre fallencias"[672] e inicia seu texto dizendo que "não sei si dê ao illustrado sr. senador Urbano Santos os parabens ou os pesames pela sorte de seu filho adoptivo, no senado, que o aprovou com 104 emendas, as quaes o desfiguraram e alteraram em seus pontos capitas."[673] E segue em tom crítico, especialmente contra Carvalho de Mendonça, apresenta o parecer do senador Urbano Santos[674] para explicar os pontos do substitutivo. Novamente Paranhos Montenegro deixa claro seu incômodo por ter visto seu projeto ser chamado de *mastodonte* por Carvalho de Mendonça no Jornal do Comércio e dizendo que ele pediu auxílio e distribui com antecedência seu projeto, inclusive para Carvalho de Mendonça.

Na sequência transcreveu trechos elogiosos do senador Martinho Garcez sobre o próprio Paranhos e passa a recortar trechos que foram favoráveis ao seu parecer antes da apresentação definitiva do substitutivo de Urbano Santos e reforçou sua crítica contra Carvalho de Mendonça, tal como fizera no período da Câmara[675]. Paranhos se vale de algumas páginas para rebater as críticas aos magistrados, sobre os abusos e fraudes, relembrando que ele mesmo foi juiz e que não poderia deixar de levantar seu protesto contra essas acusações ao Poder Judiciário[676]. Sobre o argumento das comissões percebidas pelos juízes, alvo de crítica no parecer *Urbano-Mendonça*, Paranhos também fez a defesa alegando apenas que essas comissões seriam insignificantes[677].

[672] Montenegro, Thomaz Garcez Paranhos. Ob. Cit. 1908.
[673] *Id.*, p. 1.
[674] Também em tom crítico ao senador Coelho e Campos, atribuindo a esse senador a criação da profissão de síndico, como o *pai da profissão de síndico*, em linha com as críticas que já havia apresentado quando da propositura de seu projeto de lei de 1903.
[675] Montenegro, Thomaz Garcez Paranhos. Ob. Cit. 1908, p. 17: "[j]á disse, algures, que o inspirador do sr. Urbano, muito ligo na legislação estrangeira sobre fallencias, não presta a menor attenção á nossa, que só lhe merece despreso."
[676] *Id.*, p. 18: "[a] animosidade contra juizes, infelizmente, é geral entre nós; todos se consideram com direito de deprimil-os, principalmente quando lhes desagradam suas decisões, mas que essa prevenção se encontra tão pronunciada nos corpos legislativos é o que não tem justificação. Quando deputado, tive sempre de arcar contra esse rancor aos juizes e de defender as suas prerogativas e os seus direitos, que com facilidade se procurava negar, tirando-se-lhes até aquillo que lhes tinha sido expressamente concedido."
[677] Montenegro, Thomaz Garcez Paranhos. Ob. Cit. 1908, p. 19.

Com relação ao final do parecer da Comissão do Senado, que alegava que com aquele substitutivo apresentavam uma "[...] proposta de lei, sobre tudo honesta, e digna da approvação dos poderes legislativo e executivo(.)" Paranhos parece se descontrolar e escreveu, em letras maiúsculas "SOBRE TUDO HONESTA!!! O que quer dizer isto?! Que insinuação é esta?! O projecto, porventura, é deshonesto?! Uma das casas do congresso póde enviar a outra uma proposição que não seja honesta?! Porventura, fui levado a apresentar o projecto por motivos menos confessaveis?!"[678]

Aparentemente recomposto, Paranhos tentou destacar, nas linhas finais de seu breve texto, que ele tinha como objetivo alterar três pontos que julgava os mais relevantes: (1) escolha dos síndicos, (2) intervenção do Ministério Público e (3) as concordatas. Sobre (1) os síndicos, Paranhos quereria que fossem exclusivamente nomeados entre os credores, sobre (2) o ministério público Paranhos quereria uma maior intervenção e, nesses pontos, Paranhos defende que o texto final do substitutivo ficou mais próximo do que ele havia sugerido no seu projeto do que no inicialmente tentado nas emendas de *Urbano-Mendonça*. Paranhos também critica Sá Vianna[679] por ter afirmado em seu livro que concordava com a rejeição do projeto da Câmara (o projeto de Paranhos)[680]. Se contrapôs as afirmações de Sá Vianna dizendo que não contou com apoio do governo para a apresentação de seu projeto não tinha o apoio do então Ministro da Justiça J. J. Seabra, com quem Paranhos debateu quando das discussões para a reforma da lei de 1902. Paranhos novamente apresentou sua linha de impressão pessoal e moralizante – marcadamente católica como vimos anteriormente – contra os comerciantes falidos e dizia que "[a] fallencia, em outros logares, é um espantalho, uma desgraça para o commerciante. O que não suicida-se, não foge, fica acabrunhado e envergonhado; entre nós são os falidos os que se apresentam mais lépidos e arrogantes no meio da sociedade."[681]

678 *Id.*, p. 22.

679 Um dos comercialistas signatários daquele parecer da Comissão Especial do Instituto da Ordem dos Advogados ao Projeto de Lei nº 143/1900 enviado pela Câmara dos Deputados ao Senado e que posteriormente resultou na lei de falências de 1902.

680 Montenegro, Thomaz Garcez Paranhos. Ob. Cit. 1908, p. 24-25.

681 *Id.*, p. 27.

O depoimento pessoal de Paranhos nessa publicação não se atem a debater o substitutivo em si, mas acaba tendo um tom mais de desabafo e de respostas que entendia que deveria dar, especialmente contra aqueles que nomeava como adversários, apesar de não vermos a mesma reação em sentido contrário por parte das pessoas atacadas por Paranhos. É com esse texto que Paranhos se despede da cena dos documentos identificados sobre os debates das reformas das leis de falência no Brasil. Então desembargador, Thomas Garcez Paranhos Montenegro faleceu na Bahia em 1914.

Vale lembrar que, mesmo sendo uma lei muito elogiada por outros juristas, sobretudo pela consideração por seu redator, o advogado Carvalho de Mendonça, já em 1912 Inglês de Sousa apresentou seu projeto de Código Comercial em que já fazia uma nova reforma na lei de falências por meio de um capítulo próprio inserido no âmbito desse projeto de Código Comercial. Ou seja, novamente, pouco tempo depois de estar em vigor, a lei de falências do Brasil já estava sob a pressão de um novo debate para que fosse mais uma vez alterada, agora por meio de um novo projeto para o direito comercial brasileiro, de consolidação das disposições comerciais como se fizera à época do Império.

Por determinação do então presidente, Hermes R. da Fonseca, foi editado o Decreto nº 2.379, de 4 de janeiro de 1911, em que se estabelecera que o executivo comandaria a elaboração de um projeto de reforma Código Comercial e Código Penal a serem aprovados pelo Congresso Nacional (art. 1º) e, no mesmo decreto, se autorizava o pagamento do valor devido a Clóvis Bevilaqua a título de "prêmio" pela elaboração do projeto de Código Civil (art. 2º). Nomeando o advogado e professor, já nosso conhecido nesta altura, Herculano Marcos Ingles de Sousa (grafado assim no seu próprio trabalho), entregou seu projeto no Senado em 1912 e publicou na Imprensa Oficial o trabalho completo em 1913[682]. O livro quinto de seu projeto tratava sobre as falências, e Inglês de Sousa dizia que

> [n]ão há instituto mais difficil de tratar do que o da *fallencia*, e não é só no Brazil que as leis reguladoras das quebras se succedem a pequenos intervallos, no desejo de encontrar formula satisfactoria para a resolução do con-

[682] Sousa, Herculano Marcos Ingles de. *Projecto de Codigo Commercial de accôrdo com o decreto n. 2.379, de 4 de janeiro de 1911.* Volume I. Rio de Janeiro: Imprensa Nacional, 1913.

> flicto permanente entre os direitos dos credores, os do fallido e os interesses do commercio e da industria, o interesse social, portanto, que não póde ser posto em plano secundario.[683]

Sobre o projeto de alteração e reforma, explicava que

> [t]res grandes principios presidiram á remodelação que proponho da lei n. 2.024, de 17 de dezembro de 1908, que, como se sabe, foi devida em grande parte a um jurisconsulto especialista na materia, o sr. dr. Carvalho de Mendonça: a extensão da fallencia aos devedores não commerciantes, tratando o insolvavel pela mesma fórma que o fallido, a separação da materia meramente processual que se não póde constitucionalmente tirar dos Estados, a separação da parte penal, reduzindo-se o instituto ao que elle verdadeiramente deve ser, isto é, á execução geral dos bens do devedor pelos credores constituidos em massa.[684]

Ou seja, Inglês de Sousa aparentemente está fechado com a ideia de ter uma lei que tratasse apenas do direito material, afastando-a, assim, do direito processual e passando, em seu projeto, a competência diretamente a cada um dos estados do Brasil para que lidassem com os aspectos processuais da matéria. Essa discussão já havia tomado o debate desde o século XIX e toda solução final legislativa passou por se padronizar os processos das falências, exatamente como era o que se vivia no Brasil durante a vigência da lei de Carvalho de Mendonça de 1908.

A tentativa de Inglês de Sousa não foi exitosa, e sua visão foi tratada posteriormente mais como um retrocesso do que como um avanço sobre a reforma do instituto. No que diz respeito à verificação dos créditos pelas contas extraídas do próprio livro do devedor, o projeto também sugeria a sua supressão, pois essa disposição "[...] aberra dos principios da prova, como porque tem na pratica gerado as maiores iniquidades."[685] Do ponto de vista da administração da massa, o projeto propunha a nomeação de síndicos profissionais para oferecer "[...] mais seguro remedio e garan-

[683] *Id.*, p. 87.
[684] Sousa, Herculano Marcos Ingles de. Ob. Cit. 1913, p. 87-88.
[685] *Id.*, p. 90.

tia de imparcialidade na sua resolução[.]", entendendo que os credores assumindo a própria massa estariam diante de situações de conflitos de interesses e que isso não seria um objetivo a ser perseguido. Outro ponto interessante do projeto de Inglês de Sousa é que, entre os meios preventivos, ele sugeriu a volta do instituto da *cessão de bens*, dizendo que "[...] tão malsinada foi no nosso fôro pela errada interpretação dada ao decreto n. 917, de 1890, que a instituiu."[686]

Sobre as concordatas o projeto mantinha aquela relativa liberdade de contratação da lei de Carvalho de Mendonça, inclusive mencionando que era possível "[...] abatimento de 80, 90 ou 95%, [...]"[687] da dívida, mas ao mesmo tempo, estabelecia os critérios e limites de aprovação necessários, estabelecendo parâmetros que iam em três cenários possíveis quanto ao percentual de pagamento: (1) se com pagamento à vista e por mais de 50% dos créditos, precisaria ser aprovada por mais da metade dos créditos sujeitos (art. 1.520); (2) se a oferta de pagamento fosse inferior a 50%, porém superior a 10%, a concordata precisaria ser aprovada por credores que representassem 66% dos créditos sujeitos (art. 1.521); (3) se a proposta fosse de 10% ou inferior a 10%, a concordata seria aprovada se tivesse o apoio de credores detentores de valor superior a 75% dos créditos sujeitos (art. 1522); e três cenários sobre o prazo de pagamento: sendo a proposta de pagamento a prazo, estaria limitada a (A) dois anos para pagamento à vista, acrescentando-se mais 10% sobre o valor devido e, caso o prazo fosse superior a (B) dois anos, deveria ser acrescida de 20%, não sendo admitida proposta superior a (C) cinco anos, podendo os credores conceder novos prazos ao devedor, respeitados os percentuais necessários conforme os artigos sobre o valor do pagamento (art. 1.523); e, por fim, se a concordata fosse aprovada pela unanimidade, ela não estaria limitada por esses parâmetros. O projeto acabou não sendo votado e os debates sobre a reforma não se aprofundaram.

A aprovação do Código Civil em 1916, por meio da Lei nº 3.071, de 1º de janeiro de 1916, durante a presidência de Wenceslau Braz também foi outro assunto que dominou a pauta dos debates legislativos durante

686 *Id.*, p. 93.
687 *Id.*, p. 6.

o período, abafando, com isso, as discussões sobre o projeto de Código Comercial, bem como não sendo localizados, durante esse período, debates ou discussões sobre a reforma da lei de falências e concordatas de 1908

Em 1919, após aproximadamente onze anos de vigência da lei de falências de 1908 e já tendo sido apresentado o projeto de Código Comercial de 1912 propondo novamente reformar a lei de falências, Waldemar Martins Ferreira[688], próximo dos seus trinta e cinco anos de idade, apresentou seu trabalho sobre a falência no direito brasileiro, como parte das dissertações defendidas para o ingresso como professor substituto da cadeira de direito comercial na Faculdade de Direito de São Paulo, nas arcadas do Largo São Francisco, do que será a Faculdade de Direito da Universidade de São Paulo como conhecemos nesta época.

Na publicação dessa dissertação, com prefácio de J. X. Carvalho de Mendonça, que é praticamente uma de suas primeiras publicações como livro, dentre as muitas que ainda viriam, Waldemar Ferreira se baseia em autores italianos, brasileiros e de língua francesa (belgas e franceses). Sua compreensão, então sob a perspectiva da Lei nº 2.024/1908, é de que a falência era

> [remédio] preventivo de prejuizos, acto conservatorio, necessario para impedir ao devedor a dissipação de seus bens, garantia commum de seus credores; e, ao mesmo tempo, execução extraordinaria e collectiva destes sobre a generalidade daquelles bens, com duplo intuito de evitar maiores prejuizos, circunscrevendo o desastre economico do devedor, e de egualar os credores chirographarios no pagamento de seus creditos – a fallencia é o processo

[688] Waldemar Martins Ferreira (1885 – 1964) foi um advogado, político e professor cuja carreira foi essencialmente desenvolvida na cidade de São Paulo. É certamente o autor brasileiro mais citado e referendado do direito comercial brasileiro em boa parte do século XX. Publicou trabalhos em praticamente todos os campos do direito comercial de sua época e teve intenso trabalho acadêmico junto à Faculdade de Direito da Universidade de São Paulo. Para seu ingresso como professor substituto da cadeira de direito comercial na USP, Waldemar Ferreira apresentou três dissertações que, compiladas, foram posteriormente publicadas. Dividiu sua apresentação da seguinte forma: (i) primeira parte para tratar sobre *os credores privilegiados e o direito de pedir a fallencia*; (ii) a segunda parte sobre o *menor comerciante*; e (iii) a terceira parte sobre *a hypoteca naval no Brasil.*

> destinado a realizar o activo, liquidar o passivo e repartir o producto entre os credores, tendo em vista os seus direitos de prioridade anterior e legitimamente adquiridos.[689]

E, nos comentários ao projeto de Código Comercial de Inglês de Sousa, apresentado em 1912, criticava a maior dificuldade que estaria sendo criada para as concordatas, pois o projeto alterava a Lei de Carvalho de Mendonça e

> [...] para obrigar os credores, deverá ser acceita por um numero delles equivalente a mais de metade do valor dos creditos sujeitos aos seus effeitos, si o pagamento fôr á vista e o fallido offerecer mais de 50% do valor dos ditos creditos; si a oferta fôr superior a 10% até 50%, deverá ser acceita por credores representando 66% do valor dos creditos; si de 10% ou inferior a essa taxa, a concordata se fará com credores representando 75% do valor dos creditos.[690]

A partir de 1923, durante o Estado de Sítio decretado pelo então presidente Arthur Bernardes, em mais um período autoritário da história do Brasil, o Poder Executivo criou o Decreto nº 16.273, de 20 de dezembro de 1923, por meio do qual provocou uma reorganização da justiça do distrito federal (a comarca do Rio de Janeiro), estabelecendo aos juízes do cível a competência para jurisdição comercial, incluindo aí a competência sobre a matéria das falências (art. 86), bem como determinou que os curadores das massas falidas deveriam "estar presente[s] á arrecadação, até final, dos livros, documentos e bens do fallido, providenciando, como de direito, para a efficacia da diligencia, sendo considerada falta grave a sua ausencia a esses actos"[691] e "estar presente[s] a todos os termos das assembléas de credores, salvo quando impedido pela presença em outras assembléas em juizos differentes, devendo, porém, prévia, e opportuna-

[689] Ferreira, Waldemar Martins. *Os Credores Privilegiados e o Direito de Pedir a Fallencia*. São Paulo: Olegario Ribeiro & C, 1919, p. 5.
[690] Ferreira, Waldemar Martins. *Estudos de Direito Commercial*. São Paulo: Olegario Ribeiro & C, 1919, p. 11.
[691] BRASIL. *Decreto 16.273 de 20 de dezembro de 1923*. Art. 138, §2º.

mente, diligenciar para que se evite, sempre que possivel, a concomitancia de taes assembléas."[692]

Já em 1926, o então curador das massas falidas do Rio de Janeiro, Dr. Dilermando Martins da Costa Cruz[693], personagem que terá bastante relevância nos debates sobre a nova reforma da lei, publicou no Jornal do Comércio do Rio de Janeiro seu entendimento sobre a necessidade de serem criados juízos privativos para as falências e liquidações comerciais[694], bem como suas críticas ao Decreto 16.273/1923 acerca da necessidade de participação dos curadores das massas em todos os atos pertinentes às falências. O Dr. Dilermando Cruz, depondo ao público leitor do Jornal sua percepção sobre os problemas práticos dos processos de falência, a partir de sua visão como curador das massas falidas, dizia que

> [...] os juizes do cível, assoberbados de trabalho, tendo de attender ao civel, em geral, não podem dedicar ao estudo das questões que surgem em materia de fallencia, as mais intrincadas quasi sempre, o tempo necessario para que possam bem apprehender e decidir taes questões. Por sua vez os escrivães, obrigados a attender todo o expediente de cartorio, a movimentar grande numero de acções de curso rápido, atormentados pelas partes, que não querem perder os prazos, vêem-se constantemente em situações angustiosas e dahi as grandes irregularidades, a morosidade no cumprimento de seus deveres, principalmente em materia de fallencia, cuja lei prefixa prazos sempre curtos para os actos do processo.[695]

Ainda, falando de sua própria experiência com os processos falimentares, Dilermando Cruz dizia que

> [...] se processam no fôro local centenas de fallencias, annualmente, sendo que em dez mezes, só na 2ª Curadoria de Massas Fallidas, de que somos o titular, se processaram, pela ultima estatística, 168 fallencias com 131 assem-

[692] *Id.*, §3º.

[693] Um dos fundadores da Academia Mineira de Letras e que também escreveu poesias, prosas e romances.

[694] BRASIL. Biblioteca Nacional. *Jornal do Commercio do Rio de Janeiro*. Edição 134, 1926.

[695] BRASIL. Biblioteca Nacional. *Jornal do Commercio do Rio de Janeiro*. Edição 134, 1926.

bléas de credores e com 127 arrecadações. Ora, distribuidos esses processos por tres Varas Civeis diferentes, aconteceu sempre, como ainda acontece, ser impossivel regularizar taes processos, mórmente em relação ao ministerio publico, que, obrigado por lei a assistir ás assembléas, a estar presente ás arrecadações, muitas vezes, emquanto num dos tres Juizos junto aos quaes representa a Justiça, exerce as suas funcções, nos outros Juizos e em outros locaes se realizam aquelles mesmos actos para os quaes a lei exige a presença do ministerio publico, sem que este possa cumprir essa determinação legal por não possuir o Curador de Massas o dom da ubiquidade.[696]

Além de denunciar os problemas práticos que impedem o atendimento dos prazos da lei de falências, prejudicando o funcionamento das varas, bem como todos os envolvidos nos processos falimentares, o Dr. Dilermando Cruz também apontou que "[...] nos afigura altamente necessaria a reforma da actual lei de fallencia, na qual, com o correr dos tempos, a pratica tem encontrado varias lacunas."[697]

É também em 1926 que a Associação Commercial do Rio de Janeiro publica um relatório a ser discutido na assembleia geral ordinária de 31 de maio de 1926 em que criticavam a atuação dos Poderes Executivo e Legislativo tanto em razão de alegarem que estavam sofrendo com "[...] o trabalho, sorrateiro e sinuoso, de certos cabos eleitoraes, na tentativa de desviar os nossos alistandos [novos associados], e de os incorporar ás hostes dos submissos ás conveniências de *chefes* locaes, que até agora, têm pontificado no Districto Federal [Rio de Janeiro] (grifos do autor)[.]"[698], quanto as "[...] leis infelizes, com o objectivo exclusivo de escorchar o contribuinte"[699] e, nessa mesma oportunidade, a Associação destacou que estava preocupada com o problema das falências fraudulentas e que aguardavam as críticas a serem apresentadas pelo Dr. Dilermando Cruz. É também nesse relatório que a Associação Comercial do Rio de Janeiro apresenta sua crítica aos incentivos, chamados de imorais, ao Judiciá-

[696] *Id. ibid.*

[697] BRASIL. Biblioteca Nacional. *Jornal do Commercio do Rio de Janeiro*. Edição 134, 1926.

[698] *Id.* Edição 148, 1926.

[699] *Id. ibid.*

rio quando das declarações de falências. Especificamente sobre o tema, expressou-se no relatório que

> [o] que a lei de fallencias tem de fraquezas, os executivos fiscaes apresentam de violências e de preferencias anarchronicas (sic) e descabidas em favor da cobrança de tributos, mesmo quando provadamente incabíveis. Expostas essas violências e preferenciais em optimo trabalho do Dr. Antonio Magarinos Torres, a Associação mandou tiral-o em folheto que vai tendo grande distribuição e, sem duvida, prestará effectivo serviço aos que vão legislar a respeito e que não reincidirão, de certo, em castigar o commercio para exalçar, sem fundamento juridico e por má praxe judicial, os direitos do fisco, inclusive quando aquelle esteja com a razão. E é o que ocorre hoje, *pois os magistrados e serventuarios da justiça têm vantagens materiaes attrahemtissimas se condemnam o commerciante, ao passo que tudo lhes é negado se o absolvem...Eis (sic) um incentivo immoral que é incrível constitua mandamento legal* (grifos nossos).[700]

Atendendo, portanto, a demanda da Associação Comercial do Rio de Janeiro, o Dr. Dilermando Cruz publicou seu texto sobre a necessidade de reforma da lei de falências em 13 de junho de 1926[701] e iniciou seu manifesto dizendo que "[a] lei 2.024 já não satisfaz inteiramente aos interesses do commercio e da Justiça, por isso que a chicana e a fraude têm artimanhas que só com o correr dos tempos e com a experiência podem ser adoptadas medidas que as evitem."[702] Suas críticas foram especialmente contra a participação dos credores na tomada de decisões nos processos falimentares e de concordata[703], bem como acabar com a possibilidade da propositura da concordata preventiva, pois seria, na opinião dele "[...] uma porta aberta aos conluios mais reprovaveis e á fraude mais desabusada."[704]

[700] BRASIL. Biblioteca Nacional. *Jornal do Commercio do Rio de Janeiro*. Edição 148, 1926.
[701] *Id.* Edição 162, 1926.
[702] *Id. ibid.*
[703] *Id. ibid.*, no original: "[t]em demonstrado a pratica que *ha necessidade urgente de se retirar a sorte dos falidos e concordatarios das mãos dos credores para a entregar ás mãos da Justiça* (grifamos)."
[704] *Id. ibid.*

Dilermando Cruz dizia que estava atendendo o pedido da Associação Comercial do Rio de Janeiro e que tinha recebido sugestões de outros curadores das massas falidas para propor alguns elementos pertinentes a uma reforma parcial da lei de falências então em vigor (a Lei 2.024/1908). Sem abordar nem mesmo uma linha sobre a real reclamação da Associação Comercial, acerca do "incentivo imoral" que os juízes e serventuários tinham para condenar os comerciantes nos processos de falências, Dilermando Cruz propôs uma maior concentração de poderes sobre as decisões das falências nas mãos dos juízes. Sugeriu que concordatas preventivas somente poderiam ser aceitas se fossem apresentadas garantias idôneas, assim definidas a critério do juiz, bem como um aumento da porcentagem mínima de pagamento, de 20% então em vigor, para 50% por cento, com pagamento à vista ou no máximo em um ano e, de mesmo modo, alterações sobre a concordata extintiva do pedido de falência.

De mesmo modo também sugeria a atribuição ao juiz para dar vistas dos autos aos curadores das massas falidas para que esses propusessem a nomeação de dois guarda-livros como primeiro ato quando da declaração de falência ou propositura de concordatas preventivas, além de outras questões sobre os procedimentos penais nas falências. A conclusão de Dilermando Cruz era que "[n]ão queremos vel-a revogada inteiramente [a Lei 2.024/1908] porque difficilmente se elaboraria outra que a substituisse; queremos apenas vel-a adaptada a um meio que de 1908 pra cá evoluio de um modo assombroso, introduzindo-lhe modificações que uma experiencia de quasi vinte annos aconselha e reclama."[705]

Sem maiores detalhes, em publicação da ata da reunião do Instituto dos Advogados, então presidido por Sá Freire, em 9 de julho de 1926 há também uma menção crítica sobre leis brasileiras, em especial sobre o Código Civil e à lei de falências, denominando ambos os dispositivos legais como "ironias jurídicas"[706] do Brasil.

Também em julho de 1926 segue a série de publicações de Dilermando Cruz sobre a proposta de reforma da lei de falências, abordando, em texto publicado em 25 de julho de 1926, suas considerações espe-

[705] BRASIL. Biblioteca Nacional. *Jornal do Commercio do Rio de Janeiro*. Edição 162, 1926.
[706] *Id*. Edição 188, 1926.

cificamente sobre a ação criminal contra os falidos[707] e, nessa publicação, o curador das massas disse que "[a]s provas de fraude nas fallencias se obtêm difficilmente, pois os fraudulentos se acautelam, procurando todos os meios para que suas artimanhas não sejam desvendadas[.]"[708], novamente sem tratar do ponto do "incentivo imoral" dos juízes e serventuários conforme alegado pela Associação Comercial.

O Dr. Dilermando Cruz, quando publicou a quarta parte de seus estudos sobre a necessidade de reforma da lei de falências, em 22 de agosto de 1926, expôs que sua série de textos estava repercutindo no Brasil e que vinha recebendo longas cartas e aplausos de diversas praças comerciais do país, especialmente da Bahia, Recife, Vitória no Espírito Santo e de São Paulo[709], dizendo inclusive que a imprensa dessas localidades vinha transcrevendo na íntegra essa sua série de textos sobre a necessidade da reforma da lei de falências e dizia que "[é] que todo o paiz reconhece e sente que a lei 2.024 já não satisfaz as necessidades do commercio, nos termos actuaes."[710]

Dizia criticamente que o havia pedidos de falência em São Paulo que estavam de 15 a 25 dias sem solução e, por conta disso, "[...] registrando esses factos, só termos em vista deixar bem patente que os maiores centros commerciaes do paiz sentem comnosco a necessidade premente da reforma de uma lei [...]"[.][711] e foi nessa mesma publicação que Dilermando Cruz sugeriu a fixação do termo legal das falências retroagindo a 90 dias, ampliando o prazo que até então era de 40 dias e é com esse texto que esse então curador das massas falidas, encerra sua série de publicações sobre a reforma da lei de falências.

Então em de 2 de setembro de 1926 é publicada a ata da reunião da Associação Comercial do Rio de Janeiro que discutiu o tema das falências, bem como contou com a presença do agora desembargador Ataulpho Paiva[712]. Dessa reunião se registrou inicialmente o desconforto da

[707] *Id.* Edição 204, 1926.

[708] *Id. ibid.*

[709] *Id.* Edição 232, 1926.

[710] BRASIL. Biblioteca Nacional. *Jornal do Commercio do Rio de Janeiro*. Edição 232, 1926.

[711] *Id. ibid.*

[712] Como vimos, com a grafia "Ataulfo Paiva", foi um dos juízes da Camara Commercial do Tribunal Civil e Criminal da Capital Federal [Rio de Janeiro] e atuou com as falências na década de 1900.

"classe commercial [...] contra a multiplicação de fallencias[.]"[713] como sendo não um desconforto de que o comércio estava em risco por ausência de alguma medida econômica protetiva dos comerciantes, mas porque o Judiciário, pelo incentivo da remuneração da lei de falências, vinha provocando uma série de declarações de falências, preocupando, portanto, a Associação Comercial. Dentre esses pleitos de melhora de tratamento e de maior cuidado com a classe dos comerciantes, a Associação Comercial tinha também como pleito que os comerciantes fossem reconhecidos como aqueles portadores de títulos científicos em casos de prisão, para que pudessem ser tratados com os mesmos direitos e, nessa mesma ocasião, fizeram menção aos estudos sobre a reforma da lei apresentados pelo Dr. Dilermando Cruz[714].

É ainda em setembro de 1926 que o Jornal do Comércio também publica um longo artigo sobre uma discussão de reforma da lei de falências que também estaria ocorrendo na Argentina e bate na tecla de que o escopo central da reforma estaria ligado a uma necessidade de reforma que conferisse aos juizes "[...] maiores attribuições com relação á confirmação da autoridade judicial [...][.]"[715], sobretudo para combater as simulações que estariam amparadas pelo sistema então em vigor, o que também estaria acontecendo na Europa, em especial na França, Itália, Bélgica, Suiça, Inglaterra, Alemanha, bem como nos Estados Unidos.

Na Associação Comercial o assunto da reforma voltou à pauta em outros momentos, conforme publicação de 21 de setembro de 1926[716] e em 14 de outubro de 1926[717], sem que os detalhes sobre as discussões tenham sido publicados. Nesse mesmo período, em 21 de outubro de 1926 o Centro de Atacadistas em Tecidos também publicou um artigo intitulado "Fallencias e Concordatas" em que defendia a necessidade de uma nova lei de falências, mas fazia suas críticas aos abusos que comerciantes desonestos vinham praticando e diziam que "[r]ealmente, os abusos que se vêm commettendo de 1920 para cá são maiores do que os que dantes se

[713] BRASIL. Biblioteca Nacional. *Jornal do Commercio do Rio de Janeiro*. Edição 243, 1926.
[714] *Id. ibid.*
[715] *Id.* Edição 260 de 1926.
[716] BRASIL. Biblioteca Nacional. *Jornal do Commercio do Rio de Janeiro*. Edição 261 de 1926.
[717] *Id.* Edição 284 de 1926.

praticaram, sob o ponto de vista da extensão e da generalidade dos casos. É precizo, portanto, que todos os que possam influir nesse assumpto consigam moralizar e sanear os costumes que não se perverteram, mas que a indifferença ou generosidade excessiva de muitos perturbam."[718]

FIGURA 12

***Charge* publicada no jornal *O Malho* em que se ironizava uma situação de um falido por quatro vezes e que ainda não era milionário**[719]

[718] *Id.* Edição 291 de 1926. O Centro Atacadista também publicou um ofício enviado à Associação Comercial do Rio de Janeiro sobre seus pontos sobre a reforma da lei de falências no Jornal do Commercio do Rio de Janeiro e felicitaram o Dr. Dilermando Cruz pelas contribuições que ele apresentou (BRASIL. Biblioteca Nacional. *Jornal do Commercio do Rio de Janeiro*. Edição 124, 1928).

[719] BRASIL. Biblioteca Nacional. *Jornal O Malho*. Edição 1254, 1926.

Já em 1927, novamente em publicação de reunião da Associação Comercial, o comerciante Raul Villar pediu a palavra para retomar o tema da necessidade de uma reforma da lei de falências, especialmente criticando as concordatas e relembrando os demais presentes sobre a série dos "[...] magníficos artigos do Exm. Sr. Dr. Dilermando Cruz [...]"[720], e dizia que "[d]e todos os recantos do paiz se clama contra a industria das concordatas. Não ha quasi Estado que não levantado o seu grito de protesto e não esteja procurando pela solidariedade do commercio pôr um paradeiro a esse descalabro que vem em prejuizo dos honestos e até reflectindo sobre o commercio em geral[.]"[721] e aprofundou a crítica especialmente contra as porcentagens pagas nas concordatas e nas falências.

Ficou registrado também desse encontro que o comerciante Raul Villar teria sido fornecido com informações por um notável advogado acerca das porcentagens de pagamento das concordatas previstas nas leis de outros países e citou como exemplo que o caso português teria a previsão de pagamentos mínimos de 50% (art. 730, §2º do Código Comercial Português), no italiano seria de 40% (Lei de 21 de maio de 1923, art. 3), no Uruguai seria de 50% (Lei de 29 de dezembro de 1916, art. 1º) e aproveitou para transcrever a publicação do Dr. Dilermando Cruz sobre suas sugestões acerca dos valores mínimos a serem pagos nas concordatas[722].

[720] BRASIL. Biblioteca Nacional. *Jornal do Commercio do Rio de Janeiro*. Edição 67 de 1927.

[721] *Id. ibid.*

[722] *Id. ibid.* O texto completo não está disponível, pois a página seguinte em que continuariam os registros da reunião, indicando se houve ou não alguma resposta por parte do presidente da Associação Comercial ou até mesmo de outros membros que estavam presentes, não consta no acervo da Biblioteca Nacional, apresentando-se apenas uma página preta com o dizer "correção".

FIGURA 13

**Caricatura crítica ao Judiciário, especificamente à decisão do juiz Cícero Seabra por ter autorizado um pagamento que beneficiaria o irmão do falido[723]**

723 BRASIL. Biblioteca Nacional. *Jornal O Malho*. Edição 333, 1909.

FIGURA 14

**Caricatura se referindo ao pedido de falência da firma Guinle & C.**[724]

[724] BRASIL. Biblioteca Nacional. *Jornal O Malho*. Edição 617, 1914. Na caricatura tal firma de comerciantes é representada sob a forma de um cachorro cujo focinho é esfregado na própria urina pelo Dr. Francisco de Castro.

FIGURA 15

**Outra caricatura sobre o caso da firma Guinle & C.**[725]

[725] BRASIL. Biblioteca Nacional. *Jornal O Malho*. Edição 621, 1914. Nessa caricatura se dizia que juiz Ovidio Romero negara o pedido de falência do município da Bahia contra tal firma e que o advogado contrário seria Ruy Barbosa, já tendo recorrido contra essa decisão negativa. A firma dos comerciantes Guinle & C. foi então representada como um rato que caminha em direção a uma armadilha do recurso ao Tribunal na mão de Ruy Barbosa.

FIGURA 16

**Caricatura crítica à mensagem presidencial de Wenceslau Braz Pereira Gomes ao Congresso Nacional de 1915**[726]

[726] BRASIL. Biblioteca Nacional. *Jornal O Malho*. Edição 669, 1915. A caricatura criticava a falta de medidas a serem adotadas em favor o comércio, bem como a postura do então Ministro da Fazenda Pandiá Calógeras – o presidente afastou Sabino Barroso do Ministério da Fazenda, quando da nomeação de Calógeras. Além disso, marcou também o período de início da guerra na Europa e momento em que o Brasil se declarava neutro em relação ao conflito (posteriormente chamada de *Grande Guerra* e de *1ª Guerra Mundial*).

FIGURA 17

**Caricatura crítica da declaração de falência da companhia estrangeira Standard Oil Company**[727]

727 BRASIL. Biblioteca Nacional. *Jornal O Malho*. Edição 712, 1916. A falência teria sido declarada a partir de um alegado título de crédito vencido e que seria falso, chamando a justiça de "rata". Crítica também ao então Ministro da Justiça, Carlos Maximiliano.

FIGURA 18

**Publicação crítica sobre a justiça e os juízes na comarca da capital, o Rio de Janeiro**[728]

O MALHO

A JUSTIÇA NO RIO DE JANEIRO

A regeneração nacional deve começar pela Justiça--Juizes bebedos, jogadores, conquistadores e «detraqués»--Os escandalos nas fallencias e nos incendios--Porque o jogo e o caftismo campeiam impunemente--Os advogados que protestam contra os innominaveis escandalos da industria judiciaria são mettidos summariamente na cadêa

*O Sr. Deputado Luiz Bartholomeu dirigiu ao Dr. Auto Fortes, juiz de direito da 1ª vara criminal, o seguinte requerimento.*

[728] BRASIL. Biblioteca Nacional. *Jornal O Malho*. Edição 746, 1916.

FIGURA 19

**Caricatura crítica da "politicagem" levando às quebras na situação do pedido de falência contra o Banco do Ceará, pedido pelo The National City Bank**[729]

[729] BRASIL. Biblioteca Nacional. *Jornal O Malho*. Edição 747, 1917.

FIGURA 20

**Contracapa de publicação de 1918, de Manuel Querino, intitulada "O Colono Preto como Factor da Civilização Brazileira"**[730]

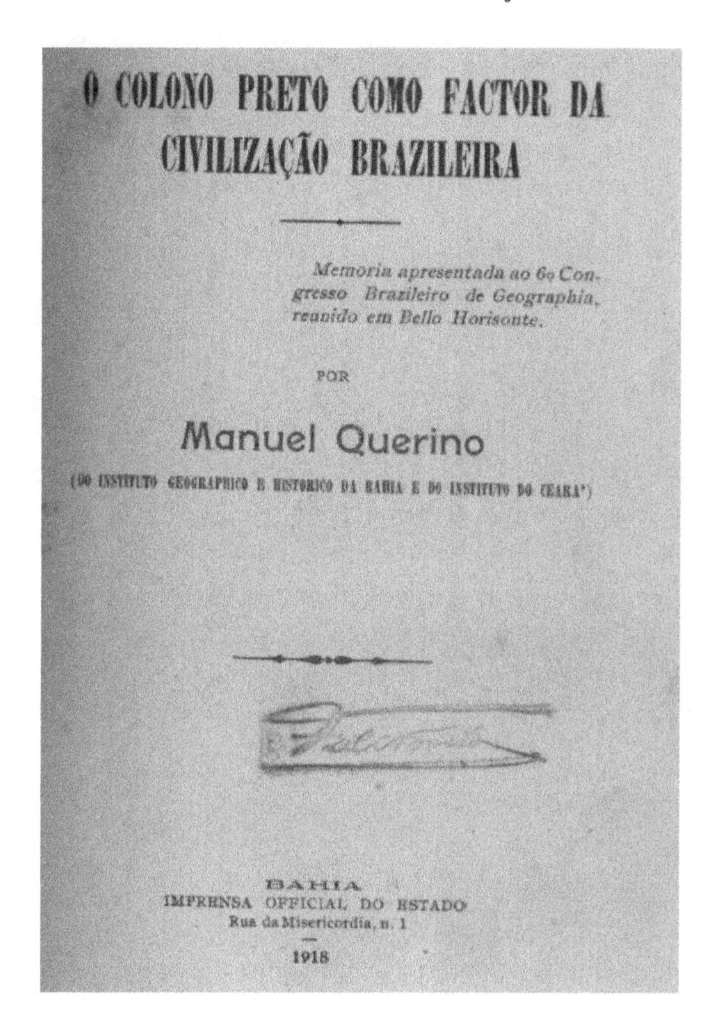

O COLONO PRETO COMO FACTOR DA CIVILIZAÇÃO BRAZILEIRA

*Memoria apresentada ao 6º Congresso Brazileiro de Geographia, reunido em Bello Horisonte.*

POR

Manuel Querino

(DO INSTITUTO GEOGRAPHICO E HISTORICO DA BAHIA E DO INSTITUTO DO CEARÁ)

BAHIA
IMPRENSA OFFICIAL DO ESTADO
Rua da Misericordia, n. 1
1918

[730] Inicialmente com um maior alcance regional na Bahia, o trabalho do professor Manuel Querino, inclusive em relação a outros aspectos artísticos, culturais, culinários e sociais do Brasil, chegou a ser reportado como "[...] um excellente exemplar da inestimavel reconstituição dos bons serviços do colono africano influindo poderosamente na civilização brasileira. [...]. O reinol e os bandeirantes serviram-se do negro para fecundar o campo de suas aspirações. [...]. Mas, esmagando a hydra do preconceito, o sr. professor Manuel

FIGURA 21

**Caricatura crítica de 1922 sobre negócios mal constituídos levados à falência[731]**

Querino enumera, com assás opportunidade, comprovando a preponderancia africana, no caldeamento indígena e exótico, os descendentes notaveis do negro, entre os quais o Visconde de Jequitinhonha, Caetano Lopes de Moura, Eunapio Deiró, a privilegiada familia dos Rebouças, Gonçalves Dias, Machado de Assis, Cruz e Souza, José Agostinho, Visconde de Inhomirim, Saldanha Marinho, Padre José Mauricio, Tobias Barreto, Lino Coitinho, Francisco Glycerio, Natividade Saldanha, Damião Barbosa, Chagas – o *Cabra*, João da Veiga Murici[.]" (BRASIL. Biblioteca Nacional. *Jornal Bahia Illustrada*. Edição 14, 1919).

[731] BRASIL. Biblioteca Nacional. *Jornal O Malho*. Edição 1037, 1922. A caricatura também indicava uma crítica aos reflexos das falências na praça de comércio da capital, bem como ironizava o fechamento e a consequente mudança de negócios no mesmo estabelecimento do comerciante falido.

Em relação aos processos mapeados, conforme destacamos inicialmente, não há publicações do Jornal do Comércio do Rio de Janeiro digitalizadas pela Hemeroteca Digital Brasileira da Biblioteca Nacional no período entre 1910 e 1919, tampouco em relação aos anos de 1924 e 1925, portanto, para fins dos casos que aqui foram analisados, tivemos uma base de 1909, 1920 a 1923 e 1926 a 1929. Em relação a esses períodos, foram identificados trezentos e sessenta casos de falências e concordatas, sendo quarenta e cinco de outras comarcas, em especial no estado do Rio de Janeiro e todos os demais na capital federal. Dentro dessa população de casos, tivemos a divisão dos "tipos" de publicações em seis categorias, especificamente, (1) avisos, (2) citações, (3) decisões, (4) editais judiciais, (5) notícias e (6) publicações particulares a pedido e chamou a atenção que o "tipo" "audiência" não constou entre os casos mapeados no período, indicando uma redução na realização de audiências envolvendo os casos de falências e concordatas. Essa população de trezentos e sessenta casos ficou distribuída da seguinte forma:

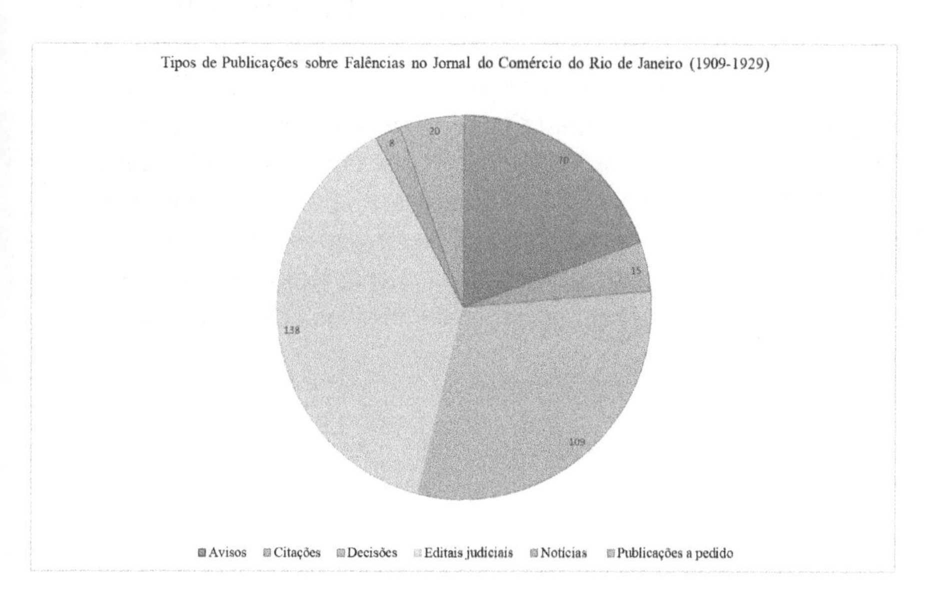


O grupo do "tipo" "avisos", que não apareceu nos dados anteriores, estava segregado entre as seguintes categorias: (1) ações reivindicatórias, (2) adiamento de assembleia de credores, (3) realização de assembleia de credores, (4) declaração de falência, (5) designação da assembleia de credores, (6) impugnação dos créditos, (7) prestação de contas pelos liquidatários, (8) prestação de contas de síndicos, (9) rateamento das quantias arrecadadas. Desses avisos 50%, metade, portanto, dos casos disseram respeito às assembleias de credores (incluindo (2) adiamento, (3) realização e (5) designação). O que acabou indicando que a participação dos credores passou a ser deslocada das audiências e foi transferida para a realização fora do ambiente do Judiciário. Como vimos, as audiências não suprimiram a realização das reuniões de credores, mas eram um procedimento que se somava a elas. Por outro lado, no período de 1909 a 1929, sob a vigência da Lei nº 2.024/1908, a ausência das audiências acaba demonstrando uma menor interferência da participação do Judiciário durante o período, o que, como vimos dos debates parlamentares, foi alvo de críticas sobre a necessidade de reforma da lei de falências.

No que diz respeito às decisões judiciais dos casos mapeados, temos como objeto os seguintes temas: (1) adiamento da assembleia de credores, (2) arbitramento da comissão dos síndicos, (3) realização da assembleia de credores, (4) ciência da proposta de concordata, (5) cumprimento da concordata, (6) declaração de falência, (7) habilitação de crédito, (8) homologação de concordata, (9) impugnação de créditos, (10) insuficiência de bens arrecadados, (11) nomeação de liquidatário, (12) nomeação de síndico, (13) determinação de prazo para liquidação da falência, (14) prestação de contas dos síndicos, (15) determinação de prisão do falido, (16) proposta de concordata extintiva e (17) substituição do síndico. Esses objetos das decisões judiciais estão distribuídos da seguinte forma:

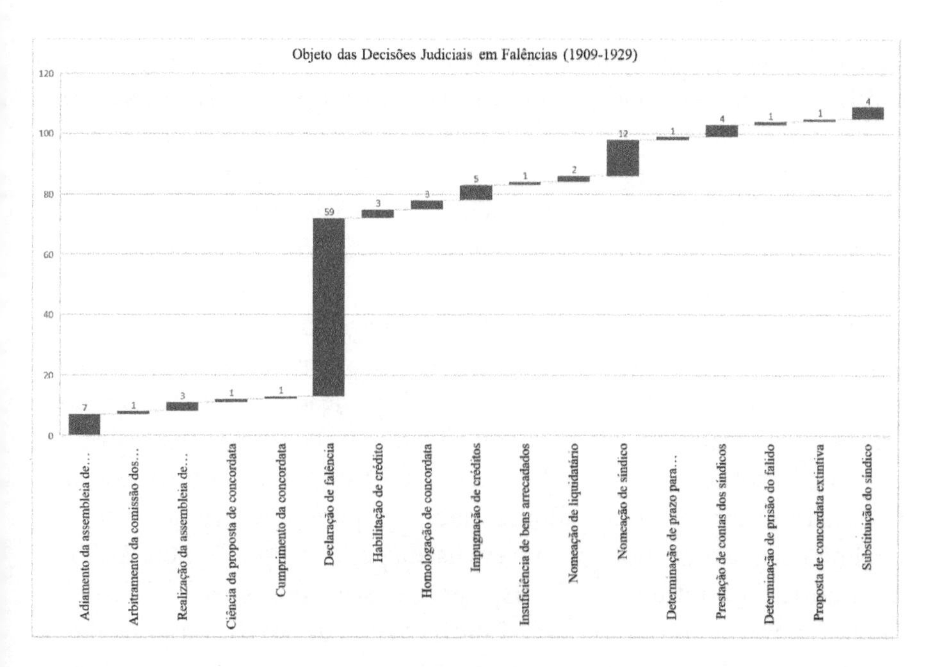


Novamente as declarações de falência compõem o grupo de maior incidência na população dos casos das decisões judiciais, tal vimos nos períodos de 1890 a 1902 e de 1903 a 1908. Chamou atenção também a identificação de apenas uma publicação de uma decisão judicial acerca da prisão do falido, dando a entender que durante o período, o efeito da *moralização* do comércio, com a continuidade da baixa incidência de decisões criminais, sobretudo quando comparado com casos do período imperial, leva à percepção de que as medidas criminais falimentares tinham pouco ocorrência na prática, também levando à compreensão de que as *fraudes* não eram os casos com maior frequência na prática daqueles processos judicializados.

### 2.4.4 Conclusões sobre o modo de produção da Lei nº 2.024/1908

Pouco tempo após a republicação da Lei nº 859/1902 e a publicação do Regulamento dos processos de falência, por meio do Decreto nº 4.855/1903, no Diário Oficial, que se deu 7 de junho de 1903, o ainda deputado Paranhos Montenegro apresentou em sessão da Câmara de 16 de outubro de 1903, o Projeto de Lei nº 263, com o intuito de fazer nova reformar da lei de falências recentemente alterada. Sua visão, revelando o peso de sua própria formação como magistrado, era a de que o Decreto nº 917/1890 havia deixado o Poder Judiciário em posição secundária nos processos de falências e reiterava suas críticas já apresentadas anteriormente, de que "[e]ntregar á maioria dos credores, sem limitação alguma, nem fiscalização dos poderes publicos, o direito de dispor da massa, arbitrariamente, até com prejuizo da minoria e do fallido, seria tambem outro erro sem justificação(.)"[732]

Sua principal bandeira de batalha era a briga contra a *profissionalização dos síndicos*, trazendo poderes para as Juntas Comerciais, e não ao Judiciário, tampouco aos credores, conforme a disposição das listas de síndicos criada pelo senador Coelho e Campos quando das alterações realizadas no Senado sobre o texto final da Lei nº 859/1902 e fazia uma sugestão para se retornar ao termo "administradores" para se referir aos síndicos, em linha com a terminologia que era usada pelo Código Comercial. Também criticava a influência de disposições estrangeiras na lei brasileira. Quereria uma lei que atendesse a individualidade jurídica do Brasil e se questionava sobre se a lei de falências poderia adotar regras processuais, uma vez que a Constituição Federal definira que tais regras caberiam às legislações estaduais. Dizia que havia enviado o projeto de lei para diversos juristas, Tribunais, Instituto dos Advogados, Faculdades de Direito, Juntas e Associações Comerciais antes de apresentá-lo na Câmara, mas que somente foi atendido por Joaquim da Costa Barradas. É aí que começa também um aparentemente ressentimento com Carvalho de Mendonça, com quem teve diversos dissabores ao longo dessas discussões, retratadas por meio de uma série de trocas de críticas publicadas nos jornais da época, ao ponto de Paranhos Montenegro ter publicado seu pedido para que Carvalho de Mendonça trouxesse novas ideias para elucidar o tema das falências e concordatas, "[...] do que molestar o autor do projecto[.]", principalmente depois que Carvalho de Mendonça chamara o projeto de Paranhos de "mastodonte", tendo em consideração a quantidade de artigos apresentados pelo deputado.

Carvalho de Mendonça vinha também com grande consolidação de sua atuação profissional como advogado localizado na cidade de Santos,

[732] BRASIL. *Diários da Câmara dos Deputados*. Livro 1, 1903 p. 340.

no litoral de São Paulo, especialmente como advogado da companhia Docas de Santos, inclusive passando a, em 1906, se tornar um dos diretores da companhia.

Paranhos Montenegro e Carvalho de Mendonça convergiam no entendimento de que a lei de falências tinha de obrigatoriamente lidar com os aspectos materiais e processuais, divergindo apenas na visão sobre se isso seria uma afronta à Constituição Federal ou não. Até junho de 1904, poucos deputados participaram dos debates na Câmara, chamando atenção apenas Mello Mattos, que se demonstrou preocupado em haver uma terceira modificação nas leis de falências entre o período de 1890 e 1904. Após Mello Matos, o deputado Frederico Borges também se manifestou se dizendo favorável à possibilidade de pagamentos inferiores a 30% nas concordatas, desde que aprovados pela maioria dos credores. Com isso, outros deputados passaram a prestar mais atenção nas discussões e o assunto teve mais críticos.

Para sustentar seu projeto de lei, Paranhos apresentou três entrevistas publicadas no jornal *A Notícia* do Rio de Janeiro, anônimas, que eram elogiosas ao seu próprio projeto. Não havia identificação de quem seriam os comerciantes, tampouco os apoiadores, mas, mesmo assim, o deputado se baseou naqueles materiais para defender seus pontos de vista. Paranhos destaca que "[u]ma lei de fallencia entre nós [brasileiros], sem um limite para as concordatas, continuará a dar péssimos resultados, levantar os mais justos clamores, e autorizar arranjos illicitos. [...]. Em outros paizes será isso uma ofensa ao direito dos credores, mas entre nós é uma medida indispensável[.]"[733], e, com isso, o texto é votado e aprovado na Câmara com poucas emendas.

No Senado o assunto ficou parado até a sessão de 6 de julho de 1906, já sob uma nova legislatura e já em um período em que Paranhos Mon-

[733] BRASIL. *Diários da Câmara dos Deputados.* Livro 1, 1903 p. 340. Paranhos se vale da primeira pessoa em diversos momentos para falar sobre o que fez com o projeto e quais as suas ideias sobre o que escreveu, inclusive sobre as emendas que apresentou posteriormente, e, todas as vezes em que vai tecer um autoelogio, coloca a "douta" Comissão de Justiça e Legislação, que então presidia, com seu "luminoso e erudito parecer", reforçando a mensagem de que "o instituto das fallencias deve amoldar-se á *índole* e habitos *de cada paiz*, pelo que, em tal assumpto, *não ha tanto attender á inflexibilidade dos principios, sinão ás peculiaridades do meio a que são applicadas* (grifamos)."

tenegro não se reelegera para a Câmara dos Deputados e seguia sua vida profissional então como desembargador. A Comissão do Senado tinha como presidente o senador Oliveira Figueiredo, Martinho Garcez como relator, além de A. A. da Gama e Mello e Xavier da Silva, mas quem de fato terá destaque será o senador Urbano Santos ao apresentar o substitutivo elaborado por Carvalho de Mendonça e que viria a ser votado e aprovado no Congresso Nacional.

Os senadores descreveram o Projeto de Lei da Câmara "[...] como medida salutar que venha *salvar o fallido da ruina, os credores de maiores prejuizos* e o *nosso commercio da desmoralização para qual caminha*. O projecto de lei em estudo satisfaz as exigencias e as necessidades actuaes."[734] Parecia até uma réplica do discurso de Nabuco de Araújo em 1866 sobre o mesmo tema. E antes da apresentação do substitutivo de Carvalho de Mendonça, o assunto foi aprovado em primeira e segunda discussões no Senado, sendo quase aprovado o projeto "mastodonte", até que Urbano Santos tem a oportunidade de iniciar a discussão para um substitutivo completo.

A discussão artigo por artigo e não em bloco também proporcionou um maior espaço de tempo para que o substituto fosse justificado e houvesse o convencimento de mais senadores sobre a necessidade de se seguir por um outro caminho legislativo. Urbano Santos alega que se dirigiu a Carvalho de Mendonça, seu "prezado amigo e companheiro de estudos"[735], e solicitou para Carvalho de Mendonça um trabalho a respeito do projeto. Dentre diversas simplificações realizadas pelo substituto de Carvalho de Mendonça, estava também a inclusão da previsão das falências às sociedades anônimas e das concessionárias de serviços públicos. A Comissão do Senado passou a confrontar, então, o projeto de Paranhos Montenegro e o substitutivo de Carvalho de Mendonça e, sobre isso, resumiu os trabalhos em 1906 da seguinte forma:

> [a] Comissão deixa de adoptar algumas das innovações nellas [as emendas] emitidas, e, si assim o faz, é porque está profundamente convencida de que

[734] BRASIL. *Diários do Congresso Nacional*. Edição de 7 de julho de 1906, p. 681. Em clara paráfrase ao discurso de Nabuco de Araújo na Câmara em 1866.
[735] *Id.* Edição de 14 de setembro de 1906, p. 1723.

toda a lei regulando o instituto da fallencia deve principalmente obedecer a um plano, seguir um systema e methodo, ao qual se prendem todas as suas disposições. Na parte referente ao direito substantivo, o projecto [de Paranhos] e o substitutivo [de Carvalho de Mendonça] mais ou menos se harmonizam, divergindo, sómente quanto á forma; na parte processual, porém, a trajectoria do substitutivo é inteiramente diversa da do projecto. O estudo das emendas mostrará as vantagens do projecto [de Paranhos]. Esta questão da lei de fallencia é uma questão aberta, que não terá solução definitiva porque, curando ella de muitos e diversos interesses que se chocam, ao legislador será impossivel dar uma lei que a todos contente; razão por que a prudencia aconselha que as respectivas reformas sejam parciais, acompanhando a evolusão dos usos commerciaes e do direito e satisfazendo as necessidades de momento [...]. O projecto tem este intento; embora contenha grande numero de artigos, todavia, o que da lei actualmente em vigor, elle de facto reforma, é muito pouco.[736]

A tendência em 1906 parecia ser de aprovação do projeto de Paranhos e não do substitutivo de Carvalho de Mendonça e o parecer da Comissão do Senado conforme apresentado trazia consigo rejeições e críticas a maior parte das emendas propostas pelo senador Urbanos Santos no substitutivo que este apresentou, redigido por Carvalho de Mendonça. Até que na sessão do Senado de 24 de agosto de 1907, quando a presidência do Senado propôs continuar a terceira sessão de discussões sobre a reforma da lei de falências, o senador Urbano Santos interrompeu a retomada da votação com um requerimento solicitando que o projeto voltasse para a Comissão de Justiça e Legislação, sob o argumento de que "[d]o anno passado [1906] para cá [1907] houve mais tempo e lazer para se fazer um estudo á respeito do processo de fallencias de que cogita o projecto em discussão[.]"[737] e o pleito foi aceito e aprovado no Senado.

Após a segunda rodada na Comissão do Senado, para a potencial elaboração de um novo parecer sobre o substitutivo, até que, de um modo aparentemente novo, ignorando o que até então a Comissão já havia apresentado até agosto de 1907, o parecer nº 380/1907 surge consoli-

[736] BRASIL. *Diários do Congresso Nacional*. Edição de 27 de outubro de 1906, p. 4428.
[737] *Id*. Edição de 25 de agosto de 1907, p. 1325.

dando as emendas propostas pelo Senado e, essencialmente, seguindo o substitutivo apresentado pelo senador Urbano Mendonça, que até então vinha sendo rechaçado pela Comissão, sem qualquer menção às discussões anteriores havidas até agosto de 1907, em dezembro de 1907.

Foi só retomado para a terceira discussão em setembro de 1908 e voltando para a Câmara dos Deputados em outubro de 1908. O texto final foi aprovado em dezembro de 1908 na Câmara e se deu em votação por blocos, passando a formar a Lei nº 2.024, sancionada em 17 de dezembro de 1908 pelo presidente da república Affonso Augusto Moreira Penna. As concordatas, por sua vez, para além das limitações sobre os descontos a serem aplicados, apesar da hipótese de aprovação por três quartos dos credores, representando cumulativamente quatro quintos dos créditos, poderia estabelecer um dividendo de até 40%, passavam a ser limitadas temporalmente com um limite de até dois anos para os pagamentos a prazo.

A lei Carvalho de Mendonça também em pouco tempo já foi objeto de nova proposta de reforma, com a apresentação do projeto de Código Comercial de Inglês de Sousa entregue ao Senado em 1912. Apesar desse questionamento em prol de outra reforma da lei de falências e concordatas, também precoce como as reformas anteriores do período republicano, os debates se intensificaram apenas durante a década de 1920, ganhando ainda maior tração a partir de 1928, após a mensagem do então presidente Washington Luís ao Congresso Nacional, buscando medidas legislativas que acabassem com as chamadas *concordatas de 21%*.

Essas concordatas, como vimos, apesar de estarem sob o abrigo do quanto permitido pela lei, passaram a ser vistas como *ilegais*, *imorais*, *abusivas* no âmbito dos debates parlamentares e também nos debates havidos na Associação Comercial do Rio de Janeiro, de São Paulo, Instituto dos Advogados, especialmente durante a década de 1920 e em que participaram, conforme os registros, especialmente homens formados nas Faculdades de Direito. Também passamos a notar a presença de críticas, também no âmbito da Associação Comercial do Rio de Janeiro, ao sistema de remuneração dos membros do Poder Judiciário nos processos de falência.

## 2.5 O Decreto nº 5.746 de 1929 e a terceira reforma da lei de *fallencias* e concordatas da República

> *A lei de fallencias é como a lei eleitoral: por mais sabios e rigorosos que sejam os seus preceitos, difficilmente conterá a fraude. O mal não é da lei, mas dos costumes: os seus damnosos effeitos não decorrem della, mas dos homens que a violam ou a applicam displicentemente. A selecção dos elementos no meio commercial não depende das leis bôas ou ruins, mas, principalmente, dos proprios representantes do commercio, que, repudiando as praticas condemnaveis, sendo inflexiveis contra a fraude, colaborarão com os representantes dos Poderes do Estado para o saneamento do ambiente e para a estabilidade das relações commerciaes, tão necessaria ao bom nome do nosso Paiz.*[738]
>
> (André de Faria Pereira, advogado convidado a falar sobre a reforma da lei de falências e concordatas na série de entrevistas promovidas pelo jornal "A Manhã" do Rio de Janeiro, em 1929)

Durante a presidência de Washington Luís Pereira de Sousa (1926-1930), o tema das falências e concordatas e necessidade de reforma da lei aparece, pela primeira vez, por iniciativa presidencial, em sua mensagem ao Congresso Nacional de 1928, em cumprimento ao art. 48, "9)" da Constituição Federal[739] ao tratar da situação do país e das providências e reformas urgentes que entendia que eram necessárias. A mensagem de Washington Luís tratava sobre medidas que precisariam ser adotadas, especialmente as de ordem financeira, pois "[...] preocuparam principalmente o governo neste ultimo anno [de 1927], como terão ainda que o preocupar nos subsequentes, si quizer seriamente resolver os problemas fundamentaes da nossa nacionalidade. Assim como não se edifica uma

[738] BRASIL. Biblioteca Nacional. *Jornal A Manhã do Rio de Janeiro*. Edição 1098, 1929.

[739] BRASIL. *Constituição Federal de 1891*. "Art. 48 – Compete privativamente ao Presidente da República: [...]. 9º) dar conta anualmente da situação do País ao Congresso Nacional, indicando-lhe as providências e reformas urgentes, em mensagem que remeterá ao Secretário do Senado no dia da abertura da Sessão legislativa; [...]."

casa duradoura, sem bons alicerces, da mesma maneira não se constroe uma nação sem boas finanças."[740]

Dentre as medidas que destacou de seu governo, apontou a redução das falências como consequência também de sua política de estabilização da moeda e isso seria perceptível, pois a "[a] prova da melhoria da situação está na diminuição das fallencias nas praças do Rio de Janeiro e de todo o Estado de S. Paulo, as mais industriaes, nas quaes houve 994 em 1926 para 496 em 1927, ou menos de metade;"[741] mas, não obstante essa alegada melhora, o presidente destacou diversos pontos de competência legislativa para que o Congresso avaliasse e buscasse alterar, dentre esses pontos estavam a necessidade da propositura de uma lei definitiva sobre o inquilinato[742], o crédito rural, a reforma da lei de sociedades anônimas e também a reforma da lei de falências, em especial em relação às concordatas.

Nos dizeres de Washington Luís para o Congresso, a mensagem apontava que, tal qual os outros temas deveriam ser tratados pelo Legislativo,

> *[d]o mesmo modo, a reforma da lei de fallencias* e a das sociedades anonymas merece tambem estudo competente. Aquella [lei de falências] *contém disposições, como a que permitte concordatas com pagamento de 21% do passivo para evitar a fallencia*; esta com dispositivos que afugentam os capitaes do commercio. *Ahi está, sem duvida, a principal razão da industria das fallencias por parte dos poucos escrúpulos* (grifos nossos).[743]

O presidente não se aprofundou em detalhes ou mesmo em fundamentos mais específicos para apresentar essa crítica e esse pedido ao Congresso Nacional, porém o recado aos comerciantes foi dado e certamente bem alinhado com seus ministérios, em especial os Ministérios da Fazenda e da Justiça. Importante já termos em vista que o primeiro

740 BRASIL. Sousa, Washington Luís Pereira de. *Mensagem apresentada ao Congresso Nacional, na abertura da segunda sessão da décima terceira legislatura.* Rio de Janeiro: 1928, p. 1.

741 *Id.*, p. 36

742 A Lei do Inquilinato vinha sendo tratada a partir da Lei nº 4.975/1925, mas que apenas vinha sendo prorrogada por outras leis e não estaria sendo suficiente para a realidade do Brasil.

743 BRASIL. Sousa, Washington Luís Pereira de. Ob. Cit. 1928, p. 66.

Ministro da Fazenda do presidente Washington Luís foi Getúlio Vargas e, com ele, é que foi elaborada a estrutura da alegada estabilização da moeda, que resultou na edição do Decreto nº 5.108 de 18 de dezembro de 1926, formando a lei que alterou o sistema monetário e estabeleceu outras medidas econômicas e financeiras, que compunham a base daquela argumentação e discurso sobre a estabilização da moeda no Brasil como grande trunfo de seu governo.

O recenseamento de 1920, cuja publicação só se deu em 1927 trouxe dentre as diversas informações que ali constam, uma divisão constada até 1º de setembro de 1920 sobre a organização das atividades comerciais no Brasil que foram oficialmente catalogadas até então, conforme descrito na tabela 35 do relatório (sem considerar parâmetros de dados de informalidade)[744]:

**35 — Numero de estabelecimentos, capital empregado, força motriz, numero de operarios e valor da producção annual**

| MODO DE ORGANIZAÇÃO | | | Numero de estabelecimentos | Capital empregado | Força motriz — H. P. | Numero de operarios | Valor da producção |
|---|---|---|---|---|---|---|---|
| Estabelecimentos pertencentes a | Particulares ou Sociedades de pessôas. | Firmas individuaes... | 9.190 | 250.243:929$ | 53.537 | 63.975 | 539.873:854$ |
| | | Sociedades em nome collectivo.......... | 3.010 | 329.892:800$ | 54.794 | 62.335 | 758.682:231$ |
| | | Sociedades em commandita simples.... | 601 | 107.808:370$ | 17.130 | 21.049 | 230.018:617$ |
| | | Sociedades de capital e industria.......... | .7 | 1.823:392$ | 383 | 155 | 2.256:805$ |
| | | TOTAL............. | 12.808 | 689.768:491$ | 125.844 | 147.514 | 1.530.831:507$ |
| | Sociedades de capitaes e mistas. | Sociedades anonymas | 357 | 877.062:919$ | 143.093 | 96.543 | 1.110.814:439$ |
| | | Sociedades em commandita por acções | 110 | 219.404:933$ | 37.616 | 28.512 | 300.420:791$ |
| | | Sociedades por quotas de responsabilidade limitada............ | 38 | 28.057:051$ | 3.795 | 2.836 | 43.649:954$ |
| | | Cooperativas......... | 23 | 862:617$ | 76 | 107 | 3.459:590$ |
| | | TOTAL............. | 528 | 1.125.387:520$ | 184.580 | 127.998 | 1.458.344:774$ |
| | | TOTAL GERAL.... | 13.336 | 1.815.156:011$ | 310.424 | 275.512 | 2.989.176:281$ |

[744] BRASIL. *Ministerio da Agricultura, Industria e Commercio. Directoria Geral de Estatistica. Recenseamento do Brazil realizado em 1 de setembro de: 1920, industria, modo de organização das empresas. Capital empregado, data da fundação. Força motriz e pessoal em serviço. Periodo de funcionamento das fabricas. Principaes despesas de custeio. Producção annual, 1920.* Rio de Janeiro: Typ. da Estatistica, 1927. v.5, p. LIV.

E esses estabelecimentos estavam divididos especialmente entre os seguintes ramos de atividades econômicas, chamados de "grupos industriais"[745]:

**37 — Numero de estabelecimentos segundo os grupos de industrias a que pertencem**

| GRUPOS DE INDUSTRIAS | NUMERO DE EMPRESAS | | | | | | | | | |
|---|---|---|---|---|---|---|---|---|---|---|
| | Total geral | PARTICULARES E SOCIEDADES DE PESSÔAS | | | | | SOCIEDADES DE CAPITAL E MISTAS | | | |
| | | Total | Firmas individuaes | Sociedades em nome collectivo | Sociedades em commandita simples | Outras | Total | Sociedades anonymas | Sociedades em commandita por acções | Outras |
| Textis | 1.211 | 1.022 | 770 | 200 | 52 | — | 189 | 134 | 53 | 2 |
| Couros, pelles e outras materias duras do reino animal | 424 | 415 | 297 | 95 | 23 | — | 9 | 7 | 2 | — |
| Madeiras | 1.207 | 1.182 | 810 | 302 | 69 | 1 | 25 | 16 | 6 | 3 |
| Metallurgia | 509 | 479 | 309 | 139 | 28 | 3 | 30 | 22 | 4 | 4 |
| Ceramica | 1.590 | 1.561 | 1.360 | 166 | 34 | 1 | 29 | 22 | 5 | 2 |
| Productos chimicos propriamente ditos e productos analogos | 950 | 883 | 523 | 297 | 62 | 1 | 67 | 46 | 9 | 12 |
| Alimentação | 3.969 | 3.836 | 2.562 | 1.059 | 214 | 1 | 133 | 81 | 20 | 32 |
| Vestuario e toucador | 1.988 | 1.965 | 1.453 | 440 | 72 | — | 23 | 14 | 6 | 3 |
| Mobiliario | 548 | 541 | 395 | 125 | 21 | — | 7 | 4 | 1 | 2 |
| Edificação | 331 | 326 | 253 | 63 | 10 | — | 5 | 3 | 2 | — |
| Construcção de apparelhos de transporte | 533 | 528 | 420 | 96 | 12 | — | 5 | 3 | 2 | — |
| Producção e transmissão de forças physicas | 29 | 24 | 13 | 10 | 1 | — | 5 | 4 | — | 1 |
| Industrias relativas ás sciencias, lettras e artes. Industrias de luxo | 47 | 46 | 25 | 18 | 3 | — | 1 | 1 | — | — |
| TOTAL | 13.336 | 12.808 | 9.190 | 3.010 | 601 | 7 | 528 | 357 | 110 | 61 |
| Porcentagem | 100,0 | 96,0 | 68,9 | 22,6 | 4,5 | 0,1 | 4,0 | 2,7 | 0,8 | 0,4 |

745 BRASIL. *Ministerio da Agricultura, Industria e Commercio. Directoria Geral de Estatistica. Recenseamento do Brazil realizado em 1 de setembro de: 1920, industria, modo de organização das empresas. Capital empregado, data da fundação. Força motriz e pessoal em serviço. Periodo de funcionamento das fabricas. Principaes despesas de custeio. Producção annual, 1920.* Rio de Janeiro: Typ. da Estatistica, 1927. v.5, p. LVI.

E a distribuição regional dessa população de casos foi catalogada como tendo uma alocação territorial no Brasil da seguinte forma[746]:

**38 — Distribuição regional dos estabelecimentos industriaes recenseados**

| ESTADOS, DISTRICTO FEDERAL E TERRITORIO | NUMERO DE EMPRESAS | | | | | | | | | |
|---|---|---|---|---|---|---|---|---|---|---|
| | Total geral | PARTICULARES E SOCIEDADES DE PESSÔAS | | | | | SOCIEDADES DE CAPITAL E MISTAS | | | |
| | | Total | Firmas individuaes | Sociedades em nome collectivo | Sociedades em commandita simples | Outras | Total | Sociedades anonymas | Sociedades em commandita por acções | Outras |
| Alagôas | 352 | 342 | 275 | 63 | 4 | — | 10 | 6 | 2 | 2 |
| Amazonas | 69 | 67 | 45 | 21 | 1 | — | 2 | 1 | — | 1 |
| Bahia | 491 | 476 | 363 | 98 | 15 | — | 15 | 9 | 6 | — |
| Ceará | 294 | 294 | 260 | 32 | 2 | — | — | — | — | — |
| Districto Federal | 1.541 | 1.442 | 765 | 556 | 120 | 1 | 99 | 69 | 18 | 12 |
| Espirito Santo | 75 | 73 | 47 | 20 | 6 | — | 2 | 1 | 1 | — |
| Goyaz | 16 | 16 | 10 | 5 | 1 | — | — | — | — | — |
| Maranhão | 89 | 82 | 47 | 25 | 10 | — | 7 | 1 | 6 | — |
| Matto Grosso | 20 | 19 | 16 | 2 | 1 | — | 1 | — | 1 | — |
| Minas Geraes | 1.243 | 1.169 | 843 | 268 | 57 | 1 | 74 | 56 | 17 | 1 |
| Pará | 168 | 165 | 102 | 50 | 13 | — | 3 | 1 | — | 2 |
| Parahyba | 251 | 247 | 197 | 44 | 5 | 1 | 4 | 1 | 2 | 1 |
| Paraná | 623 | 606 | 413 | 154 | 38 | 1 | 17 | 9 | 4 | 4 |
| Pernambuco | 442 | 425 | 284 | 130 | 11 | — | 17 | 12 | 5 | — |
| Piauhy | 55 | 54 | 42 | 11 | 1 | — | 1 | 1 | — | — |
| Rio de Janeiro | 454 | 417 | 281 | 122 | 14 | — | 37 | 29 | 6 | 2 |
| Rio Grande do Norte | 197 | 193 | 174 | 17 | 1 | 1 | 4 | 4 | — | — |
| Rio Grande do Sul | 1.773 | 1.738 | 1.241 | 400 | 97 | — | 35 | 22 | 6 | 7 |
| Santa Catharina | 791 | 770 | 606 | 127 | 37 | — | 21 | 5 | 2 | 14 |
| São Paulo | 4.145 | 3.973 | 2.966 | 843 | 162 | 2 | 172 | 130 | 27 | 15 |
| Sergipe | 237 | 230 | 206 | 20 | 4 | — | 7 | — | 7 | — |
| Territorio do Acre | 10 | 10 | 7 | 2 | 1 | — | — | — | — | — |
| TOTAL | 13.336 | 12.808 | 9.190 | 3.010 | 601 | 7 | 528 | 357 | 110 | 61 |
| Porcentagem | 100,0 | 96,0 | 68,9 | 22,6 | 4,5 | — | 4,0 | 2,7 | 0,8 | 0,5 |

Quanto aos dados relacionados às profissões, bem como às nacionalidades identificadas, o relatório apresentou a seguinte tabela:

[746] BRASIL. *Ministerio da Agricultura, Industria e Commercio. Directoria Geral de Estatistica. Recenseamento do Brazil realizado em 1 de setembro de: 1920, industria, modo de organização das empresas. Capital empregado, data da fundação. Força motriz e pessoal em serviço. Periodo de funcionamento das fabricas. Principaes despesas de custeio. Producção annual, 1920.* Rio de Janeiro: Typ. da Estatistica, 1927. v.5, p. LVII.

**51 — População recenseada segundo a profissão, a nacionalidade e o sexo**

| NACIONALIDADE | SEXO | PROFISSÕES | | | | | | | | | | | |
|---|---|---|---|---|---|---|---|---|---|---|---|---|---|
| | | PRODUCÇÃO DA MATERIA PRIMA | | TRANSFORMAÇÃO E EMPREGO DA MATERIA PRIMA | | | ADMINISTRAÇÃO E PROFISSÕES LIBERAES | | | | DIVERSAS | | |
| | | Exploração do solo | Extração de materias mineraes | Industrias | Transportes | Commercio | Força publica | Administração publica | Administração particular | Profissões liberaes | Pessôas que vivem de suas rendas | Serviço domestico | Profissão mal definida, profissão não declarada e sem profissão |
| Brazileiros | Homens | 5.415.045 | 66.649 | 588.805 | 200.780 | 331.987 | 87.128 | 90.000 | 29.161 | 96.666 | 20.389 | 60.538 | 7.519.531 |
| | Mulheres | 572.113 | 83 | 398.873 | 3.517 | 18.215 | — | 3.126 | 2.446 | 47.500 | 11.546 | 270.555 | 13.210.574 |
| | TOTAL | 5.987.158 | 66.732 | 987.678 | 204.297 | 350.202 | 87.128 | 93.126 | 31.607 | 144.166 | 31.935 | 331.093 | 20.730.105 |
| Estrangeiros | Homens | 353.246 | 7.904 | 170.802 | 48.953 | 142.633 | 1.234 | 4.487 | 8.126 | 17.004 | 6.990 | 9.707 | 151.872 |
| | Mulheres | 35.585 | 1 | 30.663 | 191 | 4.624 | — | 99 | 406 | 6.911 | 1.858 | 22.934 | 539.731 |
| | TOTAL | 388.831 | 7.905 | 201.465 | 49.144 | 147.257 | 1.234 | 4.586 | 8.532 | 23.915 | 8.848 | 32.641 | 691.603 |
| Nacionalidade ignorada.. | Homens | 808 | 13 | 150 | 146 | 87 | 1 | — | 16 | 23 | 5 | 90 | 12.842 |
| | Mulheres | 83 | — | 64 | — | 2 | — | — | 12 | 7 | 2 | 55 | 10.011 |
| | TOTAL | 891 | 13 | 214 | 146 | 89 | 1 | — | 28 | 30 | 7 | 145 | 22.853 |
| TOTAL | Homens | 5.769.099 | 74.566 | 759.757 | 249.879 | 474.707 | 88.363 | 94.487 | 37.303 | 113.693 | 27.384 | 70.335 | 7.684.245 |
| | Mulheres | 607.781 | 84 | 429.600 | 3.708 | 22.841 | — | 3.225 | 2.864 | 54.418 | 13.406 | 293.544 | 13.760.316 |
| | TOTAL | 6.376.880 | 74.650 | 1.189.357 | 253.587 | 497.548 | 88.363 | 97.712 | 40.167 | 168.111 | 40.790 | 363.879 | 21.444.561 |

As tabelas demonstram um aumento dos dados em relação à quantidade de pessoas que foram empregadas no "comércio" quando comparado com os dados que vimos em relação ao ano de 1900, com um total de 497.548 pessoas em 1920, contra 322.857 em 1900, ao mesmo tempo em que também indica um crescimento lento durante o lapso temporal de vinte anos nesse setor específico no Brasil, setor este que era o foco das leis de falências e concordatas, nos permitindo localizar melhor o tema da regulação jurídica dessas atividades em relação à essa parte da população, especialmente considerando o trabalho legislativo daqueles políticos que tinham seu próprio eleitorado alvo.

Vale destacar que, em relação a esses dados de 1920, no grupo das "indústrias" estão incluídas atividades agrícolas, como aquelas ligadas ao café e às usinas de açúcar. O censo seguinte foi o de 1940, publicado somente em 1950.

### 2.5.1 Os debates parlamentares e razões oficiais sobre a terceira reforma da lei de *fallencias* e concordatas do período republicano

Com proposição originária como o Projeto nº 2 de 1928 – posteriormente denominado como Projeto nº 2-A/1929 após a aprovação do substitutivo da Câmara em relação ao projeto do Senado –, iniciado no Senado Federal, e cujas disposições foram alteradas após o parecer e emendas da Comissão de Justiça, bem como do substitutivo da Câmara dos Deputados, com relatório datado de 4 de julho de 1929 (publicado no Diário do Congresso Nacional, em 6 de julho de 1929)[747], foi publicado em 9 de dezembro de 1929, o Decreto nº 5.746.

Vale relembrar que essa nova lei de falências se apresentou por meio de um decreto, porém tal decreto não veio de origem do Executivo, outorgado sem debates legislativos, mas sim por meio de decreto do Legislativo, pois, conforme a Emenda Constitucional de 3 de setembro de 1926, que alterou a Constituição Republicana de 1891, o Congresso Nacional passou a ter a competência privativa para legislar sobre o direito comercial[748], de modo que as leis ligadas ao comércio, como outras do período, passaram a ser outorgadas por meio de decretos do legislativo, após todos os debates de praxe no âmbito do Congresso Nacional e também da sanção presidencial (diferentemente do que veremos com a outorga do Decreto-lei nº 7.661/1945).

As discussões para a reforma, conforme visto no capítulo anterior, vinham sendo provocadas desde a metade da década de 1920, sobretudo por meio das manifestações da Associação Comercial do Rio de Janeiro, bem como pelas publicações do Dr. Dilermando Cruz, então curador das massas falidas no Rio de Janeiro. No Senado o assunto entrou em pauta por meio do senador Augusto César Lopes Gonçalves[749], que foi eleito,

[747] Disponível em meio eletrônico em http://imagem.camara.gov.br/Imagem/d/pdf/DCD06JUL1929.pdf#page=11, acesso em 31/8/2019.

[748] BRASIL. *Emenda Constitucional de 3 de setembro de 1926.* "art. 34 Compete privativamente ao Congresso Nacional: [...]; 22. legislar sobre o direito civil, commercial e criminal da Republica e o processual da justiça federal; [...]." Destaca-se também que esta Emenda Constitucional foi aprovada ainda quando da presidência de Artur da Silva Bernardes, antecessor de Washington Luís.

[749] Augusto César Lopes Gonçalves, nascido no Maranhão em 1865, formado em direito pela Faculdade de Direito do Recife.

pela Comissão Especial do Código Comercial do Senado, o projeto de Código de Herculano Inglês de Sousa, para elaborar o projeto de reforma da Lei nº 2.024/1908[750] e ser o relator. Além do senador relator, a Comissão do Senado era composta por Bueno de Paiva, como presidente, e os senadores Ferreira Chaves, Aristides Rocha, Cunha Machado e Pedro Lago.

O senador Lopes Gonçalves disse que apresentou seu projeto de reforma da lei de falências em 27 de agosto de 1927 para a Comissão, o qual foi aprovado e houve a orientação da Comissão para que fosse impresso e disponibilizado ao Senado. Na sessão de 21 de maio de 1928, o senador aproveitou para também fazer oficialmente a exposição de motivos da proposta de reforma da lei de falências, a qual já havia sido publicada em alguns jornais como *O Paiz*, *Jornal do Brasil* e a *Gazeta de Notícias*. Sua proposta era de uma reforma completa e dividia-se em sete títulos, com dezoito capítulos e cento e noventa e cinco artigos. O senador deixou claro que distribuiu o projeto para as Associações e Juntas Comerciais, bem como Centros Industriais, Tribunais de Justiça, Presidentes e Governadores dos estados, Assembleias Legislativas, Institutos dos Advogados, jornais e ainda destacou que a Associação Comercial de São Paulo, por meio de seu presidente, Feliciano Lebre, pediu 1.500 exemplares do projeto, apesar do senador ter enviado apenas 500 exemplares. Apesar desse esforço, o senador deixou registrado que não havia recebida qualquer emenda ou correção ao seu texto, apenas cartas e telegramas com felicitações pelo trabalho.

Lopes Gonçalves já antecipou que havia estabelecido regras específicas sobre a falência de hotéis, hospedarias e casas de cômodos, bem como havia suprimido a concordata preventiva, bem como desclassificou casos de falência culposa para os de falência fraudulenta "[...] por ser evidente nos mesmos os caracteristicos do *dolo* e *má fé* (grifos do autor)."[751] Além disso, Lopes Gonçalves estabeleceu também que a lei de falências, tanto em sua parte substantiva (material), quanto adjetiva (processual), era de competência da legislatura nacional, em linha com as discussões superadas quando da promulgação da Lei nº 2.024/1908 e novamente

[750] BRASIL. *Diários do Congresso Nacional.* Edição de 22 de maio de 1928, p. 218.
[751] BRASIL. *Diários do Congresso Nacional.* Edição de 22 de maio de 1928, p. 218.

reforçava, em tom similar ao das discussões anteriores, que esperava que seu projeto pudesse contribuir para melhorar o "[...] *patrimonio moral*, de subido apreço, com um perfeito apparelho compativel com as nossas necessidades, *com as exigencias das honras classes conservadoras* e com os reclamos e o elevado descortino da nossa incontestavel cultura juridica (grifos nossos)."[752]

Em sua exposição de motivos, Lopes Gonçalves, também citando Carvalho de Mendonça, Vainberg e Mackeldey para formar sua retórica e apoiar seu ponto, inicia sua explicação dizendo que trabalhou no projeto retirando-o da parte das falências que constava no projeto de Código Comercial de Inglês de Sousa e que fizera poucas alterações. Sua exposição partiu então para remeter a origem do instituto da falência no que seria seu correspondente no direito romano, passando por uma cronologia de períodos diversos, sem entrar em detalhes de cada período e de cada momento, e destacou que o "[...] povo-rei não considerava muito honrosa a profissão de commerciante [...]"[753], afirmando que

> [c]om o advento do Imperio [Romano], assignalando o mais brilhante progresso do direito, o concurso de credores, em torno do fallido, foi tomando as proporções de um verdadeiro pacto de liquidação, garantidor não só dos interesses daquelles, como a situação justa e equitativa deste, surgindo o 'curator bonorum', estabelecendo-se o contracto de união, a verificação e classificação dos créditos, applicando-se a acção pauliana e o 'interdictum fraudatorium' [...] e colimando as maiores conquistas, a 'concordata remis-

[752] *Id. ibid.* A menção ao atendimento dos interesses das *classes conservadores* do Brasil apareceu em outros momento do discurso do senador Lopes Gonçalves sobre a reforma da lei de falências, em especial quando expressou que "[a] execução benefica e moralizada, criteriosa e útil de uma lei, nesse sentido, invocando-se os precedentes, os casos semelhantes e a jurisprudencia firmada e seguida, será para as *classes conservadoras* a maior garantia do esforço, do progresso e da riqueza; pondo deante de todos, á acuidade e penetração de todas as vistas e intelligencias, o quadro da experiencia, os recursos preventivos da desgraça e as normas mais eficazes, imprescindíveis e conducentes ao êxito, bem estar e prosperidade." (BRASIL. *Diários do Congresso Nacional.* Edição de 22 de maio de 1928, p. 220).

[753] BRASIL. *Diários do Congresso Nacional.* Edição de 22 de maio de 1928, p. 219.

soria' e que sujeitava o credor a receber um dividendo ou rateio, mediante quitação.[754]

E tecendo um elogio ao desenvolvimento das nações atrelado também ao seu crescimento econômico, especialmente por meio do comércio, o senador Lopes Gonçalves expôs que "[d]ahi, o apuro e acuidade de vistas com que as nações cultas, reconhecendo o commercio o principal factor do seu engrandecimento, costumam estabelecer e codificar os preceitos de direito mercantil, especialmente na parte relativa á fallencia."[755] O exemplo de "nação culta" em sua exposição de motivos são os Estados Unidos da América, e mencionou que lá já quatro leis federais vigoraram desde a independência (referindo-se às leis de 1800, de 1841, 1867 e de 1898, emendada em 1903), passando então a discorrer sobre as leis brasileiras.

Ao iniciar as explicações sobre suas proposições, relembrou que o trabalho é fruto de sua atuação prática na advocacia por mais de vinte anos[756] e que estava se baseando nos "[...] ensinamentos de Carvalho de Mendonça, Inglês de Sousa e de alguns escriptores estrangeiros."[757] Na opinião de Lopes Gonçalves, o trabalho de alteração da lei de falências deveria ser feito sem precipitação, "[...] nem preferencia pelos padrões e doutrinaristas rigorosos e de excessiva benignidade, mas [buscando o] equilíbrio entre a adversidade e a justiça, o capital e o trabalho honesto, a situação individual e os interesses ad sociedade."[758] Desse modo,

[754] *Id. ibid.*

[755] *Id. ibid.*

[756] *Id.*, p. 220.

[757] *Id. ibid.* No original: "[e]ste modesto projecto, que servirá de ponto de partida ao exame e saber dos competentes, destinado a receber emendas e correcções antes de ser submettido ao Senado, nada mais traduz que a minha prática de 20 annos da advocacia através do decreto n. 917, de 24 de outubro de 1890, das leis n. 859, de 16 de agosto de 1902 e 2.024, de 17 de dezembro de 1908, dos ensinamentos de Carvalho de Mendonça, Inglez de Souza e de alguns escriptores estrangeiros. Não será, pois, difficil verificar que adoptei textualmente muitos dispositivos não só do Livro V do projecto Inglez de Souza sobre o Código Commercial, como, tambem, muita materia da lei vigente, devida, a bem dizer, quasi exclusivamente, á incontestavel cultura de Carvalho de Mendonça, conforme declarou o pranteado e saudoso estadista, Urbano Santos, em sessão do Senado de 14 de setembro de 1906."

[758] BRASIL. *Diários do Congresso Nacional*. Edição de 22 de maio de 1928, p. 220.

> [a] lei de fallencia deve ser antes um livro de previsões enriquecido de boas licções e ensino, que uma cartilha inquisitorial, de devassas illimitadas, imprudentes e vexatorias: o pretorio, representado por magistrados e funccionarios do juizo, pelo fallido e credores, deve, acima de tudo, ser uma escola da Justiça, apreciando os factos e as provas com serenidade, offerecendo ao commercio salutares e sadias advertencias sobre a influencia da educação, aptidão e probidade do commerciante no meio em que vive.[759]

O tom da tarefa de ensino por parte do Estado, no sentido pedagógico de educar e instruir os habitantes, nacionais e estrangeiros, marcou a exposição de motivos do senador Lopes Gonçalves, e entendia que a realização desse objetivo dependia do "[...] saber e patriotismo dos que se acham, politicamente, encarregados de prover aos reclamos e necessidade da sociedade, traçando normas de equilíbrio, dirimentes de conflictos, entre governantes e governados, [...], consagrando os direitos e deveres do cidadão."[760] Ao mesmo tempo, também reiterou sua posição de que o engrandecimento das nações estava atrelado à "[...] liberdade mercantil da profissão comercial, em todos os gêneros, especies e categorias [...]"[761], e, por isso, devia "[...] como todas as liberdade, para desdobramento de seu proprio exercicio, ser tutelada pela legislação dos *povos cultos* (grifos nossos)."[762]

Quanto às alterações efetivamente, apenas expõem sua opinião sobre cargo de síndico provisório, deixando claro que entendia que não deveria ser um cargo atribuído a qualquer estranho ao comércio em si, pois quem deveria ocupar essas funções deveria ser alguém que conhecesse a praça em que o falido exerceu sua profissão, mas não entrou em outros detalhes ou explicações sobre os motivos das propostas da reforma, restringindo-se a dar aquela explicação mais genérica e abrangente sobre essa necessidade de educacional e moralizadora, atendendo ao anseio das

[759] *Id. ibid.*

[760] *Id.*, p. 221.

[761] *Id. ibid.*

[762] *Id. ibid.* Podemos identificar aí uma forma idealizada de se enxergar a aplicação da lei que nos remete àquelas discussões de outrora quando da aplicação da *Lei da Boa Razão.*

*classes conservadoras* no Brasil, a partir dos ensinamentos da legislação dos *povos cultos*.

Curioso é notar que, pela primeira vez, desde o primeiro decreto republicano, que o Legislativo sugere o retorno de competência para os processos de falência ao que havia no Código Comercial do Brasil Império, sugerindo uma conciliação entre aquele conceito com o que fora introduzido pelo Decreto nº 917/1890. Pelo projeto de Lopes Gonçalves, o art. 7º da lei de falências passaria a reconhecer a competência do *juízo do domicílio do devedor* ou do lugar em que o devedor tenha seu *principal estabelecimento* e não apenas o do *principal estabelecimento*[763]. Não foi esse o conceito que prevaleceu quando da promulgação do Decreto legislativo de 1929, mas nos parece ser condizente com a visão conservadora do senador Lopes Gonçalves, conciliando um texto que existia no Código Comercial (art. 805), com o que fora introduzido com o advento da república (art. 4º). Por outro lado, a norma criticada pela Associação Comercial do Rio de Janeiro, sobre o incentivo do pagamento de juízes e escrivães a partir das arrecadações das massas, continuou conforme o art. 187 do projeto do senador.

No dia seguinte, na sessão do Senado de 23 de maio de 1928, Lopes Gonçalves pediu a palavra para reportar que havia recebido um telegrama da Associação Comercial de São Paulo sobre a reforma da lei de falências, assinado pelo presidente da associação Antonio Carlos de Assumpção. A Associação de São Paulo buscou destacar que estava fazendo um estudo sobre a reforma e que esse material estava próximo de ser concluído, alertando, portanto, o Senado, que teria contribuições ao projeto de Lopes Gonçalves [764]. Após apresentar o telegrama, Lopes Gonçalves se fez um autoelogio por ter tido a iniciativa de distribuir o material da reforma da

[763] BRASIL. *Senado Federal, Projeto nº 2 de 1928 (reforma a lei de fallencias)*. "Art. 7º É competente para declarar a fallencia o juiz do domicilio do devedor, ou do logar onde este tem o seu principal estabelecimento ou casa filial de outra situada fóra do Brasil."

[764] BRASIL. *Diários do Congresso Nacional*. Edição de 24 de maio de 1928, p. 262. No original "[e]sta associação [Comercial de São Paulo], matendo há 14 annos, uma secção de fallencias e concordatas, especialmente destinada a promover a repressão dos abusos naqueles processos e defender interesses dos credores, conseguiu reunir grande cópia de observações colhidas nas centenas de casos de que se occupou, e póde, por isso, apresentar a respeito um estudo baseado em uma longa experiencia de applicação actual."

lei de falências naqueles moldes que destacamos anteriormente, e, em suas palavras, entendia que o que tinha feito era algo que nunca antes teria acontecido[765] – o que está errado, pois, como vimos, o deputado Paranhos Montenegro alegava ter feito o mesmo procedimento em 1903, o que pôde ser confirmado pelos outros debatedores que atestaram essa afirmativa, mas que naquela oportunidade não recebera contribuições em tempo. Nesse mesmo autoelogio, o senador explicou que tomou

> [...] essa iniciativa orientada pelo criterio do grande povo allemão que, na confecção do seu Codigo Civil, teve tempo em suas Universidades, nos estados germanicos, entre os seus mais notaveis jurisconsultos, de estudar, por delegação do Governo, este monumento moderno, que posso classificar, como ainda hoje se classifica o Direito romano de *aere perennius,* rijo como bronze.[766]

O senador concluiu dizendo que já havia respondido o telegrama da Associação de São Paulo e que aguardava as contribuições de São Paulo e, pela primeira vez, mencionou que apresentou seu projeto para atender a mensagem do presidente Washington Luís ao Congresso Nacional, conforme exposto à página 66 de tal mensagem presidencial[767] e explicou que o presidente da república "sentio-se profundamente abalado com o dispositivo do artigo 149 da lei vigente, n. 2.024, de 17 de dezembro de 1908, autorizando, na concordata preventiva, o concordatario a offerecer 21% para pagamento dos seus credores."[768]

O que o senador Lopes Gonçalves não deixou registrado em seu discurso – que pelas transcrições, não foi revisado pelo próprio senador – foi

[765] *Id. ibid.*

[766] BRASIL. *Diários do Congresso Nacional.* Edição de 24 de maio de 1928, p. 262. E continuou dizendo, a partir do exemplo alemão, considerar que "[i]sso demonstra que no elevado senso juridico daquelle grande povo, incontestavelmente de mais perfeita organização politica, social e juridica, leis substantivas, como é a de *fallencia*, não podem ser elaboradas rapidamente, por meio de um estudo perfunctório, mas devem ser estudas com dedicação, ponderação e perfeito conhecimento do meio social da evolução por que vae passando esse Instituto e todos os demais passos da civilização moderna."

[767] Vide nota 737 deste trabalho.

[768] BRASIL. *Diários do Congresso Nacional.* Edição de 24 de maio de 1928, p. 262.

que a Associação Comercial de São Paulo também havia publicado seu posicionamento no Jornal do Comercio do Rio de Janeiro[769] e o título da publicação já expressava a posição contrária da Associação de São Paulo ao projeto do senador: "[a] Associação Commercial de São Paulo manifesta-se contra a apresentação do projecto de nova lei de fallencias em discussão no Senado Federal."[770] Nessa mesma publicação, a Associação de São Paulo deixava claro que

> [v]ivamente interessada na questão, de grande relevancia para o commercio brasileiro, esta Associação encarregou de relatar a materia o conhecido commercialista Doutor Waldemar Ferreira Leite, lente cathedratico da especialidade na Faculdade de Direito de São Paulo, tratadista do assumpto que, como advogado da secção de fallencias e concordatas desta instituição, teve opportunidade de collaborar quasi quotidianamente, durante dilatados annos, com o commercio desta praça [...].[771]

Para além de criticar o trabalho do senador Lopes Gonçalves, a Associação de São Paulo também fez uma crítica ao trabalho de Inglês de Sousa dizendo que este "[...] elaborou o seu trabalho pouco depois de votada a lei vigente [de 1908 e o projeto de Código Comercial foi apresentado em 1911], quando não havia sufficiente experiencia da applicação desta lei e por isso ainda não se faziam sentir as necessidades que só posteriormente vieram a se manifestar."[772] E, expondo seu principal ponto, o dos baixos pagamentos nas concordatas, a Associação de São Paulo já deixou claro que o principal defeito da legislação então em vigor estava na facilidade com que se podiam oferecer "[...] a celebração de concordatas ruinosas para os credores, permittindo o pagamento de dividendos infimos e, assim, estimulando os conhecidos e tão vulgarisados conluios entre credores inescrupulosos, cujos são obtidos á custa da distribuição de dividendos suuplementares clandestinos."[773] O objetivo de uma

[769] BRASIL. Biblioteca Nacional. *Jornal do Commercio do Rio de Janeiro*. Edição 142, 1928.
[770] *Id. ibid.*
[771] *Id. ibid.*
[772] *Id. ibid.*
[773] BRASIL. Biblioteca Nacional. *Jornal do Commercio do Rio de Janeiro*. Edição 142, 1928.

reforma, para a Associação, deveria estar em se evitar os "arranjos por fora" que eram capazes de angariam os votos necessários para os baixos pagamentos das concordatas e, para solucionar esse problema, a solução seria "[...] elevar a nivel bem mais alto a taxa minima do dividendo das concordatas preventivas de ser esse limite estendido tambem á concordata na fallencia."[774] Pelo projeto de Lopes Gonçalves, alinhado com o texto original de Inglês de Sousa, não haveria essa fixação em lei de um percentual mínimo, o que, na visão da Associação de São Paulo permitiria que passassem a existir concordatas pagando ainda menos que 20% e, desse modo, ir contra até mesmo à repulsa que o regime atual teria causado até mesmo no presidente da república, conforme sua mensagem ao Congresso Nacional[775]. A Associação expressa que o que efetivamente se busca

> [...] é maior severidade na lei, diante dos innumeraveis abusos que se têm perpetrado á sombra das suas disposições que se têm mostrado excessivamente condescendentes: são menores facilidades para um commerciante saldar suas dividas com prejuizo dos credores: e que se embaracem os conluios vergonhosos entre grupos de credores, com prejuízo dos demais, tanto nas concordatas preventivas, como nas terminativas; é a punição exemplar dos exploradores da industria das fallencias e concordatas criminosas e de quantos prestem o seu auxilio a esses manejos fraudulentos.[776]

E a Associação de São Paulo concluiu sua nota reiterando seus elogios ao sistema da lei de Carvalho de Mendonça, apenas expressando a necessidade de uma reforma pontual e não de uma nova lei, *em especial endereçando esse tema dos pagamentos mínimos das concordatas.*

Enquanto isso, no Senado, ainda buscando o seu entendimento em uma linha moralizante da regulação do comércio – e antiliberal para os padrões atuais, apesar da afirmação do senador de que "[...] *somos um povo,*

[774] *Id. ibid.*
[775] *Id. ibid.* Vide nota 737.
[776] *Id. ibid.*

*Srs. senadores, liberalmente organizado* (grifos nossos) [...]"[777] –, o senador expôs sua conclusão de que não poderia

> [...] haver maior attentado contra o commercio honesto, pelo credor de uma fallencia, em a qual poderão se encontrar viúvas e orphãos, com dinheiro emprestado por meio das suas representações juridicas e seus tutores, economias accumuladas dia a dia com esforço e sacrificio de certos commodos na vida, nessa voragem de um commerciante deshonesto que, apoiado pelos zangões da advocacia, apenas satisfazendo o compromisso legal de ter a sua firma escripta e não ter sido até então affectado por protesto de títulos commerciaes, na voragem da deshonestidade de um commerciante que, chegando ao pretório [juízo da falência] com uma proposta previamente apoiada por alguns credores, impusesse aos demais o pagamento ridiculo e deshonestissimo de vinte e pouco por cento para o pagamento de seus credores.[778]

Essa visão do senador Lopes Gonçalves nos demonstra que ao menos alguns membros do Legislativo estavam reconhecendo a legalidade das concordatas preventivas, porque previstas em lei, bem como reconhecendo a possibilidade do pagamento de 20% dos créditos, porém demonstra também uma não aceitação da continuidade dessa possibilidade legal por parte de um determinado grupo de congressistas que estavam expressando qual seria a "vontade" do Estado brasileiro.

Não que essa visão estivesse perfeitamente alinhada com o que expressaram as Associações Comerciais, que também criticavam o incentivo legal ruim de remuneração dos juízes e serventuários atrelada à decretação de falências, bem como atreladas à liquidação de ativos dos comerciantes, o que, na visão da Associação Comercial do Rio de Janeiro, teria feito com que se multiplicassem as falências no comércio, mas alinhado também com aquela visão de outros comerciantes de que não se poderia mais aceitar essa negociação prévia entre credores e devedores para pagamentos em torno de 20% como até então vinha sendo permitido pela Lei nº 2.024/1908, em visão similar à expressada em nome da Associação Comercial de São Paulo.

[777] BRASIL. *Diários do Congresso Nacional.* Edição de 24 de maio de 1928, p. 262.
[778] BRASIL. *Diários do Congresso Nacional.* Edição de 24 de maio de 1928, p. 262.

Nessa mesma oportunidade Lopes Gonçalves reiterou sua admiração pelo sistema dos Estados Unidos, bem como seu entendimento de que o Brasil deveria imitar no desenvolvimento dos princípios constitucionais, o exemplo norte americano[779], especialmente quanto à competência federal para tratar do tema das leis de falências. Seguindo esse raciocínio sobre uma necessária adjudicação da competência legislativa para o âmbito federal, o senador acaba fazendo um arco sobre a possibilidade do Governo Federal de intervir nos estados (conforme o art. 6º da Constituição) e interpreta que, apesar de não haver a previsão expressa da possibilidade de nomeação da figura de um interventor, isso é o que se deduziria da leitura da Constituição Federal[780]. Lopes Gonçalves nesse mesmo discurso – que acabou tomando um viés diferente da exclusiva discussão sobre o tema da lei de falências – sobre seu entendimento da concentração da competência legislativa na União, acaba também reportando que "[f]elizmente, entre nós, embora ultimamente tenha surgido a novidade dos Estados que compõem a União Brasileira legislarem sobre o voto feminino, ainda ninguem pensou, nesses Estados, de legislar sobre a fallencia."[781]

[779] *Id.*, p. 263.

[780] Pelos registros escritos, Lopes Gonçalves faz remissão ao art. 69 da Constituição de 1891, mas esse artigo não tratava sobre a possibilidade de intervenção e sim sobre a definição de cidadão brasileiro. Talvez estivesse se referindo ao §5º do art. 60 que trazia uma alteração provocada pela Emenda Constitucional de 3 de setembro de 1926, que, como vimos, também concentrou a competência legislativa sobre matérias comerciais para o Congresso Nacional, e que estabelecia que "[n]enhum recurso judiciario é permittido, para a justiça federal ou local, *contra a intervenção nos Estados, a declaração do estado de sitio e a verificação de poderes*, o reconhecimento, a posse, a legitimidade e a perda de mandato dos membros do Poder Legislativo ou Executivo, federal ou estadual; assim como, na vigencia do estado de sitio, não poderão os tribunaes conhecer dos actos praticados em virtude delle pelo Poder Legislativo ou Executivo (grifamos)." A interpretação do senador também sobre a possibilidade da criação do cargo de interventor nos estados brasileiros vinha dos poderes do presidente da república para "prover os cargos civis e militares de caráter federal, salvas as restrições expressas na Constituição", conforme art. 48, "5º)".

[781] BRASIL. *Diários do Congresso Nacional*. Edição de 24 de maio de 1928, p. 263. O comentário não é no sentido de que o senador se opunha ao voto feminino, mas sim na crítica à avocação da competência da legislação estadual para essa definição, em detrimento da competência da União. Inclusive sobre esse tema da aprovação do voto feminino, o

Sem discussões sobre a reforma da lei, cujo registro de aprovação aparece na sessão de 4 de junho de 1928, o projeto do senador Lopes Gonçalves passou pela 2ª discussão no Senado na sessão de 4 de junho de 1928, tendo sido aprovado – há apenas um discurso do senador que foi transcrito na edição de 6 de junho de 1928. Naquela ocasião, o senador informou ao Senado que recebera um ofício da Câmara Sindical dos Corretores de Fundos Públicos de São Paulo e, nesse ofício, a Câmara dos Corretores de São Paulo dizia que a Bolsa de São paulo, como instituto auxiliar do comércio, o congratulava pela proposta de reforma da lei de falências e aproveitaram para pedir ao senador que também promovesse uma modificação nas leis das sociedades anônimas (de 1882) e debêntures (de 1893)[782] e, com isso, de fato o senador puxa para a si a sugestão de que o Senado deveria elaborar uma reforma em ambas as leis também.

Em 9 de junho de 1928 então tem início a 3ª discussão sobre a reforma da lei de falências no Senado[783] em que o próprio senador Lopes Gonçalves apresenta uma emenda ao seu art. 55[784], para estabelecer um complemento sobre a previsão de que a arrecadação se daria sob a presidência do juízo falimentar, com assistência do escrivão e do curador e incluindo um parágrafo único em que já se determinava a abertura de um inquérito policial simultaneamente ao início da arrecadação, mantendo-se a competência (ainda que penal), com o juízo falimentar, texto este que não prevaleceu quando da aprovação da redação final da reforma da lei. Com

senador discorreu que foi o relator dos debates sobre o tema no Senado na sessão de 16 de maio de 1921 e que, por meio de seu parecer, teriam sido abertas "[...] as portas do Senado, julgando constitucional o voto feminino, em torno do projecto do saudoso e por mim nunca esquecido, Senador Justo Chermont." O voto feminino facultativo foi enfim regulamentado em 1932 e incorporado na Constituição Federal de 1934.

782 BRASIL. *Diários do Congresso Nacional*. Edição de 6 de junho de 1928, p. 459.

783 *Id.* Edição de 10 de junho de 1928, p. 578.

784 BRASIL. *Senado Federal, Projeto nº 2 de 1928 (reforma a lei de fallencias)*. "Título II – Da Administração da Fallencia – Capítulo I – Da Arrecadação, guarda e administração provisoria dos bens do fallido. Art. 55. Em seguida à publicação da sentença de fallencia, serão arrecadados todos os bens do fallido, sujeito á fallencia no termos do art. 39 e entregues ao syndico nomeado pelo juiz, que assignará termo de depositario deles. Não sendo possível terminar a arrecadação em um só dia, serão apostos sellos na casa, escriptorio, livros e papeis. [...]."

a apresentação dessa emenda, que foi aprovada, o texto teve de voltar à Comissão do Senado.

Na sessão de 11 de junho de 1928, Lopes Gonçalves, senador bastante participativo no período, pede novamente a palavra para dizer que estava duplamente empolgado: por ver correspondido um apelo que fez à "[...] *sabedoria das laboriosas classes conservadoras, enviando à Associação Commercial de S. Paulo, valioso subsidio para elaboração da lei de fallencia*[.] (grifos nossos)"[785] e pelos 63 anos da guerra do Paraguai, em que o Brasil se posicionara contra a ditadura de Francisco Solano Lopez, "[...] filho do dictador Carlos Lopez, que pretendia fundar, estabelecer um largo dominio territorial, em guerra de conquista. Homem de processos cruentos e brutaes, porque o povo paraguayo vivia constantemente perseguido [...]."[786]

[785] BRASIL. *Diários do Congresso Nacional.* Edição de 15 de junho de 1928, p. 697. A publicação se deu apenas no dia 15 de junho e, novamente naquela linha de autoelogios, dizia: "[s]r. presidente, o meu espírito acha-se hoje duplamente empolgado: por um feito glorioso e patriótico, que já pertence á historia, mas continuará sempre gravado no coração de todos os brasileiros, através das gerações e dos séculos e pelo louvabilíssimo gesto de actualidade, correspondente á satisfação de um apelo que fiz á sabedoria das laboriosas classes conservadoras, enviando á Associação Commercial de S. Paulo, valioso subsidio para elaboração da lei de fallencia." Devemos registrar aqui que não foram localizados nos arquivos a transcrição da sessão do Senado de 14 de junho de 1928, nem pelos registros no site da Câmara dos Deputados, tampouco pelo próprio Senado Federal.

[786] *Id. ibid.*

FIGURA 22

**Crítica anônima publicada no jornal *O Malho* do Rio de Janeiro sobre a escolha do senador Lopes Gonçalves como o relator do projeto de reforma da lei de falências[787]**

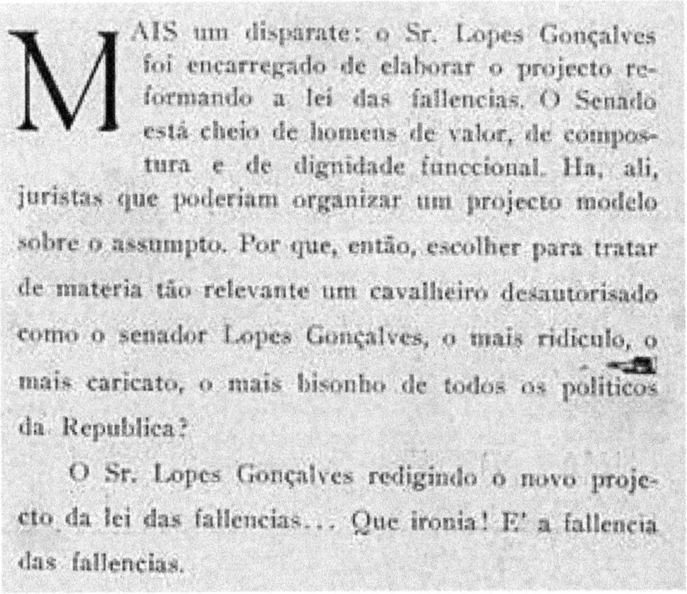

MAIS um disparate: o Sr. Lopes Gonçalves foi encarregado de elaborar o projecto reformando a lei das fallencias. O Senado está cheio de homens de valor, de compostura e de dignidade funccional. Ha, ali, juristas que poderiam organizar um projecto modelo sobre o assumpto. Por que, então, escolher para tratar de materia tão relevante um cavalheiro desautorisado como o senador Lopes Gonçalves, o mais ridiculo, o mais caricato, o mais bisonho de todos os politicos da Republica?

O Sr. Lopes Gonçalves redigindo o novo projecto da lei das fallencias... Que ironia! E' a fallencia das fallencias.

Na edição de 17 de junho de 1928 do Jornal do Comércio do Rio de Janeiro é então publicado o projeto da Associação Comercial de São Paulo, elaborado por Waldemar Ferreira, e que se apresentava como um substitutivo integral ao projeto do senador Lopes Gonçalves[788]. Em sua "exposição de motivos" a Associação ameniza a crítica ao projeto de Código Comercial de 1911, dizendo que "[...] Inglez de Souza (sic) não tinha conhecimentos das actuaes necessidades do nosso meio, pois quando elaborou o seu projecto a industria das fallencias e concordatas

[787] BRASIL. Biblioteca Nacional. *Jornal O Malho*. Edição nº 1362, 1928. O senador vinha se posicionando no Senado a favor de vetos contra atos normativos do prefeito do distrito federal (Rio de Janeiro), então é provável considerar que tinha adversários políticos que poderiam se manifestar nesse sentido de desqualificá-lo para suas funções legislativas.
[788] BRASIL. Biblioteca Nacional. *Jornal do Commercio do Rio de Janeiro*. Edição 144, 1928.

criminosas ainda não havia adquirido a extensão que hoje tem."[789] O complemento do projeto da Associação de São Paulo foi publicado também na edição de 22 de junho de 1928[790]. Sobre o ponto dos pagamentos das concordatas, o projeto de Waldemar Ferreira justificativa da seguinte forma a necessidade de aumento do percentual mínimo:

> [o] ponto essencial da emenda, [...], é o que eleva a taxa minima da concordata preventiva de 21% [apesar do mínimo de 20% pela interpretação da lei – art. 149, § 1º] até agora em voga, para 51%. Um pouco mais do dobro. [...]. *Aquella baixa de mais, era a taxa official, que sómente a minoria recebia.* A maioria, essa, recebia a diferença por fóra. Serviu de sementeira da corrupção e de fraude, converteu a fallencia em industria, degradou o commercio brasileiro. Quem não puder pagar aos seus credores metade do que lhes deve, em dinheiro de contado ou a prazo, que de si mesmo se queixe. O commerciante deve ser previdente e conhecer a situação dos seus negócios. Não está em condições de impetrar um favor desta ordem, affim de evitar a fallencia já caracterizada quem não puder pagar a metade de suas dividas (grifos nossos).[791]

Sobre a "indústria das falências e concordatas", esta expressão surge de modo reiterado nos últimos anos da década de 1920, e alguns exemplos são utilizados para explicar o que seria considerado essa *indústria* na prática. O jornal "A Manhã" do Rio de Janeiro fez algumas publicações em 1929 para explicar. Em um dos exemplos, o jornal publicara que

> A Manhã chamou ha dias, a attenção da Justiça e do commercio honesto, para a criminosa industria das fallencias que se creou á sombra da situação de difficuldades que empolga a praça. Os aproveitadores inexcrupulosos do actual estado de coisas lançam mão de todos os meios, para alcançarem os seus fins illicitos. Ainda agora noticia-se que em Nictheroy, o proprietario da pharmacia e drogaria Lima acaba de requerer fallencia em circumstancias bem interessantes. Elle adquiriu aquelle estabelecimento, ha 30 dias, e agora

[789] *Id. ibid.*
[790] *Id.* Edição 148, 1928.
[791] *Id. ibid.*

se confessa fallido com grande surpreza para a praça, sem que possuisse titulos em protesto.[792]

Apesar dessa referência sem maiores detalhes, tampouco sem provas de que seria um caso de uma falência fraudulenta, o jornal manteve seu editorial num sentido de se opor às *concordatas de 21%* e chamava esses casos de "[...] fallencias mais ruidosas [...]"[793], pois, na opinião do editorial do jornal, "[o] commerciante tem o dever de conhecer a sua situação. Se o desequilibrio economico vae aos 20, aos 30 e alcança os 50 por cento de prejuizo é a esse tempo que os credores devem ser convocados e não, quando aquelle desceu a 79% para oferecimento de uma proposta de 21%. Nesse ponto, a reforma da lei poderá trazer algum proveito."[794] E inclusive iniciou a promoção de publicações sobre o tema para fomentar as discussões na Câmara e no Senado e diziam, pelo editorial apócrifo, que "[n]esse sentido e com o intuito de collaborar para que não nos dê a Camara mais uma lei imperfeita, omissa e de difficil execução, A MANHÃ [do Rio de Janeiro], num amplo inquerito, ouvirá a opinião dos competentes no assumpto e a publicará em suas columnas, prestando por esse modo a sua contribuição ao trabalho legislativo."[795] A coluna seguiu com publicações apócrifas sobre as falências e *moratórias* trazendo os entendimentos e o posicionamento contrário às *concordatas de 21%*[796].

O jornal apoiava o deputado Barbosa Rezende[797] e também entrevistou o advogado Heitor Lima, em artigo com o título "O fôro das fallencias excede em cynismo o proprio fôro criminal", que trouxe uma definição prática de seu entendimento, apoiado pelo jornal "A Manhã", sobre o que seria a "indústria das falências", e explicou que seria assim caracterizada diante dos casos em que

792 BRASIL. Biblioteca Nacional. *Jornal A Manhã do Rio de Janeiro*. Edição 1053, 1929.
793 *Id.* Edição 1064, 1929.
794 BRASIL. Biblioteca Nacional. *Jornal A Manhã do Rio de Janeiro*. Edição 1064, 1929.
795 *Id.* Edição 1075, 1929.
796 *Id.* Edições 1077 e 1079, 1929.
797 *Id.* Edição 1081, 1929.

> [d]ois individuos quaisquer, desejam ganhar, em trez mezes, cerca de ....... 200:000$000. Que fazem, então?! – Simulam uma sociedade mercantil, levam á Junta Commercial o respectivo contracto, do qual consta a 'realização' do capital. Depois, valendo-se de algumas relações da praça, obtêm mercadorias a credito e a prazo, de algumas casas bancarias. Em dado momento, quando a firma se encontra relacionada e em plena actividade commercial, os *dois industriaes da fallencia fraudulenta*, verificam que as quantias embolsadas e o producto das vendas, montam a 200:000$000. O stock obtido importa em 300:000$000, e vendidas a baixo preço, as mercadorias, restam ainda, mais de 100:000$000 no estabelecimento. Não ha prejuizo, portanto, quando o activo e o passivo se equilibram, e o lucro compensa fartamente as despezas. *Entra, então, o ardil para a realização industriosa da fallencia. Os dois meliantes chamam um amigo, improvisam-no como credor da dita sociedade mercantil,* em uma quantia de 50:000$000, que figurarão dolosamente nos livros da escripta. O supposto credor requer a fallencia, a Justiça arrecada a massa da sociedade, realizando o activo e liquidando o passivo. *Seja qual for, porém a situação financeira que os syndicos constatem, os commerciantes que confiaram nos dois industriosos negociantes, já estão, definitivamente roubados,* e os 200:000$000 ficam, para sempre, embolsados pelos phantasticos sócios e credores da sociedade mercantil (grifos nossos).[798]

Esse exemplo de Heitor Lima publicado pelo jornal, em nosso ver confuso e pouco esclarecedor sobre como os recursos estariam no bolso dos comerciantes declarados falidos, ganhou destaque no jornal para definir o que seria a então chamada "indústria das falências".

Em contraposição a esse entendimento de que o problema estaria apenas entre os comerciantes e credores *fabricados*, em artigo assinado apenas pelas iniciais "C.F.", o jornal publicou em seu editorial uma "Nota Forense" em que se dizia que o problema estaria no Judiciário, apontando que a reforma em si não seria suficiente para resolver os problemas, pois "[f]alhas ligeiras que se notam na lei 2.024 estão aquém, na ordem geral, do grande mal que nos causa a orgia de interesses subalternos e as vezes inconfessaveis em que subordinam os seus actos juizes, escrivães, cura-

[798] *Id.* Edição 1079, 1929.

dores, 'et caterva' judiciaria."[799] Essa mesma posição sobre o Judiciário como um elemento caracterizador do que seria a "indústria da falência" encontrava coro também na Associação Comercial do Rio de Janeiro, que alertava para os *incentivos imorais* que os juízes tinham para declarar as falências[800].

Outro dos objetivos era provocar a separação entre o juiz cível da falência e o juízo criminal, separando os processos, de modo a deixar claro que para cada falência *decretada* (expressão usada por Waldemar Ferreira), um inquérito policial deveria ser aberto. Em sua opinião ainda, "[o]s fallidos serão identificados na policia, afim de serem as fichas respectivas enviadas ao Juis (sic) da fallencia para constar dos autos desta."[801] Além desse ponto, também o projeto da Associação insistiu em acabar com as discussões orais sobre as verificações de créditos nas assembleias de credores, mas não tocava no assunto da remuneração dos juízes e serventuários, bem como criar a figura do perito contador nos processos de falências.

Uma mensagem que não apareceu nos debates parlamentares é do próprio Carvalho de Mendonça à Associação de São Paulo e, mais especificamente, a Waldemar Ferreira, publicada na edição do Jornal do Comércio de 3 de julho de 1928[802]. Sob o título "uma carta de Carvalho de Mendonça á Associação Commercial de São Paulo", em que Carvalho de Mendonça disse

> [n]ão poderia essa Associação confiar a difficil tarefa a mestre mais douto no saber juridico e mais experimentado na pratica forense do que ao eminente Prof. Waldemar Ferreira. A analyse profunda e persuasiva do projecto no Senado Federal é peça de merito, que sómente não convencerá áquelles que porventura desejem a anarchia e o reinado da fraude, dessa vez com o apoio franco da propria lei. *Affirmam os competentes que o desregramento nas fallencias não é o producto da lei de 1908, mas dos tribunaes e juizes que não a aplicam e diz-se, para justifical-os, que não a aplicam pelo facto de preferirem os credores, muitos do alto commercio, os grandes interessados, viver fora da lei,* não respeitando sequer

[799] BRASIL. Biblioteca Nacional. *Jornal A Manhã do Rio de Janeiro.* Edição 1081, 1929.
[800] BRASIL. Biblioteca Nacional. *Jornal do Commercio do Rio de Janeiro.* Edição 148, 1926.
[801] *Id.* Edição 148, 1928.
[802] *Id.* Edição 157, 1928.

> os compromissos entre elles proprios assumidos nas convenções contra as machinas fraudulentas (grifos nossos).[803]

Apesar de Carvalho de Mendonça dizer que discordava de alguns pontos de Waldemar Ferreira, não os expressou, pois disse que estava tomando "[...] partido de abster-me da analyse de projectos de lei, apresentados ao Congresso. Evito que atribua o esforço honesto e desinteressado á emulação."[804] Ao fim de sua carta, apenas conta como foi sua participação na elaboração da lei de 1908 e disse que

> [q]uando se procurou reformar a lei de fallencias de 1902, votada a troixe-moixe, o saudoso amigo Senador Urbano Santos, ante a perspectiva de uma lei defeituosa que se preparava [o projeto de Paranhos Montenegro, nesta altura já falecido], lembrou-se, á ultima hora, de solicitar minha intervenção. Não me foi possivel esquivar da responsabilidade. Redigi novo projecto, baseado no dec. de 1890, com notaveis modificações e valiosos apparelhos contra a fraude, que é hoje a lei de 1890 [sic]. Já em 1916-1917 escrevi naquele Tratado [de Direito Commercial] do que essa lei precisava de reforma. As leis de fallencia envelhecem cedo.[805]

Pouco tempo depois, em entrevista ao jornal "A Manhã" do Rio de Janeiro, Carvalho de Mendonça foi destaque entre as publicações sobre a reforma da lei, em que se reportava que "[o] dr. Carvalho de Mendonça acolheu-nos com correcta discreção, dado o seu cargo de consultor juridico do Banco do Brasil, e a sua situação de autor da lei critica."[806] Sobre o tema "integridade da magistratura", Carvalho de Mendonça dizia que

> [d]esenganado e convencido pela evidencia dos factos, deve estar o commercio, e quando digo commercio, refiro-me aos que não traficam com as fallencias, mas aos que entram nas fallencias como suprema necessidade para defender o patrimonio. Não podendo vir do céo, o remédio, sómente

[803] *Id. ibid.*
[804] BRASIL. Biblioteca Nacional. *Jornal do Commercio do Rio de Janeiro*. Edição 157, 1928.
[805] *Id. ibid.*
[806] BRASIL. Biblioteca Nacional. *Jornal A Manhã do Rio de Janeiro*. Edição 1090, 1929.

dois meios existem, a moralidade do proprio commercio, resistindo aos conchavos occultos, e a integridade da magistratura, disposta a executar a lei. O problema achará a sua solução nos costumes e nas responsabilidades individuaes, não nos textos de uma lei ideal.[807]

Sobre a responsabilidade da compreensão da Lei nº 2.024/1908, reproduzindo um trechos das últimas edições que atualizara de seu livro de 1899, datadas de 1916 e 1917, e dizia que

> [a] lei n. 2.024 teve talvez o defeito de confiar demais nos juizes, a cujo saber, intelligencia e discreção, entregou a sua parte mais delicada e fundamental, a verificação e classificação dos creditos. Tem sido esse o motivo de criticas de alguns magistrados contra a lei, que lhes augmentou o trabalho e lhes duplicou a responsabilidade. Mas a quem se devia entregar essa preciosa tarefa? Aos credores, partes no processo? Que preparo têm os credores para decidirem nas assembléas, altas questões de direito, reconhecendo e graduando creditos no curso da fallencia? Como saber quaes os verdadeiros e os simulados?[808]

A entrevista com Carvalho de Mendonça na realidade reproduziu outros trechos da última edição de seu livro sobre as falências de 1899, sem explicar exatamente se acabou adotando tal expediente por problemas de saúde de Carvalho de Mendonça, que estava no momento final de sua vida ou por orientação do próprio autor que preferiu divulgar o que já escrevera em sua obra ao invés de falar algo que alterasse novamente sua percepção já publicada em seu livro que podia se considerar consagrado no meio acadêmico e prático de então, como vimos ao longo dos debates parlamentares, bem como das manifestações da Associação Comercial e do Instituto dos Advogados, cujos comentários e percepções sempre traziam à tona, de algum modo, menções à publicação de Carvalho de Mendonça.

[807] *Id. ibid.*
[808] *Id. ibid.*

FIGURA 23

**Entrevista de Carvalho de Mendonça ao Jornal "A Manhã" do Rio de Janeiro**[809]

**«A Manhã» ouve o illustre jurisconsulto dr. Carvalho de Mendonça, autor da Lei das Fallencias**

**Suggestões opportunas sobre a sua interpretação e em face do projecto de sua reforma**

Dr. Carvalho de Mendonça

O criterio estabelecido pela A MANHÃ nesse inquerito, é o mais liberal possivel.

Depois de ouvirmos vozes autorizadas de commercialistas como os drs. Heitor Lima, Barbosa de Rezende, Miranda Jordão, Almachio Diniz, e outros, não podiamos deixar de consultar o proprio autor da lei n. 2.024, o dr. Carvalho de Mendonça, — consultor juridico do Banco do Brasil. — Não nos anima apenas a curiosidade de jornalista, mas o proprio espirito que originou a ciso ouvir o dr. Carvalho de Mendonça.

**O QUE NOS DISSE O DR. CARVALHO DE MENDONÇA**

O dr. Carvalho de Mendonça acolheu-nos com correcta discreção, dado o seu cargo de consultor juridico do Banco do Brasil, e a sua situação de autor da lei critica.

A MANHÃ mostrou a opportunidade do seu parecer, no momento em que se commenta a lei

[809] BRASIL. Biblioteca Nacional. *Jornal A Manhã do Rio de Janeiro*. Edição 1090, 1929. A ideia da entrevista com Carvalho de Mendonça era falar com ele sobre a reforma da lei de falências que ele mesmo redigira e, com isso, coletar as impressões do jurista, porém a matéria acabou se limitando a reproduzir um texto já publicado anteriormente por Carvalho.

Carvalho de Mendonça faleceu em 1930 e esses foram os últimos registros localizados de sua participação direta, ainda que não mencionada no Congresso Nacional, nos debates sobre a nova reforma da lei de falências que redigira.

Nesse mesmo período estava se iniciando a discussão do projeto de lei da Câmara dos Deputados, apresentado pelo deputado Pacheco de Oliveira, sobre a regulamentação da profissão de guarda-livros e contadores e, no bojo dessa discussão, havia também o tom de se coibir com a chamada "indústria das falências e concordatas" que era atrelada também ao conluio entre juízes e síndicos com as pessoas nomeadas como contadores, peritos e guarda-livros nos processos de falência. Sobre essa regulamentação, pelas Juntas Comerciais, a *Associação dos Diplomados em Sciencias Commerciais* do Rio de Janeiro enviou nota à Câmara dos Deputados elogiando a iniciativa do deputado[810]. É também nessa mesma época que entra a pauta a discussão sobre a criação do Juízo Privativo das Falências e das Liquidações no Rio de Janeiro, dividido em duas varas a pedido do Ministério da Justiça[811], em linha próxima ao que defendeu o curador das massas falidas Dr. Dilermando Cruz. Naquela mesma linha que vimos da argumentação de Dilermando Cruz sobre a lentidão dos processos nas varas cíveis e outros problemas decorrentes do acúmulo de outros tipos de processos, o relatório da Câmara dos Deputados dizia que

> [h]oje, os processos de fallencia, na justiça geral, são tão numerosos, que é impossivel aos juizes do civel, que tanto tem de julgar um sem número de outros feitos, se desdobram [*ilegível*] de suas funções com a presteza exigida pela lei e com a segurança reclamada pelos grandes interesses que taes processos envolvem. Acarece ainda que, actualmente, distribuindo-se os processos de fallencia pelas seis varas civeis, impossível materialmente e aos representantes do Ministerio Publico acompanhal-os com regularidade e efficiencia no interesse da justiça.[812]

[810] BRASIL. *Diários do Congresso Nacional*. Edição de 14 de agosto de 1928, p. 2168.

[811] *Id.*, p. 2168. O Ministro da Justiça e Negócios Interiores era o Augusto Viana do Castelo, nascido em Minas Gerais, como o promotor Dilermando Cruz.

[812] BRASIL. *Diários do Congresso Nacional*. Edição de 5 de outubro de 1928, p. 4136-4137. E, na mesma linha do que já havia deixado registrado o Dr. Dilermando Cruz, dizia que "[t]

Sob um argumento de desenvolvimento dos juízes para todos os ramos do direito, para que quando tivessem chance de ocupar a posição de desembargadores, pudessem ter um conhecimento de mais ramos do direito, era também proposto que deveria ser estabelecido um revezamento dos juízes nas varas cíveis e nas privativas das falências com uma substituição alternada de dois em dois anos[813].

Após as manifestações da Associação Comercial de São Paulo, como vimos, na sessão do Senado de 9 de outubro de 1928 o tema da reforma volta a ser discutido em conjunto com os demais assuntos da Comissão Especial do Código Comercial, da qual participavam os senadores Adolpho Gordo[814], como presidente da Comissão, e ainda Cunha Machado, Thomaz Rodrigues, Aristides Rocha, o próprio Lopes Gonçalves e Pedro Lago. Nessa sessão o presidente da Comissão do Código Comercial explicou que esteve ausente das discussões sobre a reforma da lei de falências por tomou parte, como representante do Senado brasileiro, em Versailles, na Conferência Parlamentar e Internacional do Comércio e explicou que a Comissão deliberou por retirar do projeto de Código Comercial então elaborado por Inglês de Sousa, os artigos relativos às falências, "[...] não só por lhe parecer que esta materia deveria continuar a ser regulada por lei especial, como por entender que a lei em vigor necessitava de certas reformas aconselhadas pela experiencia e que deveriam ser feitas com a urgencia que si não poderia conseguir na elaboração de um Codigo, que é naturalmente demorada."[815]

ambém os escrivães das actuaes varas civeis, tendo que attender a todas e varias acções que se processam em seus cartorios, não podem imprimir á marcha dos processos de fallencia a cautela exigida pela lei e a celeridade reclamada pelas partes."

[813] *Id.*, p. 4137.

[814] Adolfo Afonso da Silva Gordo, nascido em Piracicaba, São Paulo, em 1858, pelo CPDOC da FGV, "[...] aprendeu o ofício da agricultura e tornou-se fazendeiro. Ingressando na política, foi membro do Partido Liberal, vereador e presidente da Câmara Municipal da vila de Limeira; tornou-se também tenente-coronel da Guarda Nacional. [...]. Em 1875 ingressou na Faculdade de Direito de São Paulo [...]. [...]. Adolfo Gordo foi reeleito em 1909 e em 1912. Com a morte de Campos Sales, em 1913, foi eleito senador para completar seu mandato. Foi reeleito em 1921 para um mandato de nove anos, que não chegou a completar, pois faleceu no dia 29 de junho de 1929, no Rio de Janeiro, atropelado por um caminhão quando se dirigia ao féretro do amigo e senador fluminense Joaquim Moreira."

[815] BRASIL. *Diários do Congresso Nacional*. Edição de 10 de outubro de 1928, p. 4521.

É também nesse encontro que Adolpho Gordo, se identificando como o relator geral, em contrapartida aos relatores parciais (como o senador Lopes Gonçalves) expressa um apelo que recebeu da Associação Commercial de São Paulo, "[...] no sentido de ser conservado, na nova lei de fallencias, o mesmo systema, as mesmas ideias geraes, o mesmo processo e o mesmo texto da lei vigente, com emendas apenas nos dispositivos que reclamam alteração."[816] Esse pedido de manutenção das bases da Lei nº 2.024/1908, que estava no pedido da Associação Comercial de São Paulo, mas que também era dito como um pedido das associações e corporações representativas do comércio do Rio de Janeiro e de todas as dos estados que já tinham se manifestado sobre o tema, como visto anteriormente, não foi expressado pelo senador Lopes Gonçalves até então, nem mesmo quando se referiu sobre o telegrama que recebera da Associação Comercial de São Paulo e que também foi publicado no Jornal do Comércio do Rio de Janeiro. Talvez em razão dessa omissão sobre o pleito das Associações Comerciais, bem como pelo fato de que o senador Lopes Gonçalves decidiu apresentar uma nova de falências, o senador Adolpho Gordo chamou a atenção do Senado para sua percepção de que

> [...] o projecto em estudos no seio dessa Commissão, propõe, na verdade, a arriscada experiencia de uma lei nova sobre a materia, contando grande numero de innovações, umas de fundo e outras de fórma, das quaes muitas desnecessarias e algumas francamente inconvenientes, como o demonstram os dous pareceres apresentados a esta Associação pelo professor Dr. Waldemar Pereira (sic).[817]

Essa chamada de atenção do senador Adolpho Gordo é relatada em conclusão dizendo que ele estava solicitando aos relatores parciais os seus esforços para que apresentassem seus relatórios até o final do mês de outubro de 1928 e que, com isso, convocaria outra reunião para ser deliberado se seria um projeto a promover uma reforma da lei atual ou

[816] *Id. ibid.*

[817] BRASIL. *Diários do Congresso Nacional.* Edição de 10 de outubro de 1928, p. 4521. A referência era a Waldemar Martins Ferreira, mas no documento transcrito de fato consta o nome como *Waldemar Pereira.*

um projeto de uma nova lei de falências. Sobre essa sessão a transcrição dos debates no Senado é resumida e não expõe linha a linha o que foi dito pelos senadores, apenas fazendo referência que o senador Lopes Gonçalves teria pedido a palavra para fazer uma "[...] leitura de uma longa exposição justificativa dos seus pontos de vista, refutando críticas formuladas pelo professor [...]"[818] Waldemar Ferreira, consultor jurídico da Associação Comercial de São Paulo. Na sequência foi relatado que o senador Thomaz Rodrigues fez a leitura de seu parecer e apresentou um substitutivo parcial e, desse modo, ficou decidido que seriam impressos para estudo, tanto a exposição de motivos do senador Lopes Gonçalves, quanto o substitutivo parcial do senador Thomaz Rodrigues, voltando-se, posteriormente o assunto a ser discutido no Senado para deliberar qual seria o projeto a ser votado. Nessa mesma oportunidade, o senador Adolpho Gordo dividiu os trabalhos dos relatores parciais da seguinte forma: (i) Thomaz Rodrigues deveria fazer a apresentação dos arts. 1 a 54; (ii) Eurico Valle dos arts. 55 a 84; (iii) Aristides Rocha dos arts. 85 a 108 e arts. 140 a 151; (iv) Pedro Lago dos arts. 109 a 139; (v) Godofredo Vianna dos arts. 152 a 158 e arts. 159 a 181; e (vi) Cunha Machado dos arts. 182 a 198.

Em paralelo foi avançando a discussão sobre proposta da criação das varas especializadas de falência no distrito federal e na sessão de 15 de outubro de 1928 foi iniciada a análise do texto que teve origem na Câmara dos Deputados, inclusive determinando o sistema de revezamentos dos juízes das varas de dois em dois anos, com início a partir de 1 de janeiro de 1930[819]. Essas discussões se deram sem qualquer indicação de outros debates, tampouco por parte dos senadores Lopes Gonçalves e Thomaz Rodrigues. No avançar dessa matéria no Senado, o a Comissão de Constituição e Justiça entendeu que deveria ser suprimida a competência sobre as *liquidações comerciais*, mantendo-se apenas as varas privativas de falências (também responsáveis pelas concordatas). A Comissão apontava que isso era necessário, pois

[818] *Id. ibid.*

[819] BRASIL. *Diários do Congresso Nacional*. Edição de 16 de outubro de 1928, p. 4779.

"[e]m 1925 foram requeridas 257 fallencias e realizadas 117 concordatas. Ao todo 374 processos. Em 1926, 4.266 causas foram processadas perante as seis varas civeis desta Capital [do Rio de Janeiro], assim distribuídas:

| | Fallencias e concordatas | Outros processos |
|---|---|---|
| Na 1ª Vara Civel | 83 | 464 |
| Na 2ª Vara Civel | 48 | 513 |
| Na 3ª Vara Civel | 150 | 620 |
| Na 4ª Vara Civel | 209 | 677 |
| Na 5ª Vara Civel | 100 | 671 |
| Na 6ª Vara Civel | 55 | 676 |
| | 645 | 3.621"[820] |

Importante destacar que a regra de distribuição dos processos era uma regra de distribuição livre e facultativa dos processos entre as varas cíveis a critério dos próprios proponentes da ação falimentar, o que tende a explicar a desigual distribuição de processos de falências e concordatas entre as seis varas da capital. No campo legislativo, apesar da discussão sobre a criação de varas especializadas de falências ter avançado e ter sido a única que se baseou em dados estatísticos sobre os processos que tramitavam perante as varas cíveis, não houve continuidade dos debates, tampouco foi aprovada tal lei e o período do Governo Provisório dissolveu novamente o Congresso Nacional, sendo que o assunto não foi retomado, mesmo quando da Constituição de 1934 e reabertura do Congresso Nacional.

Este mesmo Congresso Nacional voltaria a ser dissolvido com o golpe de 1937 e a entrada em vigor da nova constituição iniciando o chamado Estado Novo. Relevante notar que, ao menos nessa discussão, ficou claro que os políticos do Congresso tinham acesso aos dados relacionados aos processos de falência, tal qual vimos desde o início da república, especialmente por meio dos relatórios ministeriais, mas não se valeram de tais dados para fundamentar suas posições nos debates de reforma da lei, apesar de terem usado quando foram discutir esse tema da criação ou não de varas especializadas em falências.

[820] BRASIL. *Diários do Congresso Nacional*. Edição de 7 de novembro de 1928, p. 5184.

Sobre a discussão da Comissão do Código Comercial, em sessão de 10 de novembro de 1928 eram para serem retomados os trabalhos, mas o senador Lopes Gonçalves não estava presente, então foi adiada a discussão para a sessão de 13 de novembro[821]. Nesse dia, então, são retomados os trabalhos é apresentado um ofício da Associação Comercial do Ceará manifestando-se de pleno acordo com o projeto da Associação Comercial de São Paulo, conforme elaborado por Waldemar Ferreira e que ainda estavam pendentes as conclusões dos pareceres dos demais membros da Comissão, de modo que o senador Adolpho Gordo teria dado mais um mês para que os trabalhos fossem concluídos.

De acordo com o quanto descrito na ata da sessão do Senado – novamente não há a transcrição dos discursos do dia –, o senador Adolpho Gordo insistiu para que os senadores levassem em conta a manifestação da Associação de São Paulo de ser conservado o mesmo sistema, as mesmas ideias gerais, o mesmo processo e o mesmo texto da lei em vigor (a Lei nº 2.024/1908) e nesse mesmo dia deixa claro que deverão ser levadas em conta as sugestões da dita Associação, bem como a colaboração do Dr. Dilermando Cruz, além de quaisquer outras apresentadas[822] e então os senadores envolvidos deliberaram por fazer a análise por blocos de artigos em reuniões diversas a partir das reuniões que se seguiriam. Em 22 de novembro de 1928 então é transcrito que houve a realização da reunião da Comissão do Código Comercial, que naquela altura apenas se ocupava com o tema da lei de falências, e fica definido que serão apresentadas não emendas à lei em vigor, mas um substitutivo e que deveriam ser consideradas como emendas todas as proposições divergentes do substitutivo, incluindo-se aí as emendas formuladas pela Associação Comercial de São Paulo e aquelas sugeridas pelo Dr. Dilermando Cruz[823].

Do resumo dos debates, que também não foram transcritos, se registra que "[d]epois de longa discussão, em que tomaram parte todos os membros da Commissão presente, foram mantidos os 36 primeiros artigos da actual lei de fallencias [...]"[824] com pequenas modificações. Essa mesma

[821] *Id.* Edição de 11 de novembro de 1928, p. 5323-5324.
[822] BRASIL. *Diários do Congresso Nacional.* Edição de 14 de novembro de 1928, p. 5372.
[823] *Id.* Edição de 24 de novembro de 1928, p. 5795-5796.
[824] *Id.*, p. 5796.

descrição foi republicada na edição de 25 de novembro de 1928, por ter sido anteriormente publicada com algumas incorreções.

A Associação Comercial de São Paulo mantinha-se na publicação dos ofícios enviados ao Senado Federal por meio do Jornal do Comercio do Rio de Janeiro e deixava claro que "[l]amentando profundamente a nossa divergencia com o illustre Senador Lopes Gonçalves, a que somos sinceramente reconhecidos pela alta deferencia com que nos honrou, [...],"[825] reiterando seu posicionamento para que fosse adotado o projeto elaborado por Waldemar Ferreira em detrimento do que então ainda tramitava no Senado.

Na sessão de 26 de novembro de 1928 a Comissão voltou a se reunir e debateu os arts. 37 a 62 da lei e o senador Adolpho Gordo leu uma carta que recebera do presidente do Instituto dos Advogados, Levi Carneiro, convidando os membros da Comissão para comparecer a uma sessão no Instituto voltada para apresentação de um estudo sintético da reforma da lei de falências[826]. Levi Carneiro tinha feito parte da comissão do Instituto dos Advogados que atuou nos debates do projeto de Código Comercial, em contato estreito com os senadores membros da Comissão Especial do Código, estudando especificamente a parte das falências do projeto de Código[827]. Assim se seguiram os debates em 1928 por meio das reuniões nas sessões de 28 de novembro[828], 1 de dezembro[829], 6 de dezembro – reunião que contou com a presença do Dr. Dilermando Cruz e do Dr. Otto Gil, representante do Instituto dos Advogados[830] –, 8 de dezembro[831], 11 de dezembro – também com as presenças de Dilermando Cruz e Otto Gil[832] – e concluiu suas reuniões em 13 de dezembro, mais uma vez com a presença de Dilermando Cruz e Otto Gil, deixando claro que a partir desse trabalho desenvolvido ao longo dos encontros, seria submetida a redação do substitutivo, de acordo com as emendas aprovadas e

[825] BRASIL. Biblioteca Nacional. *Jornal do Commercio do Rio de Janeiro*. Edição 231, 1928.
[826] BRASIL. *Diários do Congresso Nacional*. Edição de 27 de novembro de 1928, p. 5858.
[827] BRASIL. Biblioteca Nacional. *Jornal do Commercio do Rio de Janeiro*. Edição 191, 1929.
[828] BRASIL. *Diários do Congresso Nacional*. Edição de 29 de novembro de 1928, p. 5937-5938.
[829] *Id*. Edição de 6 de dezembro de 1928, p. 6217-6219.
[830] *Id*. Edição de 8 de dezembro de 1928, p. 6393-6394.
[831] *Id*. Edição de 11 de dezembro de 1928, p. 6518-6519.
[832] *Id*. Edição de 14 de dezembro de 1928, p. 6673-6674.

depois debatido no Senado[833], alterando o rumo do projeto inicialmente apresentado por Lopes Gonçalves[834].

Na edição de 14 de dezembro de 1928 do Jornal do Comércio foi publicada a ata da reunião na Associação Comercial do Rio de Janeiro, em que o representante do Instituto dos Advogados nos debates de reforma, Otto Gil, relatou aos comerciantes associados que o texto final seria apresentado para votação do Senado e que entre as emendas aprovadas estava a que dizia respeito ao aumento dos dividendos mínimos nas concordatas, passando para 50% no caso das concordatas preventivas e 40% nas extintivas (terminativas) e, pedia à presidência da Associação que, diante dessas alterações, que "[...] se telegraphe ao Sr. Presidente da República manifestando inteiro apoio á Reforma da Lei de Fallencias tal como vem de ser elaborada pela Commissão do Codigo Commercial do Senado, pedindo a sua approvação ainda na legislatura."[835]

Já na sessão do Senado de 18 de dezembro de 1928, Adolpho Gordo fez a leitura do parecer e seu substitutivo ao projeto de lei de falências e consta do documento que o parecer foi unanimemente assinado e destacou que os trabalhos tiveram início com os estudos do senador Lopes Gonçalves, mas acrescentou que o substitutivo foi uma coordenação das emendas aprovadas com a colaboração da Associação Comercial de São Paulo (os estudos de Waldemar Ferreira), do Instituto dos Advogados (estudos de Otto Gil e Ribas Carneiro[836]) e da contribuição de Dilermando Cruz, na qualidade de curador das massas falidas no distrito federal. O senador Aristides Rocha pediu a palavra para elogiar o senador Adolpho Gordo por sua extrema dedicação e o senador Lopes Gonçalves propôs que constasse da ata também elogios aos três colaboradores externos aos Senado[837].

[833] *Id.* Edição de 15 de dezembro de 1928, p. 6726.

[834] Por uma escolha do momento, se o seu projeto não tivesse tido seu processo de votação interrompido pelo próprio senador Lopes Gonçalves quando apresentou uma emenda – e isso o remeteu novamente à Comissão –, poderia ter sido votado durante a ausência do senador Adolpho Gordo e ter chegado a um desfecho diferente.

[835] BRASIL. Biblioteca Nacional. *Jornal do Commercio do Rio de Janeiro.* Edição 298, 1928.

[836] BRASIL. Biblioteca Nacional. *Jornal do Commercio do Rio de Janeiro.* Edição 160, 1928.

[837] BRASIL. *Diários do Congresso Nacional.* Edição de 19 de dezembro de 1928, p. 6917-6918.

Ao final, o objetivo buscado pela Associação Comercial de São Paulo, por meio do parecer de Waldemar Ferreira, foi atingido, e em essência a Lei nº 2.024/1908 foi preservada, tendo como principais alterações a (i) formalização por escrito da verificação dos créditos, suprimindo de vez as discussões orais em assembleias de credores, a (ii) concordata tende de estabelecer o mínimo de pagamento de 40% se a proposta for de pagamento à vista e, se for prazo, com o máximo de 2 anos e pagamento mínimo de 75%. Em relação à concordata preventiva o pagamento mínimo ficaria estabelecido em 50%, em substituição ao mínimo de 20% então em vigor (que poderia ainda ser menor nas concordatas suspensivas e que tinha a interpretação de ser o mínimo nas concordatas preventivas) e as (iii) hipóteses adicionais de casos de falência culposa quando houvesse simulação do capital social para obtenção de maior crédito e quando houvesse abuso do crédito, quando o ativo for desproporcionalmente inferior ao passivo ou quando o passivo fosse mais de três vezes superior ao capital social, exceto no caso dos bancos[838].

Em 20 de dezembro de 1928 o senador Adolpho Gordo fez o requerimento de urgência para que o projeto entrasse na pauta e esta foi concedida pela presidência do Senado[839], e em 26 de dezembro de 1928, em sessão extraordinária, o senado realizou a 3ª discussão do projeto nº 2 de 1928 com as emendas da Comissão Especial do Código Comercial, aprovando aquele texto apresentado pelo senador Adolpho Gordo, sendo então remetido à Câmara dos Deputados[840] e chegando na Câmara em 29 de dezembro de 1928[841].

Na edição de 28 de dezembro de 1928 do Jornal do Comércio do Rio de Janeiro, dois artigos foram publicados sobre o texto aprovado no Senado, certamente voltado para os deputados, uma vez que o material aprovado já estava a caminho da Câmara. O primeiro artigo, anônimo, intitulado "[a] nova lei de fallencias - um substitutivo que precisa ser estudado e emendado"[842] se dizia que "[o] Senado approvou sem emen-

838 *Id.*, p. 6923-6924.
839 *Id.* Edição de 21 de dezembro de 1928, p. 7078.
840 *Id.* Edição de 27 de dezembro de 1928, p. 7315-7335.
841 *Id.* Edição de 30 de dezembro de 1928, p. 7529.
842 BRASIL. Biblioteca Nacional. *Jornal do Commercio do Rio de Janeiro*. Edição 309, 1928.

das e sem discussão o substitutivo da Commissão de Justiça [Comissão Especial do Código Comercial, como visto], reformando a actual lei de fallencias[.]"[843], e dizia que o Senado acreditava que a nova lei tinha sido elaborada de acordo com as necessidades do comércio e da indústria do país, mas que estava ali sendo publicada aquela nota, para que a Câmara pudesse ter acesso às críticas que ali se dirigiam. Nesse artigo, o autor dizia que quando se cogitou reformar a lei de falências, "[...] uma das leis mais bem feitas que já existiram no Brasil, [...]"[844], aparecera o projeto do Senado que alarmou o comércio e que "[...] teve receio de que a emenda fosse peior do que o soneto, [...]"[845], mas que houve o apelo da Associação de São Paulo para que não se alterasse o sistema da Lei nº 2.024/1908, fazendo-se apenas modificações decorrentes da prática de vinte de anos.

A primeira crítica apresentada é sobre a alteração da nomeação de síndicos, em que se abriria a possibilidade para nomear pessoas estranhas aos credores do falido, de modo que isso seria "[...] a porta aberta para a instituição dos syndicos officiaes, dos monopolizadores de syndicancias, sem interesses directos na massa, mas com autoridade e influencia para decidirem da sorte dos credores de facto."[846] E prossegue a crítica no sentido de entender que a lei então em vigor havia sido orientada para dar aos credores a maior autoridade e influência sobre as falências, pois ninguém deveria ser mais interessado que os próprios credores, porém, na visão do autor do artigo, a reforma estava alterando esse sistema, subordinando o liquidatário ao juízo da falência, inclusive prejudicando a venda de imóveis, por criar o obstáculo de só poderem ser feitas por meio de hastas públicas "[...] pelo porteiro do Forum [...]"[847], o que contraria a jurisprudência dos tribunais brasileiros.

Outra crítica apresentada era contra a necessidade de ser feita uma avaliação dos ativos a serem liquidadas, na opinião do autor, "[...] a avaliação é uma estimativa, que não póde deixar de estar, como tudo na vida, sujeita ao principio da relatividade! Como fazer para vender um activo se

[843] BRASIL. Biblioteca Nacional. *Jornal do Commercio do Rio de Janeiro*. Edição 309, 1928.
[844] *Id. ibid.*
[845] *Id. ibid.*
[846] *Id. ibid.*
[847] *Id. ibid.*

as offertas não alcançarem á avaliação? A nova lei não admitte a falibilidade dos avaliadores, nem cogita da hypothese de apparecerem compradores que não se subordinem ao critério desses avaliadores."[848]

O artigo também fez uma crítica à forma de visão que se apresentou sobre as concordatas e, dizia que "[...] o que mais nos impressionou foi o espirito de suspeita com que está redigida a lei, que parece lobrigar em todo concordatario a figura criminosa do delapidador, o intuito preconcebido de transformar um recurso de salvação em instrumento de esperteza e de deshonestidade."[849] Era também criticada a impossibilidade dos credores de desistência de seus recursos de embargos, dizendo que no projeto aprovado no Senado havia "[d]isposições que attentam contra principios universaes do direito[.]"[850], e concluiu dizendo que esse era um apelo à Câmara para que impedisse que a lei em vigor fosse mutilada "[...] por uma nova lei, redigida as pressas e sem cuidado, sem methodo e sem orientação."[851]

O segundo artigo, chamado apenas como "Reforma da Lei de Fallencias", fora escrito pelo Dr. Dilermando Cruz, em que dizia que tudo da reforma tinha tido início pela publicação de suas colunas no Jornal do Comercio e, além de elogiar os trabalhos desenvolvidos no Senado, especialmente ao senador Adolpho Gordo, conclui se congratulando com a reforma da qual participara. Nessa mesma data, na coluna de "Publicações a Pedido", o discurso final do senador Adolpho Gordo foi também publicado, endereçando ao final, as conclusões do senado para a Câmara[852].

[848] *Id. ibid.*
[849] BRASIL. Biblioteca Nacional. *Jornal do Commercio do Rio de Janeiro*. Edição 309, 1928.
[850] *Id. ibid.*
[851] *Id. ibid.*
[852] *Id. ibid.*

FIGURA 24

**Publicação estado-unidense de 1928 retratando sua visão sobre o Rio de Janeiro, na revista "Liberty" de Nova Iorque**[853]

16 Liberty January 7, 1928

RIO

*Brazil's Dream-City of Shell-White Palaces*

An Article by

RUDYARD KIPLING

**Brazilian Sketches**

*Have you no Bananas, simple townsmen all?*
*"Nay, but we have them certainly.*
*"We buy them off the barrows, with the vegetable-marrows,*
*"And the cabbage of our own country.*
*"(From the costers of our own country.)"*

*Those are not Bananas, simple townsmen all.*
*(Plantains from Canaryward maybe!)*
*For the true are red and gold, and they fill no steamer's hold,*
*But flourish in a rare country.*
*(That men go far to see.)*

*Their stiff fronds point the nooning down, simple townsmen all,*
*Or rear against the breezes off the sea;*
*Or duck and loom again, through the curtains of the rain*
*That the loaded hills let free—*
*(Bellying 'twixt the uplands and the sea.)*

*Little birds inhabit there, simple townsmen all—*
*Jewelled things no bigger than a bee;*
*And the opal butterflies plane and settle, flare and rise*
*Through the low-arched greenery.*
*(That is malachite and jade of the sea.)*

*The red earth works and whispers there, simple townsmen all,*
*Day and night in rank fecundity,*
*That the Blossom and the Snake lie open and awake,*
*As it was by Eden Tree*
*(When the First Moon silvered through the Tree) . . .*

SOUTH ATLANTIC OCEAN

RIO DE JANEIRO

*Picture by J. E. Allen*

*Map by* [illegible]

into the wharf, and the whole city and the coasts alongside her chose that moment to light up in constellations and cloud-stars of unbridled electricity.

Then men came aboard, ready—as men are the world over—to show a stranger the place that they loved. In two minutes the shadowy lines of the crowded wharves vanished, and the car was sweeping down a blazing perspective, chequered strongly with double lines of tree-foliage and flanked with lit and packed clubs, shops and cafes.

January 7, 1928 Rio—By Rudyard Kipling 17

*THE humbler quarters, where people come out and stand at their doors, and one notices how they live.*

but none more swiftly than certain devils of motor-buses, whose workaday tones I later mistook for the thunder of an aeroplane outside

tropically—warm. Hats, coats, hurry, Time, and other trifles had been

der the stars, and crumbling along ivory sands up to the electric footlights. Here all who were not on wheels were walking by myriads along a mosaic pavement flush with the sea. Facing the beach were costly detached dwellings whose owners had gone amok in every order, detail, trimming, devilment, attribute and curio of what is called "architecture" that their

[853] Disponível em https://go.gale.com/ps/retrieve.do?tabID=Newspapers&resultListType=RESULT_LIST&searchResultsType=SingleTab&hitCount=515&searchType=BasicS

Antes do tema ser tratado pelos deputados, em uma reunião da Associação Comercial do Rio de Janeiro de maio de 1929, os comerciantes debateram a reforma da lei de falências e há um debate específico entre os comerciantes Coronel Cornelio Jardim e Costa Pires, em que o comerciante Cornelio pedia ao presidente da Associação que a Comissão de Falências trabalhasse dia e noite, se fosse preciso, para que a lei de falências pudesse sair completa e acabada de modo a proteger a classe dos comerciantes e fazer desaparecer a falta de confiança que estava recaindo sobre o comércio e dizia que "[o] commercio só se sentirá tranquillo se vier a nova lei e se forem punidos alguns juizes que, como excepções da classe, nem parecem brasileiros, e que concedem fallencias sem exame de especie nenhuma. Imploremos de jelhos, se preciso fôr, ao Congresso, ao Sr. President (sic) da Republica, a reforma da lei de fallencias."[854] O comerciante Coronel Cornelio Jardim encerra essa parte dizendo que é um comerciante próspero e que a Associação deveria empregar esforços "[...] no sentido de activar o andamento da nova lei na qual os deshonestos só nos poderão furtar 50% e não como até aqui, 79%."[855] Por outro lado, o seu debatedor, o comerciante Costa Pires, respondeu

> [...] que a execepção personalizada pelo commerciante Cornelio Jardim felizmente em prospera situação, vinha confirmar a regra da dificuldade em que se debate o commercio. Numa assembléa de commerciantes E. Ex. seria, talvez, o único que estava ao abrigo das necessidades do desconto. Não fosse, por outro lado, a Casa composta de representantes do commercio, propalar que todas as fallencias eram fraudulentas. Fôra lançar um labeo [labéu] sobre todo o commercio. O Sr. Cornelio Jardim deve saber que existem muitas fallencias fraudulentas, mas deve saber tambem que ha innumeros commer-

earchForm¤tPosition=47&docId=GALE%7CFA4200087680&docType=Article&sort=Pub+Date+Forward+Chron&contentSegment=ZLMA-MOD1&prodId=LBRT&pageNum=3&contentSet=GALE%7CFA4200087680&searchId=R2&userGroupName=dsl01&inPS=true, acesso em 12 de junho de 2022.

854 BRASIL. Biblioteca Nacional. *Jornal do Commercio do Rio de Janeiro*. Edição 110, 1929.

855 *Id. ibid.*

ciantes que vão á concordata e até á fallencia, porque perderam tudo quanto podiam.[856]

E concluiu, criticando a forma como a Associação vinha se manifestando, dizendo que

> "[s]e a Associação Commercial se proclamar que todas as fallencias são fraudulentas e como as fallencias fraudulentas só se fazem com a connivencia de commerciantes, conclue-se que todos são deshonestos. [...]. Sera ingênuo e não seria sincero proclamar, na Associação, que todas as fallencias são fraudulentas. É necessario encarar as opiniões pelo seu mérito, e não através das maiores ou menores sympathias pessoaes."[857]

Essa reação de Costa Pires fez com que outros comerciantes, inclusive o Coronel Cornelio Jardim, se manifestassem dizendo que não tinha intuitos pessoais, mas estavam apenas abordando o tema em linhas gerais[858], com apartes e apaziguamentos nas falas, foram encerrados os registros sobre essas discussões.

Ainda em publicação de maio de 1929, em artigo assinado por Melchiades Picanço, sobre a reforma da lei de falências[859] se dizia que deveriam ser tomadas preventivas às falências, como se buscar meios para atestar a capacidade de se tornar comerciante de quem quisesse ingressar no comércio e, como exemplo, citou que "[p]or occasião da alta do café, muitos pequenos lavradores, conseguindo alguns recursos, ingressaram no commercio, onde têm sahido despojados dos haveres que obtiveram na lavoura."[860] E, ainda se reportando a esse caso, dizia que "[u]m negociante assim, inexperiente, vindo da roça, e os representantes das casas commerciaes a fazerem que elle comprasse grandes facturas, não podia deixar de acabar mal. E, como este, outros e muitos outros exis-

[856] *Id. ibid.*
[857] BRASIL. Biblioteca Nacional. *Jornal do Commercio do Rio de Janeiro*. Edição 110, 1929.
[858] *Id. ibid.*
[859] *Id.* Edição 131, 1929.
[860] *Id. ibid.*

tem espalhados pelo interior do paiz[.]"[861], defendendo, com isso, que as medidas a serem adotadas deveriam ser medidas preventivas e educativas a quem quisesse ingressar no comércio. Ainda dizia que "[a] questão não é tanto de desonestidade como muitos supõem, mas é antes de imprevidencia e incapacidade. Em primeiro logar, estão as oscillações de preço como causas determinantes das fallencias, conforme já dissemos. Em segundo logar figuram varios motivos: circumstancias naturaes, como falta de colheitas de café, cereais, etc., e também as faltas de calculo e tino commercial."[862]

Neste ponto educacional, o subscritor concordava com a parte da fala do senador Lopes Gonçalves sobre a necessidade de se ter boas lições no comércio para se evitar as falências, pois entendia que "[a]ssim como não ha de ser com bons formulários que havemos de supprimir as doenças, também não ha de ser por meio de uma simples lei, reguladora das relações juridicas decorrentes do estado de fallencia, que evitaremos desastres commerciaes[.]"[863] e na sua visão havia uma grande maioria composta de comerciantes sérios e um pequeno número de indivíduos que teriam estabelecido comércio com o propósito de dar prejuízo e seria para estes que a lei deveria ser rigorosa e inflexível.

Na Câmara dos Deputados, quando da análise do projeto de reforma da lei de falências enviado pelo Senado, a Comissão de Justiça foi formada pelos deputados Afonso Arinos de Mello Franco, como presidente, Alexandre Marcondes Machado Filho[864], como relator, e, como demais

[861] *Id. ibid.*

[862] *Id. ibid.*

[863] BRASIL. Biblioteca Nacional. *Jornal do Commercio do Rio de Janeiro.* Edição 131, 1929.

[864] Alexandre Marcondes Machado Filho, nascido em São Paulo, em 1892, pelo CPDOC da FGV, "Marcondes Filho cursou o secundário no Colégio São Luís, em Itu (SP), e em seguida ingressou na Faculdade de Direito de São Paulo, pela qual se bacharelou em 1914. [...]. Em 1926, seu nome foi incluído por Carlos de Campos, presidente de São Paulo, na chapa do PRP para a Câmara de Vereadores da capital. Eleito, foi escolhido líder da bancada situacionista. [...]. Eleito deputado federal por São Paulo, na legenda do PRP, para a legislatura 1927-1929, continuou a combater sistematicamente as posições do PD e tornou-se importante auxiliar de Manuel Vilaboim e de José Cardoso de Almeida, que lideravam a maioria parlamentar em apoio ao governo de Washington Luís. [...]. Em 19 de janeiro de 1932, Marcondes Filho foi um dos signatários do manifesto em que o PRP acusava o governo provisório (a "ditadura de Vargas") de solapar o regime republicano e

componentes da comissão, os deputados Ariosto Pinto de Araujo Correia, Sérgio Teixeira Lins de Barros Loreto, João Mangabeira e Francisco Valladares.

Em seu relatório, essa Comissão de Justiça de 1929 já indicava que, tanto o objetivo do Senado Federal, quanto da Câmara dos Deputados, não era a alteração integral das disposições da Lei nº 2.024/1908, bem como reconhecia as limitações da lei em acompanhar a dinâmica da realidade, ao mesmo tempo em que já se identificavam como parte de um país que detinha uma das disposições legislativas sobre o tema das falências, das mais avançadas do mundo[865]. A Comissão de Justiça concluíra que seu parecer e emendas se davam num sentido especialmente de alterações do direito adjetivo (processual), colocando-se como "radicalmente contrários á substituição integral da lei das fallencias."[866] Quanto à compreensão de qual a finalidade de uma lei de falências, a Comissão de Justiça estabelecera que "[u]ma lei de fallencias tem de objectivar o ambiente, a educação commercial do paiz onde actua. Ha de reflectir, portanto, no processo, a reacção contra erros dessa educação, contra os

democrático. [...]. Marcondes Filho só retornou à vida pública depois da implantação do Estado Novo (10/11/1937). Convidado por Vargas, assumiu a vice-presidência do Departamento Administrativo do Estado de São Paulo (DAESP), presidido por Gofredo Teixeira da Silva Teles e reunido pela primeira vez em julho de 1939. O DAESP era encarregado de aprovar empreendimentos e decretos da administração estadual paulista, constituindo-se em uma instância de controle federal sobre São Paulo. Em 1940, Marcondes Filho integrou a representação do Brasil no Congresso de Direito Internacional Privado, realizado em Montevidéu." Disponível em https://www18.fgv.br//cpdoc/acervo/dicionarios/verbete-biografico/alexandre-marcondes-machado-filho, acesso em 9/2/2019.

[865] BRASIL. *Diário do Congresso Nacional.* Edição de 6 de julho de 1929, p. 1057, "[p]rojecto nº 2 A – 1929. *Modifica a Lei de Fallencias; tendo parecer, com emendas, da Commissão de Justiça* (Do Senado – Justiça). Dos debates travados, pelos maiores interessados, em torno da reforma da lei das falências, chegou-se á conclusão de que elles proprios, aliás com grande descortino, não pleitearam a substituição integral da lei nº 2.024, de 17 de dezembro de 1908, mas, apenas, o aperfeiçoamento do seu mecanismo naquelles pontos em que a experiencia houvesse demonstrado que o apparelho não funccionava com a devida precisão. Desejamos assignalar desde logo, este aspecto do problema, para que a repercussão das queixas e das reclamações contra a imoralidade nas fallencias, não faça recahir contra a lei brasileira, uma das mais adeantadas e das mais completas no corpo da legislação internacional, a grande responsabilidade pelos males existentes."

[866] BRASIL. *Diário do Congresso Nacional.* Edição de 6 de julho de 1929, p. 1057.

vicios organicos e remediar os males das praças a que vae servir. Ha de ser necessaria e fatalmente, em certo sentido, uma lei regional."[867] Ou seja, a tônica do relatório, tal qual apresentado sobre as discussões para a produção das leis anteriores, é, novamente, a utilização da legislação falimentar para promover a pedagogia da moralização do comércio no Brasil e a também reiterar a ideia da existência de uma batalha contra as fraudes nos processos falimentares.

Mais uma vez a apresentação nos debates parlamentares dessa visão sobre a especificidade regional da lei de falências e sua adequação à realidade do Brasil é fundamental, sobretudo para demonstrar uma percepção prática do legislador acerca da necessidade de se adequar a escolha legislativa do Brasil para sua própria realidade – tal qual vimos nas defesas que Paranhos Montenegro fez nos debates da década de 1900. Apesar de um anseio expresso para que o Brasil fosse capaz de ter os usos e costumes, métodos, tradição e educação das praças comerciais britânicas, havia um projeto relacionado ao tema das falências que já se expressa com cores mais intensas para a propositura da mudança da lei. Como destaque, os deputados, por meio do relatório, expressaram que era efetivamente ter em conta as origens do comércio no Brasil, bem como a sua ainda considerável incipiência, a inexperiência de alguns comerciantes, bem como a desonestidade de outros e a consideração de fato de que os remédios para essas situações não decorreriam da modificação da lei[868].

Um dos primeiros problemas sugeridos pela Comissão de Justiça era o da análise dos créditos (habilitações de créditos) feitas administrativamente e, principalmente, de modo oral pelos síndicos até o momento anterior à realização das reuniões ou assembleias de credores, sobretudo por conta da ausência de um edital de credores prévio que pudesse indicar quem eram os credores e quais créditos representavam. Essa crítica estava também relacionada à falta de possibilidade de impugnação dos créditos, antes da reunião de credores. Como solução para esse problema, o relatório aponta a necessidade de tornar o procedimento de verificação um procedimento a ser realizado em cartório, sob a batuta do juízo fali-

[867] *Id. ibid.*
[868] *Id.*, p. 1058.

mentar e, dessa forma, seriam prevenidas as fraudes dos processos então em curso.

Também destacavam a necessidade de apresentação, por parte do síndico, do relatório e do balanço, previamente à realização da assembleia de credores, pois, dessa forma, poderiam ter mais informações para deliberarem sobre a eventual proposta de concordata do falido. Outra proposta de modificação identificada à época como um avanço, foi a da fixação das porcentagens do liquidatário (ou o liquidante da massa falida).

Outra modificação substancial foi a possibilidade da medida reivindicatória (uma forma de pedido de restituição) nas concordatas preventivas, sob a alegação de que isso evitaria "[...] enormes prejuízos ao commercio honesto, victima dos manejos audazes dos que enchiam os seus depósitos de mercadorias, compradas propositadamente á ultima hora, e, depois, recorriam á concordata para pagar todos os credores com o dinheiro de alguns."[869]

Também o projeto do Senado Federal indicava uma interferência mais sensível sobre aspectos econômicos das concordatas, sobretudo com a defesa de que, como vimos, para as concordatas preventivas, se fazia necessário aumentar o percentual mínimo de ativos e direitos que deveriam ser disponíveis para garantir a concordata. O montante de 21% previsto na Lei nº 2.024/1908, passaria a ser de 50%, evitando-se assim, o que no relatório se interpretava como uma situação de verdadeira falência e que assegurava ao devedor a continuação de seus negócios e a administração de seus bens.

Outro aspecto foi a criminalização, pela lei falimentar, da declaração irreal do valor correspondente ao capital social, o que passava a caracterizar a falência como fraudulenta se o valor indicado no ato societário fosse diferente do valor real constituído pelos titulares do capital social. Neste ponto, a Associação Comercial do Rio de Janeiro havia enviado também um ofício ao deputado relator, Alexandre Marcondes, para que a repressão penal das falências culposas e fraudulentas fosse entregue aos juízes criminais e apoiavam essas medidas criminais que foram inseridas no projeto[870]. A Associação também teria recebido um prazo de apenas

[869] BRASIL. *Diário do Congresso Nacional.* Edição de 6 de julho de 1929, p. 1058.
[870] BRASIL. Biblioteca Nacional. *Jornal do Commercio do Rio de Janeiro.* Edição 138, 1929.

3 dias para complementar suas sugestões para a reforma da lei, e o fez, apesar de terem reclamado do curto prazo, reiterando com alguns ajustes os pontos que já haviam sido enviados ao Senado e sobre a maior rigidez contra as concordatas preventivas, concluiu que "[t]alvez seja o mesmo [o projeto] considerado exagerado ou rigoroso demais: mas as reações sempre assim se fazem e, no caso, era isso até necessário."[871]

Ainda durante o mês de junho de 1929, o Instituto dos Advogados também mantinha discussões frequentes sobre o projeto. Em reunião de 10 de junho, Levi Carneiro dizia que "[n]o momento actual, em meio da crise que está atravessando o commercio, especialmente desta praça, mais empolgante se tornou tal necessidade [de reforma da lei de falências] e tem-se chegado a attribuir á reforma da lei effeitos *milagrosos* (grifos nossos)[.]"[872], e o advogado deixou registrado que o instituto contou com a participação em suas reuniões do senador Adolpho Gordo e de alguns juízes das varas cíveis para tais debates e tinha clareza de que a crise que se referiam não tinha natureza econômica ou financeira[873], pois uma reforma de lei de falências não poderia resolver uma crise econômico ou financeira do comércio, na opinião apresentada no Instituto dos Advogados, reforçando que os problemas seriam decorrentes de sua aplicação prática e se manifestava no sentido de que o projeto do Senado piorava a lei então em vigor.

Dizia que, na sua visão, os dois principais problemas do tema no Brasil eram as falências de longa duração e sem a apuração de qualquer resultado para os credores e as concordatas preventivas com protelação indefinida, especialmente por conta das suspensões e adiamentos das assembleias gerais de credores. Nesse ponto, explicava que "[o]s credores acceitam as concordatas como um *pis aller* ["má sorte"]; sabem, por experiencia dolorosa, que é o menor dos males: que a fallencia significa, quasi

[871] BRASIL. Biblioteca Nacional. *Jornal do Commercio do Rio de Janeiro*. Edição 143, 1929.
[872] *Id*. Edição 191, 1929.
[873] *Id. ibid*. No original: "[q]uereria, no entanto, accentuar que se a crise actual fosse exclusivamente econômica, ou financeira – como dizem alguns dos que mais insistem pela reforma da lei n. 2.024 – nada adiantaria essa reforma. Ella não pode alterar a situação a situação financeira. Não a melhorará em coisa alguma. E se della puder esperar vantagem o commercio honesto, ha de ser precisamente porque a crise actual não é, de todo, uma crise economica."

sempre, a protelação indefinida, a impossibilidade de qualquer liquidação, do mais insignificante rateio. Na maior parte das fallencias nada fica para os credores, ou ao menos nada elles recebem. E pena que não haja estatisticas."[874]

Sobre as concordatas preventivas o discurso de Levi Carneiro no Instituto dos Advogados fez coro também com aquele do comerciante Costa Pires na Associação Comercial, e dizia, em tom irônico, que "[p]ara abolir a concordata preventiva, ou difficultal-a, como o projecto a difficultou, é preciso suppôr que nenhum commerciante honesto, e de bôa fé, possa vêr perdida a maior parte de seu activo. Tantas e tantas concordatas se têem homologado, de menos de 50%, pelo assentimento dos credores em numero legal – que parece estranho prohibil-as agora, de chofre e em absoluto."[875] Dentre algumas das sugestões que passou, em um subtítulo chamado "o que se havia de fazer", ficou registrado da reunião no Instituto que deveria ser assegurada a livre iniciativa dos credores, pois estes seriam os melhores fiscais do processo, pois "[o] projecto parece restringil-a, fortalecendo a autoridade do Juiz, estabelecendo até 'a immediata direcção e superitendencia (sic) do Juiz sobre os syndicos e liquidatários' (art. 63)."[876]

Um dos problemas recorrentes que reclamavam à época, gerando as acusações das fraudes, estava atrelado ao Decreto nº 2.044, de 31 de dezembro de 1908, a *Lei da Letra de Câmbio*, que fez com que notas promissórias e letras de câmbio fossem usadas para criar credores e fraudar os processos de falências e concordatas, mas que ao mesmo tempo o Judiciário teria conseguido repelir os títulos de crédito simulados e fraudulentos.

Em nova reunião, de 20 de junho, novamente o advogado Levi Carneiro, responsável então pelos debates naquela ocasião apresentou seus elogios e críticas à reforma. Como vimos, o advogado concordava que havia a necessidade de ajustes na lei de falências, mas entendia que "[a]preciando o problema da concordata acha[va] excessivas as medidas repressoras da fraude, que aliás pode ser fomentada quando os credo-

[874] *Id. ibid.*
[875] BRASIL. Biblioteca Nacional. *Jornal do Commercio do Rio de Janeiro*. Edição 191, 1929.
[876] *Id. ibid.*

res quizerem beneficiar o concordatario;"[877] e, por meio do Instituto dos Advogados, confirmou que ele e os demais membros do Instituto estavam em contato com o relator na Câmara, Alexandre Marcondes, para tratar desses ajustes que os membros do Instituto vinham sugerindo. Nesse período, como destacamos anteriormente, foi também em sessão de 20 de junho de 1929 que o deputado Alexandre Marcondes Filho fez a leitura de seu relatório sobre a reforma da lei de falências.

Durante esse período em outra reunião do Instituto dos Advogados, havida em 27 de junho, houve uma apresentação sobre as observações do Dr. Antonio Moitinho Doria sobre a reforma da lei, debatendo o quanto havia sido dito pelo Dr. Levi Carneiro também nas reuniões anteriores[878]. Nesse encontro dos membros do Instituto dos Advogados, em linha com o que os demais debatedores da época também apontavam, as principais modificações a serem discutidas recaiam sobre "[...] a) a concordata preventiva, b) a verificação e classificação dos creditos, c) a arrecadação e administração do acervo do devedor."[879] Sua crítica dizia que a legislação brasileira já era mais rigorosa que a de outros países, pois aqui somente eram permitidos dois institutos: a concordata por pagamento integral ou com remissão parcial da dívida, à vista ou a prazo, levando à quitação do devedor ou então o contrato de união ou a liquidação do acervo da massa, com o rateio, sem necessariamente implicar em quitação[880].

Na opinião de Moitinho Doria, considerando a possibilidade de haver uma concordata preventiva, portanto anterior ao processo de falência, era importante tratá-la, "[...] em primeiro logar, como instituto independente da fallencia, para salientar a natureza especial que deve ter o seu processo, e não embaraçal-a com diligencias próprias daquella [falência], nela [concordata preventiva] dispensaveis e até prejudiciaes."[881] E, com isso, entendia que o projeto de reforma deu tanto à concordata, quanto à falência, a mesma forma processual, confundindo-as e alterando o que até então havia na Lei nº 2.024/1908. Apesar dessas críticas, Anto-

[877] *Id.* Edição 147, 1929.

[878] *Id.* Edição 161, 1929.

[879] *Id. ibid.*

[880] BRASIL. Biblioteca Nacional. *Jornal do Commercio do Rio de Janeiro*. Edição 161, 1929.

[881] *Id. ibid.*

nio Moitinho Doria também concordava que na prática o que se verificava é que a maior parte dos casos de concordatas preventivas em que "devedores impotuaes"[882] pediam para apenas retardar a falência e, com isso, concordava com a medida de se nomear um ou mais funcionários que acompanhassem o devedor durante o cumprimento da concordata, como seria aplicável aos *liquidateur* da lei francesa ou aos *official receiver* da lei da inglesa e criticava a ausência dessa observação por Waldemar Ferreira quando elaborara o projeto do Senado.

Além disso, em elogio à Lei nº 2.024/1908, que já continha tal previsão para todas as falências, entendia que ao menos nas falências de grande valor deveriam ser sempre nomeados três síndicos e três liquidatários para atender às necessidades da massa falida e citou exemplos de sua prática para dizer que "[...] o mal não está na lei n. 2.024 e, sim, em sua descuidada applicação."[883] Moitinho Doria deu dois exemplos de concordatas preventivas que viraram falências e em que os devedores se aproveitaram do tempo que tiveram para esvaziar suas casas comerciais, contando com a conivência do síndico, nomeado entre os credores, do perito nomeado pelo juízo, do curador das massas falidas e, na opinião dele, também do próprio juiz titular.

Quanto à verificação dos créditos, o advogado também criticava o fim das manifestações orais em assembleia geral de credores, atacando, novamente, Waldemar Ferreira por suas justificativas para tornar o procedimento um "processo summarissimo." Também em complemento, o advogado apontou que houve diferenças significativas entre o texto do projeto como publicado no Diário Oficial de dezembro de 1928 e o *avulso* que fora encaminhado para a Câmara dos Deputados. Mas, ao final, elogiou a iniciativa de reforma da lei, apenas aspirando ter contribuído para as discussões.

Não obstante os pontos de convergência entre Câmara e Senado, como os destacados anteriormente, a Câmara, por meio da Comissão de Justiça, também apresentou divergências e suas propostas de emendas ao projeto modificativo da Lei nº 2.024/1908.

[882] *Id. ibid.*

[883] *Id. ibid.*

FIGURA 25

**Publicação do jornal "A Manhã" do Rio de Janeiro sobre a apresentação do parecer do deputado Alexandre Marcondes Machado Filho sobre a reforma da lei de falências**[884]

**O parecer sobre o projecto que modifica a lei de fallencias**

**O relator, deputado Marcondes Filho, lendo-o perante a Commissão de Constituição e Justiça da Camara, declarou-se radicalmente contrario á substituição integral da lei vigente**

**Foram apresentadas e justificadas varias emendas ao projecto do Senado**

O deputado Marcondes Filho leu, hontem, perante a Commissão de Constituição e Justiça da Camara, o seu parecer sobre o projecto que modifica a lei de fallencias. Trata-se de um estudo longo e cuidadoso, revelando o apuro com que o autor examinou o importante assumpto. Transcrevemos aqui a introducção do parecer, que é uma especie de revista geral sobre a materia e uma synthese brilhante dos seus multiplos aspectos:

"Dos debates travados pelos maiores interessados, em torno da reforma da lei das fallencias, chegou-se á conclusão de que elles proprios, aliás, com grande descortino, não pleitearam a substituição integral da lei n. 2024, de 17 de Dezembro de 1908, mas apenas, o aperfeiçoamento do seu mecanismo naquelles pontos em que a experiencia houvesse demonstrado que o apparelho não funccionava com a devida precisão.

Desejamos assignalar, desde logo, este aspecto do problema, para que a repercussão das queixas e das reclamações contra a immoralidade, nas fallencias, não faça recahir contra a lei brasileira, uma das mais adeantadas e das mais completas do corpo da legislação internacional, a grande responsabilidade pelos males existentes.

no processo, a reacção contra os erros dessa educação, contra os vicios organicos e remediar os males das praças a que vae servir. Ha de ser necessaria e fatalmente, em certo sentido, uma lei regional.

Dentro desta orientação, confessamos francamente uma certa indifferença pela parte processual das legislações estrangeiras.

Se pudessemos transportar para o Brasil os usos e costumes, os methodos e as tradições, a educação e a ancianidade das praças britannicas, então já não teriamos duvida, por exemplo, em estudar, em copiar mesmo, a organização e o funccionamento dos "meetings" inglezes, convencidos, porém, de que nem por isso evitariamos as fallencias, fraudulentas ou não, como a propria Inglaterra, onde a educação e a experiencia são outras e melho-

Deputado Marcondes Filho

Tal qual vimos desde a reforma do Decreto do Governo Provisório, um dos argumentos trazidos por Alexandre Marcondes em seu relatório era o de se buscar uma maior moralização das falências, buscando facilitar a fiscalização do processo por parte do juiz e dos credores. Nas palavras expressas no relatório dos deputados:

> *[a]ccrescentamos, por nossa vez, as emendas que nos pareceram aconselhaveis para o fim de aperfeiçoar o mecanismo legal, tirando delle maiores proveitos em beneficio da mora-*

[884] BRASIL. Biblioteca Nacional. Jornal *A Manhã* do Rio de Janeiro. Edição 1087, 1929.

> *lização das fallencias*, rodeando de todas as precauções a nomeação do syndico, facilitando ao juiz e aos credores a fiscalização dos trabalhos desse orgam da massa, estabelecendo maior numero de penas para aquelles que não desempenhem legalmente suas funcções, protegendo o direito dos credores nas impugnações de crédito e em todos os demais termos do processo, cuidado na rapidez e exigibilidade das prestações de contas, castigando o falido que pratique actos ruinosos aos interesses da massa, impedindo intransigentemente a reproducção das fraudes de que se queixa o commercio honesto, além de outras emendas (grifos nossos).[885]

Não obstante esse anseio pela modernização do Brasil em termos de suas práticas comerciais, o foco do legislador da década de 1920 era sobre o sujeito comerciante e não sobre a prática dos atos de comércio. E, mais especificamente, comerciante como sendo considerado não o grande lavrador, fazendeiro ou o industrial, mas aquele que iniciasse um negócio, colocando produtos em sua prateleira[886]. Além disso, é também novamente um pretexto para se buscar uma moralização por meio da lei de falências, mecanismos para a moralização da atividade comercial no Brasil, considerada, pelo relatório oficial, como carregada de abusos e fraudes, que, como vimos, é um argumento constante e reiterado nos debates parlamentares ao longo de diferentes períodos da história. A ideia de criminalização de acordos de repactuação de dívidas fora do ambiente processual também passa ter destaque como uma prática a ser repudiada.

[885] BRASIL. *Diário do Congresso Nacional*. Edição de 6 de julho de 1929, p. 1058.

[886] No original: "[a] lei de fallencias, entretanto, não poderá dar intelligencia e sagacidade a quem suppoz que para ser commerciante era sufficiente encher uma casa de prateleiras e as prateleiras de mercadoria. A lei das fallencias não poderá dar dinheiro ao commerciante que se estabelece com escasso capital, opéra desordenadamente, e depois, ao primeiro embate, se desequilibra. A lei das fallencias não conseguirá transformar em homem honesto e prudente, o aventureiro que elegeu a cidade com o predeterminado intuito de fazer fortuna á custa alheia. Esta face do problema depende quasi que exclusivamente do commercio e só ele tem meios para cohibir o abuso. Si o credito não for concedido com as maiores prudencias, si os accôrdos extra-autos não forem intransigentemente repudiados, pouco poderá obter os dispositivos da lei ou da sua exacta applicação[.]" (*Id. ibid.*).

A escalada autoritária no decorrer da década de 1920 no Brasil vai apresentando a derrocada de uma ideia de *ortodoxia liberal* como símbolo de um fracasso da política de Estado[887].

As reclamações e críticas são dirigidas também às concordatas, bem como ao sistema de deliberação pela maioria, sob o fundamento de que, ao obrigar uma minoria, estar-se-ia possibilitando o *desvirtuamento dos costumes comerciais*[888]. No entendimento da Comissão, a maioria defendia de modo individual seu próprio crédito, e, ao impor à minoria dissidente o plano de concordata aprovado, levaria a um mal generalizado pelo precedente criado.

A Comissão de Justiça não ignorava também o fato de que o tema das modificações sobre leis falimentares não era exclusivo do momento do Brasil. Fazendo menções ao direito italiano[889] e ao direito francês, a

[887] GARCIA NETO, Paulo Macedo. *A questão social na Era Vargas – entre a regulação de trabalho da CLT e os "fins sociais" da Lei de Introdução ao Código Civil. In* MOTA, Carlos Guilherme; SALINAS, Natasha Schmitt Caccia (coord.). *Os Juristas na formação do estado-nação brasileira: de 1930 aos dias atuais.* São Paulo: Saraiva, 2010, p. 224-225. Especificamente quando se afirma que "[n]esse período, a ortodoxia liberal ou *laissez-faire* apresentava sinais evidentes de que havia fracassado como política de Estado. O capitalismo industrial e o modelo taylorista/fordista haviam acelerado o processo de ampliação da complexidade social. Ao lado da modernização estavam as externalidades negativas do crescimento econômico, em especial, os resultados perversos da exploração da mão de obra pelo capital[.]" (*Id. ibid.*).

[888] No original: "Muitas accusações teem sido feitas contra as concordatas de baixa porcentagem e, em geral, reclama-se do legislador remedio para o mal. Não há duvida que em parte elle póde corrigir a fraude. Nem outra cousa quer o projecto, nem outra querem as emendas. Mas a parte principal não depende delle. Uma concordata precisa do apoio de tres quartos dos creditos. E quando a minoria dos credores reclama contra o prejuizo, não pensamos logo na lei, não pensamos logo nos juizes tolerantes. Pensamos primeiro na maioria de credores, na maioria de interessados, portanto, que pactuou esses acôrdos com o devedor, assignando-lhe a proposta, esquecida de que ao defender o proprio credito naquelle caso, semeava, para o futuro, prejuizos irreparaveis, com a desmoralização do instituto e relaxamento dos costumes comerciais[.]" (BRASIL. *Diário do Congresso Nacional.* Edição de 6 de julho de 1929, p. 1058).

[889] *Id. ibid.* Especialmente com base em artigos de Cesare Pagani, publicado na *Revista del Diritto Commerciale* em artigo de 1928 (p. 384), explicando que, especificamente no caso Europeu, não se podia atribuir o problema das falências apenas para a lei, mas levar em consideração que os problemas do comércio e da indústria eram complexos e eram afetados também por fatores externos, como foi o caso da Grande Guerra.

comissão destacava suas justificativas para a necessidade de modificação da lei brasileira, bem como para as emendas que propunha.

Após a apresentação do relatório do deputado Alexandre Marcondes, o texto foi avançando para a 2ª discussão na Câmara e, em sessão de 10 de julho de 1929[890], o deputado Francisco Morato apresentou emendas de gramática, sobre lógica do texto, pleonasmos e repetição de palavras e algumas outras reforçando os pontos já apresentados pelo deputado Alexandre Marcondes. Dentre as emendas propostas por Francisco Morato, uma específica, em relação ao art. 154, §2º, chamou atenção pois sugeriria que, nas concordatas seria possível "[...] alienar, hypothecar e constituir penhor [...]" mediante uma licença judicial, com audiência do Ministério Público [...]"[891], exceto se expressamente constasse do ato de concessão da concordata, pois entendia que seria "[...] possível que, no decorrer da concordata, surja a conveniencia de alienar, hypothecar ou penhorar (sic) [...]" e seria conveniente abrir ao concordatário a possibilidade de praticar tais atos, dentro desses limites, afastando-se com isso a regra da proibição de alienação ou oneração de bens nas concordatas.

Na sessão de 13 de julho de 1929[892] foram lidas e discutidas as emendas propostas pelos deputados Francisco Morato, Adolpho Bergamini, Eduardo Cotrim, Sandoval Azevedo, Joaquim Osorio e Hugo Napoleão, e, com isso, novamente se demandou da Comissão de Justiça que apresentasse seu parecer sobre tais emendas, para que então retornassem as discussões na Câmara. O deputado Hugo Napoleão inclusive chamava o projeto não do Senado, mas de "[...] projecto da Associação Commercial de São Paulo [...]" e que nele "[...] novas e magnificas modificações foram introduzidas pelo brilhante e despretensioso parecer do relator da Com-

[890] BRASIL. *Diários do Congresso Nacional.* Edição de 11 de julho de 1929, p. 1218. Uma dificuldade para lidar com o acesso aos debates parlamentares de 1929 é que não há a digitalização dos Anais da Câmara dos Deputados para o ano de 1929, tampouco houve a digitalização, até a data de encerramento desta pesquisa, dos Diários da Câmara dos Deputados entre os meses de agosto a dezembro de 1929, de modo que parte do acesso que se obteve foi por meio das publicações das transcrições das atas no Jornal do Comércio do Rio de Janeiro.

[891] BRASIL. Biblioteca Nacional. *Jornal do Commercio do Rio de Janeiro.* Edição 164, 1929.

[892] BRASIL. *Diários do Congresso Nacional.* Edição de 14 de julho de 1929, p. 1312.

missão de Justiça [deputado Alexandre Marcondes] [...]."[893] Nas publicações do Jornal do Comércio do Rio de Janeiro também surgiam textos anônimos, na coluna "gazetilha" do Jornal, em apoio às alterações promovidas pelo deputado Alexandre Marcondes Filho[894].

Em 30 de julho de 1929[895] a Comissão de Justiça se reuniu para ouvir o parecer do deputado Marcondes sobre as emendas propostas na Câmara e em 17 de agosto de 1929 houve a leitura do parecer na Câmara, tendo sido registrado pelo Jornal do Comércio do Rio de Janeiro que os deputados Afranio de Mello Franco e Francisco Morato declararam seus elogios calorosos ao deputado Alexandre Marcondes Filho. Na edição do dia 18 de agosto no Jornal do Comércio foi publicada a ata da reunião do Instituto dos Advogados de reunião de 10 de junho de 1929 em que o Dr. Levi Carneiro apresentou as sugestões de alterações ao conteúdo aprovado no Senado para apreciação da Câmara dos Deputados[896].

No campo do direito internacional privado, pouco antes daquela sessão, havia sido promulgado o Decreto nº 18.871, de 13 de agosto de 1929, tratando da Convenção de Direito Internacional Privado de Havana e, em linha com o que já havíamos visto naquele tratado de Montevidéu, se estabeleceu que, em matérias de falências e concordatas "[n]os concursos de credores e no de fallencia, quando fôr voluntaria a confissão desse estado pelo devedor, será juiz competente o do seu domicilio." (art. 328) e "[n]as concordatas ou fallencias promovidas pelos credores, será juiz competente o de qualquer dos lugares que conheça da reclamação que as motiva, preferindo-se, caso esteja entre elles, o do domicilio do devedor, se este ou a maioria dos credores o reclamarem[.]" (art. 329).

Além disso, foi contratado nessa Convenção de Havana um Título Nono, que tratou das falências e concordatas, deixando claro que, para fins do direito internacional privado, "[s]e o devedor concordatario ou fallido tem apenas um domicilio civil ou mercantil, não pode haver mais do que um juizo de processos preventivos, de concordata ou fallencia, ou uma suspensão de pagamentos, ou quitação e moratoria para todos os

893 BRASIL. Biblioteca Nacional. *Jornal do Commercio do Rio de Janeiro*. Edição 198, 1929.

894 *Id.* Edições nº 177 e 178, 1929.

895 BRASIL. *Diários do Congresso Nacional*. Edição de 31 de julho de 1929, p. 1748-1749.

896 BRASIL. Biblioteca Nacional. *Jornal do Commercio do Rio de Janeiro*. Edição 197, 1929.

seus bens e obrigações nos Estados contractantes[.]", conforme o art. 414 da Convenção.

Na Associação Comercial do Rio de Janeiro, em reunião datada de 4 de setembro de 1929, durante uma discussão sobre a reforma da lei, o Dr. Barbosa de Rezende informou que os pleitos da Associação foram apresentados pelo "[...] eminente deputado e notavel jurista, Professor Francisco Morato[.]"[897] e reforçou também os elogios ao deputado Alexandre Marcondes pelas propostas da reforma, em especial sobre o aumento dos percentuais mínimos de pagamentos nas concordatas. Em 22 de setembro de 1929 a Liga do Commercio do Rio de Janeiro também publicou uma nota em dizia que tinha dirigido ao deputado Manoel Villaboim[898], como líder da maioria da Câmara, um pedido de que fosse aprovado ainda na legislatura a se encerrar em 1929 a modificação da lei de falências[899]. Vale deixar claro que o Jornal não publicava apenas trechos elogiosos aos trabalhos dos deputados, mas também publicava críticas. Além daquelas que destacamos anteriormente, havia também a coluna de "publicações a pedido", geralmente com publicações anônimas, em que se apresentavam críticas específicas aos deputados e senadores[900].

[897] BRASIL. Biblioteca Nacional. *Jornal do Commercio do Rio de Janeiro*. Edição 212, 1929.

[898] Manuel Pedro Vilaboim, nascido em Cachoeira na Bahia, em 1867, pelo CPDOC da FGV, "Depois de fazer seus estudos básicos no Colégio 7 de Setembro, em Salvador, obteve, aos 15 anos de idade, permissão especial para ingressar na Faculdade de Direito de Recife, bacharelando-se em 1885. Nomeado promotor público de Vitória, transferiu-se para o Espírito Santo, onde também desempenhou, durante os anos em que lá permaneceu, as funções de juiz municipal de Cachoeiro do Itapemirim. [...]. Em 1915 conseguiu seu primeiro mandato de deputado federal na legenda do Partido Republicano Paulista (PRP), então dominante na política estadual. Sucessivamente reeleito, permaneceu na Câmara até 1929, exercendo a liderança da maioria em 1927 em substituição a Júlio Prestes, que assumiu o governo paulista. Nesse período, pronunciou-se sobre assuntos como emissão de papel-moeda, o imposto de renda, a reforma judiciária do Distrito Federal, e questões relativas ao café, à guerra e ao estado de sítio em que viveu o país durante todo o governo de Artur Bernardes (1922-1926)."

[899] BRASIL. Biblioteca Nacional. *Jornal do Commercio do Rio de Janeiro*. Edição 227, 1929.

[900] *Id*. Edição 239, 1929. Nessa coluna há a publicação a pedido do artigo "amargas derrotas de um D. Quixote juridico...", em que são criticados os deputados Manoel Villaboim e Alexandre Marcondes, porque não se tinha visto neles "[...] ultimamente, demonstrações concludentes de saber ou de excepcional capacidade. Certo é que as famas não se mantém

Sem que a Câmara tivesse votado o parecer de Marcondes, a Associação Commercial do Rio de Janeiro novamente trouxe o tema da reforma à tona durante reunião de outubro de 1929 em que o comerciante J. de Sousa pedia que a Associação cobrasse dos deputados a votação o quanto antes e que esse assunto deveria receber a prioridade, apesar da crise política daquele conturbado politicamente ano de 1929 e dizia que "[u]m conjunto de factores importantes está estorvando as transacções commerciaes. Não se precisava só de lei de fallencia, mas é facto que, inegavelmente, ella trará ao commercio effeitos moraes apreciaveis, que refundarão num coefficiente de novas energias no desenvolvimento das suas transacções."[901] Em resposta o advogado Randolpho Chagas, bastante atuante na Associação Comercial do Rio de Janeiro, pediu a palavra para avisar que havia se encontrado com o deputado Manoel Villaboim e que havia perguntado a esse "*leader*" da maioria da Câmara, quando seria votada a reforma e que lhe teria dito que a votação ocorreria em torno de três dias, se esperando que o presidente Washington Luís sancionasse a reforma até o 15 de novembro daquele ano – simbolicamente a data de comemoração do início da república no Brasil.

Em meio à discussões sobre as eleições e a sucessão presidencial, ainda em outubro de 1929, quando se discutiam os partidários de Getúlio Vargas e da Aliança Liberal, além dos casos de violência das autoridades em todo o Brasil, por conta das disputas políticas, ocorre a primeira tentativa de votação do parecer de Marcondes Filho, que não ocorre por conta das manifestações de diversos outros deputados e, após tais manifestações, se constatou que não havia quórum suficiente na Câmara para a vota-

por si mesmas e, pelo contrario, são insaciaveis, pedindo a cada momento novo alimento substancial. [...]. Conclusão: o Sr. Marcondes, vendo-se derrotado no Direito Commercial, recuou a toda pressa para o Direito Publico, abandonando as armas e bagagens. Mas, ainda aqui, encontrou outra amarga derrota...". A crítica menciona o trabalho de Alexandre Marcondes Filho como parecerista da reforma da lei de falências e mencionou que esse era "[...] um trabalho substancioso e resistente, [que] recebeu muitas censuras, algumas bem acres[.]" e, também, mencionava a discussão havida na Câmara sobre a escrituração contábil do Banco do Brasil a ser analisada ou não pelos deputados (e sim pelos acionistas, portanto) e o posicionamento, que teria sido "de melhor saber" do deputado Hugo Napoleão contra o deputado Marcondes Filho.

901 BRASIL. Biblioteca Nacional. *Jornal do Commercio do Rio de Janeiro*. Edição 254, 1929.

ção[902]. A tensão política na Câmara, com o esvaziamento de sessões por deputados que estavam se alinhando à Aliança Liberal, que então vinha apoiando Getúlio Vargas como candidato à presidência da república, em oposição ao candidato Julio Prestes, apoiado pela situação (em especial pelo presidente Washington Luís) provoca ainda mais atrasos por falta de quórum e não permite a votação da reforma da lei de falências.

Na Associação Comercial do Rio de Janeiro a tensão política também vai aumentando, chegando ao ponto de, em reunião de 14 de novembro de 1929, Randolpho Chagas novamente pedir a palavra e fazer um protesto contra o comerciante Silva Araujo, pois entendia que o "[...] illustre collega se tinha deixado levar pelo enthusiasmo, orientando-se pela paixão politica de uma local do 'Correio Paulistano', orgão partidário, [...] [.]"[903] e lamentava que na Associação também estivesse ocorrendo essa divisão por conta dos posicionamentos políticos que estavam ocorrendo naquele momento no Brasil. Aproveitou e contou com o apoio da presidência da Associação Commercial para pedir um protesto contra a então minoria da Câmara dos Deputados que estava criando um obstáculo para a votação da reforma da lei. E Randolpho Chagas aproveitou para ler um discurso do deputado Marcondes Filho alertando que a lei havia já passado em segunda discussão sem que houvesse nem mesmo uma inscrição de outros deputados para falar a respeito da reforma[904], e, o deputado Alexandre Marcondes Filho, como

[902] Os deputados debatedores, no momento em que se votaria a reforma da lei, foram Adolpho Bergamini, Hugo Napoleão, Raul de Faria, Nelson de Senna, Tavares Cavalcanti, Daniel de Carvalho, Ariosto Pinto, Baeta Neves, Simões Lopes, Baptista Lusardo, Geraldo Vianna, Carlos Pennafiel, Solano da Cunha e Augusto de Lima.

[903] BRASIL. Biblioteca Nacional. *Jornal do Commercio do Rio de Janeiro*. Edição 273, 1929.

[904] Sobre essa ausência de manifestações, o jornal "A Manhã", em seu editorial, publicou a sua decepção com que a Câmara estava tratando o tema da reforma da lei de falências e destacou que "[e]ncerrada a segunda discussão do projecto da lei de fallencias. A MANHÃ [o jornal] agitou largamente este assumpto, nas suas columnas, abrindo-as ao debate dos interessados e dos entendidos em geral e ao noticiario da elaboração do projecto na Camara. Constatamos, assim, o enorme interessa dos meios commerciais pela iniciativa do Congresso, interesse manifestado pela animação e expontaneidade daquelles que nos deram as suas opiniões. *A tudo isto deverá ter sobrevindo agora uma amarga decepção, deante da frieza do plenario da Camara por um assumpto de tamanha magnitude.* A propria Comissão de Constituição e Justiça não o debateu, não o examinou com o devido cuidado, deixando sem

> [...] membro proeminente da Concentração Conservadora, disse que era confortador o facto de, em um momento em que a Nação está dividida, scindida em dois grupos, houvesse um instante de tréguas, um armistício em que, gregos e troyanos, tivessem o sentimento da grandeza do paiz, tivessem o sentimento da defesa dos interesses nacionaes e, a *una voce*, formando um só grupo, concorressem no seio daquelle ramo do legislativo, para que o projecto tivesse mais rapido andamento, de modo que, ainda hontem [13 de novembro], recebesse a sua redacção final, afim de ser devolvido á outra Casa do Parlamento, de onde partiu (grifos do autor).[905]

Com ânimos mais exaltados e diversos apartes sendo registrados, as discussões na Associação Comercial caminharam em um sentido em que alguns dos comerciantes presentes, como J. E. Silva Araujo e Costa Pires, estavam entendendo que a contemporização de "gregos e troyanos", apoiada pelo diretor presidente da Associação, parecia "[...] um signal do renascimento da offensiva aliancista[.]"[906] e a discussão se alongou se afastando de qualquer ponto relacionado à lei de falências e demonstrando apenas as diferenças partidárias entre os comerciantes, expondo também as disputas entre Marcondes Filho e Adolpho Bergamini, então considerado o líder[907] da minoria aliancista na Câmara. Em 27 de novembro o ofício de apoio da Associação ao deputado Alexandre Marcondes Filho foi publicado no Jornal do Comércio[908].

Em meio à escalada das tensões políticas, o projeto alterado na Câmara foi aprovado na sessão de 12 de novembro de 1929[909] e, na sequência já em 17 de novembro houve a convocação da reunião da Comissão Especial

eco, numa silenciosa approvação unanime do parecer do sr. Marcondes Filho, a louvavel tolerancia com que este pediu reiteradamente a collaboração dos entendidos (grifamos) [.]" (BRASIL. Biblioteca Nacional. *Jornal A Manhã do Rio de Janeiro*. Edição 1110, 1929).

905 BRASIL. Biblioteca Nacional. *Jornal do Commercio do Rio de Janeiro*. Edição 273, 1929.

906 *Id. ibid.*

907 Adolpho Bergamini, ao contrário de como era chamado o deputado Villaboim, nunca é grafado como "*leader*" – em inglês – nas publicações que acessamos, apenas grafado como "líder" – em português –, o que parece dar um tom de "maior ascendência" de Villaboim na câmara se comparado a Bergamini.

908 BRASIL. Biblioteca Nacional. *Jornal do Commercio do Rio de Janeiro*. Edição 283, 1929.

909 *Id.* Edição 271, 1929.

do Código Comercial do Senado para debater o projeto com as emendas aprovadas na Câmara dos Deputados, no mesmo período em que o presidente Washington Luís estava promulgando os decretos legislativos dando novas instruções para as eleições federais, bem como dando novo alistamento eleitoral.

Na Comissão do Senado, em reunião de 26 de novembro de 1929, com a participação dos senadores Cunha Machado, Lopes Gonçalves, Godofredo Vianna, Pedro Lago, Bernardino Monteiro, Thomaz Rodrigues e Celso Bayma, sob a presidência do senador Lopes Gonçalves, é aprovado integralmente o texto com as alterações vindas da Câmara e o senador Godofredo Vianna declarou que "quaesquer que sejam os defeitos, de substancia ou de forma, contidos na materia resultante do projecto do Senado e da collaboração da Camara, a verdade é que ella attende os pontos que têm sido objectos de reclamação, *não sendo patriotico, portanto, retardar uma obra que têm taes condições, vem ao encontro dos interesses das classes conservadores e do poder público* (grifos nossos)."[910]

Mesmo com o parecer da Comissão Especial do Senado aprovado, o Jornal do Comércio registrou que a primeira reunião do Rotary-Club de dezembro de 1929 contou com a presença do curador das massas falidas, Dr. Dilermando Cruz, em que apresentou "[...] uma pequena palestra sobre o palpitante assumpto da Nova Lei de Fallencias[.]"[911], abrindo espaço também para quaisquer sugestões por parte dos rotarianos, caso quisessem apresentar e em 7 de dezembro o senador Lopes Gonçalves tentou colocar em pauta o projeto de reforma, mas não pôde ser votado por falta de quórum no Senado[912], mas ainda em meio às tensões políticas e ao esvaziamento do Congresso Nacional pela discussão sobre a sucessão presidencial, não houve discussões. Não obstante, o senador Lopes Gonçalves incluiu uma emenda contendo um artigo que estabelecia que o início do prazo da concordata se daria com a sua propositura e não a partir da sua homologação judicial, dizendo que tal artigo acabou sendo omitido na impressão avulsa do Senado e que não teria também sido analisado pela Câmara dos Deputados.

[910] BRASIL. Biblioteca Nacional. *Jornal do Commercio do Rio de Janeiro*. Edição 283, 1929.
[911] *Id*. Edição 291, 1929.
[912] *Id*. Edição 294, 1929.

Em 9 de dezembro é então sancionado o projeto de reforma da lei de falências, promulgando-se o Decreto legislativo nº 5.746, assinado pelo presidente Washington Luís.

Poucos dias depois, na coluna "Gazetilha" do Jornal do Comércio do Rio de Janeiro, é publicado um artigo chama "a nova lei de fallencias" em que se reportava a publicação do Decreto nº 5.746/1929, que tinha como objetivo acabar com os abusos nas falências e concordatas, por conta das facilidades que eram permitidas pelo regime então vigente. A publicação também tentou dar voz para o que alguns comerciantes já diziam nas reuniões da Associação Comercial do Rio de Janeiro e expressava que era certo que

> [...] grande proporção das fallencias e das concordatas [eram] de negociantes honestos e bem intencionados, victimas das circumstancias e de perturbações que não criaram; outro grupo desses processos provém de prodigalidades sem malicia, de espirito de aventura ou de imprevidência; mas ha também alguns que aproveitam das occasisões e de cumplicidades e fazem de suas difficuldades reaes ou inventadas um meio de lesar os outros, ganhando na realidade grandes quantias.[913]

E o texto foi concluído expressando "[...] que a nova lei deve ser bem recebida pelas *classes conservadoras* (grifos nossos)[.]"[914], atribuindo tal fato ao deputado Alexandre Marcondes Filho, pois teria conseguido conciliar nesse tema a corrente partidária oposta, especialmente formada pelos deputados Afranio de Mello Franco e Francisco Morato e reiterava que não havia mais tempo suficiente para se votar o projeto de Código Comercial, tampouco se reformar a lei das sociedades anônimas, mas que estes temas também precisariam ser votados diante da necessidade que a "evolução economica"[915] vinha exigindo. Na mesma edição do Jornal foi publicada a ata da reunião do Instituto dos Advogados em que o advogado Ribas Carneiro pediu a palavra para criticar a manutenção, na lei aprovada, da possibilidade de declaração de falência de sociedades anô-

913 BRASIL. Biblioteca Nacional. *Jornal do Commercio do Rio de Janeiro*. Edição 297, 1929.
914 *Id. ibid.*
915 *Id. ibid.*

nimas civis, tal qual o texto da lei de 1908, sobretudo por entender que sociedades civis não poderiam ser confundidas com as mercantis e, portanto, não poderia ter sua falência declarada, observando que era necessário "[...] cuidado para a evolução da insolvencia civil[.]"[916], após sua fala, não houve debates registrados e o Instituto não apresentou outros pronunciamentos sobre a reforma da lei.

Em nova reunião no Rotary Club, contando com a participação de Heitor Beltrão, redator do Jornal do Comércio do Rio de Janeiro, também secretário da Associação Comercial do Rio de Janeiro, secretário da Sociedade de Agricultura e da "Revista de Direito Commercial", bem como do advogado Francisco Barbosa de Rezende, houve um novo discurso tratando sobre a reforma da lei.

Nessa ocasião se registrou que o rotariano Miranda Jordão elogiou o Dr. Francisco Barbosa de Rezende, dizendo que este era "[...] sem contestação um dos nossos maiores advogados, patrocinando as causas de grandes emprezas e bancos desta capital [do Rio de Janeiro], [...]. Por este motivo a Associação Commercial o havia convidado para collaborar, tomando parte na commissão que estudou o assumpto e apresentou um grande numero de emendas, quando da discussão da nova lei."[917] Vale destacar que Barbosa de Rezende era também membro do conselho administrativo da Caixa Econômica e também um dos diretores da Caixa de Conversão. Passada a palavra para o Dr. Heitor Beltrão, este também destacou que, além de Barbosa de Rezende, colaboraram com a elaboração da nova lei os comerciantes Edmundo Jordão, Coronel Cornelio Jardim e Randolpho Chagas, este último, rotariano também e quem havia trazido para a reunião do Rotary Club o Dr. Heitor Beltrão[918]. A palestra no Rotary Club de Barbosa de Rezende foi publicada na íntegra na edição de 15 de dezembro de 1929[919].

Nesse discurso, Francisco Barbosa de Rezende explica que a iniciativa do projeto da reforma da lei de falências se por meio do projeto da Associação Comercial de São Paulo, conforme material elaborado por

[916] *Id. ibid.*

[917] *Id.* Edição 298, 1929.

[918] BRASIL. Biblioteca Nacional. *Jornal do Commercio do Rio de Janeiro.* Edição 298, 1929.

[919] *Id.* Edição 299, 1929.

Waldemar Ferreira e assim aprovado no Senado, mas que, na Câmara, por meio da relatoria do deputado Alexandre Marcondes Filho, o projeto então havia sido aperfeiçoado e alterado com 122 emendas, todas aceitas pelo Senado, conforme o relatório do senador Lopes Gonçalves e que o "Chefe da Nação", presidente Washington Luís, que sempre apoiara tal reforma e sancionou a nova lei[920]. Barbosa de Rezende acreditava que com as mudanças "[...] as fallencias e concordatas não se eternisarão como agora;"[921] e destacava que não poderia mais haver concordatas com pagamentos de 5%, 10% ou 15% (no decorrer do seu discurso deixa claro que estava se referindo a concordatas que viravam falências e então pagavam menos do que os 21% tão debatidos), como já havia sido comum no Brasil, mas que agora, o mínimo que o credor receberia seria 40% e, esta hipótese apenas seria possível, se o pagamento fosse à vista. Se fosse a prazo, não poderia ultrapassar 24 meses e, nesta hipótese, deveria garantir o pagamento mínimo de 60% dos créditos dos credores e, além disso, o concordatário não poderia mais dispor livremente de seus bens enquanto perdurasse a concordata[922] e também destacou que nas concordatas agora seria possível fazer o pedido de reivindicação em relação aos credores que não votariam e não estariam sujeitos ao plano da concordata (em especial os hipotecários, pignoratícios e com privilégio especial).

Por fim, apontou que outra importante alteração se deva sobre a conversão dos créditos em moeda estrangeira, que passariam, então, a ser convertidos pelo câmbio do dia em que tivesse sido declarada a falência ou requerida a concordata preventiva. Nessa mesma data o Jornal, em sua coluna "Gazetilha" apresentou um artigo sobre a expectativa em torno da sucessão presidencial, apontando deficiências do candidato Julio Prestes, "pupilo" do presidente da república e que, ao que parecia, apenas estava ali para dar continuidade às pretensões de Washington Luís, mas que pouco tinha conseguido explicar até aquele momento sobre como lidaria com a "politica de defesa do café[.]" e a necessidade de estabilização

[920] *Id. ibid.*
[921] *Id. ibid.*
[922] *Id. ibid.*

da moeda.[923] Na mesma coluna também se destacava o outro candidato, Getúlio Vargas, que já licenciado do governo do Rio Grande para concorrer à presidência, era tratado como um liberal, enquanto o candidato apoiado por Washington Luís, Julio Prestes, era chamado de reacionário, marcando ainda mais aquele momento polarizado em que se encontrava o debate político no Brasil.

Após a publicação da nova lei de falências, o agora Decreto nº 5.746 de 9 de dezembro de 1929, a Associação Comercial de São Paulo publicou, no Jornal do Comércio do Rio de Janeiro, uma nota sobre as incorreções na versão do Diário Oficial, basicamente incorreções de gramática, semântica e de referências cruzadas entre as remissões dos artigos, mas também aproveitou para, ainda em uma precoce análise, apontar que o Decreto (legislativo como vimos) já estava produzindo efeitos: "[c] onforme já tivemos occasião de referir em nosso 'Boletim Diario', no Rio de Janeiro verificou-se nos primeiros dez dias de applicação da nova lei, forte decrescimo dos pedidos de fallencia e concordata – o que constitue indicio de que a reforma conseguiu os seus objectivos de cohibir os grandes abusos contra os quaes clamava o commercio."[924] As associações comerciais também alertavam e buscavam ensinar os comerciantes sobre as disposições e efeitos da lei de falências, para que pudessem se atentar à necessidade da regularidade de seus livros contábeis e balanços e as consequências que a não observação poderiam implicar, sendo a mais grave a de se considerar, em caso de falência, como uma falência culposa e implicaria nos efeitos criminais do processo falimentar[925].

Já em fevereiro de 1930 a Associação Comercial do Rio de Janeiro, que apoiara intensamente as reformas especialmente por meio das emendas defendidas pelo então deputado Alexandre Marcondes, publicou uma nota, destinada ao então Ministro da Justiça, Vienna do Castello, pedindo que o prazo de sessenta dias previsto na lei para a apresentação do balanço do falido fosse interpretado como passível de prorrogação, pois "[e]ssa determinação [de apresentação em sessenta dias], [...], torna-se, de certo modo, inexequível para uma série de ramos

[923] BRASIL. Biblioteca Nacional. *Jornal do Commercio do Rio de Janeiro*. Edição 299, 1929.
[924] *Id*. Edição 8, 1930.
[925] *Id*. Edição 42, 1930.

e subramos do commercio e industria [...][.]"[926] e a Associação dizia estar ali apresentando uma interpretação fiel da Liga do Comércio, representando os desejos das classes que representavam (tanto a Associação, quanto a própria Liga). Esse ofício da Associação Comercial foi endereçado também para a Câmara dos Deputados, especificamente ao deputado Alexandre Marcondes Filho, que fez a leitura do que recebera em sessão de julho de 1930.

Por meio do ofício a Associação especificava que o prazo previsto na lei deveria ser considerado entre cento e vinte ou cento e cinquenta dias, mas Alexandre Marcondes, até então deveras alinhado com a Associação Comercial que apoiou suas emendas, iniciou seu discurso contestando a alegação de que seria um prazo "reconhecidamente escasso", pois "[...] o dispositivo fôra approvado pelo Senado, em seguida pelo relator na Camara [o próprio Marcondes Filho], depois pela unanimidade da commissão e, finalmente, pela unanimidade do plenario, sem que ninguem o achasse escasso."[927] Recordou também que a Associação esteve presente nas discussões, especialmente por meio de seus advogados (nominalmente citando o Dr. Barbosa de Rezende) e que apresentaram sugestões minuciosas, sem comentários específicos sobre esse prazo e, rebatendo o pleito, o deputado Marcondes Filho dizia que o problema não era de prazo, mas sim de "[...] simples organização commercial[.]"[928] e, assim, se opôs aos termos do ofício e do pleito da Associação, deixando claro que "[n]unca fora intollerante nem intransigente[.]", e, com isso, ficou aprovado na Câmara que a resposta ao ofício seria enviada pela própria Comissão, mas nos termos do quanto explicara do deputado Marcondes Filho.

Em paralelo à tentativa da Associação Comercial do Rio de Janeiro, a Associação Comercial de São Paulo também partiu para buscar uma reforma de menor tamanho na lei e, se valeu do caminho no Senado, por meio do senador Lopes Gonçalves. O objetivo da Associação de São Paulo – assessorada por Waldemar Ferreira, como vimos – era de fixar o prazo das concordatas preventivas a partir da proposta e não da homologação

[926] *Id.* Edição 44, 1930.
[927] BRASIL. Biblioteca Nacional. *Jornal do Commercio do Rio de Janeiro*. Edição 158, 1930.
[928] *Id. ibid.*

judicial, inclusive mantendo-se em curso o prazo caso fosse embargada, obrigando o devedor concordatário a depositar os valores em juízo sob pena de declaração de falência, em linha com uma das emendas rejeitadas na Câmara, conforme acompanhamos anteriormente.

Contra essa manifestação da "Filliada"[929], a Associação Comercial do Rio de Janeiro se insurgiu, em manifestação do Dr. Otto Gil e corroborada por Alexandre Marcondes, sob o fundamento de que não se poderia aceitar qualquer efeito da concordata preventiva antes da sua homologação judicial, pois o contrato só existiria após a sentença homologatória, mantendo-se, com isso, "[...] a mais absoluta igualdade entre os credores. No caso do projecto essa igualdade desapparecieria, porque não seria possivel obrigar o credor embargante, que não acceitará a concordata, a receber apenas parte de seu credito, quando, por exemplo, na concordata houvesse remissão."[930]

O Dr. Otto Gil também aproveitou para se manifestar de modo favorável ao parecer de Alexandre Marcondes contrário ao pleito de prorrogação do prazo de sessenta dias para a apresentação dos balanços feito da própria Associação Comercial e pediu, ao final, que a presidência da Associação do Rio de Janeiro reorganizasse a Comissão de Falências interna para que se pudesse apresentar as opiniões aos Poderes competentes[931]. O Dr. Otto Gil também tratou de assuntos relacionados às reformas da lei de falências no Instituto dos Advogados, em reunião de 10 de julho de 1930, destacando o que se estava fazendo na Itália e apontou que os principais pontos diziam respeito "[...] à *concordata*, sua proposta, garantias e acceitação e homologação, *com arbítrio do juiz* (grifos nossos) [.]" no âmbito do projeto de reforma de Alfredo Rocco[932]. Na Associação a posição de Otto Gil não era unânime e em reunião de 16 de julho de 1930, o Dr. Hannibal Porto novamente se manifestou pela necessidade da modificação do prazo para apresentação dos balanços e criticou o deputado Alexandre Marcondes Filho, destacando que

929 *Id.* Edição 163, 1930.
930 BRASIL. Biblioteca Nacional. *Jornal do Commercio do Rio de Janeiro*. Edição 163, 1930.
931 *Id. ibid.*
932 *Id.* Edição 164, 1930.

> [t]odos sabemos, que o relator da lei de fallencias [Alexandre Marcondes Filho] é considerado no meio commercial, de S. Paulo, onde tem boa clientela, como dos mais notaveis advogados daquelle fôro. Pela grande pratica que possue da materia, S. Ex. sabe que as escriptas fraudadas são as mais bem feitas, não sendo isso, entretanto, obra de momento ou de occasião. Para o deshonesto, a que se refere o Deputado Marcondes Filho, todo tempo é tempo para a fraude.[933]

E buscou deixar claro que se as Associações Comerciais estavam pedindo um maior prazo, era justamente com foco nos comerciantes honestos, pois elas mesmas é que tinham pedido uma lei de falências rigorosa[934], não podendo-se, portanto, partir da premissa que o aumento do prazo serviria para comerciantes desonestos e para a fraude e, com isso, propunha que a Associação Comercial insistisse na demanda da reforma da lei nesse ponto[935]. Ao final, a presidência da Associação Comercial decidiu que o tema deveria ser tratado diretamente entre a Comissão de Falências da Associação e o deputado Marcondes Filho. Nessa mesma oportunidade a Associação Comercial do Rio de Janeiro, diante do resultado das eleições de maio de 1930, em que havia sido eleito presidente o Sr. Julio Prestes, determinou que uma comissão composta pelos membros Costa Pires, Dr. J. E. Silva Araujo e Dr. Eugenio Gudin deveria recebê-lo e dar as boas-vindas em nome da Associação[936].

Nessa mesma época, na coluna "publicações a pedido", o Jornal do Comercio também publicou a manifestação de um advogado, Dr. Carlos de Saboia Bandeira de Melo, sobre os votos do julgamento no Supremo Tribunal Federal de um caso de pedido de extradição da justiça italiana e, com isso, de reconhecimento ou não de uma jurisdição estrangeira que decretou a falência de um comerciante e se tal sentença seria válida no Brasil. O caso era o da firma Dante Angeli & C., que teve a falência decretada na Itália, com pedido de extradição do comerciante falido, e que o advogado buscava que não fosse reconhecida no Brasil, mas sim

[933] *Id.* Edição 169, 1930.

[934] *Id. ibid.*

[935] Id. *ibid.*

[936] BRASIL. Biblioteca Nacional. *Jornal do Commercio do Rio de Janeiro*. Edição 169, 1930.

mantendo-se a competência da jurisdição brasileira, não se permitindo, desse modo, a efetiva extradição do comerciante[937].

Também, durante os anos de 1930 o advogado Trajano de Miranda Valverde, então próximo dos seus quarenta anos de idade, também já passava a ter seus casos ocupando colunas do Jornal do Comércio, especialmente advogando para credores em processos de falências e em discussões sobre conflitos de competência[938], assinando suas petições também com o advogado Gualter José Ferreira. Trajano de Miranda Valverde foi também entrevistado na série de matérias de 1929 pelo jornal "A Manhã" do Rio de Janeiro, em que já demonstrava seu posicionamento contrário ao do deputado Alexandre Marcondes Machado Filho, e disse inclusive que "[...] o parecer Marcondes Filho complica a reforma!"[939]. Foi em 1931 que publicou seu livro chamado "a fallencia no direito brasileiro"[940], evidenciando ainda mais sua inclinação para a matéria.

[937] *Id.* Edição 104, 1930.

[938] BRASIL. Biblioteca Nacional. *Jornal do Commercio do Rio de Janeiro.* Edição 142, 1930.

[939] BRASIL. Biblioteca Nacional. *Jornal A Manhã do Rio de Janeiro.* Edição 1092, 1929.

[940] VALVERDE, Trajano de Miranda. *A Fallencia no Direito Brasileiro.* Rio de Janeiro: Editora Freitas Bastos, 1931.

FIGURA 26

**Publicação do jornal "A Manhã" do Rio de Janeiro com a entrevista de Trajano de Miranda Valverde**[941]

São do sr. Trajano de Miranda Valverde, as palavras e conceitos que seguem, multissimo interessantes:

"DE DECEPÇÃO EM DECEPÇÃO

Logo de que nos foi dado ensejo de lêr o parecer do brilhan-

Dr. Miranda Valverde

te deputado Marcondes Filho, sobre o projecto, vindo do Senado, que modifica a lei de fallencias, de decepção em decepção terminámos a sua leitura. Tanto o projecto como as emendas propostas, não solucionam sérias questões de interpretação da lei, suscitadas por vezes, perante os tribunaes, cujos julgados sempre mereceram, em taes

Pensa, no entanto, que, no processo ou mecanismo da lei, está "a reacção contra os erros dessa educação, contra os vicios organicos e o remedio contra os males das praças a que vae servir".

O PARECER MARCONDES FILHO COMPLICA A REFORMA!

Se o aperfeiçoamento do apparelho processual fosse sufficiente para se conseguir o que, com a reforma da lei se pretende, ainda assim o projecto, com as suas emendas, longe de simplificar, aperfeiçoando o processo, complica-o, e de tal maneira em certos pontos, com mil e uma extravagantes engrenagens que montado e prompto para o trabalho, ou não se moverá, ou será famoso como padrão de morosidade. Temos um exemplo frisante no chamado processo de verificação de creditos, que se inicia com o apresentar da respectiva declaração e termina com a sentença da inclusão ou exclusão do credito. Tal como o estatue o projecto, que não soffreu emendas substanciaes, a vingar, teremos um magnifico pandemonio.

FALTA DE TECHNICA E DE COMPREHENSÃO

Com effeito. O syndico, cujo exercicio pessoal das funcções torna o projecto mais severo, ou será o primeiro a desrespeitar a lei pela impossibilidade material"

941 BRASIL. Biblioteca Nacional. Jornal *A Manhã* do Rio de Janeiro. Edição 1092, 1929. Trajano de Miranda Valverde se posicionou contrariamente ao parecer de Alexandre Marcondes Machado Filho sobre a reforma da lei de falências, além de fazer críticas diretas ao deputado.

O Dr. Antonio Moitinho Doria, que já havia participado também dos debates da reforma da lei, especialmente por meio do Instituto dos Advogados, voltou a se manifestar, ainda em agosto de 1930, justamente em reunião no Instituto, para tratar sobre as mudanças na lei brasileira, destacando também as mudanças que ocorriam na Itália e destacou que as reformas de um processo de falência são um organismo à parte de outras leis, em todas as jurisdições, e, ao reformar tal lei, deveria se considerar que

> [h]á dois criterios differentes, ou se dá liberdade ampla aos credores de tratar com o fallido e defender os seus interesses, ou se dá ao Estado uma intervenção immediata em garantia dos proprios credores, para manter a igualdade entre elles, o que costuma chamar a *par conditio*, e evitar fraude de ambos os lados. Há injustiça em attribuir só aos fallidos a culpa dos males, os credores são *magna pars* em todas as phases do processo de fallencia e os factos incriminados resulta, na maioria delles, de conluio entre uns e outros. *Dahi a vantagem da intervenção do Estado por orgãos especiaes, desde que se manifeste a insolvencia do negociante. Chamam alguns autores de dois systemas: voluntarismo e officialismo.* [...]. *Impõe-se, portanto, que os legisladores uniformizem o systema. Se querem ser rigoristas, até elevarem, como fizeram, a percentagem mínima da concordata de 50%, devem, para serem logicos, adoptar as medidas indispensaveis á conservação do acervo, o que a recente reforma não fez* (grifos nossos).[942]

No Senado o assunto da reforma da lei também não estava pacificado. Em sessão de outubro de 1930 o senador Cunha Machado, redator do texto final publicado no Diário Oficial, falava sobre o requerimento do deputado Adolpho Bergamini para que fosse aberta uma sindicância para elucidar como houve a supressão de parte do art. 122, parágrafo terceiro e um trecho do art. 126 do projeto que foi convertido em lei[943]. O senador considerou justa a indicação e relembrou que teve como auxiliar nesse trabalho de redação final o Dr. Dilermando Cruz, bem como o Dr. Rosa Junior, funcionário do Senado e explicou que as supressões e alterações se deram para "[...] restabelecer o que existe na lei n. 2.024 de

[942] BRASIL. Biblioteca Nacional. *Jornal do Commercio do Rio de Janeiro*. Edição 195, 1930.
[943] *Id*. Edição 236, 1930.

17 de Dezembro de 1929 [sic – referência correta é ao ano de 1908] [...] [.]"[944], evitando-se, assim, uma efetiva sindicância, pois o redator prestou os esclarecimentos solicitados pela Câmara.

O Decreto nº 5.746 /1929 foi ainda objeto de duas republicações, uma em 1930 e outra em 1933, sem qualquer menção nas fontes consultadas, muito provavelmente em razão do fato de que não houve alterações materiais nessas republicações, restringindo-se apenas a alterações ortográficas, em especial de extinção das consoantes duplas aproximando a grafia ao que conhecemos na data atual.

### 2.5.2 A estrutura legal do Decreto nº 5.746/1929

O Decreto nº 5.746/1929 foi promulgado contendo poucas alterações de forma em relação à lei de 1908 e foi dividido da seguinte forma:

| **Decreto nº 5.746, de 9 de dezembro de 1929** |
|---|
| Modifica a Lei de Fallencias<br>1) Titulo I<br>a. Da natureza e declaração da fallencia<br>i. Secção I<br>1. Dos caracteristicos da fallencia e de quem a ella está sujeito<br>ii. Secção II<br>1. Da declaração judicial da fallencia<br>2) Titulo II<br>a. Dos effeitos juridicos da sentença declaratoria da fallencia<br>i. Secção I<br>1. Dos effeitos quanto aos direitos dos credores<br>ii. Secção II<br>1. Dos effeitos quanto á pessoa do fallido<br>iii. Secção III<br>1. Dos effeitos quanto aos bens do fallido<br>iv. Secção IV<br>1. Dos effeitos quanto aos contractos do fallido<br>v. Secção V<br>1. Da revogação de actos praticados pelo devedor antes da fallencia |

944 *Id. ibid.*

3) Titulo III
    a. Do pessoal da administração da fallencia
        i. Secção I
            1. Do syndico
        ii. Secção II
            1. Do liquidatario
        iii. Secção III
            1. Das disposições communs ao syndico e ao liquidatario
4) Titulo IV
    a. Da arrecadação e guarda dos bens, livros e documentos do fallido
5) Titulo V
    a. Da verificação e classificação dos creditos
        i. Secção I
            1. Da verificação dos creditos
        ii. Secção II
            1. Da classificação dos credores da fallencia
6) Titulo VI
    a. Das assembléas dos credores
7) Titulo VII
    a. Da concordata
8) Titulo VIII
    a. Da realização do activo e liquidação do passivo
        i. Secção I
            1. Da realização do activo
        ii. Secção II
            1. Do pagamento aos credores da massa
        iii. Secção III
            1. Do pagamento aos credores da fallencia
9) Titulo IX
    a. Da reivindicação
10) Titulo X
    a. Da rehabilitação
11) Titulo XI
    a. Da concordata preventiva
12) Titulo XII
    a. Da homologação e effeitos das sentenças estrangeiras em materia de fallencia e meios preventivos de sua declaração
13) Titulo XIII
    a. Dos crimes em materia de fallencia e de concordata preventiva e do respectivo processo
14) Titulo XIV
    a. Das disposições especiaes
15) Titulo XV
    a. Das disposições geraes

Em relação ao fluxograma do processo falimentar e da possibilidade da realização da concordata suspensiva da falência, temos as seguintes etapas, provocando alterações em relação à lei de 1908:

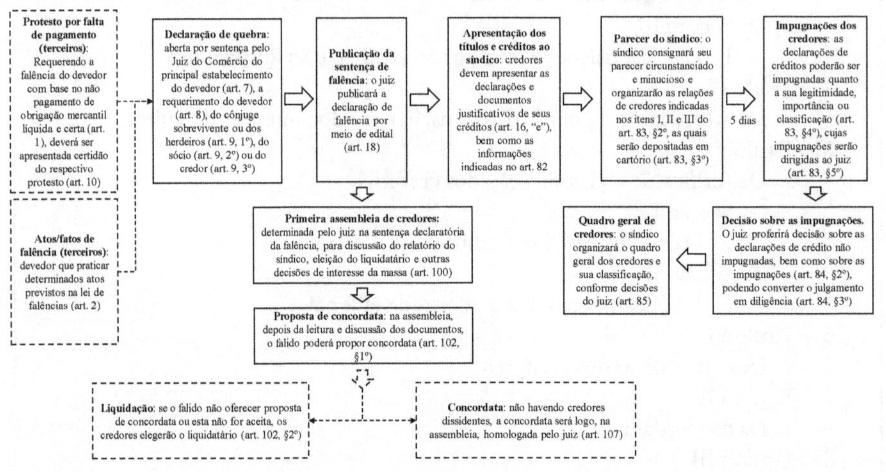


Caso sobreviesse a decisão dos credores pela concordata suspensiva, os passos, em idênticos ao que já constava da lei de 1908, seriam os seguintes:

Decreto nº 5.746/1929: Parte 2 – Fluxograma de Procedimentos (concordata)

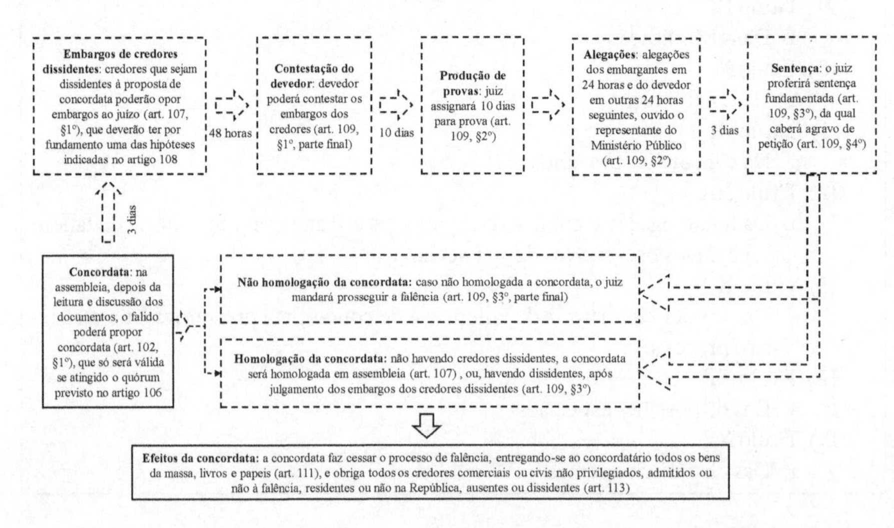

E sobre a concordata preventiva, caso proposta antes da existência de um pedido judicial de falência, deveriam ser observadas as seguintes etapas, aí sim com diferenças em relação à lei de 1908:

Decreto nº 5.746/1929: Fluxograma de Procedimentos (concordata preventiva)

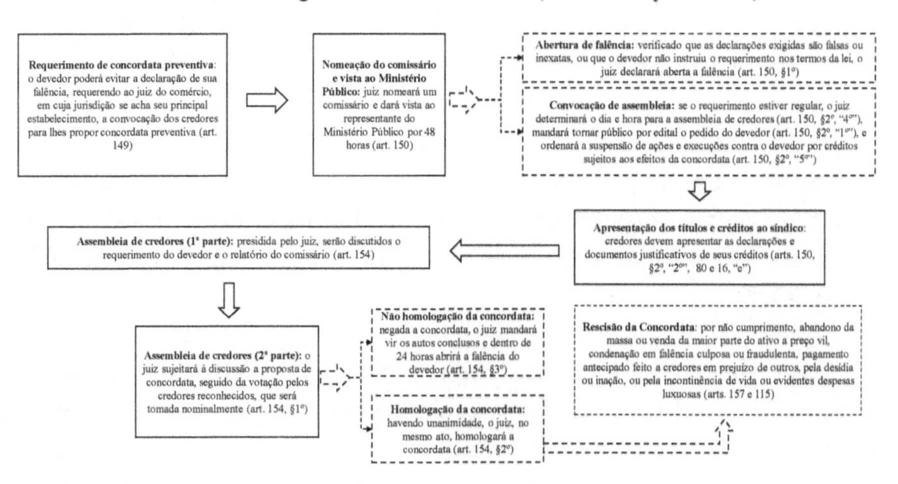


### 2.5.3 Considerações sobre a prática do Decreto nº 5.746/1929

Almachio Diniz Gonçalves[945] escreve um manual sobre direito falimentar em 1924, baseado na Lei nº 2.024/1908 e publica sua segunda edição em 1930, logo após a publicação do Decreto nº 5.746/1929, que modificou a lei de falências então vigente. Escreveu os primeiros capítulos, mais teóricos e até certa medida históricos, com base em autores portugueses, italianos, franceses, alemães e, em especial, os autores brasileiros, sobretudo com referência ao trabalho de José Xavier Carvalho de Mendonça, o elaborador do texto final que se tornou a Lei nº 2.024/1908 como vimos.

[945] Almachio Diniz Gonçalves (1880 – 1937) foi advogado, professor da Faculdade de Direito da Bahia e da Faculdade de Direito do Rio de Janeiro, atuando como professor de Direito Civil, mas publicou livros em diversas áreas, inclusive em filosofia do direito, direito público e diversos ramos do direito civil. Atuou como advogado, escritor e poeta, além de suas funções acadêmicas como professor. Tem como prefácio à sua segunda edição uma carta do professor José Xavier Carvalho de Mendonça, um dos principais autores sobre a matéria no direito brasileiro à época, e Clóvis Bevilacqua, jurista que dispensa maiores explicações para fins deste projeto preliminar.

Os demais capítulos refletiam em essência sua perspectiva sobre os diversos temas falimentares e as discussões levantadas pela prática da advocacia perante dos tribunais brasileiros.

A perspectiva de definição do professor Almachio Diniz se faz por meio da consideração de que é um fato econômico, refletido posteriormente no mundo jurídico, reforçando a ideia de então, de que o juízo *declarava a falência* e não a *decretava*,

> [juridicamente] considerada, a fallencia irradia relações objectivas pelos campos do direito privado, do direito processual e do direito penal. É um facto economico, e, por isto mesmo, um facto social, de caracter pathologico em face da normalidade, com que se faz o desenvolvimento da economia do credito.[946]

Como Almachio Diniz encarava os aspectos jurídicos da falência sob três campos do direito, há de se esclarecer o papel de cada um. Sob a perspectiva do direito privado, o autor estabelece que "é o patrimônio dos credores que se procura resguardar deante da consummação do patrimonio do devedor comumm."[947] Dessa forma ter-se-á a revelação do "desastre economico de um devedor commerciante", bem como a conservação, apreensão e afastamento de todas as ações e execuções particulares de modo a proteger os bens e direitos do devedor, para que, em um processo único, todos os credores possam fiscalizar-se mutuamente e deliberar sobre seus interesses comuns.

Sob a perspectiva de direito processual, o fato de haver a interferência direta do Estado, por meio do Poder Judiciário, ao se estabelecer um processo em que cabe ao juiz averiguar se os procedimentos de arrecadação, liquidação, pagamento dos credores e defesa pelo devedor de seu próprio patrimônio, tem-se uma forma ordenada para a solução dessa situação anormal do encerramento dos negócios desse devedor.

[946] Diniz, Almachio (Diniz Gonçalves). *Da Fallencia – theoria dos factos e pratica dos principios à luz da lei num. 5746 de 9 de dezembro de 1929, e da ultima jurisprudencia dos juízes e tribunaes da republica.* 2ª Edição. São Paulo: Saraiva, 1930, p. 15.

[947] Diniz, Almachio (Diniz Gonçalves). Ob. Cit., 1930, p. 15.

A terceira e última perspectiva jurídica da falência, por fim, considera-se que

> [...] si o devedor, por sua culpa ou fraude, afastado das boas regras do credito que alicerceia o bom commercio, incide na sancção de procedimentos qualificados crimes, uma acção nova se impõe, e é no direito penal que a lei encontra os elementos de cohibição. Pondera muito bem A. Rocco, que, em casos taes, o direito penal fica interessado, porque a perturbação que o phenomeno da fallencia leva ao desenvolvimento normal das relações do credito privado, repercute sobre o credito publico, violando assim o direito do Estado, a quem respeita a tutela do credito publico.[948]

Ruben Braga[949], professor de direito comercial da Universidade Federal Fluminense, em 1933, escreveu um livro sobre a falência e concordatas. Em seu livro trouxe à tona muito da discussão havida entre os autores de língua portuguesa, em especial os brasileiros, bem como o posicionamento dos tribunais, com praticamente nenhuma referência a autores estrangeiros. A definição de Ruben Braga para a falência é essencialmente jurídica, sem levar em consideração obrigatoriamente o fato econômico que eventualmente recaísse sobre aquele sujeito aos procedimentos falimentares. Assim, para o autor,

> [fallencia], é o *estado* do commerciante que suspende ou que falta aos seus pagamentos e esse estado é declarado por sentença judicial, confessado o

[948] DINIZ, Almachio (Diniz Gonçalves). Ob. Cit., 1930, p. 16.

[949] Ruben Braga (1879 – ?), advogado e professor livre docente da cadeira de direito comercial na Universidade Federal Fluminense, apenas homônimo do cronista, não foi um dos juristas comercialistas cuja obra prevaleceu e foi reproduzida por outros autores. Biograficamente tem maior ligação à história de outras duas pessoas, João Ribeiro de Carvalho Braga e Erasmo de Carvalho Braga, respectivamente seu pai e seu irmão mais velho. Ambos ligados aos primeiros movimentos do presbiterianismo no Brasil em finais do século XIX e primeiras décadas do século XX. Seu livro sobre falências tem uma característica de anotações de aulas, pois fora voltado para seus alunos de graduação. Escreveu dois livros ligados à área do direito comercial: um de lições de direito comercial e esse que aqui faço referência sobre falência e concordatas, livro este que foi publicado em duas edições: 1933 e 1938.

estado pelo *proprio devedor* impontual ou insolvente ou a *requerimento do credor*, habilitado com titulo de divida liquida e certa, vencida e não paga ou provada a insolvencia do devedor (grifos do autor).[950]

E continuou definindo que há duas modalidades de falência perante o direito brasileiro, com base no Decreto nº 5.746/1929; uma em decorrência da (a) impontualidade no pagamento de dívida líquida e certa, já vencida e outro decorrente da (b) insolvência do comerciante[951].

Sebastião Soares de Faria, em trabalho sobre a concordata terminativa da falência, aprofundando o debate das publicações dos autores brasileiros Carvalho de Mendonça, Otávio Mendes, Waldemar Ferreira e Eduardo Spindola tendo como base a Lei nº 2.024/1908, conforme alterada pelo Decreto nº 5.746/1929, em especial na parte das concordatas, aborda marginalmente o tema do direito falimentar, mas se aprofunda na discussão sobre as concordatas terminativa e suspensiva da falência.

Nesse trabalho, Soares de Faria definiu a concordata não como um processo ou como juridicamente constituída por meio da sentença, mas como

[...] um acordo entre o devedor e os seus credores chirographarios, tendo por fim evitar a fallencia ou fazer cessar os seus effeitos, si já declarada. Celebrada com os credores chirographarios, em unanimidade, ou representados por determinada maioria, nem por isso perde a concordata a sua feição contractual. Certo refoge ás exigencias typicas do contracto, uma vez que obriga credores que se não manifestam e credores que francamente a desaprovam, vale dizer, os credores ausentes e dissidentes.[952]

E sobre o papel do Judiciário nessa formação da concordata, Soares de Faria entendia que

[950] Braga, Ruben. *Fallencia e Concordatas (lições rudimentares)*. Niterói: Dias Vasconcellos, 1933, p. 11.
[951] Braga, Ruben. Ob. Cit., 1933, p. 11-12.
[952] Faria, S. Soares de. Ob. Cit., 1928, p. 1.

> [a] concordata só se forma, depois que, verificadas pelo juiz a observancia dos requisitos legaes, quanto á proposta e a aceitação, e das normas processuais, profere elle a sentença que a homologa. A homologação não cria a concordata, pois o elemento contractual existe fóra della. Mera funcção tutelar, a intervenção judicial, desempenha um papel de salubridade publica: o de verificar si o proponente, em razão de factos e circumstancias desenrolados no processo, é merecedor do beneficio que invoca e é dispensado pela maioria dos seus credores; o de constatar si o proponente não praticou actos, com influencia directa e immediata na formação do acordo, que o tornam indigno do favor solicitado. E a bôa fé do devedor elemento indispensável para a homologação.[953]

Entendia também que o cálculo dos credores necessários para a formação da maioria era o de credores inscrito no quadro de credores e não dentre os presentes à assembleia de credores[954], sendo claro que a Lei nº 2.024/1908 já havia permitido a adesão por escrito de credores, portanto, podendo ser utilizada, sem a necessidade da presença de tais credores na assembleia geral de credores. Soares de Faria não cita o argumento das fraudes como um elemento que caracterizou a necessidade de mudanças legislativas no Brasil ao longo do período, nem em relação à própria Lei nº 2.024/1908, tampouco nas notas sobre as alterações que seriam provocadas pelo Decreto nº 5.746/1929.

Nas concordatas, já em um aprofundamento das limitações legais da liberdade dos credores e devedores, passaram-se a restringir as possibilidades de negociação entre credores e devedores, estabelecendo limites de valores a serem pagos, bem como de prazo de pagamento ainda mais rigorosos do que o que se iniciara com reforma de 1902.

Na prática dos casos identificados, entre 1930 e 1945, temos uma amostragem de seiscentos e quarenta casos, sendo dezoito em outras comarcas, em especial do estado do Rio de Janeiro e todos os demais da capital federal. Esses casos se encontram divididos em seis "tipos", em linha com aqueles que estavam na população dos casos entre 1909 e 1929; são eles: (1) avisos, (2) citações, (3) decisões, (4) editais judiciais, (5) notícias e

953 *Id.*, p. 8.
954 *Id.*, p. 47.

(6) publicações particulares a pedido. Novamente, tal qual na amostra anterior, não houve a identificação de publicações de decisões judiciais de convocação de audiências envolvendo falências e concordatas, reforçando aquela característica que se iniciou a partir de 1909 de não realização de audiências nesse campo do direito comercial e diminuindo, com isso, a interferência do Judiciário na solução de conflitos por meio de audiências. Esses "tipos" dos seiscentos e quarenta casos entre 1930 e 1945 ficaram assim distribuídos:

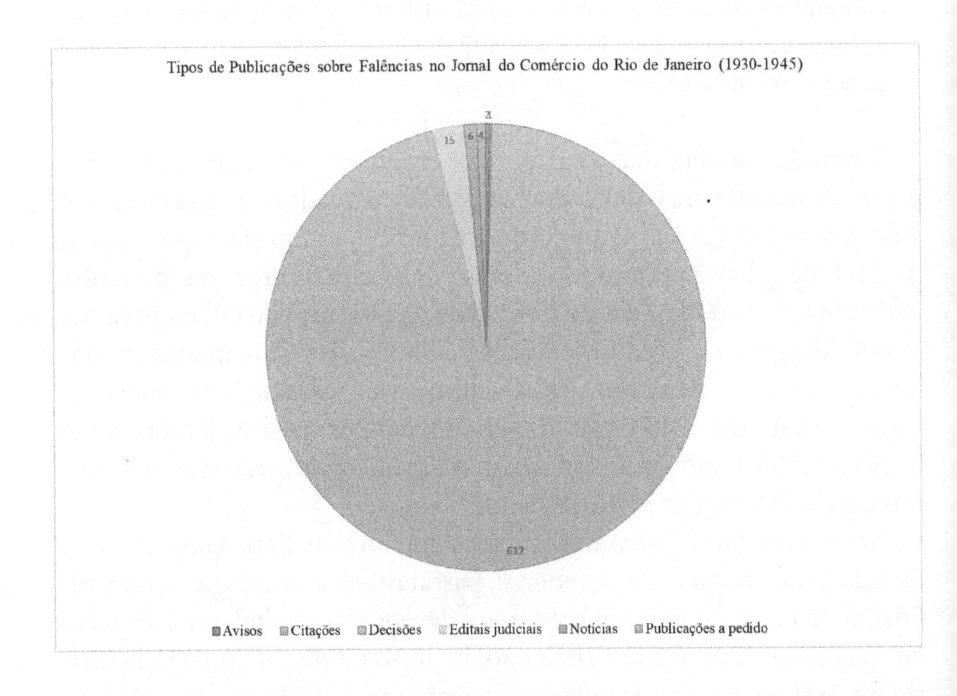


Pela primeira vez, nesses dados da prática dos casos na comarca do Rio de Janeiro, as decisões judiciais ocuparam uma amostragem superior aos editais judiciais, com uma diferença substancial, sendo os editais judiciais o grupo de quinze casos dessa população e o das decisões judiciais o grupo de seiscentos e doze casos, dos seiscentos e quarenta, ou seja, 95,6% dos "tipos" desse período foram de decisões judiciais.

Os objetos dessas decisões também foram os mais variados de todo o período analisado, chegando a quarenta e duas variáveis. Dentre as principais, agregamos da seguinte forma: (1) declarações de falências,

(2) realização ou adiamento de assembleia de credores, (3) impugnações de créditos, (4) concessão ou cumprimento de concordatas, (5) extensão dos efeitos da falência – uma novidade entre a população de casos de decisões judiciais –, (6) habilitações de crédito, (7) nomeação de curadores, síndicos, liquidatários e leiloeiros, (8) arbitramento de comissões de síndicos, liquidatários e curadores, (9) aprovação da prestação de contas de síndicos e liquidatários, (10) determinação da publicação de quadro geral de credores ou de relação de credores, (11) decisão de substituição de síndicos ou liquidatários e (12) decisões de encerramento de falências. Esses casos, que representam quinhentos e setenta e quatro casos dos seiscentos e doze, ou seja, 93,7% dessa população de casos de decisões, estão distribuídos da seguinte forma:

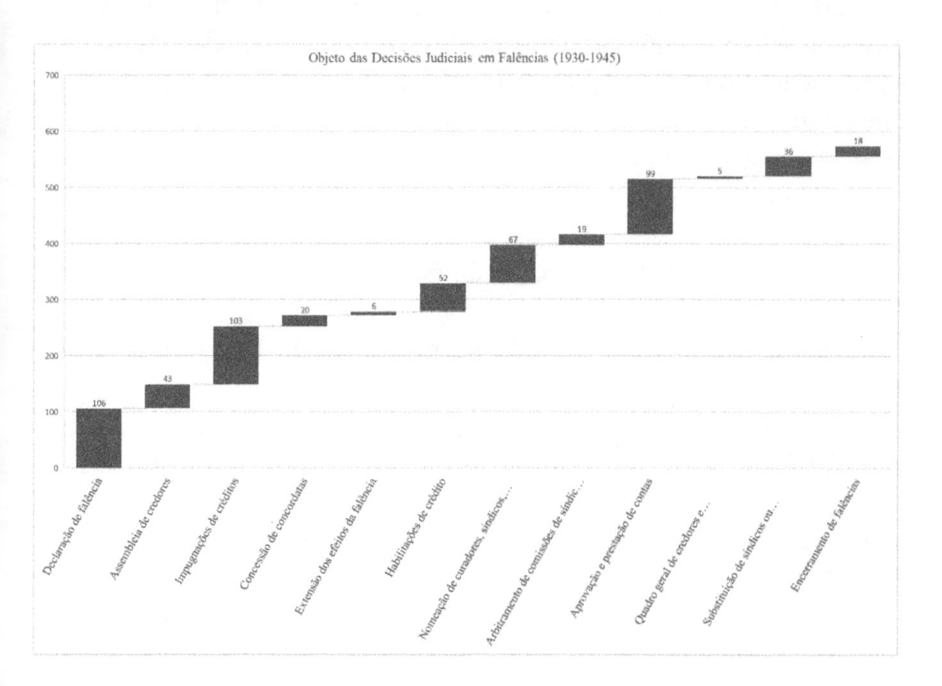


Em sentido contraintuitivo ao que vimos nas apurações dos períodos anteriores, as decisões de declaração de falências ocuparam um percentual em torno de 17% dos casos, quando víamos que nos períodos anteriores esse objeto de decisão ficou em uma tendência superior a 50% dos casos. Quanto à técnica dos incidentes processuais também vemos uma maturação real na prática processual, especialmente ao ver os dados sobre as impugnações de crédito e habilitações de crédito, que passaram a ser instrumentos utilizados com uma frequência destacável conforme apontado no gráfico em forma de cascata acima.

As concordatas e assembleias de credores também continuam a aparecer com um crescimento no índice da frequência de recorrência na população de casos. Chamou atenção também o grande grupo de casos de aprovação de decisões de aprovação de contas de síndicos e liquidatários ao mesmo tempo em que também foi notável o aumento de casos de substituição de síndicos e liquidatários.

Além disso, entre todas as decisões, não houve a identificação de qualquer uma que tratasse de aplicação penal ou criminal contra os falidos, não indicando a incidência de crimes de falências fraudulentas ou culposas, novamente demonstrando que a tônica da prática das decisões na comarca do Rio de Janeiro não era a de fraudes ou crimes falimentares, o que também está em linha com a diminuição no uso dessa argumentação enquanto houve a publicação da 6ª Subcomissão Legislativa organizada no Governo Provisório do primeiro golpe da Junta Militar e de Getúlio Vargas, bem como na continuidade dos trabalhos no segundo golpe que estabeleceu o Estado Novo a partir de 1937.

### 2.5.4 Conclusões sobre o modo de produção do Decreto nº 5.746/1929

A nova reforma da lei de falências se institucionalizou por meio do decreto do Poder Legislativo, Decreto nº 5.746, sancionado pelo então presidente Washington Luís em 9 de dezembro de 1929. O período político no Brasil ao longo dessa década de 1920 foi deveras conturbado, sendo que o ano de 1929 já anunciava uma turbulência ainda maior, sobretudo diante da indicação à sucessão presidencial de Julio Prestes, o que já fizera com que a Aliança Liberal se formasse e o apoio declarado ao candidato Getúlio Vargas ganhasse ainda mais força.

Os debates para a mudança da lei de Carvalho de Mendonça de 1908 já tiveram início a partir de 1912, quando da propositura do projeto de Código Comercial elaborado por Inglês de Sousa e entregue no Senado. Não obstante o fato de que a proposta de reforma específica da lei de falências tenha sido apresentada no Senado, basicamente por meio da retirada do capítulo das falências e concordatas do projeto de Inglês de Sousa e apresentada pelo senador Lopes Gonçalves. Em 27 de agosto de 1927, o texto final foi substancialmente modificado, especialmente na Câmara dos Deputados, e congregou um debate intenso entre Congresso Nacional, Associação Comercial e Instituto dos Advogados.

O processo de apropriação do direito comercial por juristas, no que dizia respeito às falências e concordatas, estava plenamente concluído. Ainda em 1927, o senador Lopes Gonçalves, destacando sua experiência de mais de vinte anos na advocacia, expunha uma visão pedagógica e educativa sobre a lei de falências e concordatas em relação ao comércio no Brasil, e defendia que

> [a] lei de fallencia deve ser antes um livro de previsões enriquecido de boas licções e ensino, que uma cartilha inquisitorial, de devassas illimitadas, imprudentes e vexatorias: o pretorio, representado por magistrados e funccionarios do juizo, pelo fallido e credores, deve, acima de tudo, ser uma escola da Justiça, apreciando os factos e as provas com serenidade, offerecendo ao commercio salutares e sadias advertencias sobre a influencia da educação, aptidão e probidade do commerciante no meio em que vive.[955]

Apesar do uso das expressão *liberdade mercantil da profissão comercial* para definir o engrandecimento das nações, tinha também como preocupação elaborar uma reforma da lei que atendesse às *classes conservadoras* a partir dos ensinamentos das leis dos *povos cultos*.

A Associação Comercial de São Paulo apresentou pela primeira vez durante o período republicano, uma interferência direta nas discussões sobre a nova reforma, por meio de um parecer elaborado pelo professor da Faculdade de Direito de São Paulo, Waldemar Ferreira e expressava um posicionamento contrário ao projeto apresentado por Lopes Gonçalves e também criticava o capítulo das falências e concordatas conforme elaborado por Inglês de Sousa em 1912.

Expressamente o ofício da Associação Comercial de São Paulo, contendo o parecer de Waldemar Ferreira, dizia que Inglês de Sousa "[...]

[955] BRASIL. *Diários do Congresso Nacional*. Edição de 22 de maio de 1928, p. 220.

elaborou o seu trabalho pouco depois de votada a lei vigente [de 1908 e o projeto de Código Comercial foi apresentado em 1911], quando não havia sufficiente experiencia da applicação desta lei e por isso ainda não se faziam sentir as necessidades que só posteriormente vieram a se manifestar."[956]

O objetivo final expresso pela Associação de São Paulo e Waldemar Ferreira, era o de se evitar os "arranjos por fora" que eram capazes de angariam os votos necessários para os baixos pagamentos das concordatas e, para solucionar esse problema, a solução seria "[...] elevar a nivel bem mais alto a taxa minima do dividendo das concordatas preventivas de ser esse limite estendido tambem á concordata na fallencia[.]"[957], crítica alinha com a mensagem presidencial ao Congresso de 1928, portanto, em relação às concordatas de 21%.

Apesar de serem legais as tais *concordatas de 21%*, nos termos do art. 106 da Lei nº 2.024/1908, desde que atingissem aquela maioria qualificada de três quartos dos credores sujeitos, cumulada com quatro quintos dos créditos caso o dividendo fosse até 40%, conforme a alínea "c)" do referido artigo, na década de 1920 vimos que houve uma crescente de alegações de que a *chicana* e a *fraude* estavam prevalecendo nos processos e defendia a necessidade de medidas que afastassem credores e devedores da tomada de decisões, especialmente a partir das publicações desse promotor das massas falidas, Dilermando Cruz, em 1926.

Esse movimento crescente contrário à liberdade de contratação entre credores e devedores foi se aprofundando até se apresentar como o ponto central do projeto de Waldemar Ferreira, por meio da Associação Comercial de São Paulo.

Mais uma vez, sem quaisquer dados específicos, tampouco casos concretos – exceto por um caso de uma viúva e órfãos que fariam parte de um espólio credor de uma concordata, mencionado pelo senador Lopes Gonçalves[958] – as discussões no Senado avançaram em um sentido de se suprimir a possibilidade da celebração das *concordatas de 21%*. Além das concordatas, aquela velha discussão sobre a separação entre o juízo cível

[956] BRASIL. Biblioteca Nacional. *Jornal do Commercio do Rio de Janeiro*. Edição 142, 1928.
[957] BRASIL. Biblioteca Nacional. *Jornal do Commercio do Rio de Janeiro*. Edição 142, 1928.
[958] BRASIL. *Diários do Congresso Nacional*. Edição de 24 de maio de 1928, p. 262.

e o juízo criminal também ocupou a pauta e Waldemar Ferreira defendia a necessidade de abertura de um inquérito policial tão logo fosse *decretada*[959] a falência.

Nesse ano de 1928 também localizamos uma carta aberta de Carvalho de Mendonça, agora já sexagenário, acusando que o desregramento das falências no Brasil não seria um problema da sua lei de 1908, mas dos tribunais e juízes que não a aplicavam, atendendo os interesses dos comerciantes, "[...] *muitos do alto commercio* [...] (grifos nossos) [.]"[960], mesma época em que também se discutia a lentidão desses processos de falências e que entrou em pauta o debate na Câmara sobre a especialização de varas de falências e concordatas. O que mais nos chamou atenção neste ponto é que, para fins do debate sobre a necessidade de especialização das varas de falências e concordatas, dados estatísticos sobre os processos de falências e concordatas e os processos cíveis, entre as seis varas da capital do Brasil, foram utilizados[961], revelando definitivamente que seria possível utilizar dados estatísticos nos debates parlamentares, apesar de não terem sido usados em quaisquer dos debates sobre as leis de falências e concordatas.

Em paralelo, no Senado, com a volta de viagem ao exterior do senador Adolpho Gordo, o projeto de Lopes Gonçalves que se aproximava de uma aprovação, foi paralisado diante do convencimento de Adolpho Gordo de que o projeto de Lopes Gonçalves não atenderia aos interesses pleiteados pela reforma da lei.

Nessa mesma época, o advogado Levi Carneiro, do Instituto dos Advogados, convidou os senadores a participaram de uma sessão no Instituto voltada para discutir a reforma da lei de falências. Levi Carneiro já tinha proximidade e experiência com o legislativo, sobretudo por já ter participado dos debates sobre o projeto de Código Comercial. Com isso, o projeto de Lopes Gonçalves já tinha sido bastante alterado e prevaleceu

[959] Waldemar Ferreira não usou a expressão *declarada a falência*, mas *decretada*, apesar do texto legal de 1908 manter apenas a expressão *declaração* da falência e não *decretação*, o que nos indica que, para Waldemar Ferreira e outros juristas do período, as expressões *declarar* e *decretar* seriam sinônimas.

[960] BRASIL. Biblioteca Nacional. *Jornal do Commercio do Rio de Janeiro*. Edição 157, 1928.

[961] BRASIL. *Diários do Congresso Nacional*. Edição de 7 de novembro de 1928, p. 5184.

para a aprovação no Senado, o substitutivo de Adolpho Gordo, que foi então aprovado. Ao final, o objetivo buscado pela Associação Comercial de São Paulo, por meio do parecer de Waldemar Ferreira, foi atingido, e em essência a Lei nº 2.024/1908 foi preservada, tendo como principais alterações a (i) formalização por escrito da verificação dos créditos, suprimindo de vez as discussões orais em assembleias de credores, a (ii) concordata tende de estabelecer o mínimo de pagamento de 40% se a proposta for de pagamento à vista e, se for prazo, com o máximo de 2 anos e pagamento mínimo de 75%. Em relação à concordata preventiva o pagamento mínimo ficaria estabelecido em 50%, em substituição ao mínimo de 20% então em vigor e as (iii) hipóteses adicionais de casos de falência culposa quando houvesse simulação do capital social para obtenção de maior crédito e quando houvesse abuso do crédito, quando o ativo for desproporcionalmente inferior ao passivo ou quando o passivo fosse mais de três vezes superior ao capital social, exceto no caso dos bancos[962].

Levi Carneiro também se valeu da coluna do jornal "A Manhã" do Rio de Janeiro para publicar suas críticas ao parecer de Alexandre Marcondes, também indicando que aquela proposta não traria as alterações que entendia que seriam necessárias sobre as falências e concordatas[963].

Esses andamentos dos debates e o encaminhamento que vinham sendo dado para se tratar do tema das falências e concordatas não passou sem críticas de comerciantes da Associação Comercial do Rio de Janeiro. Comerciantes não advogados ou juristas, diziam que

> [s]e a Associação Commercial se proclamar que todas as fallencias são fraudulentas e como as fallencias fraudulentas só se fazem com a connivencia de commerciantes, conclue-se que todos são deshonestos. [...]. Sera ingênuo e não seria sincero proclamar, na Associação, que todas as fallencias são fraudulentas. É necessario encarar as opiniões pelo seu mérito, e não através das maiores ou menores sympathias pessoaes.[964]

[962] *Id.* Edição de 19 de dezembro de 1928, p. 6923-6924.

[963] BRASIL. Biblioteca Nacional. *Jornal A Manhã do Rio de Janeiro.* Edição 1096, 1929.

[964] BRASIL. Biblioteca Nacional. *Jornal do Commercio do Rio de Janeiro.* Edição 110, 1929.

Outros depoimentos também atrelavam o sucesso da alta do café às iniciativas que acabaram sendo ruinosas de migração de capitais para o comércio[965], e se dizia que "[u]m negociante assim, inexperiente, vindo da roça, e os representantes das casas commerciaes a fazerem que elle comprasse grandes facturas, não podia deixar de acabar mal. E, como este, outros e muitos outros existem espalhados pelo interior do paiz."[966]

Quando o projeto chegou na Câmara dos Deputados, a Comissão de Justiça para analisar os trabalhos foi formada por Afonso Arinos de Mello Franco, como presidente, Alexandre Marcondes Machado Filho, como relator, e, como demais componentes da comissão, os deputados Ariosto Pinto de Araujo Correia, Sérgio Teixeira Lins de Barros Loreto, João Mangabeira e Francisco Valladares. Mas quem assumiu a integralidade dos trabalhos foi o então deputado por São Paulo, Alexandre Marcondes Machado Filho.

A ideia pedagógica moralizante iniciada no Senado, teve seu coro ampliado com a voz de Alexandre Marcondes Filho e, em seu relatório, dizia expressamente que

> [u]ma lei de fallencias tem de objectivar o ambiente, a educação commercial do paiz onde actua. Ha de reflectir, portanto, no processo, a reacção contra erros dessa educação, contra os vicios organicos e remediar os males das praças a que vae servir. Ha de ser necessaria e fatalmente, em certo sentido, uma lei regional.[967]

A Associação Comercial do Rio de Janeiro havia enviado também um ofício ao deputado relator, Alexandre Marcondes, para que a repressão penal das falências culposas e fraudulentas fosse entregue aos juízes criminais e apoiavam essas medidas criminais que foram inseridas no projeto[968]. Levi Carneiro, por meio do Instituto dos Advogados, também

[965] *Id.* Edição 131, 1929.

[966] *Id. ibid.*

[967] BRASIL. *Diário do Congresso Nacional.* Edição de 6 de julho de 1929, p. 1057, "[p]rojecto nº 2 A – 1929. *Modifica a Lei de Fallencias; tendo parecer, com emendas, da Commissão de Justiça* (Do Senado – Justiça).

[968] BRASIL. Biblioteca Nacional. *Jornal do Commercio do Rio de Janeiro.* Edição 138, 1929.

manteve a interlocução com Alexandre Marcondes Filho sobre a reforma e tentou alertar sobre os efeitos que as mudanças propostas em relação às concordatas poderiam causar e, em tom irônico, dizia que

> [p]ara abolir a concordata preventiva, ou difficultal-a, como o projecto a difficultou, é preciso suppôr que nenhum commerciante honesto, e de bôa fé, possa vêr perdida a maior parte de seu activo. Tantas e tantas concordatas se têem homologado, de menos de 50%, pelo assentimento dos credores em numero legal – que parece estranho prohibil-as agora, de chofre e em absoluto.[969]

Dentre algumas das sugestões que passou, em um subtítulo chamado "o que se havia de fazer", ficou registrado da reunião no Instituto que deveria ser assegurada a livre iniciativa dos credores, pois estes seriam os melhores fiscais do processo, pois "[o] projecto parece restringil-a, fortalecendo a autoridade do Juiz, estabelecendo até 'a immediata direcção e superitendencia (sic) do Juiz sobre os syndicos e liquidatários' (art. 63)."[970]

No Instituto dos Advogados os debates se concentraram também entre Levi Carneiro e Antonio Moitinho Doria e, na visão de Doria sobre as concordatas preventivas, era importante tratá-las "[...] em primeiro logar, como instituto independente da fallencia, para salientar a natureza especial que deve ter o seu processo, e não embaraçal-a com diligencias próprias daquella [falência], nela [concordata preventiva] dispensaveis e até prejudiciaes."[971] E, com isso, entendia que o projeto de reforma deu tanto à concordata, quanto à falência, a mesma forma processual, confundindo-as e alterando o que até então havia na Lei nº 2.024/1908. Apesar dessas críticas, Antonio Moitinho Doria também concordava que na prática o que se verificava é que a maior parte dos casos de concordatas preventivas em que "devedores impotuaes"[972] pediam para apenas retardar a falência e, com isso, concordava com a medida de se nomear um ou mais funcionários que acompanhassem o devedor durante o cumprimento da concordata.

[969] *Id.* Edição 191, 1929.
[970] *Id. ibid.*
[971] *Id.* Edição 161, 1929.
[972] *Id. ibid.*

Vimos também que a expressão pejorativa "indústria das falências" foi explorada com mais frequência a partir do final da década de 1920, em especial a partir de 1929. A expressão apareceu em muito uso pelo jornal "A Manhã" do Rio de Janeiro, em suas colunas sobre o debate da reforma da lei de falências e concordata, mas não encontrava uma unanimidade sobre sua definição, pois, como destacado, a Associação Comercial do Rio de Janeiro entendia que a explicação para o grande número de falências que vinham sendo declaradas tinha também relação direta com o incentivo *imoral* da remuneração dos membros do Judiciário em cima dos processos falimentares.

O ano de 1929 amplia a divisão política no Brasil e seus reflexos se fazem sentir tanto no Congresso Nacional, quanto nas demais instituições da vida civil. A tensão política na Câmara, com o esvaziamento de sessões por deputados que estavam se alinhando à Aliança Liberal, que então vinha apoiando Getúlio Vargas como candidato à presidência da república, em oposição ao candidato Julio Prestes, apoiado pela situação (em especial pelo presidente Washington Luís) provoca ainda mais atrasos por falta de quórum e não permite a votação da reforma da lei de falências. Na Associação Comercial do Rio de Janeiro a tensão política também vai aumentando, chegando ao ponto de, em reunião de 14 de novembro de 1929, Randolpho Chagas novamente pedir a palavra e fazer um protesto contra o comerciante Silva Araujo, pois entendia que o "[...] illustre collega se tinha deixado levar pelo enthusiasmo, orientando-se pela paixão politica de uma local do 'Correio Paulistano', orgão partidário, [...][.]"[973] e lamentava que na Associação também estivesse ocorrendo essa divisão por conta dos posicionamentos políticos que estavam ocorrendo naquele momento no Brasil.

Nessa escalada das tensões o projeto acabou sendo aprovado na Câmara em novembro de 1929 e voltou ao Senado no mesmo mês. No Senado a aprovação foi rápida e se registrou que "quaesquer que sejam os defeitos, de substancia ou de forma, contidos na materia resultante do projecto do Senado e da collaboração da Camara, a verdade é que ella attende os pontos que têm sido objectos de reclamação, *não sendo patrio-*

[973] BRASIL. Biblioteca Nacional. *Jornal do Commercio do Rio de Janeiro*. Edição 273, 1929.

*tico, portanto, retardar uma obra que têm taes condições, vem ao encontro dos interesses das classes conservadores e do poder público* (grifos nossos)."[974] Em 9 de dezembro de 1929, foi então sancionado o Decreto nº 5.746, provocando mais uma reforma na lei de falências. O tema da crise mundial, seja por efeitos decorrentes da Guerra Mundial de 1914 a 1918, seja pelo *crack da Bolsa de Nova Iorque* de 1929, como vimos, não fez parte dos motivos que orientaram os debates legislativos para a reforma da lei de falências e concordatas, que tiveram início ainda em 1912, com a apresentação do projeto de Código Comercial e que foram retomados – a partir de tal projeto – no Senado em 1926[975].

Ao fim do período[976], especialmente em função do aprofundamento da crise política e da divisão nacional, novamente, como já bem marcado na história do modo de produção das leis de falências e concordatas no Brasil, com o golpe de 1930 e a instalação do Governo Provisório, Getúlio Vargas determinou a criação de uma Comissão Legislativa, composta por subcomissões, que deveriam tratar desde a nova Constituição Federal, até a estrutura legislativa infraconstitucional e, em meio a tal comando, estava nomeada a 6ª Subcomissão Legislativa, encarregada da elaboração

[974] *Id.* Edição 283, 1929.

[975] Portanto, diante da ausência do uso de argumentos relacionados à eventuais crises provocadas pela Guerra Mundial ou mesmo em razão de problemas relacionados ao *crack* da Bolsa de Nova Iorque, tivemos uma percepção distinta daquela anotada por SCALZILLI, TELLECHEA e SPINELLI, para quem "[...] a Lei 2.024, de 1908, resistiu por um intervalo temporal mais longo: durante 21 anos vigorou plenamente, sendo revista em 1929 pelo Decreto 5.746, *sobretudo em razão da depressão causada pela Primeira Guerra Mundial (1914-1918) e pelo período negro que a sucedeu, culminando com o crack da bolsa de Nova Iorque (1929)* (grifamos)." (TELLECHEA, Rodrigo; SCALZILLI, João Pedro; SPINELLI, Luis Felipe. Ob. Cit. 2018, p. 187-188).

[976] "A questão militar, o positivismo e a pregação liberal por outro lado, fizeram da República um contencioso entre unidade e dispersão. Predominou, entretanto, a dispersão entre 1889 e 1930. Para os ultrafederalistas da constituinte de 1891, a união era a ficção e os estados a realidade. Alberto Tores não deixou de notar que 'os homens que organizaram o regime tinham ardente ambição de autoridade local'. O coronelismo, fenômeno de exacerbação do poder local, resultava do desequilíbrio entre federalismo e centralismo. Os coronéis ocupavam os interstícios de um poder central amainado pelos estados[.]" (SECCO, Lincoln. *A revolução passiva no Brasil: hegemonia, legislação e poder local. In* MOTA, Carlos Guilherme; SALINAS, Natasha Schmitt Caccia (coord.). Ob. Cit. 2010, p. 149).

de uma nova reforma da lei de falências, condizentes com aquele novo período que se estava iniciando no Brasil e que, no decorrer dos anos, se propôs em seus argumentos a superar a *República Velha* e dar um direcionamento de uma *República* nova, ou, como ficará conhecido, o Estado Novo brasileiro.

## 2.6 O Decreto-lei nº 7.661 de 1945 e a quarta reforma da lei de falências e concordatas da República

*Trem sujo da Leopoldina*
*correndo correndo*
*parece dizer*
*tem gente com fome*
*tem gente com fome*
*tem gente com fome*

*Piiiiii*

*Estação de Caxias*
*de novo a dizer*
*de novo a correr*
*tem gente com fome*
*tem gente com fome*
*tem gente com fome*

*Vigário Geral*
*Lucas*
*Cordovil*
*Brás de Pina*
*Penha Circular*
*Estação da Penha*
*Olaria*
*Ramos*
*Bom Sucesso*
*Carlos Chagas*
*Triagem, Mauá*
*trem sujo da Leopoldina*
*correndo correndo*
*parece dizer*
*tem gente com fome*
*tem gente com fome*
*tem gente com fome*

*Tantas caras tristes*
*querendo chegar*
*em algum destino*
*em algum lugar*

*Trem sujo da Leopoldina*
*correndo correndo*
*parece dizer*
*tem gente com fome*
*tem gente com fome*
*tem gente com fome*

*Só nas estações*
*quando vai parando*
*lentamente começa a dizer*
*se tem gente com fome*
*dá de comer*
*se tem gente com fome*
*dá de comer*
*se tem gente com fome*
*dá de comer*

*Mas o freio de ar*
*todo autoritário*
*manda o trem calar*
*Pisiuuuuuuuuu*

(Solano Trindade, no poema *Tem gente com fome*, censurado em 1944 pela ditadura do Estado Novo, de quando Solano Trindade viveu na capital federal, a cidade do Rio de Janeiro, durante a década de 1940)

Com a instauração do Estado Novo, o Congresso Nacional foi dissolvido, de acordo com a nova Constituição Federal de 1937, bem como todos os partidos políticos, de acordo com o Decreto-Lei nº 37, de 2 de dezembro de 1937. Os trabalhos legislativos ficaram suspensos entre 10 de novembro de 1937 e 31 de janeiro de 1946. O Estado Novo durou de novembro de 1937 até outubro de 1945 e, durante o período, o presidente Getúlio Vargas governou por meio da expedição de decretos-lei e de leis denominadas *constitucionais*[977] e, nesse contexto, foi outorgado o Decreto-lei nº 7.661, de 21 de junho de 1945.

Deve ficar claro também que este capítulo não abordará a presença de Agamenon Magalhães, interventor estadonovista do estado de Pernambuco e também ocupou a posição de Ministro de Getúlio Vargas durante o período do Governo Provisório e também do Estado Novo. Agamenon Magalhães aparece como um dos signatários do Decreto-lei nº 7.661/1945 pois passou a assumir o Ministério da Justiça em 1945, que vinha sendo ocupado interinamente por Alexandre Marcondes Machado Filho. A ausência de abordagem da figura de Agamenon Magalhães decorre simplesmente da ausência de menções ou discursos localizados em que ele tivesse se manifestado sobre a reforma da lei de falências e concordatas. Portanto, apesar de signatário do decreto-lei ao lado de Alexan-

[977] BRASIL. *Constituição Federal de 1937*. "Art. 180. Enquanto não se reunir o Parlamento Nacional, o Presidente da República terá o poder de expedir decretos-leis sobre todas as matérias da competência legislativa da União."

dre Marcondes e de Getúlio Vargas, não localizamos nas fontes citações a ele, tampouco intervenções que ele tenha feito para fins da elaboração da nova lei.

Especificamente ao se analisar o período da década de 1930 e primeira metade da década de 1945, em sentido distinto do que afirmam as Professoras Vera Helena de Mello Franco e Rachel Sztajn[978], não identificamos um eventual fracasso das leis de falência anteriores como causa ou justificativa que teria levado à edição do Decreto-lei nº 7.661/1945, mas sim a iniciativa de um projeto desenvolvimentista do presidente Getúlio Vargas que, em um Estado autoritário iniciado já com o golpe de 1930 e aprofundado por meio do Estado Novo, quando pôde realizar diversas alterações constitucionais e infraconstitucionais, promoveu, com isso, políticas desenvolvimentistas originadas e conduzidas a partir do próprio Estado e não mais livremente pelos integrantes externos aos Poderes de Estado.

Ou seja, assim como em outros casos das políticas *pro-desenvolvimentistas* adotadas para a condução do próprio Estado brasileiro, não foi diferente com as falências e concordatas, em especial podemos notar tal situação pelo Decreto-lei que, ao abolir a regra das deliberações em reuniões ou assembleias de credores, regra essa existente desde o Código Comercial de 1850, como vimos, passou a condução de todos os trabalhos tanto sobre as falências, quanto sobre as concordatas, para o Poder Judiciário, confiando então à magistratura o encaminhamento dessa escolha de política desenvolvimentista iniciada na década de 1930 e aprofundada na primeira metade da década de 1940.

[978] "Neste [Decreto nº 917/1890] o estado de falência passou a ser caracterizado pela prática de atos ou fatos, descritos na Lei e, notadamente, pela impontualidade no pagamento de obrigação líquida e certa no seu vencimento. *Este novo decreto também não teve sucesso,* sendo seguido pela Lei nº 859, de 16 de agosto de 1902, pelo Decreto nº 4.855, de 2 de junho de 1903 e, finalmente, pelo (sic) Lei nº 2.024, de 17 de dezembro de 1908, a qual, todavia, *se revelou insuficiente para coibir as fraudes. Com a intenção de reparar esta falha adveio o Decreto nº 5.746, de 9 de dezembro de 1929,* que não sanou os defeitos da lei anterior. *O fracasso levou à edição do Decreto-Lei nº 7.661, de 21 de junho de 1945,* o qual vigorou até a promulgação da recente Lei nº 11.101, de 9 de fevereiro de 2005 (grifamos)[.]" (Franco, Vera Helena de Mello e Sztajn, Rachel. *Falência e recuperação da empresa em crise.* Rio de Janeiro: Elsevier, 2008, p. 11-12).

Com isso, foi possível orientar e aplicar uma política pública nacionalista e intervencionista sobre o comércio e mais especificamente sobre os comerciantes – com destaque às críticas aos comerciantes estrangeiros[979] – e as situações de falências e concordatas comerciais, atribuindo o protagonismo desses casos ao Judiciário sob um pretexto de que credores e devedores não seriam capazes de racionalizar as decisões sobre o destino de concordatas ou falências. Esse protagonismo também pôde ser percebido tanto criminalmente, ao ampliar o papel do direito penal nas falências, quanto comercial e civilmente – e não mais permitir o protagonismo dos credores e devedores, fazendo com que as concordatas não fossem mais deliberadas, mas sim assumidas "[...] *como favor concedido pelo juiz, cuja sentença substitui a manifestação de vontade dos credores na formação do contrato* [...] (grifos nossos) [.]"[980], ou seja, tudo de acordo com a própria conveniência de juízes que recebessem os processos falimentares e pedidos de concordatas, retirando qualquer liberdade dos credores e devedores, efetivos agentes diretamente interessados nas soluções de conflitos para as situações de falência e concordatas.

O Decreto-lei nº 7.661/1945 entrou para a história do direito comercial brasileiro como a lei de falências e concordatas mais longeva, tendo

[979] Um movimento *lusofóbico* vinha crescendo e ficou destacado entre os anos de 1919 e 1930 no Brasil, além de estrangeiros de outras nacionalidades que também eram criticados durante esse período de tentativa de maior valorização nacionalista, cujos reflexos ainda se aprofundaram durante a década de 1930 e 1940 (Mendes, José Sacchetta Ramos. *Laços de Sangue – privilégios e intolerância à imigração portuguesa no Brasil.* São Paulo: Edusp, 2011, p. 241-246). Sem perder de vista que o assunto e essa retratação do sentimento que hoje podemos considerar como *xenofóbico* não se iniciam nesse período do século XX, mas "[e]lementos de antilusitanismo estão obviamente presentes em 1817 e na Confederação do Equador; mas também aparecem com força na Cabanagem, na Sabinada, na Balaiada e na Praieira. Considerando-se, porém, que esses movimentos não partilhavam, necessariamente, dos mesmos objetivos (aflorando em regiões que tinham histórias bastante peculiares), é fundamental passar além do sentimento antilusitano e perceber o que estava, como mostram os autores, por trás dessas manifestações[.]" (Dantas, Monica Duarte. *Homens livres pobres e libertos e o aprendizado da política no Império. In* Dantas, Monica Duarte (org.). *Revoltas, motins, revoluções: homens livres pobres e liberto no Brasil do século XIX.* São Paulo: Alameda, 2011, p. 524)

[980] BRASIL. Biblioteca Nacional. *Jornal do Commercio do Rio de Janeiro.* Edição 25, 1943.

durado de 1945 a fevereiro de 2005, praticamente completando sessenta anos de vigência.

Em relação aos dados do censo de 1940, publicados somente em 1950, em que se incluiu, então sob novas metodologias e com novas ferramentas de pesquisa, um grupo de dados especificamente sobre o "comércio" cuja divisão se categorizou por "comércio de mercadorias", incluindo aí os grupos de "comércio por atacado, a varejo e misto" e um grupo de "atividades auxiliares do comércio", bem como também estava incluído um segundo grupo de "comércio de valores", em que estavam contidas as subcategorias de "crédito, seguros e capitalização" e de "valores mobiliários e imobiliários"[981].

Porém, mesmo com essas categorias específicas que não constavam dos censos anteriores, o relatório de 1950 também deixa claro que "[a]s emprêsas organizadas para a exploração de atividades econômicas diversas, tais como comercial e agropecuária, comercial e industrial, comercial e de serviços, comercial e de transportes, foram classificadas como emprêsas comerciais quando a atividade de comércio é a que mais concorre para o montante da receita."[982] Ao mesmo tempo, o relatório fez uma ressalva extremamente relevante em relação aos relatórios anteriores, de modo a tornar ainda mais imprópria uma comparação direta entre esse relatório e os anteriores, quando esclareceu que

> [d]eve-se notar que, como critério geral da operação censitária de 1940, não foram recenseadas as atividades exercidas individualmente, embora com intuito lucrativo, que não tinham registro como firma ou razão social. Por êsse motivo, não se incluem nos resultados do Censo Comercial os das atividades exercidas nessas condições por pessoas isoladas, tais como o comércio ambulante e o de produtos fabricados em domicílio.[983]

[981] BRASIL. *Recenseamento Geral do Brasil (1º de setembro de 1940). Vol. III. Censos Econômicos – Agrícola, Industrial, Comercial e dos Serviços. Quadros totais para o conjunto da União e de distribuição pelas regiões fisiográficas e unidades federadas.* Rio de Janeiro: Serviço Gráfico do Instituto Brasileiro de Geografia e Estatística, 1950, p. ix.

[982] *Id.*, p. xxxiii.

[983] BRASIL. *Recenseamento Geral do Brasil (1º de setembro de 1940). Vol. III. Censos Econômicos – Agrícola, Industrial, Comercial e dos Serviços. Quadros totais para o conjunto da União e de*

Ou seja, ao restringir os dados em relação aos comerciantes individuais, retirou-se dessa base uma importante parcela que fora abrangida nas pesquisas anteriores, de modo a fazer com que os dados oficiais que foram apresentados tenham de ser considerados por si, sem comparação com os anteriores. Uma das tabelas da época que indica a quantidade de pessoas dos estabelecimentos comerciais é a seguinte[984]:

*distribuição pelas regiões fisiográficas e unidades federadas*. Rio de Janeiro: Serviço Gráfico do Instituto Brasileiro de Geografia e Estatística, 1950, p. xxxiii.

984 *Id.*, p. 272.

12. PESSOAL DOS ESTABELECIMENTOS QUE OPERAM NO COMÉRCIO DE MERCADORIAS DISTRIBUÍDO PELA CATEGORIA E SEXO, SEGUNDO AS CLASSES E OS RAMOS DE COMÉRCIO

| N.º de ordem | CLASSES E RAMOS DE COMÉRCIO | TOTAIS | | | PESSOAL DA CATEGORIA INDICADA | | | | | | | |
|---|---|---|---|---|---|---|---|---|---|---|---|---|
| | | | | | Proprietários, sócios, interessados, presidentes, diretores e gerentes | | | Empregados | | | | |
| | | | | | | | | Totais | | | Técnicos, etc.* | |
| | | Estabelecimentos com declaração | Pessoal | | Estabelecimentos com declaração | Pessoal | | Total | Homens | Mulheres | Estabelecimentos com declaração | Pessoal |
| | | | Homens | Mulheres | | Homens | Mulheres | | | | | Homens |
| 1 | *TOTAIS* ........ | 185 177 | 419 886 | 40 215 | 179 437 | 202 758 | 19 772 | 237 571 | 217 128 | 20 443 | 18 068 | 54 368 |
| 2 | *Comércio a varejo* ...... | 160 687 | 274 425 | 30 593 | 156 161 | 168 058 | 17 949 | 119 011 | 106 367 | 12 644 | 9 541 | 16 286 |
| 3 | *Comércio por atacado* ... | 11 031 | 75 937 | 4 150 | 10 484 | 16 483 | 466 | 63 138 | 59 454 | 3 684 | 4 731 | 25 548 |
| 4 | *Comércio misto* ........ | 13 459 | 69 524 | 5 472 | 12 792 | 18 217 | 1 357 | 55 422 | 51 307 | 4 115 | 3 796 | 14 554 |
| | COMÉRCIO A VAREJO | | | | | | | | | | | |
| 5 | Gêneros alimentícios, bebidas e estimulantes ........................ | 105 931 | 148 546 | 13 732 | 103 413 | 106 571 | 11 617 | 44 090 | 41 975 | 2 115 | 2 391 | 2 950 |
| 6 | Fios têxteis, tecidos e artefatos de tecidos, artigos do vestuário e de uso pessoal | 20 037 | 42 833 | 7 482 | 19 332 | 21 566 | 2 492 | 26 257 | 21 267 | 4 990 | 1 847 | 2 931 |
| 7 | Móveis e tapeçarias, artigos da habitação e de uso doméstico .............. | 2 103 | 6 062 | 486 | 1 954 | 2 200 | 223 | 4 125 | 3 862 | 263 | 442 | 751 |
| 8 | Ferragens e produtos metalúrgicos, materiais de construção ............... | 1 638 | 5 029 | 261 | 1 570 | 2 023 | 102 | 3 165 | 3 006 | 159 | 292 | 445 |
| 9 | Produtos químicos, preparados farmacêuticos e afins .................. | 8 218 | 16 860 | 1 842 | 8 100 | 9 448 | 1 021 | 8 233 | 7 412 | 821 | 1 414 | 2 052 |
| 10 | Papel, impressos e artigos de escritório .. | 1 422 | 3 365 | 377 | 1 280 | 1 487 | 177 | 2 278 | 1 878 | 400 | 267 | 516 |
| 11 | Máquinas, aparelhos e material elétrico | 1 265 | 6 463 | 510 | 1 173 | 1 529 | 81 | 5 363 | 4 934 | 429 | 568 | 2 000 |
| 12 | Veículos e acessórios, aparelhos de elevação e transportes .............. | 691 | 4 740 | 241 | 653 | 1 088 | 33 | 3 860 | 3 652 | 208 | 427 | 1 616 |
| 13 | Combustíveis e lubrificantes .......... | 3 486 | 8 343 | 210 | 3 109 | 3 695 | 135 | 4 723 | 4 648 | 75 | 367 | 582 |
| 14 | Artigos usados .................... | 859 | 1 542 | 104 | 840 | 914 | 47 | 685 | 628 | 57 | 85 | 112 |
| 15 | Mercadorias em geral, incluídos gêneros alimentícios .................... | 12 206 | 23 881 | 2 488 | 12 033 | 14 481 | 1 661 | 10 227 | 9 400 | 827 | 932 | 1 270 |
| 16 | Mercadorias em geral, excluídos gêneros alimentícios .................... | 403 | 1 166 | 1 777 | 371 | 450 | 49 | 2 444 | 716 | 1 728 | 98 | 215 |
| 17 | Artigos não classificados nos demais ramos | 2 428 | 5 595 | 883 | 2 333 | 2 606 | 311 | 3 561 | 2 989 | 572 | 411 | 846 |
| | COMÉRCIO POR ATACADO | | | | | | | | | | | |
| 18 | Produtos agropecuários, matérias primas produzidas pelas indústrias extrativas vegetal, animal e mineral .......... | 4 189 | 19 752 | 1 013 | 4 038 | 5 567 | 140 | 15 058 | 14 185 | 873 | 1 183 | 5 400 |
| 19 | Gêneros alimentícios, bebidas e estimulantes ........................ | 3 843 | 25 593 | 886 | 3 664 | 5 791 | 165 | 20 523 | 19 802 | 721 | 1 574 | 6 615 |
| 20 | Fios têxteis, tecidos e artefatos de tecidos, artigos do vestuário e de uso pessoal | 798 | 7 975 | 476 | 756 | 1 672 | 44 | 6 735 | 6 303 | 432 | 554 | 2 385 |

* Técnicos, administrativos e de escritório.

Não houve a publicação de uma tabela sintética que resumisse, de acordo com as mesmas categorias e subcategorias utilizadas nas pesquisas dos censos anteriores que pudesse ser transcrita aqui, não obstante, se considerarmos os resumos publicados na primeira linha, notaremos que de uma população registrada de 460.101 pessoas, ao somar os homens e as mulheres, sendo os homens representantes de 91,26% desse total e as mulheres 8,74% e, considerando o total da população vivendo no Brasil anotada oficialmente, em torno de quarenta milhões de pessoas, com aproximadamente treze milhões como classificadas vivendo em núcleos urbanos, principais centros das atividades comerciais, temos um contingente de aproximadamente 3,6% da população atuando no que era classificado como "comércio" pelos dados de 1940, publicados em 1950.

Os dados publicados distintivos entre brasileiros e estrangeiros no comércio foram os seguintes[985]:

985 BRASIL. *Recenseamento Geral do Brasil (1º de setembro de 1940). Vol. III. Censos Econômicos – Agrícola, Industrial, Comercial e dos Serviços. Quadros totais para o conjunto da União e de distribuição pelas regiões fisiográficas e unidades federadas.* Rio de Janeiro: Serviço Gráfico do Instituto Brasileiro de Geografia e Estatística, 1950, p. 252-253.

2. CARACTERÍSTICAS GERAIS DE CONSTITUIÇÃO DAS EMPRÊSAS COM ATIVIDADE NO COMÉRCIO DE MERCADORIAS, SEGUNDO AS CLASSES E GRUPAMENTOS DE RAMOS DE COMÉRCIO

| Nº. de ordem | CLASSES E GRUPAMENTOS DE RAMOS DE COMÉRCIO | FIRMAS INDIVIDUAIS E SOCIEDADES DE PESSOAS | | | | | | | | |
|---|---|---|---|---|---|---|---|---|---|---|
| | | Emprêsas | Estabelecimentos * | Proprietários ou sócios | | | | | Capital realizado (Cr$ 1 000) | |
| | | | | Total | Brasileiros | Estrangeiros | | | Total | Por brasileiros |
| | | | | | | Total | Residentes no Brasil | Residentes no exterior | | |
| 1 | TOTAIS | 168 211 | 174 448 | 191 253 | 148 270 | 42 983 | 42 818 | 165 | 3 172 924 | 2 134 684 |
| 2 | Comércio a varejo | 148 475 | 152 473 | 163 837 | 127 397 | 36 440 | 36 363 | 77 | 1 550 526 | 1 059 073 |
| 3 | Comércio por atacado | 8 061 | 8 465 | 11 635 | 8 446 | 3 189 | 3 139 | 50 | 941 122 | 616 099 |
| 4 | Comércio misto | 11 675 | 13 510 | 15 781 | 12 427 | 3 354 | 3 316 | 38 | 681 276 | 459 512 |

| FIRMAS INDIVIDUAIS E SOCIEDADES DE PESSOAS — Capital realizado (Cr$ 1 000) — Por estrangeiros | | | SOCIEDADES DE CAPITAL, MISTAS E OUTRAS | | | | | | | | | Nº. de ordem |
|---|---|---|---|---|---|---|---|---|---|---|---|---|
| Total | Residentes no Brasil | Residentes no exterior | Emprêsas | Estabelecimentos* | Capital nominal (Cr$ 1 000) | Capital realizado (Cr$ 1 000) | | | | | Fundo de reserva (Cr$ 1 000) | |
| | | | | | | Total | Por brasileiros | Por estrangeiros | | | | |
| | | | | | | | | Total | Residentes no Brasil | Residentes no exterior | | |
| 1 038 240 | 997 271 | 41 269 | 3 423 | 5 825 | 1 395 446 | 1 370 658 | 781 493 | 589 165 | 310 850 | 278 315 | 459 974 | 1 |
| 491 453 | 489 005 | 2 448 | 1 803 | 2 444 | 225 724 | 223 086 | 129 729 | 93 357 | 70 423 | 22 934 | 13 766 | 2 |
| 325 023 | 296 531 | 28 492 | 923 | 1 294 | 680 248 | 663 156 | 414 591 | 248 567 | 143 858 | 104 709 | 144 945 | 3 |
| 221 764 | 211 535 | 10 229 | 697 | 2 087 | 489 474 | 484 414 | 237 173 | 247 241 | 96 569 | 150 672 | 301 263 | 4 |

Portanto, tal qual vimos nos capítulos anteriores, importante compreendermos que a comunicação política oficial do Estado, em meio ao processo legislativo de reforma de uma lei de falências e concordatas que, como temos visto, juridicamente se aplicava exclusivamente aos comerciantes e àqueles que praticassem atos de comércio, ainda que sem registro, porém excluídos aqueles que estivem em meio às atividades agrícolas, tem um determinado público que se buscou atingir, bem como é carregada de uma intencionalidade sobre um determinado grupo de pessoas.

### 2.6.1 Os discursos oficiais para a quarta reforma sobre a lei de falências e concordatas e o modo de produção legislativo que culminou no Decreto-lei nº 7.661/1945

Após o golpe militar de 30 de outubro de 1930, com a consequente dissolução do Congresso Nacional e a assunção do poder pela junta militar composta pelos generais Augusto Tasso Fragoso e João de Deus Mena Barreto, bem como pelo almirante José Isaías de Noronha, não há espaço para a continuidade de discussões parlamentares, porém isso não interrompe os movimentos da Aliança Liberal, então encaminhada para assumir o governo do Brasil, representada especialmente por aquele que passou a ser o presidente, Getúlio Vargas[986].

O Jornal do Comércio do Rio de Janeiro publicou um artigo descrevendo uma reunião havida no Banco do Brasil em que fora escolhido o novo chefe do contencioso do Banco – e também um velho conhecido das discussões na Câmara sobre a reforma da lei de falências –, o ex-deputado Hugo Napoleão e destacava o "brilhantismo" com o qual o ex-deputado

[986] "A principal marca distintiva do governo Vargas no plano institucional, desde os seus primeiros tempos, foi a centralização do poder. A crença nas virtudes de um Executivo forte vinha da ideologia positivista, na versão do PRR, que Getúlio absorvera com convicção. E se reforçava com as necessidades impostas pela conjuntura. Chefe do governo provisório, Getúlio dissolveu o Congresso e os legislativos estaduais e municipais. Todos os antigos presidentes – que mais adiante passariam a ser denominados governadores – foram substituídos por interventores federais, à exceção do recém-eleito governador de Minas, Olegário Maciel, que aliás faleceu no exercício do cargo, em 1933. No aspecto ideológico, muito cedo Getúlio fez questão de acentuar o caráter nacionalista dos novos tempos[.]" (FAUSTO, Boris. *Getúlio Vargas: o poder e o sorriso*. São Paulo: Companhia das Letras, 2006, p. 46).

refutara os argumentos do também ex-deputado por São Paulo, Alexandre Marcondes Filho acerca da escrituração do Banco do Brasil[987] – especialmente se considerarmos que naquele momento inicial, São Paulo não estava integralmente alinhada com o plano da Aliança Liberal e do golpe getulista.

Com Vargas na presidência do Governo Provisório a ditadura estava encaminhada, especialmente porque

> Vargas não pretendia pôr em risco sua própria conquista. Estava claro que, se promovesse eleições, as elites regionais, cujas estruturas de mando na esfera estadual permaneciam intactas, venceriam. Para institucionalizar a nova ordem, seria preciso transformar o sistema político e consolidar um amplo programa de reformas sociais, administrativas e políticas.[988]

No tema das liquidações e falências, o primeiro movimento do chamado Governo Provisório se deu por meio dos Decretos nº 19.634 e 19.479, ambos de 1930, tratando sobre a liquidação dos bancos e das casas bancárias, assinado por Getúlio Vargas e José Maria Whitaker, em que se definia que a lei de falências deveria ser considerada subsidiária à lei de liquidação dos bancos, devendo ser aplicada em todos os casos omissos. Outro movimento foi o da criação do cargo de avaliadores das massas falidas, por meio do Decreto nº 20.353 de 31 de agosto de 1931, cujas disposições criaram dois cargos de avaliadores para atuarem no Rio de Janeiro e que fora sutilmente criticado pelo Instituto da Ordem dos Advogados Brasileiros, em manifestação assinada pelos Drs. Otto Gil, Achilles Bevilacqua e Arnoldo Medeiros da Fonseca[989]. O período também marcou a ascensão de Francisco Campos à cadeira de Ministro da Saúde e Educação do Governo Provisório comandado por Getúlio Vargas, e Campos promove, nessa época, a reforma do ensino no Brasil. Para além da educação básica, as reformas de ensino lideradas por Francisco Campos também focaram no ensino comercial, como no caso do Decreto

[987] BRASIL. Biblioteca Nacional. *Jornal do Commercio do Rio de Janeiro*. Edição 286, 1930.
[988] SCHWARCZ, Lilia Moritz; STARLING, Heloisa Murgel. *Brasil: uma biografia*. 2ª Edição. São Paulo: Companhia das Letras, 2018, p. 361-362.
[989] BRASIL. Biblioteca Nacional. *Jornal do Commercio do Rio de Janeiro*. Edição 234, 1931.

nº 20.158, de 30 de junho de 1931, por meio do qual organizou-se o ensino comercial, regulamentou-se a profissão de contador e foram dadas outras providências acerca do ensino de administração e demais relacionados ao comércio, incluindo aí a matéria sobre as falências e concordatas.

FIGURA 27

**Caricatura crítica do jornal *O Malho* do Rio de Janeiro ao então Ministro da Saúde e Educação, Francisco Campos, o *Chiquinho*[990]**

As discussões que eram publicadas até a época do golpe militar de outubro de 1930 cessaram no Jornal do Comércio do Rio de Janeiro e a partir do ano de 1931 é possível acompanhar apenas as publicações

[990] BRASIL. Biblioteca Nacional. *Jornal O Malho do Rio de Janeiro*. Edição 1489, 1931. A caricatura ainda veio acompanhada de um texto descrevendo Francisco Campos como um fascista de camisa cáqui que estava recrutando os estudantes por meio da sua reforma do ensino.

dos processos judiciais. Uma das publicações, em 1 de julho de 1931 diz respeito a outro caso de processo judicial de extradição de comerciante falido, pertinente ao comerciante Augusto Roers, cujo pedido de extradição se deu pelo governo alemão e o então procurador geral da República, Ministro do Supremo Tribunal Federal, Bento de Faria[991], se manifestou contrariamente à extradição e favoravelmente à aplicação das penalidades criminais pela própria jurisdição brasileira[992]. Bento de Faria já vinha se pronunciando em outros casos de falência, inclusive um de seus julgados foi epígrafe da sessão de "A Manhã Judiciária", do jornal "A Manhã" do Rio de Janeiro, em 1929.

O trecho que o jornal destacou de Bento de Faria foi a frase de que "[a]s funcções de que se acham investidos, na fallencia, os syndicos, inherentes ao mandato que exercitam, devem ser desempenhadas pessoalmente por taes administradores aos quaes fallece direito para onerar a massa em benefício de afeiçoados ou protegidos."[993] A crítica de Bento de Faria era para um caso em que um síndico de uma massa falida estaria privilegiando alguns credores que seriam, na visão do Judiciário, *afeiçoados* ou *protegidos* de tal síndico. O jornal também costumava publicar as assembleias de credores que se realizariam nos casos das falências.

[991] Antônio Bento de Faria, nascido no Rio de Janeiro em 1875, pelo CPDOC da FGV, "[d]urante a Revolta da Armada, deflagrada em setembro de 1893 contra o governo de Floriano Peixoto, serviu ao lado das forças legais em diversos pontos do Rio e de Niterói. [...]. Em 1925, Bento de Faria foi convidado pelo presidente Artur Bernardes para ocupar a vaga do recém-falecido ministro Sebastião de Lacerda no Supremo Tribunal Federal (STF). [...]. Em 25 de março de 1931, Bento de Faria foi nomeado procurador-geral da República, cargo que, segundo a Constituição de 1891, ainda em vigor, tinha que ser preenchido por um ministro do STF." Disponível em http://www.fgv.br/cpdoc/acervo/arquivo, acesso em 21/10/2022.

[992] BRASIL. Biblioteca Nacional. *Jornal do Commercio do Rio de Janeiro*. Edição 155, 1931.

[993] BRASIL. Biblioteca Nacional. *Jornal A Manhã do Rio de Janeiro*. Edição 1022, 1929.

FIGURA 28

**Sessão Judiciária do Jornal "A Manhã" do Rio de Janeiro, em que se costumavam publicar notícias sobre a realização de assembleias de credores**[994]

"A MANHÃ" JUDICIARIA

NOTA FORENSE

A advocacia criminal no Districto Federal é, por demais, excusa para os que collocam a profissão no mistér de verdadeiro sacerdocio. Ha naturalmente excepções louvaveis, mas não resta duvida que ha muito o que fazer para sanear o meio.

O advogado criminal no Rio faz banca de escriptorio na sala de espera da Casa de Detenção. Fica ali horas seguidas a espera que um desgraçado caia na gaiola e peça os seus serviços. Muitas vezes, advogados notaveis pelo saber, entram em conchavos reprovaveis com presos, em muitas occasiões gatunos, que se encarregam no cubiculo, da propaganda do profissional.

Este tem que se identificar com o correspondente de seus negocios, fazer a communhão de interesses e estabelecer um verdadeiro equilibrio moral e economico com aquelles que a lei segregou da sociedade.

Estabelecem-se os pareos. Cada advogado procura ganhar terreno ao outro. E a machina-vehiculo disso é o preso. Commette-se acções que escandalisam os detentos desce-se á mentira, á exploração ignobil do prisioneiro. Isso em torno de um réo que tenha alguns vintens. Se é pobre não ha advogado que o chame; é um desgraçado, não se pode salvar da condemnação.

Para pegar o dinheiro o advogado faz promessas fantasticas. Assegura a liberdade immediata. E quando corre o cobre tudo falha. O juiz é quem leva a culpa. Se os juizes soubessem como são victimas de descomposturas nos bancos da sala de espera da Casa de Detenção!... E a advogacia criminal desce ao commercio reprovavel de enganar o proximo. A'queles que, sob as grades de um presidio, não podem syndicar da sinceridade de quem se offerece para patrono de sua liberdade.

Se continuar assim, um dia os presos soltam-se e prendem os advogados... que agem deshonestamente, já se vê.

C. F.

EM TORNO DAS FALLENCIAS

As assembléas d'amanhã

Estão marcadas para hoje, as assembléas de credores, nas fallencias de Antonio Pussumano, Ernesto e Souza, L. Alves Silva e Casa Germania C. Ltda. na 1ª. Vara Civel; R. Rocha, Dias Leonidas & Cia., e Ferreira Sá & Cia., na 4ª. Vara Civel; J. W. Andresen, na 5ª. Vara Civel; J. Antonio Rodrigues de Carvalho, na 6ª. Vara Civel.

NA FALLENCIA DE S. BASTOS

O curador das massas fallidas, foi de parecer contrario á arrecadação de bens do fallido

O primeiro curador das massas fallidas vem de exarar nos autos da fallencia de S. Bastos, o parecer seguinte:

"O supplicante pretende que se proceda á arrecadação dos bens da firma José F. dos Santos & Cia., de que faz parte, como socio solidario, o devedor cuja fallencia acaba de ser reaberta em virtude da rescisão da concordata extinctiva.

Conforme já opinei a fls. 158, o que ha a fazer é apurar, mediante liquidação daquella firma, a parte do fallido. Pouco importa que a firma se tenha estabelecido na mesma casa em que o era o fallido, pouco importa que o genero de negocio seja o mesmo. O que o supplicante considera uma immoralidade não é outra coisa senão a consequencia da falta de qualquer estipulação que na concordata, vedasse ao devedor o direito de dispor livremente dos seus bens.

A disposição do paragrapho 1º., do art. 11, da lei nº. 2.024, de 1908, é clarissima. Mantenho, pois, o parecer de fls. 258".

Apesar da lei de falências de 1929 ter entrado em vigor na maior parte do Brasil ainda em dezembro de 1929 e em alguns outros estados, como Minas Gerais, começou a vigorar a partir de março de 1930, por conta da Constituição Estadual, já havia a apresentação de debates para uma

[994] *Id.* Edição 1023, 1929.

nova reforma. Mesmo diante do declínio das publicações na imprensa das discussões, bem como da ausência de um Congresso Nacional para a provocação dos debates, outros institutos seguiram com estudos e discussões para pedir uma reforma. Esse foi o caso do "Centro Industrial do Brasil", por meio da Federação das Indústrias do Rio de Janeiro, sob a presidência do Dr. Francisco de Oliveira Passos, em que se estabeleceu uma Comissão de Legislação para se debater uma nova reforma da lei de falências, comissão esta então presidida por Julio Pedroso de Lima Jr[995]. Nesse encontro se disse que o Centro Industrial solicitou sugestões de todos seus associados e havia recebido sugestões "[...] no sentido de tornar mais efficiente *a defesa dos interesses dos credores* nos processos de fallencia (grifos nossos) [...]"[996] e tratavam basicamente de estabelecer um prazo de quinze dias para os credores impugnarem os créditos e determinando que as avaliações dos ativos arrecadados deveriam ser realizadas pelo síndico.

O ano de 1931 também marcou o início das discussões sobre a reforma ortográfica no Brasil, que terá impacto direto nas transcrições dos textos das fontes, bem como na supressão da utilização do duplo "f" e uso do acento circunflexo na palavra "falência"; tal reforma ortográfica já foi se fazendo presente em algumas publicações a partir de 1931, como no caso "Volume II" do livro sobre a falência no direito brasileiro de Trajano de Miranda Valverde, mas somente se efetivou de modo oficial por meio da edição do Decreto-lei nº 8.286, de 5 de dezembro de 1945.

Não só no ambiente comercial e industrial teve início a discussão para uma reforma da lei de falências, mas também oficialmente no Governo Provisório foi formada, em 1931, a Subcomissão de Falências – 6ª Subcomissão Legislativa das subcomissões coordenadas pelo Dr. Levi Carneiro, nomeado pelo Governo Provisório para a coordenação das reformas. Inicialmente liderada pelo advogado Dr. Jeorge Dyott Fontenelle e encarregada de discutir uma nova reforma na lei de falências, fora convidado também para participar da Subcomissão o 2º curador das massas falidas do Rio de Janeiro, Dr. Julio de Oliveira Sobrinho, que tinha a prática

[995] BRASIL. Biblioteca Nacional, *Jornal do Commercio do Rio de Janeiro*. Edição 167, 1931.
[996] *Id. ibid.*

declarada de cinco meses na matéria[997] e que sugeria que as arrecadações dos ativos não fossem feitas pelos síndicos, mas por um agente fiscal ou prepostos dos curadores das massas falidas (dos membros do Ministério Público, portanto) e entendia que, com essa participação mais ativa, seria possível reduzir as despesas das massas que, na sua visão, estavam passando despercebidas pelos juízes e credores, pois ninguém estaria efetivamente acompanhando as prestações de contas dos síndicos e de seus gastos às custas das massas falidas[998], além do advogado Dr. Antonio Moitinho Doria.

Os membros da 6ª Subcomissão Legislativa participaram também de uma conferência realizada pelo Dr. Moitinho Doria no Instituto da Ordem dos Advogados Brasileiros em outubro de 1931, em que Moitinho Doria, que já havia participado das discussões sobre a reforma trazida pela lei de 1929 e, logo após, havia se pronunciado sobre a necessidade de uma reforma para a maior concentração de poderes no Estado e não entre os credores e devedores.

Nessa reunião, Antonio Moitinho Doria iniciou dizendo que "*[n]ão é das mais commodas a posição da 6ª sub-commissão legislativa, incumbida de elaborar o projecto de reforma da lei de fallencias, porque essa lei, datando apenas de 9 de dezembro de 1929, parece, devia ficar isenta de revisão geral promovida pelo Governo Provisorio, relativamente á legislação brasileira, como serviço preliminar de reorganização do paíz* (grifos nossos)."[999] No mesmo dia também fica claro que apesar do esforço em conseguir maiores contribuições das instituições, associações e juristas, pouco se recebeu de contribuição até aquele momento, mas destacava que a 6ª Subcomissão vinha atuando de modo intenso, já tendo passado por vinte e uma sessões semanais até aquele momento de outubro de 1931 e já havia elaborado 120 emendas sobre a Lei nº 5.746/1929. O intuito de tais emendas, de acordo com Doria, era harmonizar os dispositivos do sistema das falências no Brasil, pois, em seu entender, o sistema falimentar

997 BRASIL. Biblioteca Nacional, *Jornal do Commercio do Rio de Janeiro*. Edição 211, 1931.
998 *Id. ibid.*
999 *Id.* Edição 237, 1931.

> [t]rata-se de um concurso de credores que as legislações denominam universal e indivisivel, em virtude do qual se interrompe a actividade normal do devedor até que se ajuste de novo a sua situação geral. *Não se trata, nelle, portanto, unicamente do interesse particular de um ou de outro, devedor e credor, mas da organização de interesses de uma collectividade que deve ser regulada para equillibrio de todos os direitos em conflicto. Dahi dar-se ao processo o cunho de particular ou official, segundo se acceita a intervenção unica e preponderante dos credores, ou de outro modo, a participação maior ou menor de orgãos do poder publico*; dahi o caracter differente da nomeação e da funcção dos administradores da massa fallida e da discussão processual (grifos nossos).[1000]

E, com isso, Doria apontava que, no Brasil, a figura dos síndicos não se revestia de um caráter de membro de um órgão oficial do Poder Público e destacava a importância da criação e manutenção do cargo de curador das massas falidas do Ministério Público como ferramenta de intervenção do Estado no concurso privado dos credores, bem como sugeria que era necessário se criar um procedimento de instrução processual semelhante ao da falência nos processos de concordatas preventivas.

Durante a mesma reunião, Moitinho Doria apresentou já a exposição de motivos das emendas que havia consolidado até aquele momento, entre inclusões de outros títulos líquidos habilitados a pedir a declaração de falência, como os cheques, também incluiu a possibilidade de se declarar falência das pessoas que não seriam comerciantes formais, tampouco comerciantes sob a perspectiva legal, e, com o apoio do Dr. Monteiro de Salles, especificamente incluiu que seria possível declarar como falidos "[...]: a) a mulher casada e não divorciada que, sem autorização do marido (art. 247, parag. único, do Cod. Civ.) exerça profissão de commercio ou industria por mais de 6 mezes fóra do lar; b) os que prohibidos expressamente de commerciar, comtudo, exerçam o commercio ou industria com caracter habitual[.]"[1001] e destacou que tal sugestão contava com o apoio do Dr. Dyott Fontenelle e que teria sido também Dyott Fontenelle quem teria dissuadido o próprio Antonio Moitinho Doria a retirar a sugestão de possibilidade de declaração de falência dos menores de 16 a 21 anos que

[1000] BRASIL. Biblioteca Nacional, *Jornal do Commercio do Rio de Janeiro*. Edição 237, 1931.
[1001] *Id. ibid.*

praticassem comércio sem autorização do pai ou de tutores, revelando que, neste ponto, Moitinho Doria havia sido derrotado pela maioria da Subcomissão que concordou com Dyott Fontenelle.

Moitinho Doria também incluiu no então novo projeto a possibilidade de declaração de falência em função de reclamações de dívidas fiscais, federais, estaduais e municipais, desde que definitivamente julgadas como devidas, ainda que esse dispositivo fosse contrário à jurisprudência do Supremo Tribunal Federal da época[1002]. Foi também desse projeto da 6ª Subcomissão Legislativa que surgiu a necessidade de inclusão da informação sobre o domicílio do credor com a respectiva importância e natureza do crédito de modo expresso na lista de credores que deveria ser apresentada inicialmente pelo próprio devedor.

Outro movimento também foi o de fortalecimento do papel dos juízos falimentares, retirando a necessidade de manifestação do curador das massas falidas previamente às decisões judiciais de declaração de falência, passando a ser atribuição exclusiva do juízo falimentar, bem como eliminou a necessidade de intervenção do Ministério Público para a decretação da prisão preventiva dos falidos, podendo então a prisão ser ordenada de ofício pelo juízo falimentar, além de proposto a retirada da remissão ao código penal, o que levaria a ser seguido o rito penal previsto na própria lei de falências e também seria abolida a necessidade de comprovação de crédito dos credores nomeados como síndicos, bastando a decisão judicial de nomeação e a assinatura do termo de compromisso para que o indicado fosse empossado como síndico responsável pela massa falida de acordo com o exclusivo critério do juiz responsável – afastando dos credores, portanto, a possibilidade de eleição dos síndicos.

Moitinho Doria também explicou que o Governo Provisório determinou ao Dr. Levi Carneiro – também velho conhecido dos debates durante a segunda metade da década de 1920 –, escolheu os juristas que parti-

[1002] Além dessa abordagem da Subcomissão, o procurador Mario Accioli também publicou um artigo sobre "a Fazenda Nacional nas fallencias" em que discutia a necessidade de se estruturar e organizar de melhor forma a participação da Fazenda Nacional nos processos falimentares (BRASIL. Biblioteca Nacional. *Jornal do Commercio do Rio de Janeiro*. Edição 298, 1934).

cipariam dessa tarefa de "[...] difficil legislatura de emergencia[.]"[1003] e elogiou também a escolha da subcomissão de reforma do Código Civil, formado pelos Drs. Clovis Bevilacqua, Eduardo Espinola e Alfredo Bernardes, "[...] oraculos a quem se vão pedir nos casos complexos a luz esclarecedora e o rumo acertado."[1004] O Dr. Levi Carneiro fora empossado como Consultor Geral da República e nomeado como organizador das subcomissões legislativas, dentre elas essa 6ª Subcomissão que estava tratando da reforma da lei de falências de dezembro de 1929 já em 1931.

Naquela linha marcante que vimos em outros momentos de pessoas atuantes no trabalho legislativo, Moitinho Doria também se vale de alegorias religiosas para justificar seu trabalho de reforma legislativa nas falências "[...] pelo desejo de servir ao Brasil, com desinteresse e com sacrifício, [...]"[1005] e dizia que havia

> [...] *certa analogia desse facto que representa um momento da historia nacional, com outra época remotissima* da historia ou da lenda, não de um paiz, mas, da humanidade, talvez mais de 1500 annos antes de nossa éra, *época de dominio biblico,* [...]. *As primeiras leis* que todos conhecemos *vieram tambem depois de uma revolução,* que foi a dos hebreus no Egypto, encabeçada por Moysés e Aarão, *para salvar aquelle povo do captiveiro dos pharáos.* [...]. *São, pois, remotíssimos descendentes em espírito e em sentimento, da família bíblica, os que nesta ocasião se occupam no Brasil de coordenar e aperfeiçoar todos os preceitos legaes que devem reger a vida nacional* no mesmo propósito de conter as reclamações inesgotaveis e perennes contra o que permanecerá sempre imperfeito e tumultuário (grifos nossos).[1006]

O assunto sobre a reforma geral das leis comerciais aparecia em outros setores também, especificamente como no caso da outorga do decreto

[1003] *Id. ibid.*
[1004] *Id. ibid.*
[1005] *Id. ibid.*
[1006] BRASIL. Biblioteca Nacional, *Jornal do Commercio do Rio de Janeiro.* Ao mesmo tempo em que o Jornal do Comércio do Rio de Janeiro passa também a publicar uma coluna maior chamada "Vida Catholica" e "Meditações lithurgicas" logo após a coluna de "Parte Judiciaria", inclusive publicando lições para "afastar os perigos do cinema", pois o cinema seria "[...] perniciosíssimo aos jovens e ao povo em geral (BRASIL. Biblioteca Nacional. *Jornal do Commercio do Rio de Janeiro.* Edição 287, 1931)."

que passaria a regulamentar a profissão de contador, bastante interligado com seu papel nos processos de falências, e foi tema também do II Congresso Brasileiro de Contabilidade realizado no Rio de Janeiro em 1932, em que houve uma seção de "Commercio de Legislação" em que foram "[...] indicadas as modificações que, sob o ponto de vista technico-contabil, deverão soffrer o Codigo Commercial, a lei de Fallencias (sic), a das Soceidades Anonymas e outras, aproveitando-se, assim, o ensejo que se offerece com a installação da Commissão Legislativa, por ordem do Governo da República [agora não mais chamado de Governo Provisório], está revendo toda a legislação commercial brasileira."[1007]

Antonio Moitinho Doria também destacou que o Dr. Dyott Fontenelle estava acompanhando as discussões sobre a reforma da lei de falências no Chile e lá se anunciava que o país estava reformando simultaneamente a lei de falências e o comércio de petróleo e que os projetos foram elaborados "[...] de accordo com a orientação assumida pelo governo no sentido de considerar a exploração da industria petrolífera um monopolio do Estado[.]"[1008] e o discurso sobre uma "ameaça estrangeira" também aparece, por meio de uma referência a uma certa companhia inglesa que explorava o petróleo no Chile.

Nesse mesmo período, nas decisões judiciais publicadas no Jornal do Comércio é possível perceber a presença da publicação de Trajano de Miranda Valverde, pois já havia publicado seu livro jurídico sobre as falências no Brasil em dois volumes. Apesar do domínio de citações aos trabalhos de Carvalho de Mendonça nos julgados, o livro de Valverde começa também a ser citado como fundamento em algumas decisões judiciais a partir de 1931.

Na Associação Comercial do Rio de Janeiro, após um longo período sem a publicação de discussões acerca da reforma da lei de falências, o assunto foi trazido para a pauta publicada em setembro de 1932 e iniciou por meio da leitura de uma reclamação por meio de um ofício do Centro do Comércio e Indústria de Materiais de Construção, recebido e lido pelo advogado, ativo na Associação Comercial e também já conhecido dessas discussões sobre a lei de falências, Sr. Randolpho Chagas, cuja

[1007] *Id.* Edição 50, 1932.
[1008] *Id.* Edição 125, 1932.

principal reclamação era a morosidade dos processos de falências e desejava que o ofício fosse encaminhado para a Subcomissão Legislativa que vinha estudando a reforma da lei, o que foi tomado em consideração pela presidência da Associação Comercial[1009].

Em novembro de 1932 também a Associação Comercial do Rio de Janeiro, alinhada com outras associações, centros e federações do comércio, indústria e *agrícolas* também, lançou o programa político do Partido Economista Nacional[1010], com metas individuais entre os entes federados e não apenas nacionais a partir da capital tratando os demais entes de mesmo modo, focados na nova constituinte que também entendiam ser necessária e "[...] organizado sob a inspiração do mais ardente patriotismo [...]"[1011] tinha em seu programa uma comissão sobre a "Legislação Commercial e Fiscal" em que publicaram a necessidade de se "[f]azer promulgar o novo Codigo Commercial Brasileiro, em que se incluam, entre outras, a revisão da lei de fallencias e a modernização das sociedades anonymas, mantidas as acções preferenciaes."[1012]

A Associação Comercial ainda mantinha contato com o Dr. Dilermando Cruz e dizia que este "[...] não é um desconhecido desta Casa. Nos últimos annos da *Republica Velha* elle compareceu ás sessões da Commissão encarregada de revêr o ante-projecto de lei de fallencias, tendo cooperado efficientemente, para que esse projecto, depois convertido em lei, satisfizesse os justos anseios do commercio do paiz (grifos nossos)."[1013] O Dr. Dilermando Cruz faleceu em dezembro de 1935, aos 57 anos, e um artigo no Jornal em sua homenagem e relembrando sua participação na elaboração da lei de falências de 1929[1014] foi publicado.

1009 BRASIL. Biblioteca Nacional, *Jornal do Commercio do Rio de Janeiro*. Edição 207, 1932.
1010 *Id*. Edição 270, 1932.
1011 *Id. ibid.*
1012 *Id. ibid.*
1013 *Id*. Edição 22, 1933.
1014 *Id*. Edição 78, 1935.

FIGURA 29

**Texto anônimo publicado no jornal *O Malho* do Rio de Janeiro de 1932**[1015]

"A FALLENCIA DA CONCORDATA"

O bonde, em franca velocidade, o seu destino segue. Um garoto, apregoando certa folha, brada em altos berros:

— "A fallencia da concordata".

Um passageiro, comprehendendo o equivoco do vendedor de jornaes, chama-o e, carinhosamente esclarece a questão.

— Menino; não é fallencia da concordata como você está gritando. Fale direito: — "Fallencias e concordatas".

Mas, o garoto, não atinando com realidade, continúa no mesmo diapasão:

—"A fallencia da concordata". Um segundo passageiro, então, dirige-se ao primeiro para mostrar que alguma verdade havia no que o garoto apregoava.

Desapparecendo a confiança universal entre os homens, ninguem mais ousava acreditar em difficuldades de outrem. Dahi a relutancia que os devedores encontravam nos credores, quando estes tivessem de concordar com a demora do pagamento. Com isso a concordata terá por força de se declarar em crise, resultando, subsequentemente, que a razão estava com o garoto jornaleiro e era evidente a fallencia da concordata.

OS PELLOS...

O pello, em excesso, nos braços como no rosto das damas, afeia a integridade da belleza. Tiral-o é o sonho de todos. Mas de que modo? Arrancando? Isso é o uso geral, que produz, entretanto, dôres e angustias.

Um meio efficaz se apresenta: é o emprego do Creme Eva, que em dois minutos o faz desapparecer, sem dôr e sem trabalho.

Leiam CINEARTE, a melhor revista cinematographica.

Preço: 1$500

Em novembro de 1932 foi publicado na coluna "Gazetilha" do Jornal do Comércio do Rio de Janeiro a ata da Subcomissão de falências, em

1015 BRASIL. Biblioteca Nacional. *Jornal O Malho do Rio de Janeiro*. Edição 1522, 1932. O recorte destaca um texto publicado no jornal em que se contava uma história para apresentar uma crítica às mudanças promovidas pelo Decreto nº 5.746/1929 em relação às concordatas, acusando a "falência" das concordatas em razão da reforma.

que houve uma apresentação do Dr. Saboia Lima[1016], mencionando as demais emendas apresentadas pelo Dr. Dyott Fontenelle, especialmente a que propunha a divisão e separação os credores do falido, dos credores da massa falida e também a emenda que pretendia alterar a jurisprudência que vinha determinando que os proventos decorrentes do uso de bens hipotecados nas massas falidas fossem destinados aos próprios credores hipotecários, passando então a ser um benefício da massa e das despesas de administração e guarda, inclusive já citando o livro de Trajano de Miranda Valverde sobre as falências de 1931, para justificar essa necessidade[1017].

E em finais de dezembro de 1932, então sem a presença do Dr. Moitinho Doria – não obstante mantidas as emendas que elaborara –, novamente se publicou uma ata da reunião da Subcomissão da reforma com a presença dos Drs. Monteiro de Salles, como presidente, Saboia Lima e Dyott Fontenelle, em que se passou a discutir o tema das concordatas preventivas, sem que fossem publicados os detalhes das discussões ali havidas sobre esse tema[1018].

As discussões foram avançando e em 1933 o Dr. Levi Carneiro determinou uma publicação mais longa com um breve descritivo do estágio em que se encontravam as subcomissões legislativas. Na Subcomissão de falências, o Dr. Dyott Fontenelle foi quem fez a apresentação e leu uma carta recebida de Sebastião Soares de Faria[1019] em que trazia à Subcomissão as suas "[...] felicitações pelas justíssimas emendas à lei de Fallencia (sic), especialmente na parte relativa á concordata, e, ao mesmo tempo,

[1016] Juiz da segunda vara cível do distrito federal e que atuava em casos de falências e concordatas.

[1017] BRASIL. Biblioteca Nacional. *Jornal do Commercio do Rio de Janeiro*. Edição 281, 1932.

[1018] *Id*. Edição 309, 1932.

[1019] Sebastião Soares de Faria (1883 – 1952), denominado em suas publicações como S. Soares de Faria, foi um advogado e professor da cadeira de direito comercial da Faculdade de Direito da Universidade de São Paulo. Seu livro sobre a concordata terminativa na falência foi publicado em duas edições, a primeira datada de 1928 e a segunda de 1932. O trabalho não tem enfoque sobre a falência, mas sim sobre uma modalidade específica do processo de concordata; a terminativa da falência. É um trabalho monográfico que aborda o tema essencialmente a partir de uma perspectiva prática (inclusive com referências a julgados, essencialmente do Tribunal de Justiça do Estado de São Paulo).

chamar a sua attenção para um ponto referente á concordata preventiva, em relação á qual é a nova lei omissa."[1020] O ponto de S. Soares de Faria era sobre o período suspeito na falência que entendia que deveria ser contado a partir da propositura da concordata e não do decreto de rescisão da concordata e declaração de falência, inclusive mencionava que já tentara essa tese perante o Tribunal de Justiça de São Paulo e não sido exitoso, portanto entendia que deveria constar da nova reforma da lei de falências[1021].

Em setembro de 1933 o Dr. Levi Carneiro anunciava também que estavam sendo concluídos os trabalhos das subcomissões do Código Criminal e do Código dos Menores e que "[e]m breves dias, teremos o [anteprojeto] da lei de fallencias, o do (sic) estatutos dos funccionarios públicos, o da lei de propriedade industrial."[1022] Não obstante, o ano de 1934 chegou e nada foi apresentado especificamente sobre a reforma da lei de falências e concordatas. Isso permitiu com que se continuassem a manifestar sugestões de alterações, inclusive levando a Associação Comercial do Rio de Janeiro a apresentar um projeto de lei, elaborado pelo Dr. Randolpho Chagas, para a criação das Juntas dos Síndicos Judiciais, que teria em sua exposição de motivos a justificativa de outrora de Carvalho de Mendonça de que o tema da nomeação de síndicos e liquidatários seria um dos problemas mais graves e que estaria (à sua época) mais preocupando os legisladores[1023] – relembrando que, no contexto correto dessa frase, Carvalho de Mendonça se referia à lei de 1902 que criara justamente uma lista na Junta Comercial de síndicos a serem nomeados.

Em 1934 Antonio Moitinho Doria publicou seu livro "Males do Parlamentarismo e dos Partidos Políticos", que seria apreciado especialmente na década de 1940, por ministros do Estado Novo, como fundamento para explicar a visão de corrosão dos partidos políticos e do sistema político brasileiro, que estava sendo transformado pelo Estado Novo[1024] e, em 1941, foi eleito o presidente do conselho da Ordem dos Advogados do Brasil, eleito para superar um dito período de crise institucional interna e

[1020] BRASIL. Biblioteca Nacional. *Jornal do Commercio do Rio de Janeiro*. Edição 27, 1933.
[1021] *Id. ibid.*
[1022] *Id.* Edição 232, 1933.
[1023] BRASIL. Biblioteca Nacional, *Jornal do Commercio do Rio de Janeiro*. Edição 110, 1934.
[1024] *Id.* Edição 192, 1941.

que havia sido criada por decreto de Getúlio Vargas, por meio do Decreto nº 19.408, datado de 18 de novembro de 1930. Ao longo das décadas de 1930 e 1940, Moitinho Doria passou a focar no direito aeronáutico e suas contribuições para a reforma da lei de falências não são mais localizadas.

Nessa mesma época as reformas do Judiciário promovidas pela gestão de Getúlio Vargas vão tomando mais corpo, alterando a dinâmica do recolhimento de custas nos processos de falências e concordatas, como por meio do Decreto nº 24.153, de 23 de abril de 1934, assinado pelo então Ministro Francisco Antunes Maciel, e que vinham revelando um projeto de Estado para o Judiciário durante aquele período varguista. Esses projetos, liderados em momentos distintos e por pessoas distintas, como o caso de Themístocles Cavalcanti, Castro Nunes e Oliveira Vianna, afetavam também as falências e concordatas, em especial quando do fortalecimento dessa visão de que o Judiciário tinha de ter uma ampliação no seu papel diante desses processos[1025].

Também importante destacar que, nessa linha de fortalecimento das instituições do Estado e, especialmente, do Poder Judiciário, em 1936 foi editada e sancionada a Lei nº 319 de 25 de novembro, assinada pelo presidente Getúlio Vargas e seu então Ministro da Justiça, Vicente Rao, por

[1025] "Este artigo buscou analisar três dos principais projetos de reforma do judiciário nos anos 1930, que tinham como objetivo não apenas controlar o judiciário, mas torná-lo parte de um modelo eficiente da resolução de conflitos, em um regime politicamente centralizador. Os autores aqui analisados imaginavam um judiciário que colaborasse para a organização eficiente da resolução de conflitos. Daí a inexistência de uma grande reação, tal como a que seria vista nos Estados Unidos, à criação de agências quase-judiciais. Essas agências ampliavam os tentáculos do Estado, resolviam os conflitos com parâmetros técnicos, a serem recepcionados por todo o judiciário. A solução era compatível com a supremacia judicial, pois referia-se a um modelo que definia os tribunais administrativos como órgãos do poder executivo e os submetia a um judiciário que tinha em seu topo o Supremo Tribunal Federal. Nessa dinâmica, as possíveis derrotas dos agentes da administração pública e dos tribunais administrativos no judiciário, os possíveis casos polêmicos entre CNT e STF ou entre Tribunal Marítimo e STF, por exemplo, não podem ser considerados casos de afronta ou de resistência ao regime. Esses casos são, na realidade, o próprio projeto do regime em andamento, aproveitando um direito que servia tanto à construção de direitos como à construção do poder[.]" (Guerra, Maria Pia. *Um Judiciário para um Regime Autoritário: os projetos de reforma judicial na década de 1930. In* Revista Brasileira de Ciências Sociais. vol. 37 nº 108. e3710806 2022, p. 14).

meio da qual se limitou o acesso a recursos para o Supremo Tribunal Federal ao se estabelecer que "*[o]s accordãos nos julgamentos de appellação civeis e de aggravos constituem decisões de ultima instancia* sempre que, proferidas por unanimidade de votos, confirmem decisões recorridas, excepto nas causas de valor superior a vinte contos de réis 20:000$000 (grifos nossos)."

Sob a perspectiva das fontes analisadas, o período a partir de finais de 1933 não foi prolífico no registro de debates ou de apresentação de novas emendas para a Subcomissão no contexto de uma nova reforma da lei de falências e concordatas; diversos podem ser os motivos, mas nos parece, pela dinâmica das publicações do período, que se deu especialmente por conta da situação política do Brasil pois, em 1934, foi aprovada uma nova Constituição Federal, bem como a eleição indireta de Getúlio Vargas, então sem partido, como presidente do Brasil – relembrando que, na linha centralizadora que os membros do alto escalão político do Brasil vinham adotando, até o cargo de vice-presidente fora extinto por meio dessa nova Constituição de 1934.

Nessa eleição indireta para a presidência do Brasil, o Dr. Levi Carneiro, chefe das subcomissões legislativas, também concorreu e se candidatou à presidência, chegando a receber um voto registrado pela nova Assembleia Legislativa da Câmara dos Deputados que fora eleita em maio de 1933, porém Getúlio Vargas foi o vitorioso, sendo o segundo colocado naquela disputa o Sr. Borges de Medeiros do Partido Republicano Rio-grandense. Além da situação política em si, também houve grande debate em torno do anteprojeto de Código de Processo Civil – que foi aprovado e outorgado em 1939 – , que também prevaleceu dentre as publicações de debates jurídicos localizadas nos jornais durante o período.

Sem novos registros localizados entre as fontes sobre a reforma da lei de falências, temos de destacar que em 10 de novembro de 1937, efetivando-se outro golpe de Estado, é então decretada uma nova Constituição Federal, por meio da qual se tem a instauração do governo do Estado Novo, em que se dissolveu novamente a Câmara dos Deputados, o Senado Federal, as Assembleias dos estados e as Câmaras Municipais, sob o pretexto de que era necessário tal decretação pois estava

> [o] Presidente da Republica dos Estados Unidos do Brasil: atendendo ás legitimas aspirações do povo brasileiro á paz politica e social, profundamente

perturbada por conhecidos factores de desordem, resultantes da crescente aggravação dos dissídios partidarios, que uma notória propaganda demagogica procura desnaturar em luta de classes, e da extremação de conflictos ideologicos, tendentes, pelo seu desenvolvimento natural, a resolver-se em termos de violência, colocando a nação sob a funesta imminencia da guerra civil.[1026]

O então Ministro da Justiça Francisco Campos[1027], velho conhecido como Ministro da Educação durante o período subsequente ao golpe que instalou o Governo Provisório no início da década de 1930, também se pronunciou sobre a nova Constituição e disse:

[a] nova Constituição foi promulgada. A transformação se operou de modo pacifico e teve por fim assegurar a paz á Nação. A Constituição será submettida a plebiscito nacional. A nova Constituição assegura, de modo mais com-

[1026] BRASIL. Biblioteca Nacional, *Jornal do Commercio do Rio de Janeiro*. Edição 35, 1937. Trecho da transcrição da exposição de motivos do presidente Getúlio Vargas sobre a nova Constituição Federal de 1937, publicado no Jornal do Commercio do Rio de Janeiro. E na transcrição de seu discurso pronunciado em rádio para todo o país, disse que "*[a] Constituição hoje promulgada* criou uma nova estructura legal, sem alterar o que se considera substancial nos systemas de opinião: *manteve a fórma democratica*, o processo representativo e a autonomia dos Estados, dentro das linhas tradicionaes da federação organica. [...]. *Torna-se impossível estabelecer normas serias e systematização efficiente* á educação, á defesa e *aos proprios emprehendimentos de ordem material, se o espirito que rege a politica geral não estiver conformado em principios que se ajustem ás realidades nacionaes* (grifamos)."

[1027] Francisco Campos, cujo percurso político intelectual "[...] revela uma relativa capacidade de adaptação a modas intelectuais e câmbios no quadro político social. Ao contrário de numerosos admiradores brasileiros do nazifascismo nos anos 30, Campos não era um 'outsider', cujas perspectivas de ascensão na Primeira República pudessem parecer bloqueadas por uma origem humilde, pelo apadrinhamento deficiente ou pelo nascimento em um estado de peso político declinante ou inexpressivo. Integrado à elite política e intelectual de Minas, já detinha uma cátedra de direito em 1917, ano em que chegava à assembleia estadual. Desta passaria à Câmara Federal (1921) e ao cargo de Secretário do Interior (1926/1930). Sua importância política em 1930 já era tal, que se pôde tornar, então, Ministro da Educação e Saúde Pública (1930/1932), vindo ainda a atuar como Ministro da Justiça (6/12-26/12/1930, 4/3-17/9/1932 e 9/11/1937-17/7/1942) e Consultor-Geral da República[.]" (SEELAENDER, Airton Cerqueira-Leite; CASTRO, Alexander Rodrigues de. *Um jurisconsulto adaptável – Francisco Campos (1891-1968)*. *In* MOTA, Carlos Guilherme; SALINAS, Natasha Schmitt Caccia (coord.). Ob. Cit. 2010, p. 257).

pleto, a autoridade da União e arma o Governo de meios normaes de defesa da ordem.[1028]

Além de Francisco Campos, o então Ministro da Guerra, general Eurico Gaspar Dutra, também recebeu os agradecimentos de Getúlio Vargas, especialmente pelo apoio do exército à nova Constituição de 1937. Tudo isso em meio a publicações que também exaltavam o combate ao comunismo e a prisão de comunistas no Brasil[1029].

O Ministro da Justiça, Francisco Campos, abriu diversas comissões para as reformas legislativas infraconstitucionais que foram debatidas durante o período do Estado Novo, entre elas a da reforma do Código Civil, formada em 1939 e composta dos Drs. Orozimbo Nonato, Philadelpho Azevedo e Hahnemann Guimarães, enquanto Trajano de Miranda Valverde e Clodomir Cardoso, ex-senador pelo estado do Maranhão, eram incumbidos de elaborar os anteprojetos de reforma da lei de falências e da lei de sociedades anônimas[1030].

Essa é a mesma época em que Trajano de Miranda Valverde tomou posse como secretário do Instituto dos Advogados[1031] e atuava também como advogado em processos por acionistas de companhias[1032], bem como por companhias credoras, além de atuar como conselheiro de órgãos societários, como o caso em que fora nomeado conselheiro fiscal da Casa Bancária Bordallo, Brenha S.A. [1033] e da Companhia Geral Immobiliaria S.A.[1034], bem como também o identificamos pela lista de

[1028] BRASIL. Biblioteca Nacional. *Jornal do Commercio do Rio de Janeiro*. Edição 35, 1937.

[1029] Na mesma edição do Jornal do Comércio do Rio de Janeiro em que foi publicada a nova Constituição, bem como os diversos discursos oficiais, foi publicada na sequência uma matéria chamada "a prisão de um communista em Minas Geraes", em que se relatava que a "a policia mineira acaba de deitar a mão em perigoso communista[.]" que seria o professor Sr. Pedro Coutinho Filho, preso em Andrelândia, acusado de ter envolvimento nos *graves* atentados de 1935. Os *graves* atentados em referência são os que foram chamados de "revolta comunista", cujo Partido Comunista tinha como presidente de honra o político Luís Carlos Prestes.

[1030] BRASIL. Biblioteca Nacional. *Jornal do Commercio do Rio de Janeiro*. Edição 80, 1940.

[1031] *Id*. Edição 83, 1940.

[1032] *Id*. Edição 177, 1941.

[1033] *Id*. Edição 122, 1941.

[1034] *Id*. Edição 181, 1941.

acionistas presentes em assembleias gerais – e não como procurador de algum acionista –, como acionista da Companhia America Fabril – Fiação e Tecelagem[1035] e da Fábrica de Tecidos Maracanã S.A.[1036] e, ainda, diretor presidente da companhia S.A. Industrial de Tubos[1037].

No Instituto dos Advogados, inclusive, o próprio Trajano de Miranda Valverde fazia parte da comissão que estudou o projeto da lei das sociedades anônimas[1038] – ou seja, fez parte de uma comissão que se dizia externa ao governo, por ser do Instituto, porém estava encarregado de trazer essa visão externa ao corpo político oficial que estudou seu próprio projeto de lei oficial de Estado para tais reforma.

Essas alterações iniciadas a partir de 1939 ficaram registradas em comunicado oficial de Francisco Campos, em que se dizia que eram uma demanda do presidente da República, diante da superação das discussões para a aprovação do Código Penal e do Código de Processo Penal, e, em julho de 1939 o ministro nomeou aquelas comissões que tratariam das reformas legislativas[1039].

Durante o Estado Novo, dentre as atribuições do Ministro da Justiça estavam os poderes para autorizar a permanência de estrangeiros no Brasil e concedia tais autorizações por meio de despachos publicados oficialmente[1040], além de ser também o responsável por autorizar ou negar os pedidos de funcionamento de sociedades estrangeiras no Brasil, negando alguns desses pedidos com fundamento no Decreto-lei nº 383 de 18 de abril de 1930, que tratava da vedação a estrangeiros de participarem de atividades políticas no Brasil, entre outras providências[1041]. Francisco Campos também presidia a *Comissão Nacional de Proteção à Família* em que também participavam o Dr. Levi Carneiro e Oliveira Vianna, dentre outros, e em que se discutiam assuntos relacionados ao "*amparo da família*

[1035] *Id.* Edição 171, 1941.
[1036] *Id.* Edição 297, 1941.
[1037] *Id.* Edição 191, 1941.
[1038] *Id.* Edição 231, 1941.
[1039] *Id.* Edição 241, 1939.
[1040] *Id.* Edição 75, 1939.
[1041] BRASIL. Biblioteca Nacional. *Jornal do Commercio do Rio de Janeiro*. Edição 205, 1939. Como foi o caso da negativa ao pedido de funcionamento da sociedade "Cedro do Libano" (*Id. ibid.*).

*brasileira*"[1042], debatendo desde questões pertinentes ao casamento, passando pelo financiamento para a aquisição de imóveis e a instituição de benefícios para famílias mais numerosas. As reuniões ocorriam no próprio gabinete de Francisco Campos conforme registrado à época[1043].

FIGURA 30

**Publicação inglesa apresentando o receio do crescimento de movimentos fascistas na América Latina[1044]**

Picture Post, January 14, 1939

WORLD AFFAIRS

WILL THE U.S. FOUND A NEW LEAGUE?

by

EDWARD HULTON

**What happened at Lima? The U.S., alive now to Fascist intrigue in Latin America, laid the first stones of what may become a new and living League of Nations—one with which our own British Empire could well co-operate.**

ON sweltering Sunday afternoons, at 58 Calle Carlos, A. Mendoza meets the Association of Japanese Barbers of the City of Panama. It is a remarkable body. For it presides over the fortunes of forty-seven hairdressing establishments, each employing from three to five assistants. There is scarcely any business. But there is no assistant without a beautiful Leica or Contax camera. Moreover, the Association will not accept as members barbers of any other nationality—but it extends a warm welcome to Japanese fishermen! Still more strange, the Association glories in a fund to assist competitors. Let any Japanese come to the city and it will assist him in the purchase of all the paraphernalia of the hairdresser! What is the meaning of all this? It is merely one example of an agency of the Fascist Powers in Latin America.

The strip of ten by forty-six miles which constitutes the Canal Zone leased "in perpetuity" by the United States from the Panama Republic, is more than convenient to shipping in peace, and in war means that the United States can send ships speedily from the Atlantic to the Pacific, instead of sending them round

And then on January 12, 1938, there arrived $300,000 worth of armaments, for which she knew full well the Republic had neither the desire, nor the capacity, to pay.

It is said that the Japanese concentrate on their ever-present fishing boats, and espionage on land and sea; the Germans on propaganda; and the Italians on winning the friendship of the Governments of Panama and Nicaragua. The Nazis have a body of men regularly exercising itself in military manœuvres at Cali in Colombia. And thirty miles away, on land most suitable for aviation, the Japanese have recently started a settlement of several hundred people. Ten boats wearing the United States flag, but manned by Japanese, have a cruising range of about 5,000 miles. In war, half-a-dozen could be strung across the Pacific to provide communication.

The totalitarian powers have certainly been very active in latter years all over Latin America. Not only has there been espionage. There has been intensive political propaganda, the bribing of officials and the inciting of movements, such as the Integralists in Brazil and the Nacistas in Chile. No stone has been left unturned to get new markets. Again, there

said that recently the United States has been very forbearing over the Mexican seizure of her oil property.

The famous Monroe Doctrine was born in 1823. At that time the "Axis" or "Holy Alliance" of Russia, Austria, Prussia and France was banded together to stamp on democracy wherever in the world it might appear. It had just got Ferdinand VII back on to the throne of Spain. But the British Foreign Secretary, Canning, was determined that if France had Spain, it should not be Spain with South America.

To the horror of the Continent he therefore recognised the South American rebels. He grandly told the Commons: "I called the New World into existence to redress the balance of the Old." This certainly suited President Monroe, who bluntly told the European countries to keep their hands off the two Americas. However, after this there was little more European interference, save for Napoleon III's attempt to put the noble but tragic Archduke Maximilian of Austria on the throne of Mexico in the sixties, and a boundary dispute in the nineties between Britain and Venezuela.

[1042] *Id.* Edição 62, 1939.

[1043] *Id. ibid.*

[1044] Publicação inglesa "Picture Post" de 14 janeiro de 1939 pelo editor da publicação, posteriormente nomeado Sir Edward George Warris Hulton, um jornalista que, além de editor, cobria assuntos relacionados à África e à América Latina durante o período da Segunda Guerra Mundial. Fonte: https://go.gale.com/ps/retrieve.do?tabID=Newspapers&resultListType=RESULT_LIST&searchResultsType=SingleTab&hitCount=181&searchType=BasicSearchForm¤tPosition=2&docId=GALE%7CEL1800028316&docType=Article&sort=Pub+Date+Forward+Chron&contentSegment=ZPIC-MOD1&prod

FIGURA 31

**Publicação do jornal *O Malho* do Rio Janeiro, explicando o que eram os programas fascistas**[1045]

Camisas, regimens e programmas

De onde se prova que o homem mais feliz na terra, ainda é o que não tem camisa. . — Camisa preta na Italia, parda na Allemanha, verde no Brasil e outras côres em outras terras — Relembrando os primeiros "camisa" do Brasil — Que é o fascismo de Mussolini? E o de Hitler? E o de Rolão Preto? E o de Plinio Salgado? — Os camisa-verde vencerão no Brasil? — Mostra-me a tua camisa. . .

Id=PIPO&pageNum=1&contentSet=GALE%7CEL1800028316&searchId=R1&userGroupName=dsl01&inPS=true, acesso em 12 de junho de 2022. A publicação expressava essa preocupação sobre a propaganda e a ideologia fascista e o movimento Integralista no Brasil.

1045 BRASIL. Biblioteca Nacional. *Jornal O Malho do Rio de Janeiro*. Edição 1588, 1933. A matéria alertava em tom de questionamento se o movimenta fascista também seria vencedor no Brasil. Além disso, um destaque à referência a Francisco Campos e no canto superior direito, a indicação dos primeiros fascistas de São Paulo do Movimento Integralista. Reforçamos o destaque para a menção a Francisco Campos dentre o grupo daqueles considerados fascistas no Brasil, tal qual Plínio Salgado, em especial em razão dos importantes cargos de Estado que vinha ocupando, sobretudo desde o golpe de 1930. Sobre a fase de Plínio Salgado e do Integralismo brasileiro, também destacados na matéria da época, para melhor compreendermos o tipo de mentalidade e de consequências que essa linha de pensamento alinhado aos movimentos fascistas continha em si, vale destacar que "[...] o integralismo na versão salgadiana propunha a defesa da nacionalidade, a ordem, a disciplina e a organização corporativa e hierárquica dos brasileiros em um Estado integral como forma de garantir a prosperidade geral e um retorno a um estado de espiritualidade

Em paralelo ao que estava sendo promovido pelo Ministro Francisco Campos, fomos identificando pelas fontes como avançava a trajetória política de um velho conhecido dos debates sobre a reforma da lei de falências e concordatas: o Dr. Alexandre Marcondes Machado Filho.

Diante da ausência de um Congresso Nacional, em novembro de 1939, Marcondes Filho então ocupando um cargo burocrático governamental em São Paulo, foi o conferencista escolhido em uma sessão em homenagem à "obra e a personalidade do Sr. Presidente Getúlio Vargas", noticiada no Jornal do Comércio e que foi realizada na sala de sessões do Palácio Tiradentes; sessão esta então promovida pelo Departamento Nacional de Propaganda,

> [...] como commemoração cultural ao 2º anniversario do actual regime [o Estado Novo]. Essas são palestras são destinadas a focalizar aspectos sociaes, políticos, economicos e culturaes da actualidade brasileira. O conferencista de amanhã, o Sr. Marcondes Filho, ex-deputado Federal, Dr. S. Paulo (sic), advogado e jurista, que descorrerá sobre a personalidade do Sr. Presidente Getúlio Vargas, o seu perfil de estadista e de administrador, e a expressão de sua obra para os destinos do Brasil.[1046]

Seu contato e participação ativa junto aos eventos do Departamento Nacional de Propaganda (nomeado também como Departamento de Imprensa e Propaganda) permaneceram uma constante, inclusive sendo o representante de São Paulo para a participação no programa de rádio oficial "A palavra dos Estados", em que eram nomeadas pessoas de cada

que geraria a grande civilização integralista, de repercussões mundiais. Para implantar esse Estado, o integralismo deveria combater vários inimigos: a democracia burguesa, que permitiria o comunismo e abandonaria o homem diante da exploração; o capitalismo, que não pretendia abolir, mas reformar, absorvendo-o no Estado integral e eliminando, assim, suas injustiças; o comunismo, seu grande rival e, no caso da corrente integralista, liderada por Gustavo Barroso, o judaísmo[.]" (Bertonha, João Fábio. *Plínio Salgado: biografia política (1895-1975)*. São Paulo: Edusp, 2018, p. 131).

[1046] BRASIL. Biblioteca Nacional, *Jornal do Commercio do Rio de Janeiro*. Edição 38, 1939. Mesma época em que o presidente Getúlio Vargas enviava seus cumprimentos ao governo italiano e votos de prosperidade (*Id. ibid.*).

estado do Brasil para falar sobre o momento de cada unidade[1047]. E seguiu sua aproximação com o Governo central, fazendo parte da delegação brasileira que representou o país na Conferência de Direito Internacional Privado realizada em Montevidéu em 1940, período em que se apresentava como "[a]dvogado, ex-deputado federal, vice-presidente do Departamento Administrativo do Estado de S. Paulo, membro do Conselho da Ordem dos Advogados daquelle Estado [São Paulo]; *relator da Lei de Fallencias que está em vigor* (grifos nossos)."[1048] Essa conferência também teve como membro da delegação brasileira o jurista Hahnemann Guimarães que já era membro nomeado por Francisco Campos para a comissão de reforma do Código Civil.

Alexandre Marcondes foi ganhando mais espaço na capital federal, inclusive sendo o conferencista escolhido pelo General Eurico Gaspar Dutra, então Ministro da Guerra, para realizar uma conferência no *Club Militar do Rio de Janeiro*, em que falaria sobre a personalidade de Floriano Peixoto. Naquela ocasião, ficou registrado que

> "[o] Dr. Marcondes Filho, que occupa, actualmente o cargo de vice-presidente do Departamento Administrativo de S. Paulo, reportando-se á phase agitada dos primeiros annos da Republica colocou seu tema sob o título '*A força constructiva de um não*', dentro do qual estudará a acção politica do 'Marechal de Ferro' *e sua resistencia aos que pretenderam dominal-o por meio de insurreições* (grifos nossos)."[1049]

Marcondes Filho também seguia se aproximando de outros Ministros de Estado do período estadonovista, como o caso do Ministro da Aeronáutica, Salgado Filho, com quem realizou cerimônias de "batismo" de aeronaves[1050] e também do Ministro da Fazenda, Arthur de Souza Costa[1051].

[1047] *Id.* Edição 29, 1940 e edição 30, 1940.
[1048] *Id.* Edição 128, 1940.
[1049] *Id.* Edição 59, 1940.
[1050] BRASIL. Biblioteca Nacional, *Jornal do Commercio do Rio de Janeiro*. Edições 166, 167 e 173, 1941.
[1051] *Id.* Edição 24, 1941.

Como vimos desde o golpe de 1930 e durante o Governo Provisório, o tema nacional versus estrangeiros vinha ganhando mais espaço nos debates legislativos e houve um aprofundamento a partir do início do golpe do Estado Novo. Sob a perspectiva jurídica processual, o tema ganhou outros contornos com o afastamento do reconhecimento de decisões estrangeiras sobre as falências. Com a outorga do Código de Processo Civil de 1939, por meio do Decreto-lei nº 1.608, de 18 de setembro daquele ano, o tema do reconhecimento judicial das falências estrangeiras foi impactado, pois os art. 787 a 790 dispunham o seguinte:

> Art. 787. As sentenças estrangeiras que abrirem falência a comerciantes domiciliados no país onde foram proferidas, produzirão no Brasil, depois de homologadas, os efeitos inherentes às sentenças de declaração de falência, salvo as seguintes restrições:
> I – independentemente de homologação e à vista da sentença e do ato de nomeação em forma autêntica, os síndicos, administradores, curadores ou representantes legais da massa poderão requerer diligências que lhe assegurem os direitos, cobrar dívidas e intentar ações, sem obrigação de prestar fiança às custas;
> II – os atos que importarem execução de sentença, tais como a arrecadação e arrematação dos bens do falido, somente se praticarão depois de homologada a sentença e mediante autorização do juiz, respeitadas as fórmulas do direito pátrio;
> III – embora declarada arquivo a sentença estrangeira da abertura de falência, aos credores domiciliados no Brasil, que tiverem, na data da homologação, ações ajuizadas contra os falidos, será licito prosseguir nos termos do processo e executar os bens do falido situados no território nacional.
>
> Art. 788. A sentença estrangeira que abrir falência a comerciante estabelecido no território nacional, embora homologada, não compreenderá em seus efeitos o estabelecimento que o mesmo possua no Brasil.
>
> Art. 789. As concordatas homologadas por tribunais estrangeiros ficarão sujeitas a homologação nos termos dos artigos anteriores, e sómente obrigarão a credores residentes no Brasil, quando estes forem citados.

Art. 790. Na execução de sentenças estrangeiras no Brasil, observar-se-á o que estipular a respeito o tratado ou convenção existente.[1052]

Com essa mudança infraconstitucional, em uma de suas correspondências de 1940, Alexandre Marcondes Filho entendia que o novo sistema processual sobre o reconhecimento dos processos estrangeiros deveria ser refletido em uma nova lei de falências[1053] – reconhecimento de processos estrangeiros de falências e concordatas que de fato veio a ser suprimido da lei de falências e concordatas de 1945, encerrando uma tradição de reconhecimento dos processos estrangeiros iniciada com o Decreto nº 917/1890[1054].

Em 1941 Marcondes Filho publicou seu livro "Vocações da Unidade" em que exaltava a figura do então presidente Getúlio Vargas, especialmente destacando a sua "[...] coragem e a prudência, a obstinação e a flexibilidade, a energia voluntária e a delicadeza pesuasiva (sic), a inteligência e a inspiração, a imaginação e a lógica, um senso igual para os princípios gerais e os fatos positivos, o interesse material e a paixão patriótica[.]"[1055] e, finalmente, Alexandre Marcondes Filho ascendeu à posição de Ministro de Estado, como Ministro do Trabalho, Indústria e Comércio (na maior parte das vezes apenas referida como "Pasta do Tra-

[1052] BRASIL. *Decreto-lei nº 1.608, de 18 de setembro de 1939 (Código de Processo Civil).*

[1053] CPDOC FGV. *Arquivo Alexandre Marcondes Filho.* FGV CPDOC, AMF c1940.02.18 (2). Disponível em https://docvirt.com/docreader.net/DocReader.aspx?bib=FGV_AMF_C&hf=www.fgv.br&pagfis=39, acesso em 9/7/2022.

[1054] Para além do próprio Código de Processo Civil de 1939 que já abordara esse tema dando a entender que os processos estrangeiros não seriam mais reconhecidos com maior facilidade nos casos da falências, em 1937 um projeto de lei bancária foi apresentado a Getúlio Vargas e, para além de dispor sobre regras específicas da criação de fundos legais de reserva obrigatórios aos bancos, também abordava a impossibilidade de se reconhecer automaticamente a falência de bancos aberta fora do Brasil (art. 4, §1º do "Projeto de Lei Bancária" de 1937). A lei bancária efetivamente só passaria a ter o regulamento próprio com a promulgação da Lei 1.808 de 1953.

[1055] BRASIL. Biblioteca Nacional. *Jornal O Malho do Rio de Janeiro.* Edição 71, 1941. E que se dizia que teria sido o grande acontecimento literário do ano no Brasil (BRASIL. Biblioteca Nacional, *Jornal do Commercio do Rio de Janeiro.* Edição 81, 1942).

balho" ou "Ministério do Trabalho"), por nomeação de Getúlio Vargas em finais de dezembro de 1941[1056], tomando posse em 1942[1057].

FIGURA 32

**Discurso de posse do paulistano Alexandre Marcondes Filho de quando assumiu o Ministério do Trabalho, Indústria e Comércio e o quadro com a foto de Getúlio Vargas ao fundo[1058]**

*O NOVO MINISTRO DO TRABALHO — O Sr. Alexandre Marcondes Filho, novo Ministro do Trabalho, discursando no Ministério da Justiça,*

Ainda em janeiro de 1942 Alexandre Marcondes Filho conferenciou conjuntamente com o Sr. Tommaso Mancini, Conselheiro Comercial da Embaixada da Itália no Brasil[1059]. Em abril de 1942 estava em São Paulo,

[1056] *Id.* Edição 77, 1941.
[1057] *Id.* Edição 81, 1942.
[1058] BRASIL. Biblioteca Nacional. *Jornal O Malho do Rio de Janeiro.* Edição 24, 1942.
[1059] BRASIL. Biblioteca Nacional, *Jornal do Commercio do Rio de Janeiro.* Edição 87, 1942.

assim como o Ministro Francisco Campos, porém para ocasiões distintas, enquanto se noticiava que Francisco Campos estava sendo homenageado com um almoço no Automóvel Club, Alexandre Marcondes era relatado como tendo utilizado o avião da Força Aérea Brasileira para comparecer ao casamento de seu filho, o também advogado Dr. Alexandre Marcondes Machado Netto[1060] – não reportado em tom de crítica à época o uso de uma aeronave oficial para um evento não oficial da família do Ministro – e ao longo do ano também participou de reuniões na Associação Comercial do Rio de Janeiro[1061] e chegou a ser bastante enaltecido pelo Dr. Randolpho Chagas[1062], outro velho conhecido das reuniões sobre as leis de falências e concordatas na Associação Comercial do Rio de Janeiro.

Dentre as diversas palestras e apresentações que participava Alexandre Marcondes, sobretudo as organizadas pelo Departamento de Imprensa e Propaganda, o DIP – sem que saibamos oficialmente quem foram as pessoas e entidades privadas que também financiaram essas palestras e apresentações –, que tratavam sobre temas trabalhistas, sobre o próprio presidente Getúlio Vargas, bem como sobre outros nomes *fortes* como do ex-presidente Floriano Peixoto, o ministro também endereçou seus discursos aos comerciantes e industriais, buscando com isso levar um discurso sobre um "[...] novos 'valores e condutas individuais e coletivas' [...]."[1063] Esse movimento de homogeneização de um discurso promovido por Marcondes, está em linha também com as estratégias que adotou em relação aos trabalhadores, pois

> [a] classe trabalhadora, para o governo getulista, constituiu-se como um grupo social a ser homogeneizado, sobre o qual seria necessário construir novos valores adequados à ideologia estadonovista. O modelo de trabalhador brasileiro está diretamente ligado aos trabalhos desenvolvidos por Marcon-

[1060] *Id.* Edição 170, 1942.
[1061] *Id.* Edição 224, 1942.
[1062] *Id.* Edição 225, 1942.
[1063] Nunes, Karen Dayanne. *Falando aos trabalhadores brasileiros: a didática do ministro Marcondes Filho.* Dissertação de Mestrado. Programa de Pós-Graduação em Educação do Instituto de Ciências Humanas e Sociais da Universidade Federal de Ouro Preto. Mariana/MG: 2020, p. 55

des Filho no Ministério do Trabalho, Indústria e Comércio. Adequar essa classe mediante uma educação pautada na legislação social foi a opção do governo para trazer os trabalhadores para a base do Estado Novo.[1064]

Por meio também daquele Departamento Nacional de Propaganda, dentre os diversos discursos dos líderes do regime do período, Francisco Campos, em novembro de 1939, exaltou o momento vivido no Brasil, destacando especialmente a segurança trazida pela nova Constituição e assim dizia:

> *[e]ncontramos na Constituição do mez de Novembro* o sentido constructor da nacionalidade, *o sentido renovador da revolução,* na qual todos devemos collaborar porque ahi não ha vencedores, nem vencidos. [...]. *Não criamos, porém, do nada o nosso regime. Conservamos e desenvolvemos o que havia de bom no velho Brasil, o que nelle havia de mais authenticamente brasileiro, do Brasil imperial, do Brasil republicano, nos seus costumes e na sua vocação,* na sua experiência e nas suas aspirações, o clima de benignidade, contrario a todos os extremos, o equilibrio, a modestia, a medida, as virtudes de serenidade e de compreensão, a tutela das liberdades individuaes e collectivas, *o clima juridico a cuja sombra amadureceram os fructos da nossa civilização,* e da nossa cultura. *Eis como o Estado Novo é um Estado nacional e popular, criado pela Nação e para a Nação, pelo povo e para o povo* (grifos nossos).[1065]

Durante o período do Estado Novo também diminuíram as "publicações a pedido" no Jornal do Comércio, bem como aquelas pertinentes às atas das reuniões havidas tanto na Associação Comercial, quanto no Instituto dos Advogados; tampouco foram localizados registros de discussões sobre a continuidade dos assuntos da reforma da lei, especialmente diante do maior espaço que era dado às publicações dos discursos oficiais dos ministros de Estado, bem como às declarações e cotidiano do presidente Getúlio Vargas.

Diante dessa ausência de publicações na imprensa e a diminuição da publicação de debates mais críticos ao trabalho legislativo – chegando

[1064] *Id.*, p. 56-57.
[1065] BRASIL. Biblioteca Nacional. *Jornal do Commercio do Rio de Janeiro*. Edição 35, 1939.

até mesmo afetar a divulgação de charges críticas, como as que vimos em relação aos períodos anteriores –, características que foram se aprofundando durante o período autoritário, temos como resultado das pesquisas das fontes a entrega do trabalho encomendado por Francisco Campos a Trajano de Miranda Valverde sobre a reforma infraconstitucional que lhe fora demandada. O trabalho de Miranda Valverde sobre a reforma da lei de falências, datado de 31 de outubro de 1939, foi publicado no Diário Oficial em 26 de janeiro de 1940[1066], sem que tenhamos localizado dentre as fontes qualquer comentário no Jornal do Comércio ou mesmo no jornal "A Notícia" sobre essa publicação, sendo que apenas encontramos referência à publicação do projeto de reforma pelo próprio Diário Oficial do dia.

Nesse trabalho, Trajano de Miranda Valverde apresentava duzentos e cinco artigos que formariam a nova lei de falências e abriu sua exposição de motivos, endereçada ao Ministro Francisco Campos, dizendo que

> [n]enhuma lei é mais discutida que a de falências. [...]. Além dos juristas, opinam os leigos, os jornalistas apressados, e, quasi sempre tardiamente, as associações das classes conservadoras. Todos acreditam possuir a verdade integral, porque cada um defende o seu ponto de vista, geral ou particular, ou o seu interesse, na pressuposição de que defende o interesse coletivo ou o bem público.[1067]

E Trajano de Miranda Valverde alertava que "[a]s alterações no regime vigente são, em pontos importantes, radicais[.]"[1068]; iniciou suas explicações por meio de uma retomada da Lei nº 2.024/1908, explicando a importância da "Lei Carvalho de Mendonça", mas ao mesmo tempo deixando claro que a época em que foi feita, em relação ao mundo de então, levava à necessidade de uma reforma. Para tanto, disse

[1066] VALVERDE, Trajano de Miranda. *Comentários à Lei de Falências*. Vol. I. Rio de Janeiro: Editora Forense, 1948, p. 19.
[1067] BRASIL. *Diário Oficial. Secção I.* Edição de 26 de janeiro de 1940, p. 1567.
[1068] *Id. ibid.*

> [é] evidente que a lei reflete idéias da época. Feita [a Lei nº 2.024/1908] para vigorar sob o regime da economia liberal, havia o legislador de entregar aos credores a sorte do devedor impontual, confiando-lhes também o ativo dele, no caso de falência, para a sua realização e liquidação do passivo. Mas, ainda assim, colocou o Juiz (sic) em posição de poder cortar as asas da fraude, já submetendo ao seu julgamento as declarações de crédito; já lhe facultando destituir os síndicos e liquidatários; já lhe conferindo a autoridade de homologar ou não a concordata; já lhe entregando o processo penal, até a pronúncia.[1069]

Não obstante esse fundamento, Trajano dizia que já em 1916, ao Carvalho de Mendonça publicar o sétimo volume de seu tratado de direito comercial, dizia-se desgostoso que talvez a Lei nº 2.024/1908 tinha confiado demais nos juízes, lhes dando muito trabalho para a verificação e classificação dos créditos e que Carvalho de Mendonça achava que essa era a razão a ser criticada na lei. Trajano de Miranda, discordando da própria crítica de Carvalho de Mendonça, apontou que

> [n]ão observara, com efeito, o ilustre mestre, que a fiscalização do Juiz e do próprio representante do Ministério Público não podia alcançar as manobras fraudulentas de devedores e credores, à margem dos processos de falência e concordata. Com raríssimas exceções, os casos caminhavam, sem escândalos, embora lentamente, até a solução final [...].[1070]

E então, Trajano de Miranda Valverde, no texto direcionado ao Diário Oficial, redigido em 1939 e publicado em janeiro de 1940, atribuindo elementos que, como vimos, não constaram dos debates havidos para a reforma de 1929, dizia que "[a] primeira crise séria, que a Lei nº 2.024 teve que enfrentar, foi a de 1919, logo após a Grande Guerra. O seu lado fraco, que acabamos de apontar, foi a brecha por onde passaram todas as fraudes. De 1926 a 1929, nova crise econômica mais forte ainda[.]"[1071] e isso, na visão de Trajano, teria levado, portanto, à reforma trazida

1069 *Id. ibid.*
1070 *Id. ibid.*
1071 *Id. ibid.*

pelo Decreto nº 5.746/1929, para que o Congresso colocasse um fim na "indústria das falências" - sem mencionar todos aqueles pontos de vista diferentes sobre o que seria essa tal indústria, conforme vimos no capítulo anterior.

Como vimos, essa posição de Trajano de Miranda Valverde aparece em sentido contrário ao que defendeu o então presidente Washington Luís quando de sua mensagem ao Congresso Nacional, pois defendia um período de superação da crise a partir de 1926, o que teria já ocorrido, portanto, antes mesmo do início dos debates efetivos que levaram à reforma da lei de falências e concordatas de 1929.

Sobre a chamada "indústria das falências", discordando da expressão, Valverde dizia que

> [a] expressão é infeliz. Nunca houve 'indústria das falências'. Nos períodos de crise econômica, generalizada ou particular a certo ramo do comércio ou da indústria (principalmente de tecidos, que está no alcance do maior número), que já vinha falido, com ciência, atrás dos credores procura, é natural defender-se. Os mais honestos ingressaram em Juizo com a concordata preventiva, cuja percentagem sabem de antemão, que não podem pagar, e disso também têm certeza os credores. [...]. A uns pagarão 30%, a outros 40%, e a outros 20%, mediante a cessão oculta dos créditos, mas com a aceitação simultânea pelo credor da proposta de 60%.[1072]

E, sobre quem seriam os desonestos, Trajano de Miranda Valverde deixou transparecer o discurso nacionalista autoritário da época e apresentou um lado contrário aos imigrantes, especificamente dizendo que "*[o]utros mercadores ou traficantes deshonestissimos, em regra, imigrantes sem raízes profundas no país, e, portanto, sem nome a zelar – 'quebrão de seus tratos, ou se levantão com fazendas alheias', na insubstituível expressão das Ordenações* (grifos nossos)."[1073] A crítica às negociações das concordatas vinha ao dizer que

> [...] há um longo silêncio no processo da concordata preventiva; devedor e credores, cada um de por si, discutem, fóra do Palácio da Justiça, as vantagem

[1072] BRASIL. *Diário Oficial. Secção I.* Edição de 26 de janeiro de 1940, p. 1568.
[1073] *Id. ibid.*

> de um arranjo particular, e acabam se entendendo. [...]. Seis meses após, realiza-se, afinal, a assembléia dos credores e o Juiz toma então conhecimento da proposta da concordata devidamente apoiada e a homologa, por falta de oposição.[1074]

E, diante dessa visão, nesse início da década de 1940, Valverde entendia que

> [...] [a] reforma de 1929 a, além de não ter conseguido coibir as fraudes e os abusos, que se multiplicavam sob o império da Lei número 2.024, piorou, consideravelmente, o processo da verificação dos créditos e ao impor ao representante do Ministério Público um trabalho exaustivo, concorreu para retardar a realização da assembléia dos credores, ponto culminante do processo da falência.[1075]

O elaborador do projeto de reforma da lei seguiu criticando a reforma de 1929 ao dizer que as mudanças nas concordatas, que se acreditavam ser moralizadoras ao se elevar o percentual mínimo de pagamento, bem como o oferecimento de garantias, levou a um resultado de ainda maior desmoralização. Outra crítica era à ausência de alteração do sistema penal que, em sua opinião, nunca teria funcionado bem[1076] e à ampliação de credores privilegiados e reivindicantes, além da possibilidade de permitir que os credores reivindicantes pudessem ser quitados pela massa falida em dinheiro, o que tiraria ainda mais recursos para os quirografários, que seriam os únicos prejudicados nos processos falimentares.

Como conclusão dessa perspectiva de Trajano de Miranda Valverde sobre retomada do histórico das discussões legislativas, concluiu dizendo que estava considerando também o anteprojeto iniciado pela Comissão de 1931, que teria corrigido alguns graves defeitos do Decreto nº 5.746/1929 e teria introduzido "[...] algumas inovações felizes."[1077]

[1074] *Id. ibid.*
[1075] *Id. ibid.*
[1076] *Id. ibid.*
[1077] BRASIL. *Diário Oficial. Secção I.* Edição de 26 de janeiro de 1940, p. 1568.

Efetivamente justificando a orientação de seu anteprojeto, Valverde expressou que tinha um duplo objetivo com uma lei de falências, deixando claro que não foi preciso substituir os princípios gerais *do sistema falimentar brasileiro* existente desde o Decreto nº 917/1890: "a) amparar o devedor honesto, para que a empresa, sob a sua direção, continue como unidade da economia nacional, a prestar serviços à coletividade; b) punir, severamente, o devedor deshonesto, porque é um elemento perturbador dessa mesma economia e que vai repercutir na ordem social, com a cessação das relações de trabalho[.]"[1078], e, com isso, "*[a]centuou-se, porém, o caracter processual do instituto, que se estende á concordata, preventiva e suspensiva. Essa a principal originalidade do anteprojeto* (grifos nossos)."[1079]

Valverde destacava que essa ideia de aproximação das concordatas às falências, especialmente sob a perspectiva processual, não era nova e que desde 1929 vinha discutindo que residiam "*[...] os males do processo de falência e concordata no fato de a lei entregar a sorte do devedor às mãos dos credores* (grifos nossos)[.]"[1080] e, por isso, teria esboçado no projeto o "[...] processo da concordata-sentença."[1081] Justificava tal medida ao considerar que "[...] se a concordata, suspensiva ou preventiva, é *um favor* que a lei concede ao devedor honesto e de boa fé, injustificável é a nosso ver, o sistema geralmente adotado de deixar ao arbítrio exclusiva da outra parte – *a maioria dos credores* – a concessão ou não desse favor (grifos do autor)." Com isso, partindo dessa premissa, propôs "[...] que o arbítrio da maioria, que sacrifica a minoria, fosse substituído pela vontade do Juiz, dentro da lei."[1082]

Valverde destacou que dois anos depois de ter apresentado essa ideia, teve a satisfação de ver a mesma ideia sendo sustentada "[...] por um jurista de gênio – *Carnelutti* – nos 'Studi di Diritto Commerciale in onore di Cesare Vivante", vol. 1, p. 255 (grifos do autor)[.]"[1083] – reforçando a sua retórica pela autoridade do jurista italiano que seria validadora da

[1078] *Id. ibid.*
[1079] *Id. ibid.*
[1080] *Id. ibid.*
[1081] *Id. ibid.*
[1082] *Id. ibid.*
[1083] *Id. ibid.*

sua proposta. Não obstante essa dinâmica de aprovação exclusiva pelo juízo falimentar, Trajano de Miranda Valverde estabeleceu que, caso o juiz aceitasse o pedido de concordata suspensiva da falência, iria convocar uma assembleia geral de credores para que pudesse ouvir a discussão dos credores, ou seja, todo o processo de negociação precisaria se dar diante da presença do juiz, mantendo-se, ainda assim, a prerrogativa de decidir sobre a concordata exclusivamente sob o convencimento do juiz, ainda que em posicionamento diferente dos credores. No caso da concordata preventiva, *passando agora a ser um processo*, com o deferimento do processamento, *seguindo os princípios da falência*, o juiz determinaria o vencimento antecipado de todos os créditos sujeitos aos efeitos da concordata, de modo a assegurar as regras sobre as relações jurídicas entre o devedor e todos os seus credores "[e] isso, tendo em vista o fim visado pelo devedor, ao requerer a concordata preventiva, que outro não é senão assegurar a continuação de seu negócio ou empresa."[1084]

Valverde já buscou rebater eventuais críticas antecipando que não era

> [...] possível admitir-se a alegação de que a autoridade judicial superpõe-se a vontade dos credores, os únicos prejudicados com o desastre do devedor comum. Não só, pelas razões expostas, os credores não estão em condições de manifestar sinceramente a sua vontade, como também, pelo regime vigente, já tem a autoridade judicial o direito de rehabilitar o falido *contra* a vontade dos credores (Decreto 5.746, art. 145[1085]) (grifos do autor). Formulei, assim, o processo da concordata-sentença, cuja apreciação farei adiante (Título X).[1086]

Outros autores citados por Valverde, nesse processo retórico de defesa das ideias basilares de seu projeto de reforma da lei de falências e con-

[1084] BRASIL. *Diário Oficial. Secção I.* Edição de 26 de janeiro de 1940, p. 1571.

[1085] Lembrando que a reabilitação referida por Trajano de Miranda Valverde não era de livre iniciativa do juiz falimentar, mas dependia de pagamento e prazo: "art. 145 poderá tambem obter a rehabilitação o fallido que tiver pago aos seus credores mais de 50% decorrido o prazo de 10 annos depois do declarada a fallencia, ou que tiver pago mais de 25% decorrido o prazo de 20 annos."

[1086] BRASIL. *Diário Oficial. Secção I.* Edição de 26 de janeiro de 1940, p. 1568.

cordatas, são o italiano Lorenzo Mossa, o alemão Hermann Krause e o francês Jean Escarra e destacava que não caberia mais a discussão sobre a falência ser aplicada para outras pessoas que não apenas os comerciantes, especialmente diante de sua visão de que "[a] noção de *empresa* se alarga, domina a teoria dos atos de comércio e invade a atividade civil de fins econômicos. A empresa civil, para conseguir o seu lugar ao sol, adquire forma comercial, mercantiliza-se, portanto (grifos do autor)."[1087] E Valverde deu um passo seguinte para incluir, nessa definição de empresa mercantil, "[...] a própria atividade agrária, quando organizada e explorada sob a forma comercial."[1088]

Apesar dessa visão de Valverde, vamos ver que não foi esse o entendimento que prevaleceu sobre a atividade agrária, inclusive em parecer de Francisco Campos após ter deixado o Ministério da Justiça e atuado como advogado parecerista.

Com esse projeto de reforma elaborado por Valverde, é a primeira vez, desde os debates parlamentares para a reforma da lei de falências de 1902 que se discute, sob a perspectiva oficial de um projeto de lei do Estado, a inclusão da atividade agrária como efetivamente atividade comercial e passível de ser englobada pelos processos de falências e concordatas e ainda destacava que nesse grupo se encontravam "[...] as grandes fazendas de café, de algodão, de mate, de criação, os engenhos de açúcar [...]"[1089][.] e, na sua visão, era anacrônico o art. 1.364 do Código Civil[1090], bem como todo o Capítulo XI, do Título V, do Livro III também do Código[1091], sobre as sociedades civis. Porém, apesar de não apoiar a declaração de falência

[1087] *Id. ibid.*

[1088] *Id. ibid.*

[1089] BRASIL. *Diário Oficial. Secção I.* Edição de 26 de janeiro de 1940, p. 1568.

[1090] BRASIL. *Lei nº 3.071 de 1º de janeiro de 1916.* "Art. 1.364. Quando as sociedades civis revestirem as formas estabelecidas nas leis comerciais, entre as quais se incluí a das sociedades anônimas, obedecerão aos respectivos precitos, no em que não contrariem os deste Código; mas serão inscritas no registro civil, e será civil o seu foro."

[1091] BRASIL. *Lei nº 3.071 de 1º de janeiro de 1916.* Para referência: Trajano estava se referindo ao Livro III que tratava "Do direito das obrigações", o Título V tratava "Das várias espécies de contractos" e o respectivo Capítulo XI tratava "Da sociedade", capítulo este em que estava inserido o art. 1.364 anteriormente transcrito.

de não comerciantes, determinou em seu projeto que fossem arrecadados os bens dos sócios solidários em conjunto com o falido.

Já naquele momento, Valverde eliminou a figura do liquidatário dos processos de falência e estabelecia que o síndico seria um credor, porém escolhido pelo juiz, passando a ser a única figura como "[...] administrador da massa falida, concentrando-se nele as atribuições que, pela lei atual, incumbem ao liquidatário."[1092]

Sobre a verificação dos créditos, Trajano de Miranda Valverde propunha a volta ao sistema de debates orais no âmbito de uma assembleia de credores nos processos de falência, pois isso, de acordo com seu entendimento, diminuiria o contencioso das impugnações de crédito a serem julgadas pelo juízes e, na sua experiência, teria percebido que a extinção desse sistema de oralidade pela lei de 1929 teria criado mais problemas para os processos, sem que coubesse a oralidade nos processos especiais, como os de reivindicação, embargos de terceiros, credores retardatários, dentre outros específicos. Neste ponto também, quanto à classificação dos créditos, explicou que o seu projeto reformaria por completo essa parte da lei e deixou claro que a exclusão dos créditos com garantias reais ou com privilégio especial, excluiriam quaisquer outros a respeito dos bens que asseguram seus respectivos pagamentos. De mesmo modo, eliminou da falência os créditos detidos pela "[...] Fazenda Pública, porque, consoante a legislação vigente, o seu crédito prefere a todos os demais créditos, não estando, além disso, a Fazenda Pública sujeita a concurso ou falência."[1093]

Como veremos adiante sobre a prática, o registro sobre as audiências em processos de falências veio diminuindo após a promulgação da lei de 1908, de modo que essa proposta de Valverde não prevaleceu no texto final que prevaleceu para a outorga da última lei de falências estudada neste trabalho.

Na parte penal, Valverde dizia que era necessário retomar o sistema do Código Comercial de obrigar o juiz falimentar a qualificar a falência em casual, culposa ou fraudulenta e o projeto considerava a sentença

[1092] BRASIL. *Diário Oficial. Secção I.* Edição de 26 de janeiro de 1940, p. 1569.
[1093] *Id.*, p. 1570.

declaratória da falência como uma condição objetiva de punibilidade do comerciante[1094].

Dentre outras modificações propostas por Valverde estava o art. 7º, sobre o foro competente para declarar a falência, dizendo que "*[a]fim de pôr termo à discussão quotidiana sobre o conceito de 'principal estabelecimento'*, que nos veio do direito francês, fixei, no art. 7º, os elementos do domicílio comercial, afim de determinar a competência do Juiz para declaração da falência do devedor (grifos nossos)[.]"[1095], retomando, com isso, o conceito então utilizado no Código Comercial de 1850, ideia que, conforme vimos, estava presente no projeto de Código Comercial de Inglês de Sousa de 1912 e foi também tentada pelo senador Lopes Gonçalves quando do início das discussões sobre a reforma da lei durante os debates parlamentares da década de 1920 e que não prevaleceu nas alterações provocadas pelo então relator, Alexandre Marcondes Filho.

Ao longo da exposição de Valverde, com pesadas críticas à reforma de 1929, que vão desde críticas negativas à técnica escolhida, como também à linguagem, reforçou a necessidade de extinção da figura do liquidatário, bem como a retirada da deliberação dos credores para a nomeação dos síndicos, devendo tal nomeação partir do juiz, sem interferência dos credores e, por conta desse aumento de atribuições e a remuneração dos síndicos, dizia que "[o] anteprojeto, quanto à remuneração do síndico, é mais generoso que a lei vigente. Exigindo dele serviços de grave responsabilidade, é justo que a recompensa seja um pouco melhor. Não poderá, porém, o Juiz arbitrar em mais de 5% sobre o líquido efetivamente apurado a final."[1096]

[1094] BRASIL. *Diário Oficial. Secção I.* Edição de 26 de janeiro de 1940, p. 1569.

[1095] *Id. ibid.* No texto de seu projeto, portanto, o art. 7º, extinguindo o conceito de "principal estabelecimento", passaria a dispor do conceito de *sede administrativa* conforme registrada na Junta Comercial, por meio da seguinte redação: "Art. 7º. É competente para declarar a falência o Juiz em cuja jurisdição o devedor tem domicílio comercial. *Para os efeitos desta lei, o domicílio comercial do devedor é o lugar onde se acha a sede administrativa do seu estabelecimento, negócio ou empresa. Salvo prova em contrário, prevalecerá, tanto para o indivíduo, como para a sociedade, o domicílio declarado na Junta ou Registro do Comércio* (grifamos)[.]" (BRASIL. *Diário Oficial. Secção I.* Edição de 26 de janeiro de 1940, p. 1551).

[1096] *Id.*, p. 1570.

Sobre o reconhecimento de sentenças estrangeiras Valverde dizia que era necessário se alterar a lei para "[...] defender os interesses nacionais[.]"[1097] e que, para tanto, entendia que as reformas que estava propondo adequariam essa defesa, sem entrar em discussões sobre as alterações que constavam no Código de Processo Civil sobre esse tema.

Como vimos, não localizamos qualquer notícia no Jornal do Comércio do Rio de Janeiro ou em outros veículos de imprensa pesquisados sobre essa publicação da proposta de reforma da lei de falências no Diário Oficial e, portanto, pela imprensa pesquisada, apenas localizamos um novo registro sobre o tema em maio de 1940, quando é publicada uma ata em forma de sumário de sessão do Instituto dos Advogados, em que o Dr. Eduardo Otto Theller, membro da comissão sobre a reforma da Lei de Sociedades Anônimas, pediu que fosse criada uma comissão para o estudo do projeto de reforma da nova lei de falências. O pedido foi aprovado e o Instituto dos Advogados formou a comissão com três membros: o próprio Dr. Eduardo Otto Theller, acompanhado dos Drs. Adaucto Fernandes e Altino Moraes[1098].

A partir de 1940 o assunto da reforma voltou a ocupar espaço nas discussões publicadas entre o Instituto e a Associação Comercial. Em sessão na Associação Comercial do Rio de Janeiro de junho de 1940, também publicada de modo resumido, há o registro de que o Dr. Randolpho Chagas, deveras atuante pela Associação quando da reforma de 1929 e simpatizante de Marcondes Filho como vimos, foi destacado como um membro da Associação que estudou o anteprojeto de reforma da lei, sem detalhar suas impressões ou comentários[1099].

No Instituto dos Advogados, Eduardo Otto Theller apresentou seus comentários sobre o anteprojeto de reforma em sessão de outubro de 1940. Nessa oportunidade se registrou que o anteprojeto de Trajano de Miranda Valverde mantinha os mesmos princípios gerais da lei de 1929 e destacou que "[...] embora *o ante-projecto* melhore em muitos pontos a lei vigente, já muito rigorosa, complicada e lenta, em outros elle *é ainda mais rigoroso, como, por exemplo, na parte em que torna mais difficil a obtenção da con-*

1097 BRASIL. *Diário Oficial. Secção I.* Edição de 26 de janeiro de 1940, p. 1571.
1098 BRASIL. Biblioteca Nacional. *Jornal do Commercio do Rio de Janeiro.* Edição 188, 1940.
1099 *Id.* Edição 208, 1940.

*cordata, quando esta é incontestavelmente a melhor fórma de liquidação dos bens do negociante honesto que é infeliz* (grifos nossos)."[1100] Eduardo Theller também lamentava que o anteprojeto ainda mantivesse o "[...] systema mixto de impontualidade e insolvencia, que desde o decreto de 1890 vigora no Brasil, como condemna, em face do direito moderno dada a infiltração do direito commercial no direito civil, mantenha o ante-projecto a limitação tradicional de só incidir em fallencia o devedor commerciante."[1101]

Em reunião de novembro, as discussões sobre o anteprojeto foram retomadas e o Instituto aprovou o parecer de Eduardo Otto Theller para ser enviado ao Governo, pois dizia-se que o Ministro da Justiça, Francisco Campos, já havia informado que o anteprojeto se encontrava em sua redação final, prestes a ser levado ao presidente Getúlio Vargas[1102]. No Instituto a aprovação se deu por dezesseis votos favoráveis, com cinco abstenções, um voto contrário (Dr. Alcantara Guimarães) e quatro restrições (nominados apenas os Drs. Alberto Rego Lins, L. M. S. Machado Guimarães, Carlos C. Cabral), sendo que tal restrição se deu exclusivamente acerca da "[...] instituição da syndicancia official [...]"[1103], que permitiria a nomeação de síndicos pelos juízos falimentares e não necessariamente entre os credores do devedor falido.

Apesar dessa movimentação do Instituto dos Advogados e da Associação Comercial, bem como das indicações de que o Ministro Francisco Campos estava interessado em aprovar a reforma da lei de falências, entre as fontes, não foram localizadas novas discussões ou mesmos discursos sobre esse tema da reforma da lei de falências até a apresentação do anteprojeto, então sob a rubrica de Alexandre Marcondes Filho, em 1943.

Em outubro de 1942, com a saída de Francisco Campos do Ministério da Justiça, Alexandre Marcondes Filho passou a ocupar o cargo de ministro interino da pasta da Justiça também em conjunto com seu cargo de Ministro do Trabalho e, em outubro de 1943, o Ministro já conhecido de sua época como deputado federal dos debates sobre a reforma da lei de falências de 1929, fez a apresentação de sua exposição de motivos para a

[1100] *Id.* Edição 8, 1940.
[1101] BRASIL. Biblioteca Nacional. *Jornal do Commercio do Rio de Janeiro*. Edição 8, 1940.
[1102] *Id.* Edição 50, 1940.
[1103] *Id. ibid.*

nova lei, em que se dizia que "[o] Sr. Marcondes Filho, que já fôra autor da lei vigente de falências, acaba de submeter ao Presidente da República, com uma minuciosa e douta exposição de motivos, o ante-projeto da nova lei de falência. Tendo sido o mesmo aprovado pelo Sr. Getúlio Vargas, será publicado para, durante três meses, receber sugestões dos estudiosos e interessados no assunto."[1104]

Apesar de apenas mencionar que Trajano de Miranda Valverde havia iniciado um projeto de reforma da lei, Alexandre Marcondes Filho se embasou substancialmente no projeto de Valverde para elaborar aquele que levaria sua assinatura, especialmente naquela ideia da "concordata-sentença".

Por outro lado, indo em sentido contrário ao de Valverde – que, como vimos, atacou insistentemente o Decreto nº 5.746 –, defendendo o seu próprio trabalho de 1929, Alexandre Marcondes, destacou que a reforma da década de 1920 procurou

> [...] atender, com a urgência possível, justos reclamos do comércio contra o que, na época, se convencionou chamar a 'indústria das falências', isto é, um processo de enriquecimento ilícito, por meio de quebras fraudulentas, que então proliferava. O decreto 5.746, sob esse aspecto, atingiu completamente os objetivos visados. Desde esse tempo, reduziu-se de muito o número de falências, que passaram a exprimir os fracassos industriais ou comerciais comuns em todos os tempos e em todas as praças.[1105]

Em seu discurso, apesar de reconhecer que os clamores por mudanças na lei de falências já haviam sido abafados com a reforma de 1929, Marcondes Filho dizia que ainda havia alguns defeitos, reconhecidos pelo próprio autor da Lei nº 2.024/1908, Carvalho de Mendonça, que mereciam reparos e que, por conta disso, é que o então Ministro da Justiça Francisco Campos, nomeara o Dr. Trajano de Miranda Valverde para organizar o novo projeto de lei e destacava que o projeto de Valverde fora publicado para receber sugestões das entidades interessadas, porém não teve andamento posterior – de fato, como explicamos, não localizamos contribuições publicadas após

[1104] *Id.* Edição 25, 1943.

[1105] BRASIL. Biblioteca Nacional. *Jornal do Commercio do Rio de Janeiro.* Edição 25, 1943.

a publicação do projeto de Valverde, salvo por aqueles poucos debates no Instituto dos Advogados e a informação que teriam mandado seu parecer para o Governo. Então, ao assumir o posto como ministro de Estado, teria sido perguntado sobre o assunto pelo presidente da República e, com isso, retomou os trabalhos sobre as falências. E disse que

> [p]ara atender a essa determinação, e com o intuito de elaborar um trabalho que consubstanciasse a atualidade do problema, solicitei a colaboração de ilustres juristas, representantes dos vários ramos do Direito que interessam mais diretamente o processo falimentar, afim de que o novo projeto aprimorasse a resolução das questões que lhe são atinentes, harmonizasse princípios do melhor timbre, existentes no velho Código Comercial, na lei Carvalho de Mendonça, no projeto Miranda Valverde, e mesmo no decreto 5.746, pelos resultados oferecidos, além de ajustar-se aos novos códigos que ultimamente opulentaram a legislação do país no governo de Vossa Excelência – o Código Penal, o Código de Processo Civil, o Código de Processo Penal, a Consolidação das Leis de Proteção ao Trabalho e uma série de leis especiais concernentes ao assunto.[1106]

Desse modo, o ministro trouxe seus agradecimentos à colaboração dos juristas Filadelfo Azavedo – Ministro do Supremo Tribunal Federal –, Hahnemann Guimarães – Consultor Geral da República –, Noé Azevedo e Canuto Mendes – ambos catedráticos da Faculdade de Direito de São Paulo –, bem como Silvio Marcondes – livre docente pela Faculdade de Direito de São Paulo – e Luiz Lopes Coelho – qualificado apenas como “advogado”[1107]. Dos seus trabalhos, o ministro, em nome da comissão do projeto de lei de falências, quereria deixar claro sua ruptura com o passado e destacava que

> [o] ante-projeto não perfilha o princípio de que a falência da sociedade acarreta a dos sócios solidários. Conferindo o Código Civil, personalidade às sociedades comerciais, estas não mais significam a reunião de pessoas que se unem para comerciar em comum, visto como é a própria pessoa jurídica

[1106] *Id. ibid.*

[1107] BRASIL. Biblioteca Nacional. *Jornal do Commercio do Rio de Janeiro*. Edição 25, 1943.

> que exerce o comércio. [...]. De fato, afastada a confusão da pessoa jurídica da sociedade com a pessoa natural do sócio, é possível a concordata da própria sociedade com seus credores, mantendo-se inalterado o elemento subjetivo das relações obrigacionais anteriores à falência. A solução favorece a continuidade da empresa, sem nenhum dos inconvenientes do atual sistema.[1108]

E Marcondes Filho entendia que o projeto, ao suprimir a figura do liquidatário, revigorava a função dos síndicos, ampliando seus deveres e assegurando a estabilidade, isso para atender melhor as duas fases em que se dividiria o processo de falência: uma primeira, em que se faria a investigação da vida econômica do falido e o exame de sua conduta no exercício profissional e uma segunda fase em se cuidaria da solução patrimonial da falência, ambas as fases se desenvolvendo na unidade do processo de falência e cuja administração não poderia ser cindida. Também destacou a motivação para a supressão da regra da assembleia geral de credores, dizendo que

> [p]or força do princípio aceito, suprime [o anteprojeto] a assembleia de credores, divisora das fases do processo, pois não há transmissão de poderes. E porque a concordata não é objeto de votação, tal supressão nenhum inconveniente apresenta. Somente há lugar para a assembleia de credores, quando estes querem deliberar sobre a forma de se realizar a liquidação, e, nesse caso, o projeto prevê a sua convocação.[1109]

Explicou ainda sobre essa necessária supressão da manifestação de vontade dos credores, passando a ser permitida a concordata como um favor concedido pelo juiz sob o fundamento de que o processo falimentar, processo judicial como é, não poderia ter espaço para a manifestação de vontade de credores em maioria, suprimindo a vontade de uma minoria, pois isso implicaria na quebra do tratamento igualitário dos credores (a *par conditio creditorum* que vimos ao longo deste trabalho), e assim justificou o fim da regra das assembleias gerais de credores:

[1108] *Id. ibid.*
[1109] *Id. ibid.*

> *[o] anteprojeto (sic) conceitua a concordata sob critério diverso do vigente. No direito atual a formação da concordata depende da livre manifestação da vontade dos credores através dos 'quórums' de votação, reservando-se ao juiz, simplesmente, a homologação do acordo com o devedor.* A lei cogita apenas das condições em que a deliberação da maioria obriga a minoria. *O sistema, entretanto, não produz os resultados que seriam de desejar.* É peculiar ao instituto, no direito vigente, a imposição da deliberação da maioria sobre a vontade dos dissidentes. *A preponderância da maioria, nas deliberações coletivas, somente se legitima quando todas as vontades deliberantes se manifestam, tendo em vista o interesse comum que as congregou.* Ora, nas concordatas formadas por maioria de votos, os credores deliberam sob a pressão do seu interesse individual, deturpando o sentido coletivo da deliberação e tornando ilegítima a sujeição da minoria. *E a verdade é que na vigência desses sistema (sic), se tem verificado a constância dessa anomalia, através dos entendimentos externos do processo, o que importa na quebra da igualdade de tratamento dos credores, princípio informativo do processo falimentar. Atendendo a essas ponderações, consagra a concordata como favor concedido pelo juiz,* cuja sentença substitue (sic) a manifestação da vontade dos credores na formação do contrato, reservados, entretantanto (sic) a estes, o exame e discussão das condições do pedido do devedor em face das exigências da lei (grifos nossos).

Aprofundando o argumento por meio de justificativas técnico-jurídicas para o afastamento dos credores dos processos deliberativos nas concordatas, por fim, estabeleceu que as duas modalidades, concordata preventiva e suspensiva do processo de falência seriam agrupadas em um mesmo capítulo, tendo como tipo básico a concordata na falência (suspensiva do processo de falência, posterior, portanto, ao pedido de falência e aplicável no curso de um processo falimentar) e "[...] das regras dessa, tira os princípios aplicáveis à concordata preventiva[.]"[1110], entendendo, com isso, que a concordata na falência suspenderia o curso do processo falimentar em si, porém, caso fosse descumprida, importaria simplesmente na reabertura da mesma falência cujo curso processual apenas havia sido suspenso e foi também regulada a concordata do sócio solidário, de modo

[1110] BRASIL. Biblioteca Nacional. *Jornal do Commercio do Rio de Janeiro*. Edição 25, 1943.

a harmonizar o processo da concordata da sociedade comercial com a concordata do próprio sócio comerciante devedor solidário.

Nos aspectos criminais e penais, que eram ampliados pelo projeto, para justificar a obrigatoriedade da inclusão do inquérito criminal falimentar quando das sentenças de declaração de falência, Alexandre Marcondes Filho também buscou um argumento de retomada e continuidade do regime falimentar do período imperial, deixando claro que

> [o] ante-projeto restaura a qualificação obrigatória da falência do Código de 1850. A empresa comercial age essencialmente através do mecanismo do crédito, o que, por si só, indica o sentido de interesse público, característico da profissão; figura relevante no processo da distribuição da riqueza, o comerciante não é simplesmente um agente de direitos privados, mas também, participa diretamente na atividade econômica da coletividade. Por isso mesmo, ocorrida a falência, índice de desequilíbrio financeiro do comerciante, com repercussão no equilíbrio econômico do comércio, é necessário, apurar-se a origem do malogro, para que sejam punidos o dolo e a culpa e amparada a atividade casualmente fracassada. Essa apuração, que o sistema da lei confere aos (sic) Ministério Público, terá reforçada eficiência, se facilitada a cooperação dos credores, para que ofereçam, na instrução do processo, a contribuição da experiência de oficiais do mesmo ofício. [...]. Atendendo a essas considerações, estabelece o processo de qualificação da falência antes da oportunidade da concordata ou do início da liquidação, para que dela resultem os efeitos civis e penais previstos.[1111]

Adaptando a lei falimentar ao então já em vigor Código Penal, também explicou que os termos "falência culposa" e "falência fraudulenta" estavam sendo substituídos por falências culposas ou dolosas e, portanto, com a declaração de falência, o comerciante estaria suscetível aos crimes previstos na lei falimentar.

Com esses principais pilares das alterações, Alexandre Marcondes Filho dizia que essas eram as principais modificações profundas que importavam na alteração da lei de falências de 1929, sendo que outras

[1111] *Id. ibid.*

mudanças seriam feitas também sem que, com isso, houvesse alteração substancial na lei então em vigor[1112].

Além desses elementos necessários de reforma, na visão da comissão e, especialmente, do Ministro da Justiça, Alexandre Marcondes também destacou que a reforma de 1929 pouco alterou em relação ao sistema de 1908 (que, por sua vez, como vimos, fazia uma retomada a bases relevantes do sistema de 1890) e, com isso, dizia que era necessário se fazer uma nova lei "[...] tendo em vista a necessidade de ajustar seus princípios a todos aqueles que estão sistematizados nesses Códigos [civil, de processo civil, penal e processo penal e a CLT] fundamentais."[1113] O projeto também abriu espaço para que a declaração de falência fosse pedida mediante o protesto de qualquer título de dívida líquida contra o devedor, pois entendia que a especificidade de um protesto para fins de pedido de falência, não estava em linha com os princípios da lei de falências, marcando o oficial afastamento da necessidade de um protesto para fins falimentares como o protesto adequado para instruir um pedido de falência, bastando, portanto, o simples protesto ordinário.

Sobre a retirada do capítulo relacionado à homologação de sentenças de processos falimentares estrangeiros, em linha com o que vimos sobre o Código de Processo Civil de 1939 e à própria correspondência de Alexandre Marcondes Filho, este dizia que

> [o] anteprojeto (sic) não cogita de homologação das sentenças de falência proferidas no estrangeiro. A matéria está hoje perfeitamente regulada no Código de Processo Civil, e nenhuma disposição peculiar à falência deve ser introduzida ao sistema preconizado na lei processual. Em consequência, a homologação e o cumprimento das sentenças estrangeiras, nessa matéria, continuarão regulados pelos mesmos princípios fixados na lei processual civil, sem qualquer alteração pela lei de falência.[1114]

Concluindo sua exposição de motivos, ao tratar do tema das disposições gerais, deixou claro o aumento da importância do papel dos juízes,

[1112] BRASIL. Biblioteca Nacional. *Jornal do Commercio do Rio de Janeiro*. Edição 25, 1943.
[1113] *Id. ibid.*
[1114] *Id. ibid.*

estabelecendo que a movimentação de quaisquer valores da massa passa a ficar "[...] sob controle do juiz da falência, a quem, na realidade, cabe não só a função judicante como a própria direção e superintendência da administração."[1115]

Em 1943, ainda ocupando os dois Ministérios, do Trabalho, Indústria e Comércio e interinamente o da Justiça, Alexandre Marcondes Filho lançou seu livro "Trabalhadores do Brasil"; fato é que Alexandre Marcondes jamais foi nomeado definitivamente como Ministro da Justiça, permanecendo como interino e ocupando ambos os Ministérios até a queda do Estado Novo e, quando do restabelecimento do Congresso Nacional, foi eleito senador por São Paulo, filiado ao Partido Trabalhista Brasileiro (PTB).

Pelas fontes consultadas o Instituto dos Advogados apenas voltou a discutir o tema da nova lei em abril de 1944[1116], sem que fosse publicada uma transcrição da ata, tampouco um sumário do que fora discutido, porém não houve a localização de outras publicações ou informações que atestassem a participação de outros juristas ou mesmo de debatedores em relação ao projeto, sendo que somente foi localizado a publicação da exposição de motivos definitiva quando da publicação da nova lei, o agora Decreto-lei nº 7.661 de 21 de junho de 1945[1117] em que se dizia que "[o] Sr. Presidente da República assinou um decreto-lei estabelecendo a nova Lei de Falências, que entrará em vigor no dia 1º de Outubro próximo. A justificação dessa lei é feita pelo Sr. Ministro Marcondes Filho em exposição de motivos que assinou como ministro interino da Justiça [...]."[1118]

Com pequenos complementos e reorganização do texto que apresentara em 1943, Marcondes Filho complementou a visão da importância dos juízes e da escolha, por eles, dos síndicos e dizia que "[o] êxito do sistema [falimentar] é confiado ao critério e zelo dos juízes na escolha do [síndico] titular. A favorável repercussão da medida prenuncia o seu acerto."[1119] E reforçou também o papel do inquérito judicial da falên-

1115 BRASIL. Biblioteca Nacional. *Jornal do Commercio do Rio de Janeiro*. Edição 25, 1943.
1116 *Id.* Edição 175, 1944.
1117 *Id.* Edição 221, 1945.
1118 *Id. ibid.*
1119 *Id. ibid.*

cia, pois entendia que com isso ficariam resguardados os interesses da repressão da criminalidade, mantendo-se a liberdade e dignidade dos comerciantes honestos[1120] e passou a figurar a reabilitação como um instituto penal, a ser concedida pelo juiz da condenação penal, cabendo ao juiz da falência apenas a declaração de extinção das obrigações do falido.

Quanto à concordata, manteve-se na linha do projeto de 1943 e deixou claro que

> [s]egundo *o conceito clássico, a formação da concorda depende da livre manifestação da vontade dos credores, através do quórum de votação*, reservando-se ao juiz, simplesmente, a homologação do acordo com o devedor. A lei cogita apenas das condições em que a deliberação da maioria obriga a minoria. *O sistema, entretanto, não produz os resultados que seriam de desejar* (grifos nossos).[1121]

E insistiu no ponto de que, para os *processos concursais*, a preponderância da maioria somente se legitimaria se todas as vontades deliberantes se manifestassem em prol do mesmo interesse comum que as agregou no âmbito *do processo universal da falência*. Reforçando o que já dissera em 1943, deixou claro que

> [...] *nas concordatas formadas por maioria de votos, os credores deliberam sob a pressão do seu interesse individual, deturpando o sentido coletivo da deliberação, e, pois, tornando ilegítima a sujeição da minoria.* E a verdade é que, na vigência desse sistema, se tem verificado a constância dessa anomalia, através dos entendimentos externos do processo, *o que importa na quebra da igualdade de tratamento dos credores, princípio informativo do processo falimentar* (grifos nossos).[1122]

Nesses termos, reiterou, portanto o que já dissera em 1943 de que a concordata passaria a ser um "[...] *favor concedido pelo juiz* (grifos nossos) [...]"[1123] e, alterando uma parte do que disse em 1943, passou a estabelecer que a concordata preventiva seria exclusivamente voltada para a rela-

[1120] *Id. ibid.*

[1121] BRASIL. Biblioteca Nacional. *Jornal do Commercio do Rio de Janeiro*. Edição 221, 1945.

[1122] *Id. ibid.*

[1123] *Id. ibid.*

ção dos devedores com seus credores quirografários, não devendo, com isso, outros credores comparecerem ao processo.

Os discursos de Alexandre Marcondes Filho, exaltando o presidente Getúlio Vargas e alinhados com a política adotada ao longo da ditadura varguista, estavam coerentes com a sua época, bem como com o movimento *queremista* querendo Getúlio, e isso pode ser dito tanto para as mudanças das leis de falências e concordatas, quanto para as novidades legislativas na esfera trabalhista a partir de 1943, principalmente pela outorga do Decreto-lei nº 5.452, de 1º de maio de 1943, a "Consolidação das Leis do Trabalho", a CLT, no Brasil. Com isso,

> [o]bserva-se nas palestras que trabalho e Vargas constituem-se um só sentido. Com a exaltação de Getúlio diante dos inúmeros adjetivos reforçados pelo ministro, sugere-nos uma educação mais no sentido getulista, em prol da imagem do presidente perante os trabalhadores tendo como pano de fundo a legislação social. *O objetivo é claro: manter Vargas no poder* (grifos nossos).[1124]

Naquele momento não se discutia aberta e publicamente por quanto tempo mais duraria o Estado Novo, que viria a ser encerrado em outubro de 1945 e, com isso, foi outorgado o decreto executivo que formou a sexta lei de falências do Brasil entre o período de 1850 e 1945, passando então o Decreto-lei nº 7.661 de 21 de junho de 1945 a buscar uma ruptura sobre a participação dos credores nas deliberações sobre as concordatas, bem como nas deliberações sobre outros temas, inclusive a nomeação dos síndicos, especialmente quebrando com uma longa tradição que vinha sendo corroída ao longo dos debates parlamentares e também de algumas manifestações, especialmente da Associação Comercial do Rio de Janeiro e de São Paulo e do Instituto dos Advogados, alterando profundamente esse capítulo em relação aos sistemas falimentares e concordatários desenvolvidos ao longo do Império e com ainda mais intensidade, ao longo daquilo que se chamou à época do Estado Novo de *República Velha*.

[1124] NUNES, Karen Dayanne. Ob. Cit. 2020, p. 59.

FIGURA 33

**Notícia sobre a queda de Getúlio Vargas marcando o fim do regime do Estado Novo**[1125]

JORNAL DO COMMERCIO — QUARTA-FEIRA, 31 DE OUTUBRO DE 1945

A SITUAÇÃO POLÍTICA

A POSSE DO SR. PRESIDENTE JOSÉ LINHARES NO PALÁCIO DO CATETE — O NOVO MINISTÉRIO — PERMANÊNCIA DO GENERAL GÓES MONTEIRO NA PASTA DA GUERRA

O EMBARQUE, HOJE, DO SR. GETULIO VARGAS PARA SÃO BORJA

Proclamação do General Eurico Dutra — Saudação da União Democrática Nacional às Classes Armadas — Moção da Ordem dos Advogados do Brasil

REVISTADAS PELO EXERCITO AS SEDES COMUNISTAS — INTERDITADA A SEDE DO PARTIDO TRABALHISTA BRASILEIRO

Nota do Comando da 1.ª Região Militar — Declarações do Sr. Octavio Mangabeira — Manifesto dos estudantes — O novo Comandante da Vila Militar — Outras notícias

A REPERCUSSÃO NOS ESTADOS E NO EXTERIOR — AS CANDIDATURAS DO GENERAL EURICO DUTRA E DO BRIGADEIRO EDUARDO GOMES — MOVIMENTO CATÓLICO CONTRA O COMUNISMO

Interditada a sède do Partido Trabalhista Brasileiro

1125 BRASIL. Biblioteca Nacional. *Jornal do Commercio do Rio de Janeiro*. Edição 26, 1945. A notícia também apresentava a continuidade ao combate ao comunismo, inclusive por meio do movimento católico.

FIGURA 34

**Publicação apresentando os detalhes da eleição para presidência**[1126]

**AS ELEIÇÕES PARA PRESIDENTE DA REPÚBLICA**

Resultados fornecidos pela Agência Nacional:

| ESTADOS | E. Dutra | E. Gomes | Y. Fiuza | R. Teles |
|---|---|---|---|---|
| Amazonas | 11.773 | 7.018 | 1.701 | 9 |
| Pará | 38.298 | 40.403 | 5.814 | 6 |
| Maranhão | 39.379 | 23.004 | 501 | — |
| Piauí | 46.889 | 55.823 | [illegible]35 | — |
| Ceará | 108.120 | 157.971 | 12.384 | — |
| Rio Grande do Norte | 52.827 | 46.071 | 6.338 | — |
| Paraíba | 61.044 | 76.734 | 5.790 | 11 |
| Pernambuco | 121.102 | 88.023 | 30.003 | 20 |
| Alagôas | 31.757 | 23.635 | 4.368 | 3 |
| Sergipe | 35.225 | 35.001 | 6.667 | 4 |
| Bahia | 174.824 | 141.230 | 22.006 | 67 |
| Espírito Santo | 66.081 | 23.893 | 2.936 | 80 |
| Rio de Janeiro | 133.385 | 74.083 | 36.402 | 173 |
| São Paulo | 708.029 | 345.765 | 135.605 | 2.161 |
| Paraná | 114.080 | 46.333 | 8.105 | 689 |
| Santa Catarina | 128.889 | 64.135 | 1.772 | 38 |
| Rio Grande do Sul | 288.425 | 75.334 | 24.476 | 230 |
| Minas Gerais | 270.555 | 103.152 | 8.500 | 135 |
| Mato Grosso | 19.004 | 17.966 | 3.114 | — |
| Goiaz | 37.704 | 30.839 | 6.240 | 16 |
| Total | 2.503.267 | 1.572.481 | 339.586 | 3.332 |

Resultados fornecidos pela "Asapress", às 20 horas:

| ESTADOS | E. Dutra | E. Gomes | Y. Fiuza | R. Teles |
|---|---|---|---|---|
| Amazonas | 15.849 | 9.336 | 2.800 | 10 |
| Pará | 38.298 | 40.403 | 3.814 | 3 |
| Maranhão | 39.245 | 24.613 | 500 | 10 |
| Piauí | 45.550 | 54.529 | 537 | 1 |
| Ceará | 104.206 | 155.420 | 12.324 | 4 |
| Rio Grande do Norte | 52.020 | 45.700 | 6.304 | 16 |
| Paraíba | 61.044 | 76.734 | 5.790 | 11 |
| Pernambuco | 113.610 | 87.174 | 37.903 | 20 |
| Alagôas | 31.767 | 23.668 | 4.928 | 3 |
| Sergipe | 35.330 | 34.863 | 6.686 | 5 |
| Bahia | 162.783 | 133.782 | 21.996 | 67 |
| Espírito Santo | 64.213 | 24.143 | 3.173 | 77 |
| Estado do Rio | — | — | — | — |
| São Paulo | 687.579 | 330.487 | 151.652 | 2.139 |
| Santa Catarina | 124.940 | 62.827 | 1.759 | 38 |
| Rio Grande do Sul | 431.696 | 106.288 | 32.391 | 290 |
| Paraná | 114.080 | 46.558 | 8.128 | 629 |
| Minas Gerais | 450.281 | 316.830 | 18.387 | 388 |
| Mato Grosso | 14.165 | 13.430 | 2.034 | — |
| Goiaz | 37.599 | 30.772 | 8.273 | 48 |
| Distrito Federal | 147.025 | 160.366 | 116.173 | 5.827 |
| Território do Acre | 1.979 | 1.700 | 165 | — |
| Total | 2.999.879 | 1.804.738 | 502.681 | 10.000 |

1126 BRASIL. Biblioteca Nacional. *Jornal do Commercio do Rio de Janeiro*. Edição 67, 1945. Eleição de Eurico Gaspar Dutra – anteriormente Ministro da Guerra durante o Estado

## A APURAÇÃO DO PLEITO NO DISTRITO FEDERAL

**O resultado proclamado pelo Tribunal Regional Eleitoral**

O Sr. Desembargador Afranio Antonio da Costa, Presidente do Tribunal Regional Eleitoral do Distrito Federal, mandou publicar o seguinte resultado da apuração efetuada no dia 12 de Dezembro corrente, pelas cinquenta Juntas Apuradoras, referentes às Secções de números 188, 202, da 1ª Zona Eleitoral, 78, 73 a 94, da 6ª Zona Eleitoral, 77 a 80, 133 a 134 e 136 da 7ª Zona Eleitoral, 2, 3, 5 a 21, 24, 26 a 28, 30 a 68, 70, 71, 73 a 85, 88 a 115, 117 a 119, 121 a 130, 132 a 141 da 8ª Zona Eleitoral, 1 a 4, 6 a 22, 24 a 30, 48 e 49 da 14ª Zona Eleitoral, 76 e 77 da 15ª Zona Eleitoral:

**PARA PRESIDENTE DA REPUBLICA**

| | VOTOS |
|---|---|
| Eduardo Gomes | 24.756 |
| Eurico Gaspar Dutra | 24.735 |
| Yeddo Fiuza | 16.529 |
| Mario Rolim Teles | 955 |
| Em branco | 609 |
| Em branco | 659 |
| Anulados | 367 |

**PARA SENADOR FEDERAL**

| | |
|---|---|
| Hamilton de Lacerda Nogueira | 20.980 |
| Luis Carlos Prestes | 20.[illegible] |
| Abel Abreu Chermont | 19.618 |
| João Batista de Azevedo Lima | 15.919 |
| Augusto do Amaral Peixoto Junior | 13.229 |
| Mozart Brasileiro Pereira do Lago | 11.748 |
| Napoleão de Alencastro Guimarães | 5.341 |
| Julio Cesario de Melo | 2.169 |
| Mario de Andrade Ramos | 5.164 |
| Francisco Solano Carneiro da Cunha | 1.811 |
| Augusto Pinto Lima | 1.774 |
| Luis Antonio da Costa Carvalho | 1.041 |
| Luis Caetano de Oliveira | 1.030 |
| Tobias Filadelfo da Rocha | 139 |
| Rui Santiago | 69 |
| Pedro Montegnês Gerpe | 64 |
| Em branco | 4.[illegible] |
| Anulados | 674 |
| Não apurados | 12 |

**LEGENDAS**

| | |
|---|---|
| União Democrática Nacional | 13.315 |
| Partido Trabalhista Brasileiro | 19.957 |
| Partido Social Democrático | 11.797 |
| Partido Comunista do Brasil | 11.[illegible] |
| Partido Republicano | 3.198 |
| Partido Republicano Democrático | 1.[illegible] |
| Partido Democrata Cristão | 1.[illegible] |
| Partido de Representação Popular | [illegible] |
| Partido Popular Sindicalista | [illegible] |
| Partido Republicano Progressista | [illegible] |
| Partido Agrário Nacional | [illegible] |
| Em branco | [illegible] |
| Anulados | [illegible] |
| Não apurado | 1 |

**PARA DEPUTADO FEDERAL**

| | |
|---|---|
| Getulio Dornelles Vargas | 18.481 |
| Joaquim Batista Neto | [illegible] |
| Luis Carlos Prestes | [illegible] |
| Mario Pirr[illegible] | [illegible] |
| Jurandir Pires Ferreira | [illegible] |
| Luis Felipe Oliveira Ferreira | [illegible] |
| Hermes Lima | [illegible] |
| Jonas Moraes Corrêa | [illegible] |
| João A[illegible] | [illegible] |
| Jaime Marques Araujo | [illegible] |
| [illegible] | [illegible] |
| [illegible] | [illegible] |
| [illegible] | [illegible] |
| [illegible] | [illegible] |
| Francisco [illegible] | [illegible] |
| Francisco P. Pinheiro Guimarães | [illegible] |
| [illegible] | [illegible] |
| Em branco | [illegible] |
| Anulados | [illegible] |
| Não apurados | 1 |

[illegible] outros menos votados.

Novo – para a presidência, bem como outros quadros indicando a eleição de Getúlio Vargas para a Câmara dos Deputados e, entre outros políticos eleitos, Luiz Carlos Prestes para o senado.

### 2.6.2 A estrutura legal do Decreto-lei nº 7.661/1945

Estruturalmente, com os mesmos institutos de insolvência que foram reduzidos a partir da lei de 1902, o Decreto-lei nº 7.661/1945 foi outorgado sob a seguinte divisão:

**Decreto-lei nº 7.661, de 21 de junho de 1945**

Lei de falências

- 1) Titulo I
    - a. Da caracterização e declaração da falência
        - i. Secção Primeira
            - 1. Da caracterização da falência
        - ii. Secção Segunda
            - 1. Da declaração judicial da falência
- 2) Titulo II
    - a. Dos efeitos jurídicos da sentença declaratória da falência
        - i. Secção Primeira
            - 1. Dos efeitos quanto aos direitos dos credores
        - ii. Secção Segunda
            - 1. Dos efeitos quanto à pessoa do falido
        - iii. Secção Terceira
            - 1. Dos efeitos quanto aos bens do falido
        - iv. Secção Quarta
            - 1. Dos efeitos quanto aos contratos do falido
        - v. Secção Quinta
            - 1. Da revogação de atos praticados pelo devedor antes da falência
- 3) Titulo III
    - a. Da administração da falência
        - i. Secção Primeira
            - 1. Do síndico
        - ii. Secção Segunda
            - 1. Dos deveres e atribuições do síndico
- 4) Titulo IV
    - a. Da arrecadação e guarda dos bens, livros e documentos do falido
- 5) Titulo V
    - a. Do pedido de restituição e dos embargos de terceiro
- 6) Titulo VI
    - a. Da verificação e classificação dos créditos
        - i. Secção Primeira
            - 1. Da verificação dos créditos
        - ii. Secção Segunda
            - 1. Da classificação dos créditos

7) Titulo VII
    a. Do inquérito judicial
8) Titulo VIII
    a. Da liquidação
        i. Secção Primeira
            1. Da realização do ativo
        ii. Secção Segunda
            1. Do pagamento aos credores da massa
        iii. Secção Terceira
            1. Do pagamento aos credores da falência
9) Titulo IX
    a. Da extinção das obrigações
10) Titulo X
    a. Das concordatas
        i. Secção Primeira
            1. Disposições gerais
        ii. Secção Segunda
            1. Da concordata preventiva
        iii. Secção Terceira
            1. Da concordata suspensiva
11) Titulo XI
    a. Dos crimes falimentares
12) Titulo XII
    a. Das disposições especiais
13) Titulo XII
    a. Das disposições gerais
14) Titulo XIV
    a. Das disposições transitórias

O processo das falências e concordatas suspensivas, sensivelmente alterado em relação à lei de 1929, que vinha mantendo os procedimentos da lei de 1908 e que, por sua vez, fez menores alterações procedimentais em relação à lei de 1902, apresentou um fluxograma com as seguintes etapas a serem observadas:

Decreto-Lei nº 7.661/1945: Fluxograma de Procedimentos (falência e concordata)

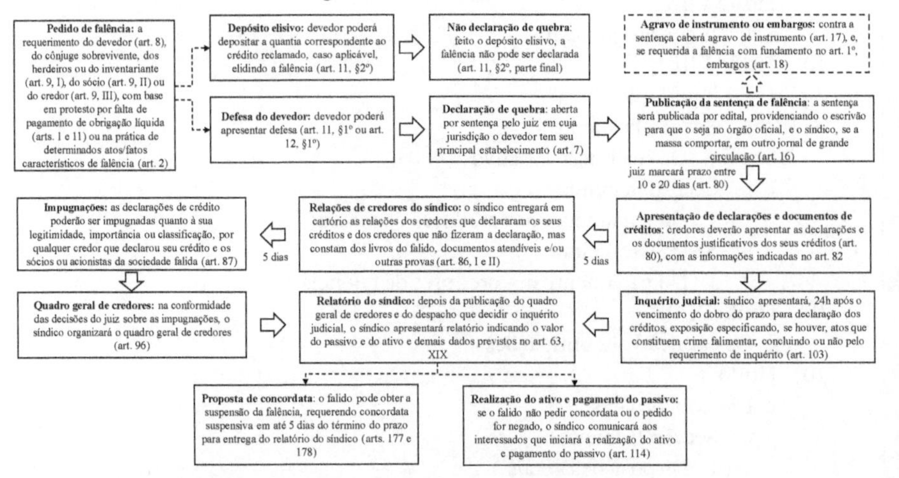


Decreto-Lei nº 7.661/1945: Parte 2 - Fluxograma de Procedimentos (falência e concordata)

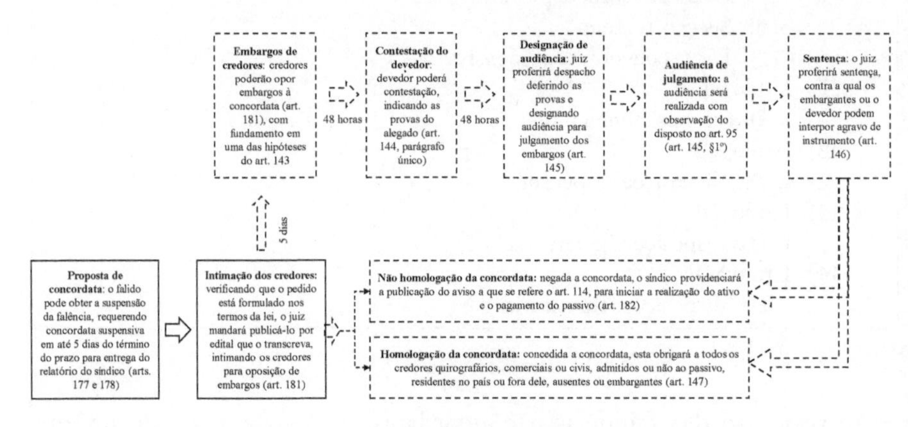


A exclusão das assembleias de credores como regra foi o elemento mais sensível de alterações da dinâmica de deliberação sobre a concessão ou não de concordatas suspensivas, bem como sobre a dinâmica dos processos falimentares. Quanto à concordata preventiva, mantida, porém afastada das deliberações dos credores, bem como excluídas as assembleias previstas até então, passou a ter de observar o seguinte fluxograma de procedimentos:

Decreto-Lei nº 7.661/1945: Fluxograma de Procedimentos (concordata preventiva)

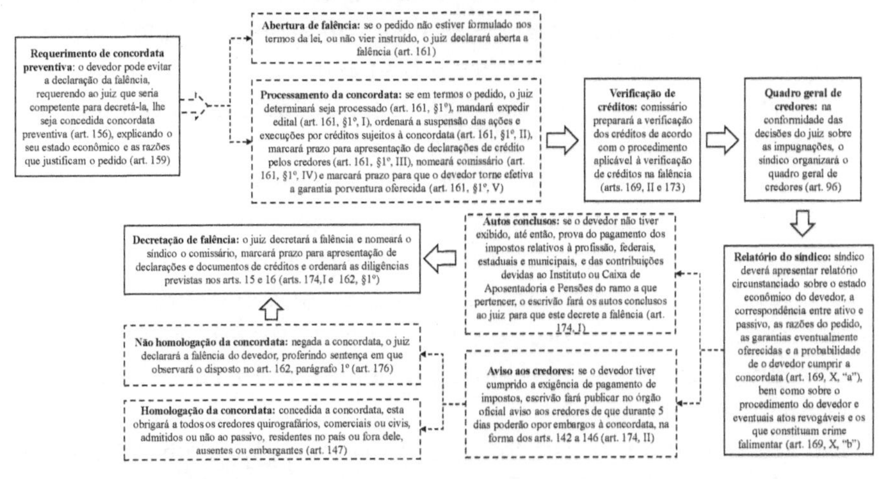


## 2.6.3 Considerações sobre a prática do Decreto-lei nº 7.661/1945

Como esta pesquisa se encerrou no ano de 1945 no Brasil, não abordando discussões posteriores sobre a outorga do Decreto-lei nº 7.661/1945, propusemos apenas uma breve incursão nos comentários de Trajano de Miranda Valverde, que foram publicados em 1948, em seu livro de "Comentários à Lei de Falências"[1127], mas apenas demonstrando alguns pontos suprimidos por Valverde nos recortes selecionados de sua exposição de motivos redigida em finais de 1939.

As principais observações sobre essa publicação, levada a público após o fim do Estado Novo, tem um tom bem mais ameno do que aquele que Valverde apresentou quando concluiu seus trabalhos sobre o projeto de reforma da lei em 1939. Sem fazer menções aos *desonestíssimos mercadores ou traficantes estrangeiros*, que deveriam ser repreendidos pela reforma da lei, tampouco mencionando algo sobre ser o modelo anterior a 1945 um modelo da economia liberal em contrapartida àquele novo modelo – não liberal, por conclusão –, Valverde recortou trechos da sua exposição de motivos de 1939 para o então Ministro da Justiça, Francisco Campos, destacando como criou o modelo que se adotara no Decreto-lei nº 7.661/1945 do *processo da concordata-sentença*, suprimindo o modelo

[1127] VALVERDE. Trajano de Miranda. Ob. Cit. 1948.

da *concordata-contrato* por deliberação da maioria dos credores, passando agora o processo de concordata a ter de ser interpretado pelos mesmos princípios do processo de falência e sob a perspectiva de um *favor do juiz* para os devedores que a propusessem, fosse a concordata preventiva da falência, fosse a suspensiva da falência.

Valverde fez questão de deixar claro em sua introdução que o trabalho de Alexandre Marcondes Filho fora essencialmente o seu mesmo apresentado no anteprojeto de 1939, exceto pela parte penal, que teria sido sensivelmente modificada, e aparentemente se ressentia da afirmação de Alexandre Marcondes de que o anteprojeto teria sido orientado pelo próprio Marcondes e pela junta que nomeara, sem dar os créditos ao anteprojeto de Valverde[1128].

Em seu trabalho pós-Estado Novo, Valverde propôs uma divisão da história das leis de falência no Brasil em quatro fases: (i) a primeira entre a promulgação do Código Comercial, em 1850, até a outorga do Decreto nº 917/1890, a que seria a primeira lei de falências na inauguração do período republicano; (ii) a segunda seria então pertinente ao período em vigoraram o Decreto nº 917/1890 e a Lei nº 859/1902; (iii) a terceira seria a fase do período de vigência da Lei nº 2.024/1908 até o Decreto-lei nº 7.661/1945; e (iv) a quarta fase teria início, portanto, com o Decreto-lei nº 7.661/1945[1129]. Devemos relembrar o que foi analisado ao longo dos capítulos anteriores e, por conta das análises expostas anteriormente,

[1128] *Id.*, p. 19, no original "[d]eixando o Dr. Francisco Campos o Ministério da Justiça, o seu substituto interino, Dr. Alexandre Marcondes Filho, nomeou uma comissão de juristas notáveis para a formulação de novo anteprojeto de lei de falências. O trabalho da comissão foi publicado no Diário Oficial de 4 de dezembro de 1943, para receber sugestões. A exposição justificativa é do punho do Dr. Alexandre Marcondes Filho, sob cuja orientação trabalhou, *segundo disse o douto ministro*, a comissão, que se compunha dos professôres Filadelfo Azevedo, Hahnemann Guimarães, Noé Azevedo, Canuto Mendes de Almeida, Sílvio Marcondes e Luís Lopes Coelho, nomes consagrados no meio jurídico do país. *Mas, pode dizer-se que, ressalvada a parte penal que o novo anteprojeto refundira totalmente, no mais se alicerçou êle no anteprojeto de 1940, cujas idéias fundamentais esposou. Nenhuma referência, entretanto, na Exposição de Motivos, à fonte das modificações ou alterações, que foram propostas para o regime falimentar brasileiro* (grifamos)."

[1129] Valverde. Trajano de Miranda. Ob. Cit. 1948, p. 16-19. Repetindo, apenas com a inclusão da quarta fase, o que já definira em seu primeiro livro de 1931 (Valverde, Trajano de Miranda. Ob. Cit. 1931, p. 25-30), destacando que, nesse primeiro livro de Valverde,

não concordamos com a divisão de Trajano de Miranda Valverde. Por meio dessa divisão, o autor simplificou pontos que ele mesmo não conseguiu cindir quando apresentou suas explicações sobre cada uma das leis. Mas não só.

Valverde também trata o tema das reformas sob a sua própria perspectiva, sem levar em conta as reclamações e propostas daqueles que foram derrotados nos debates sobre as reformas, tampouco analisa as posições divergentes sobre as diversas reformas legais. Em relação ao primeiro ponto em que divergimos, importante notar que o próprio Valverde identifica que a Lei nº 2.024/1908 fez uma retomada, pois "[e]sta lei representa uma síntese, bem formulada, dos princípios que animavam o dec. nº 917, de 1890[.]"[1130] – Valverde deixa de mencionar que essa síntese não trouxe a reinclusão dos institutos da moratória e da cessão de bens, tampouco deu a liberdade de contratação das concordatas, conforme constavam do Decreto nº 917/1890 –, ao mesmo tempo em que indica que também a Lei nº 859/1902 teria buscado aperfeiçoar o sistema do decreto do início da República, "[...] sem que, entretanto, como acentuaram os autores do projeto, fôsse alterado o pensamento e o método dêste último diploma."[1131]

Essa divisão em quatro fases é utilizada por diversos autores ainda hoje[1132], porém, como vimos, não há como dizer que o Decreto nº 917/1890 é meramente continuado pela Lei nº 859/1902, sem realizar o início de uma *nova fase*, especialmente quando vimos que as concordatas foram profundamente alteradas, passando a limitar a liberdade de contratação entre devedores e credores que o decreto de 1890 permitia, tanto em percentuais mínimos de pagamento, quanto em prazo de pagamento, algo até então não visto nas leis que tratavam das falências e concordatas, além de outras modificações, como, por exemplo a extinção de institutos da cessão de bens e da moratória. Não vamos aqui propor uma divisão

ele não aborda os artigos específicos sobre as concordatas, focando apenas em um *direito falimentar puro*.

[1130] *Id.*, p. 17.

[1131] *Id. ibid.*

[1132] Scalzilli, João Pedro; Spinelli, Luis Felipe; Tellechea, Rodrigo. Ob. Cit. 2018, p. 155; e Cerezetti, Sheila Christina Neder. Ob. Cit. 2012, p. 85.

simplificada por fases como essa proposta por Valverde, especialmente diante do fato de que esta pesquisa demonstrou que há diversos elementos distintos e outros comuns nos modos de produção das leis de falência no Brasil e essa divisão agrupando processos legislativos distintos não é capaz de explicar de modo mais completo a dinâmica das mudanças e reformas das leis. Caso se queira realizar um resumo sobre fases das leis, sugerimos adotar cada uma das próprias leis, levando em conta que o marco de início de uma lei não significa o momento em que se passou a levar em conta aquelas políticas que vieram a constar dos textos finais publicados, tendo de ser considerado o que vinha sendo debatido no período anterior à promulgação ou outorga das leis.

A tônica de Valverde para traçar essas mudanças é toda baseada apenas na alegação das fraudes, sem citar dados, exemplos de casos, tampouco indicar outros autores que concordariam com esse mote, especialmente diante do fato de que, o principal autor sobre o tema na época era Carvalho de Mendonça e esta não era a tônica de Carvalho de Mendonça. Valverde tenta, a todo tempo, demonstrar que os problemas eram causados pela livre relação da formação da vontade da maioria dos credores com os devedores e que, desses sistemas que permitiam tal livre formação, é que decorreriam as fraudes.

Como vimos, essa repressão à livre iniciativa e liberdade de contratação das concordatas está presente desde os primeiros debates para a reforma do Decreto nº 917/1890. As discussões sobre a reforma da lei já se iniciaram em 1901 e um dos principais argumentos era a necessidade de se determinar, em lei, um percentual mínimo de pagamento aos credores e essa dinâmica foi algo recorrente em todos os debates sobre as reformas legislativas que se seguiram, até chegar ao ponto de, naquele projeto iniciado em 1931, durante o Governo Provisório, aproveitado por Trajano de Miranda Valverde – apesar de, tal qual ele reclamou de Alexandre Marcondes, também não deu os créditos em seu livro para a 6ª Subcomissão Legislativa, mas ao menos deu os créditos em sua exposição de motivos de 1939 –, quando, além de se fixar o percentual mínimo de pagamento nas concordatas, bem como se fixar prazos máximos para a realização de tais pagamentos, também suprimiu por completo a deliberação dos credores por maioria para a homologação e concessão das concordatas, como foi concluído o Decreto-lei nº 7.661/1945 na redação final de Alexandre Marcondes Filho e sua comissão legislativa.

Para manter seu posicionamento sobre a necessidade de se afastar o sistema deliberativo por maioria e deixar o controle dos processos nas mãos do Estado, por meio dos juízes, Valverde dizia que antes do Decreto-lei nº 7.661/1945, "[a] autonomia excessiva de que continuavam a gozar os credores, no estado jurídico da falência ou concordata, com muitos direitos e nenhuma obrigação, era, para nós, a causa primordial dos males de que se queixava o comércio."[1133] E essa percepção subjetiva e particular de Valverde, sem dar exemplos, tampouco citar casos ou o posicionamento de outros autores, e ainda reitera quando disse que

> [o]s seus membros [do comércio] confessavam-se incapazes para cercear a fraude que se infiltrava na classe, com a qual não raro pactuavam, – sejamos justos – por complacência, amizade ou inércia. Punham de lado o seu interêsse e a lei, que os protegia, porque era preciso servir ao pedido de um amigo ou de alguém de pêso.[1134]

Essa visão de Valverde é reforçada em seu Volume II do livro "Comentários à Lei de Falências", quando justifica que preferiu assumir a corrente da *teoria da concordata-sentença* em detrimento da *teoria da concordata-contrato*[1135]; para a o autor, a *teoria da concordata-sentença*, iniciada pelo autor alemão Schultze e defendida por Alfredo Rocco na Itália,

> [...] parte da afirmação de que, com a insolvência ou com a impossibilidade de pagar, em que está o devedor, surge para os credores uma ação (pretensão) de concurso (*Konkursanspruch*), cujo fim é garantir a satisfação exclusiva e comum dos seus direitos sôbre o patrimônio do devedor. A concordata é um meio destinado à extinção daquela ação [concursal] e, por conseguinte, ao encerramento do concurso. [...]. O conjunto dos credores constitui, como litisconsortes, uma só parte na causa, pois se trata de ação de concurso, que

[1133] VALVERDE. Trajano de Miranda. Ob. Cit. 1948, p. 18.

[1134] *Id. ibid.*

[1135] VALVERDE, Trajano de Miranda. *Comentários à Lei de Falências.* Vol. II. Rio de Janeiro: Editora Forense, 1948, p. 207-221.

não pode ser decidida senão de um modo único e com fôrça obrigatória para todos os credores. [...]. Essa teoria, verdadeiramente simples e genial, no parecer elegante de Rocco, corresponde, nas suas grandes linhas, à construção processual da concordata, que já apresentava no nosso direito as características de uma demanda, que se abre com a proposta do devedor, percorre os atos e têrmos do processo, sofre contestações dos interessados e finaliza com a sentença do juiz, que põe termo ao processo.[1136]

Portanto, sob essa teoria que escolheu defender e buscou aplicar à lei brasileira, como um quase legislador falimentar que fora, Valverde disse que

"*[a]os credores fica reservado o direito de se oporem (artigo 142) ao pedido [de concordata], porém não mais dependerá da vontade dêles a terminação do processo da falência pela concordata suspensiva, quando cumprida, nem a concessão da concordata preventiva.* [...]. A lei vigente, com a estruturação processual da concordata, submete a magistratura à pesada prova de competência. [...]. *Se os juízes falharem, a desmoralização do instituto evidenciará a incapacidade do Judiciário para tão elevada missão* (grifos nossos)."[1137]

Pelas fontes analisadas, expressamente, antes do período de maior repressão de críticas na imprensa, especialmente por meio do Departamento de Imprensa e Propaganda, ficou claro que o Instituto dos Advogados, no parecer de relatoria de Eduardo Otto Theller, bem como por críticas publicadas nos jornais – vide a "Figura 29" deste trabalho, sobre a *falência da concordata* – o posicionamento não era o mesmo de Valverde e não havia consenso sobre esse total afastamento dos credores das deliberações acerca das concordatas, tampouco eram as fraudes atribuídas exclusivamente aos credores e devedores, mas também aos juízes, escrivães e membros do Ministério Público.

Não se quer com isso dizer que um lado ou outro lado estavam certos, mas apenas alertar para não tomarmos como única verdade e como o fundamento real das alterações legislativas, os argumentos exclusivos de Val-

[1136] *Id.*, p. 218-219.
[1137] *Id.*, p. 220.

verde, de modo que isso nos ajudará a compreender melhor as mudanças legislativas escolhidas pelo Brasil para regrar os processos das falências e das concordatas.

Além de Trajano de Miranda Valverde, um dos autores sobre um manual das falências, cujo trabalho foi publicado inicialmente durante a década de 1950 e com grande destaque ao longo da década de 1960 à década de 1980 foi José Candido Sampaio de Lacerda[1138] e esse seu "Manual de Direito Falimentar" teve grande divulgação nacional, tanto pelo aspecto de maior aprofundamento teórico sobre os temas que gravitavam em torno das discussões de direito falimentar, quanto pela parte prática que tomava praticamente metade de seu livro, em que dispunha de "seminários" que poderiam ser discutidos em salas de aula, contendo um repertório de decisões e diversas leis conexas aos temas da falência.

Sua base de estudos foi essencialmente alicerçada em autores italianos, franceses e brasileiros. Sampaio Lacerda iniciou sua explicação sobre a falência por meio de um conceito importado da economia por meio da perspectiva recepcionada pelo direito, tendo como referência direta o jurista e político italiano Alfredo Rocco (1875 – 1935), que também foi utilizado pelos elaboradores da lei de 1945, como visto, e expos seu conceito sobre a falência no sentido de que

[1138] José Candido Sampaio de Lacerda (1909 – 1981), denominado em suas publicações apenas como J. C. Sampaio de Lacerda, foi um juiz e, posteriormente, desembargador, também foi professor de direito comercial bastante ativo na publicação de diversas obras da área. Publicou trabalhos sobre direito comercial marítimo e aeronáutico, ágio na emissão de ações, títulos de crédito, armazéns gerais, sociedades por ações, além de manuais gerais sobre direito comercial. Todas as publicações contaram com consideráveis quantidades de edições e grande número de exemplares. Foi professor titular de Direito Comercial e Direito Civil no Instituto Rio Branco desde a primeira turma (1947) até a turma de 1960 e professor catedrático em Direito Comercial da Faculdade de Direito da Universidade Federal Fluminense. Atuou como magistrado no estado do Rio de Janeiro e chegou ao cargo de desembargador no Tribunal de Justiça do Rio de Janeiro. Seu "Manual de Direito Falimentar" foi publicado em 1959 e republicado até 2001, chegando a quatorze edições. Os anos mais intensos de vendas dos livros foram os da primeira edição até a décima segunda, período em que se encontram doze das quatorze edições desse trabalho. Apenas a título de exemplo, a 10ª edição do livro sobre direito falimentar, datada de 1978, teve uma publicação de mais de cinco mil e quinhentos exemplares.

> [a] falência economicamente considerada, afirma ROCCO, é um fato patológico no desenvolvimento da economia credora: é o efeito do anormal funcionamento do crédito. A base de todos os atos creditórios, acentua ROCCO, é sempre a *expectativa* de um bem futuro prometido por aquele que recebe o crédito e aí a confiança surge como elemento essencial. Ora, a compra a crédito funciona normalmente quando a expectativa dos bens futuros ocorrentes pela contraprestação demonstra-se real e justificada. Quando, ao contrário, tal expectativa falha, ou não tenha fundamento na realidade, a compra a crédito não pode aperfeiçoar-se, produzindo-se, então, uma perturbação que se chama *falência* (grifos do autor).[1139]

A perspectiva falimentar, conforme abordada por Sampaio de Lacerda compreende que um fato econômico de insolvência se constitui antes de haver um fato jurídico que constitua um estado juridicamente falimentar, por isso mesmo, em linha com toda a expressão do direito falimentar desde o século XIX, tinha-se que o juiz *declarava* a falência do comerciante ou sociedade comercial e não a *decretava*, pois seu estado prático de falido já era algo *decretado* pelo próprio comércio, restando apenas a *declaração judicial* de tal estado. Consequentemente, a definição jurídica de Sampaio de Lacerda sobre a falência é a de que é

> [...] organização legal e processual de defesa coletiva dos credores, em face da insolvência do comerciante, acentuando, então, que insolvência é o estado do patrimônio de uma pessoa, pelo qual esta se revela impotente a fazer frente aos débitos que o pesam. É um estado de fato, porque não é criação da lei.[1140]

Apenas como complemento, em 1957, Francisco Campos publicou seu livro "Direito Comercial", em que abordou em maioria, especialmente por meio de pareceres que já havia dado, temas relacionados aos títulos de créditos e sociedades comerciais, sem apresentar um capítulo específico sobre a falência ou a concordata. Não obstante, nessa publicação, foi apresentado um de seus pareceres relacionado à agricultura e

[1139] LACERDA, J. C. Sampaio de. *Manual de Direito Falimentar*. 10ª edição. Rio de Janeiro: Freitas Bastos, 1978, p. 15.
[1140] *Id. ibid.*

o comércio, cuja questão era saber se uma usina de açúcar e álcool, que não tinha honrado suas dívidas, poderia sofrer o pedido de falência que contra ela fora apresentado.

A resposta de Francisco Campos, bastante alongada e fundamentada especialmente em autores alemães e italianos, foi de que "[n]ão sendo comercial a indústria agrícola cuja principal atividade consista na transformação de matérias primas por ela mesma produzidas, nem comerciante quem exerce aquela indústria, claro é que não está sujeita à falência[.]"[1141], reforçando, portanto, aquela ideia que foi construída em especial ao longo do final do século XIX e primeira metade do século XX de que as atividades relacionadas à agricultura jamais poderiam ser suscetíveis às disposições da lei de falências, pois não poderiam ser tratadas como atividades comerciais, deixando clara a escolha do legislador brasileiro sobre como optou tratar o tema da crise econômico-financeira daqueles cuja atividade principal era ligada à agricultura. O que parece, ao longo desta pesquisa, é que essa escolha implícita se deu num sentido de protegê-los contra a possibilidade de sofrerem os processos das leis de falências e concordatas, sobretudo diante da ausência de outras normas específicas que fossem capazes de lidar com a insolvência ou insolvabilidade dessas pessoas, naturais e jurídicas, que lidavam com as atividades agrícolas.

### 2.6.4 Conclusões sobre o modo de produção do Decreto-lei nº 7.661/1945

Das fontes analisadas para compreendermos os motivos e justificativas que levaram o Brasil a editar sua quinta lei de falência do período republicano e a sexta desde a independência, vimos que os períodos autoritários levaram também à míngua os debates sobre a proposta de reforma da lei[1142].

[1141] CAMPOS, Francisco. *Direito Comercial.* Rio de Janeiro: Livraria Freitas Bastos S/A, 1957, p. 444.

[1142] Em especial no trecho em que dizem que "[o] ataque às ideias liberais acabou se juntando às críticas corporativistas e fascistas do Estado liberal, e evoluiu para uma influente rejeição do liberalismo democrático tradicional. Foi especialmente influente na teoria constitucional. Alguns dos destacados integrantes desse grupo tornaram-se porta-vozes

Diferentemente das reformas anteriores, diante da ausência de um Congresso Nacional, bem como da impossibilidade de publicações críticas que pudessem fomentar o debate sobre a reforma legislativa que se pretendia, o projeto de reforma do Decreto nº 5.746/1929 iniciado em já em 1931, pela 6ª Subcomissão Legislativa, organizada pelo Dr. Levi Carneiro logo após o golpe da Junta Militar de 1930 e ainda durante o Governo Provisório de Getúlio Vargas como presidente do Brasil, tinha como foco decidir se o Brasil quereria seguir um *modelo privado*, de acordo com a vontade da maioria dos credores, ou um *modelo official*, de acordo com a vontade do Estado por meio das sentenças dos juízes, como disse Antonio Moitinho Doria, membro então da Subcomissão Legislativa. Daquele anteprojeto da 6ª Subcomissão Legislativa, que já alterava a dinâmica de participação dos credores, diminuindo-a ao passo em que provocava o aumento da participação do Estado, por meio dos juízes e do Ministério Público, vimos que houve um debate, inclusive com posicionamento contrário de membros do Instituto dos Advogados e até da Associação Comercial do Rio de Janeiro.

Além disso, foi possível identificar também que desde 1931 o tema da segurança nacional e a necessidade de medidas contra estrangeiros apareceu também na pauta da reforma das leis de falências e concordatas, bem como a necessidade de interferência do Estado nas relações entre comerciantes ou negociantes[1143], conforme vimos nas manifestações do

do regime autoritário de Vargas, como Oliveira Viana (1883-1951) e Franciso (sic) Campos (1891-1968). Instituições liberais e representativas haviam falhado; um governo forte e centralizado tornou-se uma necessidade em sua visão." No original: "The attack on liberal ideas eventually joined the corporatist and fascist critiques of the liberal State, and developed into an influential rejection of traditional democratic liberalism. It was especially influent on constitutional theory. Some of the outstanding members of this group became the spokespersons of the Vargas authoritarian regime, such as Oliveira Viana (1883-1951) and Franciso (sic) Campos (1891-1968). Liberal, representative institutions had failed; strong, centralized government had become a necessity in their view[.]" (LOPES, José Reinaldo de Lima; GARCIA NETO, Paulo Macedo Garcia. *Critical legal thought (1920-1940) (the case of Brazil)*. Artigo DIREITO GV (Working Paper) 37, maio, 2009, p. 15).

1143 Além de outras interferências, pois "[a] intervenção do governo federal na economia brasileira, apesar de já justificada em termos de nacionalismo econômico e defesa militar, foi bastante acelerada pela Segunda Guerra Mundial. A entrada formal do Brasil na guerra em 1942 deu motivo para o esforço de mobilização econômica total sob o comando de

Instituto dos Advogados pelo Dr. Moitinho Doria, um dos participantes da 6ª Subcomissão Legislativa do Governo Provisório que tratou da reforma da lei de falências.

Com a escalada do autoritarismo, ainda que com a eleição indireta de Getúlio Vargas e a constituinte de 1934 tenham se criado uma expectativa de retorno da normalidade democrática, os debates sobre a reforma da lei de falências foram diminuindo entre as fontes analisadas e em 1939, durante o período em que Francisco Campos era o Ministro da Justiça de Getúlio Vargas, agora já sob a ditadura do Estado Novo, o jurista Trajano de Miranda Valverde apresentou o projeto de reforma da lei de falência, iniciado a partir daqueles trabalho da 6ª Subcomissão Legislativa de 1931. Neste projeto apresentado por Valverde foi possível identificar, no próprio discurso oficial, os motivos que o levaram a suprimir a participação dos credores e colocar um fim às assembleias de credores que deliberariam sobre a aprovação ou não dos pedidos de concordata (fossem as preventivas ou as suspensivas), criando o seu chamado "processo de concordata-sentença".

Na exposição de motivos oficial de Valverde, publicada em janeiro de 1940, também fica claro o discurso de necessidade de proteção dos direitos nacionais e de se punir os comerciantes desonestos, que seriam os *"[...] mercadores ou traficantes deshonestissimos, em regra, imigrantes sem raízes profundas no país, e, portanto, sem nome a zelar [...]*[1144] e de necessidade da proteção dos interesses de todos os envolvidos nos processos falimentares e de concordatas por meio do Estado, pois se se tratava de um favor legal, injusto seria atribuir à arbitrariedade da maioria as decisões sobre o processo.

Vimos que o Instituto dos Advogados esboçou uma manifestação contrária ao projeto de reforma, especialmente na parte das concordatas, por

João Alberto, ex-tenente e interventor em São Paulo. A evidente necessidade de matérias-primas e produtos manufaturados vitais para o esforço de guerra imprimiu novo sentido de urgência aos programas de financiamento estatal do setor privado. Como os brasileiros estavam oferecendo bases vitais para a Batalha do Atlântico e para a linha de comunicações do norte da África, o governo dos Estados Unidos se prontificou a ajudar o esforço de mobilização de Vargas[.]" (SKIDMORE, Thomas E. *Brasil: de Getúlio a Castello (1930-1945)*. Trad. Berilo Vargas. São Paulo: Companhia das Letras, 2010, p. 76-77).

[1144] BRASIL. *Diário Oficial. Secção I.* Edição de 26 de janeiro de 1940, p. 1567.

entender, conforme puxado por seu relator, Eduardo Otto Theller, que a proposta de reforma tornaria o processo "[...] *ainda mais rigoroso, como, por exemplo, na parte em que torna mais difficil a obtenção da concordata, quando esta é incontestavelmente a melhor fórma de liquidação dos bens do negociante honesto que é infeliz* (grifos nossos)[.]"[1145], mas também vimos como esse debate não foi adiante, tampouco as sugestões enviadas pelo Instituto dos Advogados foram incorporadas ao projeto e, com a saída de Francisco Campos do Ministério da Justiça e ascensão de Alexandre Marcondes Filho, como Ministro interino da Justiça, em 1943 foi apresentado o projeto definitivo de reforma, que se disse que seria submetido publicamente para as críticas e contribuições, mas que nada localizamos nas fontes, até efetivamente ser outorgado pelo decreto do executivo em junho de 1945, quando ainda não se tinha em consideração que o Estado Novo chegaria ao fim, como ocorreu em novembro de 1945.

Durante esse período autoritário, especialmente da ampliação da atuação do Departamento de Imprensa e Propaganda, as fontes da imprensa também foram se silenciando em relação ao seu posicionamento crítico de outrora – afetando até mesmo a publicação de charges críticas, como as que outrora identificamos em relação a outros períodos –, como é percebido pela análise tanto no "Jornal do Comércio do Rio Janeiro", com a diminuição da coluna "Publicações a Pedido", bem como da redução ou até mesmo a ausência da publicação das atas das reuniões da Associação Comercial do Rio de Janeiro do Instituto dos Advogados, quanto pelo jornal "O Malho"[1146], este inclusive era muito crítico dos governantes, porém se altera completamente especialmente a partir de 1937.

Ou seja, nenhum debate, crítica ou contribuição foi identificado durante o período em que Marcondes Filho dizia que aguardaria receber as contribuições para reforma e, tampouco, ele confirmou, pelo contrário, como ele mesmo atestou, nenhuma contribuição foi apresentada

[1145] BRASIL. Biblioteca Nacional. *Jornal do Commercio do Rio de Janeiro*. Edição 8, 1940.

[1146] Como algumas das críticas publicadas no jornal a Francisco Campos durante o período de 1930 a 1934, quando então cessam as publicações de críticas e de questionamentos (BRASIL. Biblioteca Nacional. *Jornal O Malho do Rio de Janeiro*. Edições 1427, 1435, 1438, 1441, 1442 de 1930, edições 1480, 1489, 1501 de 1931, edições 1537 e 1548 de 1932, edição 1588 de 1933).

desde a publicação do projeto de Valverde em janeiro de 1940, nos revelando inclusive que Alexandre Marcondes estava ignorando aquela apresentação do Instituto dos Advogados, liderada por Eduardo Otto Theller – ignorando por desconhecer ou deliberadamente, por não querer rever as alterações que defendia, especialmente sobre as dificuldades que estavam sendo criadas sobre as concordatas.

Dessa apresentação de Alexandre Marcondes Filho, tanto em 1943 como praticamente mantida de modo integral em 1945, as fontes revelaram pontos convergentes com aquela visão da 6ª Subcomissão de 1931, reiterada e aprofundada pelo projeto de Trajano de Miranda Valverde em 1939, e poucos pontos divergentes, sendo as alterações mais substanciais na parte criminal das falências.

Para além das divergências de disposições, podemos elencar como outras divergências (i) a percepção da Subcomissão e de Valverde, de que a lei de 1929 não teria sido reformada de modo adequado, enquanto para Alexandre Marcondes, o próprio relator da lei de 1929, esta teria atingido seus objetivos, (ii) sobre a não inclusão das atividades agrícolas como aquelas passíveis de sofrerem processos de falências e concordatas, ao contrário do que pretendeu Trajano de Miranda Valverde; Alexandre Marcondes, sem trazer qualquer menção a esse ponto, simplesmente excluiu a disposição criada por Valverde que permitiria que aquelas atividades agrícolas fossem sujeitas a processos de falência ou concordatas e (iii) sobre as fraudes, pois no relatório final de Marcondes Filho essa alegação para justificar a nova lei deixa de ser uma tônica que fora marcante ao longo dos outros debates e que, na sua visão, já não era mais o motivo da necessidade daquela nova reforma de 1945.

Por outro lado, a convergência estrutural se manteve, bem como da ideia de congregação dos princípios comuns das falências e concordatas, não havendo diferença principiológica entre os institutos – portanto também sem distinção nas terminologias utilizadas entre ambos os institutos –, bem como a convergência sobre a necessidade de afastamento da participação dos credores e de maior participação e intervenção direta do Estado no processo. Alexandre Marcondes Filho não usou a expressão de Valverde, do "processo da concordata-sentença", tampouco manteve a linha da expressão de "favor legal", mas se valeu da expressão do "favor do juiz" e justificou que os processos de falência e concordatas, por terem de ser tratados sob os mesmos princípios, eram processos coletivos em que ou se tinha uma unanimidade ou então não se poderia permitir o arbítrio da vontade da maioria dos credores, cabendo, portanto, aos juízes a decisão sobre os rumos do processo.

As fontes consultadas do período de 1930 a 1945 também permitiram identificar que houve o declínio das críticas e debates que até então costumavam ser publicados. Também houve o declínio até a ausência completa de publicações que expusessem críticas e debates direcionados ao papel do Poder Judiciário, especialmente aos juízes das falências e aos curadores, membros do Ministério Público, acerca dos problemas em torno dos processos de falências e concordatas. Atribuímos esse declínio e ausência de debates e de exposição de pensamentos divergentes ao oficial de Estado especialmente às medidas autoritárias e contrárias à liberdade de expressão, bem como ao controle do Departamento de Imprensa e Propaganda, pois as fontes jornalísticas sofreram uma mudança editorial sensível ao longo do período que coincidem com a maior ocupação das colunas para a exaltação dos feitos do governo, em especial do presidente Getúlio Vargas e de seus ministros, bem como ampliou a participação da reprodução de julgados e do espaço destinado à *vida católica*, mesmo no Jornal do Comércio, que até então se ocupava de apresentar o posicionamento do Associação Comercial, do Instituto dos Advogados e ainda permitia um espaço de "Publicações a Pedido" que apresentavam críticas às discussões sobre as falências e concordatas.

Esse declínio também indica um distanciamento da discussão sobre as leis de falências e concordatas e a opinião dos comerciantes, levando a concluir que, em relação a esse período, que a concentração das discussões em um ambiente técnico do Estado, a partir do Ministério da Justiça e com os técnicos nomeados, especificamente por meio de juristas sem uma origem declarada da vida comercial cotidiana, houve um afastamento da possibilidade de representatividade das Associações Comerciais em relação aos comerciantes devedores ou potencialmente devedores para fins de críticas ou contribuições para a elaboração da nova lei que se avizinhava.

Apesar dessa ausência de localização entre as fontes das críticas e debates específicos sobre o tema, as reformas dos anos 1940 alteraram a dinâmica de remuneração dos agentes do Estado e, com isso, o dispositivo de remuneração dos juízes e membros do Ministério Público, atrelados aos resultados das falência, que fora objeto de crítica durante dos debates que levaram à reforma de 1929, foi também suprimido do Decreto-lei nº 7.661/1945, não havendo mais o vínculo entre os processos de falências e concordatas e a remuneração desses servidores do Judiciário, alterando o que dispunha ainda o art. 190[1147] do Decreto nº 5.746/1929 que mantivera a dinâmica de remuneração havida desde a primeira lei de falências.

Ou seja, o trabalho legislativo de um período autoritário culminou na maior exclusão da participação dos agentes diretamente envolvidos e afetados pelos processos de falências e concordatas, para que o Estado passasse a assumir as principais decisões sobre a dinâmica de tais processos, trabalho este iniciado com o golpe que estabeleceu o Governo Provisório, por meio da 6ª Subcomissão legislativa organizada pelo Dr. Levi Carneiro e, subsequentemente, com o aprofundamento dessa dinâmica antiliberal e autoritária a partir do ministério de Francisco Campos, no âmbito do projeto de lei assinado por Trajano de Miranda Valverde,

[1147] BRASIL. *Decreto nº 5.746 de 9 de dezembro de 1929. "Art. 190. Os juizes e escrivães perceberão nos processos de fallencias e seus incidentes as custas dos seus regimentos, approvados pelo poder federal ou estadual.* Os escrivães não terão mais de que 500 réis por circular ou carta que enviarem. O salario dos peritos pelos exames de livros do fallido será arbitrado pelo juiz, não excedendo de 300$ para cada um. Si se tratar de trabalho excepcional, nas fallencias de grande activo, o syndico poderá préviamente ajustar os salarios desses peritos e submetter á approvação do juiz, não excedendo, em caso algum, do dobro daquella taxa. Na verificação de contas de que trata o art. 1º, n. 8, o salario maximo será de 50$ para cada perito. Os avaliadores terão pela metade as custas taxadas nos respectivos regimentos. O depositario de que trata o art. 15 perceberá um quarto das taxas marcadas nos regimentos de custas para os depositarios judiciaes e nada perceberá si fôr o requerente da fallencia ou pessoa sobre que recahir a nomeação de syndico. Os contadores judiciaes perceberão pela metade as custas taxadas nos seus regimentos. A massa não pagará custas a advogados dos credores e do fallido. Os credores em moeda estrangeira serão convertidos pelo cambio do dia em que for decretada a fallencia, ou requerida a concordata preventiva, em moeda brasileira e só nesta serão considerados para todos os effeitos desta lei. As verificações e exames periciaes de que tratam o art. 1º, n. 8, lettra "a", o art. 83, § 6º e o art. 84, § 4º, só poderão ser feitos por contadores diplomados por estabelecimentos de ensino technico commercial e instituições de classe reconhecidos pelo Governo Federal, e cujos diplomas, devidamente legalizados, estejam registrados nas Juntas Commerciaes, ou repartições que as substituam. Onde não houver contadores em taes condições, os juizes nomearão peritos dentre os profissionaes da mais notoria idoneidade (grifamos)."

concluído em 1939, e, por fim, com as alterações definitivas de Alexandre Marcondes Filho e sua comissão de juristas, em 1943.

Conforme destacado, não só as concordatas passariam a ser analisadas juridicamente, especialmente a partir da bibliografia de Trajano de Miranda Valverde, como fundamentadas pelo prisma do instituto das falências, devendo ser observada a regra da falência de tratamento igualitário dos credores, como também todos os demais aspectos processuais e inquisitivos, com a criação inclusive do capítulo acerca do inquérito falimentar, retirando-se, sob tal fundamento, os direitos de deliberação da maioria dos credores, passando a materializar a concessão de concordatas como um *favor do juiz* ou um *favor legal*, como também nas falências é retirado dos credores os direitos de deliberação sobre a nomeação dos síndicos, dos liquidatários – inclusive suprimindo esta figura –, bem como suprimida a obrigatoriedade de serem nomeados síndicos alguém entre os credores, abrindo espaço para aquela crítica da profissionalização dos síndicos que vimos nos argumentos de Paranhos Montenegro e outros. De mesmo modo, nas falências, também foi suprimido dos credores a regra das deliberações em reuniões ou assembleias sobre a liquidação do ativo e as soluções do *mercado* – com as ressalvas que já explicamos na introdução –, passando apenas a possibilidade de uma deliberação exclusivamente no ambiente falimentar e como uma exceção a ser autorizada pelo juízo competente.

Essa mesma ideia não liberal ou antiliberal em relação às leis de falência é convergente, portanto, desde os trabalhos da 6ª Subcomissão Legislativa do Governo Provisório em 1931, passando pelo projeto de lei assinado por Valverde em 1939 e chegando assim ao projeto de lei final assinado por Marcondes Filho e sua comissão de juristas de 1943 que resultou na outorga do Decreto-lei nº 7.661/1945 ainda dentro do governo estadonovista, criando uma ruptura com a tradição que se tinha de participação dos credores nas deliberações sobre as propostas de concordatas, nomeação dos síndicos e liquidatários, formas de realização dos ativos na falência, bem como lhes reduzindo substancialmente a participação nas falências, atribuindo ao Estado, por meio dos juízes, seus síndicos – a partir de então de escolha exclusiva de tais juízes – e Ministério Público, o controle dos rumos e da vida dos negócios dos comerciantes, industriais e empresários no âmbito processos de falências e concordatas no Brasil.

Pesquisamos também no acervo do "Arquivo Getúlio Vargas" do CPDOC da Fundação Getúlio Vargas, em sua versão digitalizada[1148], dentre as correspondências, série da campanha eleitoral, série confidencial, série de documentos complementares e a série miscelânea, todas digitalizadas, e não identificamos debates ou mensagens pertinentes ao tema da reforma da lei de falências e concordatas.

Como o próprio Trajano de Miranda Valverde disse quando justificava a necessidade da reforma dos anos 1940, "*[é] evidente que a lei reflete idéias da época. Feita [a Lei nº 2.024/1908] para vigorar sob o regime da economia liberal, havia o legislador de entregar aos credores a sorte do devedor impontual* [...] (grifos nossos) [.]"[1149], e, portanto, diante de um novo período, então autoritário e não mais liberal como se dizia ser outrora, o novo decreto-lei sobre as falências e concordatas também tinha de refletir as ideias da sua época.

1148 https://docvirt.com/docreader.net/docmulti.aspx?bib=fgv_gv, acesso em 15/6/2019, 24/10/2020, 17/4/2021 e 30/7/2022.
1149 BRASIL. *Diário Oficial. Secção I.* Edição de 26 de janeiro de 1940, p. 1567.

# CONCLUSÕES

Os homens arruinados, comerciantes, em regra pessoas naturais, foram os principais sujeitos das leis de falências e concordatas, e foram os personagens afetados pelas diversas políticas legislativas adotadas pelo Estado, por meio de outros homens que conseguiram fazer suas visões prevalecerem nos debates sobre a forma de tratamento dos comerciantes no Brasil.

Essas leis têm uma relevância significativa na dinâmica adotada pelos diversos momentos do Estado para regrar o jogo de interesses entre credores e devedores e as políticas que se pretenderam como aplicáveis para lidar com a ruína dos homens nas praças comerciais, fossem eles comerciantes devedores, fossem eles credores de algum comerciante. Os diferentes Poderes de Estado envolvidos nas discussões retratam essa relevância, bem como as opções adotadas nos diferentes momentos, pelas pessoas que passaram a assumir a posição política vitoriosa na situação de cada um dos períodos da história em que foram debatidas as reformas dessas leis.

A jornada de desenvolvimento das leis também nos mostrou que um determinado grupo, formado essencialmente por juristas, passa a ter um protagonismo sobre outros grupos de interesse na formação da sociedade e do Estado, retirando os comerciantes de ofício do cenário das discussões políticas e do aprofundamento das escolhas legislativas, trazendo para o interior do debate os magistrados, promotores e os principais prestadores de serviços jurídicos dos comerciantes devedores e credores: os advogados e bacharéis em direito.

Essa mudança de interlocução também sustenta suas bases em cima daqueles grupos que puderam se sagrar dominantes sobre outros grupos, fazendo prevalecer determinados interesses e entendimentos, formando, com isso, uma cultura jurídica própria sobre o direito comercial e suas matérias, que passaram a influenciar os novos estudantes e a forma de se ensinar a disciplina jurídica nas Faculdades de Direito. O conhecimento prático utilizado como argumento de autoridade para defender ideias no parlamento é direcionado a partir da própria experiência pessoal de cada um dos personagens e é orientado pela percepção e convicção de cada um desses mesmos personagens, sem levar em conta dados oficiais, tampouco amostragens e indicações de casos concretos que pudessem dar suporte aos argumentos apresentados no processo legislativo sobre a matéria das falências e concordatas ou mesmo para apresentar soluções em face de crises econômico-financeiras internas ou externas em cada um dos diferentes momentos da história do Brasil. Ainda que tais materiais estivessem todos disponíveis para os debatedores e, inclusive, outras matérias legislativas se valiam de informações estatísticas e dados oficiais para a justificativa das tomadas de decisões, como o caso dos debates sobre tributos, sobre a criação de bancos e linhas de financiamento para a indústria agrícola, sobre os crimes de um modo geral, bem como sobre as reformas do Judiciário e das varas judiciais.

Nessa toada das experiências e percepções pessoais dos elaboradores das leis de falências e concordatas, a influência da língua latina sobre a portuguesa, na raiz da palavra *fallencia*, também tem o seu protagonismo e a apreensão daquele significado de *engano* causado pelo descumprimento de contratos e obrigações passa a ser juridicamente na legislação comercial chamado de "falência" e não mais de *bancarrota* ou *quebra*. A ideia de *engano, roubo, fraude* é o ponto de partida para discussões sobre as falências, sendo o acaso do fracasso comercial, uma exceção à visão do que seria a regra: não o acaso, portanto, mas a intenção deliberada do devedor em enganar seus credores, apesar da ausência de dados concretos que pudessem comprovar essa alegada realidade de predominância das fraudes nos processos concordatários e falimentares.

Essa regra do uso da argumentação de *fraudes* nos discursos do meio do direito comercial sustenta o contra-argumento político da necessidade de *moralização* da sociedade brasileira e de serem adotadas as medidas que um determinado grupo na liderança do poder político do Brasil entendeu como o necessário a ser feito, marcando o processo dialético entre os agentes vitoriosos nos debates parlamentares e entre outros debates institucionalizados, como aqueles havidos entre juristas no Instituto dos Advogados e na Associação Comercial e os comerciantes propriamente ditos, marcando uma constante entre os diversos momentos das discussões sobre as reformas das leis de falências e concordatas.

Na história do Brasil ficou claro que já existiam falências, processos de falência e concordatas antes da existência de um Código Comercial e, logo após o início da vigência do Código, os políticos já passaram a adotar decretos modificando o conteúdo que tão recentemente ali estava disposto. A ideia da especialização da jurisdição mercantil e das arbitragens obrigatórias também foise esvaindo em matéria falimentar, passando desde o início da década de 1850 o poder sobre a condução dos processos e das punições a serem aplicadas aos comerciantes, aos juízes togados, em uma tentativa de migrar a aplicação da repressão da lei conforme a agentes que seriam mais ligados politicamente ao próprio Estado, do que a determinada classe ou grupo da sociedade, como o grupo dos comerciantes e industriais.

Sob o argumento da tecnicidade e formação da instituição jurídica, o Estado incorporou também como uma medida negocial para se reverter ou evitar a falência, as concordatas, cuja raiz latina remetia aos acordos entre os príncipes e acordos entre reinos e a Igreja Católica. A moral católica e imperial perpassa as discussões sobre as leis em diversos momentos e vai se impregnando ao longo do tempo por meio de ideias de combate aos *enganos*, *roubos*, *fraudes* e *abusos*. A liberdade de outrora, para a negociação entre a maioria dos credores com os seus respectivos devedores nas concordatas, vai se tornando um problema a ser combatido, especialmente a partir da reforma da lei de 1902, pois, na visão da maior parte dos congressistas que participaram dos debates, essa negociação facilitaria a formação de conluios e fraudes que prejudicariam as minorias derrotadas nas deliberações sobre as propostas de concordatas.

Desde o início das discussões que vimos, ainda na segunda metade do século XIX, a ideia de submissão da minoria de credores à vontade da maioria nesse meio comercial, se apresenta como um ponto de desconforto, até chegar ao limite de se usar uma justificativa teórico-jurídica para retirar por completo a regra de participação de deliberações da maioria de credores para obrigar a minoria na formação dessas concordatas – a teoria falimentar do tratamento igualitário dos credores, que seria um princípio falimentar, porém que deveria também ser aplicado no caso das concordatas.

A justificativa oficial que o Estado apresentou foi a de que se a vontade da maioria dos credores prevalecesse sobre a minoria, isso seria uma afronta a esse princípio jurídico da necessidade de tratamento igualitário dos credores, até então pertencente apenas ao instituto da falência. Com isso, o *favor do juiz* ou o *favor legal*, como expressado especialmente entre 1939 e 1945, deveria ser arbitrado exclusivamente pelo Estado por meio do Poder Judiciário, ideia essa cristalizada no seio de um regime autoritário e ditatorial, que, como um de seus autores definiu, "*[é] evidente que a lei reflete idéias da época. Feita [a Lei nº 2.024/1908] para vigorar sob o regime da economia liberal, havia o legislador de entregar aos credores a sorte do devedor impontual* [...] (grifos nossos) [.]"[1150], e, portanto, diante de um novo período, então autoritário e não mais liberal como se dizia ser outrora, o então novo decreto-lei de 1945 sobre as falências e concordatas também tinha de refletir as ideias da sua época.

Não identificamos, sob uma premissa da pesquisa histórica entre as fontes, um movimento legislativo de um *dualismo pendular*, entre leis que ora seriam mais favoráveis aos devedores e ora mais favoráveis aos credores. Se se quiser fazer essa redução para fins teóricos e de definição, entendemos que o mais apropriado seria fazer uma relação entre, de um lado, o Estado e os grupos dominantes de poder em cada um dos diversos momentos da história, e, de outro lado, os governados por esse Estado, em especial, nesse grupo de governados, os comerciantes das praças comerciais, tampouco identificamos esse movimento com base em leis que ofertavam um maior número de institutos alternativos à falência e outras com menor, pois os institutos jurídicos dependiam da manifestação de vontade da maioria dos credores ou do próprio juiz. Principalmente diante do fato de que vimos de que o Estado escolheu retirar a incidência dessas leis sobre a indústria agrícola, ainda que praticassem *atos de comércio* pela definição do direito comercial e também da retirada da liberdade de contratação, definindo limites de pagamento e de prazo para as concordatas, retirando os poderes deliberativos para a escolha do

[1150] BRASIL. *Diário Oficial. Secção I.* Edição de 26 de janeiro de 1940, p. 1567.

síndicos e liquidatários e, conforme o decreto-lei de 1945, excluindo os credores das deliberações sobre a concessão ou não das concordatas, bem como tornando as assembleias de credores como uma exceção legal nas falências.

Para essas conclusões, tivemos como base o que a pesquisa identificou desde o início das discussões no século XIX, que envolveram diferentes personagens que tiveram espaço para expressar posicionamentos distintos e, desse modo, puderam evitar alterações ou provocá-las na medida em que as maiorias políticas, especialmente na Câmara dos Deputados, se formavam e conseguiam levar tais ideias aos Gabinetes ministeriais. Essas ideias foram muitas vezes transformadas em decretos do Executivo, mas decorriam de debates havidos no Legislativo, com as influências do Judiciário e também do Poder Moderador durante o período imperial, como no caso do decreto já de abril de 1854 alterando o quórum das concordatas previsto no Código Comercial de 1850 e que contou com a participação direta de Nabuco de Araújo.

O golpe republicano em finais do século XIX não criou uma ruptura com o que se vinha discutindo, apesar de uma aparente ruptura ao se retirar o capítulo inteiro das *quebras* do Código Comercial e se criar uma lei específica sobre as falências e concordatas. A legislação de 1890 que foi destacada do Código Comercial, passou a vigorar em lei própria, no entanto isso não é algo completamente novo e impensado anteriormente, pelo contrário, inclusive incorpora institucionalmente a prática dos comerciantes do século XIX da celebração dos *acordos extrajudiciais* ou *concordatas preventivas* que evitavam a etapa da declaração judicial da falência. Não obstante o governo republicano martelar a ideia do novo e de que nada estaria premeditado, buscando se afastar de uma ideia de continuidade, dado o curto espaço de tempo entre o golpe e o início das novas leis – a famosa ideia da elaboração da nova lei em *afogadilho*, em apenas quatorze dias –, vimos que os debates, nos sentidos do que consolidou da primeira lei de falências e concordatas do período republicano – um decreto outorgado pelo Governo Provisório –, vinham ocorrendo já no período imperial e muitos daqueles mesmos personagens que participaram de tais debates, tiveram espaço também no governo republicano que se iniciava, inclusive o magistrado Macedo Soares, nomeado oficialmente ainda no Império para reformar a parte legal das falências, contando também com o apoio do outrora Conselheiro do Império, o advogado Carlos de Carvalho.

A república, que se iniciou de modo autoritário e repressor, passou a demonstrar, por parte de certos congressistas, um incômodo demasiado com a liberdade dos comerciantes e negociantes, credores e devedores, de celebrarem seus acordos ou concordatas com plena liberdade, obrigando, após a tal celebração a homologação judicial, as minorias de credores que não aprovavam esses acordos. Esse incômodo refletido nos debates havidos no Congresso Nacional, contrários às *concordatas de 5%*, revelaram um corpo político que se dizia *liberal*, mas, em matéria de leis de falências e concordatas, quereria ainda interferir diretamente no comércio sob o pretexto de combater o *engano*, as *fraudes*, os *abusos*, daquilo que passou a entender desse modo, apesar disporem as leis criticadas no parlamento a liberdade de contratação que vinha sendo exercida entre credores e devedores, levando ao início das políticas reformistas que caminharam em um sentido limitador dos valores mínimos a serem pagos nas concordatas, bem como ao prazo máximo de duração, a partir da reforma legislativa de 1902, iniciada por J. J. Seabra na Câmara dos Deputados, aumentando o papel de participação do Poder Judiciário, especialmente no bojo de um debate que definiu naturezas jurídicas e de competências sobre matérias que seriam de *ordem pública* e de *ordem privada* dos institutos falimentar e concordatário, afastando inclusive a ideia inicial que constou do projeto de reforma de se estabelecer julgamentos de 1ª instância em que haveria uma decisão colegiada, entre um juiz de direito e dois indicados pela Junta Comercial, mantendo-se o padrão de um julgamento por um juiz singular de direito.

Talvez pelo acaso, pela discordância com o texto da reforma aprovada ou até por paixões pessoais, logo após a promulgação da reforma de 1902, um deputado, Paranhos Montenegro, juiz, grande proprietário de terras, vaidoso e desgostoso sobre os rumos que o Senado e o Poder Executivo deram à reforma da lei de falências que debatera na Câmara desde 1900, teve a inciativa de propor – e insistiu arduamente pela votação e debates – uma nova reforma da lei de falências, ainda em outubro de 1903, pouco tempo após a outorga do decreto que trouxera o regulamento das falências de junho de 1903. Essa postura se mostrou ao identificar seu adversário político como o então deputado propositor da reforma, J. J.

Seabra, que veio a se tornar Ministro da Justiça do governo do presidente Rodrigues Alves, e que promoveu a outorga daquele decreto regulamentador dos processos de falências e concordatas, em 1903, e também por ter republicado a lei de 1902 aprovada no Congresso com algumas modificações, sem passar por debates parlamentares sobre essas medidas.

Essas medidas de J. J. Seabra foram combatidas imediatamente por Paranhos Montenegro e isso deu margem para as discussões que se seguiram, especialmente para chamar a participação aos debates de um jurista do direito comercial que vinha se consolidando, sobretudo a partir de sua publicação sobre as falências no Brasil em 1899: José Xavier Carvalho de Mendonça.

Paranhos Montenegro e Carvalho de Mendonça passaram então ambos a preencher tanto os papéis de protagonistas, quanto antagonistas das discussões sobre a reforma da lei de falências e concordatas, pois ora as ideias de Paranhos Montenegro prevaleceram, ora, especialmente quando da conclusão da votação no Senado, prevaleceram as ideias de Carvalho de Mendonça. Esse atrito entre ambos arrefeceu após o fim da carreira política como deputado de Paranhos Montenegro, a partir de 1906, mas por pouco o projeto de Paranhos Montenegro não prevaleceu nos debates durante a legislatura de 1907 e 1908, chegando a ser aprovado pelo parecer da Comissão do Senado e em 2ª discussão no Senado, porém revertido, já em 3ª discussão no Senado e, na sequência, foi aprovado na Câmara dos Deputados para formar a lei de 1908.

Em um movimento pouco comum nos processos legislativos entre os casos que já contavam com aprovação na primeira Casa Legislativa que propôs a lei e em 2ª discussão na segunda Casa Legislativa, o projeto de Paranhos Montenegro foi derrotado no meio da 3ª e última discussão no Senado. Contando com o apoio de um amigo e colega de faculdade de Carvalho de Mendonça, o então senador Urbano Santos, foi possível angariar o suporte político necessário para enterrar de uma vez o projeto de Paranhos Montenegro, chamado pejorativamente na imprensa por Carvalho de Mendonça de "mastodonte" e fazer prevalecer, a partir de 1908, a lei elaborada por Carvalho de Mendonça, sem que tenham levado em conta para a tomada das decisões de reformas alguma crise econômico-financeira específica, interna ou externa.

Mas a vida de uma lei de falências e concordatas nesse período no Brasil não era tranquila e, pouco tempo depois de iniciar sua vigência, a lei de Carvalho de Mendonça já se via ameaçada pelo projeto de outro jurista, Herculano Marcos Inglês de Sousa (ou Inglez de Souza que também aparecia como grafia comum à época), que em 1912 apresentara no Senado seu projeto de Código Comercial e que, dentre seus livros e capítulos, continha uma nova lei de falências a ser incorporada por esse Código Comercial. Seja pela falta de empenho dos congressistas ou pela falta de articulação política ou mesmo pelo momento e as prioridades de produção legislativas escolhidas, como as discussões sobre o Código Civil que seria aprovado em 1916, o projeto de Código Comercial de Inglês de Sousa não foi adiante, e entrou em pauta no Senado a ideia de uma nova reforma da lei de falências a partir de 1927, sendo incialmente proposta pelo criticado senador Lopes Gonçalves uma nova lei a partir do capítulo escrito por Inglês de Sousa com poucos ajustes e fora do projeto de Código Comercial.

Ao longo desse período de finais da década de 1920, também pudemos identificar a crítica, em especial vinda da Associação Comercial do Rio de Janeiro, ao sistema de remuneração dos magistrados e demais membros do Poder Judiciário nos processos de falência, como um *incentivo imoral*, com remunerações que partiam de acordo com a decisão de declaração da falência, até outras remunerações adicionais a que teriam direito de acordo com a liquidação da massa falida, apesar de não ecoarem expressamente entre os debates parlamentares transcritos.

Porém a ideia de uma nova lei não prevaleceu e o projeto de 1927 se tornou um projeto de reforma, sobretudo a partir dos trabalhos do senador Adolpho Gordo e foi o que angariou o maior volume de participantes no debate público dentre os registros encontrados na imprensa pesquisada durante o período deste trabalho. Desde uma mensagem presidencial, do então presidente Washington Luís, ao Congresso Nacional sobre a necessidade de se combater as *concordatas de 21%*, passando por discussões publicadas na imprensa em que participaram diversos juristas, senadores, deputados e instituições, em especial a Associação Comercial do Rio de Janeiro e a de São Paulo – esta por meio dos trabalhos de Waldemar Ferreira – e o Instituto dos Advogados, chegou-se a um texto que restringia ainda mais a liberdade dos credores e devedores com a legislação promulgada em 1929.

O texto do Senado não prevaleceu e a reforma se deu com base no texto final de relatoria do então deputado Alexandre Marcondes Machado Filho, bastante distinto daquele inicialmente proposto no Senado. Esses debates não se aprofundaram em discussões sobre eventuais reflexos decorrentes da Grande Guerra (1914–1918), tampouco tiveram como fundamento o *crack* da bolsa de Nova Iorque de 1929, mas tinham sim um viés político de atendimento das *classes conservadoras* e do *comércio honesto* para a tomada das escolhas adotadas na nova reforma da lei, apesar da ausência de personagens que fossem declaradamente ligados ao comércio entre os vitoriosos da reforma.

Com o ambiente político conturbado que dividiu política e ideologicamente o Brasil e eclodiu no golpe de 1930 consolidado pela Junta Militar, trazendo consigo o novo regime do Governo Provisório, sob a batuta daquele que foi nomeado como presidente, Getúlio Vargas, e o Governo Provisório logo buscou promover mudanças constitucionais e infraconstitucionais em todo o aparato técnico do Estado e já no início da década de 1930, foi nomeada uma Comissão de Legislação, liderada pelo advogado Levi Carneiro - opositor de Alexandre Marcondes Machado Filho nos debates da década de 1920 –, e diversas Subcomissões Legislativas para promover novas leis que correspondessem ao discurso de superação de uma *República Velha* e promovessem o encaminhamento para um *Estado Novo*.

A 6ª Subcomissão Legislativa ficou então responsável por elaborar uma nova lei de falências e concordatas já em 1930 e apresentou o início de seus trabalhos, com o envolvimento do advogado Dr. Jeorge Dyott Fontenelle, o 2º curador das massas falidas do Rio de Janeiro, Dr. Julio de Oliveira Sobrinho e o advogado Dr. Antonio Moitinho Doria. Moitinho Doria inclusive se manifestou dizendo que "*[n]ão é das mais commodas a posição da 6ª sub-commissão legislativa, incumbida de elaborar o projecto de reforma da lei de fallencias, porque essa lei, datando apenas de 9 de dezembro de 1929, parece, devia ficar isenta de revisão geral promovida pelo Governo Provisorio, relativamente á legislação brasileira, como serviço preliminar de reorganização do paíz* (grifos nossos)."[1151]

[1151] BRASIL. Biblioteca Nacional. *Jornal do Commercio do Rio de Janeiro*. Edição 237, 1931.

Os debates sobre a nova lei de falências e concordatas foram se ampliando no início da década de 1930, com a continuidade das participações principalmente das Associações Comerciais do Rio de Janeiro e de São Paulo, inclusive por meio de trabalhos e entrevistas que eram publicadas nos jornais da época, em especial por meio da divulgação das ideias expressadas pelo Dr. Dilermando Cruz - falecido em 1935 -, curador das massas falidas no Rio de Janeiro, bem como pelo advogado membro da Associação Comercial do Rio de Janeiro, Randolpho Chagas, porém o momento político conturbado não levou a debates definitivos no recém restaurado Congresso Nacional a partir de 1934.

Com a crescente do autoritarismo do período, Getúlio Vargas e seus aliados deram um novo golpe em 1937 e se iniciou uma nova Constituição, bem como foram adotadas novas medidas infraconstitucionais, tais como a reforma do Judiciário durante a década de 1930, o Código de Processo Civil aprovado em 1939, a Lei das Sociedades Anônimas em 1940, a Consolidação das Leis do Trabalho em 1943, e, tendo dissolvido novamente o Congresso Nacional, iniciou o período mais severo de controle, autoritarismo e repressão por parte do Estado, inclusive de controle da imprensa. As fontes da imprensa nos revelaram uma mudança significativa, sobretudo a partir de 1939, com um controle intenso por parte do Departamento de Imprensa e Propaganda, o DIP, reduzindo os espaços para críticas, debates e discussões, até o ponto de termos apenas publicações elogiosas e que comentavam em tom positivo, o dia a dia do presidente e de seus ministros.

Francisco Campos, identificado pela imprensa crítica do governo da época como um fascista e interessado no regime fascista da Itália e nazista da Alemanha, inicialmente Ministro da Educação do Governo Provisório de Vargas do início da década de 1930, tendo inclusive aprovado a *Lei Francisco Campos* de reforma do ensino. Francisco Campos assumiu o cargo de Ministro da Justiça durante boa parte do Estado Novo e, dentre os procedimentos das reformas infraconstitucionais, nomeou Trajano de Miranda Valverde, advogado, acionista investidor de diversas companhias, diretor de outras companhias, e com muitas afinidades favoráveis ao regime ditatorial em maior grau, para continuar e concluir os trabalhos da 6ª Subcomissão Legislativa do Governo Provisório de 1930.

Tendo concluído o trabalho em 1939 e publicado no Diário Oficial em 1940, Trajano de Miranda Valverde apresentou seu projeto para a nova lei, a ser sancionada pelo presidente Vargas, bem como a exposição de motivos, e deixou claro que os intuitos nacionalistas de *proteção* contra os comerciantes *enganadores* e *fraudadores* – "[...], *em regra, imigrantes sem raízes profundas no país, e, portanto, sem nome a zelar [...]*[1152] – e *proteção* das minorias de credores estavam endereçados em seu trabalho.

Contudo, Francisco Campos desembarcou do Governo Vargas em 1943 e, um velho conhecido dos debates sobre leis de falências e concordatas, Alexandre Marcondes Machado Filho, que vinha em grande ascensão no governo estadonovista, especialmente a partir do momento em que decidiu deixar de ser oposicionista ao governo e a promover palestras elogiosas ao presidente Vargas e ao Estado brasileiro do período, assumiu a pasta do Ministério do Trabalho, em 1942, e interinamente a pasta do Ministério da Justiça, após a saída de Francisco Campos em 1943.

A partir daquela complementação e consolidação que Trajano de Miranda Valverde já fizera sobre os trabalhos da 6ª Subcomissão Legislativa de 1930, alterando e acrescentando mais alguns pontos trazidos pelo próprio Marcondes Filho e por sua comissão de juristas, formada por Filadelfo Azavedo – Ministro do Supremo Tribunal Federal –, Hahnemann Guimarães – Consultor Geral da República e que já tinha sido nomeado por Francisco Campos para compor a Comissão de reforma do Código Civil –, Noé Azevedo e Canuto Mendes – ambos catedráticos da Faculdade de Direito de São Paulo –, bem como Silvio Marcondes – livre docente pela Faculdade de Direito de São Paulo – e Luiz Lopes Coelho – qualificado apenas como "advogado" –, Alexandre Marcondes Filho apresentou a proposta de lei de falências e concordatas em junho de 1943 para que fosse debatida publicamente – o que, como vimos, não constou das fontes analisadas no período –, e foi efetivamente sancionada e outorgada em junho de 1945 por meio de um decreto-lei, também chamado de *lei constitucional*, em meio ao processo decisório interno do governo sobre

[1152] BRASIL. *Diário Oficial. Secção I.* Edição de 26 de janeiro de 1940, p. 1567.

como se daria a redemocratização do Brasil e o fim do Estado Novo, que acabaria em final de outubro daquele mesmo ano[1153].

Os efeitos do pensamento de um período autoritário se consolidaram também nessa última lei de falências e concordatas, retirando de uma vez o protagonismo que já vinha sendo limitado dos credores e devedores e passando esse papel ao Poder Judiciário, especialmente aos juízes e ao Ministério Público, em linha com as políticas desenvolvimentistas promovidas por Getúlio Vargas e seu gabinete de Ministros de Estado, bem como seus demais apoiadores políticos do período.

O uso de uma explicação aparentemente técnico-jurídica para justificar tal medida foi apresentado como um dos fundamentos: a deliberação da maioria dos credores nas concordatas, obrigando a minoria, agrediria o princípio jurídico da falência do tratamento igualitário dos credores e, portanto, deveria ser aplicado tal princípio de modo extensivo às concordatas, passando a não mais se admitir que a vontade da maioria dos credores suprimisse a vontade da minoria e, com isso, seria preservado o tal princípio de tratamento igualitário dos credores.

Esse trabalho elaborado por técnicos nomeados pelo Estado, os juristas no caso, sem que se indicasse uma origem da relação dessas pessoas com os comerciantes em si, também revelou um maior afastamento da possibilidade dos devedores comerciantes serem ouvidos, não só pela ausência da possibilidade de se ter um *congressista* representante, diante da ausência de um Congresso no período, como também pela aparente baixa possibilidade de interferência desses comerciantes devedores junto às Associações Comerciais, ainda mais diante da ausência de suas manifestações nas fontes pesquisadas neste trabalho durante esse período do Estado Novo.

Com isso, o Judiciário, no momento de ápice dos poderes que recebera durante o período, faria um *favor* aos credores e devedores e decidiria, a seu exclusivo critério, se as concordatas seriam ou não homologadas.

[1153] A transição para a redemocratização já estava em pauta no governo estadonovista desde, ao menos, 1944, também comandada sob a batuta de Marcondes Filho, então encarregado do anteprojeto para a reabertura (Neto, Lira. *Getúlio: do Governo Provisório à ditadura do Estado Novo (1930-1945)*. 1ª edição. São Paulo: Companhia das Letras, 2013, p. 453-478).

Além disso, foi reforçada a criação de argumentos técnicos, com base em autores italianos e alemães principalmente, para opor uma teoria da *concordata-contrato*, então em vigor desde o início da história das leis de falência no Brasil, em oposição à *necessária* mudança para a teoria da *concordata-sentença*, sendo esta uma teoria mais *nova* e que melhor atenderia as matérias de *ordem pública* que deveriam ser consideradas em uma lei de falências e concordatas.

Esse decreto-lei se tornaria a lei de falências e concordatas mais longeva da história do Brasil, sendo reformado apenas em 2005; uma história ainda a ser melhor investigada e analisada sobre os impactos que o decreto-lei estadonovista provocou no Brasil, na dinâmica dos processos, na formação do pensamento jurídico sobre as falências e concordatas, dentre outros aspectos – sobretudo se considerarmos que as pessoas formadas nas faculdades de direito brasileiras até o ano de 2005 tiveram seus estudos jurídicos de graduação e de início da formação técnico-jurídica sobre o tema das falências e concordatas conduzidos com base no decreto-lei estadonovista e, evidentemente, têm uma marca significativa no desenvolvimento da prática e na formação do pensamento jurídico neste início de século XXI no Brasil.

Para além dos debates oficiais e dos registros publicados na imprensa, na composição de toda a comunicação política[1154] analisada neste traba-

[1154] "A análise das formas políticas (nelas incluídos os aspectos materiais, sociais e mentais), tem sido relacionada – pelo menos desde Weber e, mais tarde, Foucault – com as condições materiais de 'produção do poder' (ou da 'comunicação política'). Essas condições incluem:
– questões do âmbito do imaginário (nomeadamente, do imaginário político, designadamente, as idéias correntes sobre o que é e como é o homem, o que é a sociedade, o que é governar, quais os fins do bom governo);
– questões ligadas à imaginação jurídico-constitucional (o que é a 'constituição' e, designadamente, qual é o imaginário [o impensado] dogmático dos constitucionalistas);
– questões estruturais ligadas à própria estrutura da comunicação política, como, por exemplo, a dimensão e natureza dos atores e dos destinatários (ou objetos) da ação política, bem como os processos de comunicação entre uns e outros (lei, código, oralidade-escrita). Sistemas de auscultação dos destinatários [sistemas eleitorais, *v.g.*];
– questões relativas ao âmbito da 'governação' (*governance*), como as suas áreas de ação e os seus objetivos;
– questões relativas aos aspectos logísticos da governação (meios humanos, financeiros, comunicacionais)[.]" (Hespanha, António Manuel. *Pequenas repúblicas, grandes Estados.*

lho sobre o tema da elaboração e reformas das leis de falências e concordatas, foram também organizadas e analisadas por amostragem as publicações de decisões judiciais e de editais relacionados às falências e concordatas no período de 1890 a 1945 no Jornal do Comércio do Rio de Janeiro, em um total de 1629 (mil seiscentos e vinte e nove) casos nesses 55 (cinquenta e cinco) anos, e, obviamente levando-se em conta as limitações das publicações e ausência de acesso completo aos autos dos processos, todos de primeira instância, pudemos ver que, ao menos o movimento das decisões judiciais em processos de falências e concordatas pelas varas da comarca da capital e de algumas outras comarcas, em especial no estado do Rio de Janeiro, não revelaram um Judiciário com uma maioria de decisões punitivistas, tampouco que constatassem uma maioria de casos fraudulentos ou culposos, destoando do quanto ecoou entre os debates parlamentares e exposições de motivos das diversas reformas das leis de falências e concordatas.

Além disso, por meio dessa amostragem de casos, vimos que houve uma alteração na dinâmica processual das falências e concordatas a partir da lei de 1908, com a redução expressiva das audiências que até então ocupavam uma população significativa dos casos, ao passo em que houve um aumento das decisões singulares, sem passar pelas prévias discussões em audiências. Essas constatações serviram como o apoio para a análise sobre o que estava sendo divulgado nos debates parlamentares acerca da prática dos processos para as críticas que aqui foram apresentadas acerca da ausência do uso de dados ou casos concretos por parte daqueles que promoveram o processo legislativo de alterações dessas leis, apesar dos parlamentares terem usados casos e dados concretos ao discutir outros temas legislativos.

Tampouco vimos o aprofundamento de discussões acerca de eventuais crises econômico-financeiras como norteadoras para fundamentar a necessidade de alterações legislativas sobre uma lei que tratava de temas sobre a insolvência e insolvabilidade do meio comercial no Brasil ou mesmo medidas sendo adotados de modo a tornar as praças comerciais

*Problemas de organização política entre Antigo Regime e Liberalismo. In* Jancsó, Istvan (org.). *Brasil: formação do Estado e da Nação.* 2ª edição. São Paulo: Hucitec, 2011, p. 93).

mais resilientes ou promovendo um fortalecimento do capitalismo brasileiro no período.

Não obstante os congressistas tivessem acesso a tais dados, como vimos no caso do debate da criação de varas especializadas em falências e concordatas – debate este que não resultou na aprovação da criação de tais varas durante o período aqui estudado –, bem como quando discutiam o orçamento, tributos, quantidade de eleitores distribuídos nos diversos munícipios, custos do Estado com seu aparelho, quantidades de processos para o aumento e criação de novas varas, dentre outras discussões que se valeram de dados concretos e estatísticos, no campo das falências e concordatas esse expediente não foi adotado.

A maior liberdade desse grupo social dos comerciantes também passou a demonstrar uma ameaça de menor estabilidade aos padrões abstratos de condutas buscados pelo Estado brasileiro, pelas *classes conservadoras* e pela ideia *moralizante de Estado*, demonstrando-se a limitação da liberdade de negociação das concordatas e das deliberações nas falências como um mecanismo mais adequado para se efetivar as políticas repressoras almejadas. O direito, portanto, por meio das leis e das interpretações jurídicas que passaram a predominar, deixa de ser apenas a ferramenta abstrata e passa a produzir efeitos concretos no dia a dia dos comerciantes e da própria sociedade no Brasil, passando a afastar o direito concordatário de seus eventuais próprios princípios e liberdades e incorporando-o ao direito falimentar, com seu próprio viés, limitações e mecanismos de repressão ao que alegavam ser a fonte de fraudes e conluios.

O modo de produção das leis de falências e concordatas no Brasil durante o período de 1850 a 1945 não se deu, portanto, em resposta às diferentes crises econômico-financeiras internas e externas vivenciadas nos diferentes momentos, tampouco com um objetivo de se promover uma maior estabilidade, maturidade e resiliência das atividades comerciais e econômicas, mas sim a partir de perspectivas de diferentes agentes do Estado sobre medidas legais que deveriam ser direcionadas ao grupo dos comerciantes, nacionais e estrangeiros, em especial buscando a implementação dos interesses das classes conservadoras, da repressão e moralização pretendidas pelos agentes políticos em cada um dos diferentes momentos, bem como desenvolvendo uma gradual e cada vez mais aprofundada interferência estatal sobre a liberdade até então conferida a devedores e credores para que se compusessem e superassem seus litígios.

Ficou claro também que apesar dessa tônica comum nos diferentes debates, outras medidas foram sendo adotadas que afetaram o desenvolvimento técnico dos institutos jurídicos das falências e concordatas. Complementarmente àquelas políticas marcantes nos mais variados momentos dos debates e definições de novos regramentos legais, o legislador brasileiro também retirou do Código Comercial o tema das falências e concordatas, levando a leis próprias e específicas, promoveu alterações sobre a dinâmica dos processos e procedimentos, incorporando a partir de 1890 o conceito de *principal estabelecimento* como o juízo competente para processar os casos de falências e concordatas – não admitindo o *foro de eleição* dos contratos como norteador da competência do juízo –, bem como desenvolveu alterações na dinâmica da *verificação dos créditos*, do uso ou não da *oralidade* nos processos até a prática dos processos *suprimir a recorrência das audiências*, alterou a forma e a dinâmica da realização das *reuniões* ou *assembleias de credores*, o uso da teoria da *concordata-sentença* em oposição ao que se definiu em um segundo momento como uma teoria da *concordata-contrato*, da possibilidade de *compensação* de créditos, aprofundou alterações sobre realização ou não do *inquérito policial* para a apuração da qualificação das falências, além de alterações sobre a aceitação ou não do reconhecimento de *decisões estrangeiras* nos processos de falências em relação às atividades conduzidas no Brasil. Também modificou a dinâmica das regras de nomeação dos *síndicos*, bem como sobre a definição e qualificação de quem poderiam ser esses síndicos, a regulamentação dos *incidentes processuais*, a definição dos mecanismos e regras para os *pedidos de reivindicação*, a *exclusão e definição de privilégios e preferências de determinados grupos de credores* dos efeitos dos processos de falências e concordatas, aprofundou e consolidou a definição da *competência processual federal* em matéria de falências, em *detrimento das competências estaduais*, a condução dos *processos criminais falimentares* sob a batuta do mesmo juízo falimentar ou a necessidade de separação entre um juízo cível e um criminal, entre outras alterações procedimentais que foram sendo adotadas ao longo dos diversos debates.

Portanto, compreender como se deu esse modo de produção das leis de falência e concordatas no Brasil, entre esse período de 1850 e 1945, nos permite lançar um novo olhar sobre velhas discussões, sem partir de ideias de que os personagens que participaram dessas discussões eram favoráveis somente a uma coisa ou outra, mas tinham uma capacidade adaptativa de seus discursos e posições políticas. Foram discussões e personagens complexos, marcados por seus respectivos períodos. Em sua maioria, os que prevaleceram e lideraram os debates e a efetiva produção das leis eram homens, brancos, formados nas Faculdades de Direito, aparentemente com boas condições socioeconômicas e que tinham um histórico de atuação política, como Conselheiros do Império, como Ministros de Estado, como deputados ou como senadores, sem que nenhum deles expusesse uma *origem comercial* ou mesmo que remetesse a raízes ligadas aos comerciantes, o que também devemos levar em consideração para melhor compreendermos a formação das escolhas das políticas adotadas pelo Estado brasileiro nos diversos momentos que aqui foram abordados.

A experiência da elaboração das leis de falências e concordatas durante esse período de 1850 a 1945 no Brasil pode nos ensinar que os institutos jurídicos podem ser subvertidos para por meio de suas normas abstratas para a concretude de medidas práticas para a implementação de medidas repressivas e contrárias à liberdade negocial dos tutelados pelas leis e pelo Poder Judiciário. Como dito no início, esta pesquisa buscou se apresentar muito mais como um ponto de partida para um maior aprofundamento da história do direito comercial brasileiro em relação ao tema das falências e concordatas, do que como um ponto chegada. Que novas críticas e reflexões possam ter seus lugares e que possam confrontar, aprofundar e ampliar a narrativa histórica que aqui foi apresentada.

# REFERÊNCIAS

## Fontes

ALMEIDA, Julia Lopes de. *A Fallencia*. 1ª Edição. Rio de Janeiro: A Tribuna, 1901.

BLUTEAU, Rafael. *Vocabulario Portuguez e latino (Volume 03: Letras D-E)*. Coimbra: Collegio das Artes da Companhia de Jesus, 1712.

—, Rafael. *Vocabulario Portuguez e latino (Volume 04: Letras F-J)*. Coimbra: Collegio das Artes da Companhia de Jesus, 1713.

—, Rafael. *Vocabulario Portuguez e latino (Volume 02: Letras B-C)*. Lisboa: Officina de Pascoal da Sylva, Impressor de Sua Magestade, 1720.

—, Rafael. *Vocabulario Portuguez e latino. Volume 07: Letras Q-S*. Lisboa: Officina de Pascoal da Sylva, Impressor de Sua Magestade, 1720.

—, Rafael. *Supplemento ao Vocabulario Portuguez e latino (Parte 1: Letras A-L)*. Lisboa: Joseph Antonio da Sylva, Impressor da Academia Real, 1727.

—, Rafael e SILVA, Antonio Moraes de. *Diccionario da lingua portugueza composto pelo padre D. Rafael Bluteau, reformado, e accrescentado por Antonio de Moraes Silva natural do Rio de Janeiro (Volume 1: A – K)*. Lisboa: Na Officina de Simão Thaddeo Ferreira, 1789.

BIOLCHINI, Alberto. *Direito Comercial preleções do Dr. Inglês de Souza, compiladas e atualizadas por Alberto Biolchini*. 5ª edição. Rio de Janeiro: Livraria Jacyntho, 1935.

BONCOMPAGNI, Ugo (Papa Gregório XIII). *Tractatus universi juris, duce, & áuspice*. Tomo XII, 1584.

BRAGA, Ruben. *Fallencia e Concordatas (lições rudimentares)*. Niteroi: Dias Vasconcellos, 1933.

BRASIL. Arquivo Nacional.

BRASIL. *Anais da Câmara dos Deputados*.

BRASIL. *Anais do Senado do Império do Brasil*.

BRASIL. Biblioteca Nacional. Hemeroteca Digital Brasileira.

BRASIL. *Diários da Câmara dos Deputados.*

BRASIL. *Diário do Congresso Nacional.*

BRASIL. *Relatorio apresentado ao excellentissimo vice-presidente da Provincia do Rio de Janeiro o senhor doutor José Norberto dos Santos, pelo presidente Desembargador Luiz Alves Leite de Oliveira Bello.* Rio de Janeiro: Typ. do Moderado, 1862.

BRASIL. *Relatório apresentado ao Dr. Miguel Calmon du Pin e Almeida, Ministro da Industria, Viação e Obras Públicas, pelo Dr. José Luiz S. de Bulhões Carvalho (director geral de estatística).* Rio de Janeiro: Typographia Nacional, 1906.

BRASIL. *Ministerio da Agricultura, Industria e Commercio. Directoria Geral de Estatistica. Recenseamento do Brazil realizado em 1 de setembro de: 1920, industria, modo de organização das empresas. Capital empregado, data da fundação. Força motriz e pessoal em serviço. Periodo de funcionamento das fabricas. Principaes despesas de custeio. Producção annual, 1920.* Rio de Janeiro: Typ. da Estatistica, 1927. v.5.

BRASIL. *Recenseamento Geral do Brasil (1º de setembro de 1940). Vol. III. Censos Econômicos – Agrícola, Industrial, Comercial e dos Serviços. Quadros totais para o conjunto da União e de distribuição pelas regiões fisiográficas e unidades federadas.* Rio de Janeiro: Serviço Gráfico do Instituto Brasileiro de Geografia e Estatística, 1950.

BRASIL. SOUSA, Washington Luís Pereira de. *Mensagem apresentada ao Congresso Nacional, na abertura da segunda sessão da décima terceira legislatura.* Rio de Janeiro: 1928.

CAMPOS, Francisco. *Direito Comercial.* Rio de Janeiro: Livraria Freitas Bastos S/A, 1957.

CPDOC FGV, http://www.fgv.br/cpdoc/acervo/arquivo.

DINIZ, Almachio (Diniz Gonçalves). *Da Fallencia – theoria dos factos e pratica dos principios à luz da lei num. 5746 de 9 de dezembro de 1929, e da ultima jurisprudencia dos juízes e tribunaes da republica.* 2ª Edição. São Paulo: Saraiva, 1930.

DUARTE, I. de Sousa. *Diccionário de Direito Comercial – Compilado e Annotado.* Lisboa: Empreza Lietteraria de Lisboa, 1880.

FARIA, S. Soares de. *Da Concordata Terminativa da Fallencia.* São Paulo: Saraiva, 1928.

FERREIRA, Waldemar Martins. *Os Credores Privilegiados e o Direito de Pedir a Fallencia.* São Paulo: Olegario Ribeiro & C, 1919.

—, Waldemar Martins. *Estudos de Direito Commercial.* São Paulo: Olegario Ribeiro & C, 1919.

FRANCO, Bernardo Souza. *Os Bancos do Brasil: sua história, defeitos da organização atual e reforma do sistema bancário.* 2ª edição. Brasília: Editora Universidade de Brasília, 1984 (originalmente publicado em 1848).

LISBOA, José da Silva. *Principios de Direito Mercantil, e Leis de Marinha para uso da mocidade portuguesa, destinada ao comércio. Das Letras de Cambio de Ordem de Sua Alteza Real, o príncipe regente nosso senhor*. Tratado IV. Lisboa: Impressão Regia, 1811.

LOBO, Helio. *Docas de Santos. Suas origens, lutas e realizações*. Rio de Janeiro: Typografia do Jornal do Commercio, 1936.

MAUÁ, Irineu Evangelista de Sousa, Visconde de. *Autobiografia (Exposição aos Credores do Visconde de Mauá); prefácio e anotações de Cláudio Ganns*. Brasília: Senado Federal, Conselho Editorial, 2011 (originalmente publicado em 1878).

MENDONÇA, José Xavier Carvalho de. *Das Fallencias – dos meios preventivos de sua declaração*. São Paulo: Typographia Brasil de Carlos Gerke & Cia. 1899.

—, José Xavier Carvalho de. *A Lei Federal dos Estados Unidos sobre Fallencias – traduzida do original, annotada e comparada á lei federal brasileira*. *In* S. Paulo Judiciário – Revista do Tribunal de Justiça – Doutrina e Jurisprudencia. Director Dr. José Machado Pinheiro Lima (Ministro do Tribunal de Justiça). Vol. II. São Paulo: Typographia do Diario Official, maio de 1903, nº 5.

—, José Xavier Carvalho de. *A Lei Federal dos Estados Unidos sobre Fallencias – traduzida do original, annotada e comparada á lei federal brasileira*. *In* S. Paulo Judiciário – Revista do Tribunal de Justiça – Doutrina e Jurisprudencia. Director Dr. José Machado Pinheiro Lima (Ministro do Tribunal de Justiça). Vol. III. São Paulo: Typographia do Diario Official, maio de 1903, s/n.

—, José Xavier Carvalho de. *A Lei Federal dos Estados Unidos sobre Fallencias – traduzida do original, annotada e comparada á lei federal brasileira*. *In* S. Paulo Judiciário – Revista do Tribunal de Justiça – Doutrina e Jurisprudencia. Director Dr. José Machado Pinheiro Lima (Ministro do Tribunal de Justiça). Vol. III. São Paulo: Typographia do Diario Official, setembro e outubro de 1904, ns. 21 e 22.

—, José Xavier Carvalho de. *A Lei Federal dos Estados Unidos sobre Fallencias – traduzida do original, annotada e comparada á lei federal brasileira. In S. Paulo Judiciário – Revista do Tribunal de Justiça – Doutrina e Jurisprudencia. Director Dr. José Machado Pinheiro Lima (Ministro do Tribunal de Justiça)*. Vol. V. São Paulo: Typographia do Diario Official, maio de 1904, s/n.

MENDONÇA, José Xavier Carvalho de. *Tratado de Direito Commercial Brazileiro*. Vol. II. Livro V. Da fallencia e da concordata preventiva. Rio de Janeiro: Typ. Bernard Frères, 1916.

MONTENEGRO, Thomaz Garcez Paranhos. *O substitutivo Urbano-Mendonça ao meu projecto sobre fallencias*. Bahia: Officina dos dois Mundos. 1908.

NABUCO, Joaquim. *Nabuco de Araujo um Estadista do Imperio Sua Vida, Suas Opiniões, Sua Época.* Tomo Segundo (1857-1866). Rio de Janeiro: H. Garnier, Livreiro Editor. 1897.

PINTO, Luiz Maria da Silva. *Diccionario da lingua brasileira.* Ouro Preto: Typographia de Silva, 1832.

PIRES, Julio. *Direito Commercial.* Recife: Editores Ramiro M. Costa e& Filhos, 1907.

PORTUGAL. *Ordenações Filipinas, Livro IV, Título LXXIV. Edição Fac-símile da de Candido Mendes de Almeida, Rio de Janeiro, 1870.* Lisboa: Fundação Calouste Gulbenkian. 1985.

SILVA, Joaquim Norberto de Souza e. *Gallicismos, palavras e phrases da lingua franceza introduzidas por descuido, ignorancia ou necessidade na lingua portugueza: estudos e reflexões.* Rio de Janeiro: B. L. Garnier, 1877.

SILVA, J. M. Pereira da. *Historia da Fundação do Imperio Brazileiro.* Tomo Segundo. Pariz: Imp. De Simon Raçon e Comp. 1865.

SOUSA, Herculano Marcos Ingles de. *Projecto de Codigo Commercial de accôrdo com o decreto n. 2.379, de 4 de janeiro de 1911.* Volume I. Rio de Janeiro: Imprensa Nacional, 1913.

TAUNEY, Affonso E. *Lexico de lacunas, subsidios para os diccionarios da lingua portuguesa.* Paris: E. Arrault, 1914.

TOCQUEVILLE, Alexis de. *A democracia na América: leis e costumes de certas leis e certos costumes políticos que foram naturalmente sugeridos aos americanos por seu estado social democrático.* Livro I. Tradução Eduardo Brandão. São Paulo: Martins Fontes, 2001.

TRINDADE, Solano. *Poemas antológicos de Solano Trindade (organização de Zenir Campos Reis).* São Paulo: Nova Alexandria, 2011.

VALVERDE, Trajano de Miranda. *A Fallencia no Direito Brasileiro.* Rio de Janeiro: Editora Freitas Bastos, 1931.

—, Trajano de Miranda. *Comentários à Lei de Falências.* Vol. I. Rio de Janeiro: Editora Forense, 1948.

—, Trajano de Miranda. *Comentários à Lei de Falências.* Vol. II. Rio de Janeiro: Editora Forense, 1948.

—, Trajano de Miranda. *Comentários à Lei de Falências.* Vol. III. Rio de Janeiro: Editora Forense, 1948.

VEIGA, Manoel Luis da. *Escola Mercantil – sobre o commercio, assim antigo como moderno, entre as nações commerciantes dos velhos continentes.* Lisboa: Officina de Antonio Rodrigues Galhardo com licença da Meza do Desembargo do Paço, 1803.

## Bibliografia

ABRÃO, Nelson. *O novo direito falimentar*. São Paulo: Revista dos Tribunais, 1985.

AIDAR, Bruno; SLEMIAN, Andréa; LOPES, José Reinaldo de Lima (org.). *Dicionário histórico de conceitos jurídico-econômicos (Brasil, séculos XVIII-XIX)*. Vol. I. São Paulo: Alameda, 2020.

—, Bruno; SLEMIAN, Andréa; LOPES, José Reinaldo de Lima (org.). *Dicionário histórico de conceitos jurídico-econômicos (Brasil, séculos XVIII-XIX)*. São Paulo: Alameda, 2020. v. 2.

ARRIGHI, Giovanni. *O Longo Século XX*: dinheiro, poder e as origens do nosso tempo. Trad. Vera Ribeiro. Rio de Janeiro: Contraponto, 2009.

—, Giovanni; SILVER, Berverly J. *Chaos and Governance in the Modern World System*. Minneapolis: University of Minnesota Press, 1999.

ARRUDA, José Jobson de Andrade. *Historiografia: teoria e prática*. São Paulo: Alameda, 2014.

ASSIS, Machado de. *Quincas Borba*. Rio de Janeiro: B. L. Garnier Livreiro-editor, 1891.

BERTONHA, João Fábio. *Plínio Salgado: biografia política (1895-1975)*. São Paulo: Edusp, 2018.

BEZERRA FILHO, Manoel Justino. *Lei de Recuperação de Empresas e Falência: Lei 11.101/2005 comentada artigo por artigo*. 14ª edição. São Paulo: Thomson Reuters Brasil, 2019.

BOURDIEU, Pierre. *O Poder Simbólico*. Trad. Fernando Tomaz. 12ª edição. Rio de Janeiro: Bertrand Brasil, 2009.

BOXER, Charles R. *O Império Marítimo Português*. Trad. Anna Olga de Barros Barreto. 3ª Edição. São Paulo: Companhia das Letras, 2008.

BRAUDEL, Fernand. *Civilização Material; Economia e Capitalismo*, Vol. I. 1ª edição. 3ª tiragem. Trad. Telma Costa. São Paulo: Martins Fontes, 2005.

—, Fernand. *Civilização material, economia e capitalismo – Séculos XV – XVIII*. Vol. 2 – *Os Jogos das Trocas*. 2ª edição. Trad. Telma Costa. São Paulo: Martins Fontes, 2009.

BRITO, Mônica Silveira. *Modernização e tradição*: urbanização, propriedade da terra e crédito hipotecário em São Paulo, na segunda metade do século XIX. 2006. Tese (doutorado em Geografia) – Faculdade de Filosofia, Letras e Ciências Humanas. Universidade de São Paulo. São Paulo, 2006.

CABRAL, Gustavo César Machado. *Ius Commune – Uma introdução à história do direito comum do Medievo à Idade Moderna*. Rio de Janeiro: Lumen Juris, 2019.

CAENEGEM, R. C. van. *Uma Introdução Histórica ao Direito Privado*. Trad. Carlos Eduardo Lima Machado. São Paulo: Martins Fontes, 2000.

CALDEIRA, Jorge. *Mauá: empresário do império*. São Paulo: Companhia das Letras, 2010.

—, Jorge. *A Nação Mercantilista – Ensaio sobre o Brasil*. São Paulo: Editora 34, 1999.

CAPPELLINI, Paolo. *Storie di Concetti Giuridici*. Torino: G. Giappichelli Editore, 2010.

CARVALHO, José Murilo de (coord.). *A Construção Nacional 1830 – 1889*. Rio de Janeiro: Editora Objetiva, 2012.

—, José Murilo de e *et al*. *Linguagens e fronteiras do poder*. Rio de Janeiro: Editora FGV, 2011.

—, José Murilo de. *A Construção da Ordem: a Elite Política Imperial. Teatro das Sombras: a Política Imperial*. 6ª Edição. Rio de Janeiro: Civilização Brasileira, 2011.

—, José Murilo de. *Os bestializados: o Rio de Janeiro e a República que não foi*. 3ª edição. São Paulo: Companhia das Letras, 2010.

CARVAHOSA, Modesto (coord.). *Tratado de Direito Empresarial*. ed. rev. atual. ampl. São Paulo: Revista dos Tribunais, 2018. v. 2.

CEREZETTI, Sheila Christina Neder. *A Recuperação Judicial de Sociedade por Ações – o princípio da preservação da empresa na Lei de Recuperação e Falência*. São Paulo: Malheiros Editores, 2012.

COMPARATO, Fábio Konder. *Aspectos Jurídicos da Macro-Emprêsa*. São Paulo: Revista dos Tribunais, 1970.

CORDEIRO, António Menezes. *Direito Comercial*. 3ª edição. Coimbra: Almedina, 2012.

COSTA, Arthur Barrêtto de Almeida. *Desencontro Marcado? Desapropriação, Eficiência Administrativa e Absolutismo Proprietário no Brasil (1826-1930)*. Dissertação de mestrado defendida na Faculdade de Direito da Universidade Federal de Minas Gerais (UFMG). Belo Horizonte: 2019.

COSTA, Daniel Cárnio. Reflexões sobre processos de insolvência: divisão equilibrada de ônus, superação do dualismo pendular e gestão democrática de processos. *Cadernos Jurídicos da Escola Paulista da Magistratura*, São Paulo, v. 16, n. 39, p. 59-77, jan./mar. 2015.

COSTA, Pietro; ZOLO, Danilo (org.). *Estado de Direito – História, teoria, crítica*. Trad. Carlos Alberto Dastoli. São Paulo: Martins Fontes, 2006.

COSTA, Vivian Chieregati. *Codificação e formação do Estado-nacional brasileiro: o Código Criminal de 1830 e a positivação das leis no pós-Independência*. Dissertação de Mestrado. Programa de Pós-Graduação Culturas e Identidades Brasileiras do Instituto de Estudos Brasileiros da Universidade de São Paulo. São Paulo: 2013.

COUTINHO, Jacinto Nelson de Miranda e LIMA, Martonio Mon'Alverne Barreto (org.). *Diálogos Constitucionais*. São Paulo: Renovar, 2006.

DANTAS, Mônica Duarte; BARBOSA, Samuel Rodrigues (org.). *Constituição de poderes, constituição de sujeitos: caminhos da história do Direito no Brasil (1750-1930)*. São Paulo: Instituto de Estudos Brasileiros, 2021.

—, Monica Duarte (org.). *Revoltas, motins, revoluções: homens livres pobres e liberto no Brasil do século XIX*. São Paulo: Alameda, 2011.

DRAIBE, Sônia. *Rumos e metamorfoses – um estudo sobre a constituição do Estado e as alternativas de industrialização do Brasil (1930-1960)*. 2ª edição. Rio de Janeiro: Paz e Terra, 2004.

DOHLNIKOFF, Miriam. *O Pacto Imperial – origens do federalismo no Brasil*. São Paulo: Editora Globo, 2005.

FARIA, Bento de. *Direito comercial. Falência e Concordatas*. Volume IV. Rio de Janeiro: A. Coelho Branco Filho, 1947.

FAUSTO, Boris. *História do Brasil*. 14ª ed. atual. ampl. São Paulo: Edusp – Editora da Universidade de São Paulo. 2019.

—, Boris. *Getúlio Vargas: o poder e o sorriso*. São Paulo: Companhia das Letras, 2006.

FERNANDES, Florestan. *Circuito Fechado – quatro ensaios sobre o "poder institucional"*. São Paulo: Globo, 2005.

FERREIRA, Jorge e DELGADO, Lucilia de Almeida Neves. *O Brasil Republicano – o tempo do nacional estatismo: do início da década de 1930 ao apogeu do Estado Novo*. 9ª edição. eBook. Rio de Janeiro: Civilização Brasileira, 2019.

FERREIRA, Tânia Bessone da Cruz; RIBEIRO, Gladys Sabina; GONÇALVES, Monique de Siqueira (org.). *O Oitocentos entre livros, livreiros, impressos, missivas e bibliotecas*. 1ª edição. São Paulo: Alameda, 2013.

FONSECA, Ricardo Marcelo; SEELAENDER, Airton C. L. (org.). *História do Direito em Perspectiva – do Antigo Regime à Modernidade*. Curitiba: Juruá, 2008.

FORSTER, Wolfgang. *La invención del juicio de quiebra. Francisco Salgado de Somoza (1591-1665)*. Pamplona: Eunsa – Ediciones Universidad de Navarra S. A., 2017.

FRANCO, Vera Helena de Mello e SZTAJN, Rachel. *Falência e recuperação da empresa em crise*. Rio de Janeiro: Elsevier, 2008.

GALGANO, Francesco. *Lex Mercatoria*. 4ª Ed. Bolgna: Il Mulino, 2001.

GARNER, Lydia Magalhães Nunes. *In pursuit of order: a study in Brazilian centralization – the Section of Empire of the Council of State, 1842-1889*. Baltimore: tese de doutorado apresentada junto à Johns Hopkins Unversity, 1987.

GERSCHENKRON, Alexander. *O atraso econômico em perspectiva histórica e outros ensaios*. Trad. Vera Ribeiro. Rio de Janeiro: Contraponto, 2015.

GORNATI, Gilberto. *Ruptura e continuidade na história do direito comercial brasileiro: dos atos de comércio à teoria da empresa (1850-1970)*. [in] Revista de Direito Bancário e do Mercado de Capitais, ano 16, vol. 59 (jan./mar. 2013). São Paulo: Editora Revista dos Tribunais, 2013.

—, Gilberto. *Legislação bancária no Brasil Império: o debate jurídico sobre a função bancária na década de 1850*. Dissertação de mestrado. Faculdade de Direito da Universidade de São Paulo: São Paulo, 2013.

GOUVÊA, Maria de Fátima Silva. *O Império das Províncias – Rio de Janeiro, 1822 – 1889*. Rio de Janeiro: Faperj/Civilização Brasileira, 2008.

GROSSI, Paolo. *Mitologias Jurídicas da Modernidade*. Florianópolis: Fundação Boiteux, 2004.

GUERRA, Maria Pia. *Um Judiciário para um Regime Autoritário: os projetos de reforma judicial na década de 1930. In* Revista Brasileira de Ciências Sociais. vol. 37 nº 108; e3710806; 2022.

GUIMARÃES, Carlos Gabriel. *Bancos, Economia e Poder no Segundo Reinado: o caso da Sociedade Bancária Mauá, MacGregor & Companhia (1854-1866)*. São Paulo. Tese de doutoramento apresentada junto ao Departamento de História da Faculdade de Filosofia, Letras e Ciências Humanas da Universidade de São Paulo, 1997.

HAFERKAMP, Hans-Peter. *Die Historische Rechtsschule*. Frankfurt am Main: Vittorio Klostermann, 2018.

HESPANHA, António Manuel. *Cultura Jurídica Européia – síntese de um milênio*. Florianópolis: Fundação Boiteux, 2005.

—, António Manuel. *As Vésperas do Leviathan – Instituições e Poder Político. Portugal – Séc. XVII*. Coimbra: Almedina, 1994.

HOMERO. *Odisseia*. Trad. Carlos Alberto Nunes. Rio de Janeiro: Nova Fronteira, 2015.

JANCSÓ, István (org.). *Brasil: formação do Estado e da Nação*. 2ª edição. São Paulo: Hucitec, 2011.

KOSELLECK, Reinhart. *historia/Historia*. Trad. Antonio Gómez Ramos. Madrid: Editorial Trotta S.A., 2004.

LACERDA, J. C. Sampaio de. *Manual de Direito Falimentar*. 10ª edição. Rio de Janeiro: Freitas Bastos, 1978.

LEITÃO, Luís Manuel Teles de Menezes. *Direito da Insolvência*. 3ª edição. Coimbra: Almedina, 2011.

LEVY, Maria Bárbara. *História da Bolsa de Valores do Rio de Janeiro*. Rio de Janeiro: IBMEC, 1977.

LOBO, Jorge. *Direito concursal*. Rio de Janeiro: Forense, 1998.

LOPES, José Reinaldo de Lima. *História da justiça e do processo no Brasil do século XIX*. 1ª edição. Curitiba: Juruá, 2017.

—, José Reinaldo de Lima. *Naturalismo jurídico no pensamento brasileiro*. São Paulo: Saraiva, 2014.

—, José Reinaldo de Lima. *O Oráculo de Delfos: Conselho de Estado e direito no Brasil oitocentista*. São Paulo: Saraiva, 2010.

—, José Reinaldo de Lima (org.). *O Supremo Tribunal de Justiça do Império (1828-1889)*. São Paulo: Saraiva, 2010.

—, José Reinaldo de Lima. *A formação do direito comercial brasileiro – a criação dos tribunais de comércio do Império*. Cadernos Direito GV. V.4 n. 6. Novembro, 2007. São Paulo: Fundação Getúlio Vargas Escola de Direito de São Paulo, 2007.

—, José Reinaldo de Lima. *As Palavras e a Lei*. São Paulo: Editora 34, 2004.

—, José Reinaldo de Lima. *O Direito na História*. 2ª Edição. São Paulo: Max Limonad, 2002.

LOTIERZO, Tatiana. *Contornos do (in)visível: Racismo e Estética na Pintura Brasileira (1850-1940)*. São Paulo: Edusp, 2017.

MACEDO JÚNIOR, Ronaldo Porto. *O método de leitura estrutural*. São Paulo: Cadernos Direito GV, V.4, n.2, 2007.

MARTINS, Maria Fernanda Vieira. *A velha arte de governar: um estudo sobre política e elites a partir do Conselho de Estado (1842-1889)*. Rio de Janeiro: tese de doutorado apresentada junto ao Departamento de História da Universidade Federal do Rio de Janeiro, 2005.

MATTOS, Ilmar Rohloff de. *O Tempo Saquarema – a Formação do Estado Imperial*. 6ª Edição. São Paulo: Hucitec, 2011.

MENDES, José Sacchetta Ramos. *Laços de Sangue – privilégios e intolerância à imigração portuguesa no Brasil*. São Paulo: Edusp, 2011.

MOHNHAUPT, Heinz und GRIMM, Dieter. *Verfassung – Zur Geschichte des Begriffs von der Antike bis zur Gegenwart*. Berlin: Duncker & Humblot, 2002.

MOTA, Carlos Guilherme (org.). *Viagem Incompleta – a experiência brasileira (1500-2000)*. São Paulo: Editora SENAC, 2000.

—, Carlos Guilherme; SALINAS, Natasha Schmitt Caccia (coord.). *Os Juristas na formação do estado-nação brasileira: de 1930 aos dias atuais*. São Paulo: Saraiva, 2010.

NEGRÃO, Ricardo. *Curso de Direito Comercial e de Empresa – recuperação de empresas, falência e procedimentos concursais administrativos*. 11ª Edição. São Paulo: Saraiva Jus, 2017.

NETO, Lira. *Getúlio: do Governo Provisório à ditadura do Estado Novo (1930-1945)*. 1ª edição. São Paulo: Companhia das Letras, 2013.

NEVES, Edson Alvisi. *Magistrados e negociantes na corte do Império do Brasil: o Tribunal do Comércio*. Rio de Janeiro: Jurídica do Rio de Janeiro, FAPERJ, 2008.

NUNES, Karen Dayanne. *Falando aos trabalhadores brasileiros: a didática do ministro Marcondes Filho*. Dissertação de Mestrado. Programa de Pós-Graduação em Educação do Instituto de Ciências Humanas e Sociais da Universidade Federal de Ouro Preto. Mariana/MG: 2020.

PEDREIRA, Jorge Miguel Viana. *Os Homens de Negócios da Praça de Lisboa – De Pombal ao Vintismo (1755 – 1822)*. Lisboa: tese de doutoramento apresentada junto à Faculdade de Ciências Sociais e Humanas da Universidade Nova de Lisboa, 1994.

PELÁEZ, Carlos Manuel e SUZIGAN, Wilson. *História monetária do Brasil: análise da política, comportamento e instituições monetárias*. 2ª edição. Brasília: Editora Universidade de Brasília, 1981.

PETIT, Carlos (org.). *Del Ius Mercatorum al Derecho Mercantil*. Madrid, Marcial Pons, 1997.

—, Carlos. *Historia del Derecho Mercantil*. Madrid: Marcial Pons, 2016.

PINSKY, Carla Bassanezi (org.). *Fontes Históricas*. São Paulo: Contexto, 2011.

POLANYI, Karl. *A Grande Transformação: as origens da nossa época*. Trad. Fanny Wrobel. 2ª edição. Rio de Janeiro: Elsevier, 2012.

REQUIÃO, Rubens. *Aspectos Modernos do Direito Comercial*. São Paulo: Editora Saraiva, 1977.

—, Rubens. *Aspectos Modernos de Direito Comercial*. 3º Volume. São Paulo: Editora Saraiva, 1986.

RI Jr., Arno Dal, NUNES, Diego e SONTAG, Ricardo (org.). *História do Direito Penal: Confins entre direito penal e política na modernidade jurídica (Brasil e Europa)*. Florianópolis: Editora Habitus, 2020.

RICŒUR, Paul. *A memória, a história, o esquecimento*. Trad. Alain François *et al*. Campinas: Editora da Unicamp, 2007.

ROCHA, Antonio Penalves. *Visconde de Cairu*. São Paulo: Editora 34, 2001.

ROCHA JÚNIOR, Francisco de Assis do Rego Monteiro. *Recursos no Supremo Tribunal de Justiça do Império – o liberalismo penal de 1841 a 1871*. Curitiba: Juruá, 2013.

RODRIGUES, José Honório. *A Pesquisa Histórica no Brasil*. 3ª edição. São Paulo: Editora Nacional, 1978.

SÁEZ, Hernán Enrique Lara. *A evasão de ouro dos fundos bancários em meados do século XIX e suas consequências para a política econômica*. *In* Revista Almanack. Guarulhos: n.01, 1º semestre 2011.

—, Hernán Enrique Lara. *Nas Asas de Dédalo – um Estudo sobre o Meio Circulante no Brasil entre os Anos de 1840 a 1853*. São Paulo: dissertação de mestrado apresentada junto ao Departamento de História da Faculdade de Filosofia, Letras e Ciências Humanas da Universidade de São Paulo, 2008.

SANTOS, Paulo Penalva. *O novo projeto de recuperação de empresa*. In: Revista de Direito Mercantil, Industrial, Econômico e Financeiro, São Paulo, Malheiros, v. 117, ano 39, jan./mar. 2000.

SANTOS, Theophilo de Azeredo. *Parecer sobre a Subemenda global às Emendas de Plenário ao Substitutivo adotado pela Comissão Especial ao Projeto de Lei nº 4.376, de 1993, que 'regula a recuperação e liquidação judicial de devedores pessoas jurídicas e pessoas físicas que exerçam atividades econômicas e dá outras* providências. *In* Revista do Instituto dos Advogados Brasileiros, nº 92, ano 34, 2º trimestre de 2000.

SCALZILLI, João Pedro; SPINELLI, Luis Felipe; TELLECHEA, Rodrigo. *Recuperação de Empresas e Falência – teoria e prática na Lei 11.101/2005*. 2ª Edição revista, atualizada e ampliada. São Paulo: Almedina, 2017.

—, João Pedro; SPINELLI, Luis Felipe; TELLECHEA, Rodrigo. *História do Direito Falimentar – da execução pessoal à preservação da empresa*. São Paulo: Almedina, 2018.

SCHWARCZ, Lilia Moritz e STARLING, Heloisa Murgel. *Brasil: uma biografia*. 2ª Edição. São Paulo: Companhia das Letras, 2018.

SENRA, Nelson de Castro. *Na Primeira República, Bulhões Carvalho legaliza a atividade estatística e a põe na ordem do Estado*. *In* Bol. Mus. Para. Emílio Goeldi. Cienc. Hum., Belém, v. 4, n. 3, p. 387-399, set.- dez. 2009.

SEVCENKO, Nicolau. *A revolta da vacina: mentes insanas em corpos rebeldes*. São Paulo: Editora Unesp, 2018.

SKIDMORE, Thomas E. *Brasil: de Getúlio a Castello (1930-1945)*. Trad. Berilo Vargas. São Paulo: Companhia das Letras, 2010.

SKINNER, Quentin. *As fundações do pensamento político moderno*. Trad. Renato Janine Ribeiro e Laura Teixeira Motta. São Paulo: Companhia das Letras, 2006.

SLEMIAN, Andréa. *Sob o Império das Leis: constituição e unidade nacional na formação do Brasil (1822-1834)*. São Paulo: Hucitec, 2009.

SONKAJÄRVI, Hanna Helena. Oscilando entre a escrituração mercantil, os testemunhos e a arbitragem. A construção social das provas nos casos de falência no Brasil em meados do século XIX. *Revista História*, São Paulo, n. 176, a07316, 2017.

SONTAG, Ricardo. *Código Criminológico. Ciência Jurídica e Codificação Penal no Brasil (1888-1899)*. Rio de Janeiro: Editora Revan, 2015.

SZMRECSÁNYI, Tamás; MARANHÃO, Ricardo (org.). *História de Empresas e Desenvolvimento Econômico*. Segunda Edição Revista. São Paulo: Hucitec/ Associação Brasileira de Pesquisadores em História Econômica/ Editora da Universidade de São Paulo/ Imprensa Oficial, 2002.

TAU ANZOÁTEGUI, Victor. *Casuísmo y Sistema – indagación histórica sobre el espíritu del Derecho indiano*. Buenos Aires: Instituto de Investigaciones de Historia Del Derecho, 1992.

TILLY, Charles. *Big Structures, Large Processes, Huge Comparison*. New York: Russell Sage Foundation, 1984.

—, Charles. *Coercion, capital, and European states, AD 990 – 1990*. Malden: Blackwell Publishing, 1992.

TOMÁS Y VALIENTE, Francisco. *Manual de Historia del Derecho Español*. 3ª Ed. Madrid: Tecnos, 1981.

VASCONCELOS, Adriana Paiva. *O papel dos credores no direito falimentar: uma análise histórica e à luz de certos órgãos*. Dissertação de mestrado. São Paulo: Faculdade de Direito da Pontifícia Universidade Católica de São Paulo, 2013.

VASCONCELOS, Ronaldo. *Princípios Processuais da Recuperação Judicial*. Tese de Doutoramento da Faculdade de Direito da Universidade de São Paulo (FD/USP), 2012.

VELLOZO, Júlio César de Oliveira; DANTAS, Monica Duarte. *Debates parlamentares e seus usos pelo historiador*. *In* Revista do Instituto Histórico e Geográfico Brasileiro (IHGB). Rio de Janeiro, a. 179, nº 477, pp. 11-288, mai./ago. 2018.

VERONA, Elisa Maria. *O Casamento, "Uma Instituição Útil e Necessária"*. Tese de doutorado apresentado na Faculdade de Ciências Humanas e Sociais da Universidade Estadual Paulista "Júlio de Mesquita Filho" (UNESP). Franca: 2011.

VILAR, Pierre. *Ouro e Moeda na História: 1450 – 1920*. Trad. Philomena Gebran. Rio de Janeiro: Paz e Terra, 1980.

WALLERSTEIN, Immanuel. *The Modern World-System, vol. III: The Second Great Expansion of the Capitalist World-Economy, 1730 – 1840's*. San Diego: Academic Press, 1989.

—, Immanuel. *World-systems analysis: an introduction*. Durham: Duke University Press, 2004.

WEBER, Max. *A ética protestante e o "espírito" do capitalismo*. Trad. José Marcos Mariani de Macedo. São Paulo: Companhia das Letras, 2010.

WEHLING, Arno. *Ruptura e Continuidade no Estado Brasileiro, 1750-1850. In* Carta Mensal. Rio de Janeiro: Confederação Nacional do Comércio, n. 587, vol. 49, 2004.

WIEACKER, Franz. *História do Direito Privado Moderno.* 3ª edição. Trad. António Manuel Hespanha. Lisboa: Fundação Calouste Gulbenkian, 2004.

WOLKMER, Antonio Carlos. *Síntese de uma História das Idéias Jurídicas – da Antiguidade clássica à Modernidade*. Florianópolis: Fundação Boiteux, 2006.